(SÜDCHINESISCHES MEER)
KAMBODSCHA
Nakhon Ratchasima
Buriram
Surin
Sisaket
Pakxe
Champasak
Attapu
Quang Ngai
Ngoc Linh 2598
Sa Huynh
Kon Tum
Pleiku (Play Cu)
Quy Nhon
Mui Ong Dien
Tuy Hoa
Mui Nay
Prachin Buri
Phumi Samraong
Anlong Veng
Muang Khong
Virochey
Kong
Phumi Mlu Prey
Stoeng Treng
Stoeng Sen
Sisophon
Siem Reap
Srepok
Batdambang
Pailin
Tonle Sap
Kampong Thom
Kracheh
Chanthaburi
Pouthisat
Mekong
Trat
Ko Chang
Kampong Chhnang
Kampong Cham
Ko Kut
Krong Kaon Kong
Phnom Penh
Prey Veng
Bassac
Binh Long
Tay Ninh
Ho Tri An
Be
Bao Loc
Duc Trong
Vung Quoc Gia Nam Cat Tien
Chu Yang Sin 2405
Seite 247
Seite 248
Seite 258
Seite 274
Seite 300
Seite 300
Nha Trang
Cam Ranh
Vinh Cam Ranh
(Dalat)
Phan Rang-Thap Cham
Thu Dau Mo
Ho Chi Minh
Phan Thiet
Khe Ga
Cu Lao Thu
Kampot
Chau Doc
Tien Giang
Kampong Saom
Vuon Quoc Gia Phu Quoc
Dao Phu Quoc
Ha Tien
Long Xuyen
Hon Chong
Tan An
My Tho
Long Dat
Vung Tau
Vinh Long
Rach Gia
Can Tho
Hau Giang
Tra Vinh
Hon Tre
Hon Rai
Soc Trang
Bac Lieu
Ca Mau
Vuon Quoc Gia Con Dao
(Con-Dao-Nationalpark)
Con Dao
Mui Ca Mau
Vietnam
0
100 km

POLYGLOTT Apa Guide

Vietnam

POLYGLOTT SEIT 1902 GUTE REISE UND DIE WELT GEHÖRT MIR

POLYGLOTT Apa Guide Vietnam

1. überarbeitete Ausgabe 2017

ISBN: 978-3-8464-0157-6

Zeichenerklärung

- S-Bahn, Metro, U-Bahn
- Post
- Busbahnhof
- Flughafen
- Auto-Bahnverladung
- Schiffsverbindung
- Autofähre
- Kirche
- Kloster
- Synagoge
- Moschee
- Friedhof
- Moslemischer Friedhof
- Jüdischer Friedhof
- Aussichtspunkt
- Antike Ruinenstätte
- Burg, Schloss
- Burgruine, Schlossruine
- Windmühle
- Denkmal
- Turm
- Leuchtturm
- Nationalpark
- Sehenswürdigkeit

Autoren: Conla Stokes, Aviva West, Adam Bray, Samantha Coomber, Gemma Price, Franz-Josef Krücker
Redaktionsleitung: Grit Müller
Übersetzung, Redaktion, Satz:
mcp concept GmbH, Kolbermoor;
www.mcp-concept.de
Kartografie: Polyglott-Kartografie und Stephen Ramsay
Typografie: Ute Weber, Geretsried
Herstellung: Anna Bäumner
Druck und Bindung: Drukarnia POZKAL Sp. zo. o., Polen

Liebe Leserin, lieber Leser,
wir freuen uns, dass Sie sich für diesen Apa Guide entschieden haben. Die Autorinnen und Autoren sind für Sie unterwegs und recherchieren sehr gründlich, damit Sie mit aktuellen und zuverlässigen Informationen auf Reisen gehen können. Dennoch lassen sich Fehler nie ganz ausschließen. Wir bitten Sie um Verständnis, dass der Verlag dafür keine Haftung übernehmen kann.

Ihre Meinung ist uns wichtig.
Bitte schreiben Sie uns:

TRAVEL HOUSE MEDIA GmbH
Redaktion POLYGLOTT
Grillparzerstraße 12
81675 München
Tel. 089/450 00 99 41

redaktion@polyglott.de
www.polyglott.de

TRAVEL HOUSE MEDIA

Ein Unternehmen der
GANSKE VERLAGSGRUPPE

REISEMAGAZIN

HINTERGRUND

KARTEN

UNTERWEGS

Vietnam erkunden

REISESERVICE

Inspiration Vietnam

Vom pulsierenden Saigon bis zum eleganten Hanoi, von der atemberaubenden Halong-Bucht bis zu den bunten Volksgruppen im bergigen Sapa – hier sind Vietnams Top-Attraktionen.

Oben: Der **Con-Dao-Archipel** ist bekannt für seine intakte Natur, seine faszinierende Unterwasserwelt und einsamen Strände. **Siehe Seite 331**

Links: **Ho Chi Minh City** ist Vietnams führendes Wirtschaftszentrum. Im schicken Distrikt 1 gibt es trendige Bars, stilvolle Cafés und noble Restaurants. Es locken unzählige Einkaufsmöglichkeiten und viele interessante Sehenswürdigkeiten. **Siehe Seite 273**

Oben: Rund um **Mui Ne** finden Sie Cham-Türme, chinesische Versammlungshallen, Vietnams längsten liegenden Buddha und einen attraktiven Strand. **Siehe Seite 309**

Links: Im Nordwesten Vietnams liegen **Sapa** und **Bac Ha** dramatisch schön zwischen hohen Nebelbergen. In der Region leben zahlreiche Volksgruppen. Zum Sonntagsmarkt von Bac Ha kommen u.a. Nung, Dao, Tay, Thai und Blumen-Hmong in ihren bunten Trachten. **Siehe Seite 151 und 155**

Unten: Hue liegt im Herzen Vietnams. Mit ihren Kanälen, Teichen und dem trägen Parfumfluss entfaltet die UNESCO-Welterbestadt eine entspannte Atmosphäre. An die untergegangene Monarchie erinnern die Palastanlagen der Zitadelle ebenso wie die wunderschönen Mausoleen der verblichenen Nguyen-Könige. **Siehe Seite 195**

Oben: Nha Trang bietet ein lebendiges Nachtleben und in Strandnähe eine Vielzahl von Bars und Restaurants. Die Unterwasserwelt rund um die vorgelagerten Inseln ist legendär. **Siehe Seite 245**

Unten: Die weltberühmte **Halong-Bucht** mit ihren 2000 Karstinseln ist ein Meisterwerk der Natur. Übernachten Sie in einer komfortablen Dschunke, besuchen Sie ein schwimmendes Fischerdorf und erkunden Sie eine der vielen verwunschenen Grotten. **Siehe Seite 171**

Oben: Hier schlägt das politische und kulturelle Herz des Landes: im tausendjährigen **Hanoi**. Die Nostalgie französischer Kolonialbauten mischt sich hier mit der Emsigkeit im alten Handwerksviertel und der Ehrwürdigkeit des Ho-Chi-Minh-Mausoleums. **Siehe Seite 109**

Oben: Alte Kaufmannshäuser, chinesische Versammlungshallen und eine japanische Brücke – seit 1999 ist **Hoi An** UNESCO-Welterbe. **Siehe Seite 220**

Unten: Zwischen dem 5. und 15. Jh. herrschten die Cham entlang der Küste Zentral-Vietnams. Dann wurden sie verdrängt. Geblieben sind ihre vielen hinduistischen Heiligtümer. In der UNESCO-Welterbestätte **My Son** lag ihr religiöses Zentrum. Trotz Zerstörung durch Krieg und Überschwemmung findet man dort einzigartige Zeugnisse ihrer Hochkultur. **Siehe Seite 227**

Für Sie ausgewählt

Einzigartige Attraktionen, idyllische Strände, üppig grüne Nationalparks, altertümliche Tempel, Wanderungen zu den Bergminderheiten, tolle Museen und stilvolle Hotels ... Hier finden Sie ein Kaleidoskop unserer Tipps.

Vietnam für Familien

◆ **Wasserpuppentheater, Hanoi und HCMC** Nur in Vietnam gibt es dieses Spektakel mit schräger Musik und viel Planscherei. Siehe Seiten 115 und 284

◆ **Vinpearl-Land und Unterwasserwelt, Hon-Tre-Insel, Nha Trang** Mit der 3,3 km langen Gondelbahn geht es von der Stadt zum Freizeitpark auf der Insel. Dort warten spektakuläre Fahrten, Spiele, ein Wasserpark und ein Aquarium. Siehe Seite 251

◆ **Ozeanografisches Institut, Nha Trang** Verschiedenste Aquarien zeigen kuriose Seekreaturen und steinalte Meeresschildkröten. Siehe Seite 251

◆ **Hang Nga's Verrücktes Haus, Dalat** Jeder Baumhausfreund wird es lieben, dieses architektonische Kuriosum mit versteckten Gängen und geheimen Räumen. Siehe Seite 261

◆ **Dam Sen Park und Wasserpark, Ho Chi Minh City** Tolle Fahrten zu Land und zu Wasser locken Saigoner Familien. Siehe Seite 294

◆ **Saigon Zoo und Botanischer Garten, Ho Chi Minh City** Schlendern Sie durch die grüne Oase und entdecken Sie die exotische Flora und Fauna. Siehe Seite 288

◆ **Heiße Quellen Thap Ba, Nha Trang** Das mineralienreiche Schlammbad und die heißen Wasserbecken machen müde Glieder wieder munter. Familienfreundlich. Siehe Seite 247

Oben: Zwei Mädchen mit Handy, aber im traditionellen Ao Dai. **Links:** Das Wasserpuppentheater stammt aus dem Roten-Fluss-Delta.

Nur in Vietnam

◆ **Ao Dai** Kein Souvenir ist so charmant wie Vietnams Nationaltracht. Ho Chi Minh City und Hoi An sind mit vielen Schneidern gute Orte, sich einen nähen zu lassen.

◆ **Koloniale Architektur, Dalat** Weitgehend durch den Krieg verschont, blieben Dalats französische Villen und Traditionshotels gut erhalten. Siehe Seite 257

◆ **Traditionelle Musik, Hue** Die alte Hofmusik wird in vielen Hotels und Restaurants sowie im Königlichen Theater aufgeführt. Siehe Seite 74

◆ **Volksgruppen, landesweit** Von den muslimischen Cham zu den zahlreichen Bergvölkern – in Vietnam leben Angehörige von mehr als 50 Minderheiten.

◆ **Endangered Primate Rescue Center, Cuc- Phuong-Nationalpark** In diesem Auffangzentrum kann man bedrohte Primatenarten kennenlernen – von Languren bis Loris. Siehe Seite 184

◆ **Flussfahrten, Mekong-Delta** Auf den Touren durch Kanäle und Flüsse besucht man schwimmende Märkte und tropische Gärten. Siehe Seite 315

◆ **Garküchen, Ho Chi Minh City** Die Metropole des Südens ist Vietnams Hauptstadt der Garküchen. Kaum eine Straße, an der nicht etwas Essbares verkauft wird.

Links: Im Vietnamkrieg zu Berühmtheit gelangt, bietet dieser kilometerlange Küstenstreifen des China Beach tolle Resorts und Surfmöglichkeiten
Unten: Der Literaturtempel in Hanoi
Ganz unten: Kitesurfen am Strand von Mui Ne

Topstrände

◆ **Jungle Beach** Die Halbinsel Hon Khoi birgt einige der landesweit schönsten Strände – eingerahmt von hohen Bergen, mit feinem Sand und glasklarem Wasser. **Siehe Seite 252**

◆ **Mui Ne Beach** Dank seiner relativen Nähe zu Saigon und den vielen Wassersportmöglichkeiten Vietnams populärster Strand. **Siehe Seite 309**

◆ **Nha Trang** Ein reges Nachtleben, viel Wasserspaß und ein gepflegter langer Strand. **Siehe Seite 243.**

◆ **China Beach** im Bild oben. **Siehe Seite 216**

◆ **Cua Dai Beach** Seine Nähe zu Hoi An macht diesen Strand zum perfekten Chillout nach dem vielen Einkaufen und Besichtigen. **Siehe Seite 226**

◆ **Sao Beach** Schneeweißer Sand, aber schwer zu erreichen. Die Traumbucht liegt auf Phu Quoc. **Siehe Seite 330**

◆ **Quy Hoa Beach** Der kleine Strandabschnitt südlich von Quy Nhon ist noch nicht von Souvenirverkäufern belagert. **Siehe Seite 237**

Toptempel

◆ **Literaturtempel, Hanoi** Die wichtigste Sakralanlage der Hauptstadt ist den konfuzianischen Lehren gewidmet. **Siehe Seite 121**

◆ **Cao-Dai-Tempel, Tay Ninh** Eine kunterbunte Mischung zwischen Kathedrale und Tempel. Das kuriose Hauptheiligtum der vietnamesischen Sekte zieht zahllose Besucher an. **Siehe Seite 214**

◆ **My Son** Champas alte Tempelmetropole in Zentral-Vietnam ist trotz Kriegszerstörungen ein verwunschenes Ruinenfeld im Dschungel. **Siehe Seite 227**

◆ **Parfum-Pagode, Nähe Hanoi** Eigentlich keine Pagode, sondern eine Grotte in den Karstbergen und Ziel zahlloser Pilger. **Siehe Seite 134**

◆ **Tempel des Jadekaisers, Ho Chi Minh City** In den dunklen Innenräumen des pinkfarbenen Tempels mit grünen Keramikziegeln birgt sich ein Heer von Götterstatuen. **Siehe Seite 288**

◆ **Van-Thuy-Thu-Tempel, Phan Thiet** Dieses stadtälteste Heiligtum ist dem Walgott geweiht. Sehenswert sind ein Wal- und Delfinskelett im Inneren. **Siehe Seite 307**

Beste Aktivitäten

◆ **Kite- und Windsurfen, Mui Ne** Vietnams Zentrum für Wassersport. **Siehe Seite 16 und 309**

◆ **Schnorcheln und Tauchen, Nha Trang** Hier wartet eine bunt schillernde Unterwasserwelt. **Siehe Seite 16 und 251**

◆ **Dünen-Surfen, Mui Ne** Mit dem Plastikschlitten geht es durch eine fantastische Dünenlandschaft. **Siehe Seite 310**

◆ **Abseilen, Dalat** Näher kommt man dem Elefantenfall und anderen Wasserfällen im Zentralen Hochland nicht. **Siehe Seite 263**

◆ **Trekking, Sapa** Hier können Sie zu den Dörfern von Minderheiten wandern. **Siehe Seite 15 und 153f.**

Die schönsten Unterkünfte

◆ **The Nam Hai, Cua Dai Beach** Architektonischer Minimalismus trifft auf grenzenlosen Luxus. Das Strandresort, 10 km nördlich von Hoi An, lässt kaum Wünsche offen. Siehe Seite 348

◆ **Park Hyatt Saigon, HCMC** Das Edelhotel verbindet mondänen Charme mit Komfort. Besser, zentraler (und kostspieliger) kann man kaum in Saigon residieren. Siehe Seite 352

◆ **Sofitel Metropole, Hanoi** Viel Atmosphäre umgibt Hanois Grande Dame. Seit 1901 verwöhnt das Hotel seine Gäste mit vietnamesischem Charme und französischer Noblesse. Siehe Seite 341

◆ **Caravelle Hotel, HCMC** Zu Weihnachten 1959 kamen die ersten Gäste. Heute ist es der Treffpunkt für Saigons High Society und internationale Geschäftsleute. Siehe Seite 351

◆ **Sofitel Dalat Palace** Das 1922 eröffnete Hotel mit Seeblick empfing gekrönte Häupter ebenso wie betuchte Großwildjäger. Siehe Seite 351

◆ **Six Senses Hideaway Ninh Van Bay, Nha Trang** Einsamer geht es nicht. In den Traumvillen mit Privatpool sind die Betuchten unter sich. Siehe Seite 350

◆ **Life Wellness Resort, Quy Nhon** Dieses stilvolle Strandresort passt sich perfekt in die Küstenlandschaft ein und bietet Komfort zu einem guten Preis. Siehe Seite 349

◆ **Evason Ana Mandara, Nha Trang** Elegantes Hideaway am schönen Strand. Siehe Seite 349

◆ **Ana Mandara Villas, Dalat** Hier lässt sich frische Luft mit einer Brise Geschichte atmen. Die 17 noblen Villen stammen aus den 1920er- und 1930er-Jahren. Siehe Seite 351

◆ Weitere Top-Hotels siehe Seite 12

Topmuseen

◆ **Museum für Vietnamesische Geschichte, Ho Chi Minh City** Eine überschaubare und anschauliche Ausstellung über die bewegte Historie des Landes. Siehe Seite 287

◆ **Ho-Chi-Minh-Museum, Hanoi** Eine eindrucksvolle Schau über jenen Mann, der sein ganzes Leben für den Kampf um ein souveränes Vietnam einsetzte. Siehe Seite 123

◆ **Cham-Museum, Danang** Die weltweit bedeutendste Sammlung für Cham-Skulpturen wird auch architektonisch eindrucksvoll präsentiert. Siehe Seite 214

◆ **Kriegsreste-Museum, Ho Chi Minh City** Eine durchaus kontroverse Dokumentation über die Kriegsexzesse der US-Armee. Trotz schauriger Bilder sehr sehenswert. Siehe Seite 283

◆ **Museum der Schönen Kunst, Hanoi** Chronologisch wird die Kunstgeschichte des Landes präsentiert. Die Gemäldesammlung ist vom Feinsten. Siehe Seite 120

◆ **Lam-Dong-Museum, Dalat** Lat-Gongs, Langhäuser der Ma und Relikte aus der Funan-Kultur bilden den Kern dieses Provinzmuseums. Siehe Seite 261

◆ **Quang-Trung-Museum, Qui Nhon** Die Exponate sind dem Quang-Trung-Herrscher und seinen Brüdern, den »Tay-Son-Rebellen«, gewidmet. Siehe Seite 238

◆ **Ethnologisches Museum, Hanoi** Nirgends in Vietnam wird so ausführlich und anschaulich das Leben der 54 Volksgruppen präsentiert. Siehe Seite 127

◆ **Altstadt von Hoi An** Die Welterbestadt ist ein lebendiges Museum mit alten Kaufmannshäusern, chinesischen Versammlungshallen und schmucken Kolonialbauten. Siehe Seite 220

◆ **Ethnologisches Kulturmuseum, Thai Nguyen** Anhand von szenischen Darstellungen, Kunsthandwerk und Trachten wird das Leben der 54 Volksgruppen Vietnams dokumentiert. Siehe Seite 159

Links: Poollandschaft des Nam Hai Resorts am Cua Dai Beach bei Hoi An **Oben:** Das Gemeindehaus der Bahnar im Ethnologischen Museum in Hanoi

Vietnamesische Köstlichkeiten

◆ **Pho, Hanoi** Entweder mit Rind (*bo*) oder Huhn (*ga*) serviert, findet man diese leckere Reisnudelsuppe im ganzen Land. Am besten schmeckt sie jedoch in Hanoi. **Siehe Seite 91**

◆ **Banh Khoai und Banh Beo, Hue** Den besten aus einem Reis-Taro-Gemisch gemachten Pfannkuchen und Pudding finden Sie in den Lokalen Lac Thien, Lac Thanh und Lac Thuan. **Siehe Seite 209**

◆ **Cao Lau, Hoi An** Dieses Reisnudelgericht aus Schweinefleisch und Sesamfladen wird in der ganzen Stadt geboten. **Siehe Seite 229**

◆ **Banh Xeo, Phan Thiet** Den leckeren Pfannkuchen mit Meeresfrüchten gibt es auf der Tuyen-Quang-Straße. Unbedingt vor Verzehr in die lokal hergestellte Fischsoße dippen! **Siehe Seite 306**

◆ **Frische Sojamilch, Dalat** Das perfekte Getränk an einem kalten Abend wird im Zentralmarkt angeboten. **Siehe Seite 259**

◆ **Frisches Obst, Mekong-Delta** Das fruchtbare schwülheiße Delta bietet eine riesige Auswahl an tropischen Früchten von Ananas bis Sapote. **Siehe Seite 316**

◆ **Cha Ca, Hanoi** Im berühmten Restaurant Cha Ca La Vong wird nichts anderes als dieses herrliche Fischgericht serviert. **Siehe Seite 13**

Oben: Vietnams berühmteste Suppe: *pho* **Rechts:** Magisch-mystisch: die Halong-Bucht **Unten:** Traditionelle Tanzvorführung

Schönste Naturerlebnisse

◆ **Halong-Bucht** Karstinseln, Tropfsteinhöhlen und Strände zaubern eine »poetische Landschaft«. **Siehe Seite 171**

◆ **Bach-Ma-Nationalpark** Vietnams regenreichstes Schutzgebiet bietet viele Wasserfälle, seltene Tiere und sehenswerte Dschungellandschaft. **Siehe Seite 219**

◆ **Berg Fansipan** Der Aufstieg hat es in sich. Steigung und Ausblick lassen einem um Atem ringen. **Siehe Seite153**

◆ **Tam Coc** Nebelbehangen, von Schönheit umfangen: Eine Ruderpartie führt vorbei an Reisfeldern und bizarren Karstfelsen. **Siehe Seite 181**

◆ **Cat-Tien-Nationalpark** Übernachten Sie am Krokodilsee und beobachten Sie Siam-Krokodile, Sambarhirsche und Singvögel. **Siehe Seite 305**

◆ **Con-Dao-Archipel** Beim Schnorcheln um die Inselwelt kann man Meeresschildkröten sehen. **Siehe Seite 331**

Besondere Kulturerlebnisse

◆ **Königliches Bankett, Hue** Mit Hofmusik, Pagen und bunten Gewändern speist man im Phuoc-Thanh-Restaurant. **Siehe Seite 209**

◆ **Cham-Dörfer, Phan Rang** In den Siedlungen der Cham hat sich das Leben wenig verändert. **Siehe Seite 253**

◆ **Traditionelles Theater, Hanoi und Ho Chi Minh City** Gelebte Kunst können Sie bei einer traditionellen Oper, einem Tanztheater oder einem Konzert erleben. **Siehe Seiten 116 und 279**

◆ **Fischsoße, Phan Thiet und Phu Quoc** Beide Orte sind für ihre *nuoc mam* berühmt. **Siehe Seite 309**

◆ **Märkte** Nirgends ist das Alltagsleben so gut zu beobachten wie auf einem Markt – in Dalat oder Saigon (Benh Thanh und Binh Tay). **Siehe Seiten 259 und 290**

◆ **Homestay, Sapa** Wer in einem der traditionellen Häuser der Bergminderheiten übernachtet, bekommt einen guten Einblick in ihr Leben. **Siehe Seite 151**

Hotels

Die Preiskategorien gelten für ein Doppelzimmer.

● = unter 50 US$
●● = 50–100 US$
●●● = 100–150 US$
●●●● = über 150 US$

◆ Hilton Opera
1 Le Thanh Tong, **Hanoi,**
Tel. 04/3933 0500, www.hanoi.hilton.com, ●●●●
Seit 1999 flankiert das Haus die berühmte Oper. Entsprechend gediegen geht es in seinen Hallen zu. Im Herzen der Stadt gelegen, bietet die Edelbleibe ihren Gästen im Spa und in den beiden Restaurants »Ba Mien« und »Chez Manon« jede Annehmlichkeit.

◆ Mai Chau Lodge
Mai Chau,
Tel. 0218/386 8959, www.maichaulodge.com, ●●●

Eingebettet in das wunderschöne Mai-Chau-Tal liegt diese stimmungsvolle Unterkunft 135 km südwestlich von Hanoi. Mit nur 15 Zimmern und einer Suite bewahrt es eine persönliche Note. Die meisten Angestellten sind Angehörige der Bergvölker aus der Umgebung. Neben Pool, Sauna und Kräutergarten bietet die Lodge interessante Trekking- und Kajaktouren.

◆ Victoria Sapa Resort & Spa
Sapa, Tel. 020/387 1522, www.victoriahotels.asia, ●●●
Schon die Anreise ist ein Erlebnis. Mit dem »Victoria Express« geht es von Hanoi in den bergigen Nordwesten, nach Spa, einem Treffpunkt für Bergvölker und Touristen. Stilvoll der Umgebung angepasst, überblickt das Hotel das Städtchen. Es wirkt mit seinen offenen Kaminen, rustikalen Holzbalken und großen rohen Steinen wie ein Chalet in den Alpen. In den kühlen Nächten ist man froh über den beheizten Pool.

◆ La Résidence Hôtel & Spa
5 Le Loi, **Hue,**
Tel. 054/383 7475, www.la-residence-hue.com, ●●●–●●●●
Die einstige Gouverneursresidenz direkt am Parfumfluss stammt aus den 1920er-Jahren. Das noble Boutique-Hotel bietet 122 Zimmer im Art-déco-Stil. Im »Le Parfum« gibt es leckeres Essen, im »Le Gouverneur« gute Drinks und zum Relaxen geht es ins »Le Spa«.

◆ Saigon Morin Hotel
30 Le Loi, **Hue,**
Tel. 054/382 3526, www.morinhotels.com.vn, ●●●
Benannt nach dem langjährigen Besitzer Wladimir Morin, sah das 1901 eröffnete Hotel manch illustre Größe kommen und gehen, darunter Charlie Chaplin und den Schriftsteller André Malraux. Auch weniger prominente Gäste können das Dinner im lauschigen Innenhof genießen. Auf dem Weg zu ihren geräumigen Zimmern können sie dabei viele historische Fotos bestaunen.

◆ Furama Resort
68 Ho Xuan Huong, **Danang,**
Tel. 0511/384 7888, www.furamavietnam.com, ●●●●
Das weitläufige Fünfsterneresort am legendären China Beach ist mehrfach preisgekrönt und zählt zu den besten Hotels von Vietnam. Die palmhohen Häuser mit 198 Zimmern und Suiten reihen sich entlang des goldgelben Strandes und gruppieren sich um einen Pool im Garten. Segeln, Tauchen und Tennis werden angeboten, dazu Tagesausflüge zu den Welterbestätten My Son und Hoi An sowie zum Cham-Museum.

◆ Anantara Hoi An Resort
1 Pham Hong Thai, **Hoi An,** Tel. 0510/391 4555, www.hoi-an.anantara.com, ●●●
Ob Vierhand-Massage, traditionelle Medizin oder Taiji-Übungen – das Resort hat sich ganz auf das körperlich-seelische Wohlergehen seiner Gäste eingestellt. Ruhig und doch zentral gelegen, erstreckt

sich die Anlage entlang des Thu-Bon-Flusses. Architektonisch fügt sie sich perfekt in das Stadtbild ein. Mit Bar, Café, Restaurant und großem Pool bietet das Resort zudem alle Annehmlichkeiten. Das gilt auch für die 94 geschmackvollen Zimmer.

◆ **Coco Beach Resort**
58 Nguyen Ninh Chien, **Phan Thiet,**
Tel. 062/384 7111, www.cocobeach.net, ●●●
Die stimmungsvolle Bungalowanlage zählt zu den schönsten und beliebtesten Unterkünften. Den netten Gartenpool und die rauschenden Palmen werden nicht nur Familien zu schätzen wissen.

◆ **Cassia Cottage**
Bai Truong (Long Beach), **Phu Quoc,**
Tel. 077/384 8395, www.cassiacottage.com, ●●●–●●●●
Die 18 rustikalen Zimmer des kleinen Boutique-Hotels verteilen sich auf drei große Villen an der Meerseite und fünf etwas zurückgesetzte Bungalows. Pool und Garten eignen sich gut für Familien. Zudem arrangiert das Resort interessante Ausflüge zu Pfefferplantagen und zum Nationalpark.

Restaurants

Die Preiskategorien gelten für ein Hauptgericht.

●	= unter 10 US$
●●	= 10–20 US$
●●●	= 20–30 US$
●●●●	= über 30 US$

◆ **Cha Ca La Vong**
14 Hang Cha Ca, **Hanoi,**
Tel. 04/3825 3929, tgl. 18–23 Uhr, ●
Das rustikale Altstadtlokal bietet seit 1871 ausschließlich eine Spezialität: *cha ca*, gegrillter Fisch. Das kleingehackte Fischfilet wird mariniert und in einer Bratpfanne zusammen mit Dill gebrutzelt. Mit kalten Reisnudeln, Frühlingszwiebeln und Erdnüssen kommt es in die Essschale. Eine leicht scharfe Essigsoße gibt den unverwechselbaren Geschmack. Leider ist das Lokal ziemlich touristisch.

◆ **Wild Rice**
6 Ngo Thi Nham, **Hanoi,**
Tel. 04/3943 8896, tgl. 11–14, 18–22 Uhr, ●●
Das elegante Design einer mondänen Villa, kombiniert mit hervorragenden Gerichten – das kulinarische Verwöhnprogramm garantiert für ein Mittag- oder Abendessen der besonderen Art. Die Karte bietet Spezialitäten aus allen Teilen des Landes: leicht, mit wenig Öl und einem Hauch Frankreich.

◆ **Tinh Gia Vien**
7K/28 Le Thanh Ton, **Hue,**
Tel. 054/352 2243, www.tinhgiavien.com.vn, tgl. 8–21.30 Uhr, ●●
Im Außenbezirk der Zitadelle führt Frau Ton Nu Ha inmitten eines großen Gartens mit 200 Bonsais ein lauschiges Lokal. Die resolute Dame mit königlichem Blut greift alte Rezepte der Monarchen auf und legt großen Wert auf die Optik: Gemüse wird zu fein geschnitzten Kunstwerken, die einzelnen Stücke eines Huhns werden zu Drachen oder Phönixen angeordnet.

◆ **Apsara**
222 Tran Phu, **Da Nang,**
Tel. 0511/356 1409, tgl. 10–14.30, 17–22.30 Uhr, ●●
Ein verkleinerter Cham-Turm erinnert ebenso an die alte Kultur dieser Region wie die Villa und der große Garten. Auf den Tisch kommt jedoch solide vietnamesische Küche mit viel Fisch und Meeresfrüchten. Zum Dinner spielt und tanzt ein lokales Ensemble. Nur fünf Gehminuten vom Cham-Museum entfernt.

◆ **Vinh Hung**
147B Tran Phu, **Hoi An,**
Tel. 0510/3862 203, tgl. 8–22 Uhr, ●
Das einfache Gartenrestaurant unweit der Japanischen Brücke serviert drei lokale Spezialitäten gut und günstig: *hoanh thanh*, frittierte Weizenteigtaschen mit Fleischfüllung; *banh bao banh vac*, »Weiße Rosen«, gedämpfte Reisteigtaschen mit Shrimps und gerösteten Zwiebeln; *cao lau*, Hoi Ans beliebte Reisnudeln in kräftiger Brühe mit Sojasprossen, Zwiebeln, grünem Gemüse und Schweinefleisch.

◆ **Red Bridge**
Thon 4, Cam Thanh, **Hoi An,** Tel. 0510/393 3222, www.visithoian.com, tgl. 10–18, Fr–So 10–22 Uhr, ●●
Hier wird das Essen zum Erlebnis. Mit dem Shuttle-Boot kann man sich über den Thu-Bon-Fluss vom Stadtzentrum zum 2 km entfernten Restaurant bringen lassen und nach dem guten Essen kostenlos den 20-m-Pool benutzen (Badehose mitbringen!). Der Service ist freundlich-locker und die ausgewählten Gerichte auch optisch ein Genuss. Es werden zudem Kochkurse angeboten.

◆ **Seafoods**
46 Nguyen Thi Minh Khai, **Nha Trang,**
Tel. 058/3822 664, tgl. 11–22 Uhr, ●●

Die Auswahl an frischem Fisch und Meeresfrüchten ist riesig, die Ausstattung eher schlicht. Letzteres ist den vielen Gästen egal. Sie kommen v.a. wegen der ordentlichen Portionen und des guten Preis-Leistungs-Verhältnisses.

◆ **Song Ngu Seafood Restaurant**
70 Suong Nguyet Anh, Dist. 1, **Ho Chi Minh City,** Tel. 08/3832 5017, www.songngu.com, tgl. 11–14, 17–22 Uhr, ●●–●●●
Das in einer Straße westlich des Ben-Tanh-Marktes gelegene Song Ngu serviert in zwei Hofhäusern den gesammelten Reichtum des Meeres: von gedämpften oder gebratenen Garupa-Fischen über gegrillte Muscheln mit Käse und mit Meeresfrüchten gefüllte Frühlingsrollen bis zu Garnelen, Langusten und Hummern. An den meisten Abenden spielt im Hof eine Musikgruppe.

◆ **Nam Kha**
46–50 Dong Khoi, **Ho Chi Minh City,** Tel. 08/3823 8309, tgl. 11–14, 18–23 Uhr, ●●●

Schon das Ambiente beeindruckt: eine niedrige Halle mit mächtigen Säulen rund um einen flachen Brunnen. Dahinter barock anmutende Tische und Stühle. Die Küche bietet die Vielfalt vietnamesischer und einiger westlicher Speisen. Dazu gibt es eine große Weinauswahl. Im Hintergrund erklingen traditionelle Klänge und Gesänge.

◆ **Nam Bo**
50 Hai Ba Trung, **Can Tho,** Tel. 0710/382 3908, tgl. 7.30–23 Uhr, ●–●●
Zu Recht ist das »Restaurant des Südens« häufig voll, denn in den beiden Etagen des an der Uferstraße gelegenen Kolonialbaus werden gute vietnamesische Speisen serviert. Die Angestellten sind freundlich und effektiv, der Flussblick vom Balkon aus ist einfach schön.

Einkaufen

◆ **Khai Silk**
121 Nguyen Thai Hoc, **Hanoi,** Tel. 04/3747 0583
107 Dong Khoi, **Ho Chi Minh City,** Tel. 08/3829 1146, www.khaisilkcorp.com, tgl. 9–19 Uhr
Elegante Seidenstoffe in dezenten Mustern und Farben gehören einfach zu Asien. Sie sind leicht, kühl und wirken, leicht schimmernd und changierend, äußerst vornehm. Dass hochwertige Seide auch in Vietnam zu bekommen ist, liegt nicht zuletzt an den beiden Khai-Brüdern. Traditionelle und moderne Designs gehen bei ihnen Hand in Hand, nicht billig, aber dafür in sehr guter Qualität.

◆ **Le Chat Studio**
14A Hang Chuoi, **Hanoi,** Tel. 04/3971 8585
132 Le Lai, Dist. 1, **Ho Chi Minh City,** Tel. 08/3509 8080, www.lechatstudio.com, tgl. 9–18 Uhr
Es muss nicht immer Gucci sein. Auch einheimische Designer verstehen ihr Handwerk. Für ihre internationale Mode verwenden sie hochwertige Stoffe »made in Vietnam«. Das Resultat kann in den beiden Boutiquen bestaunt und gekauft werden. Dazu gibt es passenden Schmuck und Accessoires.

◆ **Craft Link**
43 Van Mieu (neben Literaturtempel), **Hanoi,** Tel. 04/3733 6101, www.craftlink.com.vn, tgl. 9–17 Uhr
Gerahmte Webmuster der Hmong, Überwürfe der Schwarzen Thai, Kissenbezüge der Nung – hier gibt es wunderschöne Qualitätsarbeiten der verschiedenen ethnischen Minderheiten. Und man kann mit gutem Gewissen kaufen, denn Craft Link kooperiert mit vielen Hilfsorganisationen und die Hilfe kommt an.

◆ **Minh Hai Ceramic**
Giang Cao, **Bat Trang,** Tel. 04/3874 1060, tgl. 9–18 Uhr

Auf vier Etagen können Besucher den Produktionsprozess der Keramik verfolgen, vom Vorbereiten des Tons über das Drehen oder Formen, Dekorieren und Bemalen bis zur Glasur und zum Abtransport in den Brennofen. Im Erdgeschoss befindet sich ein großer Laden. Qualität und Dekor haben sich durchaus westlichen Vorstellungen angepasst. In diesem bekannten Keramikdorf, 13 km östlich von Hanoi, gibt es zahlreiche weitere Werkstätten und Läden.

◆ **Cho Dong Ba**
Tran Hung Dao, **Hue,** tgl. 7–18 Uhr
Im Stadtmarkt von Hue gibt es alles für den Alltagsgebrauch. Besonders groß ist die Auswahl an den berühmten »poetischen Hüten« (*non bai tho*). Dazu werden Blätter der Latanpalme glattgebügelt, in Form geschnitten und auf ein konisches Bambusgestell gesteckt. Dann legt man einen Scherenschnitt aus Papier

auf, bedeckt dies mit einer zweiten Lage von Blättern und vernäht das Ganze. Als Schutz wird noch Öl aufgetragen.

◆ **Reaching Out Handicrafts**
103 Nguyen Thai Hoc, **Hoi An,**
Tel. 0510/3910 168, www.reachingoutvietnam.com, Mo - Fr 8.30–21 Uhr, Sa - So 9.30–20 Uhr
Im Verkaufsladen zwischen Tan-Ky-Haus und Cargo Club findet man richtig gutes Kunsthandwerk – und unterstützt damit lokale Hersteller, die allesamt körperlich behindert sind. Ihre wunderschönen Produkte reichen von Handtaschen, Schals, Kleidern und Wandbehängen bis zu Schmuck im modernen Design.

◆ **Long Thanh**
126 Hoang Van Thu (zwischen Markt und Pasteur-Institut), **Nha Trang,**
Tel. 058/3824 875, www.longthanhart.com, tgl. 10–17 Uhr
Long Thanh ist Vietnams bekanntester Fotograf. Verpackt in eine Plastikrolle reisen seine kunstvollen Momentaufnahmen in Schwarzweiß – Kinder im Regen, der von Wasserbüffel zu Wasserbüffel springende Junge – und seine stimmungsvollen grafischen Porträts in die ganze Welt.

◆ **Oriental Home**
2A Le Duan, Dist. 1 (südlich des Geschichtsmuseums), **Ho Chi Minh City,**
Tel. 08/3910 0194, www.madeinvietnamcollection.com, tgl. 9–17 Uhr
Hier ist wirklich der ferne Osten zu Hause: zu chinesischen Möbeln gibt es vietnamesische Lackvasen und Steinskulpturen aus Kambodscha. Das Angebot reicht von dekorativem Kunsthandwerk über Schmuck bis zu Seidenkleidern. Hinzu kommen einige edle Antiquitäten.

◆ **Vietnam Artists**
97A Pho Duc Chinh St., Dist. 1, **Ho Chi Minh City,**
Tel. 08/3821 3695, www.vietnamartist.com, Mo–Sa 12–19 Uhr
Die zarte, aber energische Tran Thi Anh Vu präsentiert in ihrer Galerie in der Nähe des Rex-Hotels junge, moderne Künstler aus dem ganzen Land. Für Galeristen besteht die Schwierigkeit darin, echte Originale zu finden, denn viele Maler verstehen sich vor allem darauf, andere zu kopieren. Der Kauf der meist sehr dekorativen modernen Kunst ist deshalb vor allem Vertrauenssache.

Aktiv

◆ **Wandern**
Nationalpark Bach Ma,
40 km südöstlich von Hue, Tel. 054/3871 330, www.bachma.vnn.vn
Genug von Hochkultur? Dann bietet der Bach-Ma-Nationalpark nördlich des Wolkenpasses mit seinen vielen Wanderwegen eine wunderbare Alternative. Das 220 km² große Schutzgebiet erstreckt sich zwischen der Küste und dem Truong-Son-Gebirge an der Grenze zu Laos. Zum Großteil ist es noch mit Monsunregenwald bedeckt und wird vom 1450 m hohen Berg Bach Ma überragt. Der Nationalpark ist gut von Hue oder Da Nang aus zu erreichen und mit über 360 Arten auch für Vogelkundler interessant.

◆ **Bergtouren**
Topas Adventure Vietnam, 24 Muong Hoa, **Sapa,**
Tel. 020/3871 331, www.topastravel.vn
Es muss ja vielleicht nicht gleich die Besteigung des 3134 m hohen Fansipan sein, Vietnams höchsten Berges. Rund um die alte französische Sommerfrische Sapa gibt es eine Vielzahl von spannenden Wander- und Trekkingmöglichkeiten – von einfachen Halbtagstouren bis zu anspruchsvollen Bergwanderungen. Topas Adventure legt viel Wert auf einen nachhaltigen Tourismus.

◆ **Fahrradtouren**
Exotissimo, 20 Hai Ba Trung, Dist. 1, **Ho Chi Minh City,**
Tel. 08/3827 2911
26 Tran Nhat Duat, **Hanoi,**
Tel. 04/3828 2150, www.exotissimo.com
Zwar hat im einstigen Land der Fahrradfahrer schon lange das Moped den Drahtesel ersetzt, trotzdem gibt es noch viele Möglichkeiten, abseits der Hauptstraßen die wunderschönen Landschaften Vietnams hautnah zu erleben. Vielerorts verleihen Unterkünfte Fahrräder, etwa in Ninh Binh zum Besuch der Trockenen Ha-Long-Bucht, in Hue oder in Hoi An. Exotissimo, ein auf nachhaltigen Tourismus bedachter Veranstalter, bietet verschiedene organisierte Tourvarianten an. Fahrräder und Mountainbikes werden zur Verfügung gestellt.

◆ **Motorradfahren**
Easy Riders Dalat, Hangout Cafe Bar, 71 Truong Cong Dinh, **Dalat,**
www.easy-riders.net

Natürlich kann man auch alleine mit dem Motorrad durch Vietnam fahren. Mehr Spaß macht es mit anderen zusammen, etwa mit den »Easy Riders« von Dalat. Sehr schön ist die Fahrt von der »Stadt des ewigen Frühlings« über Buon Ma Thuot und Kon Tum nach Hoi An. In Hanoi bietet **Off Road Vietnam** spannende Fahrten ins Bergland an: Tel. 04/3926 3433, www.offroadvietnam.com

◆ **Elefantenreiten**
Dak Lak Tourist,
103 Phan Chu Trinh,
Buon Ma Thuot,
Tel. 0500/3852 108,
daklaktour@dng.vnn.vn
Einst waren Elefanten als Last- und Reittiere unverzichtbar. Heute gibt es kaum noch wilde und nur wenige domestizierte Dickhäuter. Einige von ihnen arbeiten im Tourismus – etwa am Lak-See, westlich von Buon Ma Thuot im Zentralen Hochland. Dort kann man auf dem Rücken der grauen Riesen Ausflüge unternehmen.

◆ **Surfen**
Jibe's Beach Club,
90 Nguyen Dinh Chieu,
Mui Ne,
Tel. 062/3847 405,
www.windsurf-vietnam.com
Am Strand von Mui Ne, nordöstlich von Phan Thiet, wehen an mehr als 220 Tagen im Jahr Winde von über zwölf Knoten. Das macht vor allem die Kitesurfer glücklich. Der Club verleiht komplette Ausrüstungen für Segler

und Surfer. Erfahrene Lehrer weisen auch Anfänger ein und geben Tipps zu Strömungen und Windstärken.

◆ **Kajaking**
John Gray's Seacanoe,
Tel. 0066/76/254 505,
Phuket, Thailand,
www.johngray-seacanoe.com
John Gray ist der Pionier unter den Meerespaddlern. Bereits 1992 hatte er die Halong-Bucht per Kajak erkundet. Seine stabilen Boote und erfahrenen Führer schaffen Sicherheit und größere Erfahrungswerte, denn das Paddeln in den vielen Höhlen ist aufgrund der Strömungen und Gezeiten nicht ganz ungefährlich. Buchen Sie zwei oder mehr Tage, denn die Fahrt entlang bizarrer Karstfelsen, durch stille Lagunen und grandiose Grotten ist atemberaubend schön.

◆ **Tauchen**
Rainbow Divers (PADI),
The Rainbow Bar,
90A Hung Vuong,
Nha Trang,
Tel. 058/3524 351,
www.divevietnam.com
Weitere Stationen auf Whale Island (Bucht von Nha Trang), Phu Quoc, Con Dao und Hoi An. Unter der Leitung des Briten Jeremy Stein bietet die Tauchschule Unterwassertouren in den besten Tauchrevieren des Landes an: in der Bucht von Nha Trang, im Con-Dao-Archipel südlich von Vung Tau, auf der Insel Phu Quoc im Golf von Thailand und rund um die Cham-Insel bei Hoi An. Tauchsaison ist gas ganze Jahr über, die beste Zeit zum Tauchen ist aber in Zentral-Vietnam Februar bis Oktober, im Süden November bis Mai.

◆ **Golf**
Ocean Dunes Golf Club, 1 Ton Duc Thang,
Phan Thiet,
Tel. 062/3823 366
Dalat Palace Golf Club, Dong Thien Vuong, **Dalat,**
Tel. 063/3823 507,
www.vietnamgolfresorts.com
In der Nähe jeder größeren Metropole findet sich heute ein Golfplatz. Der älteste Club liegt in Dalat, wo seit 1922 der Schläger geschwungen wird, um die Bälle in die wunderschöne Hügellandschaft zu befördern. Der Ocean Dunes Golfclub erstreckt sich idyllisch entlang des Strandes von Phan Thiet und zählt zu den besten Plätzen des Landes.

◆ **Kochkurs**
Evason Ana Mandara,
86 Tran Phu, **Nha Trang,**
Tel. 058/3522 222,
www.sixsenses.com
Dank ihrer frischen und leichten Speisen findet die vietnamesische Küche heute immer mehr Freunde. Kein Wunder, dass manche Gäste selbst den Kochlöffel in die Hand nehmen möchten. Einen sehr informativen Kochkurs bietet das Evason Ana Mandara. Frühmorgens geht es zum Fisch- und Stadtmarkt, um die exotischen Zutaten zu besorgen. Dann beginnt der Kochkurs und die Gäste lernen, wie man Frühlingsrollen wickelt, *canh chua ca*, eine scharfsaure Fischsuppe, zubereitet oder *hai san kho to*, Meeresfrüchte im Tontopf, schmort.

Feste

◆ **Neujahrsfest**
Januar/Februar
Der Jahreswechsel fällt nach dem Mondkalender in den Januar oder Februar. Dann kommt die ganze Familie zusammen, um **Tet Nguyen Dan,** das Fest der Feste, fast eine Woche lang gebührend zu feiern. Zuvor wird das Heim gereinigt und geschmückt. Dabei darf ein Kumquatbäumchen (im Norden) oder ein gelb blühendes Aprikosenbäumchen (im Süden) nicht fehlen. Vor allem der Altar des Herdgottes wird reich geschmückt, denn nach der Legende reist der Gott vor Jahresschluss zum Jadekaiser und berichtet über die Taten der Familie. Die ersten Tage des Jahres werden mit

Essen, Trinken und Verwandtenbesuchen verbracht. Für Touristen ist das schlicht Tet genannte Fest keine gute Reisezeit, denn Verkehrsmittel sind überlastet, Läden und viele Sehenswürdigkeiten geschlossen und meist steht man auch bei Restaurants vor verschlossenen Türen.

◆ Dorffeste
Februar bis April
In den ersten beiden Monaten nach Tet finden zahlreiche Dorffeste statt. Aus dem Dorftempel führt man Statuen des Schutzgeistes durch die Gassen, veranstaltet Märkte und Kulturdarbietungen. Sehr schön sind die Feierlichkeiten im Norden Vietnams, etwa in Co Loa bei Hanoi (6.–16. Tag des 1. Mondmonats), in Lim in der Provinz Bac Ninh (13. Tag des 1. Mondmonats) und in Hoa Lu bei Ninh Binh (8. Tag des 3. Mondmonats).

◆ Fest der Trung-Schwestern
März
Vom 3. bis 5. Tag des 2. Mondmonats erinnert man sich vielerorts an die beiden Trung-Schwestern. Sie führten im 1. Jh. einen kurzlebigen Aufstand gegen die Chinesen an und starben als Heldinnen. Daher sind ihnen zahlreiche Tempel geweiht, in denen zum Fest ihre Statuen gewaschen und in Prozessionen umhergetragen werden. Abends gibt es Laternentänze und Gesangsvorträge.

◆ Totengedenkfest
April/Mai
Am 5./6. Tag des 3. Mondmonats steht **Tet Thanh Minh,** das Totengedenken, im Vordergrund. Familien besuchen die Gräber, reinigen sie, verbrennen Opfergaben und verweilen noch zu einem gemeinsamen Picknick. Von Trauer ist da keine Spur. Es herrscht lockere Stimmung und für ein Schwätzchen mit den (lebendigen) Nachbarn ist immer Zeit.

◆ Fest des Chua Thay
April/Mai
Zum Gedenken an den Mönch To Dao Hanh feiert man im buddhistischen Chua Thay bei Hanoi vom 5. bis 7. Tag des 3. Mondmonats ein großes Fest. Seine Statue wird umhergetragen und da der Mönch auch ein Meister des Wasserpuppenspiels war, gibt es hier mehrere Vorstellungen an historischer Stätte.

◆ Buddhas Geburtstag
Mai
Buddhisten in aller Welt feiern am 8. Tag des 4. Mondmonats Buddhas Geburtstag. So auch die vietnamesischen Gläubigen. Zum **Le Phat Dan** besuchen sie buddhistische Klöster, lauschen den Predigten der Mönche und folgen den feierlichen Prozessionen. Zum Abschluss gibt es ein vegetarisches Festessen.

◆ Mittsommerwende
Juni/Juli
Zum **Tet Doan Ngo** am 5. Tag des 5. Mondmonats besuchen die Gläubigen die Tempel, opfern den Göttern und beschwichtigen die Höllenkönige. Vielerorts finden Bootsrennen statt, etwa beim Chua But Thap östlich von Hanoi und beim Chua Keo bei Ninh Binh.

◆ Ahnengedenktag
August/September
Wie wichtig der Ahnenkult ist, zeigt sich auch zum **Tet Trung Nguyen** am 15. Tag des 7. Mondmonats. Wieder geht es zum Tempel, erhalten die Verstorbenen Opfergaben und steht ein Gräberbesuch mit Picknick und Schwätzchen an.

◆ Mittherbstfest
September/Oktober
Zum **Tet Trung Thu** am 15. Tag des 8. Mondmonats schlagen die Kinderherzen höher. Mit selbst gebastelten Laternen ziehen die Jungen und Mädchen durch die Straßen, besuchen die Nachbarn und essen leckeren Mondkuchen – ein rundes oder quadratisches, ziemlich gehaltvolles Gebäck.

◆ Po-Nagar-Fest
Auch Göttinnen sind eitel. Das zeigt sich im Cham-Tempel Po Nagar in Nha Trang. Dort wird gleich dreimal im Jahr bei einer großen Zeremonie das Gewand der Tempelgöttin gewechselt: am 20. Tag des 3. Mondmonats, am 12. Tag des 7. Mondmonats und am 20. Tag des 12. Mondmonats. Die Statue wird dann von den höchsten Würdenträgern mit Rosenwasser gewaschen und anschließend neu gekleidet.

Phönix aus der Asche

Immer wieder war das Land besetzt, geteilt und wirtschaftlich am Ende. Immer wieder ist es aufgestanden. Heute zählt Vietnam zu den erfolgreichsten asiatischen Tigerstaaten.

Gerne zitieren die Vietnamesen den Satz »Vietnam ist ein Land und kein Krieg«, wurde doch ihre Heimat aufgrund der Jahrzehnte andauernden Kämpfe geradezu mit Krieg gleichgesetzt. Heute haben sich die Bombenkrater in Fischteiche und die Tunnelverstecke in Touristenfallen verwandelt. Die Erinnerungen verblassen. Mehr als zwei Drittel der Vietnamesen sind nach dem Krieg geboren. Vielleicht sind sie die erste Generation, die ihr Land ohne Krieg erlebt.

Als die Amerikaner 1975 abzogen und Vietnam im Jahr darauf wiedervereinigt wurde, rutschte es schon bald in eine desolate Wirtschaftskrise. Das Land hatte sich zwar militärisch erfolgreich gegen die militärische Übermacht des Westens gewehrt, wirtschaftlich musste es seine Niederlage eingestehen – und rollte den roten Teppich für internationale Investoren aus. Der Wendepunkt kam 1986 mit der Politik der »Neuen Struktur«, die die sozialistische Marktwirtschaft einführte. Radikale Reformen liberalisierten die Ökonomie und lockten ausländisches Kapital an. Seit 2000 zählt Vietnam zu den Ländern mit dem höchsten Wirtschaftswachstum. Die weltweite Rezession stoppte den Aufschwung Vietnams, doch seit Ende 2014 wächst die Wirtschaft wieder kontinuierlich.

Politisch und kulturell hält die kommunistische Regierung die Zügel jedoch fest in der Hand. Auch heute noch bestimmt konfuzianisches Denken das Alltagsleben der Menschen. Trotz des hohen Anteils der Jugend in der Bevölkerung ist Vietnam ein konservatives Land, das auf seine Traditionen achtet. Die rasanten Entwicklungen und Veränderungen fordern aber auch ihren Tribut. Die Straßen sind mit Mopeds und zunehmend auch mit Autos verstopft, die Industrialisierung und das Bevölkerungswachstum führten zu dramatischen Umweltzerstörungen, und die Kluft zwischen Arm und Reich wächst stetig.

Trotz dieser Probleme und Risiken ist Vietnam vielen Ländern der Welt ein Vorbild. Es hat einen Weg gezeigt, wie Kriegszerstörung, Teilung, Armut und Isolation überwunden werden können. Für dieses geschichtsträchtige Land war die Zeit nie so gut wie heute.

Vorherige Seiten: Sogar als Knöpfchenporträt: Ho Chi Minh – Retticherernte in Dalat – Bac Ha: Blumen-Hmong verkaufen ihre Tracht **Links:** Nachtmarkt in der Altstadt von Hanoi **Oben links:** Brücke am Hoan-Kiem-See in Hanoi **Oben rechts:** Symbol der Freiheit: das Moped

Geografie und Landschaften

Von den zerklüfteten Bergen im Norden bis zu den wasserreichen Ebenen des Mekong-Deltas im Süden – Vietnam ist ein Land von außerordentlicher Schönheit und großem natürlichem Reichtum.

Vietnam hat die Form eines riesigen, lang gezogenen »S« und wird deshalb gerne mit einer Bambusstange mit zwei Tragekörben verglichen. Die Tragekörbe sind dabei die beiden Reiskammern des Landes: das Rote-Fluss-Delta im Norden und das Mekong-Delta im Süden.

Vietnam liegt zwischen 23° 20′ und 8° 33′ nördlicher Breite sowie 102° 8′ und 109° 28′ östlicher Länge. Im Osten wird es in der gesamten Länge vom Südchinesischen Meer (vietnamesisch Bien Dong) begrenzt. Im Norden teilt sich das Land die 3730 km lange Staatsgrenze mit der Volksrepublik China, im Westen mit Laos und mit Kambodscha. Fast 1700 km misst das Land von Nord nach Süd, an der schmalsten Stelle jedoch nur 50 km von Ost nach West.

Vietnams Gesamtfläche von 331 000 km² schließt einen langen Küstenstreifen und zwischen dem Golf von Tonkin und dem Golf von Thailand eine Vielzahl von Inseln mit ein. Dazu zählen die umstrittenen Paracel- (Hoang Sa) und Spratly-Inseln (Truong Sa), die auch von China (insgesamt) und mehreren südostasiatischen Staaten (teilweise) beansprucht werden. Grund sind dort vermutete Gas- und Ölvorkommen.

Von Nord nach Süd

Bergketten und tiefe Täler trennen Vietnam von China. Der Hoang-Lien-Son-Gebirgszug in der Provinz Lao Cai wird vom Fansipan gekrönt, der mit 3143 m Vietnams höchster Berg ist.

Die Ebenen von Cao Bang, Lang Son, Vinh Yen sowie die Flusstäler des Lo, Chay, Cau, Luc, Nam und Cung dominieren den nördlichen Landesteil, der sich bis zum riesigen Delta des Roten Flusses (vietnamesisch Song Hong) erstreckt. 90 % der nordvietnamesischen Bevölkerung lebten innerhalb dieses Gebietes. Der Rote Fluss durchquert von seiner Quelle in der chinesischen Provinz Yunnan zunächst den Norden Vietnams, um dann in südöstlicher Richtung weiter bis zum Meer zu fließen. Die Küstenlinie ist im Deltabereich meist sehr sumpfig, in der Halong-Bucht mit ihren Tausenden von Karstinseln im Golf von Tonkin hingegen sehr felsig.

Im Norden verteilen sich noch weitere Gebiete mit markanten Karstformationen, allen voran in Tam Coc und Hoa Lu und weiter südlich im Umkreis von Dong Hoi, wo sich die berühmte Phong-Nha-Höhle befindet. Bis heute nicht vollständig erforscht, windet sich das Höhlensystem – UNESCO-Welterbe – über 35 km und wird größtenteils von einem unterirdischen Strom durchflossen.

Zentral-Vietnam bildet eine weit geschwungene Kurve, in der schmale Ebenen zwischen dem Südchinesischen Meer und den Hochplateaus der Truong-Son-Berge eingekeilt sind. Typisch sind Dünen und Lagunen an der Küste und die aus urzeitlichem Schwemmland gebildeten Terrassen am Rand des Gebirges. Die Kalkberge des Pu Sam Sao säumen die laotische Grenze. Das Zentrale Hochland zwischen Da-nang und Dalat ist reich an vulkanischem Basaltboden und birgt zugleich die wichtigsten Waldgebiete des Landes. Zudem liegen hier riesige Tee- und Kaffeeanbaugebiete.

Den nördlichen Abschluss der zentralen Küstenebene bildet ein Bergrücken aus Granitstein, der von dem Hai-Van-Pass in Richtung Danang durchschnitten wird. Südlich von Danang verläuft ein schmaler ebener Küstenstreifen mit unterschiedlicher Breite. Immer wieder wird er von Bergzügen unterbrochen – etwa rund um Nha Trang – und geht schließlich in die endlose Weite des Mekong-Deltas über. Ein Großteil der Bevölkerung Zentral-Vietnams lebt entlang der Küstenebene in Städten und Dörfern, die über die Nationalstraße 1 A und eine Bahnlinie miteinander verbunden sind.

Der Mekong, in Vietnam bekannt als der »Fluss der Neun Drachen«, Cuu Long Giang, ist mit geschätzten 4800 km einer der längsten Ströme Asiens. Von seinen Quellen in den Bergen Tibets fließt er durch China, vorbei an Myanmar (Birma) durch Laos, Thailand und Kambodscha, um sich nach 220 weiteren Kilometern durch Süd-Vietnam ins Südchinesische Meer zu ergießen. Über viele Jahrtausende hinweg lagerten sich die Sedimente des Mekong auf dem flachen Küstenboden ab und bildeten mit der Zeit ein gewaltiges Schwemmland: das 40 000 km² große Mekong-Delta. Noch immer sammeln sich die Ablagerungen im Mündungsbereich der Flussarme und an der Südspitze vor der Halbinsel Ca Mau. Auf diese Weise schiebt sich die Küste jährlich um einige Dutzend Meter ins Meer hinaus. Südwestlich des Mekong-Deltas erhebt sich im Golf von Thailand Phu Quoc, eine große Insel aus Granitstein, wo sich im Norden dichter Bergregenwald erhalten hat.

Links: Traditionelle Dschunke in der Halong-Bucht **Rechts:** Karstfelsen begrenzen die Reisfelder in Tam Coc

Flora und Fauna

Vietnams mannigfaltiges Klima (s. S. 300) und seine vielfältigen Landschaftsformen – vom felsigen Bergland bis zur sumpfigen Ebene – bietet ein breites Spektrum von tropischen bis gemäßigten Lebensräumen für Tiere und Pflanzen. Der Anteil an endemischen Lebewesen ist sehr hoch.

In prähistorischer Zeit überwucherten dichte Urwälder den größten Teil des Landes. Tropische Regenwälder bedecken noch immer weite Flächen und bieten Lebensraum für über 1200 bekannte Pflanzenarten, die wiederum eine Ressource für Öle, Harze, Nutzholz und Medizin sind.

Der Tierreichtum entspricht weitgehend jenem der Malaiischen Halbinsel. Bislang wurden 275 Säugetier-, 848 Reptilien-, 273 Vogelarten und Hunderte von Fisch- und wirbelloser Tierarten identifiziert.

APPETIT AUF VERBOTENES

Die irrige Annahme, der Verzehr von Wildfleisch oder bestimmter Körperteile von Wildtieren habe medizinischen Nutzen oder wirke als Aphrodisiakum, lässt immer mehr Tierarten aussterben: Pangoline, Echsen, Schildkröten, Kobras, Pythons, Affen, Bären, Tiger und viele andere Wildtiere sind extrem bedroht. Manche werden für ihre Haut oder Zähne getötet, andere werden aus Spaß in Privatzoos gehalten. Ein Großteil jedoch, weit über 75 %, endet im Kochtopf.

In den Wäldern tummeln sich Tiger, Leoparden, Elefanten und zahlreiche Primatenarten. 1989 wurde das als ausgestorben geglaubte Java-Nashorn wiederentdeckt. Nur drei Jahre später entdeckten Forscher mit dem Saola erstmals seit 50 Jahren wieder eine Großwildart: Das im Wald lebende Wildrind zählt nicht nur zu einer völlig neuen Spezies, sondern auch zu einer eigenen Gattung. Seitdem entdeckten dem 2006 veröffentlichten Forschungsbericht *Vietnam: A Natural History* zufolge Biologen drei neue Hirschspezies, 63 Wirbeltier- und 45 bislang unbekannte Fischarten.

Bedrohte Umwelt

Die Regierung hat die Bedeutung der einzigartigen Biodiversität Vietnams zwar erkannt und eine Reihe großflächiger Schutzgebiete in Form von Nationalparks und Naturreservaten geschaffen. Doch Umweltschützern zufolge sind diese Maßnahmen halbherzig, da es an strengen Umweltauflagen fehlt.

Über die Jahrhunderte hinweg ist der Waldbestand infolge von hemmungsloser Ausbeutung rapide zurückgegangen. Allein seit 1945 hat er sich von 45 % auf unter 25 % nahezu halbiert. Der Krieg mit den Entlaubungsaktionen der USA inklusive dem Einsatz von Agent Orange sowie andere Faktoren sorgten für eine weitere Beschleunigung des Kahlschlags. Zudem wird wertvolles Nutzholz in großen Mengen für den Export gefällt. Geht diese Entwaldung im großen Stil weiter, so könnten Erosion und Überschwemmungen zu verheerenden Schäden führen – wie dies im Thailand der 1980er-Jahre der Fall war.

Die Regierung versucht dieser Entwicklung durch Aufforstungsprogramme zwar entgegenzusteuern. Aber das 1998 gestartete 5-Millionen-Hektar-Projekt konzentriert sich fast ausschließlich auf die Pflanzung von schnell wachsenden, vorwiegend nichtheimischen Nutzhölzern. Es vertuscht sogar die weitere Rodung des Primärregenwalds und hat damit zur Folge, dass trotz der Wiederaufforstung in den letzten Jahren das fragile Ökosystem bedrohter ist als je zuvor.

Zudem hat Vietnams rasante Entwicklung seit Anfang der 1990er-Jahre die bedrohte Umwelt erheblich unter Druck gesetzt. Eine wachsende Bevölkerung – mittlerweile sollen es über 86 Millionen sein – bedeutet mehr Nachfrage nach Land. Seit den 1980er-Jahren schlägt sich die Regierung mit der Frage herum, wie viel Anbaufläche für Reis in Industriefläche verwandelt und trotzdem noch die Ernährung der Menschen sichergestellt werden kann. Die Wälder im Zentralen Hochland und im bergigen Norden sind zudem immer noch durch die traditionelle Brandrodung der dort lebenden Minderheiten bedroht.

Tiere in Gefahr

Heute sind viele Lebensräume für Tiere vernichtet oder bedroht. Dem *Red Data Book Vietnam* von 2007 zufolge stieg die Zahl der gefährdeten Tierarten von 715 im Jahr 1996 auf 882. Da schätzt, dass jährlich über 3300 t von lebenden Wildtieren und Tierprodukten illegal geschmuggelt werden. Unter den armen Kreaturen sind Echsen, Kobras, Pythons, Makaken, Tiger und Bären.

Wissenschaftler und Umweltorganisationen kritisieren die laxen Gesetze. So ist es legal, bedrohte Arten als Haustiere zu halten, sofern sie entsprechend den offiziellen Bestimmungen artgerecht behandelt werden. Deren Auslegung ist natürlich Sache der örtlichen Polizei, was wiederum von der Höhe des Schmiergeldes abhängig ist. Wird jemand mit einem bedrohten Tier auf seinem Privatgelände erwischt, so muss er nur

einst große Gebiete von Primärregenwald nur noch auf wenige Flächen reduziert sind, schätzt man die Zahl der Tiger und Wildelefanten auf weniger als 100. Die Rhinozerospopulation ist mittlerweile so klein, dass ihr Genpool kaum noch ihren Fortbestand sichern kann. War Vietnam in den letzten 15 Jahren für die Entdeckung neuer Tierarten berühmt, so ist das Land drauf und dran, für die Ausrottung zahlreicher Spezies berüchtigt zu werden.

Das Problem wird noch durch die sehr lukrative – und illegale – Wilderei vergrößert. Man

Links: Dichter Regenwald **Rechts:** Bengalischer Plumplori im Endangered Primate Rescue Center, Cuc-Phuong-Nationalpark

ein Bußgeld zahlen, was normalerweise nur ein Bruchteil des Marktwertes ist, den das Tier im illegalen Handel besitzt – die Vorliebe der Vietnamesen für Wildtiere macht die Wilderei zu einem lukrativen Geschäft. Effektiv geschützt wird infolgedessen kein Tier in Vietnam.

Für Tierschutzgruppen bleibt nur die Möglichkeit, Wildtiere zu konfiszieren, wenn sie während des illegalen Transportes entdeckt werden. Um dies zu umgehen, kommen die Schmuggler auf die kuriosesten Ideen: Sie fälschen Genehmigungen und benutzen für den Transport Hochzeits-, Bestattungs- oder Krankenwagen. 2014 schloss sich Vietnam den internationalen Richtlinien zur Verhinderung von Transporten illegal gehandelter Wildtiere an. ■

Geschichte im Überblick

1. Jt. v.Chr.
Bronzezeit, die Dong-Son-Kultur blüht im Roten-Fluss-Delta und entlang der Küste.

258 v.Chr.
Königreich von Au Lac.

208 v.Chr.
General Trieu Da aus dem Süden Chinas erobert Au Lac, gründet das Königreich Nam Viet und begründet die Trieu-Dynastie.

39–43 n.Chr.
Revolte und kurze Herrschaft der Trung-Schwestern. Danach konsequente chinesische Machtausübung und kulturelle Sinisierung.

542-544
Ly Bon führt einen Aufstand gegen die Chinesen an.

545–938
Vietnam leidet unter der chinesischen Vorherrschaft.

939–1009
Nach der Vertreibung der Chinesen folgen drei kurze Dynastien: Ngo, Dinh und Frühe Le.

1010–1225
Thang Long (heute Hanoi) etabliert sich unter der Ly-Dynastie als neue Hauptstadt.

1225–1400
Weitere Konsolidierung unter der Tran-Dynastie.

1400–1428
Ambitionierte Ho-Dynastie, die von den Chinesen 1407 zu Fall gebracht wurde. Chinesische Besatzung.

1428–1527
Die Chinesen werden von der Späten Le-Dynastie vertrieben. Ihr Reich heißt Dai Viet.

1471
Le Thanh Tong erobert das Cham-Reich Vijaya.

1527–1592
Kurzlebige Mac-Dynastie.

1624
Der Jesuit Alexandre de Rhodes überträgt das Vietnamesische in ein romanisiertes Schriftsystem.

1672
Teilung des Landes unter den Trinh- und Nguyen-Klans.

1771–1792
Tay-Son-Aufstand.

1802–1945
Nguyen-Dynastie.

1802
Hue wird Hauptstadt.

1859–1864
Franzosen nehmen Saigon und dann den gesamten Süden ein, der zur Kolonie *Cochinchine* wird.

1883–1907
Diverse Aufstände gegen die Franzosen werden blutig niedergeschlagen.

1919
Ho Chi Minh präsentiert der Friedenskonferenz in Versailles eine anti-koloniale Petition.

1926
Der 12-jährige Bao-Dai-Herrscher besteigt den Thron und wird bis 1932 zur Erziehung nach Frankreich geschickt.

1930
Ho Chi Minh vereint kommunistische Splittergruppen und gründet in Hongkong die Kommunistische Partei Indochina.

1939
Der Zweite Weltkrieg bricht aus.

1942–1943
Inhaftierung von Ho Chi Minh in China. Nach seiner Freilassung wird er Chef des Viet Minh.

1945
Der Viet Minh übernimmt die Macht. Am 2. September wird die Demokratische Republik Vietnam (DRV) ausgerufen. Bao Dai dankt ab.

1946
Nach gewaltsamer Rückkehr der Franzosen beginnt der Erste Indochinakrieg.

1951
Ho Chi Minh sichert den Viet Minh und gründet die Arbeiterpartei.

1954
Die Franzosen kapitulieren in Dien Bien Phu. Das Genfer Abkommen teilt das Land entlang des 17. Breitengrades. Im Norden übernimmt Ho Chi Minh wieder die Macht. Im Süden etabliert sich Ngo Dinh Diem als Präsident.

1955
Die Feindseligkeiten zwischen Norden und Süden eskalieren. Die USA beginnen Diem zu unterstützen.

1959
Nord-Vietnam unterwandert den Süden über den Ho-Chi-Minh-Pfad via Laos und Kambodscha.

1960
Nord-Vietnam etabliert die Nationale Befreiungsfront (NLF) im Krieg gegen den Süden. Dort ist die Guerillaorganisation als Vietkong bekannt.

1963
Ngo Dinh Diem wird gestürzt und ermordet.

Links oben: Das Cham-Heiligtum Po Klong Garai **Links unten:** Bao Dai, der letzte vietnamesische König **Oben:** Ho Chi Minh in den 1950er-Jahren **Rechts:** Südvietnamesische Truppen

1964
Nord-Vietnam entsendet Unterstützung für den Vietkong.

1965
Die USA bombardieren Ziele im Norden. In Danang landen Truppen.

1968
Der Vietkong eröffnet in 60 Städten die Tet-Offensive. Sie wird zum Wendepunkt des Krieges.

1969
Ho Chi Minh stirbt 79-jährig.

1973
Pariser Waffenstillstandsabkommen. Die letzten US-Truppen verlassen das Land im März.

1975
Mit der Eroberung Saigons am 30. April endet der Krieg.

1976
Offizielle Wiedervereinigung als Sozialistische Republik Vietnam (SRV).

1976–1985
Politische Verfolgung und Enteignungen führen zur wirtschaftlichen Katastrophe und zu großen Flüchtlingsströmen (Boat People).

1977
Vietnam wird Mitglied der Vereinten Nationen (UNO).

1978–1979
Vietnam unterzeichnet einen Freundschaftsvertrag mit der UdSSR. Feindseligkeiten mit Kambodscha und China.

1986
Auf dem 6. Parteitag wird das ökonomische Reformprogramm *doi moi* beschlossen.

1994
Die USA beenden das Handelsembargo.

1995
Aufnahme von diplomatischen Beziehungen mit den USA. Vietnam wird Mitglied der Vereinigung Südostasiatischer Staaten, ASEAN.

1997
Infolge der Asienkrise ziehen sich ausländische Investoren vorübergehend zurück.

2000
Als erster US-Präsident nach dem Krieg besucht Bill Clinton das Land.

2001
Die USA und Vietnam unterzeichnen ein Handelsabkommen. Die Direktinvestitionen nehmen daraufhin zu.

2007
Vietnam wird Mitglied der Welthandelsorganisation (WTO).

2008
Energie- und Lebensmittelpreise explodieren. Zeitweise steigt die Inflation auf über 25 %.

2010
Die Weltwirtschaftskrise führt zum Rückgang des Exportvolumens.

2014
Das Verhältnis zu China wird im Territorialstreit um die Paracel-Inseln durch Zwischenfälle vor der Inselküste stark belastet.

2015
Vietnam feiert den 40. Jahrestag der Eroberung von Saigon.

Im Schatten Chinas

Die Geschichte Vietnams liest sich wie eine Variation von Invasion, Besatzung, Rebellion und Unabhängigkeit. Dabei wurde das Land über Jahrhunderte vom Schwergewicht China tief geprägt.

Vietnams frühe Geschichte verbirgt sich hinter einem Schleier aus Mythen und Legenden. Durch das Kombinieren von historischen Aufzeichnungen Vietnams und Chinas mit Volkserzählungen und archäologischen Funden gelang es Historikern, den Schleier etwas zu lüften. Die Anfänge Vietnams liegen im Roten-Fluss-Delta des Nordens vor nahezu 5000 Jahren und beginnen mit einer Legende. Ein Drachenkönig namens Lac Long Quan habe die schöne Bergfee Au Co geheiratet. Aus ihrer Verbindung gingen 100 Söhne hervor, deren Ältester später als Hung Vuong (»Mutiger König«) zum Herrscher von Van Lang erhoben wurde. Diese Ursprungsmythologie verleitete französische Forscher dazu, Van Lang ins Reich der Legenden zu verbannen. Heutige Historiker gehen davon aus, dass dieses Königreich existierte, gut organisiert war und den Großteil von Nord-Vietnam sowie den Norden der Landesmitte umfasste. Bis ins erste Jahrtausend v.Chr. sollen insgesamt 18 Hung-Könige regiert haben. Dann eroberte Thuc Phan, Herrscher des benachbarten Au Viet, um 258 v.Chr. das Reich. Er nannte sich fortan An Duong Vuong, »König der Friedensvollen Sonne«, und etablierte das Königreich Au Lac. Reste seiner Hauptstadt Phuc An sind heute im Dorf Co Loa nördlich von Hanoi zu sehen.

Chinas Einfluss

Fünfzig Jahre später fiel Au Lac nördlichen Rebellen unter Führung des ambitionierten Generals Trieu Da aus dem Süden Chinas in die Hand. Er etablierte das unabhängige Königreich Nam Viet, welches auch Teile Südchinas einschloss, und begründete 208 v.Chr. die Trieu-Dynastie. Seine Hauptstadt lag in der Nähe des heutigen Guangzhou. Nam Viet geriet in zunehmende Abhängigkeit der Han-Herrscher, die die Einigung Chinas mit aller Macht forcierten. Um 111 v.Chr. fassten sie weite Teile Nord-Vietnams im chinesischen Protektorat Giao Chi zusammen. Beamte aus dem Reich der Mitte, die als Gouverneure eingesetzt wurden, versuchten den Menschen die chinesische Kultur aufzuzwingen, stießen damit jedoch bei den Einheimischen auf heftigen Widerstand.

Links: Cham-Monument (10. Jh.) in My Son **Rechts:** Eine gut erhaltene Dong-Son-Trommel

Die Vietnamesen kämpften mit allen Mitteln gegen den aggressiven Einfluss Chinas und für die Bewahrung ihrer nationalen Identität. Eine furchtlose Frau namens Trung Trach, Mitglied der einheimischen Elite, führte zu Einzelprotesten zusammen, die schließlich in einer Revolte gipfelten. Um 39 n.Chr. führte sie zusammen mit ihrer Schwester Trung Nhi einen Aufstand an und zwang die chinesischen Machthaber zum Rückzug. Trung Trach wurde zur Königin erhoben, doch ihre Herrschaft währte nur kurz. Drei Jahre später brachten die besser ausgerüsteten Chinesen das Land wieder unter ihre Kontrolle. Die als Hai Ba Trung (Zwei Trung-Damen) bekannten Schwestern begingen daraufhin Suizid und werden heute als Nationalheldinnen verehrt.

Weitere Rebellionen

Nach der Niederschlagung der Trung-Rebellion machten die Chinesen Nam Viet zur Provinz Jiaozhou (vietnamesisch Giao Chau) – bis im 6. Jh. ein Gelehrter namens Ly Bon einen neuerlichen Aufstand anführte und die Chinesen teilweise vertreiben konnte. Er erhob sich 544 zum »Südlichen Herrscher«, Ly Nam De, und nannte sein Reich Van Xuan, »Ewiger Frühling«. Ein Jahr später waren die Chinesen zurück, Ly Nam De floh ins heutige Laos, wo er bald darauf verstarb. Sein Nachfolger, Triet Viet Vuong, ein verdienter General, vermochte 550 abermals Van Xuan unabhängig zu machen, doch um 603

AUFSTIEG UND NIEDERGANG DER CHAM

Die ersten schriftlichen Hinweise über die Cham datieren ins ausgehende 2. Jahrhundert. Ihren Aufstieg verdankten sie dem zunehmenden Seehandel. Die Handelskontakte mit Indien und Südostasien brachten auch indisches Gedankengut ins Land. Im 4. Jahrhundert war der Hindu-Kult in Champa fest etabliert und Sanskrit galt als Sprache für offizielle Riten und religiöse Handlungen. Auf dem Höhepunkt ihrer Macht kontrollierten die Cham das gesamte zentralvietnamesische Küstengebiet.

Die Cham-Zivilisation ist heute v.a. für ihre Türme und Tempel aus Ziegelstein bekannt. Wenn sie sich auch mit den ebenfalls indisch beeinflussten Monumenten in Angkor und Bagan nicht messen können, beeindrucken doch die filigranen Verzierungen und hervorragenden Skulpturen.

Die stetigen Expansionsgelüste der Viet führten schließlich zum Niedergang Champas. Ende des 15. Jahrhunderts existierten nur noch einzelne Fürstentümer zwischen Nha Trang und Phan Rang. Heute leben noch etwa 100 000 Cham im Süden Vietnams und 200 000 in Kambodscha. Die meisten von ihnen sind Anhänger des Islam.

wurde auch er von der chinesischen Übermacht vertrieben.

Es begann eine relativ ruhige Zeit der chinesischen Herrschaft, und unter der herrschenden Tang-Dynastie entfaltete sich eine kulturelle Blüte. Die Tang führten eine Verwaltungsreform durch und nannten das Land »Befriedeter Süden«, An Nam. Nur 722 unter Hac De und 791 unter Phung Hung flammten kurzzeitig weitere Aufstände auf. Mit jeder Rebellion wurde ein neuer Held geboren, der in Liedern besungen und in Schreinen verehrt wurde.

Die frühen Dynastien

Der Niedergang der chinesischen Tang-Dynastie war von Wirren begleitet, die den Vietnamesen die ersehnte Chance brachten. Nach langwierigen Kämpfen, die in der legendären Schlacht von Bach Dang gipfelten, besiegte General Ngo Quyen die Besatzer und gründete 939 die erste vietnamesische Dynastie. Sein Land nannte er Dai Viet, seine Hauptstadt verlegte er nach Co Loa, dem Verwaltungssitz des alten Königreichs Au Lac. Nach seinem Tod 967 versank das Land im Chaos und blieb über 20 Jahre zerrissen, während sich im Norden die chinesische Song-Dynastie zum Angriff rüstete.

Dinh Bo Linh, dem mächtigen Fürsten von Hoa Lu, gelang es schließlich, seine Widersacher zu unterwerfen und das Land unter dem Namen Dai Co Viet zu vereinen. Er wählte nach chinesischem Vorbild den Titel Dinh Tien Hoang, »Erster erhabener Herrscher Dinh«. Der Bedrohung der militärisch starken Song-Dynastie aus China begegnete er auf diplomatischem Wege: Er verpflichtete sich, alle drei Jahre zu Tributzahlungen zu leisten. Damit war eine Basis für die zukünftigen Beziehungen mit China geschaffen, die mehrere Jahrhunderte über Bestand haben sollte.

Seinen Hof etablierte Dinh Bo Linh in der neuen Hauptstadt Hoa Lu in der Provinz Ninh Binh und setzte auf eine straffe Beamtenhierarchie und ein starkes Militär. Das strenge Rechtssystem sah die Todesstrafe vor, um potentielle Widersacher abzuschrecken. Recht und Ordnung vermochten eine Phase des Friedens einzuläuten – bis der strenge Dinh Tien Hoang 979 von der Palastwache ermordet wurde.

General Le Hoan riss die Macht an sich und ernannte sich zum König Le Dai Hanh. Er konnte mehrmals erfolgreich die Truppen der chinesischen Song-Dynastie abwehren, entsandte aber weiterhin Tributgesandtschaften nach China. Abgesichert durch einen befriedeten Norden beschloss Le Dai Hanh, auch an der südlichen Reichsgrenze Ruhe zu schaffen. Dort marschierte er 982 mit seiner Armee im Cham-Königreich Indrapura ein, das in den darauffolgenden Jahrhunderten schrittweise einverleibt wurde. Um das Viet-Reich zu festigen und besser verwalten zu können, ließ Le Dai Hanh das Straßennetz ausbauen. Doch anhaltender Widerstand lokaler Adeliger machte seine Herrschaft mühsam. 1009, vier Jahre nach seinem Tod, ging die Le-Dynastie endgültig unter.

Links: Die »große Katze« China empfängt Tribut von unterwürfigen Mäusen (Vietnam) **Rechts:** Literaturtempel in Hanoi

Die Ly-Dynastie (1009–1225)

Die Ly regierten das Land über 200 Jahre lang und bildeten damit die erste große Dynastie Vietnams. Ihr Begründer Ly Cong Uan war ein Schüler des berühmten Mönchs Van Hanh, der ihm zur Macht am Hof von Hoa Lu verhalf. Unter dem Königsnamen Ly Thai To setzte der neue Monarch zunächst mit der Verlegung der Hauptstadt ein Zeichen. Angeblich sah er einen Drachen über seiner zukünftigen Hauptstadt aufsteigen, weshalb er sie Thang Long, »aufsteigender Drache«, nannte.

Während der Ly-Dynastie erblühte der Buddhismus. Mönchsgelehrte wirkten als Berater am Königshof. Einige Ly-Könige stellten sich an die Spitze buddhistischer Sekten und gründeten Klöster. Trotzdem förderten sie auch die konfuzianische Ausbildung. 1070 wurde in Thang Long der erste Literaturtempel (Van Mieu) für die Erziehung zukünftiger Mandarine etabliert. Die Ly festigten ihre Monarchie nach konfuzianischen Grundsätzen. Sie schufen eine zentralisierte Herrschaftsstruktur, ein Steuer- und Rechtssystem sowie eine Berufsarmee. Wichtige öffentliche Arbeiten wie zum Beispiel die Schaffung von Deichen und Kanälen im Roten-Fluss-Delta sollten die Landwirtschaft effektiver machen.

Tran- und Ho-Dynastie (1225–1407)

Ein ambitionierter Bürgerlicher namens Tran Canh heiratete Chieu Hoang, die letzte Königin der Ly-Dynastie, und vermochte mittels List und Intrigen den Thron zu besteigen. Damit wurde er zum Begründer der Tran-Dynastie (1225–1400). Sie ist für ihre glorreichen militärischen Siege bekannt. Dreimal – 1257, 1284 und 1288 – konnte sie die Invasion der Mongolen unter Kublai Khan abwehren. Der Khan hatte ganz China in seine Gewalt gebracht und 1271 die Yuan-Dynastie etabliert. Architekt hinter den letzten beiden Siegen war Tran Quoc Toan alias Tran Hung Dao. Der Bruder des Königs ist heute einer der größten militärischen Helden. Seine Taktik lag darin, die direkte Konfrontation mit der viel größeren Streitmacht der Mongolen zu vermeiden, keine Schlacht auf offenem Feld zu riskieren und keine Städte zu belagern, sondern den Feind in Sumpfgebieten und auf Flüssen anzugreifen. Während ihres Rückzugs erlebten die Mongolen 1288 auf dem Bach-Dang-Fluss ihre schwerste Niederlage.

Im Süden ihres Reiches verfolgten die Tran territoriale Interessen. Durch die Heirat der Königsschwester Tran Huyen mit dem König von Champa 1307 gelang die friedliche Übernahme der Region um Hue und damit eine weitere Ausdehnung des Reiches nach Süden.

Eine andere Hochzeit erwies sich hingegen als fatal für die Tran-Dynastie: Als ein König die Tante seines Ministers Le Qui Ly ehelichte, nutzte der Minister diese Verbindung aus und riss die Macht an sich. Nach dem Namen seines Geschlechtes nannte er seine Dynastie Ho. Er verstärkte die Armee, öffnete die Häfen für den Handel, schuf ein neues Steuersystem und reformierte die Beamtenausbildung.

Den Chinesen war der ambitionierte Umstürzler jedoch ein Dorn im Auge. Unter dem Vorwand, den Anhängern der Tran-Dynastie zu helfen, entsandte der Ming-Kaiser Soldaten nach Vietnam, die 1407 die Ho-Dynastie zu Fall brachten. Die kurze chinesische Besatzungszeit bescherte den Vietnamesen immenses Leid. Die Chinesen wollten die nationale Identität Vietnams komplett auslöschen, indem sie historische oder literarische Schriften und Kunstwerke verbrannten oder nach China schafften. In den Schulen wurden ausschließlich chinesische Klassiker gelehrt. Ihren Modegeschmack mussten die Frauen den chinesischen Vorgaben anpassen, einheimische religiöse Riten und Feste waren verboten oder wurden durch chinesische ersetzt. Das konfiszierte Privatvermögen landete in den Taschen der Chinesen.

Späte Le-Dynastie (1428 bis nominell 1776)

Es bedurfte eines Mannes vom Schlage Le Lois, um das unterdrückte Volk zu befreien. Er organisierte von seiner Heimat aus eine Widerstandsbewegung und führte einen zermürbenden Guerillakrieg. Mit Überraschungsangriffen auf den chinesischen Nachschub wurden die Gegner empfindlich geschwächt. Zudem traf man so nicht direkt auf das zahlenmäßig überlegene chinesische Heer. Die Durchsetzung strenger Disziplin beim Militär sorgte dafür, dass Le Lois Truppen in den von ihm kontrollierten Gebieten auf Plünderungen verzichteten – womit er sich einen Ruf als Volksheld erwarb.

1428 gründete Le Loi die Späte Le-Dynastie und legte sich den Königsnamen Le Thai To zu. Er nannte sein Reich Dai Viet und begann sofort mit dem Wiederaufbau des zerstörten Landes. Eine Reduzierung der Truppenstärke von 250 000 auf 10 000 Mann sowie die Einführung eines Rotationssystems ermöglichte es den Soldaten, zur Landarbeit zurückzukehren und die Lebensmittelversorgung zu sichern. Le Thai To reformierte das Rechtssystem und die Strafgesetzgebung grundlegend. Zur Ausbildung zukünftiger Beamten schuf er eine neue Nationalakademie, die Zulassung erfolgte ausschließlich nach Verdiensten und nicht mehr länger nach der gesellschaftlichen Stellung.

Le Thai To starb 1443 und hinterließ seinem Sohn Le Thai Tong den Thron. Dessen plötzlicher Tod führte am Hof zu einer Ära der Intrigen und Verschwörungen. Erst mit der Machtübernahme durch Le Thanh Tong im Jahr 1460 kehrte wieder Ruhe ein. Während dessen 37-jähriger Regierung erlebte Dai Viet eine nie gekannte Blüte. Le Thanh Tong reformierte das Rechts- und Steuersystem, unterstützte die Bauern und legte Wert auf nationales Brauchtum und Moral. Seine reorganisierte Armee errang 1471 den entscheidenden Sieg über die Truppen des Champa-Reiches. Seine Soldaten waren

Links: Alter Holzdruck eines traditionellen Dorfes bei Hue
Rechts: Hofbeamte in Hue

jedoch nicht nur auf dem Schlachtfeld erfolgreich. Überall wo sie hinkamen, gründeten sie befestigte Wehrdörfer. Mit diesem System verschob die Armee kontinuierlich die Landesgrenze nach Süden, bis Dai Viet sich das gesamte Königreich von Champa einverleibt hatte.

Erbkriege

Im Verlauf des 16. Jhs. verfiel die Späte Le-Dynastie unter den beiden korrupten, unfähigen Nachfolgern Le Thanh Tongs zusehends. Das Land sah sich einer Spaltung in zwei rivalisierende Machtblöcke gegenüber, nachdem Mac Dang Dung, ein gewiefter und intriganter Berater des Königs, 1527 die Macht an sich riss und die kurzlebige Mac-Dynastie etablierte. Zur gleichen Zeit versammelten sich die Abkömmlinge der Le-Dynastie um Nguyen Kim, einen ehemaligen Minister unter den Le, und seinen Schwiegersohn Trinh Kiem. Nach verbissenen Kämpfen nahmen sie 1543 die südliche Hauptstadt ein und verlegten ihren Hof nach Thanh Hoa. Bis zum Tod des letzten Mac-Herrschers, Mac Mau Hop, im Jahr 1592 gingen die blutigen Machtkämpfe unentschieden weiter.

Um nun auch in dem Gebiet der Mac-Herrscher wieder für Recht und Ordnung zu sorgen, setzte Trinh Kiem einen Neffen seines Schwiegersohns namens Nguyen Hoang als Stellvertreter ein und befriedete den Norden. Dann kehrte er nach Tanh Hoa zurück und fand seinen Thron von Nguyen Hoang okkupiert.

Dies führte zu einer Pattsituation, weil zwischen 1627 und 1672 weder die Trinh-Fürsten im Norden noch die Nguyen-Fürsten im Süden einen Sieg erringen konnten. Schließlich einigten sich die Parteien 1672 auf die Teilung des Landes entlang des Gianh-Flusses nördlich von Dong Hoi. Daraufhin folgte ein Jahrhundert relativer Ruhe, aber auch der Stagnation, in dem die Le-Könige nur eine repräsentative Rolle spielten.

1771 jedoch brach in der heutigen Binh-Dinh-Provinz eine Rebellion aus. Die nach ihrer Geburtsstadt Tay Son benannten Brüder Nguyen Nhac, Nguyen Lu und Nguyen Hue (die nichts mit den gleichnamigen Fürsten zu tun hatten) nutzten die allgemeine Unzufriedenheit der Menschen zum Aufstand gegen die Fürsten. Schnell gelang es ihnen, die Nguyen zu besiegen. Die drei Tay-Son-Brüder brachten daraufhin den Süden unter ihre Kontrolle, um dann auch im Norden die Trinh und darüber hinaus die zu deren Sicherheit stationierten chinesischen Truppen zu vertreiben. Kaum zu glauben: ein Bauernaufstand führte zur Wiedervereinigung des Landes.

Nguyen-Dynastie (1802–1945)

Nguyen Hue ernannte sich 1788 als Quang Trung zum Herrscher und widmete sich dem Wiederaufbau des Landes. Unglücklicherweise beendete sein früher Tod 1792 eine vielversprechende Ära. Zwischenzeitlich hatte Nguyen Anh, einer der letzten der Nguyen-Fürsten, seinen Kampf gegen die Tay-Son-Brüder weiter forciert. Nguyen Anh suchte die Unterstützung des französischen Missionars und Bischofs von Adran, Pigneau de Behaine. Der Bischof sah nach dem Untergang der Tay Son eine Möglichkeit, den Einfluss der Kirche zu vergrößern, und bot Nguyen Anh französische Militärhilfe im Austausch gegen territoriale und wirtschaftliche Ansprüche an. Weil die Franzosen zu Hause mit ihrer Revolution beschäftigt waren, lösten sie ihr Versprechen nie ein. Der Bischof machte dennoch Geldmittel locker und rekrutierte eigene Truppen. Die Einübung westlicher Militärstrategien war für Nguyen Anh und seine Armee von unschätzbarem Wert. Er bezwang 1801 den letzten Tay-Son-Bruder und rief sich im Folgejahr zum Gia-Long-Herrscher aus. Er wurde damit zum Begründer der Nguyen-Dynastie.

Obwohl Nguyen Anh seine Machtübernahme den Franzosen verdankte, betrachtete er deren Pläne mit Argwohn. Er verließ sich daher mehr auf die Hilfe konfuzianischer Mandarine als auf katholische Missionare, um seine Herrschaft zu festigen. Das wiedervereinigte und in Viet Nam umbenannte Reich dehnte sich nun von der chinesischen Grenze bis zur Halbinsel Ca Mau an der südlichsten Spitze aus. Gia Long bemühte sich mit aller Macht darum, ein neues Gesetz festzuschreiben und die Verwaltung nach konfuzianischen Prinzipien zu ordnen. Hue wurde mit seinen schmucken Palästen, Mausoleen, Tempeln und Pagoden zur neuen schillernden Hauptstadt. Die Nguyen-Herrscher dehnten Vietnams Grenzen bis nach Laos und Kambodscha aus und machten Teile beider Länder zu Vasallenstaaten. Gegenüber jeglichen Einflüssen des Westens, inklusive Handelsbeziehungen, verschlossen sie sich jedoch aus Angst vor einer Untergrabung der Monarchie.

Die Franzosen kommen

In der Zwischenzeit war Nguyen Anhs ältester Sohn, Prinz Canh, mit dem Bischof von Adran nach Frankreich gereist, um sich der dortigen Regierung vorzustellen. Später besuchte der Prinz eine Missionsschule in Malakka und trat zum Katholizismus über. Canh war somit der erste vietnamesische Prinz mit westlicher Bildung. Da die Armeeführer um die Überlegenheit der europäischen Militärtechnik wussten, hofften sie, sich die Kenntnisse des Prinzen für den Wiederaufbau des Landes zunutze machen zu können. Für viele war Canh ein Hoffnungsträger, der Vietnam den Weg in die Moderne ebnen würde.

Doch als Gia Long 1820 starb, entbrannte am Hof ein Machtkampf zwischen Traditionalisten und Modernisierern. Die Konservativen favorisierten Prinz Mien Tong, Canhs jüngeren Bruder. Als Prinz Canh im Alter von 21 Jahren offiziell an Masern starb, behaupteten Missionare, dass er vergiftet worden sei. Mit der Krönung Mien Tongs zum Minh-Mang-Herrscher endete das Machtgerangel. Die meisten Anhänger des Prinzen Canh wurden degradiert oder getötet.

Zur gleichen Zeit trieben die katholischen Missionen ihre Bekehrungsanstrengungen voran, womit sie allerdings bei Minh Mang nur provozierten. Missionare und christliche Vietnamesen waren zunehmender Verfolgung ausgesetzt – was den Franzosen einen Grund gab, in Vietnam zu intervenieren. Mit der Landung einer französischen Einheit in der Bucht von Danang 1858 begann eine Besatzung, die fast ein Jahrhundert währen sollte. ■

Links: Der westlich gebildete Prinz Canh **Rechts:** Französische Truppen besetzen 1883 Hung Hoa

CHỦ TỊCH
HỒ - CHÍ - MINH

Kampf um Unabhängigkeit

Trotz kolonialer Ausbeutung, brutalem Krieg und kommunistischer Bürokratie ist es den Vietnamesen dank ihres Pragmatismus und ihrer Schaffenskraft gelungen, ihr gebeuteltes Land zum wirtschaftlichen Erfolg zu führen.

Im Jahr 1859 nahmen die Franzosen Saigon ein und etablierten wenige Jahre später im Süden die Kolonie *Cochinchine*. In den 1880er-Jahren machten sie die Mitte und den Norden zu den Protektoraten Annam und Tonkin. 1887 wurden die drei Landesteile mit Kambodscha in der *Union indochinoise* zusammengefasst. Sechs Jahre später kam das benachbarte Königreich Laos hinzu.

Die Vietnamesen waren unter französischer Herrschaft genauso unglücklich wie sie es seinerzeit unter den Chinesen waren. Daher etablierten sich in den kontrollierten Gebieten diverse Widerstandsgruppen. Manche wurden von ehemaligen Mandarinen angeführt, andere von Bauern. Selbst der junge Nguyen-Herrscher Ham Nghi stand an der Speerspitze einer antikolonialen Bewegung, weshalb er später ins algerische Exil verbannt wurde. Eine der einflussreichsten Widerstandsgruppen bestand fast ausschließlich aus Aristokraten, Intellektuellen und jungen Leuten. Angeführt wurde sie von den radikalen konfuzianischen Lehrern Phan Boi Chau und Phan Chau Trinh. Sie hatten die Vision eines demokratischen Staates, und der Sieg Japans über Russland 1905 zeigte ihnen, dass die westlichen Mächte nicht unbesiegbar waren. Phan Boi Chau etablierte daraufhin 1907 die »Ostwärtsbewegung«, Dong Du, und entsandte heimlich Studenten nach Japan. Die französischen Behörden deckten jedoch den Plan auf, und Japan sicherte die Auslieferung der Studenten zu. Japanische Beamte verhalfen jedoch einigen zur Flucht nach China, wo sie 1911 Zeuge der von Sun Yat-sen angeführten Revolution wurden. Das überzeugte sie, dass auch in Vietnam die Zeit für einen Umsturz reif war.

Links: Das Ho-Chi-Minh-Mausoleum in Hanoi **Rechts:** Der legendäre »Onkel Ho« in den 1950er-Jahren

Aber die Revolutionäre waren alles andere als geeint. Es kam zum Bruch zwischen dem Befürworter einer Reform nach europäischem Muster, Phan Chau Trinh, und dem radikalen Nationalisten Phan Boi Chau. Letzterer gründete in Guangzhou die Partei *Vietnam Quang Phu Hoi* und plante einen bewaffneten Widerstand gegen die Franzosen, während Phan Chau Trinh die Unabhängigkeit durch einen demokratischen Prozess erreichen wollte. Daher ging er 1915 in der Hoffnung nach Paris, vietnamesische Exilanten und französische Sympathisanten zusammenzubringen, um seinen Kampf gegen die Kolonialmacht zu unterstützen.

VIETNAMS LETZTER MONARCH

Der letzte König von Vietnam wurde als Nguyen Vinh Thuy am 22. Oktober 1913 in Hue geboren. Seine Jugend verbrachte er in Frankreich bei einer Gastfamilie, wo er mit europäischen Ideen und Prinzipien aufwuchs. Am 8. Januar 1926 wurde der erst Zwölfjährige als »Bao Dai« (Hüter der Größe) zum 13. Nguyen-Herrscher gekrönt. Viel zu jung, um die königlichen Pflichten wahrzunehmen, kehrte der Monarch zum weiteren Studium nach Frankreich zurück. Ein Thronrat aus Frankreich ergebenen Beamten übernahm in Vietnam die Regierung.

Zurück in der Königsstadt Hue, bemühte sich Bao Dai nach 1932 um Reformen der Justiz und des Erziehungssystems. Doch schon bald genoss er wegen seiner Schwäche für Luxus, Frauen und abenteuerliche Tigerjagden den Ruf eines königlichen Playboys.

Bao Dai mag mutig mit Stirnlampe und einer Flinte in der Hand einem Raubtier ins Auge geblickt haben, doch bei den vielen politischen Problemen schaute er einfach weg. Nachdem japanische Truppen in ganz Südostasien eingefallen waren und während des Zweiten Weltkriegs auch Vietnam besetzten, ließen sie Bao Dai auf dem Drachenthron, um damit ein Zeichen für politische Kontinuität zu setzen.

Nach der Niederlage Japans im August 1945 zwangen die erstarkten Viet Minh den Monarchen zur Abdankung. Er akzeptierte diesen Schritt mit den Worten: »Lieber bin ich Normalbürger eines unabhängigen Landes als Herrscher einer unterdrückten Nation.«

Um das Gesicht des abgedankten Königs zu wahren, bot Ho Chi Minh ihm die Rolle eines Obersten Beraters an. Faktisch hatten die Kommunisten jedoch keinerlei Interesse, ihre Macht mit Bao Dai zu teilen. Der »Bürger Thuy« ging ins Exil nach Hongkong, wurde aber 1949 von den Franzosen überredet, nach Vietnam zurückzukehren. Die europäische Macht brauchte eine anerkannte Persönlichkeit als Staatsoberhaupt. Bao Dai, so ein Historiker, sollte zum »Feigenblatt für ein Marionettenregime« werden. Wie früher überließ er auch diesmal wichtige politische Entscheidungen seinen Beratern, um mehr Zeit für seine mittlerweile drei Frauen und zahlreichen Konkubinen, darunter eine Tänzerin aus Hanoi, zu haben.

Als mit dem Genfer Abkommen das Land 1954 geteilt wurde, versuchten Bao Dai und sein engster Beraterstab, in Süd-Vietnam die Macht zu übernehmen. Ihrem Plan stand jedoch der von den USA favorisierte Ngo Dinh Diem im Weg. Diem wollte eine Republik ohne Monarchen schaffen und ließ 1955 das Volk darüber in einem höchst umstrittenen Referendum abstimmen. Bei der manipulierten Abstimmung sprachen sich 98,2 % für Diem als Präsidenten aus. Wie frappierend die Fälschungen waren, zeigt das Beispiel im Stimmkreis Saigon-Cholon. Dort wurden 605 000 Stimmzettel abgegeben, obwohl nur 450 000 registrierte Personen wahlberechtigt waren.

1955 verließ Bao Dai Vietnam und ließ sich im französischen Exil nieder. Dort lebte er die nächsten Jahre weitgehend zurückgezogen und äußerte sich nicht zu den Verwerfungen seines Heimatlandes. Nur einmal, 1972, wandte er sich an die Öffentlichkeit und rief die Vietnamesen zur Versöhnung auf. Im gleichen Jahr heiratete er die Französin Monique Baudot. Bao Dai verbrachte die letzten Lebensjahre in seiner Pariser Wohnung und starb am 30. Juli 1997. Sein Grab liegt auf dem berühmten Pariser Cimetière de Passy. ■

Aufstieg eines Revolutionärs

Die russische Revolution von 1917 beeindruckte einen jungen Mann namens Nguyen Tat Thanh – bekannt als Ho Chi Minh – nachhaltig. Ho überreichte unter dem Pseudonym Nguyen Ai Quoc während der Konferenz von Versailles 1919 eine antikoloniale Petition. Er nahm Kontakt mit französischen Linksintellektuellen auf und gründete mit ihnen 1920 die Kommunistische Partei Frankreichs. Später ging er nach Moskau und erhielt dort seinen ideologischen Schliff bei der Kommunistischen Internationale.

1924 wurde Ho nach China entsandt, wo er zusammen mit anderen jungen vietnamesischen Revolutionären die Vereinigung der Jugend Vietnams gründete. Diese Gruppe stand später in Konkurrenz zu anderen Befreiungsgruppen. Währenddessen starb 1925 der Khai-Dinh-Herrscher. Auf ihn folgte sein erst 12-jähriger Sohn Bao Dai. Er wurde zur Erziehung nach Frankreich geschickt und kam erst 1932 zurück.

Die Vietnamesen hofften, dass die Franzosen nun eine liberalere Kolonialpolitik verfolgen würden – vergebens. 1930 gelang es Ho Chi Minh, aus mehreren linken Gruppierungen die Kommunistische Partei Indochinas zu formen.

Im gleichen Jahr startete die Nationalpartei Vietnam, Quoc Dan Dang, unter Führung von Nguyen Thai Hoc eine Militärrevolte. Es folgten weitere Revolten kommunistischer Gruppierungen und einige Bauernaufstände. Die Franzosen unterdrückten all diese Proteste mit eiserner Faust. Doch die erzwungene Ruhe wurde bald von einem globalen Ereignis gestört: dem Ausbruch des Zweiten Weltkriegs.

Die Kommunisten erstarken

Für Vietnam war der Kriegsausbruch von 1939 genauso einschneidend wie die französische Besetzung von Danang 1858. Die deutschhörige Vichy-Regierung im besetzten Frankreich akzeptierte die japanische Besetzung Indochinas unter der Bedingung, dass die Franzosen weiterhin das Land verwalten durften.

1941 gelang es der Kommunistischen Partei Indochinas unter Führung Ho Chi Minhs, die zersplitterten linken Gruppierungen in der Revolutionären Liga für die Unabhängigkeit Vietnams zu einen. Mit dieser als Viet Minh bekannten Organisation hatte Ho ein Ziel erreicht, das er seit 1924 verfolgte: die Einigung der Kommunisten.

Mit dem Ende des Zweiten Weltkriegs sah Ho Chi Minh seine Chance gekommen. Angesichts ihrer drohenden Niederlage setzten die Japaner im März 1945 die französische Kolonialverwal-

Links oben: Das Bao-Dai-Palais in Dalat **Links:** König Bao Dai (1913–1997) **Rechts:** Hang-Bo-Straße im Hanoi der 1930er-Jahre

tung ab und erklärten die Unabhängigkeit Vietnams unter japanischer Protektion. Der Bao-Dai-Herrscher wurde als Staatsoberhaupt eingesetzt. Doch als Japan schließlich endgültig den Krieg verlor, versuchte Ho Chi Minh sich zum entscheidenden Machtfaktor zu machen und okkupierte mit seinem Viet Minh so viel Territorium wie möglich.

Die Augustrevolution

Am 16. August verkündete der Viet Minh die Gründung des Nationalen Komitees zur Befreiung Vietnams und nahm drei Tage darauf Hanoi ein. Weitere vier Tage später okkupierten

die Kommunisten Hue und zwangen Bao Dai zum Rückzug. Am 25. August dankte der Herrscher offiziell ab. Der Weg in die Unabhängigkeit war frei. Am 2. September proklamierte Ho Chi Minh in Hanoi die Gründung der Demokratischen Republik Vietnam (DRV).

Doch die Lage war weiterhin äußerst labil. Britische Truppen landeten in Saigon, um japanische Soldaten zu entwaffnen und für Recht und Ordnung zu sorgen. Im Norden marschierten die nationalchinesischen Guomindang ein, um ebenfalls gegen das noch verbliebene japanische Militär vorzugehen. Unterdessen wollten die Franzosen ihre alte Kolonie zurückhaben. Die ersten allgemeinen freien Wahlen Vietnams im Januar 1946 endeten mit einem überwältigenden Sieg des Viet Minh. Die erste nationale Verfassung des Landes wurde verabschiedet. Den Franzosen wurde im französisch-vietnamesischen Abkommen vom 6. März 1946 gestattet, noch für fünf Jahre ihre Truppen in Vietnam zu belassen. Im Gegenzug sollte die Kolonialmacht die Unabhängigkeit Vietnams innerhalb der Französischen Union offiziell anerkennen.

Doch bald begannen sich die Beziehungen zwischen Frankreich und dem Viet Minh rapide zu verschlechtern. Die Feindseligkeiten eskalierten, als die Franzosen im Dezember 1946 den Hafen von Haiphong bombardierten. Daraufhin rief Ho Chi Minh die Bevölkerung zum allgemeinen Widerstand auf. Daraus entbrannte ein blutiger Krieg, der mit Unterbrechung fast 30 Jahre dauern sollte.

Erster Indochinakrieg (1946–1954)

Unter Leitung von General Vo Nguyen Giap kam es zu einer Generaloffensive, doch angesichts der militärischen Übermacht Frankreichs mussten sich die vietnamesischen Kämpfer auf das Land zurückziehen. Vietnams einzige Chance sah der General in einem von der Bevölkerung unterstützten Partisanenkampf. Wie zu Zeiten des großen Freiheitskämpfers aus dem 15. Jh., Le Loi, sollten Kämpfe im offenen Feld vermieden und die Franzosen durch Sabotageakte und Überfälle zermürbt werden.

Nachdem vietnamesische Guerillakämpfer mehrere französische Stellungen entlang der chinesischen Grenze zerstören konnten, stand dem direkten Kontakt zur 1949 etablierten Volksrepublik China nichts mehr im Weg. Der alte Erzfeind wurde zum Alliierten und half durch logistische und militärische Hilfe beim Aufbau einer Viet-Minh-Armee.

Ho Chi Minh seinerseits bemühte sich um mehr Unterstützung im Volk. 1951 fusionierte er den Viet Minh mit der Patriotischen Front, Lien Viet, und gründete die Nationalunion von Vietnam. Er proklamierte zudem die Schaffung einer Arbeiterpartei (Lao Dong), nachdem die Kommunistische Partei in Fraktionen zerfallen war. Die Nationalisten und Nicht-Kommunisten stellte er vor die Wahl, das neue Regime oder die Kolonialmacht zu unterstützen.

Links: General Vo Nguyen Giap **Rechts:** Gehisste Viet-Minh-Flagge nach dem Sieg von Dien Bien Phu

Das Genfer Abkommen

Im Mai 1954 erlitten die Franzosen in ihrer Garnison in Dien Bien Phu eine vernichtende Niederlage und zogen sich daraufhin aus dem Norden in den Süden Vietnams zurück. Der Krieg endete offiziell am 20. Juli mit dem Genfer Abkommen.

Seine endgültige Unabhängigkeit erlangte Vietnam auf Kosten seiner Einheit. Das Abkommen teilte das Land entlang des 17. Breitengrades mit dem Ziel, es nach allgemeinen Wahlen zwei Jahre später wieder zu vereinen. Der kommunistische Norden des Landes wurde zur Demokratischen Republik Vietnam unter Führung des Präsidenten Ho Chi Minh und der Süden zur Republik von Süd-Vietnam.

Zudem mussten die französischen Truppen aus Indochina abziehen. Bao Dai, der dazu überredet wurde, aus seinem französischen Exil zurückzukehren, bat seinen früheren Minister Ngo Dinh Diem, erster Premier von Süd-Vietnam zu werden. Diem war eine eigentümliche Wahl: Ein Katholik im vorwiegend buddhistischen Vietnam, der zudem zwei Dekaden im Ausland lebte, sollte die Geschicke eines zerrissenen Landes lenken. In einer manipulierten Volksabstimmung wurde Bao Dai 1955 von Diem abgesetzt. Dies war die eigentliche Ge-

DIE SCHLACHT VON DIEN BIEN PHU

In Vietnams ereignisreicher Kriegsgeschichte gilt die Schlacht von Dien Bien Phu als eine der größten militärischen Leistungen. Als ihr Held gilt der legendäre General Vo Nguyen Giap. Frankreichs Plan war es, den Viet Minh in eine große offene Schlacht zu zwingen – in der Annahme, dass Frankreich siegreich daraus hervorgehen würde. Daher bauten Fallschirmjäger, darunter viele deutsche Fremdenlegionäre, ab November 1953 in der Hochebene von Dien Bien Phu eine Festung. Sie sollte den Rückzugsweg der Viet Minh ins benachbarte Laos blockieren.

Die Franzosen unter Führung von General Christian de Castries, waren sich sicher, dass der Viet Minh die Verteidigungsanlagen mangels geeigneter Waffen niemals würde erobern können. General Giap ordnete darauf an, einen Ring von Schützengräben um die Festung anzulegen. Damit konnte der Viet Minh feindliche Stellungen angreifen, ohne selbst ins Feuer zu geraten. Bald umzingelten über 70 000 vietnamesische Soldaten die französische Festung. Von den Chinesen neu erworbene Haubitzen und andere schwere Geschütze ließ Giap auf Karren und Fahrrädern in die Berge transportieren. Am 13. März 1954 begann die Belagerung. Dien Bien Phu fiel nach 56 Tagen am 7. Mai 1954. 13 000 französische Soldaten ergaben sich, 25 000 Viet Minh verloren ihr Leben.

burtsstunde der Republik von Süd-Vietnam. Anstelle der erhofften Stabilisierung rutschte das Land jedoch in einen seiner blutigsten Konflikte.

Die Nord-Süd-Teilung

Die für 1956 anberaumten Wahlen fanden nie statt. Schon bald nach dem Genfer Abkommen begann ein kalter Krieg im geteilten Land. Der Norden entsandte Guerillaeinheiten in den Süden, um die Wiedervereinigung gewaltsam zu erzwingen. Die USA betrachteten den Konflikt in Vietnam als Teil ihres Kampfes gegen den Kommunismus. Sie unterstützten die Truppen des Diem-Regimes und sahen sich als militärische Schutzmacht von Süd-Vietnam.

Am 20. Dezember 1960 gründete der kommunistische Norden die Nationale Front für die Befreiung Süd-Vietnams (FNL), um das südvietnamesische Regime durch Untergrundkämpfe zu destabilisieren. Die gemeinhin als Vietkong bekannte Befreiungsfront gewann in den frühen 1960er-Jahren enorm an Schlagkraft. Zu ihrer Unterstützung entsandte Nord-Vietnam auch reguläre Truppen in den Süden.

Als der Katholik Diem begann, die Buddhisten zu verfolgen, führte dies zu spektakulären Selbstverbrennungen buddhistischer Mönche und Nonnen. Die Bilder von Thich Quang Duc, einem 66-jährigen Mönch, der sich im Juni 1963 an einer Saigoner Straßenkreuzung in Flammen setzte, gingen um die ganze Welt. Dies führte zum Niedergang des verhassten Regimes. Fünf Monate später wurden Diem und sein Bruder Ngo Dinh Nhu entmachtet und ermordet.

Der Zweite Indochinakrieg (1965–1975)

Der Beginn des Jahres 1965 führte zur Eskalation des Konfliktes und zum Eintritt der USA in den Krieg, als US-Präsident Lyndon B. Johnson beschloss, Truppen nach Vietnam zu entsenden. Ende 1967 standen über 500 000 US-Soldaten und 100 000 Alliierte – meist Soldaten aus Süd-Korea, Australien und Neuseeland – auf vietnamesischem Boden.

Die spektakuläre Tet-Offensive im Januar 1968, als der Vietkong in Saigon und 60 anderen Städten einen Überraschungsangriff startete, gilt als Wendepunkt des Krieges. Als Vietkong-Kämpfer am vietnamesischen Neujahrsfest sogar in das hochgesicherte Gelände der US-Botschaft eindrangen, fühlten sich die USA höchst blamiert. In Amerika und zahlreichen europäischen Ländern nahm die Protestbewegung gegen den Indochinakrieg enorme Ausmaße an. Hinzu kam, dass in der Öffentlichkeit Massaker wie jenes in My Lai (s. S. 233) bekannt wurden.

Als Johnson ankündigte, nicht mehr zur Präsidentschaftswahl anzutreten, versprach sein Herausforderer und Nachfolger Richard Nixon, den Krieg zu beenden. 1969 starb Ho Chi Minh, ohne dass sein Wunsch eines geeinten Vietnams in Erfüllung gegangen wäre. Im gleichen Jahr begannen zunächst geheime Friedensverhandlungen, die sich jedoch, begleitet von heftigen Kämpfen, noch vier Jahre hinzogen. Am 27. Ja-

DER KRIEG IN ZAHLEN

Etwa 7,85 Mio. Tonnen Bomben fielen auf vietnamesischen Boden (viermal mehr als im Zweiten Weltkrieg). Der Zweite Indochinakrieg kostete über 3,5 Millionen Menschen das Leben. Die USA verloren 57 605 Armeeangehörige. Bei ihren Entlaubungsaktionen versprühte die USA 80 Mio. Liter Herbizide, über die Hälfte davon als dioxinhaltiges Agent Orange. Geschätzte 4,8 Millionen Menschen hatten damit Kontakt. In der Folgezeit kamen über 50 000 Kinder mit Missbildungen zur Welt.

nuar 1973 wurde schließlich das Pariser Abkommen unterzeichnet. Die USA zogen ihre Truppen ab, gewährten Süd-Vietnam aber weiterhin Militärhilfe. Ihr Rückzug führte zu einer weiteren Destabilisierung der Saigoner Regierung, deren Zusammenbruch nur noch eine Frage der Zeit war. Als nordvietnamesische Truppen ab März 1975 in den Süden einmarschierten, fiel eine Stadt nach der anderen ohne große Gegenwehr. Am 30. April 1975 zogen sie fast kampflos in Saigon ein. General Duong Van Minh, der erst drei Tage auf dem Präsidentensessel saß, erklärte daraufhin die bedingungslose Kapitulation.

des Landes durch einen schnellen Aufbau des Sozialismus. In der Wirtschaft bedeutete dies die Abschaffung des Privateigentums und die Kollektivierung von Landwirtschaft, kleiner Industriebetriebe und Geschäfte. Dies führte innerhalb weniger Jahre zu derart katastrophalen ökonomischen Zuständen, dass Hunderttausende ihre Heimat verließen – ein Großteil als »boat people« über das Meer. Die meisten waren Südvietnamesen, die sich mit ihrer Flucht auch der politischen Verfolgung entziehen wollten. Hinzu kam, dass im Süden die Elite abhanden kam, denn es waren vor allem Gebildete und Staatsangestellte, die als Kollaborateure

Nachkriegselend

Dem vereinigten Vietnam schien eine strahlende Zukunft beschieden, und die kommunistische Führung hatte für das kriegszerstörte Land große Pläne. Doch eine Reihe fataler Fehlentscheidungen sollte das Land an den Rand des wirtschaftlichen Zusammenbruchs führen.

Im Juli 1976 wurde das Land mit der Gründung der Sozialistischen Republik Vietnam (SRV) offiziell wiedervereinigt. Ein Jahr später verabschiedete die Kommunistische Partei auf ihrem 4. Parteitag die radikale Umgestaltung

Links: Flüchtling nach der Einnahme Saigons 1975
Rechts: Der Krieg ist aus: Nordvietnamesischer Panzer vor dem Saigoner Präsidentenpalast

des südvietnamesischen Regimes teilweise jahrelang in sogenannten Umerziehungslagern interniert wurden. Viele kamen nicht wieder zurück.

Zu alledem geriet das Land Ende 1978 in einen blutigen Konflikt mit dem Pol-Pot-Regime in Kambodscha – was wiederum zu einer Racheaktion des Khmer-Rouge-Alliierten China führte. Für eine kurze Periode marschierten Soldaten der chinesischen Volksarmee im Norden Vietnams ein. Die Invasion in Kambodscha und die Spannungen mit China ließen dem Land kaum Ressourcen für eine wirtschaftliche Erholung. In den 1980er-Jahren war die Anwesenheit vietnamesischer Besatzungstruppen in Kambodscha ein Stachel in den internationalen

Beziehungen. China, die USA und die Südostasiatische Staatengemeinschaft ASEAN waren sich darin einig, das Land politisch zu isolieren. Trotzdem beschloss der 5. Parteitag der Kommunistischen Partei, weiterhin vietnamesische Soldaten in Kambodscha zu stationieren, um den Einfluss im Nachbarland langfristig zu sichern. Es war ein Entschluss, der Vietnam an den Rand des Zusammenbruchs führen sollte.

Wirtschaftliche Reformen

Die 1980er-Jahre gelten den meisten Vietnamesen als verlorene Jahre, in denen ein Großteil der Menschen unter der Armutsgrenze lebte und nicht einmal genügend Reis zu essen hatte. Fleisch war rationiert, und mit ihren Lebensmittelmarken in der Hand mussten die Menschen stundenlang in Schlangen ausharren, um die kargen Nahrungsmittelrationen zu erhalten. Erst 1986, als Michail Gorbatschow im Bruderstaat UdSSR seine Perestroika-Politik umsetzte, beschloss die Kommunistische Partei auf ihrem 6. Parteitag eine Politik der »Neuen Struktur«, Doi Moi. Mit umfassenden Wirtschaftsreformen wollte die Regierung das Land voranbringen. Dem neuen Generalsekretär und Vater der Reformen, Nguyen Van Linh, war klar: Die Partei muss sich ändern oder sie wird sterben. Bis 1988 liebäugelten die Kommunisten auch mit politischen Reformen. Ziel von Doi Moi müsse die »grundsätzliche Revolution in allen Sphären des gesellschaftlichen Lebens« sein, meinte Van Linh. Doch mit Blick auf den zunehmenden Zerfall der UdSSR machte die Führung eine Kehrtwende. Wirtschaftliche Liberalisierung: ja, politischer Pluralismus: nein.

Die letzten vietnamesischen Streitkräfte verließen 1989 Kambodscha. Mit dem Zerfall der Sowjetunion, seines wichtigsten Verbündeten, 1991, musste sich das Land außenpolitisch neu ausrichten und begann mit einer politischen Annäherung an den Erzfeind China. Inzwischen strömten immer mehr westliche und asiatische Unternehmen auf der Suche nach attraktiven Investitionsmöglichkeiten ins Land. Vietnam galt in der Weltwirtschaft noch als weißer Fleck. In Hanoi und vor allem Ho Chi Minh City (Saigon) mehrte sich die Zahl ambitionierter Entwicklungsprojekte. Hotels wurden renoviert oder neu gebaut, die Zahl der internationalen Flugverbindungen stieg rasant und die Infrastruktur verbesserte sich stetig – von der Telekommunikation bis zum Straßennetz.

Unter Bill Clinton begann auch in den USA ein politisches Umdenken. Zunächst stimmte Clinton 1993 der Kreditvergabe durch den Internationalen Währungsfonds zu, ein Jahr später hob der Präsident die Handelssanktionen auf. 1995, als Vietnam auch Vollmitglied der ASEAN wurde, nahmen die USA und Vietnam volle diplomatische Beziehungen auf. Als eine Geste der Versöhnung verstand die US-Administration die Einsetzung von Pete Peterson als erster US-Botschafter in Hanoi. Der ehemalige Luftwaffenpilot war während des Krieges für sechs Jahre in der Hauptstadt inhaftiert.

Die Boomjahre

Zwar verlangsamte die Asienkrise ab 1997 die wirtschaftliche Entwicklung zeitweilig, doch seit 2000 erlebt Vietnam einen wahren Boom. Das Land entwickelte sich von einem wirtschaftlichen Zwerg zu einem kräftigen Tiger. Mit 8 % pro Jahr wuchs das Bruttoinlandprodukt Vietnams weit stärker als in den meisten Ländern Asiens. 2007 wurde das Land als 150. Mitglied in die Welthandelsorganisation WTO aufgenommen und festigte damit weiter seinen Platz in der Welt. Vietnam ist zu einer Art Aushängeschild für erfolgreiche Wirtschaftsreformen geworden. In Ho Chi Minh City und Hanoi zählen die Grundstückspreise zu den höchsten in Asien. Bürotürme, Hotels und Apartmentblöcke wachsen wie Pilze aus dem Boden.

Doch all die schönen Zahlen können die vielen Probleme nicht überdecken. Noch immer ist Vietnam vorwiegend ein Agrarstaat. Über zwei Drittel der Bevölkerung arbeiten in der Landwirtschaft. Das Einkommensniveau ist im Allgemeinen noch immer sehr gering. Der Durchschnittsverdienst liegt gerade mal bei 700 bis 800 Euro im Jahr. Und immer noch lebt jeder vierte bis fünfte Vietnamese unterhalb der Armutsgrenze.

Eine weitere Herausforderung ist der nach wie vor starke Anstieg der Bevölkerungszahl und die damit einhergehende Arbeitslosigkeit. Jahr für Jahr drängen schätzungsweise 1 Mio. Schul- und Universitätsabgänger auf den Arbeitsmarkt. Doch die Wirtschaft kann bei Weitem nicht eine solche Menge an zusätzlichen Arbeitsplätzen schaffen. Genaue Zahlen sind nicht verfügbar, da es einen erheblichen Bereich von Unterbeschäftigung und von verdeckter Arbeitslosigkeit gibt. Hinzu kommt, dass seit 2008 die Lebenshaltungskosten erheblich gestiegen sind und die nachfolgende globale Wirtschaftskrise das exportorientierte Land stark getroffen hat.

Links: Kommunistischer Schliff: Soldaten im Revolutionsmuseum von Hanoi **Rechts:** Kapitalistische Wirklichkeit: Einkaufszentrum in Saigon

Viele wichtige Reformen werden von der Regierung nur halbherzig in Angriff genommen. Die ausufernde Bürokratie erstickt vielversprechende Initiativen schon im Keim. Unternehmen beklagen das Dickicht von notwendigen Genehmigungen, die für die Eröffnung eines Geschäftes oder eines Büros notwendig sind. Und überall lauert eine »geöffnete Hand«: Das Kommunistische Regierungssystem – vom einfachen Polizeibeamten bis zum Minister – hat das gesamte Land mit einem dichten Netz der Korruption überzogen.

Durch die zunehmende Kluft zwischen Stadt und Land und zwischen Arm und Reich ist es

auch zu beträchtlichen sozialen Verwerfungen gekommen. Nicht zuletzt führt dies zu einem Anstieg der Kriminalität. Auch die Pressefreiheit lässt zu wünschen übrig. Zwar ist eine kritische Berichterstattung heute möglich, etwa über Korruptionsfälle oder Umweltverschmutzung, doch die allgemeine Kritik am Staat ist tabu. Das bekommen zunehmend Internetnutzer zu spüren, die sich in Blogs oder Chats dem Staat gegenüber kritisch äußern. All dies sind Hinweise darauf, dass die Kommunistische Partei trotz zunehmender wirtschaftlicher und kultureller Offenheit der Bevölkerung gegenüber misstrauisch eingestellt ist. Die politische Führung hat Angst vor einem zunehmend selbstbewusster werdenden Volk. ■

Die Menschen und ihre Traditionen

Die Vietnamesen suchen den Weg in die Moderne, ohne ihre jahrtausendealten Traditionen zu verlieren. Doch die Balance zwischen Konfuzius, Kommunismus und Coca-Cola ist schwierig.

Vor etwa 3000 Jahren entwickelte sich in den Bergen und Ebenen des Roten-Fluss-Deltas eine eigenständige Kultur, die man den heutigen Viet zurechnet. Hier etablierte sich auch – etwa im 7. Jh. v.Chr. – das erste vietnamesische Königreich Van Lang. Dieses Reich gilt als Wiege der vietnamesischen Kultur und die dort herrschenden Hung-Könige als die Urahnen der Vietnamesen.

Untersuchungen haben ergeben, dass die ersten Siedler im kontinentalen Südostasien aus dem Süden und Osten Chinas, dem Tibetplateau, dem südostasiatischen Inselarchipel und den Inseln des Südpazifiks eingewandert sind. Das schmale Vietnam mit dem langen Küstenstreifen war daher schon vor Urzeiten ein Schmelztiegel von verschiedenen Volksgruppen. Hier trafen und kreuzten sich die großen asiatischen und ozeanischen Wanderrouten aus dem Norden und Westen über Land und aus dem Osten übers Meer.

Die ethnischen Hauptgruppen

Fast 87 % der über 86 Millionen Vietnamesen werden den Kinh bzw. Viet zugerechnet, wie die dominierende Volksgruppe des Landes genannt wird. Faktisch jedoch entwickelten sich die Kinh aus verschiedenen Völkern, die sich über Tausende von Jahren miteinander vermischten. Dieser Ethno-Mix ist die Folge von Invasionen fremder Mächte, vor allem aus China, und inländischer Völkerwanderungen – vorwiegend von Nord nach Süd. Deshalb findet man heute neben den dominierenden Kinh auch andere, sehr unterschiedliche Volksgruppen (s. S. 58). Sie leben vorwiegend in den Bergen des Nordens und im Zentralen Hochland, kleine Gruppen von Cham und Khmer im Süden, wo einst ihre Reiche lagen, bevor die Vietnamesen sie vertrieben.

Die Cham siedeln heute vorwiegend in den Gebieten um Phan Rang und Phan Thiet im Süden Vietnams. Heute gibt es nur noch rund 100000 Angehörige dieses Volkes. Von ihrer einstigen Macht und Hochkultur zeugen die Ruinen ihrer Tempel entlang der zentralvietnamesischen Küste.

Die etwa 900000 Khmer leben fast ausschließlich im Mekong-Delta und gehören zur gleichen Gruppe wie die Khmer in Kambodscha.

Vorhergehende Seiten: Vietnamesische Männer tummeln sich im Schlammbad bei Nha Trang **Links:** Straßenhändler in Dalat **Rechts:** Eine Blumen-Hmong in Sapa

Die Minderheiten haben bislang kaum vom Wirtschaftsboom der letzten Jahre profitiert. Mit einer Ausnahme: den Chinesen. Obwohl sie noch Ende der 1970er-Jahre von der kommunistischen Regierung unterdrückt und vertrieben wurden – eine Folge des Grenzkonfliktes mit China –, haben die Hoa, wie sie genannt werden, nicht nur am Wachstum kräftig mitverdient, sondern durch ihre Geschäftstüchtigkeit die ökonomische Entwicklung wesentlich mit vorangetrieben. Dies gilt allemal für Ho Chi Minh City, wo ein Großteil der etwa 1,7 Mio. Chinesen im Bezirk Cholon lebt. Fast alle besitzen die vietnamesische Staatsbürgerschaft und haben einen Laden oder sind Geschäftsmann. Cholon ist seit vielen Generationen mit Abstand das wichtigste Handelszentrum für die Chinesen.

Dorf und Familie

Die vietnamesische Kultur ist von China nachhaltig geprägt, was angesichts der tausendjährigen Besatzung nicht verwundert. Unter den Besatzern waren natürlich viele Tyrannen und Ausbeuter, aber eben auch Lehrer und Verwalter, die ihre Religion und Philosophie, ihr Organisationstalent und auch ihre Schrift, *chu han*, mitbrachten.

KOMPLIZIERTE NAMEN

Alle vietnamesischen Namen folgen einer gleichen Struktur: Familienname, Mittelname, Vorname. Wer eine Visitenkarte überreicht bekommt, sollte die Person mit dem ganz rechts stehenden Namen ansprechen. Heißt jemand etwa Nguyen Manh Hung, so nennt man ihn »Mr. Hung«.

Der weitaus gebräuchlichste Nachname ist Nguyen, der Name der letzten Königsdynastie. Andere verbreitete königliche Nachnamen sind Tran, Trinh und Le. Die wenigsten sind tatsächlich Sprösslinge eines königlichen Geschlechts., wahrscheinlich hat ein Vorfahr den Namen angenommen, um seine Loyalität zu demonstrieren. Nur etwa 30 der etwa 140 Familiennamen sind tatsächlich vietnamesischen Ursprungs, die anderen sind entweder aus dem Chinesischen abgeleitet (Khong, Luu, Truong, Lu, Lam), dem Khmer (Thach, Kim, Danh, Son) oder einer Sprache der Minderheiten (Linh, Giap, Ma, Deo).

Der beliebteste Mittelname ist bei Männern Van und bei Frauen Thi. Der Mittelname wird auch benutzt, um die Rangordnung der Person innerhalb eines Familienzweiges oder einer Familie anzuzeigen. So steht Ba für den ersten Sohn der ersten Frau, Manh für den ersten Sohn der zweiten Frau, Trong für einen zweiten Sohn. Heute folgt man bei der Auswahl meist der Bedeutung der Namen.

In Vietnam gilt die Familie als eine Welt für sich. Tief von konfuzianischen Prinzipien durchdrungen, wird bereits den Kindern die Bedeutung von *hieu*, dem Respekt gegenüber Älteren, beigebracht. Ehrerbietung und Gehorsam gegenüber den Eltern waren sogar im Gesetz festgeschrieben. Die Familie muss ihren Ahnen gegenüber Respekt zollen. Traditionell leben drei Generationen unter einem Dach: Großeltern, Eltern, verheiratete Söhne mit ihren Familien und unverheiratete Kinder. Braucht nun ein Familienmitglied Geld für eine Investition oder für ein Universitätsstudium, hilft der ganze Klan.

Üblicherweise ist ein männlicher Sprössling in der Familie ein Muss, denn es obliegt dem ältesten Sohn, später einmal die Rolle des Familienoberhauptes zu übernehmen. Frauen hatten die häuslichen Pflichten zu lernen und waren daher meist weniger gebildet als die Männer. Trotz zunehmenden Reichtums und Gleichberechtigung, vor allem in den Städten, wollen auch heute noch die Eltern unbedingt einen Sohn. Dies kann man an der hohen Zahl von Abtreibungen weiblicher Föten sehen. In Vietnam gibt es nach wie vor die 1975 eingeführte Zwei-Kind-Politik. Danach müssen Paare ab dem dritten Kind mit wirtschaftlichen und gesellschaftlichen Zurücksetzungen rechnen.

Doch ändert sich auch dies zunehmend, da immer mehr Vietnamesen ins Ausland reisen, sei es zur Ausbildung oder zum Urlaub. Dies führt dazu, dass die jungen Leute heute eher frei und unabhängig sein möchten. Immer mehr junge Paare kaufen sich eine Eigentumswohnung und ziehen aus ihrem Elternhaus aus. Die junge Bevölkerung – 72 % der Bewohner sind jünger als 35 Jahre– dominiert zunehmend das gesellschaftliche Leben. Der Einfluss des Staates und der traditionell nach konfuzianischen Prinzipien erzogenen älteren Bevölkerung hingegen geht zurück.

Sprache und Gesellschaft

Das Vietnamesische ist ein Gemisch aus verschiedenen Sprachen und hat sich durch den Austausch mit anderen Kulturen entwickelt. Obwohl der Ursprung noch immer kontrovers diskutiert wird, liegen die Wurzeln wahrscheinlich in den austro-asiatischen, austronesischen und sino-tibetischen Sprachfamilien. Aber es gibt auch regional unterschiedliche Dialekte, die teilweise so weit auseinander liegen, dass sich etwa Süd- und Nord-Vietnamesen mitunter kaum verständigen können. Es werden nicht nur Konsonanten und Vokale anders ausgesprochen, sondern oft auch ganz unterschiedliche Begriffe verwendet. Selbst der Satzbau kann abweichen. Hinzu kommt, dass die vielen Volksgruppen ihre eigenen Sprachen und Dialekte besitzen.

Unzählige Begriffe des heutigen Vietnamesischen stammen aus dem Chinesischen. Dies spiegelt den nachhaltigen Einfluss des nördlichen Nachbarn wider. Aber auch die Franzosen haben ihre sprachlichen Spuren hinterlassen – eine Folge ihrer kulturellen Dominanz während der Kolonialzeit. Besonders im Essensbereich leiten sich manche Begriffe aus dem Französischen ab, etwa *ca phe* (*café*), *pho mat* (*fromage*), *ga to* (*gâteau*) oder *bia* (*bière*).

Vietnamesisch zu lernen ist eine Herausforderung. Auch wenn man meint, die romanisierte Schrift sei einfach zu lesen, so werden erst auf den zweiten Blick die Tücken deutlich. Denn spezielle Zeichen weisen auf fünf der sechs Tonhöhen hin, was die Aussprache völlig verändert. Doch die Vietnamesen freuen sich über jedes Bemühen, ihre Sprache zu meistern. Auch klägliche Versuche werden mit einem »Anh/chi noi tieng viet gioi qua« (Du sprichst so gut Vietnamesisch!) gelobt.

Links: Das junge, moderne Gesicht Vietnams **Rechts:** Schon von klein auf lernen Kinder heute Englisch

Im Lauf seiner jüngeren Geschichte hatte Vietnam nicht nur enge Kontakte mit Frankreich, sondern auch mit der Sowjetunion und anderen Ländern des ehemaligen Ostblocks. Viele Ältere, die in diesen Ländern studiert oder gearbeitet haben, sprechen heute eher Französisch, Russisch oder Deutsch als Englisch. Die Jungen büffeln heute bevorzugt Englisch als erste Fremdsprache. Je mehr Kontakt sie mit Ausländern haben, je mehr trauen sie sich, diese Sprache auch anzuwenden. Teenager hören westliche Popsongs und schauen Filme aus Hollywood. Beim Chatten und Flirten mischen sie zahlreiche englische Begriffe ein.

Aber egal, welche Sprache die Vietnamesen beim Schwatz mit Ausländern verwenden, bei den Fragen kennen sie kein Tabu. Bei der ersten Konversation werden sie höchstwahrscheinlich wissen wollen: »Woher kommen Sie? Sind Sie verheiratet? Wie alt sind Sie? Wie viel verdienen Sie? Welches Auto fahren Sie?« etc. Diese Fragen, auch wenn sie im holprigsten Englisch gestellt werden, sollen das Gegenüber nicht beleidigen. Sie sind vielmehr Ausdruck von Neugier und Interesse gegenüber den Besuchern, die von so weit her kommen.

Sexualität und Ehe

Eheschließungen galten in der Vergangenheit als eine Art Geschäftsvorgang zwischen zwei Familien. Die Brautleute wurden von den Eltern oder Familienoberhäuptern begutachtet und ausgewählt – die betroffenen Paare hatten nichts zu vermelden. Heutzutage ist es jedoch üblich, dass die jungen Leute umeinander werben, bevor sie heiraten und eine Familie gründen. Trotzdem ist ihnen die Zustimmung der Eltern immer noch sehr wichtig.

Wie immer sie auch zusammenfinden, immer noch zieht die Frau nach der Hochzeit in das Haus ihres Ehemannes. Dies ist für die Frau zuweilen ziemlich anstrengend, denn es liegt nun an ihr, die Familie ihres Gatten zu gewinnen und den dortigen Gepflogenheiten und Regeln zu folgen.

Vietnam ist immer noch ein traditionelles Land, wenn auch nicht unbedingt ein prüdes. Vorehelicher Sex mag noch ein Tabu für die ältere, eher konservativ eingestellte Generation sein, für die jüngere ist dies heute immer weniger ein Thema. Internet-Chats, Webseiten, Blogs und Kolumnen sind für die Jugendlichen Foren, in denen sie sich offen über alle Themen austauschen können – inklusive Liebe und sexuelle Neigungen. Die letzten Jahre sahen einen immensen Zuwachs an Kurzgeschichten und Novellen, in denen junge Frauen über ihre Sexualität schreiben.

Ausgehen

Egal wie alt sie sind, die Vietnamesen lieben *di choi*, »Zum Spielen gehen«. Das bedeutet, sie wollen ausgehen, um schlicht Spaß zu haben: mit Freunden in einer Bar oder in einem Café sitzen oder mit ihnen Karaoke singen. *Di choi* folgt gern dem Motto: je mehr, desto besser. Zum Geburtstag, zu einer Beförderung oder zu einem anderen Anlass werden so viele Freunde und Verwandte wie möglich eingeladen.

Vietnamesen bechern gerne zum Essen, weshalb in lokalen Restaurants oft der Trinkspruch Tram phan tram (wörtlich »Hundert Prozent«) zu hören ist, bevor das Glas Bier oder das Gläschen Reisschnaps (*ruou*) geleert wird.

In Vietnam ist es üblich, dass der Einladende die gesamte Rechnung begleicht. Selbst bei geselligen Zusammenkünften ohne besonderen Anlass wird der Rechnungsbetrag selten geteilt. Es ist sogar sehr häufig zu beobachten, dass jemand aus der Runde sich beim Bezahlen vordrängt oder schnell zum Ober des Cafés oder Restaurants geht, um die Rechnung als Erster begleichen zu können.

Straßenleben

Das Wohnen in beengten Häusern unter einem Dach mit drei Generationen bedeutet, dass das Leben weitgehend auf der Straße stattfindet. Drängelnde Straßenhändler auf Fahrrädern oder zu Fuß, geschäftstüchtige Friseure am Straßenrand, aufdringliche Schuhputzer oder ganz zu schweigen vom endlosen und chaotischen Verkehrsstrom – all das kann einem ganz schön zu schaffen machen.

Auch in ruhigeren Vierteln treffen sich die Anwohner zu einem Schwätzchen oder umlagern einen fliegenden Händler zum spontanen Kauf. Da jedoch immer mehr Autos, Mopeds und Menschen die Straßen der Städte verstopfen und Staus an der Tagesordnung sind, stellt die Stadtverwaltung stets neue Verbote und Einschränkungen gegen die unzähligen Straßenverkäufer und Suppenküchen auf. Folge ist, dass Inhaber von Essensständen und fliegende Händler sich mit Polizei und Behörden ein ewiges Katz-und-Maus-Spiel liefern.

Sportsfreunde

Die Liebe der Vietnamesen zum Sport ist in jeder größeren Stadt unübersehbar. Im Morgengrauen üben sie in den Zentren und Parks Taiji und am Abend liefern sie sich auf der Straße oder den Trottoirs Badminton-Duelle. Die Betuchteren folgen ihrer Vorliebe für Tennis oder Golf. Doch alle teilen die globale Begeisterung für den runden Ball. Vietnamesische Männer lieben einfach den Fußball, sei es auf dem Bildschirm oder auf dem Platz. Im Hochsommer treffen sie sich dazu bereits frühmorgens, wenn die Sonne noch nicht so hoch steht. Und es ist nichts Außergewöhnliches, wenn Männer die ganze Nacht aufbleiben, um im Fernsehen die Spiele der europäischen Ligen auf der anderen Seite des Planeten zu verfolgen – um dann mit Ringen um die Augen zur Arbeit zu gehen.

Links: Sehr populär: Hochzeit in Weiß **Rechts:** Trendläden in Hanois Nha Tho Street

Bestechung

Korruption ist in Vietnam nichts Ungewöhnliches. Es wird geschmiert, um bürokratische Hürden zu umgehen, Aufträge zu erhalten oder von Behörden bevorzugt behandelt zu werden. Selbst Lehrer erhalten von Eltern »Geschenke«, die sich damit Vorteile für ihre Sprösslinge erhoffen. Und bei Unfällen oder Missachtung von Verkehrsregeln hat fast jeder Polizist eine offene Hand, falls die Betroffenen der offiziellen Ahndung entgehen wollen.

Nur halbherzig versucht die Regierung gegen die Korruption vorzugehen, zu tief ist sie verwurzelt und zu viele verdienen daran. Korruption gilt heute als ein ernsthaftes Entwicklungshemmnis. ■

Die Bergvölker

Sie leben in abgelegenen, noch immer schlecht erschlossenen Berggebieten im Norden und im Zentralen Hochland, wo auf den kargen Böden wenig wächst – an den Bergvölkern ging die wirtschaftliche Entwicklung des Landes weitgehend vorbei.

Neben den Viet leben 53 Minderheiten in Vietnam. Jede Gruppe hat ihre Sprache, ihren Lebensstil und ihre Traditionen. Auch wenn sich die Regierung seit einiger Zeit bemüht, ihren Lebensstandard durch eine verbesserte Infrastruktur und Erziehung zu heben, bleiben die meisten auf dem Weg in die moderne Gesellschaft zurück.

Die Regierung weiß um das touristische Potenzial der Bergvölker und ermuntert sie daher, ihre Eigenständigkeit und Traditionen zu wahren. Im Norden ansässige Ethnien wie die Hmong, Dao oder Thai verstehen es, am Tourismus durch Übernachtungsangebote in ihren Dörfern oder den Verkauf von Handarbeiten gut zu verdienen. Im Gegensatz dazu haben die Bewohner des Zentralen Hochlands weniger Möglichkeiten, vom Fremdenverkehr zu profitieren. Dies liegt nicht zuletzt daran, dass ihre Heimat als politisch unsicher gilt. In der Vergangenheit kam es regelmäßig zu Protestaktionen und religiösen Konflikten, denn viele der Minderheiten sind Christen. Übergriffe seitens der Behörden wurden mehrfach von Menschenrechtsorganisationen kritisiert. Im Folgenden werden einige Volksgruppen vorgestellt.

Bahnar

Die etwa 180 000 Bahnar (auch Ba Na geschrieben) zählen zu den ärmsten Minderheiten Vietnams und siedeln v.a. in den Provinzen Gia Lai und Kon Tum im Zentralen Hochland und in den Küstenprovinzen Binh Dinh und Phu Yen. Sie widmen dem traditionellen Kalender zufolge zehn Monate der Feldarbeit und zwei Monate dem gemeinschaftlichen Leben. Dann werden Hochzeiten und Feste gefeiert, Zeremonien abgehalten; Männer wie Frauen widmen sich der Handarbeit. Eine Besonderheit im Leben eines Bahnar ist die Ohrstechzeremonie. Wenn ein Baby ein Jahr alt wird, wird ihm zum Zeichen der offiziellen Aufnahme in die Dorfgemeinschaft das Ohrläppchen durchstochen. Stirbt ein Kind ohne diese Zeremonie, so gelangt es dem Glauben nach in das Land der Affen, welches von Duydai, der Göttin mit den schwarzen Ohren, regiert wird.

Dao

Die Dao (sprich Sao) wanderten im 18. Jh. aus China ein und gehören der Hmong-Dao-Sprachgruppe an. Die 630 000 Angehörigen des Volksstamms sind in fast allen nördlichen Provinzen ansässig. Dort siedeln sie in großen Dörfern oder kleinen Weilern und betreiben für den Reis- und Gemüseanbau Brandrodung. Bei den Dao unterscheidet man verschiedene Untergruppen: Weißjacken-Dao (Dao Quan Trang), Langtrachten-Dao (Dao Ao Dai), Kahlkopf-Dao (Dao Dau Troc) und Rote Dao (Dao Do): Letztere tragen große rote Kopfbedeckungen, die mit Quasten und Glocken behangen sind.

Die Dao sind für ihre Geschicklichkeit bekannt, sei es bei Stickereien oder bei der Papierherstellung. Das Papier dient ihnen seit Jahrhunderten der Aufzeichnung von Familienstammbäumen, Dokumenten, Märchen, Liedern und religiösen Schriften in chinesischen Zeichen. Die Frauen pflanzen Baumwolle und färben ihre selbst gewebten Stoffe mit Indigo. Für ihre wundervollen Stickereien brauchen sie keinerlei Vorlagen. Die Muster werden von der Mutter auf die Tochter überliefert.

Hmong

Die Hmong oder Meo zählen 800 000 Angehörige, die in *giao* genannten Dörfern in den Bergen der nördlichsten Provinzen Vietnams leben. Sie wanderten seit dem frühen 19. Jh. aus Südchina ein. Anhand ihrer Trachten, Dialekte und Gepflogenheiten unterscheidet man verschiedene Untergruppen. So nennt man die Hmong bei Sapa aufgrund ihrer vorwiegend schwarzen Trachten die Schwarzen Hmong. Die farbenprächtigsten von allen sind fraglos die Blumen-Hmong, die man in großer Zahl rund um Bac Ha in der Provinz Lao Cai findet. Ihre Stickereien bestechen durch ein großes Farbenspektrum.

Auch wenn Mais ihr Hauptnahrungsmittel ist, legen die Hmong dank eines ausgetüftelten Bewässerungssystems nach Möglichkeit Reisterrassen an. Die Basis für die Textilgewinnung stellen Hanf und Baumwolle dar. Als geschickte Handwerker stellen die Hmong handgewebte,

Links: Eine Rote Dao aus einem Dorf in der Nähe von Sapa
Rechts: Blumen-Hmong auf dem Markt von Bac Ha

GEMEINDEHÄUSER

Die Gemeindehäuser, *nha rong*, die man bei einigen Gruppen des Zentralen Hochlands findet, sind ein Symbol der Stärke einer Dorfgemeinschaft. Auch wenn jede Volksgruppe ihren eigenen Stil hat, findet man auch einige Gemeinsamkeiten. Der gesamte Bau kommt ohne einen einzigen Eisennagel oder -stift aus. Zum Befestigen wird ausschließlich Rattan verwendet. Jeder Teil wird per Hand gemacht, als Werkzeuge werden nur Äxte, Messer und Haken verwendet.

indigogefärbte Stoffe her sowie Papier, Silberschmuck, Lederwaren, Körbe, Küchengeräte und Stickereien mit traditionellen Motiven.

Die Hmong besitzen keine Schriftsprache. Ihre Dichtungen, Legenden und Lieder geben sie seit Generationen mündlich weiter.

Jarai

Die geschätzten 320 000 Jarai oder Gia Rai findet man in den Provinzen Gia Lai, Kon Tum und Dak Lak. Sie gehören der malaiisch-polynesischen Sprachgruppe an und kamen bereits vor fast 2000 Jahren von der Küste ins Zentrale Hochland. Sie tendieren zur Sesshaftigkeit und leben in *ploi* oder *bon* genannten Dörfern. Das Dorf setzt sich aus kleinen, matrilinear organisierten Familien zusammen, die innerhalb der Gemeinschaft ziemlich autark sind. Sämtliche Angelegenheiten regelt der Ältestenrat unter Führung eines Dorfvorstehers.

Bei der Partnerwahl geht die Initiative von der Frau aus, die dafür einen Vermittler einschaltet. Der Hochzeitsritus verläuft in drei Abschnitten: Man besiegelt das Eheversprechen mit dem Austausch bronzener Armbänder vor der Familie und dem Vermittler. Dann werden die Träume des Brautpaars gedeutet – ein Ritus, der ihre Zukunftsaussichten beleuchten soll.

Danach folgt die eigentliche Hochzeitsfeier im Haus der Eltern des Bräutigams.

Muong

Mit etwa 1,2 Mio. zählen die Muong zu den größten Minderheiten. Sie besiedeln die Bergregionen Nord-Vietnams, hauptsächlich in der Provinz Hoa Binh und im Bergland von Thanh Hoa. Ethnisch sind sie mit den Kinh oder Viet eng verwandt. Ethnologen vermuten daher, dass sich die Muong in den Bergen als eigenständige Volksgruppe entwickelten, während die in den Niederungen lebenden Kinh aufgrund der langen Besatzungszeit Chinas seit dem 2. Jh. v.Chr. kulturell durch den nördlichen Nachbarn nachhaltig geprägt wurden.

MASSENTOURISMUS IN SAPA

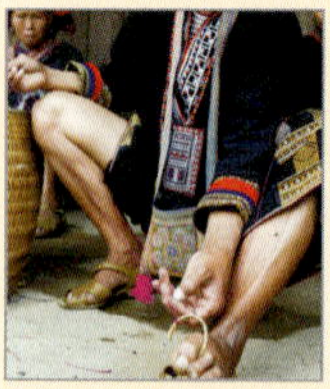

Sapa (s. S. 151) ist heute das populärste Touristenziel im Nordwesten Vietnams. Die Franzosen schätzten das angenehme Klima der Berge und etablierten dort eine Sommerfrische. Nach Jahrzehnten der Armut profitieren heute die rund um Sapa lebenden Bergstämme von den vielen in- und ausländischen Besuchern. Mit viel Hartnäckigkeit verkaufen die Schwarzen Hmong und Roten Dao ihre Handarbeiten. Angesichts des geforderten dreifachen Preises hilft daher beim Kauf nur kräftiges Feilschen.

Rhade

Die rund 270 000 Rhade oder Ede leben hauptsächlich in der Provinz Dak Lak im Zentralen Hochland. Wie die Jarai gehören sie der malaiisch-polynesischen Sprachgruppe an. Ihre Dörfer heißen *buon*. Die matrilinear organisierten Rhade-Familien wohnen in Langhäusern. Familienoberhaupt ist die *khoa sang*, die älteste und angesehenste Frau. Sie regelt die Angelegenheiten der Gemeinschaft, schlichtet interne Konflikte und ist für die Verwahrung des Gemeinschaftserbes verantwortlich, das vor allem aus Bronzegongs und alten Gefäßen zur Zubereitung von Festbier aus Reis besteht. Die Verwaltung der autonomen Dorfgemeinschaften obliegt einem gewählten Dorfvorstand, dem *po pin ea*. Zur Gewinnung von Ackerland praktizieren die Rhade traditionell Brandrodung. Um dies zu verhindern, ermuntert die Regierung sie dazu, neben ihrem Hauptanbauprodukt, dem Reis, im Fruchtwechsel auch Zuckerrohr, Wassermelonen, Tabak und Baumwolle zu kultivieren. Praktisch jedes Dorf besitzt eine eigene Schmiede. Für den Hausgebrauch produzieren die Rhade Korb- und Töpferware sowie handgewebte, mit Indigo gefärbte Stoffe.

San Chi

Die mehr als 150 000 San Chi sind vor allem in Dörfern in den Provinzen Ha Giang, Tuyen Quang und Bac Thai zu Hause. Aber es gibt auch einige Siedlungen in den Provinzen Lao Cai, Yen Bai, Vinh Phu, Ha Bac und Quang Ninh. Sie gehören der Tay-Thai-Sprachgruppe an und wanderten Anfang des 19. Jhs. aus China ein. Ihre komplizierten Tanzriten spiegeln das Leben der Gemeinschaft wider. Jungen- und Mädchengruppen wechseln sich beim Singen traditioneller Liebeslieder ab, was die ganze Nacht über dauern kann.

Tay

Das Bergland des Nordens ist Heimat von Vietnams größter Minderheit, der etwa 1,5 Mio. Tay. Ihre *ban* genannten Dörfer liegen in den Provinzen Cao Bang, Lang Son, Bac Thai, Quang Ninh, Ha Giang, Tuyen Quang und in der Umgebung von Dien Bien Phu. Die Siedlungen der stark patriarchalisch geprägten Tay erstrecken sich entlang der Flusstäler und bestehen zumeist aus traditionellen Pfahlbauten. Zu den bevorzugten Anbauprodukten gehören Reis, Tabak, Gewürze und an den Berghängen kultivierte Obstsorten. Auch wenn der Einfluss der dominierenden Viet-Kultur in ihren Traditionen und Bräuchen spürbar ist, sprechen die Tay vorwiegend ihre eigene Sprache.

Nung

Sprache, Kultur und Brauchtum der Nung sind mit denen der Tay praktisch identisch. Die rund 875 000 Angehörigen bewohnen die nördlichsten Provinzen Cao Bang und Lang Song. Die Nung pflegen eine reiche Volkskunst, sei es Musik, Dichtung, Gesang oder verschiedene Formen des Kunsthandwerks.

Thai

Die 1,3 Mio. Thai leben im Nordwesten Vietnams entlang des Roten Flusses. Ihre Pfahlbauten aus Holz oder Bambus entstehen in zwei verschiedenen Bauweisen: Die Schwarzen Thai (Thai Dam) ziehen die Form von Schildkrötenpanzern vor, die Weißen Thai (Thai Khao) bevorzugen die rechteckige Blockbauweise. Die Frauen tragen lange schwarze Wickelröcke und kurze, mit silbernen Knöpfen verzierte Jacken. Sie sind ausgezeichnete Weberinnen und stellen bezaubernde Stickereien mit Drachen-, Tier-, Blumen- und Vogelmotiven her. ■

Links: Gemeinsam schmeckt der süße Reisschnaps besser
Rechts: Reisterrassen in der Nähe von Sapa

Glaubenswelten und Religionen

Vietnams religiöse Identität ist extrem vielschichtig und basiert auf verschiedensten Glaubensvorstellungen. Neben dem Ahnenkult dominiert ein Mix aus Buddhismus, Konfuzianismus und Daoismus.

Als mit dem Parteitag im Jahr 1986 die Reformpolitik *doi moi* in Gang kam, lockerte die Führung auch ihre Kontrolle über die Glaubensgemeinschaften. Dadurch löste sie eine bis heute anhaltende Renaissance der Religionen aus. Überall im Land wurden Tausende von zweckentfremdeten Pagoden und Tempeln wieder ihrer eigentlichen Bestimmung übergeben, restauriert oder neu gebaut. Wie in der Vergangenheit wurden die religiösen Stätten wieder zu spirituellen Zentren. Feste und Feiern erlebten eine Neubelebung, ehemals verfolgte Priester und Mönche konnten wieder ihren eigentlichen Aufgaben nachgehen. Plötzlich war Religion wieder sehr lebendig.

Der kommunistischen Regierung waren die religiösen Institutionen lange Zeit ein Dorn im Auge und auch heute betrachtet sie deren Aktivitäten mit Argwohn. Andererseits füllen die Religionen ein ideologisches Vakuum, nachdem die kommunistische Ideologie kaum mehr in der Bevölkerung verfängt.

Religiöser Pluralismus

Vietnam wird gerne als buddhistisches Land betrachtet. Doch Vietnamesen ist ein Weltverständnis fremd, das sich dogmatisch an einem geschlossenen Gedankengebäude orientiert. Sie ziehen pragmatische Denk- und Verhaltensweisen vor. Ihre Identität basiert daher nicht auf einer einzigen religiösen Tradition, sondern auf einem Mix verschiedenster Glaubensrichtungen. Sie können gleichzeitig praktizierende Buddhisten sein, dem konfuzianischen Wertesystem folgen, ihren Ahnen Opfer darbringen und die Schutzgeister ihres Dorfes und ihrer Familie verehren. Selbst christliche Kirchgänger pflegen zu Hause den Ahnenkult und auch Agnostiker gehen an Feiertagen schon mal in den Tempel. Über allem steht in der Glaubensvorstellung ein Himmel. Da Vietnamesen dazu neigen, diffuse Phänomene zu vermenschlichen,

Links: Buddha-Statue in der Long-Khanh-Pagode, Qui Nhon
Rechts: Katholische Gläubige in der Kathedrale von Phat Diem

»

Kleine achtseitige Tafeln mit dem Yin-Yang-Symbol und den acht Orakelzeichen aus dem Buch der Wandlungen, I Ging, werden gerne über Hauseingängen angebracht, um umherwandernde böse Geister fernzuhalten.

nennen sie ihn Ong Troi, »Ehrwürdiger Herr Himmel«. Ong Troi ist verantwortlich für alle Geheimnisse und unsichtbaren Kräfte des Universums und gilt als Hüter des menschlichen Geschicks.

Zusammen bilden die Götter der Erde, des Wassers und der Berge jene geomantischen Strukturen, die beim Bau der Häuser, Städte, Gräber und Tempel berücksichtigt werden müssen, da von ihnen Glück oder Unglück der Familien und Völker abhängen. Zwischen Himmel und Erde, doch niemals isoliert von ihnen, existieren die menschlichen Wesen – Frauen wie Männer, Ahnen wie Nachkommen.

Jeder Existenzbereich – Himmel, Erde und Mensch – folgt seinen eigenen Regeln und Gesetzlichkeiten, hat seine eigenen Anteile am Guten und Bösen, am Schönen und Hässlichen und besitzt zu alledem seine eigenen Gottheiten. Diese Gottheiten sind überall, in Steinen, Bäumen, Seen und Tieren. Man betet zu ihnen, versorgt und beherbergt sie und drückt seine Ehrerbietung durch rituelle Opferungen und Verhaltensregeln aus.

Chinesische Einflüsse

Als die Chinesen ihre Macht im besetzten Vietnam festigten, brachten sie auch ihre religiösen und philosophischen Ideen mit, die auf fruchtbaren Boden fielen. Die pragmatischen Vietnamesen haben zwar die mächtigen Eroberer aus dem Norden stets bekämpft, aber deren Kultur gerne dann angenommen, wenn es für sie nützlich schien. Chinesische Lehrer, viele von ihnen waren gleichzeitig Verwalter, wurden für gewöhnlich von einem konfuzianischen Gelehrten, buddhistischen Mönch oder daoistischen Priester begleitet. Die Vietnamesen nahmen deren Lehren auf, weshalb diese drei Religionen – Konfuzianismus, Buddhismus und Daoismus – als »Dreier-Religion«, *tam giao*, bis heute die Kultur Vietnams bestimmen.

Konfuzianismus

Der Konfuzianismus fußt auf den Lehren des »Meister Kong« (551–479 v.Chr.), chinesisch Kong Fuzi, vietnamesisch Khong Tu, der in einer Zeit großer politischer Wirren lebte. Als Gelehrter und Berater von Fürsten entwickelte er eine Lehre der Beziehungen zwischen Herrscher und Untertanen sowie innerhalb der Familie. Er war eher ein moralisch-ethischer Lehrer als ein spiritueller Führer. Er weigerte sich, über das Leben nach dem Tod oder das Unsichtbare und Mystische zu spekulieren, sondern setzte sich für eine auf Etikette (im zeremoniellen Bereich), Loyalität, Wissen und Vertrauen gründende Gesellschaftsform ein.

Die Lehre des Konfuzius gelangte um die Zeitenwende durch die Chinesen ins Land und ist seitdem eine Säule der vietnamesischen Moral und Geisteshaltung geblieben.

Aus praktischen Erwägungen übernahmen die vietnamesischen Dynastien offiziell den Konfuzianismus, weil er die Grundlage für ein Gesellschaftssystem bot, das ohne Zwang auf Respekt und Loyalität ausgerichtet war. Im

GUTE TAGE, SCHLECHTE TAGE

»Wer am 5., 14. und 23. Tag spazieren geht oder Geschäfte macht, ist verloren« – »Beginn keine Reise am 7., kehre nicht zurück am 3.«

Vietnamesen glauben an gute und schlechte Tage, weshalb sie vor besonderen Anlässen einen Wahrsager aufsuchen. Er nimmt anhand der astrologischen Konstellationen Berechnungen vor und wird ihnen den geeigneten Zeitpunkt einer Hochzeit, der Bewerbung für einen Job oder einer Geschäftseröffnung nennen. Jeder Ratschlag wird ernst genommen, auch wenn man dann beispielsweise einen Umzug mitten in der Nacht beginnen muss.

15.Jh. erhoben ihn die Herrscher der Späten Le-Dynastie zur Staatsdoktrin. 1706 wurden die ersten Prüfungen auf der Grundlage der konfuzianischen Staatsdoktrin abgehalten. Die Monarchen rekrutierten ihre obersten Beamten anhand der Prüfungsergebnisse. Wer die extrem schweren Examen bestand, war im heimatlichen Dorf hoch angesehen. Wer durchfiel, verdiente sich seinen Lebensunterhalt fortan als Lehrer auf dem Land. Auf diese Weise gelangte konfuzianisches Denken auch in die Dörfer. Der von seiner Grundstruktur her wertkonservative Konfuzianismus war bis weit in das 20. Jh. hinein die Lehre der vietnamesischen Oberschicht und ist bis heute prägend für den alltäglichen Verhaltenskodex.

Buddhismus

Über den Seeweg aus Indien und über Land aus China gelangte die Religion des Erleuchteten nach Vietnam. Der Buddhismus blieb nicht bei den gesellschaftlichen und ethnischen Fragen eines Konfuzius stehen, sondern hinterfragte die Grundprobleme des Lebens.

Zwischen dem 2. und 10. Jh. wetteiferten zwei verschiedene Strömungen um Anhänger: A-Ham (Agama), eine Tradition aus dem Frühen Buddhismus, und Thien (*dhyana* in Sanskrit und *zen* auf Japanisch). Schließlich setzte sich die Thien-Schule durch, obwohl sie mit ihren strengen Meditationsübungen sehr hohe Anforderungen an die Anhänger stellt.

Thien ist eine von mehreren Strömungen im Mahayana-Buddhismus und wird vor allem in China, Japan, Korea und Vietnam praktiziert. Da der Thien weniger dogmatisch als andere Schulen ist, zeigt er sich auch offener gegenüber den kulturellen und gesellschaftlichen Bedingungen der jeweiligen Länder. Die andere große Richtung im Buddhismus, der Hinayana oder Theravada (in Sri Lanka, Birma, Thailand, Laos, Kambodscha und im südlichen Vietnam verbreitet) ist orthodoxer, kann aber trotzdem problemlos mit dem Mahayana koexistieren. Der Hauptunterschied zwischen den beiden Lehren liegt darin, dass dem Mahayana zufolge auch Laienanhänger das Nirvana erlangen können, während dem Theravada nach nur Mönche und Nonnen dazu fähig sind.

Abgesehen von den Mönchen und Nonnen sind jedoch nur wenige Vietnamesen mit der komplizierten Lehre des Buddhismus vertraut. Was sie am Mahayana beeindruckt, sind dessen eindrucksvolle Riten und ausdrucksstarke Darstellungen. Die buddhistischen Zeremonien passen wunderbar zur vietnamesischen Glaubenspraxis, die Volksreligiosität mit konfuziani-

Links: Buddhisten in der Dien-Huu-Pagode, Hanoi
Rechts: Altar im Literaturtempel, Hanoi

schen und daoistischen Lehren verbindet und Gestalten des Mahayana ebenso verehrt wie Schutzgeister.

Hoa Hao

Hoa Hao ist eine religiöse Sekte, die auf den Lehren Buddhas aufbaut. Huynh Phu So, der Begründer dieser Sekte, gilt unter seinen Anhängern als Prophet. Sie sehen in Hoa Hao die Fortführung einer buddhistischen Gruppierung aus dem 19. Jh. mit dem Namen Buu Son Ky Huong, »Sonderbarer Duft vom edlen Berg«. Gemeint ist mit dem Berg der That Son an der vietnamesisch-kambodschanischen Grenze.

Die Sekte soll etwa 2 Mio. Anhänger haben. In manchen Provinzen des Mekong-Deltas, etwa in An Giang, sind 90 % der Bewohner Hoa Hao. Die Lehre wird zu Hause praktiziert, eigene Tempel gibt es nicht. Anstelle von Tempelspenden und teuren Zeremonien sollen die Anhänger die Armen unterstützen. Die Zeremonien ohne Opfergaben für Götter und Ahnen sind schlicht.

Daoismus

Das Dao ist die höchste und aktivste Ebene in einem ansonsten statischen Bewusstsein. Es ist das Sein aller Dinge, das Gesetz der ewigen

Weltordnung. Es ist zugleich Energie und Materie. Es ist jener Moment, in dem die gegensätzlichen Kräfte *yin* und *yang* zu einer zeitweiligen Harmonie verschmelzen, um Menschen eine Orientierung zu geben.

In Vietnam hielt der Daoismus etwa gleichzeitig mit dem Konfuzianismus Einzug. Allerdings entstand hier nie eine Hierarchie der Schulen und Lehrsysteme wie in China. Dörfer, deren Bewohner zugleich Buddhismus, Konfuzianismus, Animismus und andere Glaubensformen praktizierten, waren auch dem Daoismus gegenüber offen. Zwar setzte sich die esoterische Lehre beim einfachen Volk nicht durch, jedoch die daoistische Kosmologie mit dem Jadekaiser, Ngoc Hoang, an ihrer Spitze.

MERCEDES FÜR DIE TOTEN

Viele Vietnamesen glauben, mit verbrannten Votivobjekten die Existenz im Jenseits komfortabler zu machen. Zum Jahrestag eines Toten versammeln sich daher die Angehörigen zu einer Ahnenfeier, bei der sie gutes Essen auftischen und Papierobjekte verbrennen. Früher waren das Alltagsgegenstände und Kleider, heute sind es auch Luxusgegenstände wie Autos, Handys oder edle Häuser. Als Zahlungsmittel im Totenreich wird mittlerweile neben Dollar und Dong auch der Euro akzeptiert.

Der Ahnenkult

Die Verehrung der Ahnen wird von allen Bewohnern des Landes praktiziert. Unabhängig davon, welchen Glaubensvorstellungen und Weltanschauungen sie sonst folgen, haben sie zu Hause oder in ihrem Geschäft einen Ahnenaltar. Die Idee des Respekts vor den Verstorbenen geht auf die Lehre des Konfuzius zurück. Wahrscheinlich ist sie noch älter.

An Todes- und traditionellen Feiertagen versammeln sich die Angehörigen eines Verstorbenen, um Speise- und Räucheropfer darzubringen. Zudem werden Votivobjekte aus Papier am Grab oder vor dem Ahnenaltar verbrannt. Wer seinen Ahnen die erforderliche Verehrung vorenthält, macht sich eines schweren Vergehens schuldig, da diese fortan als hungrige Geister von Ort zu Ort wandern und um Almosen betteln müssen.

Christentum

Mit den Händlern aus Spanien, Portugal und Frankreich kamen 1533 die ersten westlichen Missionare ins Land, weitere folgten 1596. Doch ihr Aufenthalt war nur von kurzer Dauer. Erst 1615 gründeten portugiesische Jesuiten die ersten Missionen in Hoi An, Danang und Hanoi. Zwangsläufig führte das Aufkommen dieser neuen Religion in einer fremden Kultur wie der vietnamesischen zu Konflikten. Der Katholizismus brachte ungeachtet dessen zwei wichtige Neuerungen ins Land: die lateinische Umschrift der vietnamesischen Sprache und wissenschaftliche Logik und Methodik.

Viele Vietnamesen aus allen Schichten konvertierten zum katholischen Glauben. Diese Entwicklung erfüllte Oberschicht und Mandarine mit großer Besorgnis, da sie eine Unterwanderung der traditionellen Gesellschaftsordnung und religiösen Riten (insbesondere des Himmels- und Ahnenkultes) befürchteten. Zwischen 1712 und 1720 galt daher für den Norden ein Verbotsedikt für das Christentum. Im Süden mussten Missionare 1750 ihre Koffer packen, als auch dort das Christentum verboten wurde.

Der Umgang der Herrscher mit dem Katholizismus schwankte zwischen Toleranz und Repression. Der Minh-Mang-Herrscher sah im Christentum »eine perverse Religion der Europäer«, die das »Herz der Menschen verführt«, und verbot christlichen Missionaren die Einreise. Sein Nachfolger Thieu Tri war wieder etwas toleranter, doch mit Tu Duc wurde die Ausübung des christlichen Glaubens gänzlich verboten.

1885 nahmen die Franzosen eine massiv beginnende Christenverfolgung zum willkommenen Anlass, ganz Vietnam zu besetzen. Die katholische Kirche hatte in der Folgezeit großen Zulauf, da sie von der Kolonialmacht großzügig unterstützt wurde.

Nach dem Genfer Abkommen 1954 und der darauf folgenden Teilung des Landes flohen über eine halbe Million Katholiken nach Süd-

Vietnam. Mit der Wiedervereinigung 1976 ergriffen die Kommunisten trotz in der Verfassung garantierter Religionsfreiheit restriktive Maßnahmen gegen Mitglieder aller religiösen Gemeinschaften, weil sie antikommunistische Umtriebe befürchteten. Alle christlichen Schulen wurden verstaatlicht.

Seit den 1990er-Jahren hat die kommunistische Regierung ihre Restriktionen gegenüber der katholischen Kirche gelockert. Seminaristen können zu Priestern geweiht werden und die Pfarreien können die Kinder im Glauben unterweisen. In manchen Gebieten, etwa in der Dong-Nai-Provinz nördlich von Ho Chi Minh City ist das Straßenbild von zahlreichen Kirchen geprägt. Nach den Philippinen ist Vietnam

Links: Göttin der Barmherzigkeit in der Tay-Phuong-Pagode
Rechts: Katholische Nonne im Gebet

mit 7 bis 8 Mio. Gläubigen die zweitgrößte katholische Gemeinschaft in Südostasien.

Während die Katholiken heute relativ viele Freiheiten genießen, ist die Regierung gegenüber den protestantischen Minderheiten im Zentralen Hochland misstrauisch. Christliche Gruppen, darunter v.a. evangelische Gemeinden, erleben einen immensen Zulauf. Mittlerweile treffen sich fast 1 Mio. Christen in über 400 Kirchen. Die lokalen Behörden verfolgen diesen Trend mit Argwohn. Vietnams größte christliche Gemeinde, die Saigon Protestant Church, muss daher den Behörden jegliche Aktivität anzeigen.

Islam

Vietnams kleine muslimische Glaubensgemeinschaft setzt sich vor allem aus den Angehörigen der Cham zusammen. Das älteste islamische Zeugnis auf vietnamesischem Boden ist eine mit arabischen Schriftzeichen versehene Stele aus dem 10. Jh., die bei Phan Rang gefunden wurde. Die Cham weichen in ihren religiösen Praktiken vom traditionellen Islam ab. Sie pilgern nicht nach Mekka, trinken Alkohol, beten nur freitags und die Fastenzeit Ramadan dauert nur drei Tage. Ihre religiösen Riten gehen Hand in Hand mit alten animistischen und hinduistischen Bräuchen. ■

DER KULT DER CAO DAI

1920 erschien dem Kolonialbeamten Ngo Van Chieu bei einer Séance ein göttliches Wesen, das sich als Cao Dai, »Höchstes unsterbliches Sein«, zu erkennen gab. 1926 gründete Chieu die »Große Religion zur Erlösung aller in der dritten Weltphase«, um alle Religionen, die sich bereits zweimal manifestiert hatten – durch Gott selbst und durch Propheten wie Mohammed oder Jesus –, zu einer einzigen zu verschmelzen. Die wichtigsten Elemente stammen aus den großen Weltreligionen. Aber auch die in Séancen vermittelten Botschaften von illustren Persönlichkeiten wie des chinesischen Republikgründers Sun Yat-sen, des französischen Schriftstellers Victor Hugo oder des vietnamesischen Dichters Nguyen Binh Khiem (1492–1587) sind von Bedeutung. Die Sekte ist straff organisiert. An der Spitze steht der Giao Thong (allerdings ist dieses Amt seit langem unbesetzt), gefolgt von Würdenträgern und Laienanhängern. Auch Frauen können Ämter bekleiden. Alle Priester leben im Zölibat. Die Gläubigen ernähren sich vegetarisch und müssen viermal am Tag beten und durch gute Taten und Meditation zur »Quelle des reinen Lichts« vordringen.

TET – DAS NEUJAHRSFEST

Tet Nguyen Dan, das »Fest des Neujahrsmorgens«, wird in Vietnam schlicht Tet, »Fest«, genannt. Es ist das bedeutendste Ereignis im Jahreslauf und markiert das neue Mondjahr. Je nach Mondkalender fällt es in die Zeit zwischen dem 21. Januar und dem 19. Februar.

Die Rituale beginnen bereits eine Woche vor Mung Mot, dem »Ersten Tag des Neujahrsfestes«. Dann nämlich reist Ong Tao, der Küchengott, ins Himmelreich zum Jadekaiser, um ihm über die irdischen Angelegenheiten zu berichten. In der Woche seiner Abwesenheit müssen sich die Hausbewohner besonders gut gegen die bösen Geister wappnen. Daher findet man auf dem Land sehr häufig einen *cay neu* (»Signalbaum«) vor dem Haus: ein großer Bambus ohne Blätter mit einer Tontafel und gelben Tüchern an der Spitze.

Selbst in armen Familien des Nordens darf zu Neujahr ein *canh hoa dao*, ein Zweig eines Pfirsichbaumes, nicht fehlen. In der Mitte und dem Süden des Landes sind eher die Zweige eines Aprikosenbaums, *canh hoa mai*, verbreitet. Der Kumquat-Baum, *cay cam quat*, zählt im Norden ebenfalls zur Ausschmückung des Heims – er muss unbedingt reife orange und unreife grüne Früchte in gleichen Anteilen tragen, denn sie symbolisieren sowohl den aktuellen als auch den zukünftigen Wohlstand.

Während der Feiertage – offiziell sind es vier, tatsächlich meist eine ganze Woche – biegt sich der Tisch nahezu unter den vielen Speisen. Dabei wird darauf geachtet, dass immer genügend *banh chung*, in Bananenblätter gewickelter Klebereiskuchen mit Bohnen-Schweinefleisch-Füllung, bereitliegt. Auch *xoi*, Klebereis mit Schwein und eingelegten Zwiebeln, oder *mut*, kandierte Bonbons, gehören auf den Festtagstisch.

Die Nacht zum neuen Jahr heißt Giao Thua, zu der die Ahnen anreisen, um den Jahreswechsel mit ihren Angehörigen zu verbringen. Daher werden sie mit einer Zeremonie feierlich begrüßt. Vor dem Altar wird für die Toten eine üppige Mahlzeit bereitet und man entzündet Räucherstäbchen. Das traditionelle Feuerwerk um Mitternacht, mit dem die bösen Geister verscheucht wurden, wurde wegen der vielen Verletzten 1995 verboten. Nun organisieren die großen Kommunen ein zentrales Feuerwerk.

Alle Ereignisse – ob gute oder schlechte –, die am Neujahrstag stattfinden, beeinflussen das neue Jahr. »Wie der erste Besucher, so das ganze Jahr«, heißt ein Sprichwort. Daher schaut man, dass dies jemand ist, der im vergangenen Jahr gut verdient hat, einen guten Ruf besitzt oder dessen Tierkreiszeichen zum begonnenen astrologischen Zyklus passt. Es können auch Bekannte mit positiv besetzten Namen wie Phuoc (Glück) oder Trieu (Millionen) sein. An den folgenden Tagen besucht man Angehörige und Freunde und geht in die Pagode oder den Tempel. Kinder erhalten von den Erwachsenen in einem roten Umschlag *mung tuoi* (oder *li xi*), Glücksgeld. Angestellte machen sich auf den Weg, um ihren Vorgesetzten Geschenke zu überbringen, damit das Jahr beruflich positiv verläuft.

In der ersten Neujahrswoche wird nicht oder nur wenig gearbeitet. Für Touristen bedeutet dies, dass sie bei Geschäften und Restaurants meist vor verschlossenen Türen stehen. Rund um Tet sind die öffentlichen Verkehrsmittel ziemlich überlastet, weshalb Reisen an diesen Tagen gut geplant werden sollten. ■

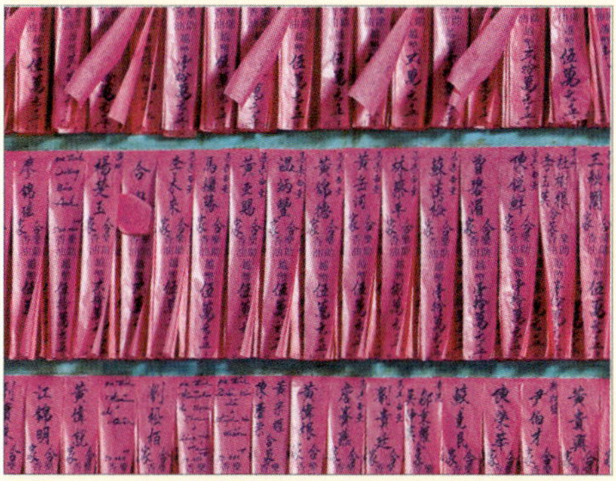

Links: St.-Josef-Kathedrale, Hanoi **Rechts oben:** Drachentanz **Rechts unten:** Wunschzettel in einem Tempel

Feiern für die Götter

Der Kalender ist voller ausgelassener Feste und würdevoller Zeremonien.

Nahezu alle religiösen Feste folgen dem vietnamesischen Kalendarium, das eine verwirrende Mischung aus Sonnen- und Mondkalender ist. Man spricht daher von einem sog. Lunisolarkalender. Einerseits basiert das Jahr auf den Sonnenphasen, andererseits folgen die zwölf Monate den Mondphasen mit je 29 oder 30 Tagen (insgesamt 354). Um den Mondzyklus wieder an den Sonnenkalender anzupassen, wird etwa alle drei Jahre zwischen dem dritten und vierten Mondmonat ein Schaltmonat (thang nhuan) eingeschoben. Das hat zu Folge, dass alle Feste von Jahr zu Jahr variieren. Das bekannte Tet-Fest z.B. fällt immer auf den zweiten Neumond nach der Wintersonnenwende, also zwischen den 21. Januar und 19. Februar.

Dem chinesischen Vorbild nach werden die Jahre auch in einen Zwölfer-Zyklus eingeteilt, dem wiederum zwölf Tierkreiszeichen, Yin-Yang-Aspekte und die fünf Elemente Holz, Feuer, Erde, Metall und Wasser, zugeordnet sind. Sie spielen für astrologische Berechnungen eine enorm wichtige Rolle und beeinflussen den Alltag enorm. ■

Links: Zu vielen Anlässen rezitieren Mönche und Nonnen das Mantra »Nam Mo A Di Da Phat«, »Gelobt sei Amitabha-Buddha«

Oben: Ob zu Hause oder in einer buddhistischen Pagode (wie auf dem Bild), die Opfergaben für die Ahnen sind enorm wichtig, um die Vorfahren gnädig zu stimmen und ihren Segen zu erflehen

Unten: Am Vorabend vieler Feiertage verbrennen die Angehörigen Votivgaben aus Papier, sei es auf der Straße vor dem Haus oder auf dem Gelände einer Pagode

Oben: Dorffeste, staatliche Gedenktage oder Tempelfeste sind Anlass zu bunten Prozessionen. Dabei tragen die Vietnamesen gerne ihre traditionellen Gewänder
Oben rechts: Zum Mittherbstfest im September/Oktober ziehen Kinder mit selbst gebastelten Laternen von Haus zu Haus. Als Belohnung gibt es Mondkuchen
Rechts: Der bunte *rong mua lan*, der tanzende Drache, darf an den Feiertagen oder bei Eröffnungen von Geschäften nicht fehlen. Als Symbol der Macht soll er die bösen Geister vertreiben

Dorffeste

Während der ersten Mondmonate (meist zwischen Februar und April) feiert man in den Dörfern – sei es den Schutzgott oder einen buddhistischen Heiligen. Die Gläubigen besuchen Tempel und Pagoden, zünden Räucherstäbchen an und bringen Opfergaben dar. Viele begeben sich dann auch auf Pilgerfahrt. Auf den Tempelvorplätzen finden meist Spiele und Aufführungen statt. Sehr beliebt sind Riesenschaukeln aus Bambus. Viele Dörfer am Roten Fluss organisieren Bootsprozessionen, darunter auch Van Vi im Dan-Phuong-Distrikt, nordwestlich von Hanoi. Dort finden am 9./10. Tag des dritten Mondmonats zu Ehren des Wassergottes Ha Ba Drachenbootrennen statt. Die Bac-Ninh-Provinz nordöstlich von Hanoi ist für das Gesangsfestival *quan ho* bekannt. Tausende von Besuchern strömen in die teilnehmenden Dörfer, um den im Duett gesungenen Liebesliedern zu lauschen, mit denen der Frühling begrüßt wird. Das bekannteste Fest findet am 13. Tag des ersten Mondmonats in der Lim-Pagode im gleichnamigen Dorf statt.

营
HỘI AN

Darstellende Künste

Nach Jahrzehnten ideologischer Vernachlässigung müssen die traditionellen Künste heute mit der globalen Unterhaltungsindustrie konkurrieren. Es ist ein harter Kampf ums Überleben.

Bereits die über 2000 Jahre alten Dong-Son-Trommeln beweisen mit ihren Darstellungen von Musikinstrumenten und Tänzern, dass die Künste damals eine große Rolle spielten. In der Frühzeit war die Musik wichtiger Bestandteil religiöser Zeremonien. Erst mit dem Aufstieg der Dynastien entwickelten sich im Schatten Chinas verschiedene Formen der Unterhaltung – von der Hofmusik bis zum Volkslied.

Traditionelle Musik

Alle Regionen und Volksgruppen Vietnams besitzen eine eigene Musiktradition. Bei der vietnamesischen Musik sind dabei zwei Hauptrichtungen auszumachen: die von China beeinflusste »Melodie des Nordens«, *dieu bac*, und die »Melodie des Südens«, *dieu nam*, welche Züge der langsameren und sentimentaleren Musik der Cham trägt.

Die Lieder der Volksmusik reflektieren das Leben der einfachen Menschen und lassen sich in drei Themenbereiche gliedern: Wiegenlieder (je nach Region *hat ru*, *ru em* oder *au o* genannt), bei der Arbeit gesungene Lieder (*ho*) und die Liebeslieder (*ly*).

Wohl der bemerkenswerteste Entwicklungsschritt bei zeitgenössischen Volksliedern ist der Wechselgesang, wie er auch in anderen Ländern Südostasiens zu finden ist. Diese Art ist auch bei vielen Minderheiten bekannt, etwa bei den Flirtliedern werbender Mädchen und Jungen. Bei diesen musikalischen Annäherungsversuchen drückt man Gedanken und Gefühle so poetisch wie möglich aus.

Links: Volkstanz in Hoi An **Rechts:** Traditioneller Chor in Hoi An

Quan Ho

Unter den Kinh entwickelte sich der Wechselgesang in verschiedenen Formen, wobei das im Roten-Fluss-Delta verbreitete *quan ho* wohl am bemerkenswertesten ist. Seine Entwicklung ist eng mit dem *ket cha* verbunden, dem Brauch der Kontaktpflege zwischen Dörfern durch umherziehende Sänger und Sängerinnen. Begleitet von einem Musikensemble und manchmal von

»

Die Jugend hört heute lieber vietnamesische Popmusik. Zumeist spielen die Bands Coverversionen aus Süd-Korea oder Japan. Doch zunehmend produzieren lokale Künstler erfolgreich eigene Hits.

einem kleinen Chor, tragen sie ihre Lieder und spontanen Dialoge vor. *Quan ho* wird *a cappella* gesungen und zeichnet sich durch eine besondere Vibrationstechnik namens *nay hat* aus. Heute sind über 400 Texte mit 213 verschiedenen Melodien verbreitet und kommen in mehr als 40 Dörfern der Provinzen Bac Ninh und Bac Giang östlich von Hanoi zur Aufführung. In den Wochen nach Tet wetteifern Sängerinnen und Sänger bei einem der vielen Quan-Ho-Festivals. Die Bedeutung von *quan ho* wurde von der UNESCO durch die Aufnahme in die »Liste des immateriellen Kulturerbes« im Jahr 2009 anerkannt.

Hofmusik

Trotz der Unabhängigkeit ab dem 10. Jh. versuchten die verschiedenen Dynastien Vietnams, die höfischen Musikformen des mächtigen Nachbarn China zu imitieren – viele Tanz- und Musikstücke wurden mit einigen Adaptionen einfach übernommen. Zudem sind Einflüsse der hinduistischen Kultur der Cham im Süden zu bemerken. Unter den Herrschern der Späten Le fand ab dem 15. Jh. eine Systematisierung der Hofmusik statt, sodass bestimmte Stücke nur zu gewissen religiösen oder säkularen Anlässen vorgetragen werden durften. Bei den Tanzvorführungen ging es meistens darum, dem Herrscher und seiner Familie Glück, Reichtum und langes Leben zu wünschen.

Mit Beginn des 20. Jhs. nahmen bei der Hofmusik in Hue die europäischen Einflüsse aufgrund der Präsenz Frankreichs zu. Besonders der westlich erzogene Bao-Dai-Herrscher (reg. 1926–45) hatte mehr für europäische Töne als für traditionelle Klänge übrig. Mit der Folge, dass die Hofmusik kaum noch aufgeführt wurde. Das änderte sich erst wieder mit der politischen Öffnung seit den 1990er-Jahren, als in Hue die Hofmusik durch verschiedene Ensembles wieder belebt wurde.

Ca Tru

Eine Kunstform erlebt eine Art Wiederbelebung, seit es von der UNESCO 2009 in die »Liste des immateriellen Kulturerbes« aufgenommen wurde: das Ca Tru. Seinen Ursprung hat es im Norden des Landes während der Ly-Dynastie (1009–1225) und kann als gesungene Dichtung umschrieben werden.

Eine Gruppe besteht üblicherweise aus drei Künstlern: einer Sängerin, die gleichzeitig das *phach*, ein längliches Holz- oder Bambusstück mit zwei Stäben schlägt, und zwei Musikern. Der eine, *kep* genannt, begleitet den Gesang mit der *dan day*, einer dreisaitigen Laute mit einem langen schmalen Hals. Der andere gibt mit der *trong chau*, der Lobtrommel, den Rhythmus vor.

Traditionellerweise wird die Musik in einem Versammlungshaus oder zu einer privaten Veranstaltung vorgetragen. Früher kauften die Gäste einen Stapel von Bambuskarten und übergaben die Karten den Sängerinnen, um damit deren Leistung zu belohnen. Die Sängerinnen konnten dann die Karten in Geld umtauschen.

Auch wenn *ca tru* während der Kolonialzeit durchaus beliebt war, so hatte es einen schalen Beigeschmack: Attraktive junge Sängerinnen (*co dao*) mussten auch als »Reiswein-Mädchen« *(dao ruou)* Opium rauchenden und trinkenden Herren Gesellschaft leisten. Unter den Kommunisten wurde die »dekadente« Kunstform unterdrückt. Seit geraumer Zeit wird dieser feine Gesang wiederentdeckt und an verschiedenen Orten aufgeführt, vor allem in Hanoi.

Das Theater

Vietnams Theatertradition umfasst alle wichtigen Gattungen. Die älteste überlieferte Darstellungsform, die *tro he* (Farce), wurde während der Tien-Le-Dynastie (979–1009) kreiert. Unter der Tran-Dynastie (1225–1400) kamen zwei neue Formen auf: *hat giao mat*, ein Maskentheater, und *hat coi tran*, die Darbietung ohne Kostüm. Diese Traditionen existieren nicht mehr. An ihre Stelle traten drei heute noch verbreitete Theatertypen: das volkstümliche *cheo*, das formale *hat tuong* und das europäisch beeinflusste *cai luong*.

Hat Cheo

In einer Frühform bestand *hat cheo* bereits zur Bronzezeit. Das Wort ging aus dem chinesischen *tieu* für »lachen« hervor. Seine heutige Form lässt sich bis ins 10. Jh. zurückverfolgen. Cheo-Aufführungen finden vor dem Gemeinschaftshaus eines Dorfs oder vor einer buddhistischen Pagode statt. Die strengen Regeln wurden um 1501 von dem Theoretiker Luang The Vinh entwickelt.

Ein Zuschauer eröffnet mit der Trommel das Spiel. Singt einer der Darsteller besonders gut, wird die Trommel als Anerkennung geschlagen. Lässt die Vorstellung hingegen zu wünschen übrig, schlägt man aus Protest auf den Holzrahmen der Trommel. Die Dauer einer Vorstellung richtet sich nach dem Eintrittspreis. Als Berechnungsbasis setzt man die Zeit an, die ein Räucherstäbchen braucht, um abzubrennen. Signalisiert die Trommel Beifall, häuft das Publikum weiteres Räucherwerk auf, was die Vorstellung verlängert und die Gage erhöht.

Während der ganzen Vorstellung erläutern die Schauspieler bestimmte Vorgänge, stellen

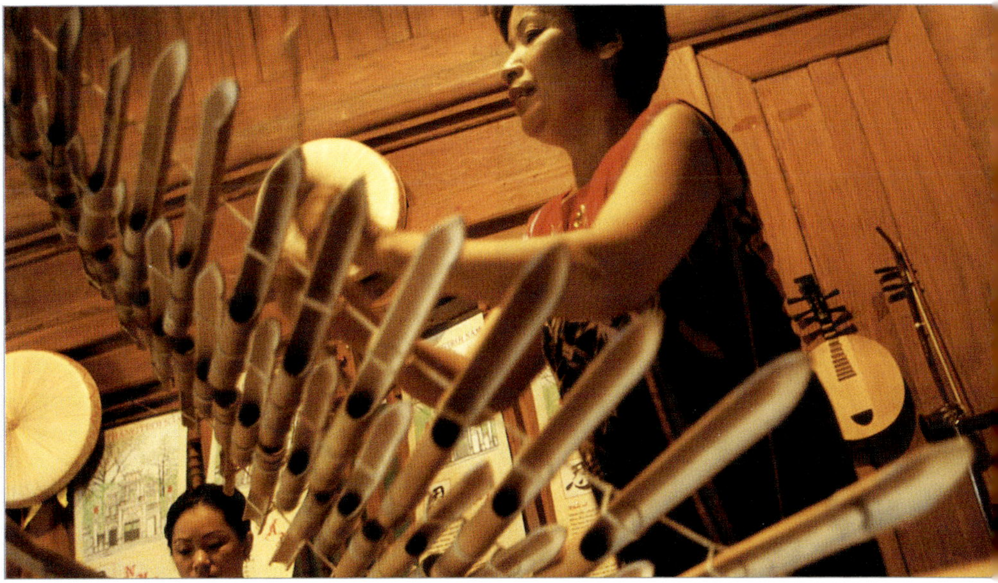

Die gesamte Ausrüstung der Truppe passt in eine einzige Kiste, die zugleich als einziges Bühnenrequisit dient. Das Thema einer Inszenierung dient nur als Rahmen für die Improvisationen. Eine Cheo-Truppe wird nach ihrer Fähigkeit bewertet, ein Thema abzuwandeln und zu aktualisieren. Die Musiker begleiten mit Trommeln, Gongs, Rasseln, Saiteninstrumenten und Flöte.

Links: Musiker in Hue mit der viersaitigen *dan ty ba* und der Sonnenlaute *dan nhat* **Rechts:** Xylophon-Spielerin im Literaturtempel, Hanoi

AUFSTIEG UND FALL DES ZIRKUS

Umherziehende Zirkusartisten gehörten einst zum Alltag. Bei Dorffesten waren ihre akrobatischen Vorführungen nicht wegzudenken. Während der Kolonialzeit motivierten professionelle Zirkus-Unternehmen aus Europa lokale Artisten, eigene Truppen zu gründen. In den 1950er-Jahren entstanden einige renommierte Zirkustruppen mit Unterstützung aus der Sowjetunion. Doch die meisten existieren nicht mehr. Mangels Interesse und finanzieller Ressourcen mussten viele Artisten aufgeben.

und beantworten den Zuschauern Fragen. Jede Melodie steht für ein bestimmtes Ereignis, etwa eine Hochzeit, eine Geburt oder den Tod. Alle Gesten – inklusive der Augen- und Mundbewegungen – haben eine spezielle Bedeutung. Emotionale Höhepunkte auszudrücken ist die Aufgabe von Chor und Narr. Dieser, schwarz geschminkt, unterbricht die Schauspieler, um Lügen und Tricks zu kommentieren, sie lächerlich zu machen oder ihre Tugenden zu preisen.

Cheo ist die demokratischste Form des Volkstheaters. Seine Stücke führen dem Zuschauer exemplarisch vor, wie man die Ungerechtigkeiten der Machthaber bloßstellt. Deshalb wurde es immer wieder verboten und die Schauspieler wurden verfolgt. Heute jedoch stößt es auf schwindendes Interesse.

Hat Tuong

Im Unterschied zum Cheo, das tief in der Kultur Vietnams wurzelt, kam das Hat-Tuong-Theater im 13. Jh. während der Tran-Dynastie aus China. Als die Mongolen zurückgeschlagen waren, gelangte unter den Kriegsgefangenen Ly Nguyen Cat, ein Meister des chinesischen Theaters, nach Vietnam. Er wurde später vietnamesischer Bürger und lehrte am Königshof chinesisches Drama. Von seiner Heimat übernahm er die rot, rosa und schwarz geschminkten Gesichter, die zeremoniellen Kostüme und Masken, die stilisierte Gestik und Sprache, die erhaben klingenden Schlag- und Blasinstrumente sowie die Betonung des Heroischen und Edlen: *Hat tuong* war anfänglich ein Theater für die Elite.

Es beginnt mit einer gesungenen Einleitung, die das Handlungsgerüst erläutert. Jeder Schauspieler stellt seine Rolle vor. Abgesehen von wenigen symbolischen Gegenständen bleibt die Bühne leer: Ein Zweig versinnbildlicht einen Wald, ein Rad einen Wagen usw. Die Dramaturgie setzt die Wertvorstellungen des Konfuzianismus um, etwa die Loyalität und Treue gegenüber dem König und den Eltern. Das Orchester begleitet den Gesang und akzentuiert einzelne Momente der Handlung.

Im Lauf der Zeit passte man das Tuong vietnamesischen Vorstellungen an. Weibliche Rollen wurden nun von Frauen gespielt und man erweiterte das Orchester um Instrumente aus der indischen Tradition der Cham. Heute gehören zu einem Orchester Becken, Gongs, Trommeln, Tamburine, Flöten und Saiteninstrumente, darunter *dan nguyet* (eine mondförmige Laute), *dan nhi* (eine zweisaitige Röhrengeige), *thap luc* (eine Art Zither) und *dan bau*, dessen einzige Saite über einen langen Resonanzkörper gespannt wird. Zugleich gezupft und gestrichen, erzeugt es eine große Tonvielfalt und einen Vibrationseffekt.

Cai Luong

Das Reformtheater entstand um 1920 im Süden. Es bereitet klassische chinesische Stoffe in zeitgemäßer Form auf. Vom modernen europäischen Sprechtheater beeinflusst, verbannte *cai luong* den zuweilen langatmigen epischen Stil zugunsten kürzerer Stücke, die vom freien Dialog leben und mehr Wert auf emotionale und psychologische Spannungsbögen legen.

Während das Publikum den traditionellen Theaterformen heute mehr und mehr fern bleibt, konnte das *cai luong* zu einem gewissen Grad seine Attraktivität bewahren. Dies gelang aber nur durch ständige Adaptionen an zeitgenössische Trends, seien es populäre Figuren, aktuelle Themen oder auch Musikhits.

Heute entwickelt sich das Cai Luong Hand in Hand mit dem modernen vietnamesischen Sprechtheater. Dies liegt auch daran, dass viele Schauspieler in beiden Bereichen engagiert werden. Das begleitende Musikensemble verwendet neben traditionellen auch westliche Instrumente. ■

PLANSCHENDE PUPPEN

Das Wasserpuppentheater ist einmalig in der Welt. Entstanden in den überfluteten Reisfeldern des Roten-Fluss-Deltas, belustigt es heute Jung und Alt. Das Rote-Fluss-Delta war bis zur Errichtung der ersten größeren Deichanlagen durch die Ly-Dynastie im 11. Jh. während der Regenzeit regelmäßig überschwemmt. Das jährliche »Land unter« regte eine besondere Art der Unterhaltung an, die es nur in Vietnam gibt: das Wasserpuppenspiel (*mua roi nuoc*). Die überfluteten Reisfelder waren natürlich die beste Bühne, auf der die Puppenspieler bis zur Hüfte im Wasser stehen und mit langen Bambusstangen die Bewegungen der Puppen unter Wasser dirigieren konnten. Mit der Zeit wurde das Spiel in kleine Teiche oder Seen verlegt, die es im 11. Jh. vor nahezu jedem Gemeindehaus, dem *dinh*, gab.

Heute sind die Vorstellungen in feste Gebäude verlegt. Noch immer stehen die Spieler hüfttief im Wasser, doch sind sie hinter einem Bambusvorhang verborgen. Das Wasser wird trüb gehalten, damit man die komplizierte Technik nicht sieht: eine lange Bambusstange, durch welche Fäden vom Spieler bis zur befestigten Puppe führen. Die Holzpuppen sind mit mehreren Lackschichten überzogen und zwischen 30 und 100 cm groß. Sie wiegen im Schnitt 1 bis 5 kg. Größere sind bis zu 20 kg schwer und müssen daher von bis zu vier Spielern bedient werden.

Da seine Ursprünge in den Bauerndörfern des Roten-Fluss-Deltas liegen, ist das Wasserpuppentheater nicht nur eine Volksbelustigung, sondern gleichzeitig ein lebendiges Zeugnis der vietnamesischen Alltagskultur. Eine Vorführung besteht normalerweise aus 12 bis 18 Akten, von denen jeder Abschnitt eine Geschichte erzählt. Begleitet werden die Handlungen von einem kleinen Ensemble aus Musikern und Sängern. Eine Geschichte handelt zum Beispiel von der Goldenen Schildkröte, die im einst viel größeren Hoan-Kiem-See in Hanoi lebte. Sie tauchte aus den Tiefen des Gewässers auf, um dem guten König Ly Thai Tho das Schwert zu überreichen, damit er die Chinesen erfolgreich abwehren konnte. Die Charaktere können Helden sein, wie sie dem Volk aus Legenden und Mythen bekannt sind.

Viel häufiger jedoch werden kleine Alltagsabenteuer mit viel Action erzählt, sei es die Geschichte vom schlauen Fuchs, der dem armen Bauern eine Ente stiehlt, oder dem Fischer, der verzweifelt einen springenden Fisch einfangen will. Der Wasserspiegel wirkt dabei wie ein Barometer der Emotionen. Er ist ruhig und träge, wenn die zauberhaften Feen ihren Tanz vorführen, er ist wild und aufgewühlt, wenn die Drachen feuerspeiend ihr Unwesen treiben.

Um auch heutige Zuschauer zu begeistern, schreiben die Autoren traditionelle Szenen um und verlegen sie zeitlich ins Heute – Diebe werden z.B. nach dem gültigen Paragrafen des Strafgesetzbuches verurteilt. Das Wasserpuppentheater war während des Krieges nahezu völlig verschwunden. Seit den 1980er-Jahren hat es vor allem aufgrund des Touristenbooms seinen Weg zurück auf die Bühne, oder besser, ins Wasserbecken gefunden und ist mittlerweile über die Grenzen Vietnams hinaus bekannt geworden. ■

Links: Vorbereitung für eine Cai-Luong-Vorstellung
Oben links und rechts: Wasserpuppentheater

Kunst und Literatur

Dank der hohen Alphabetisierungsrate haben die Vietnamesen viel Sinn für die Dichtkunst. Auch in der Malerei und im Kunsthandwerk zeigt sich ihre enorme Schaffenskraft.

Wer durch die Straßen der größeren Städte wandert, kann den Eindruck gewinnen, jeder zweite Vietnamese sei ein Maler. Zahllose Galerien zeigen die Werke einheimischer Künstler. Nach Jahren der Isolation stehen die Künstler wieder im Rampenlicht, und einige haben mittlerweile erfolgreich die internationale Arena betreten. Ausstellungen vietnamesischer Maler gibt es regelmäßig in Asien, Australien, Europa und den USA.

Malerei

Während China, Japan und Korea seit langem eine eigenständige Malerei vorweisen können, entstand die vietnamesische erst während der französischen Kolonialzeit. Wenn auch in weiten Teilen destruktiv, bot sich in der Kunst eine neue Chance kreativer Entfaltung. Durch diesen kolonialen Einfluss entstand eine einzigartige Mischung französisch-vietnamesischer Kultur.

1925 wurde auf Initiative des französischen Malers Victor Tardieu in Hanoi die École des Beaux-Arts de l'Indochine (EBAI) gegründet. In ihr studierten innerhalb von 20 Jahren 128 Maler und Bildhauer europäische Kunstgeschichte und Techniken. Aus dieser Schule ging die erste Generation der vietnamesischen Meister hervor, von denen die bekanntesten Nguyen Gia Tri, Nguyen Phan Chanh, To Ngoc Van, Bui Xuan Phai, Nguyen Sang und Nguyen Tu Nghiem sind. Der Einfluss dieser Maler war bereits in den 1930er-Jahren zu spüren, die anderen hingegen, Bui Xuan Phai, Nguyen Sang und Nguyen Tu Nghiem, kamen erst in den 1960er- und 1970er-Jahren groß heraus.

Links: *Grüne Harmonie: Zwei Schwestern*, 1938 von Le Pho gemalt **Rechts:** Abstrakte Kunst

Auch wenn nicht alle dieser Maler die gleiche Vision hatten und dem gleichen Stil folgten, so waren sie sich doch darin einig, die europäische Moderne mit dem vietnamesischen Geist und dem eigenen kulturellen Erbe zu verbinden. Traditionelle Materialien verwendeten sie auf neuartige Weise und stellten heimische Themen in warmen Farben dar. Auf diese Weise befreiten sie ihre Kunst vom akademischen Korsett der Kolonialmacht.

Diese Vorstellungen wurden schließlich an die Studenten der Akademie der Schönen Künste in Hanoi, der Nachfolgeinstitution der EBAI, weitergegeben. So hat heute jeder vietnamesische Maler irgendwelche Wurzeln in der europäischen Kunsttradition.

Neuanfang

Jahrzehnte des Krieges, der Teilung und der Isolation, vor allem aber die strenge Zensur drängten die Künstlergemeinde an den Rand. Nahezu alles – von Aktzeichnungen bis zur abstrakten Kunst – war verboten. Selbst der Impressionismus stand auf dem Index. Sozialistischer Realismus war angesagt. Erst mit der Reformpolitik *doi moi* 1986 verbesserte sich das Klima. Der nun mögliche kulturelle und wirtschaftliche Austausch, aber auch die offenere vietnamesische Gesellschaft, bewirkten in der Kunst einen dramatischen Wandel. Die Zahl der Ausstellungen und Verkäufe der Werke stieg immens an. 1991 fand in Hongkong erstmals nach dem Krieg eine renommierte Ausstellung moderner vietnamesischer Kunst im Ausland statt. Seitdem blickt die einheimische Kunstszene nur noch nach vorne.

Heute hat sich eine neue Generation etabliert, die von einer größeren Freiheit und internationaler Anerkennung profitiert, von der ihre Vorgänger nur träumten. Die Künstler arbeiten auch mit einem breiteren Spektrum an Ausdrucksformen, von der Performance bis zur Video-Installation, von der abstrakten Kunst bis zur Kalligrafie. Doch die neue Freiheit bedeutet auch einen Verlust an Einheit in der Künstlergemeinde, bedauert die Kunsthistorikerin Nora Taylor: »Die Künstler scheinen nicht miteinander reden, sich in einer Gruppe oder einer Richtung organisieren zu wollen. Es fehlt der intellektuelle Austausch und Konsens, was Kunst eigentlich bedeutet.«

UNTER BEOBACHTUNG

Die Behörden haben ein waches Auge auf die Arbeiten vietnamesischer Künstler auch auf internationalem Parkett. Gemälde mit politischen Untertönen oder mit von der offiziellen Linie abweichenden Idealen, wie die Werke von Truong Tan, können Schwierigkeiten provozieren. Tan stellt offen seine individuelle Sexualität dar und konfrontiert sie mit traditionellen Werten. Deshalb werden seine Grafiken meist aus Ausstellungen verbannt. Viele vietnamesische Künstler vermeiden strittige Themen.

Galerien

In Hanoi, Hoi An und Ho Chi Minh City überschwemmt kommerzielle Kunst den Touristenmarkt. Noch vor zwanzig Jahren mussten sich heute anerkannte Maler mit 200 $ pro Bild zufriedengeben. Angesichts der bis zu sechsstelligen Beträge, die die Werke heute international erzielen, verwundert es kaum, dass immer mehr Künstler auf den Markt drängen. Die riesige Anzahl an Galerien spricht da Bände.

In Hanoi gibt es einige sehr gute Galerien, die regelmäßig Vietnams beste Künstler zeigen und vielversprechende Talente fördern, etwa Art Vietnam, L'Espace oder die Mai Gallery. Unter www.hanoigrapevine.com erhält man einen guten Einblick in die aktuelle Kunst- und Kulturszene der Hauptstadt.

Die Szene in Ho Chi Minh City ist traditionellerweise weniger dynamisch als jene in Hanoi, wird jedoch seit geraumer Zeit kreativer. In den Ausstellungsräumen der Galerie Quynh, San Art, Apricot Gallery und Galerie Vinh Loi erhält man einen guten Überblick.

Kunsthandwerk

Einst hatten sich in Vietnam ganze Dörfer auf bestimmte Handwerkskünste spezialisiert, darunter Lackwaren, Töpferarbeiten, Schirme, konische Hüte oder Fischernetze. Mit der Zeit wurden die Dorfgemeinschaften mit ihren Produkten identifiziert. Auch heute noch sind Ortsnamen rund um Hanoi ein Synonym für gewisse Erzeugnisse, etwa Van Phu für Seide, Bat Trang für Keramik oder Dong Ho für Holzdrucke. Mit der Kolonialisierung erlebte die traditionelle Handwerkskunst gegen Ende des 19. Jhs. einen Niedergang. Die Kriege taten ihr Übriges. Doch heute erleben diese Dörfer ein Comeback. Inzwischen hat die Regierung über 1500 Handwerksdörfer im ganzen Land offiziell anerkannt. So bewahren die Orte ihre kulturellen Identitäten und steigern ihr Einkommensniveau.

Keramik und Töpferei

Ein Kenner sagt: »Chinesische Keramik ist schön für die Augen, die vietnamesische ist schön für das Herz.« Die Kombination von edlen Formen mit Glasuren und dekorativen Kalligrafien ist ihr Markenzeichen. Während die chinesischen Töpfer die Technik perfektionieren wollen und die japanischen nach spontan erzielter Schönheit streben, suchen die Vietnamesen einen Mittelweg zwischen diesen beiden Extremen. Ziel der Keramikkunst ist hier die Balance zwischen künstlerischer Eigenständigkeit und technischer Vollendung.

Das berühmteste Keramikdorf mit der vermutlich längsten Tradition ist Bat Trang, etwas östlich von Hanoi. Nguyen Trai, der große Politiker, Stratege, Diplomat und Dichter, notierte zu Beginn der Späten Le-Dynastie (1428–1776), dass Bat Trang 70 Sets von Schalen und Tellern für die Tributzahlung an China bereitgestellt habe. Es ist ein Beweis für die Kunstfertigkeit der damaligen Bewohner von Bat Trang.

Holzdruck

Die Kunst des Holzschnitts geht bis auf die Zeit der Ly-Dynastie zurück (11. Jh.). Kannte man zunächst nur den schwarzweißen Holzschnitt, kam im 15. Jh. die Technik des Farbschnitts auf. Nach alter Tradition beteiligten sich ganze Dorfgemeinschaften am Druck. Heute arbeiten nur noch wenige Familien in Dong Ho östlich von Hanoi an den Farbholzschnitten. Papier und Farben fertigen sie selbst, die Druckstöcke bearbeiten sie nach traditionellen Vorbildern mit Glückssymbolen, historischen Persönlichkeiten und Schlachten, Geistern, populären Sinnbildern und Gesellschaftskritik.

Glück symbolisiert das mit Girlanden geschmückte fette Schwein, oft begleitet von einer Schar Ferkel. Eine von Küken umringte Henne steht für Wohlstand, der Hahn für Frieden und Mut. Sozialkritik übt man mit Karikaturen, die etwa von quakenden Fröschen sowie Trompete spielenden und trommelnden Ratten begleitete Mandarine darstellen.

Links: Galerie Apricot in Hanoi **Oben links:** Holzschnitzer in der Altstadt von Hanoi **Oben rechts:** Trocknen von gefärbten Seidenfäden im Dorf Van Phuc

Lackarbeiten

Grabbeigaben aus lackiertem Holz aus dem 3./4. Jh. belegen, wie alt diese Kunst ist. Heute sind Lackarbeiten (*son mai*) – Bilder, Wandschirme, Kästchen, Vasen, Tabletts, Schachbretter – Exportschlager. Ihre Qualität ist das Ergebnis größter Sorgfalt bei der Zubereitung der Lacke, die Motive entstammen einer tausendjährigen Tradition. Die heute hergestellten und in Touristenzentren verkauften Produkte sind allerdings meist minderwertige Massenprodukte.

Als Grundstoff für den Lack wird das Harz des Lackbaums, *cay son*, verwendet. Es wird ähnlich gewonnen wie Latex beim Kautschukbaum. Nach einer gewissen Lagerzeit verdünnt man es mit Wasser, die dunkelbraune Deckschicht, der Öllack, wird abgeschöpft.

Es werden zwei Arten von Lack verwendet. Klarlack wird durch die Mischung von Lack mit Mu-Öl gewonnen, während beim wertvolleren und haltbareren Bimslack die Harze des Lackbaums und der Kiefer gemischt werden. Im Gegensatz zum Klarlack wird der Bimslack nach der Bemalung geschliffen und im Wasser poliert, um ihn zu Hochglanz zu bringen.

Für Lackbilder verwendet man verschiedene Farben, aber auch Perlmutt, Knochen und Enteneierschalen.

VIETNAM AUF DEM LAUFSTEG

Immer mehr einheimische Modedesigner finden auch im Ausland Anerkennung. So wurde Dang Thi Minh Hanh, Direktorin des Fashion Design Institute (Fadin) in Ho Chi Minh City, für ihre wunderschönen Kreationen mehrfach ausgezeichnet. Sie greift dabei gerne auf traditionelle Muster und Materialien zurück. Die in Hongkong geborene Christina Yu produziert unter ihrem Label Ipa Nima schicke Taschen und Accessoires, die auch in den Modehauptstädten ihre Liebhaber finden.

Inneneinrichtungen

In den letzten Jahren etablierte sich eine ungemein kreative Szene im Bereich Innendesign und Accessoires. Die große Auswahl mit modernen Formen und asiatischen Stilelementen ist verführerisch. Gerne werden auch lokale Materialen wie Holz, Seide, Lack oder Bambus verwendet. Die Hanoier Designerin Alan Duong z.B. verkauft in ihrem Laden Mosaique zeitgenössische Produkte mit vietnamesischem Touch. Gerne verknüpft sie auf den ersten Blick unvereinbare Farben, Materialien und Stile. Daraus entstehen schrille Kissen, Lampenschirme aus Seide, Vasen oder Kerzenständer. Aber sie ist nicht die Einzige. In Hanoi und Saigon gibt es zahlreiche schicke Läden und Boutiquen. ■

LITERATUR

Die klassische Literatur wurde durch die unzähligen Mythen, Lieder, Legenden, Volkserzählungen und Märchen Vietnams tief geprägt. Diese Geschichten – von einer Generation zur anderen mündlich weitergegeben – sind anschaulich und hinreißend, lustig, aber auch oft tragisch, sodass sie sich tief in der vietnamesischen Kultur eingegraben haben.

Fast jeder Vietnamese liest und kennt das 3254 Verse umfassende Nationalepos »Das Mädchen Kieu« (Kim Van Kieu). Noch im frühen 19. Jh. erzählte man sich diese Geschichte in den Dörfern nur mündlich, bis sie von Nguyen Du (1765–1820), einem der berühmtesten vietnamesischen Schriftsteller, aufgeschrieben wurde. Das Werk gilt als Fenster zur Seele der Nation. Was das Nationalepos heute genauso relevant macht wie vor 200 Jahren liegt in Nguyen Dus Fähigkeit, die vietnamesische Gesellschaft in all ihren Facetten zu porträtieren. Laster, Tugenden, Hässlichkeit und Schönheit, noble Gesten und hinterhältige Intrigen werden zu einer spannenden Tragikomödie verwoben, die als Spiegelbild einer jeden Gesellschaft taugt.

»Kim Van Kieu« war bereits im Herzen der Vietnamesen fest verankert, als die französische Kolonialisierung das Land erfasste. In der ersten Hälfte des 20. Jhs. setzte sich das Vietnamesische in lateinischer Schrift, *quoc ngu*, immer mehr durch. Die Literatur Frankreichs und anderer europäischer Länder wurde nun auch in Vietnam immer bekannter und begann, vietnamesische Schriftsteller zu beeinflussen.

Eine der schönsten vietnamesischen Novellen in dieser Zeit war »Das Glück des Dummen«, eine brillante Satire über die Modernisierung Vietnams während der Kolonialzeit. Geschrieben von Vu Trong Phung und zum ersten Mal 1936 veröffentlicht, handelt es von dem erstaunlichen, ja bizarren Aufstieg des Straßenvagabunden Xuan der Rothaarige. Angesichts der aktuellen Modernisierungswelle hat die Erzählung auch heute noch Gewicht.

Während des Vietnamkrieges beschränkten sich die im Norden veröffentlichten Autoren darauf, Geschichten über die Einheit des Volkes und den Durchhaltewillen im Kampf zu schreiben. Die kommunistischen Parteikader zensierten alle Publikationen streng. Auch heute noch ist für jede Veröffentlichung eine Genehmigung der staatlichen Zensurbehörde notwendig. In den 1980er-Jahren verwendeten Schriftsteller und Dichter oft Analogien und Parodien, um der Zensur zu entgehen – und verursachten damit bei der Leserschaft eine Welle der Häme und Schadenfreude.

Doch manche Autoren wollten nicht um den heißen Brei herumschreiben. Wie Duong Thu Huong, deren kritische, auch ins Deutsche übersetzte Schriften in Vietnam verboten wurden. Zeitweilig stand sie sogar unter Hausarrest und lebt seit 2007 im Exil in Frankreich. Die 1987 veröffentlichte Kurzgeschichte von Nguyen Huy Thiep, »Der pensionierte General«, thematisiert die Ödnis der vietnamesischen Gesellschaft und wurde harsch kritisiert. Mit der Veröffentlichung des Romans »Kriegsleid«, in den frühen 1990er-Jahren von einem Kriegsveteranen aus dem Norden unter dem Pseudonym Bao Ninh geschrieben, wurden die vietnamesischen Leser erstmals literarisch mit den Grausamkeiten des Krieges und der Traumatisierungen der Soldaten konfrontiert.

Dem Interesse des Auslands an vietnamesischer Literatur sind durch die wenigen Übersetzungen enge Grenzen gesetzt. Wayne Karlin, ein amerikanischer Kriegsveteran und Schriftsteller, hat in den letzten Jahren zahlreiche zeitgenössische Werke übersetzt. Zusammen mit Ho Anh Thai, einem der bekanntesten Autoren Vietnams, hat er eine Anthologie von Kurzgeschichten mit dem Titel »Liebe nach dem Krieg« herausgebracht. Zeitgenössische Autoren beschreiben darin die Herausforderungen des Alltags und die Erosionen des Lebens im modernen Vietnam. ■

Links: Ein schönes Souvenir: Schalen aus Lack **Rechts:** Die Schriftstellerin Duong Thu Huong

Tempel und Pagoden

So vielfältig wie die Glaubenswelten sind Pagoden. Sie stehen auch im Mittelpunkt des gesellschaftlichen Zusammenseins.

Jedes vietnamesische Dorf hat einen eigenen Tempel, der neben dem *dinh,* dem Gemeinschaftshaus, steht. In ihm wird der Dorfgründer oder ein anderes gottähnliches Wesen verehrt. Hier treffen sich auch die Dorfältesten, um lokale Angelegenheiten zu diskutieren.

Das vietnamesische Wort *chua* wird meist mit Pagode übersetzt. Es bezeichnet einen buddhistischen Tempel, während *den* und *mieu* sich auf den Daoismus beziehen, in dessen volkstümlicher Variante auch Vorfahren und berühmte Persönlichkeiten der Geschichte verehrt werden. Größere Tempel haben vorne eine Eingangshalle *(phuong dinh),* auf die die Haupthalle *(ngoai cung)* mit dem Hauptaltar *(noi cung)* folgt. Oft finden sich konfuzianische, daoistische und buddhistische Statuen nebeneinander. Im Norden werden auch historische Generäle verehrt, und selbst die Ho-Chi-Minh-Porträts im *dinh* werden geschmückt wie auf einem Altar.

In den Hochzeiten des Kommunismus unterdrückt, feiern die Religionen seit den 1980er-Jahren ein Comeback. Tempel werden restauriert, sogar mit staatlicher Unterstützung, und auch religiöse Zeremonien finden wieder statt. ■

Unten: Grabstupas für die sterblichen Überreste der Mönche von der Tran-Quoc-Pagode in Hanoi

Ganz oben: Die Einsäulen-Pagode in einem Lotossee in Hanoi soll erstmals 1049 errichtet worden sein. Die Basis besteht heute aus Beton
Oben: Jedes Tempeltor bewachen mindestens zwei Wächtersoldaten, *quan bao ve.* Der eine ist grausam, der andere wohlwollend, wie jener abgebildete aus dem Co-Tien-Tempel beim Sam Son Beach

Die Bedeutung des Räucherstäbchens

Das Beten im Tempel ist meist eine private Angelegenheit, die Gläubigen kommen und gehen, plaudern mit den Tempeldienern und legen ihre Opfer ab. Doch kein Tempelbesuch ohne Räucherstäbchen. Man kauft sie am Tempel und entzündet ein ganzes Bündel an einer Flamme. Vor dem Altar nehmen die meisten Gläubigen die Räucherstäbchen in beide Hände, halten sie vor die Stirn, schließen die Augen und konzentrieren sich. Dann verbeugen sie sich vor der Statue im Stehen oder Knien und stecken eine ungerade Anzahl von Stäbchen, meist eins oder drei, in die dafür vorgesehenen Gefäße.
Der Rauch symbolisiert das Aufsteigen der Gebete zu Göttern oder Ahnen, er transportiert die Gedanken und Gefühle von den menschlichen zu den himmlischen Wesen.

Oben: Auswanderer aus China brachten Dekorationen für Tempel mit. Die Dachfirste sind üppig mit Porzellanfiguren geschmückt
Rechts: Ob zu Hause oder im Tempel – ein Behälter für Räucherstäbchen darf auf den Altären und vor Schreinen nicht fehlen. Häufig sind sie reich verziert
Links: Glocken mit chinesischen Schriftzeichen und Trommeln wurden in jedem Tempel als Zeitzeichen verwendet

Die vietnamesische Küche

Die Küche spiegelt nicht nur die geografische Lage, sondern auch Vietnams lange Kontakte mit anderen Völkern wider – allen voran den Chinesen, Khmer und Franzosen. Aus einer bunten Mischung entwickelte sich eine abwechslungsreiche Esskultur.

Vom nördlichen Nachbarn gelangten der Gebrauch von Essstäbchen, die Art des Bratens in einem Wok und die Vorliebe für Reisnudeln ins Land. Die französische Küche hinterließ ihre Spuren in Form von Baguettes (*banh mi*), Pasteten, der Art des Anbratens und der Popularität von Fleisch. Dennoch besitzt die vietnamesische Küche ihre ganz spezielle Note. Dank des unerschöpflichen Angebots frischer Zutaten entwickelte sich ein eigener Geschmack mit vielen Nuancen, die Speisen zeigen kontrastreiche Formen und Farben.

Regionale Küchen

Die Deltas des Mekong und des Roten Flusses werden von den Vietnamesen als die beiden großen Reiskörbe am Ende der Tragestange beschrieben. Während das Rote-Fluss-Delta die Menschen im Norden mit Reis und Gemüse versorgt, liefert das unglaublich fruchtbare Mekong-Delta für die Menschen des Südens und der Mitte neben Reis eine Vielzahl von tropischen Früchten und Gemüsearten.

Um den frischen Speisen mehr Geschmack zu verleihen, fügen die Köche eine Brise frischer Kräuter hinzu, etwa Zitronengras, Basilikum, Koriander, Minze und Petersilie – aber auch Knoblauch, Limette, Sternanis und Ingwer. Diese Zutaten geben den Speisen eine raffinierte Geschmacksvielfalt, die man in den Küchen der Nachbarn so nicht findet. Generell sind vietnamesische Köche mit scharfen Gewürzen sparsam, weshalb die Landesküche für europäische Gaumen bekömmlicher ist als jene in Thailand und Kambodscha.

Links: Königliche Küche in Hue **Rechts:** Gefragte Vorspeise: gebratene Frühlingsrollen (*cha gio*)

Die Küche variiert stark von Region zu Region. Die Nord-Vietnamesen bevorzugen mildere Speisen und verwenden weniger Gewürze und Kräuter. In der Landesmitte ist hingegen mehr Schärfe angesagt. Die südvietnamesische Küche wiederum tendiert dazu, reichhaltiger und würziger als jene des Nordens zu sein.

Die Nordvietnamesen schimpfen daher gerne über den Zucker in den Gerichten des Südens, der dort in Maßen tatsächlich Verwendung findet. Doch ist die Küche Saigons nicht süßer, sondern nur voller im Geschmack. Zucker wird etwa gerne der Reisnudelsuppe *pho* beigemischt. Beliebter ist jedoch die Kokosnussmilch, die gerne zum Abrunden von Gerichten verwendet wird.

Die Süd-Vietnamesen wiederum können der Küche des Nordens wenig abgewinnen. Der Süden hat dank des Klimas das ganze Jahr viel frisches Obst und Gemüse. Im Norden sind tropische Früchte- und Gemüsesorten kaum oder nur in minderer Qualität erhältlich.

Würzige Fischsoße

Nuoc mam, die Fischsoße, gehört auf jeden Tisch – wie in westlichen Ländern das Salz – und wird zum Würzen und Dippen verwendet. *Nuoc mam* findet in vielen Gerichten Verwendung. Der sehr eigene, scharfe Geruch ist etwas gewöhnungsbedürftig, doch bildet die Soße

eine passende Ergänzung zum fein abgestimmten Geschmack der Speisen.

Gerichte wie Frühlingsrollen oder *banh xeo*, Pfannkuchen mit Garnelen und Sojasprossen, werden in eine Schale mit *nuoc cham* gedippt, einer Mischung aus Fischsoße, Chili, Limettensaft, Knoblauch, Zucker und Pfeffer. Dabei hat jeder Koch seinen eigenen, streng gehüteten Gewürz-Mix. Wie beim anderen Essen gilt auch hier: je südlicher man kommt, desto schärfer und süßer wird *nuoc cham*.

Meeresfrüchte und viel mehr

Vietnam hat über 3000 km Küste, riesige Deltas und eine Vielzahl von Flüssen – mit einem entsprechenden Reichtum an Fischen und Meeresfrüchten. Krebse, Hummer, Garnelen und Tintenfisch werden meist nur gekocht oder gedämpft und zum Dippen mit einer Mischung aus Salz, Pfeffer und Limette serviert. Süß- und Salzwasserfische werden normalerweise in einem Fonduetopf gedämpft oder in einer Brühe mit Gemüse und Kräutern gekocht.

Eines der beliebtesten Gerichte ist *ca kho to* – Welsfilet mit Kokosnussstückchen, das mit einer gehaltvollen karamellisierten Soße in einem Tontopf serviert wird.

In den Speisekarten der Lokale dominieren Gerichte mit Fleisch, Fisch und Meeresfrüchten. Doch es gibt auch viele kulinarische Angebote für Vegetarier, darunter gedünsteter Wasserspinat mit Knoblauch, grüner Papayasalat oder verschiedene Tofu-Varianten. Da gebratener Reis gerne mit Schwein oder Tintenfisch serviert wird, ist es am besten, zur Bestellung gleich »toi an chay« (Ich bin Vegetarier) hinzuzufügen.

Reis essen, aber in Gesellschaft

Reis *(com)* ist Hauptbestandteil der Mahlzeit. Er ist so sehr Teil der Küche, dass Vietnamesen die Hauptmahlzeiten *com* nennen. Zur Essenszeit rufen sie sich »an com roi?« zu, »Hast du schon gegessen?«. Ein typisches Mittag- oder Abendmahl besteht aus Reis mit mehreren Beilagen.

Ein Standardessen besteht aus einem Fleisch- oder Fischgericht, im Wok gebratenem Gemüse und einer Schale Suppe (*canh*). Die leichte, etwas säuerliche Brühe mit Gemüse und manchmal Meeresfrüchten wird zum Herunterspülen von Reis verwendet. Auf dem Tisch stehen auch diverse Soßen zum Dippen, etwa Sojasoße, Limettensaft mit Salz und natürlich die unvermeidliche Fischsoße. Jedes Gericht hat normalerweise sein eigenes Dipping. Ente wird gerne in Sojasoße getunkt, Huhn in Limettensaft mit Salz und Schwein in Fischsoße.

Auch wenn es vietnamesische Desserts gibt, wie zum Beispiel *che*, ein süßes Bohnen-Dessert, das in Cafés und an Straßenständen angeboten wird, so gibt es keine wirkliche Desserttradition. So gibt es zum Abschluss der Mahlzeit eher einen Teller mit frischem Obst.

Wenn Vietnamesen in einer größeren Gruppe zum Essen gehen, dann werden normalerweise ein bis zwei Leute die Gerichte für alle bestellen. Stehen die Speisen auf dem Tisch, bedient

Links: *Banh xeo*, Pfannkuchen nach Hue-Art **Rechts:** Platte mit Meeresfrüchten

sich jeder nach eigenem Gutdünken. Selbst in Restaurants mit westlichem Essen werden sich die Vietnamesen die bestellten Gerichte teilen.

Viel Spaß bereitet in der Gruppe ein Feuertopf (*lau*), die asiatische Variante des Brühefondues. Dazu werden verschiedene Schalen mit gemischtem Fleisch oder Meeresfrüchten, rohem Gemüse und Nudeln auf den Tisch gestellt. Jeder greift mit den Stäbchen zu und lässt die Speisen in einem gemeinsamen Brühetopf ein paar Minuten garen. Auf diese Weise können Vietnamesen Stunden verbringen, den neuesten Klatsch austauschen und immer wieder auf die Gesundheit anstoßen.

Die Zeiten ändern sich

Mit einer solchen Vielfalt an Gemüsesorten und frischen Kräutern, dem sparsamen Gebrauch von Öl und dem mäßigen Genuss von Fleisch (eher Beilage als Hauptgericht) ist die vietnamesische Küche gesund und vitaminreich. Trotzdem begeistern sich v.a. junge Vietnamesen zunehmend für Hamburger, Pizzas und Softdrinks. KFC, Pizza Hut und andere Fastfood-Ketten haben sich auch in den Städten Vietnams angesiedelt. Sie bieten kostenlosen Wi-Fi-Zugang, klimatisierte Räume und modernes Design, weshalb es für die junge Generation als schick gilt, sich dort zu verabreden.

YIN UND YANG DES ESSENS

Angesichts der vielen Kräuter und Gewürze ist die vietnamesische Küche eine wahre Apotheke. Auch beim Essen sollen die Yin- und Yang-Elemente ausgewogen sein. Mit dem Yin (vietnamesisch *am*) sind u.a. die Aspekte Erde, Weiblichkeit und Kälte verbunden, mit Yang (vietnamesisch *duong*) die Aspekte Himmel, Männlichkeit und Wärme. Manche Gerichte sind Yin-Speisen und wirken daher auf den Körper kühlend, wie etwa Tofu, Balsambirne, Gurke, Bananen, gekochtes Enten- oder Hühnerfleisch, Fisch und die meisten Meeresfrüchte. Die Yang-Speisen wiederum führen zur körperlichen Erhitzung, darunter Ingwer, Curry, Koriander, Pfeffer, Knoblauch, Kartoffel, Lamm- und Rindfleisch. Daher hilft bei einer Erkältung sehr gut Ingwer. Es gibt auch neutrale Speisen, bei denen Yin und Yang ausgewogen sind, wie etwa Reis, Brot, Schweinefleisch oder Kohl. Bei der Auswahl der Gerichte müssen daher gleichviel Yin- und Yang-Speisen auf dem Tisch stehen. Zum kühlenden Fisch passt daher gut erhitzender Knoblauch oder Ingwer. Ist jemand krank, was wiederum dazu führt, dass die Yin-Yang-Balance nicht mehr stimmt, muss sein Speiseplan entsprechend darauf eingestellt werden.

Unbedingt probieren

Banh cuon: Reispfannkuchen, gefüllt mit Schweinefleisch, Pilzen, frischen Zwiebeln und Koriander, dazu gebratene Zwiebeln, frische Kräuter und Fischsoße.

Banh khoai: Die Spezialität aus Hue, daher auch Hue-Pfannkuchen genannt, wird mit Reismehl, Maisstärke und Ei wie ein Omelett gebacken und mit Schweinefleisch oder Garnelen, Zwiebeln, Bohnensprossen und Pilzen gefüllt.

Banh mi thit/pate/trung: Baguette, serviert mit Fleisch (*thit*), Pastete (*pate*) oder Eiern (*trung*), dazu klein geschnittene Karotten, Koriander und andere frische Kräuter.

Bit tet: Ein vietnamesisches Rindersteak, serviert mit dicker Bratensoße zu frischem Baguette, Pommes und Salat.

Bo luc lac: Im Wok gegarte Rinderstücke und Zwiebeln, dazu Kohlblätter, Tomaten und Reis.

Bun cha: Schweinefleischstreifen oder mit Minze angereicherte Schweinefleischstückchen vom Holzkohlegrill werden in einer Schale mit kalten Reisnudeln (*bun*) und Fischsoße serviert.

Canh chua: Säuerliche Suppe aus süßen und beißend-scharfen Geschmacksrichtungen, oft serviert mit Garnelen oder Fischköpfen. Hinein gehören Tomaten, Ananas, Karambole, Bohnen- und Bambussprossen, gebratene Zwiebeln, frisches Korianderkraut, Zimt und natürlich Fischsoße.

Cha gio (im Norden *nem saigon* genannt): Schweinehackbällchen mit frischer Minze, Garnelen, Krabbenfleisch, duftenden Pilzen und Gemüse werden in dünnes Reispapier gewickelt und knusprig frittiert. Man rollt *cha gio* mit frischen Kräutern in ein Salatblatt und tunkt es in *nuoc cham*.

Ga (muc) xao sa ot: Hühnchen oder Tintenfisch wird kurz angebraten und mit Zitronengras, Fischsoße, Knoblauch, Zwiebeln und Chilis gegart.

Goi cuon: Frische Frühlingsrollen mit dünnen Nudeln, Garnelen, Schweinefleisch und Kräutern, die in Reispapier gewickelt sind. ■

FRISCHE KRÄUTER

Frische Kräuter und Gemüsesorten werden gerne in einem Teller zur *pho*, zu Frühlingsrollen oder anderen Gerichten gereicht. Unter dem allgemeinen Begriff *rau thom*, »duftende Kräuter«, zusammengefasst, gehören dazu Vietnamesische Melisse (*rau kinh gioi*), Koriander (*rau mui oder ngo*), Minze (*rau hung cay*), Petersilie (*rau mui tay*) und Rotes Perillakraut (*rau tia to*). Auch Salatblätter, ungekochte Bohnen oder Sojasprossen dürfen nicht fehlen. *Rau thom* gibt den Speisen ihr besonderes Aroma.

PHO – DIE GELIEBTE VIETNAMS

Die schlichte Reisnudelsuppe ist eine kulinarische Botschafterin des Landes. Dank der großen vietnamesischen Gemeinden in Europa, Australien und den USA gibt es die *pho* heute in aller Welt. Das »föh« ausgesprochene Gericht isst man zum Frühstück, als leichte Mittags- und Abendmahlzeit oder auch spät nachts. Viele Vietnamesen schwören jedoch darauf, *pho* erst am späten Nachmittag oder abends zu essen, wenn die Suppenbrühe im Kochtopf so richtig lang gezogen hat.

Wenn man eine *pho* bestellt, dann wird die kochendheiße Brühe über eine große Schale mit heißen Reisnudeln geleert. Hinzu kommen Huhn (*ga*) oder Rindfleisch (*bo*), frische Kräuter und Zwiebeln. Je nach Vorliebe presst man ein Limettenstück über der Suppe aus und fügt Chili(-soße), Zucker und Essig hinzu. Meist wird die Brühe mit *quay*, frittiertem Weizenmehlteig, und *rau thom*, einem Teller frischer Kräuter, serviert.

Rund um die *pho* herrscht ein wahrer Kult, sie gilt als eine Art kulinarisches Nationalheiligtum. Für Susanna Bingemer und Hans Gerlach, den Autoren von »Vietnam. Küche und Kultur« (Gräfe & Unzer, München 2004), gleicht *pho* »ganz Vietnam in einer Schüssel«. Der vietnamesische Pho-Gourmet Professor Tien Huu wird beim Genuss ganz poetisch. »Der würzige Duft, den du atmest, erzählt dir das Geheimnis der Natur«, dichtet er.

Nach alten Dokumenten fand die *pho* irgendwann nach der französischen Besatzung in den 1880er-Jahren den Weg in die Küche Hanois. Auch wenn ihre Herkunft umstritten ist, so ist es wahrscheinlich, dass sie einer ungleichen Ehe zwischen der chinesischen und französischen Küche entsprungen ist. Es wird gesagt, dass die Franzosen die Knochen und minderwertigen Fleischteile des Rindes als Suppenfleisch für die Brühe einführten, welche ja die Basis der *pho* ist.

Andere wiederum behaupten, dass *pho* eine Hinterlassenschaft von Vietnamesen ist, die es gelernt hatten, für ihre französischen Hausherren *pot-au-feu*, einen deftigen Eintopf, zu bereiten. Dieser Theorie zufolge stammt der Name *pho* von dem französischen *feu* ab. Den chinesischen Einfluss erkennt man beim Gebrauch der Nudeln und einiger Ingredienzien wie Ingwer oder Sternanis für die Brühe.

Nord- und Süd-Vietnamesen können endlos darüber streiten, an welchem Ende des Landes die bessere *pho* gekocht wird. Ein Hanoier wird wahrscheinlich beklagen, dass ihm die *pho* von Saigon zu süß ist, während für einen Saigoner vermutlich die Brühe in Hanoi zu fad schmeckt. Auslandsvietnamesen wiederum sind gerne fest davon überzeugt, dass die Nudelsuppe in einem der vielen Lokale zwischen Berlin und Los Angeles besser mundet.

In jedem Fall kann man sich an einer großen Vielfalt erfreuen. Durch ihre Reise in alle Welt hat die *pho* bewiesen, dass sie sich geschmacklich an die jeweilige Umgebung anpassen kann. Wo immer man hingeht, die *pho* ist schon da – ebenso wie die Gruppe von hungrigen Einheimischen, die auf schmalen Holzbänken oder Minihockern sitzend die leckere Suppe genießen.

Kaum zu glauben, aber die *pho* war in den 1980er-Jahren einmal illegal – damals, als Nahrungsmittel rationiert und Privatgeschäfte verboten waren. Daher wurde die Nudelsuppe in Hinterhöfen zubereitet und nur an jene verkauft, die man kannte.

Im Gegensatz zum *com* (Reis) kochen Einheimische die *pho* selten zuhause, sodass sie gerne einmal schnell weggehen, um eine Schüssel *pho* zu essen, manchmal sogar in den frühen Morgenstunden. So kommt es, dass die *pho* ihren Spitznamen »Geliebte Vietnams« erhielt. Wenn jemand verschmitzt einen Mann fragt »*an pho chua*?«, »Hast du heute schon Nudelsuppe gegessen?«, dann heißt das: »Warst du schon bei deiner Geliebten?«. ■

Links: Zutaten für *banh cuon* **Rechts:** *Pho*, Vietnams Nationalgericht

Architektur

In Vietnams Architektur treffen chinesische Verspieltheit, koloniale Pracht und sozialistische Tristesse aufeinander. Bei vielen Bauten spiegeln sich die religiöse Vielfalt und das Erbe der Khmer und Cham wider.

Die Chinesen, die alten Cham und Khmer, die Franzosen und auch die Sowjets haben alle mit ihren je eigenen Architekturstilen dauerhafte Spuren hinterlassen. Doch der Prozess geht weiter. Mit der Öffnung des Landes gelangen moderne Baustile in die Städte, allen voran in Hanoi und Ho Chi Minh City, wo Luxusapartments und Hochhäuser wie Pilze aus dem Boden und die Grundpreise in die Höhe schießen.

Das Erbe Chinas

Das architektonische Erbe der nördlichen Supermacht ist unübersehbar: Die vielen Dynastien, die das Land vom 10. bis zum 19. Jh. regierten, haben immer chinesische Stile in die eigenen Bauwerke einbezogen. Einige der besten Beispiele findet man in Hanoi. Der Stadtgründer Ly Thai To gestaltete ab 1010 seine neue Königsstadt nach chinesischen Prinzipien. Auch seine Nachfolger ließen ihre Paläste nach Chinas Vorbild erbauen. Leider ist von alledem infolge von Kriegen, Überschwemmungen und der völlig neuen Stadtgestaltung durch die Franzosen nichts mehr zu sehen. Bei umfangreichen Grabungen im Zuge eines Neubaus für die Regierung kamen 2009 die Fundamentreste verschiedener Paläste, ein Bewässerungssystem, Brunnen und Tausende von Artefakten zum Vorschein.

Ein weiteres typisches Gebäude im China-Stil aus der Anfangszeit von Hanoi ist der Literaturtempel. 1070 zu Ehren von Konfuzius errichtet, wurde er mehrfach umgestaltet, vor allem im frühen 19. Jh., als viele alte Gebäude abgerissen und durch neue ersetzt wurden. Dem ersten Indochinakrieg fielen jedoch einige Bauten zum Opfer, die man erst im neuen Millennium nach alten Plänen rekonstruierte.

Die alte Königsstadt in Hue ist Vietnams bestes Beispiel chinesischer Stadtplanung. Als Nguyen Anh 1802 den Thron als Gia-Long-Herrscher bestieg, erwählte er die Heimat seiner Väter zur Hauptstadt. Ab 1805 ließ er am Nordufer des Parfumflusses seine neue Residenz erbauen. Vom Stil her ist sie eine verkleinerte Version der Verbotenen Stadt in Beijing und folgt wie sie in ihrer Architektur und Raumgestaltung der Idee von Harmonie und natürlicher Ordnung. Nach der Abschaffung der Monarchie 1945 weitgehend verlassen, verfiel die Zitadelle bereits lange vor der Tet-Offensive 1968, als die gesamte Anlage zur Kulisse für eine der schlimmsten Schlachten während des gesamten Vietnamkrieges wurde. Im Jahr 1975 standen nur noch 20 der einst 148 Paläste und Tempel. Was übrig blieb, war eindrucksvoll genug, um von der UNESCO 1993 in die Welterbeliste aufgenommen zu werden. Seitdem geht die Restaurierung langsam voran. Das bislang größte Rekonstruktionsprojekt wurde 2012 begonnen.

Eine weitere Fundgrube chinesischer Architektur in Zentral-Vietnam ist Hoi An, ebenfalls UNESCO-Welterbe. Von chinesischen Händlern ab dem 16. Jh. besiedelt, war Hoi An eine Hafenstadt mit Schiffen aus ganz Europa und Asien. Die vielen Versammlungshallen, Tempel und Kaufmannshäuser könnten auch in den Städten Süd-Chinas stehen. Zu den weiteren architektonischen Perlen von Hoi An zählen eine japanische Brücke aus dem 17. Jh., die Fassaden französischer Kolonialbauten und einige Holzhäuser.

Cham-Ruinen und Khmer-Pagoden

Die Königreiche der Cham währten entlang der Küste zwischen dem 5. und 15. Jh. über eintausend Jahre lang. Unter ihren Herrschern gelangte die hinduistische Kunst und Architektur zu einer Blüte. Was davon übrig blieb, sind zahlreiche Tempel und Türme aus Backstein. Sie liegen verstreut in fruchtbaren Flussebenen in Meeresnähe und im Hinterland. Zu den schönsten Beispielen zählen: Po Nagar (in Nha Trang), Po Klong Garai (bei Phan Rang) und Chien Dan (unweit von Quang Ngai). Doch am berühmtesten ist My Son, das religiöse Zentrum Champas. Indien unterstützt die Restauration, die bis 2020 fertiggestellt sein soll. Wenn auch nicht so grandios, so ist es doch von seiner Bedeutung her vergleichbar mit anderen indisch beeinflussten Zivilisationen wie Angkor in Kambodscha, Ayutthaya und Sukhothai in Thailand oder Bagan in Birma.

Apropos Angkor: Das einstige Riesenreich der Khmer umfasste nicht nur Kambodscha und Teile von Thailand und Laos, sondern auch

Links: Die Neun Dynastischen Urnen in der Zitadelle von Hue
Rechts: Ziegeltürme des Po Nagar in Nha Trang

BAUEN IN HARMONIE

»Bewirke Harmonie der Mitte, und Himmel und Erde kommen an ihren rechten Platz«, sagt ein konfuzianischer Klassiker. Hauptziel von *feng shui* (vietnamesisch *phong thuy*, Wind-Wasser) ist, für alle Bauwerke Plätze mit dem besten Energielauf (*qi*) zu finden. Am perfekten Ort kreuzen sich mehrere Energieströme. Da die negative Energie aus dem Norden kommt, sollte ein Haus gen Süden ausgerichtet sein, mit Bergen im Norden und einem offenen Terrain mit Wasser im Süden.

den tiefen Süden Vietnams. Einige wenige Reste sind noch im Mekong-Delta zu finden. Dort glänzen heute aber eher die buddhistischen Klosterbauten der Khmer-Minderheit, v.a. in der Provinz Soc Trang, wo die Kh'leng-Pagode (18. Jh.) zu den schönsten Beispielen zählt.

Französische Stadtplanung

Die Anfänge der zeitgenössischen Architektur gehen zurück auf die Ankunft der Franzosen in Vietnam. Vor dem 19. Jh. galt Holz als wichtigstes Baumaterial für die vorwiegend einstöckigen Gebäude. Die Grand Nation hatte sich zum Ziel gesetzt, auch auf dem Sektor der Zivilisation zu missionieren. Daher führten die Franzosen moderne Materialien und Techniken ein und entwickelten Hanoi und Saigon nach Maßstäben einer westlichen Stadtplanung. Gegen Ende des 19. Jhs. glichen die beiden Metropolen einer Großbaustelle. Für die Infrastruktur wurden neues Land erschlossen, Wasserwege gegraben und Straßen angelegt. Die französischen Planer wollten mit Prachtbauten im neoklassizistischen Stil, Opernhäusern, schattigen Alleen, großen Parks und Plätzen die Überlegenheit Europas manifestieren. Für Auguste Henri Vildieu, Frankreichs offiziellen Architekten für Vietnam im ausgehenden 19. Jh. und frühen 20. Jh., sollte Hanoi gar zu einem vietnamesischen Paris werden. Entsprechend prachtvoll konzipierte Vildieu seine Bauprojekte, darunter die Post (1886), das heute abgerissene Gefängnis (1899), die Résidence supérieure du Tonkin (1898) und der Justizpalast (1906).

Ein anderes Erbe Frankreichs sind die vielen Kirchen und Kathedralen als Teil der Missionierung. Die Kathedrale Notre Dame in Ho Chi Minh City, zwischen 1877 und 1883 errichtet, ist ein hervorragendes Beispiel für die typische Kolonialarchitektur Frankreichs. Interessanterweise wurde sogar jeder Stein aus Frankreich nach Vietnam verschifft.

Ernest Hébrard, der von 1923 bis 1931 als Direktor das Architektur- und Stadtplanungsamt Indochina leitete, übernahm den von Vildieu entwickelten *style indochine*, der europäische und asiatische Bauelemente vermischte und die Architektur an die klimatischen Bedingungen des Landes anpasste: Die Gebäude bekamen große Vorhallen, dicke Wände, ausladende Vordächer, Veranden, Innenhöfe und Belüftungslöcher. So blieben die Häuser im Winter warm und im Sommer kühl, sie waren geschützt vor heftigen Niederschlägen ebenso wie vor heißer Tropensonne und hatten stets eine ausreichende Luftzirkulation.

Zu seinen prominentesten Bauten in Hanoi zählen die Cua-Bac-Kirche (1925), die Hanoier Universität (1926), das Außenministerium (1931) und das Historische Museum (1932).

Letzteres nimmt Elemente einer vietnamesischen Pagode auf.

Eines der bemerkenswertesten Beispiele für interkulturelle Architektur ist die Phat-Diem-Kathedrale in der Provinz Ninh Binh, südlich von Hanoi. Hier mischen sich die verschiedensten Baustile wie kaum anderswo. Von dem vietnamesischen Pater Tran Luc in Auftrag gegeben, der zur Finanzierung und Erbauung die lokale Bevölkerung erfolgreich mobilisieren konnte, ist das Dach in der Art buddhistischer Pagoden und der Grundriss im Stil europäischer Kirchen gestaltet. Im Innenraum treffen katholische Heilige auf ostasiatische Symboltiere wie Drachen, Einhörner, Schildkröten und Phönixe.

Sowjetische Einflüsse

Während des Krieges und auch danach entstanden einige realsozialistische Prachtbauten nach Vorbild der Sowjetunion. Prominentestes Beispiel dafür ist das zwischen 1969 und 1975 nach Plänen von Nguyen Ngoc Chan errichtete Ho-Chi-Minh-Mausoleum in Hanoi. Das 1990 fertiggestellte Ho-Chi-Minh-Museum in Hanoi und das Hoa-Binh-Theater in Ho Chi Minh City sind weitere architektonische Selbstdarstellungen eines selbstbewussten Sozialismus. Mit DDR-Unterstützung wurden nach dem Krieg viele Plattenbau-Siedlungen hochgezogen, etwa in Pleiku im Zentralen Hochland. Aus heutiger Sicht ist es wohl gut so, dass aufgrund des Krieges und mangelnder Ressourcen der ambitionierte Leningrad-Plan von 1973 nie verwirklicht wurde. Er sah für Hanoi ein komplett neues Stadtzentrum südlich und westlich des Westsees vor.

Moderne Zeiten

Seit Mitte der 1990er-Jahre erleben die Städte Vietnams einen rasanten Wandel mit weitreichenden Folgen für die Stadtplanung. Wohnhäuser müssen Straßenerweiterungen und Neubauten weichen, an den Rändern entstehen neue Siedlungen und im Zentrum schießen Geschäftshäuser, Hotels und Einkaufszentren in die Höhe. Wurde früher sozialistisch geprotzt, so wird nun kapitalistisch geklotzt: Die neureichen Vietnamesen erbauen sich prächtige Stadthäuser nach dem Vorbild kalifornischer Edelvillen und in den Metropolen machen sich ambitionierte Hochhausprojekte gegenseitig Konkurrenz. Seit 2015 können auch Ausländer mit einem gültigen Visum Wohneigentum in Vietnam erwerben. Doch auch der Durchschnittsbürger investiert kräftig in ein neues Eigenheim. Überall reihen sich handtuchschmale Häuser aneinander und wetteifern durch Farbenpracht und Anzahl der Stockwerke um Aufmerksamkeit. Manche bevorzugen neokoloniale Fassaden, andere die Sachlichkeit der klassischen Moderne. Es scheint, als würden die Vietnamesen wieder einmal ihr Fähnchen in den Wind halten und eine neue Richtung einschlagen. Aber wie immer in der Geschichte des Landes sind die Menschen offen für fremde Ideen und bleiben doch eigen. ■

Links: Ost trifft auf West: Die Kathedrale von Phat Diem
Rechts: Das Ho-Chi-Minh-Mausoleum in Hanoi

DEUTSCHE ARCHITEKTEN

Schon 1900 entwarf Charles-Guillaume Lichtenfelder für die Kolonialregierung das prächtige *Palais du Gouverneur Général* (heute Präsidentenpalast) in Hanoi. Auch heute sind deutsche Architekturbüros in Vietnam aktiv, allen voran Gerkan, Marg und Partner (gmp). Das renommierte Hamburger Büro verantwortet mehrere Großprojekte in Hanoi: das nationale Konferenzzentrum (2006), das Museum für Stadtgeschichte und das Innenministerium (beide 2010) sowie das Nationalparlament (2011).

Reisen in Vietnam

Reisen durch Vietnam ist dank einer verbesserten Infrastruktur bequemer als früher. Das landschaftlich und kulturell vielfältige Land zieht Besucher schnell in seinen Bann.

Manch Reisender erwartet selbst nach mehr als drei Jahrzehnten des Friedens ein vom Krieg gezeichnetes Land vorzufinden. Doch heute sind die meisten Spuren des Krieges zu Touristenattraktionen geworden, seien es die Tunnel von Cu Chi, nordwestlich von Ho-Chi-Minh-Stadt, oder die Erinnerungsorte entlang des 17. Breitengrades. Der 1975 zu Ende gegangene Krieg ist Geschichte und die Erinnerungen daran verblassen mehr und mehr in der Tropensonne, die das Land in gleißendes Licht hüllt. Mit einsamen weißen Sandstränden und klarem, azurblauem Wasser der Küsten, mit der exotischen Tierwelt der Bergregionen und Flussdeltas mutet Vietnam fast wie ein Paradies an.

Im Herzen Nord-Vietnams liegt Hanoi, eine wunderschöne Stadt mit renovierten Villen aus der französischen Kolonialzeit und einem Flair, das in Asien einzigartig ist. Rund um die Hauptstadt erstreckt sich das topfebene Delta des Roten Flusses bis zum Golf von Tonkin im Osten, wo die berühmte Halong-Bucht eine Traumlandschaft zaubert. Am Rand der Deltaebene steigen die kühleren Bergregionen im Westen Richtung Laos, im Norden Richtung China an. Dies ist die Region der Bergvölker, die wie eh und je nach ihren Traditionen leben.

Südwärts verengt sich das Land wie ein Flaschenhals. Zunehmend tropischer werdende Küstenprovinzen reihen sich entlang des Südchinesischen Meeres wie eine Perlenkette. Als eine der schönsten Perlen präsentiert sich die einstige Königsstadt Hue. Nicht weit entfernt liegt das wie ein Freilichtmuseum anmutende Hoi An, während die Tempelruinen im ebenfalls nahen My Son den kulturellen Glanz des untergegangenen Königreiches Champa bezeugen.

Zwei Wege führen nach Ho Chi Minh City, der nie schlafenden Metropole der Eitelkeiten und Sehnsüchte: entlang der Küste über die Seebäder Nha Trang und Mui Ne oder über Dalat im kühlen, kaffeereichen Hochland. Die endlose Weite des Mekong-Deltas im äußersten Süden mutet wie ein Garten Eden an. ■

Vorherige Seiten: Die spektakuläre Halong-Bucht – Ban-Gioc-Wasserfall – Blick auf den Parfumfluss in Hue **Links:** Tropentraum: die Insel Phu Quoc **Oben rechts:** Karstlandschaft bei Tam Coc **Unten links:** Pilgerziel Parfum-Pagode **Unten rechts:** Cu-Chi-Tunnel

BIEN DONG
C H I N A
VIETNAM
L A O S
Vinh Bac Bo
(Golf von Tonkin)
Qiongzhou Haixia
H a i n a n
Haikou
Qionghai
Lingshui
Sanya
Dongfang
Zhaoqing
Wuzhou
Cenxi
Yangjiang
Maoming
Yulin
Lianjiang
Zhanjiang
Xuwen
Gui Xian
Nanliu
Lianzhou
Beihai
Yu
Nanning
Qinzhou
Fangcheng
Mong Cai
Pingguo
Chengzhong
Jingxi
Cai Bau
Cam Pha
Vuon Quoc Gia Cat Ba
(Cat-Ba-Nationalpark)
Vuon Quoc Gia Cam Son
(Cam-Son-Nationalpark)
Ha Long
Vinh Ha Long
Cat Ba
Dong Dang
Lang Son
Bac Giang
Ha Noi
(Hanoi)
Hai Phong
(Haiphong)
Nam Dinh
Ninh Binh
Tam Diep
Thanh Hoa
Thai Nguyen
Cao Bang
Viet Tri
Son Tay
Hoa Binh
Phu Ly
Ha Giang
Thanh Thuy
Cong Vien Quoc Gia Ba Be
(Ba-Be-Nationalpark)
Gam
Tuyen Quang
Thac Ba
Vuon Quoc Gia Cam Son
(Cam-Son-Nationalpark)
Phu Tho
Vuon Quoc Gia Ba Vi
(Ba-Vi-Nationalpark)
Moc Chau
Mai Chau
Ma
Na Meo
Cong Vien Quoc Gia Cuc Phuong
(Cuc-Phuong-Nationalpark)
Lam Son
Chu
Hong (Red)
Da (Black)
Lao Cai
Hoang Lien Son
Fansipan
3143
Tuan Giao
Son La
Phou Sam Sao
Tay Trang
Dien Bien Phu
Muong Lay
Muong Nhe
(Naturreservat)
Gejiu
Phongsali
Jiangcheng
Louang Namtha
Muang Xay
Luang Prabang
Xiang Ngeun
Xam Nua
Ky Son
Ca
Dien Chau
Vinh Dien Chau
Vinh
Ha Tinh
Mui Ron
Dong Hoi
Cong Vien Quoc Gia Phong Nha-Ke Nang
(Phong-Nha-Ke Nang-Nationalpark)
Dong Ha
Hue
Lao Bao
Lang Co
Nui Truong Son
Cau Treo
Nam Kading
Muang Pakxan
Menam Khong (Mekong)
Nakhon Phanom
Savannakhet
Banghiang
Mukdahan
Sakhon Nakhon
Lam Pao Resr
Xiang Khoang
Ang Nam Ngum
Nong Khai
Vientiane
Udon Thani
Khon Kaen
Ban Pak-Leng
Chiang Khan
Muang Loei
Ubo Lartna
Chum Phae
1
2
3
4
5
6
7
9

Vietnam
0
100 km
N
(SÜDCHINESISCHES
MEER)
KAMBODSCHA
Quang Ngai
Sa Huynh
Quy Nhon
Mui Ong Dien
Tuy Hoa
Mui Nay
Vung Hon Khoi
Ninh Hoa
Nha Trang
Cam Ranh
Vinh Cam Ranh
Phan Rang-Thap Cham
Cu Lao Thu
Da Lat
(Dalat)
Chu Yang Sin
2405
Vuon Quoc Gia
Chu Yang Sin
(Chu-Yang-Sin-
Nationalpark)
Duc Trong
Bao Loc
Mui Ne
Phan Thiet
Khe Ga
Ho Chi Minh City
Long Dat
Vung Tau
Bien Hoa
Ho T-i An
Vuon Quoc Gia
Nam Cat Tien
(Cat-Tien-Nationalpark)
Ngoc Linh
2598
Kon Tum
Pleiku
(Play Cu)
Vuon Quoc Gia Yok Don
(Yok-Don-Nationalpark)
Buon
Ma Thuot
Attapu
Virochey
Srepok
Kong
Pakxe
Champasak
Muang Khong
Phumi
Mlu Prey
Stoeng Treng
Stoeng Sen
Krachen
Kampong Cham
Mekong
Kampong Thom
Binh
Long
Thu Dau Mot
Tay Ninh
Prey Veng
Phnom Penh
Bassac
My Tho
Tan An
Vinh Long
Tra Vinh
Tien Giang
Hau Giang
Can Tho
Soc Trang
Bac Lieu
Ca Mau
Mui Ca Mau
Long Xuyen
Chau Doc
Rach Gia
Hon Tre
Hon Rai
Hon
Chong
Ha Tien
Vuon Quoc Gia
Con Dao
(Con-Dao-Nationalpark)
Con Dao
Kampot
Kampong Saom
Vuon Quoc Gia Phu Quoc
(Phu-Quoc-Nationalpark)
Dao Phu Quoc
Kampong
Chhnang
Krong Kaon Kong
Pouthisat
Tonle
Sap
Siem Reap
Anlong Veng
Batdambang
Sisophon
Pailin
Phumi
Samraong
Trat
Ko Kut
Ko Chang
Chanthaburi
Prachin Buri
Nakhon
Ratchasima
Buriram
Surin
Sisaket
Ratchathani
Nam Mun
Chi
1
14
19
13
22

Der Norden

Der Norden Vietnams präsentiert sich als ein Potpourri aus schroffen Bergketten, dichtem Dschungel, endlosen Reisfeldern, einer grandiosen Küstenlandschaft und einer geschichtsträchtigen Hauptstadt.

Je mehr sich Vietnam in rasendem Tempo modernisiert, desto eifriger widmen sich die Menschen alten Künsten, traditionellen Bräuchen und Riten. Das gilt allemal für die Hauptstadt Hanoi, wo eine Reise durch den Norden für gewöhnlich beginnt. Vor tausend Jahren unter dem Namen Thang Long gegründet, blickt sie auf eine wechselhafte Geschichte zurück. Die alten Tempelanlagen und vielen Kolonialbauten geben beredtes Zeugnis davon. Dass aber auch hier die Moderne auf dem Vormarsch ist, beweisen die zahllosen Neubauten.

Außerhalb Hanois und seiner dicht bevölkerten Vorstädte erstrecken sich malerische Provinzen mit ausgedehnten Reisfeldern und Obstgärten, die von den vielen Flussarmen des Roten-Fluss-Deltas gespeist werden. Grüne Gürtel aus Bäumen und Bambus fassen altertümliche Dörfer ein, in denen sich das Leben wie eh und je rund um die Gemeindehäuser, Pagoden und Tempel abspielt. Andernorts sind Fabriken und Werkstätten aus dem Boden geschossen und ermöglichen den Menschen ihr tägliches Einkommen, allerdings oft auf Kosten der Natur.

Am Golf von Tonkin liegt die geschäftige Hafenstadt Haiphong. Europäische Touristen interessieren sich dort für die schmucke Kolonialarchitektur, die Vietnamesen auch für das Glücksspiel im Casino. Höhepunkt am Delta ist die berühmte Halong-Bucht, deren Grotten, Höhlen und Felsformationen oftmals in geheimnisvolle Nebel gehüllt sind. Die Insel Cat Ba kann noch eine intakte Dschungellandschaft vorweisen. Weiter südlich wechseln sich entlang der Küste alte Kulturlandschaften und schöne Strände ab.

Das Bergland nahe der chinesischen und laotischen Grenze ist Heimat zahlreicher Minderheiten. Die meisten von ihnen leben in abgelegenen Dörfern, um dort ihre Felder und Reisterrassen zu bestellen. Sie sprechen ihre eigene Sprache, feiern ihre Feste und tragen ihre traditionelle Kleidung. Dass sie durchaus geschäftstüchtig sind, zeigt sich rund um den bildschön gelegenen Touristenort Sapa. ■

Links: Laternen in allen Farben **Oben rechts:** Feiner Seidenladen in der Altstadt Hanois
Unten links: Reisfeld in Mai Chau **Unten rechts:** Kopfschmuck der Dao-Minderheit

NHÀ HÁT LỚN HÀ NỘI

Hanoi

Die tausendjährige Hauptstadt zeichnet sich durch eine ganz eigene Atmosphäre aus, mit einer rastlosen Altstadt, weiten Alleen, Villen aus der Kolonialzeit und immer mehr wachsenden modernen Stadtteilen.

Der Name der Hauptstadt (Ha Noi) hat eine relativ banale Bedeutung. Die Silbe *ha* bedeutet Fluss, womit der Song Hong, der Rote Fluss, gemeint ist, *noi* steht für das innere Ufer einer Flussbiegung. Und so liegt auch der Kern der Stadt am rechten Ufer des Roten Flusses, erst in den letzten Jahren sind einige Wohn- und Industriebezirke auf die andere Seite geschwappt. Hanois lange und ereignisreiche Geschichte reicht bis in die Jungsteinzeit zurück, als sich das Volk der Viet am Zusammenfluss von Song Hong und Song Lo niederließ.

Die Anfänge Hanois

Im Norden des Landes lagen einst die ersten vietnamesischen Königreiche Van Lang und Au Lac mit Zentrum in Co Loa, nördlich von Hanoi. Ab dem 3. Jh. v.Chr. wurde der Einfluss Chinas immer stärker, das sich schließlich im 2. Jh. v.Chr. den Norden des Landes als Provinz Jiaozhi (Giao Chi) einverleibte. Es folgte eine jahrhundertelange Besatzungszeit mit periodischen, manchmal kurzzeitig erfolgreichen Aufständen. Schließlich, als die Tang-Dynastie immer schwächer wurde, gelang es Ngo Quyen 938 die Chinesen zu vertreiben. Doch erst mit dem Aufstieg der Ly-Dynastie konnte das unabhängige, aber von Machtkämpfen zerrissene Viet-Reich befriedet werden.

1010 verlegte König Ly Thai To, der Begründer der Ly-Dynastie, seinen Herrschaftssitz in die einstige chinesische Zitadelle Dai La am Roten Fluss. Einen riesigen goldenen Drachen sah der König aus einem See auftauchen und gen Himmel steigen – so weiß die Legende zu berichten. Er betrachtete das als gutes Omen, siedelte die Hauptstadt ins heutige Hanoi um und gab ihr den Namen Thang Long, was »aufsteigender Drache« bedeutet. Bald entwickelte sich das einstige Dorf mit einfachen Pfahlbauten zu einer schmucken Königsstadt. Das Gebiet zwischen Westsee und Zitadelle wurde zur Kinh Thanh (Äußeren Stadt) ausgebaut, in

NICHT VERPASSEN!

- Altstadt
- Wasserpuppentheater
- Literaturtempel
- Ho-Chi-Minh-Mausoleum
- Westsee
- Ethnologisches Museum

Links: Die Oper
Rechts: Am Westsee

Ha Noi (Hanoi)
0
500 m
N
Au Co
TAY HO
Song Hong
(Roter Fluss)
Chua Phu Tay Ho
(Westsee-Pagode)
Ngo 31
Xuan Dieu
Sheraton Hotel
Chua Kim Lien
(Pagode)
Intercontinental Westlake Hotel
Westsee
(Ho Tay)
Yen Phu
Nghi Tam
An Duong
Sofitel Plaza
Chua Tran Quoc
(Pagode)
Pho Duc Chinh
Truc Bach
Nghia Dung
Co Xa
Phuc Xa
Tan Ap
Chua Ngu Xa
(Pagoda)
Thanh Nien
Ho Truc Bach
(White Silk Lake)
Ngu Xa
Dang Dung
Chau Long
Cua Bac
Nguyen Khac Nhu
Pham Hong Thai
Nguyen Truong To
Bao Tang Dan Toc Hoc Viet Nam
(Ethnologisches Museum)
Den Quan Thanh
(Tempel)
Tran Vu
Quan Thanh
Chua Noe Nhai
Cau Long Bien
Thuy Khue
Hoang Hoa Tham
Ng. Bieu
Cua Bac
Hoe Nhai
Ga Long Bien
(Bahnhof)
Haiphong
CONG VIEN BACH THAO (BOTANISCHER GARTEN)
Nha San Bac Ho
(Ho-Chi-Minh-Haus)
Ng. Canh Chan
Phan Dinh Phung
Hang Dau
Gam Cau
Tran
BA DINH
Phu Chu Tich
(Präsidentenpalast)
Hoang Van Thu
Ba Dinh Square
Tri Phuong
CITADEL
Military Area
(Restricted Access)
Cho Dong Xuan
(Markt)
(ALTSTADT)
Phuc Tan
Cau Chuong
Ho Huu Tiep
(B-52-See)
Lang Chu Tich Ho Chi Minh
(Ho-Chi-Minh-Mausoleum)
Bac Son
Hoang Dieu
Nguyen
H. Cot
H. Luoc
D. Xuan
H. Chieu
Bach-Ma-Tempel
Nhat Duat
Chua Mot Cot
(Einsäulenpagode)
Hung Vuong
Chua Mot Cot
Cua Dong
Ly Nam De
Hang Ga
Thuoc Bac
H. Buom
Nha Hat Chuong Vang
Nha Ong Ma May
(Memorial House)
Doi Can
Bao Tang Ho Chi Minh
(Ho-Chi-Minh-Museum)
Ong Ich Khiem
Le Hong Phong
Cot Co
(Flaggenturm)
Phung Hung
Bat Dan
H.Can
Hang Bo
L. Van Can
Hang Ngang
Hang Bac
HOAN KIEM
Son Tay
Bao Tang Lich Su Quan Su
(Museum für Armeegeschichte)
Nha Hat Mua Roi Thang Long
(Wasserpuppentheater)
Kim Ma
Tran Phu
Chu Van An
Khuc Hao
Lenin
Dien Bien Phu
H. Quat
Cau Go
H. Gai
Ngoc-Son-Tempel
Huc
(Rising Sun Bridge)
Lo Su
Ham Tu Quan
Voi Phuc
G. V. Minh
Trinh Hoai Duc
Nguyen Thai Hoc
Bao Tang My Thuat
(Museum der Schönen Künste)
H. Da
Hang Bong
Ly Quoc Su
H. Trong
Thai To
Ho Hoan Kiem
Nha Hat Kim Dong
Giang Vo
Cat Linh
Van Mieu
(Literaturtempel)
P. Van Mieu
P. Nguyen Khuyen
Nha Tho Lon
(St.-Joseph's-Kathedrale)
Nha Chung
Chua Ba Da
(Pagode)
Thap Rua
Dinh Tien Hoang
Tran Ng. Han
Tran Quang Khai
Bach Dang
Ngo Bai
Quoc Tu Giam
Ngo Si Lien
Tran Quy Cap
Trang Thi
Le
Ly Thai To
Government Guesthouse
Sofitel Metropole Hotel
Bao Tang Cach Mang
(Revolutionsmuseum)
Ngo Hao Nam
D. Thi Diem
Ga Ha Noi
(Bahnhof)
Phan Boi Chau
Tho Nhuom
Du Tich Hoa Lo
(Gefängnismuseum)
Postamt
Hang Bot
N. Thong Phong
Hanoi Towers
H. Khay
Trang Tien
Bao Tang Lich Su
(Historisches Museum)
Ngo Hao Nam
Ton Duc Thang
N. Van Houng
Su
Ngo Luong
Chua Quan Su
(Botschafter-pagode)
Ly Thuong Kiet
Hai Ba Trung
Nha Hat Cong Nhan
Nha Hat Lon
(Oper)
Ngo Thinh Hao 1
Ngo Van Chuong
Le Duan
Cung Van Hoa Huu Nghi
(Kulturpalast)
Ba Trieu
Hang Bai
Quyen
Le Thanh Tong
Pham Ngu Lao
Ngo Quan Tho 1
Yet Kieu
Binh Trong
Tran Hung Dao
Ngo
Phan Huy Chu
Dai Hoc Tong Hop Ha Noi
(Universität)
La Thanh
Thien Huong
Tran Quoc Toan
Quang Trung
Nguyen Du
Ham
Long
Tran Khanh Du
Kham Thien
Ng. Thuong Hien
Tran
Ho Thien Quang
Nguyen Du
Hue
Ngo Thi Nham
Han Thuyen
Nha Hat Tuoi Tre
Hang Chuoi
P. Tang Bat Ho
Tran Thanh Tong
Bach Dang
DONG DA
Nguyen Luong Bang
De La Thanh
Ngo Xa Dan
Ngo Cho Kham Thien
Nha Hat Rap Xiec
(Zirkus Theater)
Tran Nhan Tong
CONG VIEN THONG NHAT
(WIEDERVEREINIGUNGS-PARK)
Ng. D. Chieu
Binh Khiem
Ng.
Ba Trieu
Nha Hat Cheo
(Cheo Theater)
Tue Tinh
Nha Hat Dai Nam
Tran Xuan Soan
Lo Duc
Hoa Ma
Den Hai Ba Trung (Tempel)
Go Dong Da

der Mandarine, Offiziere, Soldaten und das einfache Volk lebten. Hinter den Mauern von Hoang Thanh, der »Königsstadt«, wohnte der Hofstaat. Innerhalb der Königsstadt umschlossen Mauern Cam Thanh, die »Verbotene Stadt«, in der König, Königinnen und Konkubinen lebten.

Nach dem Fall der Tran-Dynastie (sie folgte 1225 den Ly) wurde die Hauptstadt um 1400 nach Thanh Hoa verlegt. Nur sieben Jahre später eroberten die Chinesen das Reich, bis sie erfolgreich von Le Loi vertrieben werden konnten. Unter dem Herrschertitel Le Thai To begründete Le Loi die Späte Le-Dynastie und machte 1428 Hanoi unter dem Namen Dong Kinh wieder zum politischen Zentrum. Die Franzosen machten daraus Tonkin.

Europäische Einflüsse

Mit dem 17. Jh. kamen die ersten holländischen, portugiesischen und französischen Händler und in deren Gefolge die christlichen Missionare. Mit dem Aufstieg der Nguyen-Dynastie 1802 wurde das politische Machtzentrum nach Hue verlagert. Dong Kinh wurde in Ha Noi umbenannt. Die Franzosen gewannen zunehmend an Einfluss, und als Hanoi 1883 in ihre Hände fiel, erlebte die Stadt eine ihrer tief greifendsten Veränderungen.

Wie der Norden litt auch Hanoi über Jahrzehnte unter den blutigen Konflikten zwischen dem kommunistischen Widerstand und der Kolonialmacht, bis schließlich die Ära der Grande Nation 1954 zu Ende ging. Das Drama sollte aber während des Vietnamkriegs weitergehen, als fast ein Viertel der Stadt von US-Bombern in Schutt und Asche gelegt wurde. Doch Hanoi stand wieder auf und wurde 1976 Hauptstadt eines wiedervereinten Vietnam. Die Nachkriegsjahre waren von ökonomischen und sozialen Problemen überschattet, der Wiederaufbau ging nur sehr langsam vonstatten.

Heute ist die Stadt eine geschäftige Metropole. Einkaufszentren und moderne Apartmenthäuser ragen zwischen ehrwürdigen Tempeln und noblen Kolonialvillen auf, jeden Tag öffnen neue Lokale und Geschäfte. Trotz dieses Wandels achten die Hanoier mit Leidenschaft darauf, ihre alten Gepflo-

»

Für die Tausendjahrfeier 2010 wurden historische Anlagen restauriert und ein reichhaltiges Veranstaltungsprogramm kreiert. Das Datum der Hauptfeierlichkeiten ist der 10.10. 2010. Zur Millenniumsfeier eröffnet auch das vom Hamburger Architekturbüro Gerkan, Marg und Partner (gmp) konzipierte Museum für Stadtgeschichte unweit des Kongresszentrums, das jüngst freigelegte Originalstücke aus der alten Zitadelle zeigt.

Unten: Morgengymnastik im Wiedervereinigungspark

Freiluftübungen am Hoan-Kiem-See

genheiten und Traditionen zu wahren oder wieder zu beleben. Lange vernachlässigte historisch bedeutsame Stätten werden renoviert und liebevoll gepflegt.

Mit der französischen Architektur und den vielen Seen, den schattigen Alleen und lauschigen Parks wirkt Hanoi wie eine betagte vornehme Dame – und ist darin so ganz anders als die glitzernden Mega-Metropolen anderer asiatischer Staaten. Doch die Infrastruktur ist auf dem Stand von 1955. Die engen Gassen und Straßen sind dem rapide wachsenden Verkehr nicht mehr gewachsen und alljährlich kommt es während der Regenzeit zu Überschwemmungen. Eine baldige Verbesserung der Lage ist nicht in Sicht.

Orientierung

Bislang war Hanoi eine relativ kleine Hauptstadt mit einer urbanen Bevölkerung von 3,2 Mio. Doch seit August 2008 ist sie auf einen Schlag größer geworden: Durch eine Verwaltungsreform wurden die gesamte angrenzende Ha-Tay-Provinz, der Me-Linh-Distrikt aus der Vinh-Phuc-Provinz und vier Gemeinden aus der Hoi-Binh-Provinz eingegliedert. Damit hat sich die Fläche von 2139 auf 3300 km² vergrößert und die Einwohnerzahl auf 7,5 Mio. mehr als verdoppelt. Verwaltungstechnisch untergliedert sich Hanoi in neun Stadtdistrikte, zwei Provinzgemeinden und 18 Außendistrikte. Die neun Stadtdistrikte sind: Ba Dinh, Cau Giay, Dong Da, Hai Ba Trung, Hoan Kiem, Hoang Mai, Long Bien, Tay Ho (Westsee) und Thanh Xuan.

Im Zentrum erstreckt sich der **Hoan-Kiem-Distrikt** von der Altstadt nördlich des Hoan-Kiem-Sees bis zum französischen Quartier im Süden und Osten des Sees. Das Geschäftsleben spielt sich vor allem in der Altstadt ab. Im frühen 13. Jh. lagen in diesem Viertel mit den »36 Straßen und Gilden« (Ba Muoi Sau Pho Phong), wie die Hanoier noch heute sagen, die jeweils abgeschlossenen Quartiere der Handwerker. Heute dominieren hier Cafés, Minihotels, Geschäfte und anderes, was das Touristenherz begehrt.

Im Westen schließt sich der **Ba-Dinh-Distrikt** an. Schlägt das Krämerherz in der Altstadt, so schlägt in diesem Gebiet mit seinen Ministerien, Verwaltungsgebäuden und Botschaften das politische Herz. Hier ruht auch der Landesvater Ho Chi Minh.

Im Norden folgt der **Tay-Ho-Distrikt** mit dem Westsee (Tay Ho). Um den See herum wohnt die Creme de la Creme der Stadt, an seinen Ufern gibt es einige schöne Nobelhotels, Boutiquen und Restaurants.

Abgesehen von einigen Sehenswürdigkeiten im **Hai-Ba-Trung-Distrikt** verirren sich nur wenige Touristen in die anderen Stadtteile. Außer es ist eine Veranstaltung im schicken National Convention Center (NCC) im westlichen Randdistrikt **Tu Liem**.

Hoan-Kiem-Distrikt

Hoan-Kiem-See ❶

Direkt im Herzen der Stadt erstreckt sich der »See des zurückgegebenen Schwertes«. Hanoier nennen ihnen wegen seiner Farbe auch Ho Guom,

Unten: Das O-Quan-Chuong-Tor

»Grüner See«. Die Älteren treffen sich hier gerne zu morgendlichen Taiji- oder Gymnastikübungen, während die Jugend lieber spätnachmittags Badminton spielt oder zum Schlendern und Flirten kommt. Der eigentümliche Name hat mit einer Sage zu tun: Eine Schildkröte überreichte König Le Thai To ein goldenes Zauberschwert, damit er mit ihm siegreich gegen die chinesischen Ming-Besatzer kämpfen konnte. Er siegte tatsächlich und hielt eine Parade ab. Als er am See vorbeikam, forderte die Schildkröte das Schwert zurück, und ohne dass der König es versah, entschwebte es seinem Köcher. Seitdem ist die Schildkröte das Schutztier des Sees. Ihr ist auch der kleine **Schildkröten-Pavillon,** Thap Rua, aus dem 18. Jh. in der Mitte des Sees gewidmet. Tatsächlich wurden mehrfach Schildkröten gesichtet. Ein im See verendetes, angeblich 400 Jahre altes Exemplar wurde 1968 geborgen.

Ngoc-Son-Tempel 2

Nicht weit entfernt thront auf einer winzigen Insel der »Tempel des Jade-Hügels« (Den Ngoc Son; tgl. 8–17 Uhr; Eintritt). Er wurde im 19. Jh. zu Ehren des Nationalhelden Tran Hung Dao, des Kriegsstrategen Quan Vu, des Schriftstellers Van Xuong und des Physikers La To errichtet. Der Tempel ist vom Ostufer aus über die rote »Brücke der aufgehenden Sonne« (Cau The Huc) zu erreichen. An deren Ende erheben sich auf einem kleinen Hügel zu Ehren der Schriftsteller der »Pinselturm« und die »Säulenhalle des Tintenfässchens«. Letzteres trägt die Inschrift: *ta tien qing*, was so viel bedeutet wie »in den blauen Himmel geschrieben«.

Der Schildkröten-Pavillon im Hoan-Kiem-See

Die Altstadt

Die »36 Straßen«

Hanois Altstadt erstreckt sich zwischen dem Hoan-Kiem-See im Süden und der Biegung des Roten Flusses im Osten und Norden. Einst waren die Straßen rechtwinklig zueinander angelegt und teilten den Stadtteil in quadratische *phuong* ein, die durch Wälle und Mauern voneinander getrennt waren. Als immer mehr Familien zuzogen, musste

Unten: Die »Brücke der aufgehenden Sonne« (Cau The Huc) führt zum Ngoc-Son-Tempel

»

Als die Franzosen Hanoi nach ihren Maßstäben umbauten, legten sie wunderschöne Alleen an und wählten für jede Straße eine andere einheimische Baumart. Banyanbäume pflanzten sie in der Dien Bien Phu, Waschnussbäume (*Sapindus mukorossi*) in der Tran Phu, *Alstonia scholaris* in der Nguyen Du, Magnolien in der Thanh Nhien und *Hopea odorata* in der Lo Duc. Auch heute noch ist der Bestand weitgehend intakt.

Unten: Das Wasserpuppentheater

Platz geschaffen werden und die Mauern fielen. Doch die Handwerker blieben in streng kontrollierten Zünften organisiert, die alle Nichtmitglieder von der Betätigung in den offiziell anerkannten Berufen ausschlossen.

In der Altstadt von Hanoi hatten sich insgesamt 36 Zünfte angesiedelt, sodass die Gegend auch als Stadt der »36 Straßen und Gilden« (Ba Muoi Sau Pho Phong) bekannt war. Der Einfachheit halber wurden die Gassen nach dem Gewerbe benannt, das darin ausgeübt wurde. So waren Spengler in der Hang Thiec (»Zinngasse«) und Bambuskorbflechter in der Hang Bo (»Gasse der Bambuskörbe«) zu finden.

Die Altstadt büßte viel von ihrem Charme ein, da an einigen Stellen Neubauten das Straßenbild stören und der Verkehr stark zugenommen hat. Auch fertigt man in vielen Gassen nicht mehr traditionelle Waren, sondern verkauft nahezu alles vom billigen Krempel bis zur teuren Kunst. Manche Händler richten ihr Verkaufsangebot an den alten Gassennamen aus, die meisten nicht. So findet man Silberschmuckläden zwar in der **Hang Bac** (»Silbergasse«), aber ebenso Grabsteine, Reiseagenturen und Touristencafés. In der **Hang Gai** (»Hanfgasse«) reiht sich eine Boutique an die andere, während die **Hang Dau** (»Speiseölgasse«) weniger für Kochzutaten als für Schuhe bekannt ist. Immerhin sind in der **Hang Chieu** (»Mattengasse«) noch Matten und in der **Hang Ma** (»Gasse für Votivobjekte«) Papiergeschäfte mit Utensilien für den Totenkult zu finden.

Jede der 36 Gilden hatte ihr eigenes Gemeindehaus (*dinh*) zur Verehrung des jeweiligen Schutzgeistes. Viele wurden nach der kommunistischen Übernahme zweckentfremdet, wenige sind noch erhalten. Auch die traditionellen Tunnelhäuser (*nha ong*) sind am Verschwinden. Ihren Namen tragen sie, weil sie angesichts der knappen Fläche und hohen Steuern an der Straßenfront kaum breiter als 3 bis 5 m, dafür aber 40 bis 60 m tief sind. An der Straße befindet sich die Werkstatt oder der Laden, dahinter meist ein weiterer Arbeitsraum. Dann folgt ein Innenhof, der Licht und Luft spendet, und ganz hinten liegen Küche, Vorrats- und Waschräume. Geschlafen wird im ers-

ten Stock. Ein schönes Beispiel für ein *nha ong* ist das **Memorial House** ❸, 87 Ma May (tgl. 9–11.30, 14–17 Uhr; Eintritt), wo einst ein chinesischer Händler lebte.

Wasserpuppentheater ❹

Zu den kulturellen Highlights zählt sicherlich der Besuch eines Wasserpuppenspiels. Östlich des Hoan-Kiem-Sees, an der Dinh Tien Hoang, gibt das 1993 errichtete **Thang-Long-Wasserpuppentheater** (Nha Hat Mua Roi Thang Long; tgl. 15.30, 17, 18.30, 20, 21.15 Uhr, So 9.30 Uhr; Eintritt; Tel. 04/3824 9494, www.thanglongwater puppet.org). Die von traditioneller Musik begleitete Vorführung dauert eine Stunde und ist nicht nur für die Kinder ein Erlebnis (s. S. 77).

Bach-Ma-Tempel ❺

Besonders eindrucksvoll ist der große »Tempel des Weißen Pferdes« (Den Bach Ma, 76 Hang Buom; tgl. 8–17 Uhr; Eintritt), einige Straßenzüge nördlich des Sees. Als er im 11. Jh. von Ly Thai To gestiftet wurde, nachdem der König von einem weißen Pferd geträumt hatte, lag der Schutztempel noch außerhalb der Stadt. Die jetzige Anlage entstand im 19. Jh., sie besticht durch sehr schöne Holzschnitzereien mit Symboltieren wie Phönix, Kranich und Schildkröte.

Dong-Xuan-Markt ❻

Nicht nur der Cho Dong Xuan (tgl. 6–19 Uhr) im nördlichen Teil der Altstadt empfiehlt sich zur Erkundung, sondern auch die geschäftigen Straßenzüge in der Umgebung. Die 1889 von den Franzosen erbaute Markthalle fiel leider 1994 einem Feuer zum Opfer. Der vierstöckige Neubau ist optisch wenig überzeugend, doch liegt der Reiz auch in seinem Inneren, wo es von billigen Hemden bis bunten Blumen so ziemlich alles gibt. Wer Gewürze oder günstige Gebrauchsgegenstände sucht, ist hier richtig.

An der **Lang-Ong-Straße** gibt es eine Reihe traditioneller Apotheken, die von getrockneten Kräutern bis Schlangenschnaps und eingelegten Eidechsen alles verkaufen. Nicht weit entfernt, wo die Hang Chieu in die Tran Nhat Duat mündet, befindet sich

Bildhauer beim Bearbeiten eines Grabsteins in der Altstadt

Unten: Stapelweise Stoffe im Dong-Xuan-Markt

Hanois Hauptpostamt am Ostufer des Hoan-Kiem-Sees

der letzte von ehemals 20 Eingängen in die Altstadt, das **O-Quan-Chuong-Tor.** Es wurde 1749 als ein Teil der Stadtmauer errichtet und 1817 rekonstruiert.

Südöstlich des Hoan-Kiem-Sees

Wenn man weiter am Ufer des Sees entlangschlendert, fällt das **Rathaus** ins Auge, einer der wenigen Monumentalbauten des sozialistischen Realismus in der Stadt. Für mehr hatte man zum Glück kein Geld. An der Südostecke des Sees steht das schmucke, 1942 von Henri Cerruti erbaute **Post- und Telegrafenamt** ❼ (Buu Dien). Etwas nördlich erinnert seit 2004 eine mächtige Statue im **Ly-Thai-To-Park** an den gleichnamigen Stadtgründer. Einheimische nutzen die Grünfläche gerne für Badminton-Spiele und Skateboard-Übungen, und mit der Dämmerung kommen per Moped die jungen Pärchen angerauscht. Im Osten des Parks erhebt sich im Art-déco-Stil die einstige, von Felix Dumail 1930 fertiggestellte Banque de l'Indochine – heute die **Außenhandelsbank.** Seitlich des Parks an der 12 Ngo Quyen, beeindruckt das **Gästehaus der Regierung** (nicht zugänglich) mit wunderschönen schmiedeeisernen Toren und einer neoklassizistischen Fassade. Als Palais du Résident supérieur du Tonkin eröffnete es 1918 nach Plänen von Adolphe Bussy seine Pforten.

Unten: Die Fassade des 1901 erbauten Sofitel Metropole Hotel

Sofitel Metropole ❽

Schräg gegenüber liegt zwischen der Ngo Quyen und der abzweigenden Ly Thai To das legendäre, 1901 als **Le Grand Hôtel Métropole Palace** eröffnete Haus, Treffpunkt für Hanois Hautevolee. Die weiße Fassade des Hotels und seiner Anbauten leuchtet hinter den Alleebäumen fast eines ganzen Blocks. Die illustre Gästeliste ist lang und reicht von Noël Coward und Somerset Maugham über Charlie Chaplin bis zum damaligen Paris-Match-Reporter Graham Green. Während des Krieges eine Basis für Diplomaten und Journalisten, harrten im Bunker unterhalb des heutigen Pools in manchen Bombennächten auch die Antikriegsaktivistinnen Jane Fonda und Joan Baez aus. Später verkam es zu einem Rattenloch, bis es 1992 und 2009 von Grund auf renoviert wurde und heute wieder in altem Glanz erstrahlt. Nirgendwo sonst gehen vietnamesischer Charme und französische Noblesse eine derartige Verbindung ein.

Oper ❾

Wo die Ly Thai To in die Trang Tien mündet, erhebt sich die prächtige Fassade der neobarocken Oper. Das »Stadttheater« (Nha Hat Lon) feierte nach neunjähriger Bauzeit 1911 seine Eröffnung und weckte bei den Franzosen als Kopie des Pariser Opernhauses Palais Garnier wohl so manches Heimweh. Während der Augustrevolution diente es als Versammlungshalle des Viet Minh, der hier am 17. August 1945 erstmals die rote Flagge mit dem goldenen Stern hisste und zwei Tage später von der Oper aus einen Protestmarsch organisierte, der in der Kontrolle ganz Hanois durch die Kommunisten endete. Zu Beginn des Millenniums grundlegend renoviert, erstrahlt das Haus in neuem Glanz und birgt nun seitlich im Untergeschoss auch einen schicken Gourmettempel namens **Nineteen 11** (s. S. 129).

Neben der Oper wurde 1999 das **Hilton Hanoi Opera** eröffnet, das sich mit seiner schön geschwungenen, historisierenden Fassade architektonisch an die Oper anlehnt, innen jedoch den Luxus eines modernen Hotels bietet.

Trang Tien

Zwischen der Oper im Osten und dem Hoan-Kiem-See im Westen verläuft die noble Trang-Tien-Straße. Die Franzosen kannten sie als Rue Paul Bert – benannt nach dem ersten Gouverneur des damaligen Protektorates Annam-Tonkin – und liebten die dortigen Geschäfte, Galerien und Cafés. Selbst als kaum mehr Privatunternehmen in Hanoi erlaubt waren, blieb die Trang Tien ein Handelszentrum. Die Geschäfte laufen heute wieder gut, was an der zunehmenden Zahl von Büros, Galerien und Boutiquen (und steigenden Bodenpreisen) zu sehen ist. Ironie der Geschichte: Wo einst das Staatliche Einkaufszentrum mit gähnenden Regalen aufwartete, befindet sich heute das Hanoi Securities Trading Center – die Börse.

Nationaluniversität von Vietnam ⑩

Südlich der Le Thanh Tong erstreckt sich der Campus der Dai Hoc Tong Hop Ha Noi. 1906 wurde sie als *Université de l'Indochine* gegründet. Die meisten Gebäude wurden zwischen 1922 und 1927 nach Plänen von Ernest Hébrard errichtet – zu seiner Zeit der wichtigste Vertreter des Indochinastils. Zu den prominentesten Absolventen zählt General Vo Nguyen Giap, der Held von Dien Bien Phu. Lernten hier 1937 gerade einmal 631 Studenten, so sind es heute – auf vier Campus verteilt – über 40 000.

Historisches Museum ⑪

Von der Oper in Richtung Fluss fällt ein imposanter gelber Kolonialbau mit Kuppel in Form einer Pagode auf: das

TIPP

Das französische Viertel und die Altstadt kann man auch bequem mit dem Cyclo, der typischen vietnamesischen Fahrradrikscha, erkunden. Fahrer warten in der Umgebung der Trang-Tien-Straße auf Kundschaft. Vorab sollte man unbedingt Route und Preis aushandeln und erst nach Tourende bezahlen. Zum Schutz vor Diebstahl bitte Taschen und Kameras gut festhalten.

Unten: Der schmucke Innenraum der Oper

Madonnenfigur an der Fassade von St. Joseph

Historische Museum (Bao Tang Lich Su, Tel. 04/3824 2433; Di–So 8–12, 13 bis 17 Uhr; Eintritt). Auf dem Gelände bezog 1902 die zwei Jahre zuvor etablierte *École Française de l'Extrème Orient* (EFEO) ihren Hauptsitz. Zur Ausstellung seiner archäologischen Funde gründete das Forschungsinstitut 1932 das *Musée Louis Finot*, in welchem heute die Geschichte von der Steinzeit bis zur Unabhängigkeit 1945 präsentiert wird – ideologisch ziemlich gefärbt, aber trotzdem durchaus sehenswert. Das gilt allemal für die frühen Funde, so etwa die zahlreichen Bronzetrommeln aus der Dong-Son- oder die Urnen aus der Sa-Huynh-Kultur. Die meisten Exponate aus den späteren Perioden sind leider keine Originale. Regelmäßig werden Sonderausstellungen organisiert.

Revolutionsmuseum ⓬

Schräg gegenüber dem Historischen Museum, an der 216 Tran Quang Khai, wird im einstigen Zollhaus das Revolutionsmuseum (Bao Tang Cach Mang, Tel. 04/3825 4151; Di–So 8–11.45, 13.30 bis 16.15 Uhr; Eintritt) die Geschichte der Unabhängigkeitskämpfe von einst bis 1975 beleuchtet. Besucher bekommen u.a. Holzplanken des Mongolen-Bezwingers Tran Hung Dao aus dem 13. Jh., eine Dong-Son-Trommel aus der Bronzezeit und sogar eine Vietkong-Laterne aus einer leeren Budweiser-Bierdose zu sehen.

Westlich des Hoan-Kiem-Sees

St.-Joseph-Kathedrale ⓭

Im Westen des Hoan-Kiem-Sees, wo die Straßen Nha Chung und Ly Quoc Su aufeinandertreffen, erhebt sich die düstere Fassade von Hanois ältester Kirche, von den Hanoiern schlicht »große Kirche« genannt. Der neogotische Sakralbau wirkt wie der kleine Bruder der Pariser Notre Dame. Dem an Weihnachten 1886 eingeweihten Gotteshaus musste der wichtigste und prächtigste buddhistische Tempel Hanois, die Bao-Thien-Pagode, weichen. Nach 30 Jahren Unterbrechung durften ab 1990 wieder Gottesdienste gefeiert werden. Heute sind die Messen sogar werktags gut besucht. Die Fenster sind mit bunten Gläsern verziert, die im

Unten: Lebensgroße Ho-Chi-Minh-Statue im Revolutionsmuseum

Inneren bei Sonnenschein eine mystische Stimmung zaubern. Die Kathedrale ist nur zu den Gottesdienstzeiten geöffnet.

Die zur Kirche führende **Nha Tho** (Kirchenstraße) samt Umgebung zählt mit schicken Boutiquen, trendigen Cafés und avantgardistischen Galerien heute zu den beliebtesten Einkaufsmeilen Hanois.

Ba-Da-Pagode ⓮

Zwischen den Hausnummern 3 und 5 der Nha Tho führt eine schmale Gasse zu einem Hinterhof, dem sich die Ba-Da-Pagode (Chua Ba Da, tgl. 8–17 Uhr; Eintritt frei) anschließt. Sie entstand ursprünglich im 15. Jh., nachdem man bei Ausschachtungsarbeiten für die Zitadelle eine Frauenstatue fand. Dieser *ba da*, der »Frau aus Stein«, errichtete man dann am Fundort einen Tempel. Die Figur ist nicht erhalten, doch die Grabstupas im ersten Hof sollen noch aus der Gründungszeit stammen. Die sehr flachen, dunklen Bauten sind jüngeren Datums und beherbergen zahlreiche Buddhastatuen; auf einem Seitenaltar wird der Erdgott Duc Ong verehrt. Die Pagode wird häufig für Totenfeiern benutzt.

Hoa-Lo-Gefängnis ⓯

Etwa drei Straßenblöcke südlich des Hoan-Kiem-Sees grenzen an die Hai Ba Trung die Reste des berühmten »Höllenloch«-Gefängnisses (Du Tich Hoa Lo, Di bis So 8–11.30, 13–16.30 Uhr; Eintritt) an. Das *Maison Centrale* wurde 1899 vom Stadtarchitekten Auguste Henri Vildieu erbaut, um vor allem die politischen Gegner einzukerkern, zu foltern und zuweilen auch hinzurichten. Für 450 Insassen angelegt, wurde es später auf 600 erweitert. Oft drängelten sich hier aber bis zu 2000 Häftlinge. Nach Abzug der Franzosen übernahmen die Vietnamesen das Gefängnis, in dem sie zwischen 1964 und 1973 auch Kriegsgefangene, vor allem abgeschossene amerikanische Piloten, internierten. Aus dieser Zeit stammt der Spitzname »Hanoi Hilton«.

1994 wurde ein großer Teil der Anlage abgerissen, um einem Einkaufs- und Geschäftszentrum Platz zu machen.

Nachbildung im Gefängnismuseum

Unten links: Gläubige strömen aus der St.-Joseph-Kathedrale
Unten rechts: Der Eingang zum Hoa-Lo-Gefängnis

Im Museum für Schöne Künste

Ein kleiner Teil ist heute Museum, während in den beiden Türmen der **Hanoi Towers** die internationale Geschäftswelt ein- und ausgeht.

Botschafter-Pagode ⓰

Nur einige Blocks weiter, in der 73 Quan Su, steht eine der wichtigsten Sakralbauten der Stadt, die Botschafter-Pagode (Chua Quan Su, tgl. 8–17 Uhr; Eintritt frei). Den Namen erhielt sie, als sie im 17. Jh. als Übernachtungsstätte für Mönche diente, die aus anderen buddhistischen Ländern zu Besuch kamen. 1934 ließ sich hier die Buddhistenvereinigung Vietnams nieder, sodass in den 1940er-Jahren ein größerer Tempel gebaut werden musste. Im hinteren Teil der Anlage gibt es Essräume und Küchen, seitlich an der Straße die Lehrsäle der angeschlossenen buddhistischen Hochschule.

Hai-Ba-Trung-Distrikt

Wiedervereinigungspark ⓱

Etwa 500 m südlich der Pagode beginnt ein kleiner Park mit dem **Thien-Quang-See** (Ho Thien Quang), auf dem man sich bei Ruder- und Tretbootpartien amüsieren kann. Sonntagabends geben sich hier die Hundebesitzer ein Stelldichein.

Südlich des Sees, auf der gegenüberliegenden Straßenseite, befindet sich der Eingang zum Wiedervereinigungspark (Cong Vien Thong Nhat, tagsüber, Eintritt) mit schattigen Wegen und Kinderspielplätzen. Die Einheimischen nennen ihn noch wie früher »Lenin-Park«, der von Freiwilligen aus einem Sumpfgebiet geschaffen wurde und sich nun um den Bay-Mau-See erstreckt.

Unten: Eine bedeutende buddhistische Institution: die Botschafter-Pagode

Hai-Ba-Trung-Tempel ⓲

Südwestlich des Wiedervereinigungsparks liegt unweit eines kleinen Sees der Den Hai Ba Trung (Eintritt frei), nach dem Viertel auch Dong-Nhan-Tempel genannt. 1143 wurde er unter Ly Anh Tong zur Verehrung des Geschwisterpaars Trung Trac und Trung Nhi errichtet, die 39. n.Chr. eine Revolte gegen die Chinesen anführten und sich vier Jahre später im Roten Fluss ertränkten. Daher lag der Tempel zunächst am Fluss und wurde 1819 hierher verlegt. Zwei ungewöhnlich geformte Steinstatuen sollen im Wasser gefunden worden sein und stellen heute die Trung-Schwestern dar. Ganzjährig in einem kleinen Raum verschlossen, werden sie zu ihrem Fest am 5. Tag des zweiten Mondmonats (März) in prächtige Kleider gehüllt und in einer Prozession herumgetragen. 2014 wurde der 2000. Geburtstag der zwei Schwestern festlich begangen.

Ba-Dinh-Distrikt und Westliche Stadtteile

Museum der Schönen Künste ⓳

Nördlich des Literaturtempels, an der 66 Nguyen Thai Hoc, liegt eines der bedeutendsten Museen der Stadt, das Bao Tang My Thuat (Tel. 04/3733 2131, tgl. 8.30–17 Uhr; Eintritt). In den Räumen eines ehemaligen Internats gibt es seit 1966 einen Überblick über die Entwicklung von Kunst und Kunsthandwerk vom 16. Jh. bis in die Gegenwart. Auch frühere Perioden sind vertreten, allerdings selten mit Originalen, da aus dieser Zeit kaum etwas erhalten ist. Selbst die Statuen aus dem 16. bis 18. Jh. im Erdgeschoss sind vielfach Kopien. Einige Räume sind der Volkskunst gewidmet, etwa den Holzdrucken aus dem Dorf Dong Ho, den Wasserpuppen und der Kunst der Bergvölker.

Der größte und interessantere Teil des Museums steht dem 20. Jh. zur Verfügung: Immer wieder wird die Auseinandersetzung zwischen westlicher Kunst, vor allem westlicher Technik, und vietnamesischer Tradition thematisiert, etwa in den frühen Ölgemälden, in den traditionellen Lackbildern, die plötzlich neue Farben erhalten, in der Entwicklung der Seidenmalerei und der Einführung des Aquarells. Ab Mitte der 1950er-Jahre steht dann der Einfluss des Sozialistischen Realismus im Vordergrund, der sich vor allem in bäuerlichen Szenen niederschlägt.

Literaturtempel ⑳

Südlich des Museums liegt die lang gezogene Anlage des Literaturtempels (Van Mieu, Tel. 04/3845 2917, Di–So 8.30–11.30, 13.30–16.30 Uhr; Eintritt). Nach der Etablierung der Ly-Dynastie entstand hier 1070 unter Ly Thanh Tong zunächst ein Tempel zu Ehren des Konfuzius. Dessen Nachfolger Ly Nhan Tong erweiterte das Heiligtum 1076 zur »Schule für die Elite der Nation« (Quoc Tu Giam). In der Tran-Dynastie wurde der Name 1235 in »Nationale Akademie« (Quoc Hoc Vien) umgeändert.

Nach den Prüfungen auf lokaler Ebene kamen die erfolgreichen Kandidaten für die höhere Beamtenlaufbahn in die Hauptstadt, um sich einer dreijährigen Ausbildung zu unterziehen. Sie mussten die konfuzianischen Klassiker auswendig lernen und interpretieren, Reime nach Vorgaben verfassen, dazu in chinesischer Kalligrafie schreiben und Chroniken studieren.

Die Tempelanlage unterteilt sich in fünf ummauerte Bereiche. Hinter dem **Van-Mieu-Tor** (Van Mieu Mon) und den ersten beiden Höfen, in denen sich einst die Zellen für die Beamtenprüfungen befanden, liegt der **Pavillon des Sternbildes der Literatur** (Khue Van Cac Mon), in dem sich ab 1802 die Gelehrten trafen. Durch das **Portal der Großen Mauer** (Dai Thanh Mon) geht

»

Der Name »Literaturtempel« wurde gebräuchlich, als mit der Errichtung der Nguyen-Dynastie die nationale Ausbildung in die neue Hauptstadt Hue verlegt wurde. Bis 1915 fanden in Hanoi noch Prüfungen auf Provinzebene statt. Die Anlage, deren Gebäude meist aus dem 19. Jh. stammen, wurde 1946/47 von französischen Truppen stark beschädigt und später nach alten Vorlagen wieder aufgebaut.

Unten: Der »Pavillon des Sternbildes der Literatur« von 1802 im Literaturtempel

Kaum zu übersehen: der 33 m hohe Flaggenturm der alten Zitadelle

Unten: Zeugnisse der vielen Kriege im Museum für Armeegeschichte

es zu einem quadratischen Teich namens **Brunnen der Himmlischen Klarheit** (Thien Quang Tinh). Beidseitig reihen sich insgesamt 82 von ehemals 117 **Steinstelen**, die auf Rücken steinerner Schildkröten (Symbol für Langlebigkeit) ruhen. Sie tragen die 1306 Namen der Prüfungskandidaten, die zwischen 1442 und 1779 eine der insgesamt 82 nationalen Beamtenprüfungen bestanden haben. Die UNESCO ernannte die Stelen 2010 zum Weltdokumentenerbe.

Das **Tor des großen Erfolgs** (Dai Thanh Mon) führt zum vierten Innenhof mit der eigentlichen Tempelanlage. Sie besteht aus dem **Großen Haus der Zeremonien** (Dai Bai Duong) zur Abhaltung von Zeremonien und der Niederlegung von Opfergaben sowie der **Halle des Großen Erfolgs** (Dai Thanh Dien), in der Statuen von Konfuzius und seinen wichtigsten Schülern verehrt werden. Der letzte Komplex wurde 1947 komplett zerstört. Heute dient der rekonstruierte **Khai-Thanh-Tempel** (Den Khai Thanh) der Verehrung eines berühmten Akademieleiters und dreier Könige, die mit dem Van Mieu eng verbunden sind.

Flaggenturm und Armeemuseum

Zwischen Literaturtempel und Ba-Dinh-Platz liegt ein großes Viertel mit alten französischen Villen, in denen heute meist Botschaften residieren. An der Hauptverbindungsstraße Dien Bien Phu ragt eines der Wahrzeichen Hanois auf, der hexagonale, 60 m hohe **Flaggenturm** ㉑ (Cot Co, tgl. 8.30 bis 16.30 Uhr). Er wurde 1812 während der Nguyen-Dynastie erbaut und ist das einzige Überbleibsel der Zitadelle, die gegen Ende des 19. Jhs. von den Franzosen abgerissen wurde.

Das gleich nebenan gelegene **Museum für Armeegeschichte** ㉒ (Bao Tang Lich Su Quan Su, Tel. 04/3733 4682, Di–Sa 8–11.30, 13–16.30 Uhr; Eintritt) dokumentiert Vietnams Kämpfe um Unabhängigkeit und Einigung, allen voran die Kriege gegen Franzosen und US-Amerikaner – woran auch noch Reste eines B-52-Bombers erinnern. Fotos zeigen festgenommene US-Piloten und nordvietnamesische Kriegshelden.

Für die Einheimischen dient die **Lenin-Statue** auf der gegenüber lie-

genden Straßenseite als beliebte Kulisse für Hochzeitsfotos.

Einsäulen-Pagode ㉓

Von der Dien Bien Phu etwas weiter Richtung Westen führt eine schmale Straße namens Chua Mot Cot zur Einsäulen-Pagode (tgl. 8–17 Uhr; Eintritt frei) und zum Ho-Chi-Minh-Komplex mit Museum und Mausoleum.

Der Legende nach erschien dem König Ly Thai Tong eines Nachts in einem Traum die auf einer Lotosblüte sitzende Göttin der Barmherzigkeit Quan Am und hielt ihm einen Jungen hin. Dies sah der erbenlos gebliebene König als Zeichen an, ein Bauernmädchen, das er kennengelernt hatte, zu seiner Konkubine zu nehmen. Tatsächlich gebar sie ihm den heiß ersehnten Thronfolger. Aus Dankbarkeit ließ der König 1049 der Göttin Quan Am die kleine Einsäulen-Pagode errichten.

Ein kleiner quadratischer Schrein mit nur drei Metern Seitenlänge und einem schön geschwungenem Dach ruht auf einer Betonsäule, die inmitten eines Teichs steht. Der ursprüngliche die Pagode tragende Holzstamm war 1954 von den abziehenden Franzosen gesprengt worden. Die Pagode gilt als ein Symbol für die Lotosblume. Der Banyanbaum hinter der Pagode wurde 1958 vom indischen Ministerpräsidenten Nehru gepflanzt.

Ho-Chi-Minh-Museum ㉔

Hinter dem Park steht die mächtige Betonkonstruktion des Ho-Chi-Minh-Museums (Bao Tang Ho Chi Minh, Tel. 04/3846 3757, Di–Do, Sa–So 8–12, 14–16.30, Mo und Fr 8–12 Uhr; Eintritt). Eingeteilt in drei Sektionen, öffnete es zum hundertsten Geburtstag von Ho Chi Minh am 19. Mai 1990 seine Pforten. Es dokumentiert das Leben des Freiheitshelden und seine Rolle in der jüngeren Geschichte Vietnams. Die mit der Ausstellung beauftragten Künstler arbeiteten assoziativ und zuweilen etwas kühn. Sie sammelten Fotos, Zeitungsdokumente, aber auch eher bizarr wirkende Exponate wie riesengroße Obstschalen. Ho Chi Minhs Gummisandalen können ebenso bewundert werden wie sein Spazierstock oder seine Verkleidung, die er bei seiner Flucht aus Hongkong trug.

Einsäulen-Pagode

Unten: Das monumentale Ho-Chi-Minh-Mausoleum

Im Botanischen Garten kann man Frischluft tanken

Ho-Chi-Minh-Mausoleum 25

Zwischen Museum und dem vier Fußballfelder großen Ba-Dinh-Platz erhebt sich das Mausoleum des großen Revolutionsführers (Lang Chu Tich Ho Chi Minh, Di–Do, Sa–So 8–11 Uhr; Eintritt frei) wie ein massiver Kubus. Es wurde zwischen 1973 und 1975 an jener Stelle errichtet, wo Ho Chi Minh am 2. September 1945 um 14 Uhr vor einer halben Million Menschen die Unabhängigkeit Vietnams ausrief. Der in einen Kaki-Anzug gehüllte Leichnam des 1969 verstorbenen Präsidenten ruht in einem Glassarkophag. Die vielen, im Gänsemarsch gehenden Besucher, darunter Veteranen und bunt gekleidete Angehörige der Minderheiten, werden rasch durch den unterkühlten Raum geführt. Zuvor muss man durch eine Sicherheitsschleuse, wo Kameras und Taschen abzugeben sind. Dass weder gelacht noch geredet, weder ein Hut getragen noch aus der Reihe getanzt wird, darauf achten streng blickende Wachleute in weißer Uniform. Alljährlich zwischen Oktober und November ist das Mausoleum wegen Lifting des Leichnams geschlossen.

Ho-Chi-Minh-Haus

Vom Hinterausgang des Mausoleums geht man über schattige Wege Richtung Norden zu einem großen gelben Gebäude, dem **Präsidentenpalast** (nicht zugänglich). Zwischen 1900 und 1906 nach Entwürfen des Straßburger Architekten Charles-Guillaume Lichtenfelder als Palais du Gouverneur Général im Beaux-Arts-Stil erbaut, diente es 23 französischen Generalgouverneuren als Dienstsitz. Ho Chi Minh lehnte das Protzgebäude ab und nutzte es nur für Empfänge – das ist auch heute noch die einzige Nutzung.

Der bescheidene Ho bewohnte ab 1954 lieber die angeschlossenen Diensträume, um von dort aus seine Spaziergänge durch den wunderschönen Park zu unternehmen. Im Mai 1958 bezog der Präsident dann ein schlichtes Stelzenhaus aus Holz, das man ihm direkt an einem kleinen See errichtete. Das **Ho-Chi-Minh-Haus** (Nha San Bac Ho, Di–Do, Sa–So 8–11, 13.30–16 Uhr; Eintritt) besteht aus zwei kargen Zimmern und einem offenen Arbeitsbereich. Ganz in der Nähe ist der Eingang zu seinem Bunker.

Unten: Das bescheidene Arbeitszimmer von Ho Chi Minh

Botanischer Garten ㉖

Hinter dem Präsidentenpalast erstreckt sich der 20 ha große Botanische Garten (Cong Vien Bach Thao, tgl. tagsüber; Eintritt frei) mit sanften Hügeln, friedlichen Teichen und schattigen Bäumen. Der Zugang liegt an der Hoang Hoa Tham. Der Garten wurde 1890 von französischen Landschaftsarchitekten an der Stelle eines alten Zoos angelegt. Nirgendwo sonst zeigt sich Hanoi so entspannt wie hier. Es ist der perfekte Ort, um beim Picknick mit Einheimischen in Kontakt zu kommen.

B-52-See ㉗

Etwa einen Kilometer westlich des Ho-Chi-Minh-Mausoleums zweigt von der Hoang Hoa Tham eine schmale Gasse in Richtung Süden zum Ho Huu Tiep (ausgeschildert) ab. Aus dem Wasser ragen dort seit dem Abschuss am 19. Dezember 1972 die Reste des B-52-Bombers »Rose 1«. Von der sechsköpfigen Crew überlebten vier und landeten als Kriegsgefangene im »Hanoi Hilton«.

Leider wird der See von den Einheimischen als Müllhalde benutzt.

Ho-Tay-Distrikt (Westsee)

Am stimmungsvollen Westsee

Vom Ba-Dinh-Platz erreicht man in Richtung Norden den **Westsee** ㉘ (Ho Tay). Mit einer Fläche von 583 ha ist das einst als »Nebelsee« bekannte Gewässer das größte der Stadt und erstreckt sich entlang des alten Flussbettes des Song Hong. Die Adelspaläste, die einst das Seeufer säumten, sind schon lange verschwunden, an ihrer Stelle stehen heute die Villen der Parteikader und neureichen Geschäftsleute, noble Fünfsternehotels und edle Restaurants. Besonders das Nordostufer ist heute ziemlich zugebaut.

Tran-Quoc-Pagode ㉙

Während eines Aufstandes gegen die chinesischen Besatzer im Jahre 545 ließ der Nationalheld Ly Bon am Ufer des Roten Flusses neben einer Zitadelle die »Pagode der Nationengründung« (Chua Khai Quoc) errichten. Im 17. Jh. wurde sie an ihren heutigen Standort auf der kleinen Halbinsel des Westsees verlegt und in »Pagode der Landesver-

Unten: Abendstimmung an der Tran-Quoc-Pagode

DIE WESTSEE-LEGENDE

Einer Legende zufolge war Hanois größter See einst ein schier undurchdringlicher Wald, in dem ein neunschwänziges Fuchsmonster sein Unwesen trieb und die Bewohner der Stadt terrorisierte. Nur dem Wächter des Nordens, Tran Vu, gelang es, das Monster zu besiegen. Beim Kampf gruben sich die Kontrahenten so tief in die Erde ein, dass ein Wasserloch entstand.

Eine weitere Legende geht in das 11. Jh. zurück und erzählt von einem Mönch namens Thong Lo und einem goldenen Wasserbüffel. Eines Tages, als der Mönch gerade eine riesige, neu gegossene Bronzeglocke zum ersten Mal anschlug, hörte sie zu allererst der Wasserbüffel. Das Tier meinte, die Stimme seiner Mutter zu hören, und trampelte gen Süden. Die dabei aufgewühlte Erde wurde zum Westsee.

Im Quan-Thanh-Tempel wird Tran Vu, der Wächter des Nordens, verehrt

teidigung« (Chua Tran Quoc, tgl. 8–17 Uhr; Eintritt frei) umbenannt. Eine Stele von 1639 erzählt die Geschichte der Pagode, die zu den ältesten des Landes gehört.

See der Weißen Seide

Ein Damm mit der Thanh-Nien-Straße trennt einen kleinen Teil des flachen Gewässers ab, den man **See der Weißen Seide** (Ho Truc Bach) nennt. Hier lag der Sommerpalast des Fürsten Trinh Giang (reg. 1729–1740), wo er unfolgsame Konkubinen unter Hausarrest stellen und sie aus Strafe weiße Seidenstoffe weben ließ. Am Beginn des Dammes steht rechts hinter schattigen Bäumen verborgen der **Quan-Thanh-Tempel** 30 (Den Quan Thanh, tgl. 8–17 Uhr; Eintritt frei), der schon im Jahr 1010 gegründet wurde, als Hanoi Hauptstadt wurde. In ihm wird der Schutzgeist des nicht erhaltenen Nordtores verehrt, der Dämon Tran Vu. 1677 wurde dem Schutzgeist eine 4 m große und 4 t schwere Bronzestatue gegossen. Der Tempel liegt innerhalb einer hohen Mauer, die einen schönen kleinen Garten mit alten Bäumen eingrenzt.

Kim-Lien-Pagode und -Blumendorf

Am Nordufer des Westsees liegt inmitten eines dicht besiedelten Wohngebietes unweit des noblen Intercontinental Westlake Hotel ein klassischer Tempel des 18. Jhs., die **Kim-Lien-Pagode** 31 (Chua Kim Lien, tgl. 8–17 Uhr; Eintritt frei), was so viel wie »Goldener Lotos« bedeutet. Ihr Grundriss entspricht einem liegenden H, das aus drei miteinander verbundenen Gebäuden besteht. Jedes hat ein geschwungenes doppeltes Fußwalmdach. Laut Inschrift stammt das Gebäude aus dem Jahr 1792. Die Pagode ist der Prinzessin Tu Hoa gewidmet, einer Tochter des Königs Ly Than Tong. Sie soll die Bewohner der Umgebung die Zucht von Maulbeerbäumen für die Seidenraupen gelehrt haben. Zwischen See und Pagode liegt in drei schmalen Gassen das **Kim-Lien-Blumendorf** mit einer großen Pflanzenauswahl, darunter viele wunderschöne Orchideen.

Unten: Rund um den See der Weißen Seide kann man gut essen und ausgehen

Westsee-Pagode und Tay-Ho-Freizeitpark

Noch weiter nördlich liegt an der Spitze einer kleinen Halbinsel die **Westsee-Pagode** ㉜ (Chua Tay Ho, tgl. 8-17 Uhr; Eintritt frei), ein beliebtes Pilgerziel lokaler Buddhisten. Besonders am 15. Tag jeden Mondmonats ist hier viel Betrieb, denn dann zieht es Unverheiratete in der Hoffnung zur Pagode, dass sich bald der oder die Richtige findet. Auf dem Weg zur Pagode säumen kleine Lokale den Weg und bieten leckeres *banh tom* (Garnelenkuchen) an. In einem Seitenraum der Pagode versammeln sich auf Altären allerlei daoistische Gottheiten, aber auch Schiffsmodelle, während der Innenhof von einem ausladenden Banyanbaum dominiert wird.

Hanois Familien zieht es am Wochenende in den **Tay-Ho-Freizeitpark.** Von diesem zieht sich entlang des Nordwestufers eine neue Teerstraße bis zum Intercontinental Westlake Hotel. Wer dort entlangschlendert, kann angesichts mancher Villa den neuen Reichtum mancher Hauptstädter bestaunen.

Nördliches Hanoi

Ethnologisches Museum

Am nördlichen Stadtrand liegt an der Nguyen Van Huyen das Ethnologische Museum (Bao Tang Dan Toc Hoc Viet Nam, Tel. 04/ 3756 2193, Di–So, 8.30 bis 17.30 Uhr; Eintritt; www.vme.org.vn). Vom Zentrum dauert die Fahrt gut 20 Minuten, lohnt sich aber unbedingt. Es ist das bemerkenswerteste Museum von Hanoi, weil es umfassend auf die 54 offiziell anerkannten Volksgruppen eingeht und mittels Modellen, Filmdokumentationen, Schautafeln und Originalstücken deren religiöses, kulturelles und soziales Leben thematisiert. Das zweistöckige, einer Dong-Son-Trommel nachempfundene Museumsgebäude wurde 1997 eröffnet. Auf dem weitläufigen Freigelände stehen die originalgetreuen Rekonstruktionen einiger Grabstätten und Häuser, darunter ein 100 Jahre altes Haus der Viet, ein Langhaus der Ede und ein Gemeindehaus der Bahnar mit einem 19 m hohen Dach. ■

»

Regelmäßig, v.a. an den Wochenenden, gibt es im Ethnologischen Museum Sonderveranstaltungen mit Tänzen, Spielen oder Konzerten.

Oben und unten: Das Ethnologische Museum gibt hervorragende Einblicke in das Leben der 54 Volksgruppen

ESSEN & TRINKEN

Die Preiskategorien gelten für ein Drei-Gänge-Menü:

● = unter 10 $
●● = 10–20 $
●●● = 20–30 $
●●●● = über 30 $

Hoan-Kiem-Distrikt

Vietnamesisch

◆ Bun Cha
20 Ta Hien, tgl. Mittag- und Abendessen
Bun cha, gewürzte und gegrillte Schweinestückchen mit frischen Reisnudeln und pikanter süßsaurer Soße, sind Hanoier Favoriten. Das kleine Altstadtlokal serviert das vielleicht beste *bun cha* in der Stadt. ●

◆ Blue Butterfly
61 Hang Buom St,
Tel. 04/3926 3845,
tgl. Frühstück, Mittag- und Abendessen
Vietnamesische Küche mit westlichen Einflüssen. ●

◆ Cha Ca La Vong
14 Cha Ca,
Tel. 04/3825 3929,
tgl. 11–15, 17–21 Uhr
Seit 1871 wird hier *cha ca*: weiches Fischfilet mit Dill und Reisnudeln direkt am Tisch in einer Pfanne zubereitet. Nicht mehr so billig und ziemlich touristisch, doch die Qualität stimmt. ●●

◆ Chim Sao
65 Ngo Hue,
Tel. 04/3976 0633,
www.chimsao.com, tgl. Mittag- und Abendessen
Das In-Lokal zählt zu den Favoriten der Ausländergemeinde und serviert gute vietnamesische Küche. Die Preise sind o.k., das Ambiente schlicht. In der Galerie finden regelmäßig Ausstellungen statt. Unser Tipp: die Würste nach Rezept der Bergvölker. ●●–●●●

◆ Club De L'Oriental
22 Ton Dan,
Tel. 04/3826 8801, tgl. Mittag- und Abendessen
Die vier verschiedenen Räume sind sehr unterschiedlich gestaltet, in Raum 2 kann man den Köchen bei der Arbeit zusehen. Hier stimmen Service und Qualität. ●●●●

◆ New Day
72 Ma May,
Tel. 04/3828 0315,
http://newdayrestaurant.com, tgl. Mittag- und Abendessen
Ein wunderbarer Ort, um die lokale Küche kennenzulernen. Das immer gut besuchte Restaurant bietet auch eine gute Auswahl an Cocktails und Smoothies an. Sehr nettes Personal. ●–●●

◆ Quan An Ngon
18 Phan Boi Chau,
Tel. 04/3942 8162,
tgl. 7–21.30 Uhr
Das immer gut besuchte Gartenlokal serviert hervorragende vietnamesische Küche zu günstigen Preisen. Die Speisekarte ist lang, das Essen gut, daher sollte man früh da sein, bevor es heißt: *het roi* (Essen ist alle). Das ebenfalls empfehlenswerte Schwesterlokal Quan Hai San Ngon (199 A Nghi Tam, Westsee-Distrikt) legt seinen Schwerpunkt auf Meeresfrüchte. ●●●

Indisch

◆ Tandoor
24 Hang Be,
Tel. 04/3824 2252,
www.tandoorvietnam.com, tgl. Mittag- und Abendessen
Hanois erste Adresse für nordindische Küche liegt im Herzen der Altstadt. Die Auswahl ist groß, die Preise sind günstig. Vom oberen Balkon können Sie dem Treiben auf der geschäftigen Hang Be zusehen. ●●

International

◆ Al Fresco's (vier Filialen)
23L Hai Ba Trung, Hoan-Kiem-Distrikt,
Tel. 04/3826 7782;
108K1 Lang Ha, Dong-Da-Distrikt,
Tel. 04/3772 3555;
98 Xuan Dieu, Westsee-Distrikt,
Tel. 04/3719 5322;
A37 Hoang Ngan, Cau-Giay-Distrikt,
Tel. 04/3556 9822,
www.alfrescosgroup.com, tgl. 8.30–23 Uhr
Hier gibt es Steak, Pizza, Pasta und andere westliche Magenfüller. Große Portionen, gutes Preis-Leistungs-Verhältnis. In der Filiale am Westsee kann man von den Tischen im ersten Stock auf den See blicken. ●●

◆ La Salsa
25 Nha Tho,
Tel. 04/3828 9052,
tgl. 8–23 Uhr
Das ist der Ort für Tapas und Paellas, obwohl sich hier vor allem die französische Community trifft. Wem es an der Bar zu eng und laut wird, kann auf den Balkon entfliehen und den Blick auf die St.-Joseph-Kathedrale genießen. ●●

◆ La Verticale
19 Ngo Van So,
Tel. 04/3944 6317,
www.verticale-hanoi.com, tgl. Mittag- und Abendessen
Didier Corlou, ein früherer Chefkoch im Sofitel Metropole, zaubert in einer Villa aus den 1930er-Jahren eine hervorragend franko-vietnamesische Fusionsküche. Nicht billig, aber sehr lecker. Im angeschlossenen Laden gibt es Gewürze zum Mitnehmen. ●●●●

◆ Le Beaulieu
Sofitel Metropole,
15 Ngo Quyen,
Tel. 04/3826 6919,
tgl. Frühstück, Mittag- und Abendessen
Der Gourmettempel Hanois, wenn es um französische Küche geht. Auch die Weinauswahl ist groß. Der üppige Sonntagsbrunch ist in Hanoi zu einer Institution geworden. ●●●

◆ Hanoi Social Club
6 Hoi Vu St
Tel. 04/3938 2117, tgl. Frühstück, Mittag- und Abendessen

Das kleine Restaurant liegt versteckt in einer Seitenstraße. Genießen Sie Müsli oder Quinoa zum Frühstück und marokkanisches Huhn mit Couscous oder Burger zum Mittagessen. Es gibt auch vegane und glutenfreie Gerichte. ●●

◆ **Nineteen11**
1 Trang Tien (Untergeschoss der Oper), Tel. 04/3933 4801, www.nineteen11.com.vn, tgl. 11–14, 18–22 Uhr
Benannt nach dem Eröffnungsjahr der Oper, werden in diesem eleganten Lokal internationale Kost und einige verfeinerte vietnamesische Gerichte geboten. Auch ein Blick in die Kellerbar lohnt sich. ●●●●

Vegetarisch

◆ **Com Chay Nang Tam**
79A Tran Hung Dao, Tel. 04/3942 4140, tgl. 10–14, 17–21.30 Uhr
Das populäre Vegetarierlokal liegt in einer schmalen Seitenstraße. Als Fleischersatz dient Tofu in allen Varianten. Buddhisten kommen an den Mond-Tagen hierher, dann wird es sehr voll. Tipp: die »Snowball potatoes« probieren. ●

◆ **Zenith Café**
16 Duong Thanh St, Tel. 04/3923 0253, http://zenithyogavietnam.com, Mo–Fr Frühstück, Mittag- und Abendessen, Sa–So nur Mittagessen
Bunte frische Gerichte, in entspannter Atmosphäre serviert. Zum Kaffee gibt es gezuckerte Kokosstückchen. ●●

Italienisch

◆ **Luna d'Autunno**
27 Nam Ngu, Tel. 04/3823 7338, www.lunadautunno.vn, tgl. Mittag- und Abendessen
Eines der besten italienischen Restaurants in Hanoi. Großartige Pasta und Pizza. Sehr freundlicher Service. ●●●

Ba-Dinh-Distrikt

Vietnamesisch

◆ **Highway 4 (drei Filialen)**
54 Mai Hac De, Ba-Dinh-Distrikt, Tel. 04/3976 2647, tgl. 9.30–23.15 Uhr; 575 Kim Ma, Ba-Dinh-Distrikt, Tel. 04/2212 8998, tgl. 10–23 Uhr; 5 Hang Tre, Hoan-Kiem-Distrikt, Tel. 04/3926 0639, tgl. 11–24 Uhr
Zu den nordvietnamesischen Speisen gibt es eine gute Auswahl an Reisschnaps. Es werden auch Kochkurse angeboten. Sehr lecker sind die gebratenen Frühlingsrollen mit Wels und japanischem Meerrettich (Wasabi). In allen Lokalitäten herrscht eine nette Atmosphäre. ●●

◆ **Seasons of Hanoi**
95B Quan Thanh, Tel. 04/3843 5444, tgl. Mittag- und Abendessen
In dieser alten französischen Villa isst das Auge mit. Serviert werden nordvietnamesische Spezialitäten, etwa Frühlingsrollen mit Meeresfrüchten und gebratener Fisch mit fünf Gewürzsorten. Das Seasons wird gerne von Reisegruppen besucht, daher unbedingt reservieren. ●●

Italienisch

◆ **Luna d'Autunno**
11B Dien Bien Phu, Tel. 04/3823 7338, tgl. 11–22 Uhr
Einer der besten Italiener mit Pasta und Pizza. Freundlicher Service. ●●

Japanisch

◆ **Kamon**
104 Van Phuc, Tel. 04/3762 4428, tgl. Mittag- und Abendessen
Das kleine japanische Restaurant ist auf *okonomiyaki*, eine Art Pfannkuchen, spezialisiert. Das kräftige Gericht stammt ursprünglich aus dem Raum Osaka. ●●

Westsee-Distrikt

International

◆ **Kitchen**
9 Xuan Dieu, Tel. 04/3719 2679, www.so-9.com, tgl. 7–21 Uhr
Das originelle Café liegt unweit der Einfahrt zum Sheraton West Lake Hotel und bietet tagsüber leckere Sandwiches und Salate. Abends steht mexikanische Küche auf der Speisekarte. Auch die Frühstücksangebote zum Wochenende sind empfehlenswert. ●●

◆ **Vine Wine Boutique Bar and Café**
1A Xuan Dieu, Tel. 04/3719 8000, www.vine-group.com, tgl. 8.30–23.30 Uhr
Der kanadische Eigentümer bietet in seinem Restaurant mit Bar nicht nur Weine an, sondern tischt auch allerlei Gerichte auf – von Thai-Nudeln bis Pizza. Am Sonntag gibt es einen üppigen Brunch. ●●●

Andere Bezirke

Vietnamesisch

◆ **KOTO (Know One, Teach One)**
59 Van Mieu, Dong-Da-Distrikt, Tel. 04/3747 0337, www.streetvoices.com.au, tgl. 7.30–21.30 Uhr
Das Restaurant gibt ehemaligen Straßenkindern eine neue Perspektive. Die angehenden jungen Köche zaubern vietnamesische Gerichte ebenso wie Salate und Sandwichs. Die köstlichen Fruchtsäfte kann man mit Blick auf den Literaturtempel im »Temple Room« genießen. ●

Chinesisch

◆ **Tao Li Restaurant**
Nikko Hotel, 84 Tran Nhan Tong, Hai-Ba-Trung-Distrikt, Tel. 04/3822 3535, tgl. Frühstück, Mittag- und Abendessen
Einer der besten Chinesen in Hanoi. Wunderbare kantonesische Speisen, inklusive *dim sum* zu Mittag. ●●

Umgebung von Hanoi

Trotz fortschreitender Urbanisierung zeigt sich die Umgebung von Hanoi in landschaftlicher Schönheit. Hier liegen altertümliche Pagoden, traditionelle Handwerksdörfer und tiefgrüne Nationalparks.

Nehmen Sie sich für Ausflüge rund um **Hanoi** ❶ genügend Zeit, denn es gibt viel zu entdecken. Die meisten Tagesausflüge können Sie in einem der vielen Reisebüros in Hanoi buchen. Die Region rund um die Hauptstadt ist als Teil des Roten-Fluss-Deltas sehr fruchtbar. Einige Tempel und Handwerkerdörfer sind in Tagesausflügen erreichbar, und man kann die Ausläufer des Hochlands besuchen. Nahe bei Hanoi gibt es Handwerksdörfer, in denen Seide, Keramik und Holzschnitzereien entstehen.

Südlich von Hanoi

Bat Trang und Le Mat

Im Keramikdorf **Bat Trang** ❷, etwa 10 km östlich der Hauptstadt, blicken die Töpfer auf eine 500 Jahre alte Tradition zurück. Während sie in den Hinterhöfen arbeiten, wird in den vielen Ausstellungsräumen entlang der Hauptstraße fleißig verkauft. Der ältere Teil des Ortes liegt in der Nähe des Roten Flusses, wo die einzelnen Häuser von hohen Außenmauern umschlossen sind. Was an den Mauern wie Kuhfladen aussieht, sind große Klumpen von eingeweichtem Kohlenstaub, der hier zum Trocknen angebracht ist, bevor er verheizt wird.

Ein Keramikmarkt wurde für die vielen Bustouren etabliert, doch der interessantere Teil liegt versteckt in den Gassen hinter den modernen Ladenfronten. Innerhalb dieser kleinen Werkstätten findet man Ziegelöfen und große Fässer mit weißem Ton. Lange Zeit konzentrierten sich die Dorfbewohner auf die Herstellung von Ziegeln, doch heute bieten sie die viel lukrativere glasierte Keramik an, darunter Teekannen, Geschirr, Vasen, ja selbst bis zu 3 m große blau-weiße Vasen für Tempel und Pagoden.

Am Flussufer steht auch das Gemeinschaftshaus, der *dinh*, zur Verehrung von Bach Ma, dem Schutzgeist von König Le Thanh Tong. Außerdem werden noch fünf Helden des Dorfes verehrt, inklusive Hua Chi Cao, der Be-

NICHT VERPASSEN!

- Bat Trang
- Van Phuc
- Parfum-Pagode
- Thay-Pagode
- Ba-Vi-Nationalpark
- Tam Dao

Links: Stufen zur Tay-Phuong-Pagode
Unten: Keramikvasen aus Bat Trang

Eine giftige Kobra kurz vor ihrer Schlachtung für ein Schlangendinner im Dorf Le Mat

gründer der Keramikherstellung. Eine Wandtafel soll den Dorfbewohnern zufolge von König Gia Long stammen und eine Auszeichnung für die gute Qualität der Ziegel sein, die er zum Bau der Zitadelle in Hue im frühen 19. Jh. verwendete.

Auf dem Weg zurück nach Hanoi könnte man sich im Schlangendorf **Le Mat** ein schönes Schlangendinner kredenzen lassen. Der Ort liegt nur 7 km außerhalb der Stadt und hat sich darauf spezialisiert, Schlangen zu jagen, zu züchten, als Gericht zu servieren und aus ihnen Medizin zu machen. In diesem sehr touristischen Dorf werden vor allem Kobras und die günstigeren Ringelnattern angeboten: als Suppe, Vorspeise oder Hauptgericht – nicht unbedingt jedermanns Sache.

Östlich von Hanoi

Dong Ky

Bis 1995 war das Dorf 15 km nordöstlich von Hanoi für die Herstellung von Knallfröschen und Feuerwerkskörper bekannt. Höhepunkt des Jahres war hier das Feuerwerksfest im Januar, wenn sich Wettbewerbsteilnehmer darin zu übertrumpfen versuchten, den lautesten Knall zu erzeugen. Das Fest soll aus alten religiösen Riten zur Bitte um Regen entstanden sein. Nachdem die Knallerei in Vietnam verboten wurde, stellen die meisten Dorfbewohner nun Möbel mit teilweise wunderschönen Intarsien und Schnitzereien her. Viele dieser Produkte werden an Hanoier Möbelgeschäfte verkauft.

Dau-Pagode ❸

Die 30 km von Hanoi in der Bac-Ninh-Provinz liegende Chua Dau (tgl. 8 bis 17 Uhr; Eintritt frei) stammt aus dem 13. Jh. Der Tempel liegt ein wenig abseits, trotzdem lohnt ein Ausflug, denn man fährt durch schöne Landschaften und urige Dörfer. Offiziell als Thanh Dao Tu oder Phap Vu Tu bekannt, ist die Pagode sowohl Buddha als auch der Regengöttin geweiht. Unter den vielen Figuren zählen zwei lackierte Statuen zu den Besonderheiten, weil sie die mumifizierten Leichen zweier vor 300 Jahren gestorbener Mönche – Vu Khac Minh und Vu Khach Truong – bergen. Es wird berichtet, dass 1639 Vu Khac Minh, als er sich dem Tode nahe

Unten: In Dong Ky werden heute Möbel hergestellt

fühlte, sich zusammen mit seinem Neffen in der Pagode einschloss und seine Schüler bat, sie für 100 Tage alleine zu lassen, damit sie in Ruhe meditieren könnten. Als die Schüler nach dieser Zeit die Kammer öffneten, fanden sie die beiden Mönche leblos, aber in gutem Zustand. Daraus schlossen die Schüler, dass die beiden Mönche das Nirvana erreicht hätten und entschieden, ihre Leichname mit Lack zu überziehen und auf diese Weise zu erhalten.

Im unweit gelegenen Dorf **Lim** wird zwei Wochen nach *tet*, vom 13.–15. Tag des ersten Mondmonats, das berühmte Quan-Ho-Festival abgehalten. Leute aus der gesamten Provinz strömen zum Gesangswettbewerb, bei dem abwechselnd Männer und Frauen Volkslieder im Stil des *quan ho* (s. S. 73) singen.

Nördlich von Hanoi

Co-Loa-Zitadelle ❹

Etwa 16 km nördlich von Hanoi, im Dong-Anh-Distrikt, befinden sich die Überreste von Vietnams erster Festung (Co Loa Thanh, tgl. 8–17 Uhr; Eintritt). Sie wurde 257 v.Chr. als Hauptstadt unter König An Duong (257–208 v.Chr.) errichtet und war von drei Wällen umgeben, die einen Ring von 8 km Umfang bildeten. Teile der Wälle kann man noch in ihren Grundstrukturen erkennen. Innerhalb liegen Tempel zur Verehrung von An Duong und seiner Tochter My Chau. Der Legende zufolge besaß der König An Duong eine magische Armbrust, die ihn unbesiegbar machte. Sie war das Geschenk einer goldenen Schildkröte. Seine Tochter My Chau war mit dem Sohn eines chinesischen Generals verheiratet, dem sie die Armbrust ihres Vaters zeigte. Ihr Gatte vertauschte die Zauberwaffe mit einer gewöhnlichen Armbrust, weshalb die Chinesen es schließlich vermochten, An Duong zu besiegen. Als der König den Betrug entdeckte, ließ er seine Tochter wutentbrannt enthaupten, bevor er auch sich tötete. 2014 entdeckten Archäologen eine weitere Zitadelle, die unter der Co-Loa-Zitadelle liegt und der Dong-Son-Dynastie zugerechnet wird.

Westlich von Hanoi

Die Gegend westlich der Hauptstadt zählt wie die südlichen Nachbar-

Götterfiguren in einem Tempel in Co Loa

Unten: Dreiteiliges Tor zum Tempel des Königs An Duong in Co Loa

TIPP

Tagestouren zur Parfum-Pagode werden in Hanoi von nahezu jeder Agentur angeboten. Der Preis sollte Transport, Eintritt, Bootstour und Mittagessen einschließen. Die Angebote variieren erheblich und reichen von 20 bis zu 60 $ pro Person. Je billiger die Tour, desto größer die Gruppen. Adressen seriöser Veranstalter finden Sie auf S. 362.

Unten: Die Seidenweber in Van Phuc verwenden noch die alten Webstühle aus der Zeit der Franzosen

provinzen landschaftlich und kulturell zu den interessantesten Gebieten. Dazu fährt man von Hanoi über die Nationalstraße 6 zunächst Richtung Südwesten. Wenn man den stauträchtigen Stadtverkehr hinter sich gelassen hat, wird es auf der gut ausgebauten Straße merklich ruhiger.

Der erste interessante Halt ist in **Van Phuc** ❺. Im traditionellen Seidenweberdorf widmen sich die Familien schon über viele Generationen hinweg der Herstellung von Seidenstoffen. Seit Ende der 1990er-Jahre ist dies wieder ein lukratives Geschäft geworden. Entlang der Nationalstraße reiht sich ein Laden an den anderen. Viele Geschäftsinhaber besitzen auch Läden in Hanois Seidenstraße Hang Gai. Doch vor Ort sind die Preise wesentlich günstiger. Man kann nicht nur en masse Meterware und maßgeschneiderte Produkte kaufen, sondern in den Werkstätten auch mechanische Elektrowebstühle bewundern, die noch aus der Kolonialzeit stammen.

Etwas weiter, insgesamt 13 km südwestlich von Hanoi, lohnt der Besuch im **Museum des Ho-Chi-Minh-Pfades** (Bao Tang Duong Ho Chi Minh, Di bis So 7.30–11, 13.30–16.30 Uhr; Eintritt). Denn es war hier, wo das legendäre Wegenetz gen Süden begann. Auf drei Etagen dokumentieren Ausstellungsstücke die Mühen der Tausenden von Männern und Frauen, den Nachschub an Waffen über verflochtene Schmugglerpfade durch Vietnam, Laos und Kambodscha nicht versiegen zu lassen. Zur Veranschaulichung dient ein großes Modell. Die vielen Waffen werden eher Militaria-Fans entzücken.

Parfum-Pagode ❻

Beim Besuch der Chua Huong (tgl. 7.30–18 Uhr) gilt das Motto »Der Weg ist das Ziel«, denn die Anreise ist interessanter als der Höhlentempel selbst. Den populären Pilgerort, 60 km südwestlich von Hanoi, mit Dutzenden von buddhistischen Pagoden und Gedenktempeln, erreicht man mit einem flachen Ruderboot. Gemächlich geht es auf dem Yen-Fluss (Song Yen) durch eine stille Karstlandschaft. Die Boote werden von kräftigen Frauen gerudert. Wenn jemand an Bord das Vietnamesische übersetzen kann, zeigen sie einem

die Berge, die so lyrische Namen wie »Hockender Elefant«, »Nonnenberg« oder »Reistablett« haben.

Nach 4 km kurvenreicher Strecke, wofür man etwa 90 Minuten benötigt, endet die Bootspartie an einer geschäftigen Anlegestelle mit Erfrischungsständen und verstreut liegenden Pavillons. Noch ein Stück weiter bis zum Fuß des **Huong-Tich-Berges** (»Berg der wohlriechenden Spur«), dann beginnt der 4 km lange Fußweg bis zum Grottenheiligtum hinauf. Der 1,5-stündige Aufstieg ist anstrengend und rutschig, weshalb viele Pilger die **Kabinenseilbahn** (tgl. 7–18 Uhr; Eintritt) bevorzugen. Damit verkürzt sich die Tour auf wenige Minuten und beschert zudem traumhafte Panoramablicke.

Eine Vielzahl von Pagoden und buddhistischen Schreinen auf der Spitze wurden in die Felsen und Grotten gebaut, u.a. die **Himmelspagode** (Chua Thien Chu), die Pagode der **Quelle der Reinigung** (Giai Oan Chu) und die Hauptattraktion, die **Pagode der wohlriechenden Spur** (Huong Tich Chu).

Letztere befindet sich in einer hallenartigen großen Grotte, deren Öffnung sich unterhalb der Bergspitze befindet. Von buddhistischen Fähnchen gesäumt führen etwa 120 Steinstufen bis zum Drachenmaul-Eingang, wo Pilger sich drängen, um Geldscheine an einem feuchten Stalaktiten zu reiben, was zu Reichtum führen soll.

Altar in der Pagode der wohlriechenden Spur (Huong Tich Chu)

Eine chinesische Inschrift oberhalb des Eingangs informiert die Besucher, dass sie gerade die »schönste Höhle unter dem südlichen Himmel« betreten. Hat man sich einmal an die Dunkelheit gewöhnt, so erkennt man in der etwa 50 m hohen Grotte zwischen den vielen Stalagmiten und Stalaktiten buddhistische Figuren, vor denen Opfergaben liegen und Räucherstäbchen brennen. An Festtagen kommen so viele Pilger hierher, dass der Duft ihrer Räucherstäbchen wie Nebel in der Höhle hängt.

Im Mittelpunkt der Verehrung steht die Figur einer Quan Am, die Göttin der Barmherzigkeit. Sie ist identisch mit dem Bodhisattva Avalokieshvara,

Unten: Eine idyllische Bootsfahrt führt an Karstbergen vorbei zur Parfum-Pagode

Eine der über 60 Statuen in der Tay-Phuong-Pagode aus dem Holz des Jackfruchtbaumes

Unten: Drachenmotive zieren die Ecken der zweiteiligen Walmdächer der Tay-Phuong-Pagode

der im Mahayana-Buddhismus eine große Rolle spielt.

Die siebenwöchige Pilgersaison beginnt eine Woche nach dem Tet-Fest am 6. Tag des ersten Mondmonats und endet am 15. des dritten Mondmonats, dauert also von Februar bis April. Dann wird es richtig voll und die Verkäufer sind noch lästiger als sonst.

Thay-Pagode ❼

Die Chua Thay (tgl. 8–17 Uhr; Eintritt frei) schmiegt sich an einen Karsthügel im Dorf **Sai Son,** 37 km westlich von Hanoi. 1132 mit Unterstützung des Königs Ly Thai To gegründet, ist sie eines der ältesten buddhistischen Klöster des Landes. Der Initiator des Klosters war der Mönch Dao Hanh, wegen seiner Gelehrsamkeit auch als Meister (*thay*) bekannt, woher auch der Name Chua Thay, »Pagode des Meisters«, herrührt.

Das Kloster ist drei Individuen geweiht: Ly Than Tong, König der Ly-Dynastie von 1127–1138, dem historischen Buddha Sakyamuni sowie dem Mönch Dao Hanh. Sie alle sind durch Statuen repräsentiert, die aus dem 12. oder 13. Jh. datieren. Die zwei überdachten Brücken vor dem Tempel sind aus dem Jahr 1602.

Der Pagodenkomplex besteht aus drei Bereichen: einem vorderen Bereich für die Zeremonien, einem mittleren Bereich zur Verehrung Buddhas und einem hinteren Bereich zur Verehrung von Dao Hanh.

Dao Hanh kannte sich in Kräutermedizin aus und war in seinem Heimatdorf Arzt, bevor er Mönch wurde. Außerdem hatte er eine Vorliebe für das Wasserpuppenspiel, sodass er bei seinem Tempel einen künstlichen Teich mit einer Insel für die Puppenspieler anlegte. Dem Mönch ist eine Statue aus Sandelholz gewidmet, die im hinteren Pagodenbereich steht.

Zum Tempelfest vom 5. bis 7. Tag des dritten Mondmonats finden im Teich Wasserpuppen-Vorführungen statt. Zudem gibt es Volksschauspiele, Lobpreisungen auf Dao Hanh, Schachwettbewerbe und eine prächtige Prozession durch das Dorf.

Wer Zeit genug hat und gut zu Fuß ist, sollte ein wenig in den umliegenden Hügeln herumklettern, denn dort finden sich mehrere kleine Tempel, Pavillons und Höhlen, die teilweise von Eremiten bewohnt waren; die bekannteste Höhle heißt **Hang Cac Co**. Von oben bietet sich ein herrlicher Ausblick in die Umgebung.

Tay-Phuong-Pagode ❽

Nur 6 km weiter von der Chua Thay – und daher auch oft zusammen besucht – liegt auf einem 50 m hohen Hügel am Rande des Dorfes Thac Xa die Chua Tay Phuong (tgl. 8–17 Uhr; Eintritt frei). Die Pagode wurde wahrscheinlich im 11./12. Jh. gegründet und 1794 in der heutigen Form neu gestaltet. Sie ist v.a. wegen ihrer über 60 lackierten Holzstatuen berühmt. Von hohem künstlerischem Wert sind die 18 Arhats (La Han) an der Stirnseite der Haupthalle, deren meist heiteren Gesichtsausdrücke die Vielfalt des menschlichen Lebens darstellen. Die Pagode ist über 237 Lateritstufen zu erreichen und besteht aus drei direkt hintereinanderliegenden

Karte auf Seite 132

Hallen: der **Verehrungshalle** (Bai Duong), der **Mittleren Halle** (Chinh Dien) und der **Hinteren Halle** (Hau Cung). Ihre schweren zweistufigen Walmdächer sind besonders eindrucksvoll, v.a. aufgrund der elegant geschwungenen Enden mit Drachen- und Phönix-Darstellungen. Hohe Tempelmauern schließen die Anlage vollständig nach außen ab.

Manche organisierte Touren halten noch im nahen **So-Dorf**, das sich auf die Herstellung von Nudeln aus Yam- und Maniokwurzeln spezialisiert hat.

Ba-Vi-Nationalpark ❾

Etwa 60 km südwestlich von Hanoi erhebt sich der eindrucksvolle, 1296 m hohe Berg **Ba Vi** (Nui Ba Vi), der dem Nationalpark (Vuon Quoc Gia Ba Vi, tgl. Sonnenauf- bis -untergang; Eintritt) seinen Namen gab. Das 7377 ha große Schutzgebiet verfügt über eine hohe Biodiversität mit einer Reihe seltener und bedrohter Pflanzen- und Tierarten. Nicht nur eine der 114 Vogelspezies kann man mit Glück erspähen, sondern auch eine fliegende Hörnchenart. Leider ist der Nationalpark aufgrund seiner Nähe zur Hauptstadt ziemlich touristisch, lärmende Ausflügler stören gerade am Wochenende zuweilen die Ruhe. Daher ist es besser, den schönen Orchideengarten und die Wanderwege unter der Woche zu erkunden.

An der Spitze des Berges erinnert ein interessanter Tempel an Ho Chi Minh. Von dort kann man seinen Blick an klaren Tagen weit in die Ebene schweifen lassen. Am Fuß des Ba Vi liegt mit 36 Löchern einer der größten Golfplätze Vietnams, der **Kings' Island Golf Club** (Tel. 034/3368 6555, www.kingsislandgolf.com).

Phu-Tho-Provinz

Die sich im Nordwesten Hanois anschließende Provinz gilt als die Wiege des Hung-Lac-Volkes und als erste Heimat der Viet, die von dort aus begannen, das Delta des Roten Flusses zu besiedeln. Bis zu 4000 Jahre alte Bronzegegenstände, darunter die berühmten Dong-Sơn (s.S. 186), wurden hier gefunden, was auf eine frühe Besiedlung schließen lässt. Daran erinnern auch die heutigen Tempel der Hung-Könige.

TIPP

In der Umgebung von Hanoi ist es nichts Ungewöhnliches, auf der Speisekarte Wildtiere aller Art angeboten zu sehen. Trotz Verbot werden Leoparden, Bären, Gibbonaffen, Makaken, Pangoline, Eidechsen, Schildkröten, Kobras, Pythons und Tiger immer noch illegal gejagt. Besucher sollten es unbedingt vermeiden, solche Tierprodukte zu kaufen.

Unten links: Der Ba-Vi-Nationalpark ist ein beliebtes Ausflugsziel der Hauptstädter

Unten rechts: Pilger müssen 495 Stufen erklimmen, um den oberen Tempel der Hung-Könige zu erreichen

Bildnis eines Wächtersoldaten in einem der Hung-Tempel

Unten: Das Bergresort Tam Dao

Die Hung-Tempel ⑩

Die ersten Tempel der Hung sollen bereits im 3. Jh. v.Chr. erbaut worden sein, als eine Reihe von 18 Hung-Königen den Thron des Vang-Lang-Reiches innehatte. Im dritten Mondmonat erinnert ein großes Fest im **Thuong-Tempel** (Den Thuong, tgl. 8–17 Uhr; Eintritt frei), 90 km nordwestlich von Hanoi, an Vietnams erste Dynastie. Zu diesem Anlass strömen auch Tausende Hanoier herbei.

Insgesamt gibt es am Hang des **Nghia-Linh-Berges** (Nui Nghia Linh) drei Hung-Heiligtümer. Den am tiefsten gelegenen **Untersten Tempel** (Den Ha) erreicht man nach 225 Treppenstufen durch ein großes Portal mit zwei großen Steinstelen, auf denen in einem Gedicht die Legenden der Herkunft der Viet beschworen werden. Bemerkenswert ist eine Quan-Am-Figur mit tausend Armen und Augen. Weitere 168 Stufen müssen bis zum **Mittleren Tempel** (Den Hung) erklommen werden, wo der siebte Hung-Herrscher gekrönt worden sein soll und sich angeblich die Regenten zu Beratungen trafen. Nur 102 weitere Stufen trennen den Besucher vom **Oberen Tempel** (Den Thuong), der den Göttern des Himmels, der Erde und des Reises geweiht ist. Zudem gedenkt man hier einem jugendlichen Helden namens Than Giong, der im 3. Jh. v.Chr. die chinesischen Invasoren nur mit Unterstützung eines Geistes in Gestalt eines eisernen Pferdes verjagt haben soll. Der im 15. Jh. rekonstruierte Tempelbau ist mit Drachen und grimmigen Wächtern ausgeschmückt.

Vinh-Phuc-Provinz

Binh-Son-Turm

Nordöstlich der Phu-To-Provinz erstreckt sich das Gebiet der Provinz Vinh Phuc. Im dortigen Bezirk Lap Thach ragt der **Binh-Son-Turm** der **Vinh-Khanh-Pagode** ⑪ (Chua Vinh Khanh, tgl. 8–17 Uhr; Eintritt frei) mit seinen elf Stockwerken 16 m in den Himmel. Der elfstufige Ziegelbau birgt zahlreiche Schnitzereien und entstand im 13. Jh. während der Tran-Dynastie.

Tam-Dao-Nationalpark ⑫

Um der Schwüle und Hitze des Sommers zu entfliehen, suchen betuchte

Karte auf Seite 132

Großstädter das angenehme Klima von **Tam Dao** auf. Das Hochplateau breitet sich etwa 90 km nordwestlich von Hanoi in den Tam-Dao-Bergen aus, die in nordwestlich-südöstlicher Richtung verlaufen. Hier legten die Franzosen 1902 in 880 m Höhe ein Bergresort an. Wörtlich übersetzt bedeutet Tam Dao »drei Inseln«. Der Name stammt von den drei Bergen Thien Thi, Thach Ban und Phu Nghia, die alle etwa 1400 m hoch sind und die Landschaft dominieren. Aus der Ferne wirken sie wie drei Inseln in einem Wolkenmeer.

Das Bergresort ist Teil des gleichnamigen Nationalparks (Vuon Quoc Gia Tam Dao, tgl. Sonnenauf- bis -untergang; Eintritt). Seltene Bäume, Sträucher und Blumen bedecken die Berghänge, die Heimat für zahllose Arten von Schmetterlingen, Vögeln und anderen Tieren sind. Es kann das ganze Jahr über klamm und kalt sein, aber in den heißen Monaten Juli und August empfindet man dieses Klima als angenehm. Übernachtungsmöglichkeiten und touristischen Einrichtungen sind ziemlich heruntergekommen. Die Lokale der Orte machen ihre Geschäfte mit dem Verkauf von gewilderten Tieren. Dies ist nicht nur illegal, sondern beschleunigt das Aussterben seltener Spezies. Doch dies kümmert die Busladungen von Vietnamesen nicht, die vor allem zwischen Mai und August einfallen, um sich bei Wildessen und Karaokegesang zu amüsieren.

Wer sich bewegen möchte, kann einen 20-minütigen Spaziergang von Tam Dao zum 45 m hohen **Silber-Wasserfall** (Thac Bac) unternehmen. Wer tiefer in den Wald möchte, sollte dafür einen ganzen Tag einplanen.

Für die Vietnamesen hat Tam Dao noch eine geschichtliche Bedeutung. Nach der gescheiterten Thai-Nguyen-Meuterei und dem darauf folgenden Aufstand im August 1917 flohen etwa hundert Kämpfer hierher, um der Armee noch drei Monate Widerstand zu leisten. Als das Ende absehbar war, beging einer ihrer legendären Anführer, Unteroffizier Trinh Van Can, Selbstmord. Die Franzosen setzten nun alles daran, jeden einzelnen Aufständischen und geflohenen politischen Häftling zu stellen und zu töten. Nur fünf sollen ihnen entgangen sein. ■

Lauschige Wanderungen führen zu rauschenden Wasserfällen im stets angenehm kühlen Tam-Dao-Nationalpark

ESSEN & TRINKEN

Preise pro Person für ein Drei-Gänge-Menü:
● = unter 10 $
●● = 10–20 $
●●● = 20–30 $
●●●● = über 30 $

Le Mat

◆ **Quoc Trieu Snake Restaurant**
Schlangendorf Le Mat, Handy-Nr. 034/3827 2988, tgl. 7.30–11 Uhr
Exotische Schlangengenüsse und sicher nichts für Tierfreunde und empfindliche Mägen. Bei den Einheimischen sind die 7- bis 8-gängigen Menüs aber sehr beliebt. ●●●

Ba-Vi-Nationalpark

◆ **Ba Vi National Park Restaurant**
Innerhalb des Parks, tgl. Frühstück, Mittag- und Abendessen
Keine große Küche, aber frisch zubereitete Reis- und Nudelgerichte. Oben am Berg gibt es ein kleines Café. ●●

◆ **Tan Da Restaurant**
Tan Da Spa Resort, Tan-Linh-Berg, Tel. 034/3388 0195, tgl. 7–22 Uhr
Das Resort im Nationalpark verfügt über zwei Restaurants. Ein Gartenlokal bietet ein Buffet mit nordvietnamesischen Gerichten. Drinnen kann man westliche und asiatische Standards bestellen. Es gibt auch Tische in einem traditionellen Stelzenhaus der Muong. ●●●

Viet Tri

◆ **The Riverside Fish Restaurant**
Song Thao, Tien-Cat-Viertel, Viet Tri, Phu-Tho-Provinz, Tel. 021/084 6013, Handy-Nr. 091/257 7816, tgl. 9–22 Uhr
Trotz des Namens liegt das Lokal nicht am Wasser, aber es serviert den seltenen Anh-Vu-Fisch aus dem Thao-Fluss. Die Kilopreise liegen bei 45 $. Die anderen Gerichte sind weit günstiger. Empfehlenswert ist *lau*, ein Brühefondue mit Fisch, Ananas, Tomaten, Fenchel, Taro, Kohl und Reisnudeln. ●●

Tam Dao

◆ **Bamboo Restaurant**
Mela Hotel, Thi Tran, Tam Dao, Tel. 021/182 4321, tgl. Frühstück, Mittag- und Abendessen
Ein guter Platz in Tam Dao für relativ genießbare westliche Gerichte – allerdings schmecken die vietnamesischen weitaus besser. ●●●

Karte auf Seite 142

Der Nordwesten

Das wilde Bergland im Nordwesten ist nicht einfach zu bereisen. Doch entlang der kurvenreichen Landstraßen bieten sich herrliche Panoramablicke auf Reisterrassen, Dschungelgebiete und Bergdörfer.

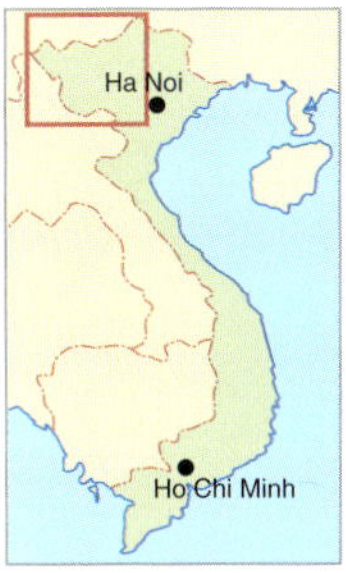

Westlich und nordwestlich von Hanoi geht die Deltaebene des Roten Flusses schnell in tiefgrüne Täler, hügelige Obstgärten und schroffe Bergmassive über. Hier siedeln die Bergvölker. Viele von ihnen leben und arbeiten heute im Schatten von mächtigen Stauseen, welche die Stromversorgung des Landes sichern. Begrenzt im Norden von China und Laos, zeigt sich die Region wild und pittoresk, manchmal auch abweisend. Wer sich auf Reisen begibt, muss mit miserablen Straßen, schwierigen Witterungsbedingungen und einfachen Unterkünften und Restaurants rechnen. Doch all die Mühen werden belohnt: mit Fahrten durch idyllische Täler und vorbei an atemberaubenden Bergpanoramen.

Wer von Hanoi in Richtung Südwesten fährt, kann im malerischen **Mai-Chau-Tal** in der Provinz Hoa Binh eine wunderschöne Landschaft genießen und in einem freundlichen Dorf der Weißen Thai übernachten. Weiter in Richtung Nordwesten liegt der abgelegene Ort Dien Bien Phu, wo die französische Vorherrschaft zu Ende ging. Von dort führt eine mäßig gute, aber dramatisch schöne Straße zur einstigen kolonialen Sommerfrische Sapa. Eingebettet in eine alpine Berglandschaft treffen dort geschäftstüchtige Bergvölker auf neugierige Touristen. Aktivurlauber können hier wandern oder gar den Fansipan, Vietnams höchsten Berg, erklimmen.

Hoa-Binh-Provinz

Hoa Binh ❶

Die Nationalstraße 6 führt zum westlichen Rand des Roten-Fluss-Deltas und weiter in die Heimat der Muong, Hmong, Thai, Tay und Dao (sprich: Sao). Diese Minderheiten stellen den Hauptanteil der Region. Hoa Binh, etwa 75 km westlich von Hanoi, war Anfang der 1950er-Jahre Schauplatz vieler blutiger Kämpfe zwischen Truppeneinheiten der Franzosen und des Viet Minh. Beiden ging es um die Kontrolle entlang des Schwarzen Flusses.

NICHT VERPASSEN!

- Mai-Chau-Tal
- Dien Bien Phu
- Sapa
- Fansipan
- Bac Ha

Links: Reisterrassen bei Sapa
Rechts: Blumen-Hmong

CHINA
LAOS
Kunming
Lahadi
Pingbian
Yuan
Dulong
Kunming
2419
Ha Giang
Ha Giang
Ma Li Chai
Jinping
Ngu dai son
3120
Ban Pa Thang
Yizu Zizhixian
Nam Cum
Xiaohekou
Tchoung Sao
Nam Ric
Bac Ha
Giang Mung Pho
Da (Black)
Muong Te
Phong Tho
Hekou
Ban Thuy
A Pa Chai
Muong Boum
Lai Chau
Tram Ton
Lao Cai
Nam Khap
Ban Tang
Lang Cay
Yen Binh Xa
Ta Fou San
Muong Nhe (Naturreservat)
Lai Chau
Ban Nam Che
Nam Na
Sinh Ho
Fansipan 3143
Thac Bac (Silver Falls)
Sapa
Ban Ko La
Pho Lu
Chay
Vinh Tuy
Phu Den Din
Muong Nhe
Nhe
Ban Nam Muong
Nam Bon
Day Hoang Lien (Hoang-Lien-Naturreservat)
Lao Cai
Ban Cheng Nuo
Bao Ha
Pho Rang
Bac Ba
Sop Pong
Muang Hat Hin
Ban Po Bai
Muong Lay
Pac Tha
Nam Bai
Van Ban
Hoang Lien Son
Song Hong (Roter Fluss)
Nui Con Voi
Muong Tong
Lang Na
Lang Than
2913
Muang Va
Po
Ou
Ban Nam Nen
Quynh Nhai
Ban Kung
Tu Le
Phongsali
Boun Nua
Sen Soi
Ban Na Pheo
Luan Chau
Poun Loung
Yen Bai
Dien Bien
Ban Pa Houne
Yen Bai
Bo Kong
Tuan Giao
Pha Din
Phu Luong
2985
Nghia Lo
Sop Nhom
Ban Veng
Song Da (Schwarzer Fluss)
Ban Na Tong
Van An
Ban Khana
Ba Khe
Dien Bien Phu
Ban Vay
Lao Phou Van
Ban Naluang
Pak Pe
Ban Cong Deng
Son La
Xom Tan
Pak Ban
Tay Trang
Bac Yen
Phu Yen
Muang Khoua
Muang Mai
Phou Sam Sao
Ma
Son La
Sop Kai
Song Ma
Co Noi
Yen Chau
Taxoum
Ban Beng
Ho Jong Da
Sam Phou
1235
Muong Leo
Chieng Pan
Moc Chau
Sao Phai
Muong Het
Ban Loup
Thao Nguyen
Sala Mok
Muang Ngoy
Sop Long
Pa Luong
1880
Muang Peu
Muang Hom
Ban Nambak
Ban Keng Long
Ban Tat Loi
1418
Ban Se
Ban Xay
Muong Lat
Lang
Muang Xon
Ban Poung
Ban Namnga
Xam Nua
Suong
Luong
Muang Yong
Xiangmen
Ban Na Mang
Na Meo
Pakxeng
Muang Peun
Muang Ven
Ban Sop Tiek
Bat Lat-Han
Houamany
Ban Na Chang
Ban Pak-Ou
Ban Na Pho
Ban Houali
Menam Khong
Ban Kha
Ban Ko Kieng
Ban Houay Tieng
Ban Sieou
Ban Sopche
Ban Thamnou
(Mekong)
Luang Prabang
Khan
Muang Na
Xiang Ngeun
Ban Pak Mene
Poungthak
2452
Muong Hin
Ban Ban
Ban Chuong La
Ban Chieng
Muang Souy
Ban Niang
Houaylom
Ban Len
Muong Lam
Phou Khoun
Ban Sen Kom
Ngum
Ban Nampit
Phonsavan
Nam Can
Ky Son
Ban Thuang
Nghe An
Xiang Khoang
Ban Nammadao
Phu Xai Lai Leng
2711
Tuong Duong
Ban Na
Muang Kasi
Ban Palan Noy
Ban Ko Oi
Canh Trap
Ban Thieng
Ban San Tong
Muang Mok
Ca
Lik
Ban Phatang
Muang Phoun
Longtiang
Ban Dong
Ban Muangngat
Khe Bo
Nui Truong Son
Muang Thathom
Muang Vangviang
Ban Vang An
Muang Mok
Ngiap
Ban Thasi
Ban Houay Pamon

Nord-Vietnam
0
50 km
N
CHINA
Vinh Bac Bo
(Golf von Tonkin)
Nanning
Fushu
Tanluo
Yulin
Taocheng
Zuozhou
Wuxu
Taiping
Funan
Xinhe
Tuopujie
Xiangshui
Shanxu
Nachen
Datang
Longzhou
Zuo
Chongzuo
Dongmen
Banli
Longlu
Xiashi
Chengzhong
Haiyuan
Nakan
Pingxiang
Huu Nghi Quan
(Freundschaftstor)
Dong Dang
Dazhi
Gongan
Zhilang
Dalu
Guangzhou
Fangcheng
Dizhu
Pac-Bo-Höhle
Ban Cao
Bao Lac
Nam Nhung
Thac Ban Gioc
(Ban-Gioc-Wasserfall)
Tra Linh
Ban Giam
Ho Thang Hen
Trung Khanh
Quang Uyen
Nui Pia Ya
1980
Lang Den
Cao Bang
Nguyen Binh
Bang Giang
Tung Muong
Dong Khe
Pac Boc
Cho Ra
Ba Be
Cong Vien Quoc Gia Ba Be
(Ba-Be-Nationalpark)
Na Phac
1172
That Khe
Bac Kan
Ky Cung
Ban Kao
Con Houa
Tie Co
Cho Don
Tinh Bac Thai
Na Sam
Na Nhien
Binh Gia
Bac Son
Hang Tam Thanh/
Hang Ninh Thanh
1541
Lang Son
Cho Moi
Na Anh
Loc Binh
Giang Tien
Thai Nguyen
Binh Ca
Ai Chi Lang
(Chi Lang Pass)
Ban Re
Dai Tu
Binh Long
Dong Mo
Vuon Quoc Gia Cam Son
(Cam-Son-Nationalpark)
Huu Lung
Lang Cha
Dinh Lap
Quang Hoai
Than Phun
1507
Mong Cai
Tra Co
Vinh Thuc
Vinh Thuc Nam
Na Thiem
Ha Coi
Dam Ha
Lang Duonk
Ho Cam Son
Bien Dong
1591
Ho Nui Coc
Vuon Quoc Gia Tam Dao
Tam Dao
Pho Yen
Bo Ha
Kep
Bac Giang
Luc Ngan
Ha Dong
Tien Yen
Quang Ninh
Vinh Phuc
Viet Tri
Vinh Yen
Duc Thang
Noi Bai
Luc Nam
Cau
Phuc Yen
Ha Noi
Dong Anh
Bac Ninh
Den Kiep Bac
Chua Con Son
Yen Tu
Cai Bau
(Von Don)
Ba Vi
Dong Sang
Son Tay
Co Loa
Pha Lai
Chi Ngai
Vang Danh
Dong Vang
Mong Duong
Tan Vien
1287
Phuong
Chua Tay Phuong
Chua Thay
Ngoc Tri
Chua But Thap
Dong Trieu
Uong Bi
Ha Long
Cam Pha
Ban Sen
Tra Ban
Quan Dao Co To
Ha Noi
(Hanoi)
Quang Yen
Xuan Mai
Hai Duong
Hai Phong
(Haiphong)
Halong-Bucht
Vuon Quoc Gia Cat Ba
Thach Oai
Hung Yen
Ninh Giang
Vinh Bao
Van Uc
Cua Bach Dang
Cat Ba
Seite 166
Hoa Binh
Van Dinh
Dong Ly
Noi Xa
Phu Xuyen
Luoc
Hai Phong
Do Son
Vinh Dong
Chua Huong
(Parfum-pagode)
Ha Nam
Hung Yen
Phu Vat
Thai Binh
Cua Thai Binh
Phu Ly
Tra Ly
Luc Linh
Chi Ne
Thang Vang
(Goldene Stadt)
Phu Nhi
Thai Binh
Dong Chau
Cong Vien Quoc Gia Cuc Phuong
(Cuc-Phuong-Nationalpark)
Nam Dinh
Chua Keo
(Keo-Pagode)
Quan Bac
Nho Quan
Hoa Lu
Tam Coc
Ninh Binh
Coc Thanh
Nam Dinh
Cua Ba Lat
Bach Long Vi
Tam Diep
Ninh Binh
Ninh Cuong
Quan Phuong Ha
Phat Diem
Quan Phuong Ha Trai
Tay Giai
Bein Son
Vinh Loc
Long Chau
Ha Trung
Kien Trung
Ham Rong
Chu
Diem Phe
Ham Rong
Thanh Hoa
Cua Hoi
Sam Son
Sam Son
Quang Xuong
Lach Ghep
Hoang Xa
Xuan Hoa
Tinh Gia
Ba Lang
Hon Me
Nghia Dan
Nghi Son
Nghi Son
Lang Se
Tien Yen
Vinh Lai
Vinh Dien Chau
Dien Chau
Tap Phuc
Nghi Loc
Cua Lo
Hon Mat
Ho Thong
Hoang Tru/
Kim Lien
Vinh
Hue, Da Nang

»
Um den sogenannten *Rocher Notre Dame*, einen Hügel am Schwarzen Fluss (Song Da) in Hoa Binh, wüteten die Kämpfe 1951 besonders schlimm. Am Ende zogen sich die Franzosen zurück, für den Viet Minh war der Sieg wie eine Generalprobe für den entscheidenden Kampf in Dien Bien Phu drei Jahre später (s. S. 45 und 147).

Unten: Der Hoa-Binh-Staudamm ist ein wichtiger Stromerzeuger

Heute ist die »Stadt des Friedens« Provinzhauptstadt und ein wichtiges Industriezentrum. Nur wenig außerhalb ragt die gewaltige Mauer des **Hoa-Binh-Staudamms** (tgl. 8–11, 14 bis 17 Uhr; Eintritt) in die Höhe. In dem dazugehörigen Wasserkraftwerk wird Strom für das ganze Land erzeugt – sogar für das Mekong-Delta. 1979 mit sowjetischer Hilfe begonnen und 15 Jahre später fertiggestellt, erbringen seine acht Turbinen eine Leistung von 1920 Megawatt. Dafür mussten jedoch über 50 000 Menschen aus dem Tal des Schwarzen Flusses umgesiedelt werden. Wie sehr das Land von der in Hoa Binh gewonnenen Elektrizität abhängig ist, zeigt sich bei Niedrigwasser während der Trockenzeit. Dann kommt es zu regelmäßigen Stromausfällen.

Der hohe Anteil der Minderheiten ist auf den ersten Blick nicht unbedingt ersichtlich, denn nur noch wenige tragen die traditionelle Tracht. Aber ihrer Kultur begegnet man im Rahmen von Ausflügen in ihre Dörfer.

Auf dem Hauptmarkt von Hoa Binh und in diversen Läden kann man ihre Handarbeiten kaufen. Sehr schön sind die Webarbeiten und die Brokatstoffe. Viele Touristen lassen jedoch die Stadt links liegen, denn sie zieht es in das interessantere und idyllischere Mai-Chau-Tal, die Heimat der Weißen Thai.

Mai-Chau-Tal ❷

Fährt man von Hanoi entlang der Nationalstraße 6, dann taucht nach etwa 3½ Stunden das 135 km entfernte liebliche Tal auf. Von Hao Binh aus sind es 60 serpentinenreiche Kilometer. Das Tal bietet sich dank seiner Nähe zur Hauptstadt für ein wunderbares Wanderwochenende an, denn auf den Anhöhen gibt es viele interessante Bergdörfer. **Mai Chau** ist ein 400 m hoch gelegener Marktflecken und eigentlich nicht mehr als eine Ansammlung von Häusern und Weilern. Bekannt ist der Ort auch für seinen *rau can*, einen Klebreisschnaps, den man kollektiv aus einem größeren Gefäß mit Strohhalmen trinkt.

Doch man kommt nicht nur zum Trinken, sondern vor allem für die Wanderungen zu den Dörfern der Bergminderheiten hierher. Es bietet sich an, in einem der Dörfer zu übernachten.

Da die meisten Veranstalter ihre Gäste ins Dorf **Lac** (Ban Lac) bringen, einen sehr touristischen Ort der Weißen Thai, der besonders bei vietnamesischen Ausflüglern beliebt ist, sollte man besser anderswo hingehen. Es empfiehlt sich, in Ban Lac einen Essensstopp einzulegen und dann mit einem lokalen Führer weiterzuwandern, denn tiefer im Tal gibt es interessantere Dörfer der Weißen Thai.

Thai-Frauen sind als Meisterinnen des Webens bekannt. Unter ihren Stelzenhäusern befinden sich gewöhnlich ein oder zwei Webstühle, an denen sie ihre wunderbaren Stoffe kreieren. Im Zentrum von Ban Lac gibt es Läden mit schönen Schals und Schultertüchern. Die Frauen der Weißen Thai tragen taillierte Blusen, die vorne von einer Reihe Silberhaken zusammengehalten werden. Ihre Wickelröcke sind normalerweise dunkel bis schwarz mit dünnen einfarbigen oder gezackten horizontalen Streifen im Ikat-Stil und einer bestickten Bordüre.

Son-La-Provinz

Fährt man weiter in Richtung Nordwesten, dann bietet sich in der benachbarten Provinz Moc Chau als nächster Stopp an. Das von niederen Bergen umgebene Tal ist hier besonders malerisch. Dort verteilen sich wohlhabende Dörfer der Muong sowie Weißen und Schwarzen Thai. Ein ausgeklügeltes Bewässerungssystem versorgt nicht nur ihre Nassreis- und Maniokfelder, sondern auch ihre Stelzenhaus-Siedlungen. Nahezu jeder Haushalt der Thai besitzt einen eigenen Fischteich, wo die Netze für jeden sichtbar ausgestellt sind.

Moc Chau ❸

Je näher man dem 1500 m hoch gelegenen Moc Chau kommt – von Hanoi sind es 130 km (etwa drei Stunden Fahrzeit) –, desto mehr werden einem schwarz-weiße Kühe auf den Feldern auffallen. Sie stammen aus deutscher und holländischer Zucht. Da das ganze Gebiet der Milchwirtschaft gewidmet ist, sollte man hier unbedingt Joghurt, Eiscreme oder die im Städtchen hergestellten Schokoladeriegel probieren. Während der kältesten Zeit im Januar und Februar können die Temperaturen unter den Gefrierpunkt fallen. Da niemand eine Heizung hat, sollte man genügend warme Kleider mitnehmen.

Bei der Weiterfahrt entlang der Nationalstraße 6 in Richtung Westen kommt man an Feldern mit Teesträuchern, Baumwollpflanzen, Obstbäumen oder Maulbeerbäumen vorbei. Die Straße windet sich die Serpentinen hinauf Richtung laotische Grenze. Hier leben viele Minderheiten, darunter der Hmong, M'nong, Mun, Muong, Kho Mu, Dao, Tay, Xinh Mun, Weiße und Schwarze Thai sowie Hoa (Chinesen).

Die Nationalstraße 6 weiter nordwestlich passiert idyllische Dörfer der Muong und Schwarzen Thai mit ihren langen, wackeligen Hängebrücken und Miniaturgeneratoren. Auch wenn der hier angrenzende Wald noch ziemlich dicht wirkt, so wurde er von der lokalen Bevölkerung auf der Suche nach Brennholz und Baumaterial ziemlich

Reisfelder im Mai-Chau-Tal

»

Frauen der Dao-Minderheit rasieren sich oft ihre Augenbrauen, weil eine haarlose Stirn bei ihrem Volk als Zeichen von Schönheit gilt.

Unten: Volkstanz der Weißen Thai, Mai Chau

Gegrillter Mais auf dem Son-La-Markt

dezimiert. Von hier ab wird man häufig Schwarze Thai und Muong am Straßenrand entlanggehen sehen. Thai-Frauen kann man an ihren aufwendig bestickten Kopfbedeckungen erkennen, die sie kunstvoll gefaltet auf dem Kopf tragen. Muong-Frauen bevorzugen normalerweise weiße rechteckige Kopftücher, lange Röcke und vorne geöffnete, kurzgeschnittene Blusen. Ihre Röcke befestigen sie mit großen Seidengürteln, auf die allerlei Fantasiefiguren gestickt sind.

Son La ❹

Von Moc Chau sind es 100 km bis zur kleinen Hauptstadt der gleichnamigen Provinz – sie erstreckt sich gerade einmal einen Kilometer entlang des Südufers des **Nam-La-Flusses** (Song Nam La). Trotz einiger Neubauten und hübscher Verwaltungsgebäude ist Son La nach wie vor ein hässliches Städtchen mit staubigen Straßen und vielen handtuchschmalen Häusern. Am frühen Morgen wird es jedoch bunter, denn dann kommen viele traditionell gekleidete Hmong, Muong, Xinh Mun sowie Schwarze und Weiße Thai zum Markt.

Unten: Gefängniszelle im Provinzmuseum Son La

Auf einem Hügel oberhalb der To-Hieu-Straße liegen die Reste des 1908 von Franzosen erbauten Gefängnisses, das in das **Provinzmuseum Son La** umgewandelt wurde (Bao Tang Tinh Son La, Tel. 02/285 2022, tgl. 7.30–11, 13.30 bis 17.30 Uhr; Eintritt). In diesem Gefängnis waren zahlreiche politische Gefangene interniert. Im Krieg gegen die Franzosen wurde der größte Teil der Anlage gesprengt, auch warfen US-Bomber auf ihrem Rückflug von Hanoi und Haiphong über dem Gefängnis ihre restliche Bombenlast ab. Ein Teil des Gefängnisses wurde rekonstruiert und stellt Fesseln, Waffen und private Besitztümer bekannter politischer Gefangener aus, darunter solche der späteren Vorsitzenden der Kommunistischen Partei, Le Duan und Truong Chinh.

Umgebung von Son La

Ganz im Gegensatz zur Stadt ist die Umgebung von Son La erfrischend grün, geprägt von Reisfeldern, Obstplantagen und interessanten Dörfern der Minderheiten. In **Ban Mong,** einem Dorf der Schwarzen Thai, etwa 6 km südlich des Gefängnisses, gibt es heiße Quellen, wobei die Einrichtungen ziemlich heruntergekommen sind und daher nicht benutzt werden sollten. Der Besuch der **Tham-Coong-Höhle** nordwestlich der Stadt ist den Eintrittspreis nicht wert, aber um sie herum gibt es nette Wandermöglichkeiten. Am besten lassen Sie sich im Hotel die Richtung beschreiben.

Die vietnamesische Regierung hat für Son La große Pläne, denn die Stadt soll Teil eines Handelskorridors werden, der sich bis in den Norden von Laos ziehen wird. Dieser Entwicklungsplan geht jedoch auf Kosten der 170 km langen Teilstrecke der Nationalstraße 6 zwischen Son La und Dien Bien Phu. Die Trasse soll teilweise zurückgebaut und verlegt werden.

Dien-Bien-Provinz

Auf dem Weg von Son La gen Nordwesten ist nach 90 km anstrengender Fahrt die Kleinstadt Tuan Giao erreicht.

Hier zweigt die Nationalstraße 279 in Südwestrichtung nach Dien Bien Phu und weiter nach Laos ab. Für die 80 km bis zur Provinzhauptstadt braucht man noch 3½ Stunden. Die Straße führt weiter ins nur noch 35 km entfernte Laos.

Dien Bien Phu ❺

Das Verwaltungszentrum der Provinz liegt am Ostufer des Nam-Rom-Flusses (Song Nam Rom) im nördlichen Bereich der Muong-Thanh-Ebene. Das herzförmige ebene Tal misst von Nord nach Süd 20 km und von Ost nach West 8 km. Das Tal ging in die Geschichte ein, weil dort die Franzosen eine Niederlage erlitten, die das Ende ihrer Kolonialherrschaft in Indochina bedeutete. Das Tal ist von steilen, dschungelbedeckten Bergen umgeben, von denen Zehntausende Viet-Minh-Kämpfer 1954 ihre Angriffe gegen die französische Festung starteten.

Bis 2003 war Dien Bien Phu eine Stadt mit unansehnlichen Betonhäusern. Der zunehmende Handel mit Laos und die Aufwertung zu einem bedeutenden regionalen Verwaltungszentrum lösten einen kleinen Bauboom aus. Auch das 50-jährige Jubiläum der Schlacht von Dien Bien Phu führte zur Verschönerung der Stadt. 2014, zum 60. Jahrestag kamen bereits 315 000 Touristen.

Die Schlacht von Dien Bien Phu

Die französische Armee benötigte 40 Jahre, um den wilden Nordwesten einigermaßen zu beherrschen, doch vollständig kontrollieren konnte sie ihn nie. 1889 stationierte Frankreich im Muong-Thanh-Tal Truppen, um Soldaten aus Siam (heute Thailand) und chinesische Freibeuter zu vertreiben. Aufgrund sich kreuzender Handelsrouten nach China und Myanmar war dieses Gebiet zwischen siamesischen, vietnamesischen und chinesischen Banden über viele Jahre ständig umkämpft.

Nachdem 1953 General Vo Nguyen Giap mit Soldaten des Viet Minh im nördlichen Laos eingefallen und bis in die Nähe der Königsstadt Luang Prabang vorgestoßen war, betrachteten die Franzosen Dien Bien Phu als eine strategisch wichtige Basis, von der aus sie die Ausbreitung der Kommunisten im Nordwesten Vietnams und in ihrem

Mahnmal des Krieges: Schützengraben auf dem Hügel A 1 in Dien Bien Phu

Unten: Soldaten auf der Brücke über den Nam-Rom-Fluss in Dien Bien Phu

Im Museum über den Sieg von Dien Bien Phu

laotischen Protektorat unterbinden wollten. Der Ort war damals ein heruntergekommener Marktflecken, in dem sich Hmong aus den umliegenden Bergen mit thailändischen Händlern trafen, um ihr Opium zu verkaufen. Allerdings hatte das Tal eine strategische Bedeutung, weil hier mehrere Verbindungslinien aufeinandertrafen: die Route in Richtung Norden nach China, eine in nordöstlicher Richtung über Tuan Giao nach Hanoi und Zentral-Vietnam. Zudem liegt jenseits der westlichen Berge die laotische Provinz Phongsali.

Die Franzosen zogen 16 500 Soldaten zusammen und bauten Dien Bien Phu zur Festung aus. General Giap mobilisierte daraufhin 50 000 Kämpfer. Am 13. März 1954 begann der Viet Minh mit dem Angriff auf die französische Festung. Nur 55 Tage später mussten die von General Christian de Castries angeführten Truppen, darunter Tausende deutscher Fremdenlegionäre, aufgeben. Am 7. Mai wehte die Flagge des Viet Minh auf dem französischen Kommandobunker.

Alte Schauplätze

Heute können Besucher den rekonstruierten **Bunker von General de Castries** jenseits des Nam-Rom-Flusses besichtigen. Nicht weit entfernt erinnert ein **Denkmal** an die über 2200 gefallenen Franzosen. An der Hauptstraße liegt der strategische **Hügel A 1** – unter den Franzosen als »Eliane 2« bekannt – Tunnel, Bunker und Schützengräben überziehen ihn. Über eine Tonne Sprengstoff wurde dort am 6. Mai gezündet, was zum finalen Sturm auf Dien Bien Phu führte. In einem Ausstellungsraum illustriert ein Modell des Hügels die Truppenbewegungen.

Nebenan erstreckt sich ein großer **Soldatenfriedhof** mit Gefallenen des Viet Minh. Schräg gegenüber dokumentiert das **Museum über den Sieg von Dien Bien Phu** (Nha Trung Bay Thang Lich Su Dien Bien Phu, tgl. 7–11, 13.30–16 Uhr; Eintritt) mit Kriegsschrott, Waffen, Fotodokumentationen und Rekonstruktionen die Ereignisse von 1954.

Unten: Im Tunnel des Hügels A 1

Über der Stadt erhebt sich der **Hügel D1** mit einem riesigen **Siegesdenkmal.** Die 2004 enthüllte Bronzeskulptur zeigt drei Soldaten über der französischen Festung. Einer hält eine Flagge, ein anderer ein Gewehr und der dritte ein Kind mit Blumen in seinen Armen. Auf der Flagge steht der Viet-Minh-Schlachtruf: Quyet chien, quyet thang, (bereit zum Kampf, bereit zum Sieg).

Lai-Chau-Provinz

Die Lai-Chau-Provinz liegt eingekeilt zwischen China im Norden und Laos im Westen und ist immer noch dicht bewaldet. Einst berühmt für seine großen Wildbestände, darunter Tiger, Bären, Bison und Fasane, leidet die dünn besiedelte Region zunehmend unter Abholzung, Brandrodung und Wilderei.

Muong Lay 6

Folgt man der Nationalstraße 12 von Dien Bien Phu nach Norden, so taucht nach 100 km das historische Thai-Städtchen (vormals Lai Chau) auf. Es liegt in der Nähe des Schwarzen Flusses, der sich hier durch ein tiefes Tal windet, und bietet sich als Essens- oder Übernachtungsstopp auf dem Weg nach Sapa an. Die Umgebung ist recht kontrastreich und reicht von dichtem Dschungel bis zu schroffen Bergspitzen. Die Straße ist nicht schlecht, doch kann es während der Regenzeit (Mai bis August) zu Erdrutschen kommen.

Schwarzer-Fluss-Stausee

Für das 2013 fertiggestellte **Wasserkraftwerk Son La**, eines der größten in Südostasien, wurde der Schwarze Fluss aufgestaut. Das Tal von Muong Lay ging dabei in den Fluten unter. Der Ort verschwand vollständig von seiner ursprünglichen Lage, aber Muong Lay wird es weiter geben: auf einem Berg unweit des jetzigen Ortes. An dessen Höhe kann man ermessen, wie hoch das Wasser gestiegen ist. Seit 2005 sind nacheinander 20000 Familien in die neue Stadt Lai Chau (siehe unten) gezogen.

Lai Chau 7

Die neue Hauptstadt der Provinz heißt Lai Chau und wurde 150 km nach Nordosten verlegt. Dieser Ort hieß frü-

TIPP

Grenzeinrichtungen und militärische Objekte dürfen nicht fotografiert werden. Wer sich nicht an das Verbot hält, muss mit saftigen Geldstrafen und der Konfiszierung der Kamera rechnen.

Unten: Vor dem Fotografieren unbedingt um Erlaubnis fragen

ETIKETTE IN DEN BERGEN

Wenn Sie Angehörige der Bergstämme fotografieren wollen, zollen Sie ihnen bitte den gebotenen Respekt. Die traumhafte Landschaft und die Menschen mit ihren Trachten bieten zwar wunderbare Motive, aber es kann als Beleidigung angesehen werden, wenn man ohne Vorwarnung und ohne Erlaubnis einfach auf den Auslöser drückt. Hat man die Einwilligung, dann werden Kinder wie Erwachsene auf die Touristen einstürmen, um sich im Display der Digitalkamera zu bewundern.

In Sapa sind die Hmong gewohnt, fotografiert zu werden. Dafür bestehen sie als Gegenleistung gern darauf, dass man ihnen etwas abkauft. Andere Volksgruppen, beispielsweise die Roten Dao, aber glauben, dass es schlecht für ihre Gesundheit ist, fotografiert zu werden. Fragen Sie also bitte vorher.

OPIUMANBAU

Lan, eine 27-jährige Frau der Schwarzen Hmong in der Provinz Lai Chau, plagt sich acht Stunden täglich auf dem kleinen Reisfeld ihrer Familie ab. Lange vor dem Morgengrauen marschiert sie mit ihrem Mann Mo Tag für Tag den Berg hinunter zum 9 km entfernten Landstück. Es wurde ihnen von der Regierung gegeben, weil ihre beiden Eltern opiumabhängig sind – wie viele ihrer Nachbarn. Im Rahmen eines Landprogramms stellen die Behörden den Minderheiten in den hohen Bergen des Nordwestens von Vietnam Felder zur Bewirtschaftung zur Verfügung, um sie vom lukrativen Opiumanbau wegzubekommen.

Auch wenn sich Lan darüber freut, ein fruchtbares Stück Land zu haben, so beklagt sie die mangelnde Unterstützung durch die Regierung, Hmong und andere Minderheiten aus der Armutsfalle zu bekommen. Dadurch haben viele das Gefühl, keine andere Wahl zu haben als Schlafmohn zu kultivieren. Aufgrund der chronischen Armut und fehlender Entwicklungsprojekte können Lai Chau und andere Provinzen im Nordwesten Vietnams auf eine lange Geschichte des Opiumanbaus und -gebrauchs zurückblicken. Als eine wertvolle Kulturpflanze haben die Bergvölker Opium nicht nur als Medizin verwendet, sondern auch um den Hunger zu unterdrücken.

Die kommunistische Führung hat nach der Teilung 1954 große Anstrengungen gemacht, den Opiumanbau zu verhindern, doch die Nachfrage nach Heroin – das aus Schlafmohn gewonnen wird – nahm in den 1960er-Jahren aufgrund der Präsenz der US-Armee im Süden des Landes so zu, dass die Produktionsstätten an Orten wie Lai Chau boomten. Nach dem Abzug der US-Soldaten fiel die Nachfrage ab 1975 wieder auf das Niveau vor 1954.

Seitdem versuchte die Regierung, Schlafmohnfelder zu zerstören. Schätzungen zufolge sank die Anbaufläche für Drogen von 12 200 Hektar 1992 auf gerade einmal 32 Hektar im Juni 2004 – das letzte Mal, dass die Regierung offizielle Zahlen veröffentlichte.

Doch das Problem bleibt weiterhin riesig. Die Nähe zu Laos und China sowie die durchlässigen Grenzen haben dazu geführt, dass Vietnam ein wichtiges Transitland für den Drogenschmuggel ist. Die Produktion ist aber auch deshalb wieder lukrativer geworden, weil der Drogenmissbrauch in den vergangenen Jahren stark zugenommen hat. Heroin ist wieder einmal en vogue – diesmal jedoch unter den neureichen jungen Vietnamesen in den Metropolen. Hand in Hand damit geht die Ausbreitung von AIDS, das zu 60 % durch die gemeinsame Nutzung der Spritzen übertragen wird. Jeder dritte Drogenabhängige ist HIV- positiv.

Jene, die wie Frau Lan von der Regierung für das Programm für alternative Anbauprodukte ausgewählt wurden, pflanzen nun Reis, Baumwolle, Obst, Tee und Gewürze unterhalb ihres Dorfes. Angesichts der mühevollen und zeitraubenden Arbeit, die auch nur die Hälfte dessen einbringt, was der Opiumanbau einbringen würde, ist die Versuchung jedoch groß wieder den alten Weg einzuschlagen.

Vorsicht! Wer Opium, Heroin und andere Drogen kauft, besitzt oder konsumiert, muss in Vietnam mit harten Strafen rechnen. Schmuggler werden normalerweise zum Tode verurteilt. Der Besitz von kleinen Mengen kann bei Ausländern mit bis zu fünf Jahren Gefängnis geahndet werden. Kauft jemand Opium bei den Bergvölkern, unterstützt er damit eine zerstörerische Kultur. Zudem sind einige Händler dafür bekannt, mit der Polizei zusammenzuarbeiten.

Links: Blumen des Todes: Aus den Mohnkapseln wird Opium gewonnen

her Tam Duong. Eingebettet in eine attraktive Umgebung, erlebte die Verwaltungsstadt in den letzten Jahren einen Bauboom. Neue Geschäfte und Hotels entstanden neben schmucken Bürogebäuden. Touristisch interessant ist der Ort allein aufgrund seines Marktes. Hier treffen sich Weiße Hmong mit Blumen-Hmong und Schwarze Thai mit Weißen Thai. Auch Angehörige der Dao Khau und Giay kommen zum Einkauf in die Stadt. Mit dem geliehenen Moped kann man zu ihren Dörfern in die umliegenden Berge fahren.

Lao-Cai-Provinz

Auf dem Weg nach Sapa

Die 90 km lange Strecke zwischen **Lai Chau** und **Sapa** windet sich am Südosthang des dramatisch wirkenden Hoang-Lien-Gebirges entlang. Die Berge werden zunehmend höher und steiler und oft sind sie in Nebel gehüllt. Viele Serpentinen sind zu überwinden, bis man den **Tram-Ton-Pass** erreicht hat. Mit 1900 m ist er der höchste Pass Vietnams. Die Teerstraße schneidet sich tief in die Berge hinein und ist daher anfällig für Geröllschäden und Erdrutsche. Musste die einstige Steinpiste per Hand repariert werden, so erledigen heute schwere Maschinen die ständig notwendigen Ausbesserungsarbeiten. Und so ist die Straße heute relativ gut. Während des Winters können die dichten Nebelschwaden recht unheimlich wirken, geben aber der Fahrt nach Sapa auch eine gewisse Dramatik.

Sapa ❽

Reisende werden leicht erkennen, wenn sie der Touristenhochburg des Nordwestens nahe sind. Denn plötzlich schenken die Angehörigen der Minderheiten den vorbeikommenden Fremden große Aufmerksamkeit. Zuweilen nehmen Frauen ihren schweren Kopfschmuck ab und strecken ihn den vorbeifahrenden Autos zum Kauf hin. In den Dörfern der Dao tragen die Frauen unter diesen Kopfbedeckungen noch eine Art schwarzen Turban, auf dem die Bedeckung mit einem kleinen Metallkästchen wie eine Krone festgesteckt wird.

Auf dem Markt von Sapa ist nicht alles Silber, was glänzt. Meist wird der Schmuck aus Aluminium hergestellt

Unten: Rund um Sapa gibt es viele Dörfer der Schwarzen Hmong. Trotz Massentourismus leben sie noch weitgehend von der Landwirtschaft

TIPP

Die Stoffe und Kleider der ethnischen Minderheiten sind meist natürlich gefärbt. Daher hinterlassen sie beim Tragen grüne oder dunkelblaue Spuren auf der Haut. Wer solche Stoffe kauft, sollte sie in Plastik oder dunkle Kleider packen, damit sie nicht abfärben. Vor dem Tragen separat in einer kalten Seifenlauge mit Salz waschen, um späteres Abfärben zu verhindern.

Unten links: Rote Dao beim Besticken von Kleidung **Unten rechts:** Kinder der Schwarzen Hmong

Sapa, einst eine Siedlung der Schwarzen Hmong, verwandelten die Franzosen 1922 zu einem Bergresort. Jahrzehntelang war Sapa ein bescheidenes Marktstädtchen und wurde erst Mitte der 1990er-Jahre von den Rucksackreisenden wiederentdeckt.

Die Umgebung ist idyllisch. An den unteren Hängen kleben die Reisterrassen in leuchtendem Grün, und hoch oben thronen die erhabenen Berge. Dabei braucht man nicht länger als zehn Minuten zu laufen, um aus dem Ort herauszukommen und in die alpine Landschaft einzutauchen.

In den letzten Jahren mussten den vielen Minihotels und Karaokebars immer mehr alte Kolonialvillen weichen, sodass heute nur noch wenige erhalten geblieben sind. Wie ein Mahnmal einer untergegangenen Ära steht hingegen noch die **katholische Kirche.** 1930 erbaut, wurde sie erstmals 1952 von den Franzosen und 1979 von den Chinesen zerstört. Seit 1994 hat sie wieder ein Dach. Zweimal wöchentlich kommt ein Priester aus Lao Cai, um vor vollem Haus die Messe zu feiern. Im Chorraum ist das Grab von Pater Trinh, einem Priester, der 1952 in der Kirche brutal enthauptet wurde, weil er einem jungen Mönch entgegentrat, der eine Liebesaffäre mit einem Landmädchen hatte.

Jede Menge Klamotten, Schmuck und Handarbeiten werden nach ausgiebigem Feilschen auf dem **Markt** von Sapa verkauft. Dabei wurden die Größen und Formen jenen der Besucher angepasst. Die ganze Zeit laufen Dao- und Hmong-Frauen durch den Ort und bieten hartnäckig ihre Kleidungsstücke an, aber am reizvollsten sind die Morgenstunden am Samstag und Sonntag. Wenn Touristen die Waren auch nur einmal angeschaut haben, werden sie tagelang von den Verkäuferinnen – nicht selten Kindern – verfolgt, sogar bis in die Gästehäuser und Restaurants. Am besten sollte man sich in Sapa erst am letzten Tag überhaupt mit dem Einkaufen beschäftigen.

Nur wer sehr gute Nerven hat, sollte sich auf den heftig beworbenen »Liebesmarkt« von Sapa wagen. Man verzweifelt schnell angesichts der verkaufsaggressiven Angehörigen der Minderheit.

Karte auf Seite 142

Hmong und Dao

Männer und Frauen der Hmong tragen in dieser Gegend dunkelblaue, fast schwarze Gewänder, die sie mit Indigo färben, weshalb es rund um Hmong-Dörfer immer Indigo-Felder gibt. Die Frauen und Mädchen tragen Turban, Rock, Weste und Wadenschoner und schmücken sich mit großen, runden Silberohrringen. Weite Hemden und Hosen, dazu silberne und bronzene Ketten sind die Kleidung der Männer. Die aufgestickten Ornamente sind nur klein, doch von den Motiven her typisch, wie sie auch in Thailand und Laos verwendet werden. Den Babys werden ebenfalls bunte Mützchen übergezogen.

Bei den Dao hingegen gibt es in Vietnam eine große Variationsbreite. Hier tragen die Männer ähnliche Kleidung wie die Hmong, doch an den ungeheuer dichten und bunten Stickereien sind sie leicht zu erkennen. Wie bei ihren Verwandten in Thailand und Laos sind weite Hosen, die bis unter das Knie reichen, Alltagskleidung für die Frauen der Dao. Dazu ziehen sie hier allerdings eine Jacke mit einem sehr langen Rückenteil an. Einige davon sind echte Kunstwerke, da sie vollständig bestickt sind. Männer und Frauen haben meist mit Quasten verzierte Schultertaschen bei sich.

Wanderungen

Nur 3 km außerhalb von Sapa liegt das leicht erreichbare Dorf der Schwarzen Hmong, **Cat Cat.** Die Kinder rennen den Touristen nach und posieren für ihre Kameras (gegen Entgelt natürlich). Dutzende Besucher passieren täglich die kleine Siedlung auf ihrem Weg zum nahegelegenen **Silberfall** (Thac Bac), etwa 12 km außerhalb der Stadt. Nicht weit davon entfernt ist eine hölzerne Hängebrücke namens **Wolkenbrücke** (Cau May).

Mehrere außerhalb liegende Dörfer wie **Ta Van, Sin Chai** und **Ta Phin** können recht unbeschwert erwandert werden. Hotels und lokale Reiseagenturen geben dafür entsprechende Tipps.

Berg Fansipan ❾

Zur Besteigung von Vietnams mit 3143 m höchsten Berg braucht es eine sehr gute Kondition und unbedingt ei-

Rote-Dao-Frauen auf dem Markt von Sapa

TIPP

Im Januar und Februar sinken die Temperaturen unter den Gefrierpunkt. Hauptsaison ist im Sommer, dann ist allerdings auch Regenzeit. So bleiben als beste Reisemonate März bis Mai und September bis November.

Unten: Katholische Kirche von Sapa

TIPP

Es empfiehlt sich, bei Wanderungen in die umliegenden Bergdörfer einen lokalen Guide anzuheuern, um mit den Bewohnern auch kommunizieren zu können. Die meisten Hotels der Stadt (s. S. 343) können solche Guides vermitteln. Normalerweise handelt es sich um junge Hmong-Frauen, die ganz passables Englisch sprechen. Deutschsprachige Führer sind schwieriger zu finden, aber Nachfragen lohnt sich.

Unten: Von Sapa ergeben sich vielerorts dramatisch-schöne Panoramablicke

nen Bergführer, (Trekking Sapa, www.trekkingsapa.com) auch wenn der Weg markiert ist. Der Fansipan erhebt sich westlich von Sapa und ist Teil des **Hoang-Lien-Naturschutzgebietes.** Die wunderschöne Landschaft entschädigt für jede Mühe und ist reich an Wäldern mit Rhododendren und zahlreichen Vogelarten. Größere Tiere wird man jedoch nicht sehen, denn viele werden gejagt oder sind bereits ausgestorben.

Auch wenn man eine (eher schlechte) Campingausrüstung in Sapa ausleihen kann, so bevorzugen die meisten Bergsteiger, sich in Hanoi einzudecken, denn die dortige Auswahl an guten Wanderschuhen und Fleecejacken ist größer. Auch wenn der Aufstieg nicht so anspruchsvoll ist und keine Kletterpartien erfordert, dauert die Besteigung doch mindestens drei Tage – bei Nebel und Regen oft noch länger. Unter dem Gipfel gibt es einige steile, steinige Stellen, die bei Nässe sehr rutschig sind. März ist daher der beste Monat für einen Aufstieg, denn dies ist der Höhepunkt der Trockenzeit. Wer sich für diese Tour entscheidet, sollte bei einem erfahrenen Anbieter buchen.

Lao Cai ⑩

Besucher können die Grenzstadt zu China getrost links liegen lassen. Doch die Fahrt vom 40 km entfernten Sapa hinunter hält einige atemberaubende Ausblicke bereit. Die Straße ist in sehr gutem Zustand. Die meisten Reisenden, die nicht die Rundtour über Dien Bien Phu machen, nehmen für die 320 km lange Strecke von Hanoi den Nachtzug, um dann von Lao Cai mit Bus oder Auto gen Sapa zu entschwinden.

Zu Kolonialzeiten ließen sich die Reichen auf dieser beschwerlichen Route noch mit Sänften tragen. Von Lao Cai aus kann man über eine Brücke zur **Internationalen Grenze von Lao Cai** gehen. Auf der anderen Seite liegt die chinesische Stadt Hekou, von der aus ein Zug nach Kunming fährt. Allerdings muss man bereits ein chinesisches Visum im Pass haben.

Dass Lao Cai so hässlich ist, liegt an der chinesischen Invasion von 1979, als der Ort dem Erdboden gleichgemacht wurde. Ironischerweise bauten die Vietnamesen Lao Cai wie eine chinesische Stadt wieder auf – mit vielen

Karte auf Seite 142

Betonklötzen, breiten Straßen und wenig Grün. Anfang 1951 setzte General Giap seinen Fuß nach Lao Cai, um seine neue, von den Chinesen erworbene schwere Artillerie zu testen. Da er fünfmal so viele Viet-Minh-Kämpfer mit sich hatte, als französische Soldaten stationiert waren, konnte Giap die Grenzstadt innerhalb von wenigen Tagen einnehmen.

Dieser Tage gibt es hier nicht viel außer einem Casino, das Busladungen von chinesischen Touristen empfängt, sowie einen geschäftigen Markt mit billiger Elektronikware aus China.

Bac Ha ⓫

Das beschauliche Städtchen, etwa 63 km nordöstlich von Lao Cai, ist vor allem für seinen bunten und lebendigen **Sonntagsmarkt** bekannt. Bac Ha ist kleiner und normalerweise wärmer als Sapa. Man spürt die nahe Grenze zu China. Die Faszination des Marktes liegt an den vielen verschiedenen Volksgruppen, die am Sonntag nach Bac Ha kommen. Die meisten gehören einer der Hmong-Untergruppen an, doch es gibt auch Dao, Giay, Laichi, Lolo, Nhang, Nung, Phulao, Tay, Thulao und Hoa.

Etwa 2 km außerhalb von Bac Ha liegt umgeben von Maisfeldern **Ban Pho,** ein Dorf der Blumen-Hmong. Die Bewohner sind für den Maisschnaps bekannt, den sie nach alten Rezepten herstellen.

Noch etwas weiter weg findet in **Can Cau** ein Samstagsmarkt statt, der ebenfalls sehr fotogen ist und seinen Ursprung als Viehmarkt hatte. ■

Meisterinnen der Webkunst: Blumen-Hmong verkaufen ihre Trachten auf dem Markt von Bac Ha

ESSEN & TRINKEN

Preise pro Person für ein Drei-Gänge-Menü:
● = unter 10 $
●● = 10–20 $
●●● = 20–30 $
●●●● = über 30 $

Im wilden Nordwesten isst man schon immer, was auf den Tisch kommt, Hauptsache, man kann gesättigt und gestärkt weiterreisen. In den Lokalen am Wegesrand serviert man vorwiegend die deftige Kost der Minderheiten, etwa gegrilltes Schweine- oder Rindfleisch mit Gemüse. Versäumen Sie auf keinen Fall, den regionalen Reisschnaps (*ruou*) zu probieren. Er wird aus fermentiertem Klebereis gebrannt und zusammen mit sauren Äpfeln warm serviert – ein Geschmackserlebnis.

Mai Chau

◆ **Mai Chau Lodge**
Mai Chau, Tel. 0218/386 8959, tgl. Frühstück, Mittag- und Abendessen
Dieses schicke Resort hat ein nettes Open-Air-Restaurant mit einem schönen Ausblick ins Tal. Gute Auswahl an westlichen und vietnamesischen Gerichten, etwas überteuert. ●●●●

Dien Bien Phu

◆ **Lien Tuoi Restaurant**
64 Muong Thanh, Tel. 023/382 4919, tgl. 7–23 Uhr
Gute vietnamesische und chinesische Küche. Die Speisekarte auf Englisch und Französisch wird für Heiterkeit sorgen. ●●

◆ **Muong Thanh Hotel & Restaurant**
25 Him Lam, Tel. 023/381 0038
Vietnamesische Fleisch- und Reis- sowie passable Nudelgerichte. ●●

Sapa

◆ **Auberge**
7 Muong Hoa, Tel. 020/387 1243, tgl. 6–23 Uhr
Das populäre Gästehaus verfügt über eine schöne Restaurantterrasse. Snacks und Hauptgerichte – vietnamesisch, westlich und vegetarisch – gibt es in großer Auswahl. ●●●

◆ **Baguette & Chocolat**
Thac Bac, Tel. 020/387 1766, tgl. 7–21 Uhr
Das Erdgeschoss des Gästehauses ist altmodisches Restaurant und Café mit angeschlossener Bäckerei. Lecker sind Kuchen und Gebäck. Lunchpakete werden zusammengestellt. ●●

◆ **The Hill Station**
22 Tue Tinh, Tel. 020/387 1455, tgl. 6–23 Uhr
Spezialität in diesem gemütlichen Restaurant sind Regenbogenforellen. Empfehlenswert ist eine Lunchbox (Baguette, Salat, Kuchen und Wasser). Es gibt auch zahlreiche vegetarische Speisen. ●●●

◆ **Sepa Moment Restaurant**
33 Cau May St, Tel. 020/387 1799, tgl. 6–23 Uhr
Kleines, einfach eingerichtetes Lokal, mit vietnamesischer und internationaler Küche. Der Feuertopf mit Meeresfrüchten ist sehr beliebt. ●●●

Kultur und Kleidung der Bergvölker

Lange lebten die Bergvölker abgeschieden in den Bergen. Doch der zunehmende Kontakt mit der Außenwelt bringt heute weitreichende Veränderungen.

Es gibt in Vietnam zwei große Gruppen von sog. Minderheitenvölkern, die eine sehr verschiedene Herkunft und damit auch verschiedene Kulturen aufweisen. Im nördlichen Hochland leben Thai, Yao, Hmong, Tay und Nung, die als »Spätankömmlinge« in den letzten 500 Jahren aus dem südlichen China hierhergezogen sind. Die Landschaft ist nicht sehr einladend, sondern gebirgig mit einsamen Tälern, sodass die meisten Gruppen ihre traditionellen Lebensweisen beibehalten haben. Sie wohnen in Häusern auf Pfählen, tragen ihre bunte, selbst hergestellte Kleidung und betreiben eine Landwirtschaft, die sie gerade selbst ernährt.

Im zentralen Hochland hingegen leben schon seit langer Zeit die Bahnar, Ede, Jarai und Sedang. Franzosen gründeten hier große Kaffee-, Tee- und Kakaoplantagen, die heute von staatlichen Einheiten weitergeführt werden und gute Gewinne bringen. Viele Bergbewohner haben dort Arbeit gefunden.

Viele Mitglieder der Bergvölker haben sich der vietnamesischen Gesellschaft angepasst und tragen im Alltag Hosen und Hemden. Die traditionelle Kleidung wird nur noch zu Feiertagen herausgeholt. Andere wiederum wollen ihre traditionelle Lebensart beibehalten und haben sich weiter in die Wälder zurückgezogen, um wie seit Jahrhunderten Brandrodungsfeldbau zu betreiben. In die größeren Orte kommen sie nur zu den Markttagen, um ihre landwirtschaftlichen Produkte zu verkaufen und einige wenige Dinge zu erwerben, die das Leben in der Abgeschiedenheit vereinfachen. ■

Oben: Bestickte Tücher sind Kopfschmuck und werden heute auch verkauft

Links: Hmong-Mädchen in traditionell mit Indigo gefärbter Kleidung

Textilien als Kunst

Die Bewohner des nördlichen Berglandes haben ihre Kenntnisse der Herstellung traditioneller Kleidung nicht verloren. Seit zunehmend Touristen in ihre Gegend kommen, produzieren sie mehr als je zuvor. Die Thai im Tal von Mai Chau weben in ihren Dörfern lange Baumwollschals, die mit Pflanzenfarben leuchtend bunte Streifen erhalten. In der Umgebung von Sa Pa nehmen die Frauen der Hmong ihre Stickereien sogar mit aufs Feld. Während der Pausen verzieren sie Taschen und Hüte, die sie später auf dem Markt in Sapa verkaufen, um ihr Einkommen aufzubessern. Leider werden aber auch große Mengen gefälschter Waren, die als Massenprodukte hergestellt wurden, nach Sapa transportiert und auf dem Markt angeboten. Die zahlreichen Touristen, die dort hinkommen, können die Qualität meist nur schwer beurteilen.

Ganz oben: Die Thai-Frauen im Nordwesten tragen den »khan pieu«. Das Kopftuch wird ihnen von jungen Männern geschenkt, die ihnen damit ihre Liebe erklären

Oben: Das Markenzeichen der Blumen-Hmong sind kunterbunte Trachten. Viele von ihnen sind auf dem Sonntagsmarkt in Bac Ha unweit von Lao Cai zu sehen

Links: Die Holzstützen schützen die Hausbewohner vor Überschwemmungen und wilden Tieren

Rechts: Viele Mitglieder der Minderheitenvölker, wie diese Frau der Ede, richten ihre Kleidung im Alltag nach praktischen Gesichtspunkten aus

Der Nordosten

Der Nordosten besteht aus zerfurchten Bergzügen, weiten Ebenen und einer zerklüfteten Küste. Voller Historie und landschaftlicher Schönheit zählt er zu den abwechslungsreichsten Regionen Vietnams.

Zwischen dem Roten-Fluss-Delta und dem Meer erstreckt sich der Nordosten Vietnams, eine Region voller Geschichte und von großer landwirtschaftlicher Bedeutung. Aufgrund der Häfen ist sie eine Wachstumsmaschine für die Industrie und dank der legendären Halong-Bucht und des Cat-Ba-Archipels auch ein Zugpferd des Tourismus. Alljährlich schippern Hunderttausende mit dem Boot durch die bizarren Insellandschaften. Das geschäftige Haiphong wiederum zeigt mit seinem Hafen und seiner Schwerindustrie, wie wichtig der Nordosten für Vietnam als Industrie- und Wirtschaftsstandort ist. Ganz im Norden ist die Landschaft geradezu dramatisch schön: Zerklüftete Berggipfel und sanfte Hügel wechseln sich mit Seen und undurchdringlichem Dschungel ab. An der Grenze zu China stürzt sich Vietnams schönster Wasserfall in die Tiefe, die Dörfer der Minderheiten sind Ziele spannender Trekkingtouren und bei Bootspartien auf den Seen kann man die Seele baumeln lassen. In Mong Cai, dem östlichsten Grenzübergang nach China, pendeln Menschen und Waren tagtäglich zwischen den beiden Ländern hin und her.

Thai-Nguyen-Provinz

Thai Nguyen ⓬

80 km nördlich von Hanoi liegt an der Nationalstraße 3 die graue Industriestadt, in der Vietnams erste Stahlfabrik, in den 1950er-Jahren mit chinesischer Unterstützung erbaut, die Luft verpestet. Die meisten der Fabrikarbeiter sind Angehörige der Muong, Nung, Tay und Thai-Volksgruppen.

Ein Stopp lohnt sich allerdings wegen des hervorragenden **Ethnologischen Kulturmuseums** (Bao Tang Van Hoa Cac Don Thoc Viet Nam, Sommer Di–So 7–11.30, 13.30–17, Winter Di–So 7.30 12, 13.30–17 Uhr; Eintritt). Es veranschaulicht anhand von szenischen Darstellungen, Kunsthandwerk und Trachten das Leben der 54 Volksgruppen im Land.

NICHT VERPASSEN!

- Ethnologisches Kulturmuseum
- Ba-Be-Nationalpark
- Ban-Gioc-Wasserfall
- Haiphong
- Halong-Bucht
- Cat-Ba-Archipel

Links: Halong-Bucht
Unten: Im Ethnologischen Kulturmuseum

Lebensgroße Kriegerfigur im Ethnologischen Kulturmuseum

Die Stadt spielte in der Revolutionsgeschichte eine Rolle. 1917 war der nationalistische Student Luong Ngoc Quyen hier eingekerkert. Seine schwere Folter provozierte die einheimische Garnison, die zum Aufstand aufrief und die Stadt einnahm. Die Soldaten wurden von Bauern und Bergleuten unterstützt. Zu Hilfe geeilte französische Truppen aus Hanoi schlugen den Aufstand binnen weniger Tagen nieder. Luong Ngoc Quyen wurde hingerichtet. Die Aufständischen flohen nach Tam Dao, wo sie 1918 gefasst und getötet wurden. Während des Ersten Indochinakrieges war auch Thai Nguyen für den Viet Minh als Basis für den Nachschub aus China von großer Bedeutung.

Bac-Kan-Provinz

Ba-Be-Nationalpark ⓭

Nördlich von Thai Nguyen liegt mit dem Nationalpark (Cong Vien Quoc Gia Ba Be, tagsüber, Eintritt) die größte Attraktion für Besucher. Der 7000 ha große Park birgt hohe Berge und tiefe Täler, Seen, Wasserfälle und Höhlen. Hier leben über 200 Tierarten, darunter Bären, Makaken, Pfauen und möglicherweise sogar noch ein Tiger. Es wurden hier außerdem einige Kolonien des ausgestorben geglaubten endemischen Tonkin-Schwarzlangur gefunden. Angesichts des kläglichen Schutzes von Wildtieren in Vietnam sind die meisten Arten bedroht, weshalb man den Park lieber jetzt als später besuchen sollte.

Im Südwesten des Nationalparks liegt der pittoreske **Ba-Be-See** oder »Drei-Seen-Gewässer« (Ho Ba Be). Er ist Vietnams größter natürlicher Wasserspeicher und besteht aus drei miteinander verbundenen Seen, die insgesamt 9 km lang, über 1 km breit und bis zu 30 m tief sind. Die üppigen Wälder und einzelne Kalksteinfelsen rund um das Gewässer zaubern eine unvergleichliche Stimmung.

Mit Booten kann man Ausflüge zu nahe gelegenen Höhlen und Dörfern der Minderheiten unternehmen, wo auch Übernachtungsmöglichkeiten bestehen. Im Juli und August, den vietnamesischen Sommerferien, ist es jedoch mit der Ruhe vorbei, dann ist der See voller Touristenboote. Zu den Hauptattraktionen zählt der nur per

Unten: Idylle pur: der Ba-Be-See

Boot erreichbare **Dau-Dang-Wasserfall** (Thac Dau Dang). Die **Puong-Höhle** (Hang Puong) windet sich tief in den Berg hinein und wird von einem teilweise mit Booten befahrbaren Strom durchflossen.

Wer vor Ort übernachten möchte, hat zwei Optionen. Entweder man übernachtet in einem schlichten Bungalow oder einer Hütte der Tay-Minderheit innerhalb des Nationalparks oder in etwas komfortableren und teureren Gästehäusern und klimatisierten Villen außerhalb des Parkgeländes.

Cao-Bang-Provinz

Nationalstraße 4

Die Nationalstraße 4 erschließt weite Teile der Provinz Cao Bang. Sie führt durch enge Täler und über Bergpässe fast parallel zur chinesischen Grenze von der Küste in Richtung Westen. Die Straße war Ende der 1940er-Jahre Schauplatz zahlreicher Gefechte zwischen Franzosen und Viet Minh. Geschützt von einer Reihe von kleinen Festungen, die ständig Ziel von Angriffen waren, tauften die Franzosen sie »Straße ohne Freude«.

Cao Bang ⓮

Die gleichnamige Hauptstadt der Provinz wurde 1979 von den Chinesen beschossen und weist deshalb wenig Sehenswertes auf. Allerdings erlebte die Stadt in den letzten Jahren einen Aufschwung und ist mit neuen Regierungsgebäuden, Hotels und Geschäften freundlicher als früher. Sehenswert ist der **Hauptmarkt,** der zu den größten Vietnams zählt, und von der Anhöhe mit dem Kriegerdenkmal hat man herrliche Ausblicke. Cao Bang liegt relativ hoch, weshalb das Klima recht angenehm ist.

Scharen von Bergvölkern, darunter Tay, Hmong, Nung, Dao und Lolo finden sich zu den Morgenmärkten in den umliegenden Dörfern ein, weshalb es sich lohnt, im Hotel nach den interessantesten zu fragen. Dann muss man sich am nächsten Morgen auf einen frühen Start einstellen.

Umgebung von Cao Bang

Cao Bang hat eine lange gemeinsame Grenze mit China. Wälder bedecken weite Teile der Provinz, das Klima ist angenehm kühl, im Winter auch sehr

»

Wissenschaftlern zufolge droht der Ho Ba Be innerhalb der nächsten 100 Jahre auszutrocknen. Die Ursache liegt in dem vielen Schwemmsand, der über die Zuflüsse in Vietnams größten Süßwassersee gelangt. Experten schätzen anhand von gesammelten Daten, die von 1975 bis 2002 erhoben wurden, dass sich alljährlich 700 000 t Schwemmland im See ablagern.

Unten: Einfache Lodge am Ba-Be-See

Die Nung sind sprachlich mit den Tay- und Thai-Minderheiten verwandt

kalt. In der multi-ethnischen Provinz leben etwa 800 000 Menschen, ein Großteil des 8450 km² großen Gebietes besteht aus hohen Bergen. Der ökonomische Wert der Provinz liegt in ihren Flüssen, die mehr als 30 Elektrizitätswerke antreiben. Hinzu kommen die gut ausgebauten Verbindungsstraßen nach China.

Pac-Bo-Höhle ⓯

Eine gut 90-minütige Fahrt von Cao Bang nach Norden führt zur Hang Pac Bo, einem historischen Ort. Nur einen Kilometer entfernt soll Ho Chi Minh, der damals noch als Nguyen Ai Quoc bekannt war, im Jahr 1941 – nach 30 Jahren im Ausland – die Grenze überschritten haben. In der Höhle nahe dem Nung-Dorf Pac Bo lebte er einige Monate – erstmals unter dem Namen Ho Chi Minh, bevor er im August 1942 zurück nach China ging, wo er einige Zeit im Gefängnis verbrachte. In Pac Bo gibt es ein kleines **Museum** (tgl. 7.30–11.30, 13.30–16.30 Uhr, Eintritt) mit den üblichen, vielfach reproduzierten Ho-Memorabilien, darunter sein Safarihut und sein Bett. Den Bach vor der Höhle benannte Ho in Lenin-Bach um und einen nahen Hügel in Karl-Marx-Berg.

Ban-Gioc-Wasserfall ⓰

Direkt an der chinesischen Grenze, etwa 80 km nordöstlich von Cao Bang, stürzt der Wasserfall von Ban Gioc, auch Ban Doc genannt, zu Tal, ein bei Chinesen wie Vietnamesen beliebtes Spektakel. Er ist der größte, wenn auch nicht der höchste Wasserfall des Landes. Der 300 m breite Fall erstreckt sich von Vietnam über die Grenze zu China und ist am spektakulärsten während der Regenzeit von Mai bis September, aber auch in der restlichen Zeit des Jahres lohnt sich der Besuch. Sie können Ihr Hotel bitten, den Ausflug zu arrangieren, da das Grenzgebiet um Ban Gioc zu einer militärischen Zone gehört und der Zugang daher eingeschränkt werden kann. In der Nähe von Ban Gioc bieten sich auch Flussfahrten mit dem Boot an.

Nguom-Ngao-Höhle und Thang-Hen-See

Nur 2 km vom Ban-Gioc-Wasserfall entfernt liegt die **Nguom-Ngao-Höhle**

Unten: Die Pac-Bo-Höhle

DAS VOLK DER NUNG

Neben den Provinzen Lang Son und Bac Kan ist Cao Bang das Hauptsiedlungsgebiet der etwa 900 000 Angehörigen des Nung-Volkes. Sie betreiben Landwirtschaft sowohl in den Tälern als auch in höheren Lagen. Sie sind Meister der Webkunst und stellen schöne Möbel und Körbe aus Bambus her. Die Frauen tragen lange indigofarbene Kleider und Kopftücher.

Sprachlich und kulturell haben die Nung viele Gemeinsamkeiten mit den 1,5 Mio. Tay. Aber weil beide Gruppen schon mehr als 2000 Jahre in Vietnam leben und von den meisten anderen Thai-Völkern abgeschnitten waren, folgen ihre Sitten und Gebräuche heute eher jenen der Vietnamesen und Chinesen. So praktizieren sie einen Ahnenkult, der auf konfuzianischen und buddhistischen Glaubenselementen basiert.

(tgl. tagsüber, Eintritt), ein 3 km langes verwinkeltes Höhlensystem, das nur mit einem lokalen Führer erkundet werden kann. Es gibt zwei Abschnitte, die relativ einfach begehbar sind: eine kleine, gut ausgeleuchtete Höhle und eine zweite, längere Höhle, für die man eine Taschenlampe und einen Führer benötigt. Letztere soll mit dem Ban-Gioc-Wasserfall verbunden sein.

Kalksteinfelsen und üppig grüne Wälder umgeben eine weitere idyllische Sehenswürdigkeit der Region, den **Thang-Hen-See.** Er ist einer von sieben Seen in dem Gebiet, die allerdings mangels touristischer Infrastruktur nicht einfach zu erreichen sind. Wilde Orchideen wachsen hier in Hülle und Fülle.

Lang-Son-Provinz

Südlich von Vao Bang liegt die Lang-Son-Provinz, die eine gemeinsame Grenze mit der chinesischen Provinz Guangxi hat. Die Provinz ist zum großen Teil bergig und dicht bewaldet. Leoparden, Pangoline und Warane wie auch einige Affen- und Großwildarten sind hier heimisch.

Tay, Nung, Hmong, Dao, Hoa und Nghia gehören zu den hier siedelnden ethnischen Minderheiten. Der **Ky-Cung-Fluss,** der sich durch die Provinz windet, zeigt eine Besonderheit: Er fließt von Süd nach Nord in Richtung China – und nicht umgekehrt wie alle anderen Ströme in der Region.

Chi-Lang-Pass

Die enge Schlucht von Chi Lang, durch die sich steile Pässe und abenteuerliche Streckenabschnitte winden, ist Teil einer Gebirgskette südlich der vietnamesisch-chinesischen Grenze. Die Felsenge war Schauplatz so mancher Kämpfe, die sich die Vietnamesen mit chinesischen Invasoren geliefert haben. Der Nordeingang zur Schlucht ist unter dem Namen **Tor der barbarischen Invasoren** (Quy Quan Mon) bekannt, ihr Südausgang heißt **Pfad der Flüche** (Ngo The).

Lang Son ⓱

In der Provinzhauptstadt, ca. 150 km nordöstlich von Hanoi, trifft die Nationalstraße 1 A auf die Straße 4 und beginnt ihren langen Weg gen Süden. Ge-

Der Chi-Lang-Pass war immer wieder heftig zwischen Chian und Vietnam umkämpft

Unten links: Die Nguom-Ngao-Höhle
Unten rechts: Der Ban-Gioc-Wasserfall

sichtslose Neubauten haben die zerbombten Häuser ersetzt, denn als 85 000 chinesische Soldaten im Februar 1979 in Vietnam einmarschierten, gehörte Lang Son zu den ersten Opfern: Nur 16 Tage später war die Stadt erobert und bestand zu 80 % aus Ruinen, während beide Seiten ihre hohen Verluste zählten. Nach dem Abzug der Truppen wurde sofort mit dem Wiederaufbau begonnen, und auch die Händler beider Nationen nahmen ihre lukrativen Geschäfte wieder auf. Heute werden in Lang Son allerlei Geschäfte – illegale wie legale – gemacht.

Tam-Thanh- und Nhi-Thanh-Höhlen

Wenige Kilometer westlich von Lang Son folgt eine Gegend mit vielen Höhlen und Grotten, in denen teilweise Gottheiten und Schutzgeister verehrt werden. Die beiden beleuchteten Haupthöhlen, **Tam Thanh** und **Nhi Thanh** (tgl. tagsüber, Eintritt), liegen 2,5 km bzw. 3 km von Lang Son entfernt und bergen Buddha-Altäre in ihrem Inneren. Wenige Schritte von der Tam-Thanh-Höhle führen Treppen zu den Ruinen einer einstigen Stadtmauer, die zu einer **Zitadelle der Mac-Dynastie** im 16. Jh. gehörte.

Über dem Platz erhebt sich der **Vong-Phu-Berg** (Nui Vong Phu) oder »Berg der Wartenden Frau«. Es wird erzählt, dass der Fels eine Frau darstelle, die so lange auf ihren Mann gewartet habe, bis sie zu Stein geworden sei.

Bac-Son-Tal

In den Bergen westlich von Lang Son liegt ein Hochtal namens Bac Son, das vorwiegend von Tay (Tho) und Nung bewohnt wird. Die beiden Volksgruppen waren zu Beginn des Zweiten Weltkriegs kurzzeitig mit den einfallenden Japanern verbündet und griffen 1940 isolierte französische Posten und sich zurückziehende Soldaten an. Als die Japaner sich bald darauf mit den Franzosen zusammentaten, hatte sich der Aufstand bereits verselbstständigt. Kommunistische Parteikader übernahmen die Koordination und begannen Ende 1940 mit einem größeren Aufstand in Bac Son und acht südlicheren Provinzen – bekannt als der **Bac-Son-Aufstand.** Die Franzosen schlugen ihn

Unten: Buddhistischer Altar in der Tam-Thanh-Höhle

schnell nieder und exekutierten 100 Kader. Im Süden bewirkte dies fast die Zerstörung der Kommunistischen Partei, doch in Bac Son stärkte es ihre Position. Dort begann sie nahezu von Null mit der Reorganisation.

Ein unscheinbares weißes Stelzenhaus dient als kleines **Museum** (Bao Tang Bac Son, Tel. 02/581 2631, Handy-Nr. 091/337 6661, geöffnet auf Nachfrage, Spende erwünscht) und zeigt sowohl Exponate aus der Bac-Son-Periode (5000–3000 v.Chr) als auch vom Aufstand von 1940. Leider sind die Beschreibungen nur auf Vietnamesisch.

Dong Dang

Nach einer halben Stunde Fahrt (ca. 18 km) in Richtung Nordwesten ist die Stadt an der gut gesicherten Grenze zu China erreicht. Durch das seinerzeit als *Porte de Chine* bekannte Einfallstor kamen 1940 die ersten japanischen Truppen ins Land, um kurz darauf Lang Son anzugreifen. Die Stadt wurde wie Lang Son 1979 vollständig von der chinesischen Volksarmee zerstört, profitiert aber heute vom regen Grenzhandel. Der Übergang nennt sich, angesichts der sporadischen Scharmützel bis 1992 recht optimistisch **Freundschaftstor** (Huu Nghi Quan).

Für Ausländer ist Dong Dang der wohl beliebteste Grenzübertritt nach China, denn von dort aus kann man die 45-stündige Zugfahrt nach Beijing antreten. Sowohl für den nördlichen Nachbarn als auch für Vietnam muss man das Visum vorab beantragen.

Quang-Ninh-Provinz

Mong Cai ⓲

Etwa 180 km südöstlich von Lang Son liegt die lebendige Hafen- und Grenzstadt am Golf von Tonkin. Auch hier ähnelt das Bild jenem anderer Grenzorte: 1979 von den Chinesen zerstört, danach in primitiver Bauweise wiedererrichtet und seit Grenzöffnung 1991 durch den Handel mit minderwertigen chinesischen Produkten reich und korrupt geworden.

Mong Cai ist einer von drei internationalen Grenzübergängen, aber auch hier müssen die Visa für die beiden Länder vorab besorgt werden. Abgesehen vom Kauf chinesischer Billigware und dem Besuch der beiden Kasinos

»

Der Grenzhandel – legal und illegal – schwemmt viel Geld nach Vietnam. Für 2007 wird geschätzt, dass die über den Grenzübergang Mong Cai verschobenen Waren einen Wert von satten 2,4 Mrd. US$ hatten.

Unten: Reste einer Zitadelle aus der Mac-Dynastie (16. Jh.)

»

Der berühmteste Fluss in der Umgebung von Haiphong ist der Bach Dang, auf dem 938 der Feldherr Ngo Quyen eine große Flotte chinesischer Kriegsdschunken vernichtete. Die nördlichen Invasoren erlitten hier 981 eine weitere bittere Niederlage. Dieses Schicksal mussten 1288 auch die Mongolen unter General Tran Hung Dao erleiden.

kann man hier wenig sehen und unternehmen. Auch wenn die Stadt ziemlich hässlich aussieht, so zählt sie zu den Orten mit den höchsten Einkommen im Land. Nicht wenige Haushalte erzielen ein jährliches Einkommen von über 20 000 $.

Tra-Co-Strand

Einige Kilometer östlich, vom Festland nur durch eine schmale Wasserstraße getrennt, erstreckt sich ein Strand, den viele für den attraktivsten des Nordens halten. Vermutlich ist er mit 17 km auch der längste, und da es eine ganze Reihe von Gästehäusern gibt, ist er im Sommer auch gut besucht. Es sind jedoch fast nur Vietnamesen und Chinesen, die bevorzugt in den warmen Monaten Mai bis August in Scharen anreisen – und entsprechend viel Müll hinterlassen. Reisende aus dem Westen scheinen den schwarzen Sand nicht zu mögen. Etwa 1 km nördlich des Strandes erhebt sich die eindrucksvolle **Tra-Co-Kirche** 1880 von den Franzosen erbaut und 1914 restauriert.

Am südlichen Ende der Insel liegt Mui Ngoc, von dem aus ein Tragflügelboot zur **Van-Don-Insel** (Dao Cai Bau) fährt, die bereits Teil der Halong-Bucht ist.

Haiphong Ⓐ

Die Hafenstadt (Hai Phong) ist für den Norden von Vietnam das Tor zur Welt und hier wurden bislang die meisten Waren umgeschlagen – bis der Tiefseehafen Cang Cai Lan in Halong-Stadt sie überflügelte. Vom Dan-Tien-Hafen in Mong Cai ist es möglich, mit dem Tragflügelboot täglich ab 12.30 Uhr in 4½ Stunden entlang der Küste bis nach Haiphong zu fahren.

Von Hanoi aus fährt man auf der zweispurigen Nationalstraße 5 in etwa zwei Stunden ins gut 100 km entfernte Haiphong. Die Lebensader des Nordens war in allen Kriegen umstritten und umkämpft, kaum eine Gegend wurde so intensiv von den Amerikanern bombardiert wie diese. Am Straßenrand reihten sich unzählige kleine Garnisonen, Wachtürme und Festungen, alle schwer bewacht durch Gräben, Stacheldraht und Minenfelder. Fahrzeuge fuhren nur tagsüber und im Konvoi. Nachts war die Straße offiziell

gesperrt, was die schwer zu fassenden Viet-Minh-Kämpfer jedoch kaum einschränkte. Heute ist die Straße stark befahren, vor allem von Lastwagen, die mit überhöhter Geschwindigkeit in die eine oder andere Richtung donnern. In den letzten Jahren sind die Industriegebiete von Hanoi und von Haiphong schon fast zusammengewachsen, jedenfalls ziehen sich die Fabriken und Werkstätten wie die Perlen auf der Kette an der Straße entlang. In regelmäßigen Abständen haben Cafés aufgemacht, in denen man Tee oder kalte Getränke bekommt, am liebsten haben es die Eigentümer aber, wenn man sich mit Souvenirs oder den landwirtschaftlichen Erzeugnissen der Region versorgt.

Geschichte von Haiphong

Haiphong ist die viertgrößte Stadt des Landes und mit dem Hafen ein wichtiger Umschlagplatz für Waren. Allerdings liegt dieser Hafen etwa 20 km flussaufwärts am Cua Cam und muss ständig vom Schlick befreit werden. Die ersten französischen Kriegsschiffe landeten 1872 in Haiphong, um das Potenzial des Roten Flusses als Handelsweg ins chinesische Yunnan zu erkunden. Nach der offiziellen Gründung 1888 wuchs die Hafenstadt rasch an. Die neuen Herren legten das sumpfige Gebiet trocken und errichteten repräsentative Gebäude. Im Zuge der Rückeroberung ihrer alten Kolonie stießen Ende 1946 erstmals Truppen der Franzosen und des Viet Minh zusammen. Beide kontrollierten verschiedene Stadtteile und vermochten nicht zu klären, wer welche Zölle einziehen durfte. Aus Angst, dass derartige Vorfälle sich in anderen Städten wiederholen könnten, begann die französische Marine die Altstadt zu bombardieren, während die Luftwaffe Wohngebiete zerstörte. Mithilfe schwerer Artillerie konnten die Franzosen den Konflikt sehr bald für sich entscheiden. Umstritten ist bis heute die auf 6000 geschätzte Zahl der Todesopfer. Nach dem Genfer Abkommen zogen 1955 die letzten Verbände der geschlagenen Franzosen ab.

Aber es sollte noch schlimmer kommen. Während des Vietnamkriegs bom-

Die konischen Hüte werden aus Blättern der Latanpalme hergestellt

Unten: Geschäftiges Haiphong

Außen hübsch, innen langweilig: das Haiphong-Museum

bardierte die US-Luftwaffe Haiphong zwischen 1965 und 1972 regelmäßig. Noch kurz vor der Unterzeichnung des Waffenstillstands ließ der amerikanische Präsident Nixon den Hafen verminen, angeblich um sowjetische Hilfslieferungen zu verhindern. Kaum ein Jahr später halfen die USA immerhin beim Räumen dieser Minen, wie es im Pariser Abkommen vorgesehen war.

Haiphongs Probleme waren nach Kriegsende noch nicht vorbei, denn ab 1975 war der Hafen für die folgenden zehn Jahre gefragter Ausgangspunkt für die sogenannten *boat people*, um dem politischen und wirtschaftlichen Elend zu entkommen.

Das Zentrum

Nicht besonders viele Touristen kommen hierher. Eigentlich schade, denn Haiphong ist eine durchaus attraktive Stadt. Sie wird von breiten, mit Flamboyants gesäumten Straßen durchzogen, hat viele Grünanlagen und gut erhaltene, teils liebevoll renovierte Kolonialbauten.

Das Stadtzentrum erstreckt sich entlang des **Tam-Bac-Flusses** (Song Tam Bac) und birgt einige schöne Kolonialgebäude, darunter das wenig lohnende **Haiphong-Museum** (Bao Tang Hai Phong, Di, Do 8–22.30 Uhr, Mi, So 7.30–21.30 Uhr; Eintritt) aus rotem Sandstein. Am 54 Dinh Tien Hoang öffnet sich ein weiter Platz mit dem neobarocken **Stadttheater** (Nha Hat Thanh Pho) von 1912. Während der ersten Tage des Aufstandes von 1946 hielten Schauspieler mit musealen Flinten die Franzosen in Schach. 2003 wurde das Gebäude umfassend renoviert.

Einen Blick wert ist die katholische **Kathedrale** (tgl. 8–17 Uhr; Eintritt frei) an der Hoang Van Thu. Ende des 19. Jhs. der sog. Rosenkranzkönigin geweiht, birgt sie eine hochverehrte Marienstatue.

Tempel und Pagoden

Die **Du-Hang-Pagode** (Chua Du Hang, tgl. 8-17 Uhr; Eintritt) im Süden der Stadt wurde 1672 von einem reichen Mönch gewordenen Mandarin erbaut und später mehrfach renoviert. In ihr wird neben anderen Le Chan verehrt, die 39 n.Chr. mit den Trung-Schwestern die Rebellion gegen die Chinesen

Unten: Das prächtige Stadttheater von Haiphong

anführte. Durch einen dreistöckigen Glockenturm gelangt man in den Innenhof des Tempels, der durch die zahlreichen Topfpflanzen eine gemütliche Atmosphäre ausstrahlt. Im Innern sind die Schnitzereien an den Balken und der große Altar mit seinen zahlreichen Figuren zu beachten.

Noch wesentlich schönere Schnitzereien weist allerdings das in der Nähe an der Nguyen Cong Tru gelegene **Gemeinschaftshaus Hang Kenh** (Dinh Hang Kenh, tgl. 8–17 Uhr; Eintritt) auf. Das breite, flache Gebäude aus dem Jahr 1856 liegt hinter einem halbrunden Teich mit großem Hof. Ein schweres, an seinen Ecken geschwungenes Walmdach wird im Innern von 32 Säulen aus Eisenholz getragen. Etwa 308 Holzreliefs zieren die Säulen und Dachbalken, viele davon stellen Drachen dar. Auf dem Hof erhebt sich die Statue des hier als Schutzgeist verehrten China-Bezwingers Ngo Quyen.

Do Son Beach ⓑ

Etwa 20 km südöstlich von Haiphong liegt an der Spitze einer Halbinsel der Do Son Beach. Die vorwiegend ostasiatischen Besucher interessieren sich jedoch eher für die lizenzierten Kasinos. Einmal jährlich finden am 9. Tag des achten Mondmonats die berühmten Wasserbüffelkämpfe statt. Ansonsten gibt es keinen Grund, hierher zu reisen. Die Unterkünfte sind ziemlich heruntergekommen und der Strand verschwindet fast vollständig während der Flut. Auch wenn die Farbe des Sandes schöner als in Tra Co ist, zeigt sich die See aufgrund des Schwemmsandes aus dem Roten Fluss nicht tiefblau, sondern rostbraun.

Halong-Stadt

Offiziell erst 1994 gegründet, besteht Halong-Stadt (Ha Long City) – etwa 165 km und 3 ½ Fahrstunden von Hanoi entfernt – aus den beiden Orten Bai Chay und Hon Gai sowie den umgebenden Distrikten. Vom Hafen Dan Tien in Mong Chai startet zweimal täglich um 9 und 14 Uhr ein Schnellboot nach Bai Chay in Halong-Stadt. Es reicht, kurz vor Abfahrt an der Anlegestelle zu erscheinen und das Ticket zu kaufen. Die Einheimischen wie auch die Transportunternehmen verwenden

Die vergoldete Statue der Göttin der Barmherzigkeit in der Du-Hang-Pagode

Unten: Hotels in Bai Chay

TIPP

Die beste Zeit für den Besuch der Halong-Bucht sind die warmen Monate April bis November. Dann kann man auch im Wasser schwimmen und sich auf dem Bootsdeck sonnen. Zwischen Dezember und März ist das Wetter oft kalt und regnerisch. Anderseits zaubern dann Nebel eine mystische Stimmung in die Bucht.

immer noch einen der beiden Ortsnamen.

In **Bai Chay** Ⓒ liegt ein Großteil der Hotels, Reiseagenturen und Restaurants. Entlang der Uferstraße reihen sich jede Menge Geschäfte mit allerhand Krimskrams, darunter Zuchtperlen und leider viele Korallen. Es gibt Dutzende teurer Hotels wie auch günstigere Minihotels und Karaokebars. Letztere sind an den Sommerwochenenden voller vietnamesischer Touristen und ihrer Verwandten aus Übersee. Während der Wintermonate ist Bai Chay ziemlich leer, abgesehen von ein paar hartnäckigen Postkarten- und Souvenirverkäufern. Das Beste an Bai Chay ist das reiche Angebot an Fischen und Meeresfrüchten, die in vielen Lokalen entlang der Straße aufgetischt werden. Nur ein Stück von der Uferpromenade entfernt erstrecken sich zwei Sandstrände, die v.a. im Sommer immer voll sind. Dafür wurden Hunderte von Tonnen sauberer Sand angekarrt, um den zuvor ziemlich schlammigen Strand zu verschönern.

Das jenseits der Bucht gelegene geschäftige **Hong Gai** Ⓓ vermittelt eine viel lebendigere Atmosphäre als Bai Chay. Die Fähre zwischen den beiden Orten benötigt nur einige Minuten, aber man kann – was allerdings einen Umweg bedeutet – auch über die 903 m lange Bai-Chay-Brücke fahren. Hon Gai, was so viel wie »Kohlenzeche« heißt, ist bekannt für den Tagebau in den umliegenden Bergen. Kaum waren die Franzosen im Norden gelandet, übernahmen sie 1883 die Kontrolle über die Zechen. Trotz des ziemlich staubigen Images zeigt sich Hong Gai mit neuen Hotels, Geschäften und einem betriebsamen Markt recht einladend.

Ganz in der Nähe des Fähranlegers erhebt sich der 106 m hohe **Poetenberg** (Nui Bai Tho) in Erinnerung an König Le Thanh Tong, der 1486 der markanten Erhebung ein paar Verszeilen widmete.

An seinem Fuß erhebt sich der bunte **Long-Tien-Tempel** (Den Long Tien, tgl. 8–17 Uhr; Eintritt frei) mit furchterregenden Türwächtern. 1941 wurde er zu Ehren des Mongolen-Bezwingers, General Tran Hung Dao aus dem 13. Jh., errichtet.

Unten: Sonnenuntergang in der Halong-Bucht

Halong-Bucht Ⓔ

Keine Reise in den Norden Vietnams wäre komplett ohne den Besuch dieses berühmten Naturwunders dieser Erde. Die weite Bucht umfasst 1553 km^2 azurblauer See und 1969 meist unbewohnte Inseln und Karstfelsen. Die bizarren Formen der Erhebungen und die zahlreichen Höhlen schaffen eine mystische Welt. Dschunken mit braunen und roten Segeln gleiten über das stille Wasser und machen den Ort noch idyllischer. 1994 wurde die Bucht von der UNESCO zum Welterbe erklärt.

Eine Folge der Erosion: die zahlreichen Höhlen und Karstberge in der Halong-Bucht

Legende contra Wissenschaft

Ha Long bedeutet »herabsteigender Drache« und ist mit einer Legende verbunden. Wieder einmal näherten sich Eroberer der vietnamesischen Küste, als der Jadekaiser einem himmlischen Drachen befahl, die Invasion zu stoppen. Da spuckte der Drache Jadestücke aus, die die Schiffe der Angreifer versenkten und sich im Meer zu Inseln verwandelten. Einer anderen Version zufolge stieg der Drache von einem Berg herab und zog mit seinem mächtigen Schwanz tiefe Täler in die Landschaft. Dann stürzte er sich ins Meer und auf die Feinde, wodurch es zu einer Überschwemmung kam.

Natürlich gibt es auch noch eine wissenschaftliche Erklärung für die eigentümlich geformten Karstkegel. Sie bestehen aus Muschelkalk und bildeten vor 250 Mio. Jahren den Grund des Urmeeres Tethys im Osten des Urkontinents Pangaeas (Vorläufer Eurasiens). Infolge der alpidischen Faltung vor etwa 30 bis 50 Mio. Jahren wurde dieser Meeresgrund freigelegt und begann aufgrund gleichbleibender hoher

Unten: Mit Dschunke und Sampan durch die Bucht

Die Segel der Dschunken werden zwar nicht eingesetzt, sind aber einfach schön

Temperaturen und hoher Niederschläge zu verwittern. Infolge dieser Verkarstung entstanden trichterförmige Täler und Höhlen. Die vielen Karstinseln sind also ein Relikt des ehemaligen Meeresbodens und glichen bis zur letzten Eiszeit vor 30 bis 40 000 Jahren einer Berglandschaft. Mit dem ansteigenden Meeresspiegel versanken die Berge in den Fluten.

Bootstour

Ausgangspunkt für die Bootstouren ist die Anlegestelle im Stadtteil Bai Chay, wo auch die Tickets erhältlich sind. Besser ist es jedoch, in Hanoi bei einem Veranstalter den Ausflug zu buchen (s. Exkurs S. 173 und S. 362). Da einige Höhlen recht feucht und rutschig sind, gehören neben einer Taschenlampe auch gute Schuhe mit ins Reisegepäck.

Alternativ bietet sich der Besuch der größten Insel der Bucht, Cat Ba, mit einem schönen Nationalpark im Inneren an. Dort ist nicht nur das Wasser klarer und sauberer als anderswo in der Bucht, sondern es ist auch weniger voll. Zudem liegen bei Cat Ba die eindrucksvolleren Höhlen.

Höhlen von Halong

Die wohl spektakulärste Höhle in der Bucht ist die **Grotte der Holzpfähle** Ⓕ (Hang Dau Go). In ihr sind drei Kammern voller Stalagmiten und Stalaktiten, in denen die lokalen Führer Tiere, Vögel und Feen erkennen wollen. Hier soll 1288 der General Tran Hung Dao Hunderte von Holzpfählen versteckt haben, um sie später gegen die Flotte des Mongolen-Führers Kublai Khan zu verwenden. Die ersten französischen Touristen nannten sie im späten 19. Jh. *Grotte des Merveilles* (Wundergrotte). Leider haben die vielen Besucher ihre Spuren in Form von Graffitis und Müll hinterlassen. Ebenfalls sehenswert ist die auf derselben Insel liegende **Grotte des Himmelspalastes** (Hang Thien Cung) mit Blumenkohl ähnlichen Stalagmiten und Stalaktiten.

Auf einer anderen Insel kann man die **Jungfrauhöhle** Ⓖ (Hang Trinh Nu) besuchen. Der Name erinnert an ein junges Mädchen, dessen Eltern zu arm waren, um sich ein eigenes Boot leisten zu können. Daher mussten sie eines von einem reichen Mann mieten, und als sie die verlangte Miete nicht bezah-

Unten: Überwältigend: die Überraschungshöhle

len konnten, verlangte der Reiche als Gegenleistung ihre Tochter. Doch das Mädchen verweigerte sich ihm, sogar noch als er sie heftig schlagen ließ. Schließlich verbannte er sie in die Höhle, wo sie verhungerte und sich in einen Stein verwandelte.

Einen Besuch lohnt auch die **Tunnelhöhle** (Hang Hanh), die sich über 2 km erstreckt und einige bizarre geformte Stalaktiten aufweist. Man muss den Besuch zeitlich gut planen, denn sie ist nur bei Ebbe mit kleinen Sampans befahrbar. Die **Überraschungshöhle** Ⓗ (Hang Sung Sot) zählt zu den populärsten und besteht aus drei unterschiedlich großen Kammern mit fantasievollen Kalkformationen.

Es gibt noch wesentlich mehr öffentlich zugängliche Höhlen. Je nach Zeit, Wetterlage und Gezeiten steuern die Boote eine oder mehrere während der Fahrt an. Der Eintritt ist im Gesamtticketpreis eingeschlossen.

Nur in Ausnahmen ist auch ein Halt auf der **Tuan-Chau-Insel** (Dau Tuan Chau), 5 km westlich von Bai Chay, eingeschlossen. Die einstige koloniale Urlaubsenklave ist heute mit mehreren Resorts und Hotels sowie einem Freizeitpark vor allem unter betuchten Einheimischen beliebt. Einst verbrachte auch Ho Chi Minh seinen Urlaub hier, und sein Haus wurde – natürlich – als kleines Museum erhalten.

Der Cat-Ba-Archipel Ⓘ

Der Archipel besteht aus 366 Inseln und Inselchen. Viele von ihnen haben schöne Strände und Höhlen. Nur 20 km von Haiphong, mit dem Golf von Tonkin im Westen und der Halong-Bucht im Osten, liegt die mit 285 km² größte Insel des Archipels, **Cat Ba.** Ihre attraktive Landschaft besteht aus Wäldern, Mangrovendickicht an der Küste und Sümpfen, Seen und Wasserfällen im Landesinnern.

Auf der Insel wohnen etwa 20 000 Menschen, kaum die Hälfte im Vergleich zu vor 30 Jahren. Mit ihrem versteckten Hafen bot sich Cat Bas Seefangflotte für die Flucht der »boat people« über das Meer an. Viele der Flüchtlinge waren ethnische Chinesen, die nach dem Grenzkonflikt mit China unter Verfolgung zu leiden hatten. Aus diesem Grund haben viele Inselbewoh-

TIPP

Mit dem Fahrrad kann man die Insel Cat Ba wunderbar erkunden. Die meisten Hotels und Gästehäuser verleihen einfache Drahtesel. Wer etwas mehr abseits der Wege fahren möchte, sollte sich ein Mountainbike besorgen. Gute Räder vermietet das Flightless Bird Café (Tel. 031/388 8517, Südende der Nui Ngoc).

Unten: Auf Cat Ba

BOOTSTOUREN

Fast jeder Hanoier Veranstalter arrangiert 1- bis 4-tägige Bootsausflüge in die Halong-Bucht. Die Behörden versuchen mäßig erfolgreich dem Wildwuchs an Anbietern Einhalt zu gebieten – wählen Sie besser einen namhaften Veranstalter. Tagesausflüge von Hanoi bringen nicht viel, mindestens eine Übernachtung in Halong, am besten auf dem Schiff, sollte es sein. Viele günstige Anbieter fahren mit maschinenbetriebenen Holzdschunken mit Mehrbettkabinen.

Aber es gibt auch Luxusvarianten mit Sonnendeck, schönen Kabinen und leckerem Seafood-Essen. Mit seinem 18-Kabinen-Boot *Aloha Junk* bietet **Handspan** (Tel. 04/3926 2828, www.handspan.com) ein gutes Preis-Leistungs-Verhältnis. Luxuriöser und teurer sind *Juwel of the Bay* mit nur 5 Kabinen bzw. *Ginger Junk* mit 10 Kabinen von **Buffalo Tours** (Tel. 04/3828 0702, www.buffalotours.com). Koloniales Ambiente kann man auf der *Emeraude*, dem Nachbau eines Schaufelraddampfers mit 36 Kabinen, finden (Tel. 04/3934 0888, www.emeraude-cruises.com).

Blick von einer Höhle auf Cat Ba in die Halong-Bucht

Unten: Mit dem Kajak durch die Cat-Ba-Inseln

ner heute Verwandte in Übersee. Diese Auslandsvietnamesen halfen mit beim Bau der zahlreichen Minihotels und Restaurants im Dorf von Cat Ba. Der größte Inselort zieht sich den Berg hinauf und bietet wunderschöne Ausblicke in den Golf von Tonkin. Entlang der Küste liegen noch weitere Fischerdörfer, die am besten per Boot oder Fahrrad zu erreichen sind.

Cat-Ba-Nationalpark

Die Hälfte der Insel und 52 km² der umliegenden See gehören zum Nationalpark (Vuon Quoc Gia Cat Ba, Tel. 031/368 8686, Parkbüro tgl. 7–11.30, 12 bis 17.30 Uhr; Eintritt). In dem bewaldeten Gebiet kommen 69 Vogelarten, darunter der Nashornvogel, viele Reptilien- und 32 Säugetierarten vor, darunter Wildkatzen, Wildschweine, Stachelschweine, Affen und Rehe. Meist bekommt man unterwegs aber kaum ein Tier zu Gesicht, denn es gibt große Probleme mit Wilderern – trotz Umwelterziehungsprogrammen und strenger Kontrolle durch Parkwächter. Der Goldkopflangur, der nur auf Cat Ba vorkommt, steht mit gerade mal 68 Exemplaren kurz vor dem Aussterben.

Die wenigen schönen Sandstrände der Insel liegen alle in Reichweite des Cat-Ba-Dorfes. Ein Großteil der Insel besteht aus felsiger Steinküste. Die Insel erkundet man am besten entlang einiger Straßen mit dem Moped. Es gibt ein paar Wanderwege. Der leichteste, nur knapp 3 km lange Weg führt vom Eingang des Nationalparks auf einen Hügel. Wenn es nicht regnerisch (und dadurch matschig) ist, kann man den Aufstieg mühelos schaffen. Trotz guter Ausschilderung sollte man sich im Parkbüro eine Karte besorgen oder einen Führer anheuern. Das gilt allemal für den schwereren, 18 km langen Weg über die Insel, bei dem man sechs Stunden lang zeitweise recht anstrengende Kletterpartien hinter sich bringen muss. Dafür liegen auch einige Höhlen auf dem Weg. Er endet im Dorf Viet Hai. Man muss vorher seine Rückreise von dort arrangieren, am besten im Hafen von Cat Ba. ■

RESTAURANTS

Preise pro Person für ein Drei-Gänge-Menü:

● = unter 10 $
●● = 10–20 $
●●● = 20–30 $
●●●● = über 30 $

An der Küste finden Sie hervorragende Meeresspezialitäten. In Haiphong und Halong müssen Sie unbedingt die Straßenstände besuchen, um in den Genuss von täglich frisch gefangenen Garnelen und Krabben zu kommen. Weiter im Hinterland ergänzen wilde Pilze, Wurzeln und kräftige Gewürze die lokale vietnamesische und chinesische Küche.

Thai Nguyen

◆ **Mot Thoang Huong Tram Restaurant**
19 Hoang Van Thu (neben Thang Long Hotel)
Westliche und vietnamesische Gerichte, daneben auch überraschend gute Fish 'n' Chips, starker, lokaler Kaffee. ●

Ba-Be-Nationalpark

◆ **National Park Guest House**
Parkeingang, Ba-Be-Distrikt, Tel. 028/189 4027, tgl. Frühstück, Mittag- und Abendessen
Im Restaurant des Gästehauses (neben Nationalpark-Büro) können Sie die vielen Fischarten des Ba-Be-Sees probieren. ●●

Cao Bang

◆ **Huong Sen Restaurant**
Am Ufer des Bang-Giang-Flusses, nahe des Marktes, tgl. Frühstück, Mittag- und Abendessen
Anständige Reis- und Nudelgerichte. Einige der Kellner sprechen sogar das eine oder andere Wort Englisch. ●●

Lang Son

◆ **Cua Hang An Uong**
Ecke Le Loi und Markt, tgl. Mittag- und Abendessen
Kosten Sie günstiges, aber köstliches *lau* (Feuertopf) in englischer Clubhausatmosphäre. ●

Mong Cai

◆ **Hoai Len Restaurant**
14 Van Don, tgl. Mittag- und Abendessen
Abends verwandeln sich die Straßen nahe dem Markt in Open-Air-Restaurants und das Hoai Len ist das beste von allen. Wenn Sie den freundlichen Besitzer um Hilfe bitten, wird er Sie die Straßen entlang führen und bei der Auswahl Ihrer eigenen Zutaten behilflich sein. ●

Haiphong

◆ **Au Lac Vegetarian Restaurant**
267 Cat Dai, Tel. 031/383 3781, tgl. 8–22 Uhr
Das vegetarische Restaurant ist eine beliebte Einkehr am ersten und 15. Tag jedes Mondmonats, da die buddhistische Tradition zu dieser Zeit vegetarische Ernährung vorschreibt. ●

◆ **Maxim's Restaurant**
51B Dien Bien Phu, Tel. 031/382 2934, tgl. Frühstück, Mittag- und Abendessen
Das schöne Lokal im Stil eines Coffeeshops bietet passable westliche als auch günstige vietnamesische Gerichte. Besonders zu empfehlen ist hier das Frühstück. ●●●

Halong-Stadt

◆ **Bien Mo Floating Restaurant**
35 Ben Tau, Bai Chay, Tel. 03/382 8951, tgl. Mittag- und Abendessen
An Bord dieses schwimmenden Restaurants bekommt man einige der besten Seafood-Gerichte Halongs. Austern, Krabben, Hummer und Garnelen gehören zu den Spezialitäten des Hauses. Da sich das Bien Mo großer Beliebtheit erfreut, kann es hier abends schon einmal voller und lauter werden. ●●

◆ **Emeraude Café**
Royal Park Resort, Bai Chay, Tel. 03/384 9266, tgl. 8–22 Uhr
Das Café ist Teil der Empfangshalle von Emeraude Cruises und wird v.a. von Reisenden der Luxusliner besucht. Leckere westliche Gerichte und ein paar gute Weine. ●●

◆ **Nha Sa Ha Long (Halong-Stelzenhaus)**
Westlich der Anlegestelle für die Touristenboote, Bai Chay, tgl. Mittag- und Abendessen
Das Lokal in Form eines Stelzenhauses der ethnischen Minderheiten ist der ideale Platz, um sich ein Stündchen zu entspannen, bevor man sich zu einer Bootstour aufmacht. Hier gibt es einfache, aber schmackhafte vietnamesische Gerichte. ●●

Cat-Ba-Archipel

◆ **Bamboo Forest (Truc Lam) Restaurant**
Group 19, Zone 4, Cat Ba, tgl. Frühstück, Mittag- und Abendessen
Das Bamboo bietet viele Meeresfrüchte, aber auch hervorragende vegetarische Alternativen. ●

◆ **Green Mango**
Group 19, Block 4, 1-4, Cat Ba, Tel. 03/188 7151, tgl. 6.30 Uhr bis spät nachts
Angesagtes Lokal und Bar mit Blick auf den Hafen von Cat Ba. Hier bekommt man exzellente Fusion-Küche mit einer guten Auswahl an vietnamesischen, asiatischen und westlichen Gerichten. Entspannen Sie sich in gemütlicher und dennoch eleganter Atmosphäre. ●●

Die Küste von Tonkin

Die Region südlich von Hanoi ist reich an Zeugnissen der frühen vietnamesischen Geschichte. Neben eindrucksvollen Kulturdenkmälern kann man faszinierende Karst- und Dschungellandschaften erkunden.

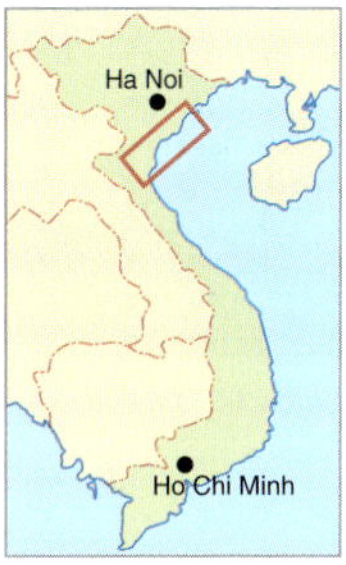

Von Hanoi in Richtung Süden durchschneidet die **Nationalstraße 1 A** unterschiedliche Landstriche und führt in ein Gebiet, das die Franzosen die Küste von Tonkin nannten. Die Provinzen in dieser Region besitzen nahezu alle Arten von Landschaften: Berge, Karsthügel, von Kanälen durchzogene Ebenen, Reisfelder und nicht enden wollende Sandstrände am **Golf von Tonkin** (Vinh Bac Bo). Reich an Kultur und revolutionären Ereignissen, birgt diese Region altertümliche Zitadellen, Tempel und den Geburtsort von Ho Chi Minh. Hier liegt aber auch einer der ärmeren Landesteile. Trotzdem zählen die Menschen zu den freundlichsten Vietnams. Der Sam Son Beach südlich von Thanh Hoa gehört zu den populärsten unter den Nordvietnamesen, doch Ausländer verirren sich selten dorthin.

Nationalstraße 1 A

Die Nationalstraße 1 A durchläuft über 2300 km Länge das gesamte Land von Nord nach Süd. Sie beginnt am vietnamesisch-chinesischen Grenzübergang von Huu Nghi Quan in der Lang-Son-Provinz und führt den ganzen Weg hinunter bis ins Mekong-Delta, wo sie in Nam Can in der Provinz Ca Mau endet. Mit dem Ausbau der letzten Jahre hat auch der Verkehr immens zugenommen, sodass der neue **Ho Chi Minh Highway** (Duong Ho Chi Minh) über das Hochland willkommene Abhilfe für die Küstenstraße verschafft.

Auf den Nebenstrecken geht es zumeist noch im Schneckentempo voran. Wasserbüffel kreuzen die Wege, Fahrradfahrer strampeln gemütlich in Gruppen und allerlei wird je nach Jahreszeit am Wegesrand getrocknet, von Stroh, Reis und Mais über Chilischoten, Erdnüsse bis zu Pfeffer und Maniok.

Nam-Dinh-Provinz

Nam Dinh ⑳

Die gleichnamige Hauptstadt der Provinz liegt 90 km südlich von Hanoi an der Nationalstraße 21 und ist wie ihre

NICHT VERPASSEN!

- Pho-Minh-Pagode
- Keo-Pagode
- Hoa Lu
- Tam Coc
- Cuc-Phuong-NP
- Phat Diem

Links und unten: Die Ninh-Binh-Provinz ist bekannt für ihre vielen Karstberge

Ländliche Idylle in der Provinz Thai Binh

Umgebung eine Hochburg des Katholizismus, auch wenn viele der 500 000 Katholiken nach der Machtübernahme der Kommunisten 1954 nach Süden flohen. Ihre Vorfahren wurden im 16. und 17. Jh. von portugiesischen, spanischen und französischen Missionaren bekehrt, lange bevor Frankreich das Land zur Kolonie machte. Nach vietnamesischen Quellen predigten die ersten Missionare in dieser Provinz im Jahr 1533.

Die große Industriestadt am Südwestufer des Nam-Dinh-Flusses (Song Nam Dinh) ist bekannt für die Textilherstellung. Noch heute ist die 1899 von den Franzosen erbaute Nam-Dinh-Tuchfabrik in Betrieb. Im frühen 19. Jh. besaß die Stadt eine große Zitadelle, die allerdings von den Franzosen abgerissen wurde, nachdem sie die Region 1882 besetzt hatten; lediglich ein einzelner Wachturm blieb erhalten.

Nam Dinh wurde 1947 während einer Belagerung durch den Viet Minh und in den 1960er-Jahren durch US-Bombardements stark beschädigt. Der interessanteste Teil der Stadt befindet sich am Flussufer, wo es ein Viertel von Handwerkern und Händlern gibt.

Unten: Zweibeinruderin in Thai Binh

Im Zeichen der Tran-Dynastie

Nur 3 km nördlich von Nam Dinh liegt das Dorf **Tuc Mac** mit den Ruinen der **Goldenen Stadt** (Thang Vang) aus der Tran-Zeit. Sie gehörten einst zu den Palästen der Tran-Herrscher, die im 13. Jh. dreimal die mongolischen Heere zurückschlugen. Tran Bich San, der Begründer der Dynastie, wurde in dieser Gegend geboren. Zwischen den Ruinen steht der Thien-Truong-Tempel (Den Thien Truong, tgl. 8–17 Uhr; Eintritt frei) zur Verehrung der 14 Tran-Könige. Ein seitlicher Tempel ist dem Mongolen-Bezwinger, General Tran Hung Dao, geweiht. In unmittelbarer Nachbarschaft erhebt sich die wunderschöne Pho-Minh-Pagode (Chua Pho Minh, tgl. 8–17 Uhr; Eintritt frei) mit einem 13-stöckigen Turm. In der Haupthalle des 1305 gestifteten Klosters ist noch die Statue eines liegenden Buddha von Interesse, die gleichzeitig den zum Mönch gewordenen König Tran Nhan Tong darstellen soll. Die Anlage ist alljährlich Schauplatz des Tempelfestes, das am 12. Tag des ersten Mondmonats beginnt.

Thai-Binh-Provinz

Keo-Pagode ㉑

Östlich von Nam Dinh, an der Straße nach Hai Phong, liegt die aus dem 11. Jh. stammende Chua Keo (tgl. 8 bis 17 Uhr; Eintritt frei). Von Überschwemmungen 1611 zerstört, wurde sie nach altem Stil wieder aufgebaut. Sie zählt zu den schönsten buddhistischen Sakralbauten Vietnams und ist Buddha, seinen Schülern und Minh Khong, einem Mönch aus dem 11. Jh., geweiht. Er soll König Ly Thanh Ton von einer Lepraerkrankung geheilt haben. Kein Metallnagel wurde für den Bau der eindrucksvollen Holzhallen samt einem dreistöckigen Glockenturm verwendet. Letzterer birgt zwei Bronzeglocken aus dem 17. und 18. Jh. Die wenig besuchte Anlage lohnt auf jeden Fall einen Abstecher, vor allem zum Tempelfest vom 13. bis 15. Tag des neunten Mondmonats.

Ninh-Binh-Provinz

Ninh Binh ㉒

Die staubige Stadt liegt an der Kreuzung der Nationalstraße 1 A und der Straße Nr. 10; nach Nam Dinh sind es 30 km, nach Hanoi 91 km. Sie besitzt keine Sehenswürdigkeiten, ist aber, nur zwei Autostunden südlich von Hanoi, ein guter Ausgangspunkt für Ausflüge in die landschaftlich schöne Umgebung, darunter die alte Hauptstadt Hoa Lu und Tam Coc.

Der Staub in der Stadt kommt von den Steinbrüchen und Zementwerken der Umgebung. Dort arbeiten auch die meisten Bewohner – sei es um die Steine zu schleppen oder mit LKWs zu transportieren. Doch zunehmend mehr profitieren vom Tourismus, was an der wachsenden Zahl von Minihotels und Restaurants erkennbar ist.

Jenseits des Flusses ragt ein sehr großer, karger Felsen auf. In der Zeit der Franzosen gab es auf der Spitze eine Festung, die 1951 vom Viet Minh vorübergehend erobert wurde. 80 Franzosen verschanzten sich darauf in der katholischen Kirche, nur 19 von ihnen überlebten schließlich. Im Ostteil der Stadt erhebt sich beim Bahnhof die geschmackvoll mit asiatischen Elementen errichtete **Ninh-Binh-Kathedrale.** Ihre Dächer und Verzierungen sind von vietnamesischen Tempeln inspiriert.

Hoa Lu ㉓

Am besten macht man sich gleich auf den 13 km langen Weg nach Hoa Lu. Im 10. Jh. wurde das heute winzige Dorf Hauptstadt eines Königreiches namens Dai Co Viet (»großes Land der Viet«). Es entstand nach dem Sieg über die Chinesen im Jahr 939 und einer darauf folgenden Bürgerkriegsphase. Die in Hoa Lu zwischen 968 und 1009 herrschenden Dynastien der Dinh und Frühen Le konnten aber nur einen kleinen Teil des Landes kontrollieren und waren ständig Opfer von Intrigen. Und so versank Hoa Lu in der Bedeutungslosigkeit, als die Ly-Dynastie an die Macht kam und 1010 das heutige Hanoi zur Hauptstadt machte.

Der berühmte Glockenturm der Keo-Pagode (11. Jh.) wurde ohne Nägel erbaut

Unten: Buddha-Statue in der Keo-Pagode

TIPP

Eine interessante, gut 30 km lange Fahrradtour führt von Ninh Binh ins 13 km entfernte Hoa Lu und von dort einen gemütlichen, etwa 12 km langen Weg nach Van Lam zum Besuch von Tam Coc. Zum Abschluss geht es 9 km über die Nationalstraße 1 A zurück nach Ninh Binh. Fahrradverleih über die Hotels in Ninh Binh.

Eine Zitadelle am Hoang-Long-Fluss und entlang der Yen-Ngua-Karstberge umschloss die einstige Königsstadt. Angesichts der ständigen Bedrohungen wird sofort klar, warum dieses gut zu verteidigende Gebiet als Hauptstadt auserkoren wurde. Heute sind von der Zitadelle nur wenige Fundamentreste der Mauern, Paläste und Tempel erhalten. Was übrig geblieben ist, sind zwei Tempelanlagen aus dem 17. Jh. Sie ersetzten Vorgängerbauten aus dem 11. Jh., die nach der Verlegung der Hauptstadt nach Thang Long (heute Hanoi) errichtet worden waren.

Der **Dinh-Tien-Hoang-Tempel** (Den Dinh Tien Hoang, tgl. 8–17 Uhr; Eintritt) wurde erstmals im 11. Jh. errichtet und 1696 neu gebaut. Dem Begründer der Dinh-Dynastie gewidmet, öffnet sich der Gedenktempel nach Osten, während sein Vorgängerbau nach Norden orientiert war. Man betritt den Tempel durch den sogenannten äußeren und inneren Triumphbogen und gelangt zum Drachenbett, einem Felsen im Innenhof für die Darbringung von Opfergaben. In leichten Formen ist ein merkwürdiger Drache hineingemeißelt, der in einer Masse von Wolken schwebt. Er hat einen langen Bart, Kopf und Ohren eines Büffels, Klauen wie eine menschliche Hand und eine Haut wie ein Fisch. Ihn umgeben Karpfen, Garnelen, Phönix und Maus. Bei Festen werden auch heute noch Geschenke und Speiseopfer auf dem Stein abgelegt. Statuen mythischer Tiere bewachen den mit Ziegeln ausgelegten Pfad zum Tempelgebäude. Eine große Trommel im Vorhof wurde von Bauern geschlagen, um die Aufmerksamkeit der Mandarine zu erhalten. Im Innern wird Dinh Bo Linh, der sich den Königsnamen Dinh Tien Hoang zulegte, auf dem mittleren Altar verehrt.

Gegenüber dem Dinh-Tien-Hoang-Tempel beginnt der steile Aufstieg zum **Ma-Yen-Hügel** (Nui Ma Yen). Wer die 200 Stufen schafft (und sich erfolgreich gegen die aufdringlichen Straßenhändler wehrt), wird mit einem schönen Panoramablick auf das einstige Königreich belohnt. Hier oben befindet sich auch das **Grab von Dinh Tien Hoang.**

Nicht weit entfernt steht der sehr ähnlich konstruierte **Le-Hoan-Tempel** (Den Le Hoan, tgl. 8–17 Uhr; Eintritt).

Unten: Schöner kann ein Tempel nicht liegen: der Den Dinh Tien Hoang in Hoa Lu

Er ist General Le Hoan geweiht, der nach seinem Putsch den Königstitel Le Dai Hanh annahm und nicht nur für die erfolgreiche Verteidigung des Landes gegen die Chinesen, sondern auch für eine Militärkampagne 982 gegen die Cham in Erinnerung blieb.

Auffallend sind die Schnitzereien aus dem 17. Jh. an Türpfosten und Dachbalken, die Drachen mit einer Perle im Maul zeigen. Der Tempel besteht aus drei Räumen, der Halle der Verehrung, der Halle des Himmlischen Dufts und dem Inneren Schrein. In diesem hinteren, dunklen Raum befinden sich die Statuen Le Hoans und der Königin sowie seiner Söhne Le Long Dinh und Le Long Viet. Auch diese beiden Söhne stritten um den Thron, nachdem ihr Vater 1005 gestorben war, sodass die Dynastie bereits im Jahr 1009 zerbrach.

Nicht weit vom Eingang des Le-Hoan-Tempels entfernt wird die **Nhat-Tru-Pagode** (Chua Nhat Tru, tgl. 8 bis 17 Uhr; Eintritt frei) gerne und stetig von Gläubigen aufgesucht. Vor dem Eingang steht eine Steinsäule aus dem Jahr 988 mit buddhistischen Texten (Sutren).

KÖNIGLICHE INTRIGEN

Hinter dem Altar des Dinh-Tien-Hoang-Tempels gibt es einen fensterlosen Raum, in dem die aus dem 19. Jahrhundert stammenden Statuen des Dinh Tien Hoang und seiner drei Söhne stehen. Die Einzelfigur rechts stellt den ältesten Sohn Dinh Quoc Lien dar, der nicht zum Thronfolger erwählt wurde. Deshalb ließ er 979 seinen Bruder Dinh Hang Lan meucheln. Doch bereits ein Jahr darauf wurde er samt seinem Vater von einem Palastdiener getötet.

So blieb nur der jüngste Sohn, Dinh Toan, übrig, der aber erst sechs Jahre alt war (hier aber als Erwachsener dargestellt ist). General Le Hoan hob ihn kurzerhand auf den Thron. Nach kurzer Schamfrist allerdings heiratete der General die Königin, ernannte sich selbst zum König und gründete die 29 Jahre bestehende frühe Le-Dynastie.

Tam Coc

Die verträumte Landschaft von **Tam Coc** (Drei Höhlen) wird aufgrund der vielen, aus den grünen Reisfeldern ragenden Karstkegel auch Trockene Halong-Bucht genannt. Für gewöhnlich wird Tam Coc zusammen mit Hoa Lu im Rahmen eines Tagesausfluges von Hanoi aus besucht. Man fährt zuerst zum 9 km südwestlich von Ninh Binh gelegenen Dorf Van Lam und mietet dort einen flachen Kahn mit zwei Ruderinnen. Dann beginnt die 2- bis 3-stündige Bootspartie entlang des Ngo-Dong-Flusses durch eine wunderschöne Landschaft, die 1992 im Film *Indochine* verewigt wurde.

Der Fluss fließt mit kaum sichtbarer Bewegung dahin und ist so flach, dass die Bauern bis auf eine vielleicht 5 m breite Rinne in der Mitte den ganzen Fluss mit einer speziellen Reissorte bepflanzen. Die umliegenden Felswände steigen fast senkrecht auf. Häufig sieht man Reiher und bunte Eisvögel hin

Räucherstäbchen vor dem Grab des Dinh Tien Hoang auf dem Ma-Yan-Hügel

Unten: Dinh-Tien-Hoang-Tempel in Hoa Lu

TIPP

Für die etwa 2- bis 3-stündige Fahrt mit den Ruderbooten nach Tam Coc sollten Sie unbedingt Sonnencreme, Hut und/oder Schirm mitnehmen, da das Boot nicht überdacht ist.

und her flattern. Nach einer halben Stunde ist die erste, 120 m lange Grotte erreicht. Hier sieht man wegen der Dunkelheit nicht viel, doch in der nächsten, die nur 40 m lang ist, kann man die langen Felsnasen und andere bizarr geformte Stalaktiten und Stalagmiten gut betrachten. Die dritte Höhle folgt kurz darauf und ist sehr niedrig. Nach einer Rast fährt man denselben Weg zurück.

Nach vielfachen Beschwerden von Touristen über aggressive Souvenirverkäufer und penetrante Bootsführerinnen hat die Touristenpolizei strenge Regeln erlassen, sodass man nicht mehr so belästigt wird. Trotzdem versuchen die Einheimischen, ihre Stickereien und Getränke loszuwerden. Da hilft nur ein klares »Nein!« (vietnamesisch: *khong*).

Hinter der Bootsanlegestelle und den vielen T-Shirt-Ständen erstreckt sich das für kunstvolle Stickarbeiten bekannte Dorf **Van Lam.** Die Auswahl an bestickten Tischtüchern, Hemden und Blusen ist riesig. Nahezu jede Familie ist in diese Art von Heimarbeit involviert. Vieles wird in der Altstadt von Hanoi verkauft, doch hier ist es weitaus günstiger – wenn man kräftig handelt.

Bich-Dong-Pagode

Nur 2 km südwestlich der Bootsanlegestelle lockt die Jadegrotte, besser bekannt als **Bich-Dong-Pagode** (Chua Bich Dong, tgl. 8–17 Uhr; Eintritt frei). Vom Eingang der Pagode führen steile Steintreppen einen von Schreinen gesäumten Kalksteinberg hinauf. Oben ist ein Tempelgebäude vor eine Grotte gebaut, in deren Inneren drei Buddha-Figuren auf einem Lotosthron sitzen. Seitlich führt ein schmaler Weg zu einer weiteren Grotte mit weiteren Schreinen und Figuren. Von der Terrasse vor dem Tempelgebäude bietet sich ein schöner Blick in die Ebene. Die Pagode stammt aus dem frühen 15. Jh. aus der Zeit des Königs Le Thai To.

Trang An

Der erst 2010 erschlossene Grottenkomplex (Tel. 030/362 0334, tgl. 8 bis 18 Uhr; Eintritt) liegt 4 km südwestlich von Hoa Lu und besteht aus einer Reihe fantasievoll benannter Grotten und

Unten: Stimmungsvolle Bootstour auf dem Ngo-Dong-Fluss nach Tam Coc

Höhlen, wie etwa die Höhlen der Drei Tropfen (Ba Giot), des Heiligen Landes (Dia Linh) und der Wolken (May). Man durchfährt mit dem Boot eine faszinierende Karstlandschaft, die ein riesiges System unterirdischer Flüsse birgt. Ziel zahlreicher Pilger ist der **Bai-Dinh-Pagodenberg.** Die Landschaft von Trang An soll Einheimischen zufolge viel schöner sein als jene von Tam Coc. Auf jeden Fall hat die Regierung große Pläne, dieses Gebiet für den Ökotourismus weiter zu erschließen. Wer hier Ruhe und Einsamkeit sucht, wird dies allerdings vergeblich tun.

Kenh Ga

Das Fischerdorf liegt nur 21 km nordwestlich von Ninh Binh. Rund um Karstklippen lebten einst zahlreiche Familien auf ihren Hausbooten. Doch mit zunehmendem Reichtum erbauten sie sich Häuser an Land, nur wenige leben noch auf Booten. Trotzdem ist der Besuch des übers Wasser erreichbaren Dorfes durchaus interessant. Die Tour beginnt am sog. Hühnerkanal (*kenh ga*), benannt nach dort einst verbreiteten Wildhühnern, und führt dann in den Fluss Hoang Long, auf dem zahlreiche langsame Barken verkehren. Der Stolz der Bewohner ist die schlichte **katholische Kirche** mit altertümlichen Fensterläden. Die dicken Holzpfeiler und Balken sind mit interessanten Schnitzereien verziert.

Eine 15-minütige Bootstour führt vom Dong-Chua-Anleger in Kenh Ga zu **heißen Quellen** (tgl. 8–18 Uhr; Eintritt). Dieses ambitionierte Touristenprojekt besteht aus einem 20-Zimmer-Hotel (Tel. 030/383 1006) sowie einem Restaurant mit 150 Plätzen und einer Reihe von Wasserbecken und Whirlpools – alles wenig spannend für ausländische Besucher.

Cuc-Phuong-Nationalpark 24

Folgt man der Straße bei Kenh Ga in Richtung Westen, so taucht nach 24 km der Eingang des Nationalparks (Cong Vien Quoc Gia Cuc Phuong, Tel. 030/384 8006, www.cucphuongtourism.com, tgl. bei Tageslicht, Eintritt) auf. Wer nur einen Nationalpark in Nordvietnam besuchen kann, sollte wegen seiner Vielfalt diesen wählen. Im 225 km² großen Park gibt es ge-

Ken Ga ist ein gemütliches Fischerdorf

Unten: Die Bich-Dong-Pagode wurde vor eine Grotte gebaut

Fast ausgestorben: der Grauschenklige Kleideraffe

schätzte 250 Vogel- und 64 Säugetierarten, darunter Tiger, Leoparden, Wildschweine, Zibetkatzen, Flughörnchen, Fledermäuse sowie verschiedene Primatenspezies. So ist hier der endemische, vom Aussterben bedrohte Delacour-Langur heimisch. Allerdings wird man, wie auch in den anderen Nationalparks, kaum eines der Tiere zu Gesicht bekommen, weil sie die Wilderer zu fürchten gelernt haben. Doch scheint man hier wenigstens ein Interesse an Tier- und Naturschutz zu haben, wie das Forschungszentrum am Eingang (siehe unten) zeigt.

Immerhin können Besucher eine große Vielfalt an Insekten und Pflanzen entdecken. Die höchsten Bäume (*Parashorea stellata* und *Terminalia myriocarpa*) erreichen mehr als 50 m Höhe und werden auf über tausend Jahre geschätzt. Über 500 medizinische Pflanzen und Kräuter lokaler und fremder Herkunft sind im Park entdeckt worden. Auf einem Spaziergang kann man leicht einige Höhlen und Grotten in einem Tal erreichen, die ein ganz anderes Mikroklima als ihre Umgebung haben. In drei Gräbern, die 1966 in einer der Höhle geöffnet wurden, fand man Muscheln, Tierzähne, einfache Steinwerkzeuge und prähistorische menschliche Knochen.

Da Cuc Phuong nur 40 km von Ninh Binh und 140 km von Hanoi entfernt liegt, kann man es gut im Rahmen eines Tagesausfluges besuchen. Es empfiehlt sich aber, in einer der parkeigenen Unterkünfte oder in einem Dorf der Muong einmal zu übernachten, um etwas mehr Zeit für Wanderungen entlang der ausgewiesenen Wege oder Fahrradtouren zu haben. Für die längeren Touren muss man einen Parkführer anheuern.

Primaten-Auffangstation

Hier kommen Tierfreunde wahrlich auf ihre Kosten: in der **Auffangstation bedrohter Primaten** (Endangered Primate Rescue Center, Tel. 030/384 8002, www.primatecenter.org, tgl. 9–11.30, 13.30–16 Uhr; Eintritt), 500 m vor dem Parkeingang. Sie wird von einem deutsch-vietnamesischen Team geleitet, um bedrohte Arten aufzupäppeln, zu erforschen und später wieder in die Freiheit zu entlassen. 1993 auf Initiati-

Unten: Informationstour durch die Auffangstation bedrohter Primaten in Cuc Phuong

ve des Biologen Tilo Nadler gegründet, ist das EPRC heute temporäre Heimat von 140 Primaten. Sie gehören einer von 15 verschiedenen Arten an. Neben Kleideraffen und Gibbons sind dies mehrere endemische Langurenarten, darunter der Delacour-, Goldkopf-, Hatinh- und Grau-Langur. Teilweise wurden die Tiere in letzter Minute vor dem Verkauf auf Märkten gerettet oder verletzt im Dschungel geborgen. Die Station wird von Privatspendern und Einrichtungen wie der Zoologischen Gesellschaft Frankfurt und dem Leipziger Zoo unterstützt. Spenden und Souvenirkäufe sind immer willkommen.

Dom von Phat Diem ㉕

Der mächtige Dom (Gottesdienste: Mo bis Sa 5 und 17 Uhr, So 5, 9.30 und 17 Uhr) ist ein architektonisches Wunderwerk und außerhalb Vietnams zu Unrecht kaum bekannt. Er liegt in der Stadt Phat Diem (auch als Kim Son bekannt), etwa 25 km südöstlich von Ninh Binh. Die wenig befahrene Straße ist nicht besonders gut, aber man kommt leicht mit jeder Art von Fahrzeug durch. Beste Zeit für einen Besuch ist während eines Gottesdienstes, da die Kirchengebäude sonst meist verschlossen sind. Falls dies der Fall ist, kann man beim Kiosk vor dem Hauptzugang jemanden bitten, sie aufzuschließen. Da Phat Diem gerne von einheimischen Pilgern besucht wird, sollte dies kein Problem sein.

1891 wurde mit dem Bau des Gotteshauses auf Initiative des Priesters Tran Luc begonnen. Der auch als Père Six bekannte Geistliche hatte die Vision einer großen Kirche, die westliche und östliche Elemente verbinden sollte: sino-vietnamesische Verzierungen an Dach und Stützbalken und klassischer Kirchengrundriss mit Schiff und Chorraum. Die verwendeten Granitsteine mussten dazu aus Hunderte von Kilometern entfernten Steinbrüchen hergeschleppt werden. Als Père Six 1899 starb, wurde er zwischen dem frei stehenden Glockenturm und dem Kirchenportal begraben. Das Bischofshaus hinter der Mauer nicht eingerechnet, verteilen sich neben dem Dom ein halbes Dutzend weiterer Gebäude auf dem Areal, darunter eine Steinkapelle und der massive Glockenturm.

Die Fassade des fünfschiffigen Doms wird durch Pagodentürme dominiert; oben blasen zwei Engel zum Jüngsten Gericht. Vom Portal bis zum Altarraum ist der Mittelgang mit Marmorplatten ausgelegt, rechts steht das Taufbecken. Der Kirchenbau ist 21 m breit und 74 m lang. Im Altarbild sind eine von Engeln umgebene Marienfigur sowie Christus, flankiert von sechs vietnamesischen Märtyrern aus dem 19. Jh., vereint. Im Boden befinden sich die Gräber von fünf Bischöfen, während dem Amtsinhaber ein chinesischer Sessel in Hufeisenform dient. Auch der 25 m hohe, dreistöckige Glockenturm mit einer 24 mal 17 m messenden Basis ist beeindruckend. Angesichts der geschwungenen Dächer und Bambusornamente ist hier ebenfalls ein östlich-westlicher Stilmix verwirklicht worden. Den Glockenturm umgeben Figuren der vier Evangelisten. Nur mit hohem Aufwand

Weihwassergefäß im Dom von Phat Diem

Unten: Gut besuchte Sonntagsmesse im Dom von Phat Diem

Symbol des Widerstandes: die vielfach bombardierte Nam-Rong-Brücke

konnte die mächtige, 2 t schwere Bronzeglocke installiert werden. Sie soll noch in 10 km Entfernung zu hören sein.

Die Region, eine fruchtbare Ebene mit endlosen Reisfeldern und zahlreichen Kirchtürmen, mutet wie ein katholisches Land an. Graham Greene hat die Gegend in seinem Roman *Der stille Amerikaner* mit den Niederlanden verglichen, weil es hier so viele Be- und Entwässerungskanäle gebe und die Kirchen aufragten wie in Holland die Windmühlen.

Auf dem Rückweg nach Ninh Binh kann man noch kurz die überdachte **Phat-Diem-Brücke** über den Dau-Fluss aus dem 19. Jh. bewundern.

Thanh-Hoa-Provinz

Von der Provinz Ninh Binh in Richtung Süden gelangt man nach Annam, wie die Franzosen die zentralvietnamesische Region nannten. Die arme, aber schöne Provinz Thanh Hoa ist die nördlichste von sieben schmalen, zwischen dem Südchinesischen Meer und dem Truong-Son-Gebirge eingezwängten Küstenprovinzen.

Von Thanh Hoa bis in die ehemalige Demilitarisierte Zone (DMZ) am 17. Breitengrad durchquert die Nationalstraße 1 A die Provinzen Thanh Hoa, Nghe An, Ha Tinh und Quanh Binh. Die durch Taifune immer wieder beschädigte Straße ist voller LKWs, Autos, Mopeds, Wasserbüffel und Fahrräder, weshalb die Fahrt mit dem Zug eine gute Alternative ist. Die regelmäßigen Taifune beeinträchtigen die Landwirtschaft ebenso wie der sandige Boden, weshalb nur einmal jährlich der Reis geerntet werden kann. Viele Familien bauen daher lieber Maniok und Erdnüsse an, seit den 1980er-Jahren sind viele in die lukrativere Bienenzucht eingestiegen.

Unten: Die hölzerne Phat-Diem-Brücke über den Day-Fluss

Ham-Rong-Brücke

In der Provinzhauptstadt **Thanh Hoa** selbst gibt es kaum etwas zu sehen. Einzig die 3 km nordöstlich den Ma-Fluss auf 160 m überspannende **Ham-Rong-Brücke** (Cau Ham Rong) lohnt aus historischen Gründen den Besuch. Sie gilt als Grenzmarkierung zwischen dem Norden und der Mitte Vietnams und gelangte als strategisches Ziel während des Vietnamkriegs zu Berühmtheit. Seit 1965 war die für den Nachschub wichtige Brücke Ziel ständiger US-Bombardements. Doch erst sieben Jahre später gelang es der US-Luftwaffe, sie mittels lasergesteuerter Raketen zu zerstören. Nur wenig später legten die Vietnamesen eine Pontonbrücke über den Fluss. Mehr als 70 Flugzeuge sollen während der Mission, Ham Rong zu zerstören, abgeschossen worden sein.

Dong-Son-Kultur

Die Provinz Thanh Hoa ist bekannt als die Wiege der Dong-Son-Kultur. In dem Namen gebenden Ort Dong Son und anderswo wurden frühe Zeugnisse der vietnamesischen Bronzezeit entdeckt. Die Region ist ein wichtiges Siedlungsgebiet der Muong.

Anfang des 20. Jhs. legten Archäologen in der Ebene des Ma-Flusses zahlreiche Relikte aus der Dong-Son-Kultur frei, die zwischen fünf- und dreitausend Jahre alt waren. Sie fanden Bronzetrommeln und andere Musikinstrumente, Schmuck, Alltagsgegenstände und Werkzeuge. Die Trommeln sind etwa 60 bis 80 cm hoch, mit einem ähnlichen Durchmesser und stark verziert. Auf dem Körper finden sich Bänder und geometrische Muster, auf dem Deckel konzentrische Kreise mit einem Stern in der Mitte. Einige der Funde sind heute im Historischen Museum in Hanoi ausgestellt. Die mit den Viet verwandten Muong benutzen heute noch eine ähnliche Art von Bronzetrommeln für religiöse Zeremonien und Feiern.

Lam Son ㉖

Das im Hochland gelegene Muong-Dorf, etwa 50 km westlich von Thanh Hoa, gilt als Geburtsort des Nationalhelden Le Loi, der später unter dem Herrschernamen Le Thai To regierte. Hier begann er seinen jahrelangen, nach seiner Heimat benannten Aufstand gegen die chinesischen Ming-Getreuen. Die Kämpfe, die von 1418 bis 1428 dauerten, fanden vor allem in diesem hügligen Gebiet statt. Der **Le-Loi-Tempel** (Den Le Loi, tgl. 8–17 Uhr; Eintritt frei) ist dem Chinesen-Bezwinger geweiht: in ihm befindet sich eine 1532 gegossene Bronzebüste Le Lois. Sein Berater Nguyen Trai schrieb 1433 eine lange Abhandlung über das Leben und Wirken des Königs auf die Vinh-Lang-Stele.

Badespaß in den Sommerferien: der Strand von Sam Son

Sam Son Beach ㉗

Etwa 16 km südöstlich von Thanh Hoa erstreckt sich entlang der Küste auf etwa 3 km der weißsandige Sam Son Beach. Eigentlich sind es zwei durch Felsen abgetrennte Strandabschnitte, wobei der nördliche der geschäftigere ist. Eine herrliche Landschaft umgibt die nach dem Küstengebirge benannten klaren Gewässer. Leider wurde der bei Vietnamesen populäre Strand streckenweise verschandelt. Heruntergekommene Karaokebars, Prostituierte

Unten: Fischerboote am Strand von Sam Son

und aggressive Verkäufer trüben während der Sommermonate die ansonsten schöne Strandstimmung. Unterkünfte gibt es vorwiegend in Form von recht günstigen Minihotels, die in den Ferien ziemlich voll, ansonsten gähnend leer sind.

Nghe-An-Provinz

Sein bestimmt das Bewusstsein, lautet die Maxime der Marxisten, und hier in der Provinz Nghe An, südlich von Thanh Hoa, scheint sie sich zu bestätigen. Sie gehört ebenfalls zu den ärmsten des Landes. Die Bauern konnten und können sich noch immer nur mit Mühe über Wasser halten. Und genau in dieser Gegend wurden einige der bekanntesten Revolutionäre geboren: Phan Boi Chau und Nguyen Sinh Cung, der später unter dem Namen Ho Chi Minh bekannt werden sollte. Ebenfalls hier zuhause ist der Nationaldichter Nguyen Du (1765–1820), Autor des Romans *Das Mädchen Kieu* (s. S. 83).

In der Nghe-An-Provinz rücken die Küstengebirge weiter zurück, die Ebene hinter der 230 km langen Küstenlinie wird breiter. Doch das Klima ist immer noch sehr hart und macht manche Bemühungen der Bauern schnell wieder zunichte. Mehr als hundert Flüsse und Bäche entspringen in den Bergen und durchfließen zwei Provinzen, darunter der längste, der Lam-Dong-Fluss.

Hoang Tru und Kiem Lien

Im Jahr 1959 bauten die Bewohner von **Hoang Tru** ㉘, 14 km nordwestlich der Provinzhauptstadt Vinh, ein einfaches Haus mit Bambuswänden und einem Dach aus Palmblättern als Erinnerung an den Geburtsort Ho Chi Minhs, der hier 1890 als Nguyen Sinh Cung das Licht der Welt erblickte. Sein Vater war Lehrer, und die Familie zog 1895, als der Junge fünf Jahre war, in die damalige Hauptstadt Hue. Doch der Vater war enttäuscht über die Arbeit am Hof und die Anbiederung an die Franzosen. Schließlich wurde er entlassen und kehrte 1901 in seine Heimat zurück. Die Familie ließ sich in **Kim Lien** (manchmal auch Lang Sen genannt) nieder, wo er und sein Vater in der Schule unterrichteten. Einige Jahre später gingen sie erneut nach Hue. In Kim

Unten: Gedenkstätte im Dorf Kim Lien, wo Ho Chi Minh einst lebte

Lien bauten die Dorfbewohner das zweite Haus der Familie nach, und es wurde schnell zu einer weiteren Verehrungsstätte für den Revolutionsführer und Präsidenten. Wie in allen sind die ewig gleichen Memorabilien, darunter alte Fotos, Gedichte von Ho und ein altes Hemd, zu sehen. Die Gedenkstätten sind tgl. 7.30–11.30 und 13.30–17 Uhr geöffnet und anstelle des Eintritts kann man Blumen für den Gedenkschrein kaufen. In keinem der Häuser gibt es nennenswerte englische Erklärungen, und natürlich hat Ho Chi Minh auch nie in diesen Häusern gewohnt. Nach der Schulzeit bereiste er die ganze Welt, blieb eine Zeit lang in Frankreich und arbeitete dann für die Komintern in Moskau. Mit seiner Familie hatte der Berufsrevolutionär keinen Kontakt mehr. Nur einmal, im Jahr 1961, besuchte er seine Heimat.

Replik des Wohnhauses von Ho Chi Minh im Dorf Kim Lien mit zahlreichen Blumenspenden vor dem Gedenkaltar

Cuo Lao Beach

Ungefähr 20 km nördlich der Provinzhauptstadt Vinh liegt der Cua Lo Beach. Er zieht wie jener von Sam Son vor allem Vietnamesen an. Das Wasser ist sauber und der Sandstrand einladend – die notorischen Karaokebars, Massagesalons und andere Auswüchse sind allerdings nicht jedermanns Sache. ■

RESTAURANTS

Preise pro Person für ein Drei-Gänge-Menü:
● = unter 10 $
●● = 10–20 $
●●● = 20–30 $
●●●● = über 30 $

Ninh Binh

◆ **Anh Dzung**
Bich Dong St, Tel. 030/618 020, tgl. 7–22 Uhr
Vor allem für größere Reisegruppen geeignetes und daher bei ihnen sehr beliebtes Restaurant, das in einem Holzhaus mit zwei Stockwerken untergebracht ist. Einfache und preiswerte Menüs. Freundlicher bemühter Service ●●

◆ **Lounge Bar & Lighthouse Café**
Thuy Anh Hotel, 55A Truong Han Sieu, Tel. 030/387 1604, tgl. Frühstück, Mittag- und Abendessen
Dieses gut geleitete Hotel führt eines der besten Restaurants der Stadt. Im Erdgeschoss befindet sich eine stylishe Lounge-Bar. Besonders schön ist es auf der Dachterrasse. Man bietet einfache, aber gut zubereitete lokale Gerichte und auch so manches an westlicher Kost. Frisch gerösteten und zubereiteten Kaffee bekommt man im Lighthouse Café. ●●●

Hoa Lu

◆ **Van Xuan Hotel & Restaurant**
Thien Ton, tgl. Mittag- und Abendessen
Sauberes Hotelrestaurant, das sich für eine Mittagspause auf dem Weg nach oder von Hoa Lu anbietet. Auswahl an vietnamesischen und westlichen Speisen. ●

Cuc-Phuong-Nationalpark

◆ **Cuc Phuong National Park Restaurant**
Parkeingang (zweites Restaurant ca. 1 km im Parkinnern), Tel. 030/384 8006, tgl. Frühstück, Mittag- und Abendessen
Zwei einfache, aber dennoch gute Restaurants, in denen lokale Kost auf den Tisch kommt. ●●

Thanh Hoa

◆ **Hoa Hong Hotel & Restaurant**
102 Trieu Quoc Dat, Tel. 037/385 5195, tgl. Frühstück, Mittag- und Abendessen
Das unscheinbare Hotelrestaurant bietet großzügige Portionen an vorwiegend vietnamesischen Speisen. Obendrein findet man auf der Karte auch noch einige Nudelgerichte. ●●

Sam Son Beach

◆ **Vanchai Resort**
Quang Cu, Sam, Tel. 037/379 3333, tgl. Frühstück, Mittag- und Abendessen
Versteckt am Rande eines Privatstrandes gibt es frische Krabben und andere Meeresfrüchte zu angemessenen Preisen. ●●●

Vinh

◆ **Saigon Kimlien**
25 Quang Trung St, Vinh City, Nghe An, Tel. 04/716 4132, tgl. Frühstück, Mittag- und Abendessen
Eines der besten Restaurants der Stadt, mit guten lokalen und internationalen Gerichten. Freundliches Personal ●●

Zentral-Vietnam

Der schmale Küstenstreifen in der Landesmitte bietet einige der herausragendsten Attraktionen Vietnams, darunter ein Trio von UNESCO-Welterbestätten – Hue, Hoi An und My Son.

Die Landesmitte ist ein Kaleidoskop der ereignisreichen Geschichte Vietnams – von der prähistorischen Sa-Huynh-Kultur in der Quang-Ngai-Provinz bis zur kriegszerstörten Demilitarisierten Zone (DMZ) am 17. Breitengrad. Im Herzen des Landes liegt Hue, die letzte Königsstadt und Sitz der Nguyen-Herrscher. Nur ein paar Fahrstunden entfernt lädt die alte Hafenstadt Hoi An zu einer Rast ein. Die Nguyen-Dynastie residierte 143 Jahre in Hue und hinterließ eine eindrucksvolle Königsstadt und mehrere Grabanlagen, die sich außerhalb der Stadt entlang des Parfumflusses verteilen. Im Gegensatz zur kurzen Ära der Nguyen beherrschten die Cham weite Teile Zentral-Vietnams vom 7. bis 15. Jh. Die bedeutendsten Tempeltürme aus rotem Ziegel befinden sich in My Son, doch es gibt noch zahlreiche weitere Türme, die zuweilen verloren in der Landschaft herumstehen. Alle bezeugen eine faszinierende, von indischem Gedankengut tief durchdrungene Hochkultur – die erst mit der Ausdehnung des vietnamesischen Herrschaftsgebietes verschwand.

Die schmalen Küstenprovinzen Quang Tri und Dong Ha zwischen Hue und dem 17. Breitengrad litten unter dem Krieg. Die Städte Danang, Quang Ngai und Qui Nhon waren wichtige Basen der US-Armee. Doch alle drei Städte blühen auf. Sie liegen in der Nähe goldgelber Sandstrände vor der Kulisse des Truong-Son-Gebirges.

In Danang schlägt das wirtschaftliche Herz Zentral-Vietnams. Reisende finden dort alle erdenklichen Annehmlichkeiten und mit dem Cham-Museum eine Perle hinduistisch-buddhistischer Kunst. Als Welthafen begann im 15. Jh. der Aufstieg von Hoi An. In Faifo, so der alte Name, trafen Europäer auf Händler aus ganz Asien. Davon zeugen chinesische Versammlungshallen ebenso wie vietnamesische Kaufmannshäuser und eine japanische Brücke. Handel wird auch heute wieder betrieben: Entlang der Straßen reiht sich ein Kleider- und Souvenirshop neben den anderen. ■

Vorherige Seiten: Die Thanh-Toan-Brücke bei Hue **Links:** Buddha-Figur in den Cham-Ruinen von My Son **Ganz oben:** Im Mieu-Tempel in Hue **Oben links:** Fischer in Lang Co bei Danang **Oben:** Hoi An bei Nacht

Hue

Krieg und Taifune haben der Stadt am Parfumfluss heftig zugesetzt. Seit Jahren wird renoviert und rekonstruiert, sodass die alten Königspaläste und Grabanlagen wieder in alter Pracht erstrahlen.

Einst die Hauptstadt Vietnams und Residenz der Nguyen-Dynastie, liegt **Hue** ❶, 12 km von der Küste entfernt, in der schmalen Provinz Thua Thien Hue. Hue liegt ungefähr in der Mitte zwischen den beiden Metropolen Hanoi und Saigon. Heute zählt die Stadt zu den bedeutendsten Attraktionen Vietnams. Dies liegt nicht nur an ihrer bewegten Geschichte, ihrem künstlerischen und geistigen Erbe, sondern auch an ihrer einmaligen Lage am Song Huong (auch Huong Giang), was meist als »Parfumfluss« oder »Fluss der Wohlgerüche« übersetzt wird.

Hue ist dank der vielen Brücken, Seen, Wassergräben und Kanäle eine romantische Stadt. Am Nordufer des Parfumflusses liegt die Zitadelle, und der geschäftige Markt konnte sich noch in eine Ecke schieben, am Südufer breitet sich die von großzügigen Alleen aus der Kolonialzeit durchzogene Beamten- und Geschäftsstadt aus. Noch weiter südlich, in schon leicht hügligem Terrain, liegen versteckt und nach geomantischen Gesichtspunkten angeordnet die Mausoleen der Nguyen-Könige.

1601 ließ sich Fürst Nguyen Hoang (1524–1613) hier nieder. Er gehörte zu der den Süden beherrschenden Adelsfamilie und fand ein für den Bau einer Hauptstadt geeignetes Territorium vor. Unverzüglich ließ er die Zitadelle von Phu Xuan errichten. Von dort verwalteten die Nguyen-Fürsten mit Einverständnis der Trinh-Familie, die den Norden Vietnams kontrollierte, die gesamte Region. Anfangs schien sich dieses Arrangement zu bewähren, doch als die Nguyen versuchten, ihren Einflussbereich auszudehnen, kam es zu blutigen Fehden zwischen den beiden Familien. Schließlich gewannen die Nguyen die Oberhand. Sie machten Hue zur Hauptstadt ihres neuen Königreichs und erklärten sich unter Fürst Vu Vuong (1739–1763) dem Norden gegenüber für unabhängig.

Nguyen Hoang war der erste in einer ununterbrochenen Folge von zehn

NICHT VERPASSEN!

- Zitadelle
- Verbotene Purpurne Stadt
- An-Dinh-Palast
- Königsgräber
- Demilitarisierte Zone

Links: Grabmal von Khai Dinh **Unten:** Pavillon zwischen Fluss und Königspalast

Feudalherrschern, die das Gebiet um Hue bis 1802 regierten. In diesem Jahr, nach der Zerschlagung der Tay-Son-Rebellion, ließ sich der zehnte Nguyen-Fürst zum Gia-Long-Herrscher krönen und gründete damit die 143 Jahre lang währende Nguyen-Dynastie (die mit den Fürsten nichts zu tun hatte).

Nur 33 Jahre später eroberten die Franzosen Hue. Sie duldeten die Nguyen als Marionettenkönige mit nomineller Herrschaft über die Mitte (Annam) und den Norden (Tonkin) des Landes. Den ständigen Unruhen und antifranzösischen Demonstrationen folgten 1945 die japanische Okkupation und die Abdankung Bao Dais, des letzten Nguyen-Königs, am 25. August 1945. Die relative Ruhe nach 1954, als Hue Teil von Süd-Vietnam wurde, währte nur kurz. Während der Tet-Offensive 1968 erlitt die Stadt schwere Zerstörungen, als der Vietkong zusammen mit nordvietnamesischen Soldaten in der Schlacht von Hue den ganzen Februar hinweg gegen die US-Streitkräfte kämpfte. Obwohl dabei viele historische Monumente und Kunstschätze verloren gingen und in den Folgejahren immer wieder Taifune und Überschwemmungen (besonders heftig regnet es zwischen November und März) schwere Schäden verursachten, ist die Stadt bis heute reich an Sehenswürdigkeiten und wurde 1993 in die UNESCO-Welterbeliste aufgenommen.

Zitadelle und Königsstadt

Auf der Nordseite des Parfumflusses erstreckt sich die 520 ha große **Zitadelle** (Kinh Thanh), umgeben von einer 8 m hohen und 20 m dicken Außenmauer aus Stein, Ziegel und Lehm. Auf einer Länge von 10 km wird sie von zehn befestigten, mit Wachtürmen bestückten Toren unterbrochen. Auf der Südseite der Mauer in Richtung Fluss erhebt sich der mächtige, 37 m hohe **Flaggenturm** (Cot Co).

Eine zweite, 6 m hohe Verteidigungsmauer innerhalb der Zitadelle umgibt die eigentliche **Königsstadt,** wörtlich

»Gelbe Stadt« (Hoang Thanh, tgl. 8 bis 18 Uhr; Eintritt), mit ihren Palästen, Tempeln und Gärten. Das meiste, was die Besucher sehen, ist in diesem Innenbereich zu finden, den Gia Long nach Vorbild der Kaiserstadt in Beijing anlegen ließ.

Vier reich ornamentierte Tore führen hinein: Hoa Binh (Nordtor), Hien Nhon (Osttor), Chuong Duc (Westtor) und **Ngo Mon** Ⓐ (Südtor oder Mittagstor). Das 1834 unter König Minh Mang aus Granit errichtete Mittagstor wurde 1921 restauriert. Seine Spitze ziert der Wachturm der fünf Phönixe (Lau Ngu Phung), dessen Dächer in der Mitte mit gelben, an den Seiten mit grün glasierten Ziegeln gedeckt sind. Hier nahm der König Paraden ab und beobachtete offizielle Feierlichkeiten. Von hier aus kann man die **Neun großen Kanonen** Ⓑ (Sung Than Cong) sehen, die sich in zwei Gruppen aufteilen: Die fünf im Westen symbolisieren die grundlegenden Elemente (Feuer, Wasser, Erde, Holz, Metall), die vier im Osten stehen für die Jahreszeiten. Jede der nur dekorativen Kanonen wiegt etwa 10 t.

Palast der Höchsten Harmonie Ⓒ

Hinter dem Mittagstor führt die ursprünglich nur dem König vorbehaltene **Brücke des Goldenen Wassers** (Trung Dao) zum Palast der Höchsten Harmonie (Thai Hoa). Es ist das wichtigste Bauwerk innerhalb der Königsstadt. Hier empfing der Herrscher die Würdenträger seines Landes und ausländische Diplomaten, hier fanden wichtige Hofzeremonien statt. Der Palast entstand 1805 unter Gia Long. 1834 restaurierte man ihn im Auftrag von Minh Mang, 1924 ließ ihn Khai Dinh erneuern. Thai Hoa ist in einem ausgezeichneten Zustand. Sehr schön sind die 80 mit rotem Lack und goldenen Intarsien reich geschmückten Eisenholzsäulen.

Verbotene Purpurne Stadt

Hinter dem Empfangspalast liegt der dritte und letzte ummauerte Komplex. (Tu Cam Thanh). Diese Stadt in der Stadt war einzig dem König und seiner großen Familie, zu der auch die Konkubinen gehörten, vorbehalten. Sie verbarg sich hinter einer 4 m hohen

TIPP

Der Königspalast ist ziemlich weitläufig und an vielen Stellen schattenlos, weshalb Schirm und Mütze nützlich sind. An vielen Stellen wird unter Aufsicht der UNESCO restauriert. Man sollte sich genügend Zeit nehmen, auch die seitlichen Tempel und Tore in Ruhe anzuschauen und eine Aufführung im Königlichen Theater zu besuchen. Einen englischsprachigen Führer kann man am Eingang des Ngo-Mon-Tores anheuern.

Unten: Das prächtige Mittagstor ist der Haupteingang zur Königsstadt

In der Königsstadt gibt es genügend Fotomotive. Man kann sich als Herrscher verkleiden oder sich vor dem Lesepavillon ablichten lassen

und 2,5 m dicken Ziegelmauer. Leider wurde dieser Teil während der Tet-Offensive vollständig zerstört. Seit geraumer Zeit werden jedoch die Gänge und Paläste rekonstruiert.

Zur Linken und Rechten flankieren die Hallen der Mandarine den verschwundenen »Palast der Himmlischen Vollendung« (Can Thanh). In der **linken Halle** (Ta Vu) können sich Besucher als Hofstaat verkleiden und in der **rechten Halle** (Huu Vu) Gegenstände aus dem Palast, darunter Porzellan und Bronzegefäße, bestaunen.

Das **Königliche Theater** Ⓓ (Duyet Thi Duong), etwas weiter auf der rechten Seite, dient der Aufführung höfischer Tänze und Gesänge (tgl. 9.30, 10.30, 14.30, 15.30 Uhr, ca 30 Min.).

Der **Lesepavillon** (Thai Binh Lau) hinter dem Theater ist wunderschön mit Keramik verziert und zählt zu den wenigen Gebäuden, die während der Tet-Offensive verschont blieben. In naher Zukunft soll er umfassend renoviert werden. Derzeit werden einige überdachte **Verbindungskorridore** rekonstruiert, allerdings nicht originalgetreu. In dem offenen Terrain dahinter sind noch einige achtseitige Pavillons (Nhat Lau) zu sehen.

Dien-Tho-Palast Ⓔ

Im Westen, zwischen der Verbotenen Purpurnen Stadt und der Außenmauer der Königsstadt, liegt der Cung Dien Tho, die Residenz diverser Königsmütter. Die ersten Bauten gehen auf das Jahr 1804 zurück, heute liegen hier etwa zehn Gebäude in verschiedenem Zustand, darunter die **Phuoc-Tho-Pagode,** die **Residenz des Bao-Dai-Herrschers** und hinter einem kleinen Lotosteich der liebevoll rekonstruierte **Truong-Du-Pavillon.**

Unmittelbar hinter dem Dien-Tho-Palast schließt sich die **Truong-Sanh-Residenz** an. Sie diente dem Aufenthalt der Königsmutter und wurde unter Minh Mang errichtet. Allerdings ist sie derzeit in einem extrem baufälligen Zustand.

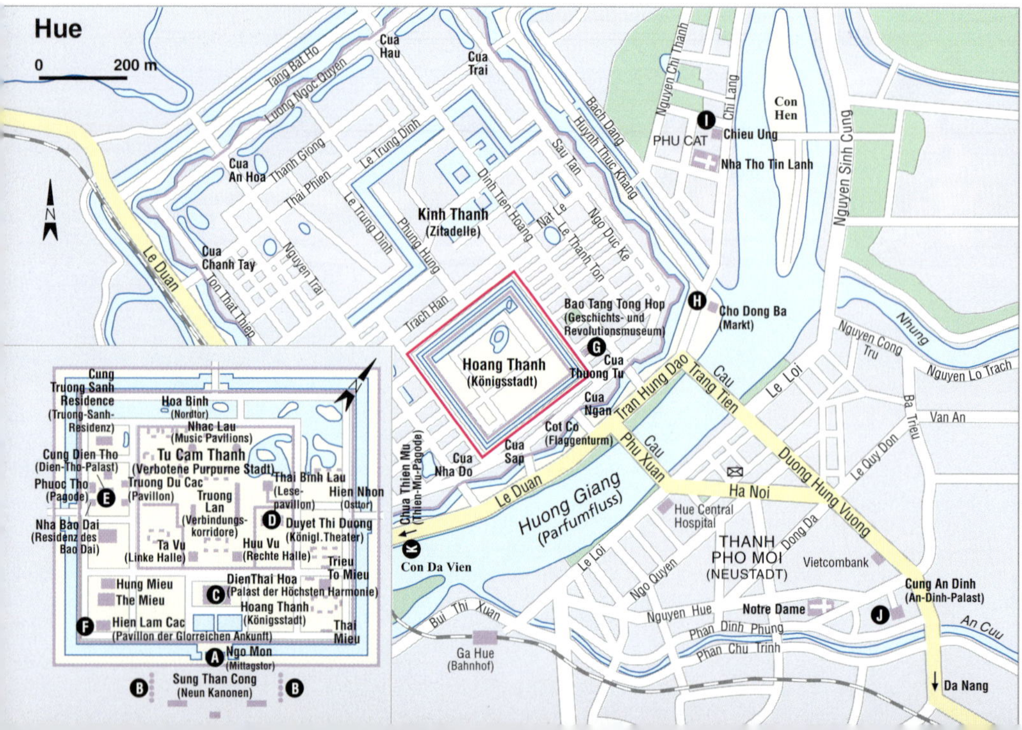

Die Tempel

Die Gedenktempel (*mieu*) innerhalb der Königsstadt sind verschiedenen Fürsten und Angehörigen des Nguyen-Klans geweiht: An der Südostecke der **Trieu To Mieu** Nguyen Kim und der **Thai Mieu** Nguyen Hoang und seinen Nachfolgern. Im Südwesten ist der To-Mieu-Komplex den Herrschern der Nguyen-Dynastie geweiht, darunter der **Hung Mieu** dem Vater von Gia Long, Nguyen Phuc Luan, und der prachtvolle **The Mieu** der gesamten Nguyen-Dynastie. Letzterer beherbergt Gedenkaltäre für sieben Könige sowie die Ahnentafeln der verbannten Herrscher Ham Nghi, Thanh Thai und Duy Tan, die erst 1959 hinzukamen.

Vor dem Tempel wurde der prächtige, dreistöckige **Pavillon der Glorreichen Ankunft** Ⓕ (Hien Lam Cac) restauriert. Im Innenhof stehen die berühmten **Neun Dynastischen Urnen** (Cuu Dinh). Wolken, Sonne, Mond, Vögel, Tiere, Drachen, Berge, Flüsse, historische Ereignisse und Alltagsszenen schmücken diese zwischen 1835 und 1837 unter Minh Mang gegossenen Bronzegefäße. Mit ihrer Darstellung der Natur und Mythen Vietnams sollen sie die Einheit des Landes beschwören.

Der 13 m hohe Pavillon der Glorreichen Ankunft und die Neun Dynastischen Urnen

Außerhalb der Zitadelle

Auf der Süd- und Ostseite der Zitadelle schließen sich Hues Geschäftsviertel an. Das heutige Zentrum erstreckt sich südlich des Parfumflusses zwischen der **Trang-Tien-Brücke** und der **Phu-Xuan-Brücke.** Die 1897 eingeweihte Trang-Tien-Brücke ist zum Wahrzei-

Unten: Das dreiteilige Tor und die prächtige Halle des Dien-Tho-Palastes

Allabendlich bunt beleuchtet: die 1897 erbaute Trang-Tien-Brücke

chen der Stadt geworden. Das Viertel mit den meisten Hotels, Geschäften und Restaurants konzentriert sich innerhalb eines Dreiecks zwischen den Straßen Ben Nghe und Ha Noi, das Nachtleben im nordöstlichen Teil dieses Dreieckes zwischen der Uferstraße Le Loi und Tran Cao Van. Auf beiden Seiten des Flusses locken nette Parks mit Essständen und Cafés am Ufer.

Geschichts- und Revolutionsmuseum G

In der Nähe des Osttores der Zitadelle liegt das Geschichts- und Revolutionsmuseum (Bao Tang Tong Hop, Di–So 7.30–11, 13.30–17 Uhr; Eintritt frei) mit den üblichen Kriegsrelikten (Panzer, Flugzeuge) im Garten. Im Hauptgebäude, das wie ein traditionelles Gemeindehaus (*dinh*) gestaltet ist, ist eine bescheidene Sammlung archäologischer Funde, v.a. Keramik und Cham-Relikte, untergebracht. Ein Pavillon zur Linken präsentiert wenig ansprechend die Zeit des Ersten Indochinakrieges, ein Pavillon zur Rechten den Vietnamkrieg.

Phu Cat

Nordöstlich des Museums erstreckt sich das vorwiegend von chinesischen Einwanderern bewohnte Viertel Phu Cat. Hier liegt der stets belebte, von außen hässliche **Dong-Ba-Markt** H (Cho Dong Ba) mit seinem reichhaltigen Angebot an lokalen Produkten und Delikatessen. Hier ist auch ein guter Ort, die sog. Poetischen Hüte (*non bai tho*) zu erstehen – konische Kopfbedeckungen mit eingeklebten, im Gegenlicht gut zu sehenden Bildern und Gedichten als Schattenriss.

Etwas weiter reihen sich entlang der Chi-Lang-Straße einige chinesische

Unten: Mit Cyclos kann man bequem die weitläufige Zitadelle erkunden

Tempel und Gemeindehäuser, darunter der sehenswerte **Chieu Ung** I (tgl. 8-17 Uhr; Eintritt frei) gegenüber der Hausnummer 138. Er wurde 1908 errichtet und besticht durch rote, gelbe und rosa Farbtöne sowie reich verzierte Drachen, die wie Wellen den Dachfirst schmücken. Die moderne, katholische **Tin-Lanh-Kathedrale** überragt von einer Anhöhe aus das Viertel.

An-Dinh-Palast J

Der schmucke Rokoko-Bau wurde 1918 unter Khai Dinh nach nur einjähriger Bauzeit eröffnet. Die verspielte Fassade und die ausladenden Räume muten wie ein französisches Palais an. Hier, inmitten anderer europäischer Villen, weit weg vom Königshof, konnte der vorletzte Nguyen-Herrscher seinen frankophilen Neigungen nachgehen, Karten spielen und Cognac trinken. Als »Zeichen meiner besonderen Liebe« vermachte Khai Dinh den Palast seinem ältesten Sohn Vinh Thuy, der als Bao-Dai-Herrscher mit seiner Familie die Räume nach der Abdankung 1945 zeitweise bewohnte. In den 1920er-Jahren wurde ein drittes Geschoss aufgestockt und auf der Rückseite ein heute verschwundenes Theater angebaut – was die schmucklose Rückseite erklärt. Mit deutscher Hilfe erlebte das ziemlich heruntergekommene Gebäude eine behutsame Restaurierung.

Der Palast liegt unweit der imposanten **Notre-Dame-Kathedrale** am An-Cuu-Fluss. Ein Seitenbau dient als **Museum königlicher Antiquitäten** (150 Nguyen Hue, Di–So 8–11.30, 13.30–17 Uhr; Eintritt), doch die Sammlung von Porzellan, Silbergefäßen und Gewändern ist recht bescheiden.

Thien-Mu-Pagode K

Etwa 3 km westlich der Zitadelle, überragt von einem Hügel aus Chua Tien Mu (tgl. 8–17 Uhr; Eintritt frei) den Parfumfluss. Unter Fürst Nguyen Hoang 1601 gestiftet, repräsentiert der siebenstöckige und achtseitige **Turm der Quelle des Glücks** (Phuoc Duyen) die fünf sogenannten Manushi-Buddhas *(nhu lai)*, die dem Mahayana-Buddhismus zufolge bislang als Menschen erschienen sind. Auf jeder Seite flankieren drei Wächter das Tempeltor. Die Haupthalle birgt eine vergoldete Statue

TIPP

Am schönsten zeigen sich Hue und Umgebung bei einer Flussfahrt. Die markanten Drachenboote können über das Hotel oder direkt bei den Bootsfahrern an der Anlegestelle seitlich der Trang-Tien-Brücke gemietet werden. Wer am Nachmittag hinaus zur Thien-Mu-Pagode fährt (ca. 45 Min.), kann dort einen schönen Sonnenuntergang erleben.

Unten: Der achtseitige Phuoc-Duyen-Turm an der Thien-Mu-Pagode

Drachenboote auf dem Parfumfluss

des lachenden Buddha sowie die Buddhas der drei Zeiten. Seit 1701 ertönt eine extra für diese Pagode gegossene 2052 kg schwere Glocke und soll über 10 km weit zu hören sein.

In einem Seitengebäude ist ein alter Austin aufgebockt, jenes Auto, in dem sich der Mönch Thich Quang Duc am 11. Juni 1963 in Saigon zu einer Kreuzung fahren ließ und sich dann in Brand setzte. Mit dieser Selbstverbrennung protestierte er, wie viele andere nach ihm, gegen die Unterdrückung der Buddhisten durch den katholischen Präsidenten Diem.

Die Königsgräber

Im Unterschied zu den anderen Dynastien begruben die Nguyen ihre Toten nicht an deren Geburtsort, sondern legten die Königsgräber im Westen Hues zwischen den Hügeln zu beiden Ufern des Parfumflusses an. Zwar brachte diese Dynastie 13 Herrscher hervor, jedoch nur sieben von ihnen regierten bis zu ihrem Tod. So erhielten allein Gia Long, Minh Mang, Thieu Tri, Tu Duc, Kien Phuc, Dong Khanh und Khai Dinh Grabstätten im Süden Hues. Drei Herrschergenerationen wurden gewaltsam vom Thron gestoßen, weshalb sie innerhalb der Grabanlage von Duc Duc bestattet sind: Duc Duc selbst mit seiner Hauptfrau, ihrem Sohn Thanh Thai und dessen Sohn Duy Tan.

Die Straßen wurden zwar in den letzten Jahren ausgebaut, da nicht weit von den Gräbern die Ortsumgehung der Nationalstraße 1 A verläuft, doch einige, wie etwa jene vom Khai-Dinh-Grab zum Parfumfluss, sind noch ziemlich bescheiden. Wer alleine mit Fahrrad oder Moped unterwegs ist, kann auch schnell auf dem Weg zu den Gräbern verloren gehen, da die Beschilderung recht mangelhaft ist und es ziemlich viele Nebenstraßen gibt.

Struktur der Mausoleen

Die Gräber folgen einem recht starren, von chinesischen Vorbildern übernommenen Schema: Einem weiten, ziegelgepflasterten Hof (*bia dinh*) mit Steinfiguren, die Elefanten, gesattelte Pferde,

Unten: Nicht versäumen: eine Bootsfahrt auf dem Parfumfluss

Soldaten sowie Mandarine darstellen, schließt sich der Stelenpavillon an. In der Regel ließ der Thronfolger hier die Vita des Verstorbenen in eine steinerne Gedenktafel meißeln (nur Tu Duc schrieb seine selbst). Dahinter erblickt man den Gedenktempel (*tam dien*) zur Verehrung der verstorbenen Könige und Königinnen mit einigen Memorabilien. Die Witwe eines Königs musste bis zu ihrem Tod dafür sorgen, dass auf dem Altar des Verstorbenen beständig Räucherwerk und Aloeholz brannten. Beidseitig und hinter dem Tempel befinden sich Häuser für die Konkubinen, Diener und Soldaten zur Bewachung des Grabes. Der Herrscher wurde an einem geheimen Ort (*bao thanh*) von hohen Mauern und schweren Bronzetüren gesichert begraben.

Nam Giao Dan Ⓛ

Auf dem Weg zu den Mausoleen entlang der Dien Bien Phu gelangt man nach etwa 3 km zum »Altar für Himmel und Erde« (tgl. 8–17 Uhr; Eintritt frei). Dabei handelt es sich um drei übereinanderliegende, 1806 unter Gia Long errichtete Terrassen – zwei quadratische, eine runde – als Symbol für Himmel (Kreis) und Erde (Quadrat). Viel mehr ist heute nicht zu sehen.

Während der Nguyen-Dynastie brachten die Herrscher einmal jährlich, später alle drei Jahre auf der obersten, runden Terrasse Rauch- und Tieropfer dar, um als »Söhne des Himmels« (*thien tu*) die Harmonie zwischen Himmel und Erde zu erneuern. An den mehrtägigen Nam-Giao-Feiern waren bis zu 5000 Personen beteiligt. Drei Tage vor der Opferzeremonie zog sich der Herrscher zur inneren Reinigung in den heute verschwundenen Fastenpalast (Trai Cung) zurück.

Grab von Tu Duc Ⓜ

Das Mausoleum (tgl. 8–17 Uhr; Eintritt) liegt knapp 3 km westlich des Nam Giao an der Straße Xuang Thuong 4, die von Souvenirläden und Ständen zur Herstellung von Räucherstäbchen gesäumt ist. Drei Jahre lang schufteten 3000 Arbeiter, bis die Anlage 1867 vollendet war. Das harmonisch in die Landschaft eingebettete Mausoleum wirkt wie ein Miniaturpalast. Tu Duc, ein Sohn Thieu Tris und der vierte

TIPP

Es gibt keine klassische Reihenfolge der Grabbesichtigungen. Per Boot kann man die Gräber von Minh Mang und Gia Long besuchen. Aber dann müsste man ein Fahrrad mitnehmen oder ein Fahrzeug organisieren, um die anderen Grabstätten ansteuern zu können.

Unten: Der Kenotaph im Mausoleum von Tu Duc

TIPP

Schon König Tu Duc hat sich tagelang auf dem Areal seines Mausoleums aufgehalten. Auch heutige Besucher können einen angenehmen Nachmittag in einer ruhigen Ecke der Parklandschaft verbringen und die Seele baumeln lassen.

Nguyen-Herrscher, hatte den Thron 36 Jahre lang inne und übertraf mit seiner Amtszeit alle Vorfahren. Der König verbrachte seine Freizeit in den beiden Pavillons des Sees Luu Khiem. Die Schönheit der Umgebung inspirierte ihn zum Dichten, wenn er nicht gerade angelte. Der beliebtere der beiden Seepavillons ist jedoch der 1865 errichtete **Xung-Khiem-Pavillon.** Über eine Treppe gelangt man zu einem Seitengebäude, in dem eine Sammlung von Möbelstücken, Vasen und Schmuckkästchen zu besichtigen ist.

Eine weitere Treppe führt unweit davon zu einer mit steinernen Elefanten, Pferden und Mandarinen geschmückten Terrasse und der sich anschließenden Grabstätte. Ein von zwei Mauern umgebener Kenotaph dient als offizielles Grab. Wo Tu Duc wirklich bestattet ist, weiß niemand – wahrscheinlich irgendwo auf dem bewaldeten Gelände verborgen. Ebenfalls am See gelegen sind die Gräber von Tu Ducs Adoptivsohn Kien Phuc und der Königin Le Thien An.

Das Grab von **Dong Khanh,** dem 1889 nach vier Regierungsjahren verstorbenen Neffen und Adoptivsohn von Tu Duc, liegt nur wenige Meter außerhalb der Anlage. Es ist das kleinste der Königsmausoleen in Hue und wegen Restaurierungsarbeiten nur unregelmäßig zugänglich.

Grab von Thieu Tri N

Wenige Kilometer südlich liegt das Mausoleum von Thieu Tri (tgl. 8–17 Uhr; Eintritt). Er war Minh Mangs Sohn und regierte als dritter Nguyen-König von 1841 bis 1847. Das Mausoleum entstand 1847/48 im gleichen eleganten Architekturstil wie jenes seines Vaters, allerdings in wesentlich kleineren Ausmaßen. Die verwahrlost wirkende Anlage schließt einige Teiche mit ein und ist, im Gegensatz zu den anderen, nicht von einer Mauer umgeben.

Hon-Chen-Tempel O

Am westlichen Ufer des Parfumflusses, den beiden Mausoleen gegenüber gelegen, ragt hoch über dem Ufer ein Tempel auf, in dem von den Cham die Göttin Po Nagar verehrt wurde. Heute erweisen ihr die Vietnamesen unter dem Namen Thien Yana (Himmlische

Unten: Das Grab von Minh Mang zählt zu den schönsten Anlagen von Hue

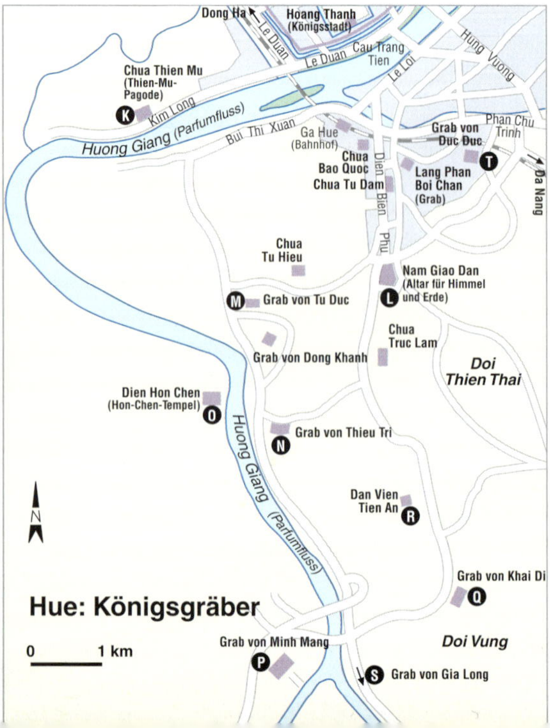

Mutter) die Ehre. Die Figur ist im erhöht liegenden Haupttempel Dien Hue Nam zu finden. Am 15. Tag des siebten Mondmonats findet zu ihren Ehren ein großes Fest statt, bei dem die Gläubigen, begleitet von einer Musikkapelle und einer dicken Weihrauchwolke, die Figur der Göttin in einer Prozession mitführen.

Grab von Minh Mang P

Das Mausoleum (tgl. 8–17 Uhr; Eintritt) liegt 5 km südlich des Stadtzentrums am Zusammenfluss zweier Nebenarme des Huong Giang (Ta Trach und Huu Trach). Minh Mang war der vierte Sohn Gia Longs und der zweite König der Nguyen. Er trieb den Bau der Königsstadt voran und war wegen seiner Reformen im Bereich des Brauchtums und der Landwirtschaft hoch angesehen. Ein Jahr vor seinem Tod (1840) hatte man mit dem Bau begonnen, der unter seinem Nachfolger Thieu Tri 1843 fertiggestellt wurde. Die Anlage lässt die Schönheit der Landschaft mit der majestätischen Architektur und dem zauberhaften Skulpturenschmuck verschmelzen. Am schönsten ist es hier ab Mitte März, wenn sich die wunderschönen Lotosblüten auf den Seen Trung Minh und Tan Nguyet öffnen.

Grab von Khai Dinh Q

Das Mausoleum von Khai Dinh (tgl. 8-17 Uhr; Eintritt) unterscheidet sich sehr von den anderen Königsgräbern. Es vereinigt Stilelemente des Orients und Okzidents und erinnert sogar ein wenig an ein europäisches Schloss. Nach elf Jahren Bauzeit wurde das Monument aus Stahlbeton 1931 fertiggestellt. Khai Dinh, der Adoptivvater von Bao Dai, saß von 1916 bis 1925 unter den französischen Kolonialherren auf dem Thron. Eine gewaltige Treppe mit Drachengeländer führt zur ersten Plattform. Von dort geht es über weitere Stufen zu einem von steinernen Elefanten, Pferden und Mandarinen gesäumten Hof, in dessen Zentrum eine mit chinesischen Schriftzeichen bedeckte Stele steht, die Bao Dai zum Gedenken an seinen Vater aufstellen ließ.

Der in der Kunst allgegenwärtige Drache ist ein Symbol des Herrschers, der Macht und für den Wohlstand

Unten: Das Grabmal von Khai Dinh

Die Ehrenallee vor dem Grab von Khai Dinh mit Tier- und Menschenfiguren aus Beton

Unten: Das Benediktinerkloster Thien An vereinigt buddhistische und christliche Elemente

Von außen betrachtet, vermisst man hier die Ruhe und erhabene Schönheit der Mausoleen Minh Mangs oder Tu Ducs. Umso überraschender ist sein Inneres: Der Boden ist farbig gekachelt, das Wandbild »Drache in den Wolken« an der Decke des mittleren Raums schufen Künstler unter Zuhilfenahme ihrer Füße. Links und rechts schließen sich Vorzimmer in Jadegrün an. Die Wände schmücken bunte Glasintarsien. Ihre Motive – Tiere, Bäume und Blumen – bieten einen starken Kontrast zum Äußeren des Mausoleums. Auch der Fußboden ist mit farblich wenig harmonischen Kacheln bedeckt. Über dem eigentlichen Grab erhebt sich eine 1922 in Frankreich gegossene lebensgroße Statue von Khai Dinh.

Dan Vien Thien An R

Wer vom Khai-Dinh-Grab nach Hue zurückkehrt, sieht auf halbem Wege inmitten eines Pinienhaines einen pagodenähnlichen Turm mit Kreuz aufragen. Ein Weg führt links ab zum dazugehörigen »Kloster des Himmlischen Friedens« (tgl. 8 bis 17 Uhr; Eintritt frei). 1940 von Benediktinern (Bien Duc) gegründet, beeindruckt es mit seinem Mix aus christlichen und buddhistischen Stilelementen. Fast 80 Patres und Brüder leben hier ziemlich autark und produzieren Möbel, leckere Süßigkeiten aus Jackfrucht und Kräutermedizin. Besucher sind willkommen.

Grab von Gia Long S

Das selten besuchte Mausoleum von Gia Long (tgl. 8 - 17 Uhr; Eintritt) liegt 18 km südlich von Hue am Fuß einer Hügelkette. Auf dem Landweg ist es sehr schlecht erreichbar, weshalb die

weit angenehmere Anfahrt mit dem Boot bleibt. Die 1814 begonnenen Bauarbeiten wurden 1820, im Todesjahr des 57-jährigen Königs, vollendet. Im Herzen der Anlage befindet sich das eigentliche Grab des Begründers der Nguyen-Dynastie. Es besteht aus zwei Kenotaphen für den Herrscher und seine erste Frau Thua Thien Cao und zwei Umfassungsmauern. Vorgelagert ist ein Ehrenhof mit einigen wenigen beschädigten Wächterfiguren. Zur Rechten dient der Minh-Thanh-Tempel der Verehrung des Herrscherpaares und zur Linken preist die von Minh Mang angefertigte Steleninschrift die Wohltaten des Gia-Long-Herrschers.

In der weitläufigen, durch Krieg und Klima stark beschädigten, aber mittlerweile sorgfältig restaurierten Anlage liegen eine Reihe weiterer, bis ins 17. Jh. zurückreichende Gräber des Nguyen-Klans. Schon allein die bezaubernde Lage vor einer eindrucksvollen Bergkulisse lohnt die lange Anfahrt.

Grab von Duc Duc T

Obwohl der Königsstadt am nächsten gelegen, wird das Mausoleum von Duc Duc (tgl. 8–17 Uhr, Einritt) kaum besucht. Nach nur drei Tagen auf dem Thron wurde der Herrscher am 23. Juli 1883 abgesetzt und ins Gefängnis geworfen, wo er ein Jahr später starb.

Sein Sohn **Thanh Thai,** der 1889 inthronisiert wurde und 1907 wegen Geisteskrankheit abdanken musste, ließ die Grabanlage 1899 für Duc Duc und seine Frau errichten. Nach seinem Tod 1954 wurde er ebenfalls hier bestattet.

Auch **Duy Tan,** der seinem Vater nur siebenjährig 1907 auf den Thron gefolgt war und 1916 ins Exil nach Réunion gehen musste, ist hier seit Überführung seiner Gebeine – er starb 1945 im Tschad – im Jahr 1987 bestattet.

Die Demilitarisierte Zone

Die Demilitarisierte Zone (DMZ) zählt in Widerspruch zu ihrem Namen zu den am meisten bombardierten Gebieten Vietnams. Als 1954 infolge der Genfer Indochinakonferenz der 17. Breitengrad als vorläufige Grenze zwischen Nord- und Südvietnam etabliert wurde, schuf man entlang des Ben-Hai-Flusses, rund 100 km nördlich von

TIPP

Die Gräber der Nguyen-Herrscher liegen so weit verstreut, dass man zwei Tage bräuchte, um sie alle zu sehen. Daher werden die abgelegenen Gräber von Gia Long und Kien Phuc meist ausgelassen.

Unten: Wie ein verspieltes Rokoko-Schloss: das Grabmal von Khai Dinh

TIPP

Der Besuch der DMZ dauert den ganzen Tag (100 km ab Hue). Abgesehen vom Vinh-Moc-Tunnel kann man kaum etwas auf eigene Faust erkunden. Meist wird man bei den organisierten Ausflügen (über fast jedes Reisebüro in Hue buchbar) vom Bus aus auf die einzelnen Erinnerungsorte hingewiesen, ohne sie genauer besuchen zu können. Blindgänger sind ein weiteres Problem, sodass man die Pfade nicht verlassen sollte.

Hue, eine je 8 km breite Pufferzone, in der kein Soldat stehen durfte. Die bei der Konferenz beschlossenen Wahlen wurden aber nie abgehalten, sodass sich daraus eine permanente Grenze bildete, die bis zur offiziellen Wiedervereinigung 1976 bestehen blieb.

Die Region war heiß umkämpft, weshalb es noch viele kriegsgezeichnete Gebiete gibt, etwa entlang der Nationalstraße 9, die etwas südlich des Ben-Hai-Flusses in Richtung Laos verläuft. Am Wegesrand liegen noch einige verlassene Camps der US-Armee, allen voran in **Con Thien** und **Khe Sanh.** »I had a brother at Khe Sanh fighting off the Vietcong«, verewigte Bruce Springsteen in seinem Welthit »Born in the USA« jenen Ort, wo etwa 250 US-Soldaten von Januar bis April 1968 während der 77-tägigen »Schlacht von Khe Sanh« gefallen waren, über 100 000 t Bomben und 10 000 t Napalm niedergingen – bis die USA im folgenden Juni die Khe Sanh Combat Base räumten.

Nördlich der DMZ lassen sich die höchst interessanten **Tunnel von Vinh Moc** ❷ (tgl. 7–17 Uhr; Eintritt) besichtigen, die von den Dorfbewohnern als Schutz vor der amerikanischen Dauerbombardierung angelegt wurden. Zwischen 1966 und 1971 harrten in dem über 2 km langen, auf drei Ebenen zwischen 17 und 23 m Tiefe angelegten Höhlensystem 60 Familien des zerstörten Dorfes Vinh Moc aus. Jede Familie hatte ihren eigenen Raum, es gab Küchen und eine Krankenstation, wo 17 Babys geboren wurden. Bis zum Schluss blieb das unterirdische System intakt.

Ein weiteres Kriegsmahnmal ist der **Truong-Son-Heldenfriedhof** ❸, 17 km von der Nationalstraße 1 A entfernt, etwa 13 km nördlich von Dong Ha. Die Gedenkstätte ist jenen nordvietnamesischen Soldaten gewidmet, die bei ihrem Einsatz entlang des Ho-Chi-Minh-Pfades in den Truong-Son-Bergen gefallen sind. Über 10 000 Grabsteine reihen sich über einen Hügel als bittere Erinnerung an die immens hohe Zahl an Kriegsopfern. Erst nach der Wiedervereinigung wurden die Gebeine hierher umgebettet, darunter sind viele Namenlose. Auf jedem Stein steht das Wort *liet si*, »Märtyrer«. ■

Unten: Geschütze und rekonstruierte Bunker in der Khe Sanh Combat Base

RESTAURANTS

Preise pro Person für ein Drei-Gänge-Menü:
● = unter 10 $
●● = 10–20 $
●●● = 20–30 $
●●●● = über 30 $

Vietnamesisch

◆ **Lac Thien, Lac Thanh und Lac Thuan**
6 Dinh Tien Hoang, Tel. 054/352 7348, tgl. Frühstück, Mittag- und Abendessen
Das Restaurant existiert bereits seit 1965 und taucht in allen größeren Reiseführern auf. Die drei nacheinander angeordneten Restaurants werden von einer gehörlosen Familie geführt. Die Besitzer sind dafür bekannt, dass sie den Gästen ihre typischen hölzernen Flaschenöffner als Souvenir mitgeben. Es werden traditionelle Gerichte nach Hue-Art serviert, die trotz der hohen Beliebtheit der Gaststätten immer noch sehr günstig sind. ●

◆ **Phuoc Thanh**
30 Pham Ngu Lao, Tel. 054/383 0989, tgl. Frühstück, Mittag- und Abendessen
Spezialisiert auf die königliche Hue-Küche. Die üppigen Sieben- oder Acht-Gang-Menüs sind sehr beliebt (reservieren!). Das kunstvolle traditionelle Äußere steht einer überraschend minimalistischen Inneneinrichtung gegenüber. ●●●

◆ **Phuong Nam Café**
38 Tran Cao Van, Tel. 054/384 9317, tgl. Frühstück, Mittag- und Abendessen
Im bei Touristen beliebten Lokal bekommt man, neben Pfannkuchen, hauptsächlich vietnamesische Gerichte. Probieren Sie *bun thit nuong* (gegrilltes Fleisch mit Nudeln). ●

◆ **Tropical Garden**
27 Chu Van An, Tel. 054/384 7143, tgl. Frühstück, Mittag- und Abendessen
Von 18 bis 21 Uhr wird zu den guten Hue-Gerichten Livemusik eines traditionellen Ensembles geboten. Probieren Sie eines der preiswerten Menüs oder genießen Sie einfach nur ein Eis und gute Musik. ●●

◆ **Y Thao Garden**
30 Thac Han St, Tel. 054/352 3018, tgl. Frühstück, Mittag- und Abendessen
Restaurant in einem hübschen Garten innerhalb der Burgmauern. Bestellen Sie königliche Hue-Küche oder ein Menü. ●●●

Französisch

◆ **La Boulangerie Française**
41 Nguyen Tri Phuong, Tel. 054/383 7437, tgl. Frühstück, Mittag- und Abendessen
Eine der besten französischen Bäckereien in Zentral-Vietnam. Die Pasteten, Torten, Kuchen und krossen Brote sehen nicht nur fabelhaft aus, sondern schmecken auch herrlich. Hier kümmert man sich zudem beispiellos darum, benachteiligte Straßenkinder zu Bäckern und Konditoren auszubilden. ●

Indisch

◆ **Omar Khayyam's**
(zwei Niederlassungen) 10 Nguyen Tri Phuong, Tel. 054/382 1616 und 22 Pham Ngu Lao, Tel. 054/381 0310, beide tgl. Mittag- und Abendessen
Omar ist so erfolgreich (und dies zu Recht), dass es in Hue gleich zwei Niederlassungen gibt. Das Lokal in Pham Ngu Lao ist das belebtere von beiden. Die Tandoori- und Curry-Gerichte sind hervorragend. Im Anschluss sollten Sie sich eine Tasse Tee und einen klebrig-süßen indischen Nachtisch gönnen. ●

International

◆ **La Carambole**
19 Pham Ngu Lao, Tel. 054/381 0491, tgl. Frühstück, Mittag- und Abendessen
Im La Carambole herrscht fröhliche Stimmung und besonders abends ist es hier oft voll. Auf der Karte findet man englische, französische und vietnamesische Klassiker. Empfehlenswert sind die Quiche und das hausgemachte Zitronensorbet. Die Bedienung spricht gutes Englisch und der Service ist schnell. ●●

◆ **Red Apple**
25 Tran Cao Van, Tel. 054/383 4466, tgl. Frühstück, Mittag- und Abendessen
Die exklusiven vietnamesischen und südostasiatischen Köstlichkeiten sind besonders gut, die Portionen sind allerdings etwas klein. Freundliche Bedienung. ●

◆ **Ushi**
42 Pham Ngu Lao, Tel. 054/382 1143, tgl. Frühstück, Mittag- und Abendessen
Genießen Sie einfache vietnamesische und westliche Speisen und staunen Sie über die heitere orange-hölzerne Ausstattung. ●

Japanisch

◆ **JASS Japanese Restaurant**
12 Chu Van An, Tel. 054/382 8177, tgl. nur Abendessen
Die Speisekarte ist überschaubar, dafür sind die Gerichte nahezu perfekt. Die Japanische Gesellschaft zur Unterstützung von Straßenkindern (JASS), führt ein Programm zur Beherbergung und Ausbildung von benachteiligten Straßenkindern durch. Das japanische Restaurant ist Teil einer neuen Initiative. ●●●

Die königliche Zitadelle in Hue

Die Stadtgeschichte ist ein Spiegelbild Vietnams: Dem Aufstieg unter den Nguyen folgten Kolonialherrschaft und Kriegszerstörungen. Nun wird restauriert.

Die Zitadelle entstand zu Beginn des 19. Jhs. Die Befestigungen folgten dem Vorbild des Militäringenieurs Vauban, doch die Anlage der Gebäude ist eine Kopie chinesischer Palastarchitektur. Drei Städte lagen hier ineinander: ganz außen die Hauptstadt, darin die Königsstadt und ganz innen die dem Hof vorbehaltene Verbotene Stadt. Das wichtigste Tor zur Königsstadt war das Südtor, häufig auch Mittagstor genannt, durch das man in den Hof der Riten und zur Halle der Höchsten Harmonie gelangte. In dieser hielt der König seine Audienzen ab. So spiegelte sich die strenge hierarchische Gesellschaftsordnung nach den Vorstellungen des Konfuzianismus auch in der Architektur wider. Nachdem der letzte König, Bao Dai, 1945 abgedankt hatte, fiel die Anlage dem Wetter und amerikanischen Bomben zum Opfer. Heute steht die Zitadelle auf der Welterbeliste der UNESCO. Dies hat die Anstrengungen zur Restaurierung verstärkt, was bisher dem Mittagstor und der Halle der Höchsten Harmonie zugutekam. Doch von einer Reihe von Bauwerken war so wenig erhalten, dass an ihrer Stelle schlicht Neubauten entstanden sind. ■

Links: Der königliche Drachen *(long nhan)* symbolisiert die Herrschaft über Berge und Wasser und damit den König selbst. Normale Drachen haben vier Klauen, er aber hat fünf

Oben: Der Bau der Zitadelle wurde von Gia Long, dem ersten König der Nguyen-Dynastie, begonnen, nachdem er 1802 Hue zur Hauptstadt ausgerufen hatte

Oben: Das Südtor oder Mittagstor war zeremonieller Eingang zum Palast und Aussichtstor des Königs für Paraden und Festveranstaltungen

Die Mausoleen der Nguyen-Könige

Die Mausoleen liegen in der leicht hügeligen Umgebung des Parfumflusses einige Kilometer stromaufwärts von der Zitadelle. Sie folgen hauptsächlich chinesischen Vorbildern. Je mehr die Dynastie degenerierte, desto mehr andere Einflüsse sind allerdings erkennbar. Minh Mang (reg. 1820 bis 1841) folgte noch ganz den konfuzianischen Vorgaben, während Tu Duc (reg. 1848 bis 1883) schon zu Lebzeiten viel Zeit in dem mit Teichen versehenen Park verbrachte. Er saß mit seinen Konkubinen dichtend in Pavillons, während Frankreich sein Land eroberte. Khai Dinh (reg. 1916 bis 1925), eine Marionette der Kolonialherren, passte sich dem westlichen Stil dann sehr stark an. Allen Königen wurden Ehrentafeln errichtet, doch wo genau sie wirklich begraben liegen, weiß niemand, damit ihre Gräber nicht ausgeraubt werden konnten.

Oben: Eingangspavillon im Mausoleum von Minh Mang. Das mittlere Portal war dem König vorbehalten

Rechts: Das Mausoleum von Khai Dinh ist ein kurioser Mix aus europäischen und asiatischen Stilelementen. Seine lebensgroße Bronzefigur über dem Grab wurde 1922 in Frankreich gefertigt

Danang und Hoi An

Die geschäftige Metropole Danang im Herzen Zentral-Vietnams zählt zu den größten Städten des Landes. Ganz in der Nähe schmiegt sich die alte Hafenstadt Hoi An an den Thu-Bon-Fluss. Entlang der Küste finden sich wunderschöne Strände und alte Cham-Heiligtümer.

Danang wird meist von Reisenden ignoriert, obwohl sie landschaftliche und kulturelle Attraktionen in der Umgebung birgt. Hoi An hingegen ist eine Touristenhochburg. Der einstige Welthafen mit einem gut erhaltenen historischen Stadtkern ist heute UNESCO-Welterbe und ein Eldorado für alle, die gerne einkaufen.

Die 110 km lange Strecke von Hue entlang der Nationalstraße 1 A über den 496 m hoch gelegenen **Wolkenpass** ❹ (Deo Hai Van) nach Danang gehört zu den schönsten des Landes. Die etwa 3½-stündige Fahrt verläuft durch weite Ebenen und über serpentinenreiche Anhöhen mit teilweise spektakulären Aussichten.

Unterwegs passiert man die Halbinsel **Lang Co** ❺, die sich zwischen eine azurblaue Lagune und das Südchinesische Meer mit kilometerlangen weißen Sandstränden schiebt. Wie für Postkartenfotos angepflanzt, wiegen sich hohe Kokospalmen im Wind. Das Klima wird sichtlich tropischer, nachdem man die Höhe des Wolkenpasses erreicht hat. Um 30 Minuten einzusparen, kann man alternativ durch den 6 km langen **Hai-Van-Tunnel** fahren.

Danang ❻

Die Provinzhauptstadt Danang (Da Nang) liegt ungefähr in der Mitte des Landes: Nach Hanoi sind es 764 km, nach Ho Chi Minh City 964 km. Seit ihrer offiziellen Gründung 1889 entwickelte sie sich vom Fischerdorf zur bedeutenden Hafenstadt und ist heute mit knapp 1 Mio. Einwohnern die drittgrößte Stadt Vietnams. Der internationale Flughafen ist ein Drehkreuz des vietnamesischen Flugverkehrs. Rund um die Stadt gibt es kilometerlange Strände und damit gute Wassersportmöglichkeiten, luxuriöse Strandresorts, hervorragende Golfplätze und viele attraktive Sehenswürdigkeiten.

Geschichte

Unter den Franzosen besser als *Tourane* bekannt, ist Danang v.a. wegen seiner

NICHT VERPASSEN!

- Cham-Museum
- China Beach
- Marmorberge
- Bach-Ma-Nationalpark
- Hoi An
- My Son

Links: Linh-Ung-Pagode **Unten:** Fischer am Lang Co Beach

Zeremonie im Cao-Dai-Tempel, Danang

TIPP

Hinter der Kathedrale führt die Kirche die Behindertenschule **Thanh Tam.** Die meisten Kinder sind taubstumm. Besucher können gerne vorbeischauen und einen Blick in den Souvenirladen mit selbst gebastelten Produkten werfen. Die Schule führt zudem einen Stand mit Fruchtsäften und ein Internetcafé.

Rolle während des Vietnamkrieges in Erinnerung geblieben. Die strategische Lage machte die Stadt zur zweitgrößten (nach Saigon) Militärbasis der US-Armee. Es war in der Bucht von Danang, wo am 8. März 1965 die ersten 3500 amerikanischen Marinesoldaten an Land gingen und von Fähnchen schwingenden Mädchen begrüßt wurden. Der Abschied zehn Jahre später, als nordvietnamesische Truppen in der Stadt einmarschierten, ohne auf großen Widerstand zu stoßen, war für die Weltmacht weniger erfreulich: Vor laufender Kamera nahmen zwei Flugzeuge Hunderte von panisch fliehenden Südvietnamesen auf, darunter viele Soldaten. Als die Türen bereits verschlossen waren, klammerten sich Flüchtlinge an das Fahrgestell der Flieger, um kurz darauf ins Meer zu stürzen. Am 29. März 1975 war Danang von den Amerikanern geräumt.

Doch die Begegnung mit westlichen Ausländern begann viel früher. Im 17. und 18. Jh. gingen in der Bucht von Danang die ersten Spanier und Franzosen an Land. Im Verlauf des 19. Jhs. überflügelte die Stadt sogar Faifo (das heutige Hoi An) als bedeutendster Hafen und wichtigstes Handelszentrum in Zentral-Vietnam.

Cao-Dai-Tempel Ⓐ

Obwohl die meisten Cao-Dai-Anhänger im tiefen Süden leben, haben sie auch hier in Danang einen Tempel (Chua Chao Dai, 63 Haiphong). Von der Anlage her ist er ähnlich bunt und ausladend gestaltet wie das Vorbild in Tay Ninh (s. S. 302). Ein Vorsteher und 15 Priester sind für die etwa 20 000 Gläubigen zuständig und laden wie üblich viermal täglich (6, 12, 18, 24 Uhr) zum Gebet ein. Zwar dürfen Besucher nicht das Hauptgebäude betreten, wohl aber können sie sich auf dem Gelände aufhalten.

Cham-Museum Ⓑ

Wenn es einen Grund gibt, in Danang einen Halt einzulegen, dann ist es das im Süden des Stadtzentrums an der Ecke Trung Nu Vuong und 2 Thang 9 gelegene Cham-Museum (Bao Thang Dieu Khac Champa, tgl. 7–17.30 Uhr;

Eintritt, www.chammuseum.danang.vn). Es birgt die weltgrößte Sammlung von Skulpturen der Cham-Kultur und vereinigt über 400 Exponate aus fast tausend Jahren unter einem Dach. Forscher der *École Française de l'Extrême Orient* hatten seit Beginn des 20. Jhs. die Figuren, Altäre, Friese, Gedenksteine und Dekorationsstücke nach umfangreichen Ausgrabungen zusammengetragen. 1919 wurde das im Stil eines Cham-Tempels errichtete hufeisenförmige Gebäude offiziell eröffnet, 2004 kam ein großer Anbau dazu.

Die Räume sind nach den Hauptfundorten benannt (My Son, Tra Kieu, Dong Duong und Thap Mam), wurden aber vor einiger Zeit weitgehend neu gestaltet. Zu den schönsten Exponaten zählen Tänzerdarstellungen an einer nur teilweise erhaltenen Altarbasis und ein prächtiger Altar aus Tra Kieu (7. Jh.), auf dessen umlaufenden Relief Szenen aus dem Ramayana eingemeißelt sind. Die kurze Zeit, in der die Cham dem Buddhismus anhingen (9./10. Jh.), ist mit Altarreliefs und Buddha-Figuren vertreten. Dazu gehört die einzige Bronzefigur des Museums, die weibliche Gottheit Tara. Zu den Besonderheiten der Cham-Kunst zählt die Darstellung von vielen Frauenbrüsten rund um Altarbasen, denn dieses Motiv ist in anderen indisierten Kulturen (etwa Angkor) unbekannt. Wahrscheinlich liegt dieser Gestaltung ein Fruchtbarkeitskult zugrunde.

Kathedrale C

»Hahnenkirche« (Nha Tho Con Ga) haben die Einheimischen die markante pastellfarbene Kathedrale (Chinh Toa Da Nang) wegen des Wetterhahns auf dem Turmkreuz getauft. Das 1923 erbaute Gotteshaus liegt an der 156 Tran Phu und lohnt sich aufgrund der schönen Glasfenster im Inneren. Geöffnet ist meist nur zu den Gottesdienstzeiten, unter der Woche vor allem ab 17 Uhr.

Bread for Life D

Taubstumme haben es in Vietnam ausgesprochen schwer. Vor allem für arme

Exponate im Cham-Museum

Unten links: Die Kathedrale von Danang
Unten rechts: Das Cham-Museum

TIPP

Besonders in den Sommermonaten ist der China Beach ein hervorragender Ort für Surfer. Wer nicht in einem der teuren Resorts wohnt, kann sich Surfbretter in Tam's Pub & Surf Shop (43 Ho Xuan Huong, www.tamspub.com) für wenig Geld ausleihen. Der kleine Laden liegt zwei Häuserblöcke vom Strand entfernt, zwischen der Tuyen-Son-Brücke und dem Furama Resort.

Familien vom Land sind sie eine besondere Belastung. Ohne zur Schule gegangen zu sein oder die Zeichensprache erlernt zu haben, führen sie ein tristes Dasein. Seit einigen Jahren betreibt die christliche Organisation Bread for Life (Tel. 0511/356 5185, Mo bis Sa 7–21.30 Uhr, www.partnersincompassion.org) ein von Taubstummen geführtes Café in der 12 Le Hong Phong – mit kostenlosem WLAN und angeschlossener Bäckerei. Es bietet ihnen nicht nur ein Auskommen, sondern auch die Möglichkeit, mit der Außenwelt in Kontakt zu kommen. Die Organisation freut sich auf engagierte Mitarbeit und natürlich jede Spende, damit mehr Kinder aus der Region die Zeichensprache erlernen und damit die Chance für eine Ausbildung erhalten.

Umgebung von Danang

Halbinsel Son Tra E

»Monkey Mountain« nannten US-Soldaten während des Vietnamkrieges die Halbinsel (Ban Dao Son Tra) nordöstlich des Stadtzentrums. In den geschützten Wäldern tummelt sich noch manches Wildgetier. Neben Makaken kann man gelegentlich Zibetkatzen sichten. Lange war Son Tra als militärisches Sperrgebiet nicht zugänglich, dank der neuen Straße kann man es heute per Moped oder Fahrrad problemlos erkunden. Die Straße führt entlang hoher Steilklippen und durch dichten Regenwald. Ein Leuchtturm an der Ostseite ist leider nicht zu besichtigen, und auch die schönsten Strandabschnitte sind nur für Gäste der edlen Strandresorts zugänglich. Von der Spitze bietet sich ein wunderschöner Blick auf die Bucht von Danang.

China Beach

Mehrere Brücken überspannen den Han-Fluss und bieten gute Verbindungen zum Strand, doch besonders markant ist die **Cau Song Han,** eine drehbare und allnächtlich wunderschön beleuchtete Hängebrücke. 2009 wurde im Norden der Stadt die 1,8 km lange **Thuan-Phuoc-Hängebrücke** als Verbindung zur Halbinsel eröffnet, und 2011 wird die sechsspurige **Nguyen-Van-Troi-Tran-Thi-Ly-Brücke** im Süden Danangs zwei ältere Brücken ersetzen.

Unten: Tiefblaues Meer, schneeweißer Sand: der legendäre China Beach

Als **China Beach** Ⓕ machten US-Soldaten während des Vietnamkrieges einen Küstenstreifen berühmt, der von Son Tra über 30 km bis zum Cua Dai Beach bei Hoi An verläuft. Die Vietnamesen benennen jedoch die Strandabschnitte nach den dazugehörigen Ortschaften. Von Nord nach Süd sind dies **My Khe, Bac My An, Non Nuoc** (auf der Höhe der Marmorberge), **An Bang** und schließlich **Cua Dai** auf der Höhe von Hoi An (s. S. 226).

Danang am nächsten liegt My Khe. Der Strandabschnitt gegenüber dem ehemaligen Militärstützpunkt der US-Armee war einst der beliebteste Ort für das »Rest- & Recreation-Program« (Sonne, Sand, Sex) der Soldaten. Nach 1975 war der breite, baumlose Strand für drei Dekaden nahezu verwaist. Doch das ist Vergangenheit. Mittlerweile haben internationale Investoren das touristische Potenzial erkannt und bereits kräftig in edle Resorts investiert. Den Reigen eröffnete Mitte der 1990er-Jahre das preisgekrönte Furama Resort, seit 2010 heißt das noble Life Resort Gäste willkommen und 2011 wird ein Hyatt Regency folgen.

Auf der Höhe der Abschnitte Non Nuoc und An Bang kann man im **Montgomerie Links** Ⓖ (Tel. 0510/394 2942, www.montgomerielinks.com) seit 2008 den Golfschläger schwingen. Der 18-Loch-Platz wurde vom schottischen Stargolfer Colin Montgomerie gestaltet und bietet auch Übernachtungsmöglichkeiten.

Die Grotten in den Marmorbergen bergen zahlreiche Schreine und Altäre

Marmorberge Ⓗ

Gut 11 km südlich von Danang ragen auf der Höhe des Non-Nuoc-Strandes fünf einzeln stehende Berge (Ngu Hanh Son) aus der flachen Ebene. Sie sind nach den fünf grundlegenden Elementen benannt: Kim Son (Metall), Thuy Son (Wasser), Moc Son (Holz), Hoa Son (Feuer), Tho Son (Erde). Höhlen im Berginnern beherbergen Altäre für Buddhas, Bodhisattvas und von Einheimischen verehrte Geister. Bereits die Cham hielten dort einst religiöse Rituale ab. Der **Thuy Son** (tgl. 8–17 Uhr; Eintritt) ist mit einer Vielzahl von Grotten, Tempeln und Pfaden mit Abstand der

Unten: Die Marmorberge südlich von Danang

Einige der französischen Villen aus den 1920er-Jahren wurden im Bergresort Ba Na renoviert

populärste Gipfel hier. Die Pfade über den Hügel sind gut markiert und einfach. Die höchstgelegene Höhle, **Huyen Khong,** birgt einen Gang, der hinauf bis zum Gipfel mit einem Ausguck führt. Von dort bietet sich ein wunderbarer Rundumblick – was während des Krieges auch die Vietkong-Kämpfer zu schätzen wussten.

Einst wurde in den Bergen Marmor abgebaut, doch das ist mittlerweile verboten. Trotzdem gibt es in den Siedlungen am Fuß der Berge zahlreiche Steinmetz-Werkstätten. Die Marmorblöcke stammen heute aus der nördlichen Provinz Thanh Hoa. Das Angebot in den vielen Geschäften reicht von Miniaturfiguren über Grabsteine bis zu riesigen Buddha-Statuen.

Bergresort Ba Na ❼ und Suoi Mo

Westlich von Danang thront in 1136 m Höhe das **Ba-Na-Bergresort** (tagsüber, Eintritt). Auf der Nui Chua (Pagodenberg) genannten Erhebung etablierten bereits die Franzosen in den 1920er-Jahren eine Sommerfrische, um dem schwülheißen Klima in der Ebene zu entfliehen. Doch das Bergresort, wo die Temperaturen immer 10 °C unter jenen in der Ebene liegen, wurde nach ihrem Abzug 1954 verlassen und während des Krieges vom Dschungel zurückerobert. Heute ist Ba Na wieder ein populäres Touristenziel, allerdings in typisch vietnamesischer Manier: mit lauten Karaokebars, Affen in kleinen Käfigen und Restaurants mit Fleisch bedrohter Wildtiere auf der Karte.

Doch wer im **Ba-Na-Nui-Chua-Naturschutzgebiet** den Wanderwegen folgt, trifft auf eine vielfältige Flora und Fauna. Dazu zählen viele Vogel- und Schmetterlingsarten, eine surrende Armee von Insekten und hyperaktive Affen. In den Baumwipfeln verstecken sich zudem seltene Orchideen.

Es gibt nur eine annehmbare, sehr auf einheimische Gäste zugeschnittene Unterkunft hier oben. Das **Ba Na by Night Resort** (Tel. 0511/383 7290) bietet bei klarem Himmel einen fantastischen Blick in die Ebene. Nicht weit davon entfernt erhebt sich auf einem

Unten: Erholung in den Bergen: Ba Na

Felsvorsprung die **Linh-Ung-Pagode;** sie ist vor allem aufgrund einer 24 m hohen sitzenden Buddha-Figur sehenswert. Nahebei fährt eine **Gondelbahn** zu einer weiter oben gelegenen Bergstation. Allerdings ist ihr Betrieb ziemlich unregelmäßig.

Für manche Besucher sind die »Traumquellen«, **Suoi Mo** (tagsüber; Eintritt), interessanter als Ba Na selbst. Nur 2 km hinter der Abzweigung nach Ba Na gelangt man zu einem ursprünglichen Bergstrom mit einigen Wasserfällen. Das Wasser ist dort so klar, dass man auch an tieferen Stellen den Grund sehen kann. Also: Badehose und Proviant einpacken und dann entspannt den flatternden Schmetterlingen und bunten Vögeln zusehen.

Bach-Ma-Nationalpark 8

Auf 1450 m überragen nordwestlich von Danang die Bach-Ma-Berge die Ebene. Wie Ba Na dienten sie den Franzosen als Sommerfrische. Aber noch bevor die Franzosen 1932 das Bergresort offiziell eröffneten, interessierten sich Vogelkundler für den seltenen endemischen Edwardsfasan. In den 1940er-Jahren wurde das Federvieh für ausgestorben gehalten, doch fünf Dekaden später hat man einige Exemplare wieder entdeckt. Die Sommerfrische wurde nach Abzug der Franzosen verlassen, sodass die damals 139 Villen verfielen.

Heute ist der etwa 220 km² große Nationalpark (Vuon Quoc Gia Bach Ma, Tel. 054/387 1330, www.bachma.vnn.vn, tagsüber; Eintritt) ein ökologisches Juwel. Etwa 2150 Pflanzen-, 358 Vogel- und über 50 verschiedene Arten von Reptilien und Amphibien wurden bislang gezählt. Darüberhinaus tummeln sich 57 Fischspezies im Wasser und 894 bislang identifizierte Insektenarten in der Luft. Unter den neun Primatenarten sind verschiedene Untergruppen von Makaken, Languren, Loris und Gibbons zu finden. Das erst 1992 entdeckte Vu-Quang-Rind (Sao La) ist hier ebenso heimisch wie Riesenmuntjaks. Sie dienen möglicherweise in den eher abgelegenen Ecken manchem Tiger oder Leoparden zum Fraß. Traumhaft ist der Anblick der schönen Baumfarne und Azaleen, die im Februar wunderbar rot blühen.

Aufgrund seiner Höhe hat Bach Ma ein besonderes Klima und ist mit durchschnittlich 8 m Niederschlag im Jahr möglicherweise der nasseste Ort Vietnams. Ein Großteil fällt in den Monaten September bis Dezember. Am Gipfel ist es um einige Grade kälter als in der Ebene, weshalb beim Besuch in den Wintermonaten warme Kleidung und Regenschutz nicht fehlen sollten.

Innerhalb des Parks gibt es mehrere ausgewiesene Wanderwege. Auf dem besonders während der Blütezeit der Azaleen im Februar wunderschönen **Rhododendron Trail** führen 689 Treppenstufen bis zum Fuß eines 300 m hohen Wasserfalls. Der **Five Lakes Cascade Trail** verläuft entlang mehrerer klarer Tümpel und Kaskaden. Ein paar der Wasserfälle können auch vom **Besucherzentrum** aus angesteuert werden, darunter der **Thuy Dien** und der **Da Dung.** Wenn das Wetter klar ist, dann ist der **Summit Trail** ein spekta-

TIPP

Um nach Ba Na zu gelangen, fährt man in Danang die Ausfallstraße Hung Vuong gen Westen, biegt links in die Straße Nr. 601 ein, durchfährt das Geschäftsviertel weiter, bis man die Stadt hinter sich hat. An einer Gabelung nach 28 km zweigen links die Straße nach Ba Na und rechts die Straße nach Suoi Mo ab. Am Fuß des Berges muss man den Eintritt entrichten. Da es von da ab sehr steil ist, nimmt man für die letzten 20 km besser den Pendelbus zur Bergspitze.

Unten: Fast 900 Insektenarten leben im Bach-Ma-Nationalpark

Die Halbinsel Lang Co bietet einige der schönsten Strände Zentral-Vietnams

kulärer Ort, um den Sonnenauf- oder -untergang zu beobachten. Etwa 5 km vom Parkeingang entfernt führt der **Pheasant Trail** durch dichten Regenwald zu einem Wasserbecken mit dem gleichnamigen Wasserfall.

Bach Ma liegt 60 km nordwestlich von Danang. Kommt man von dort, so muss man zunächst den Wolkenpass und die Lagune von Lang Co passieren (s. S. 213). Nach weiteren 15 km bietet sich der Abstecher zur »Elefantenquelle«, **Suoi Voi** (tagsüber; Eintritt), an, einem Bergstrom mit mehreren kristallklaren Wasserstellen. Fährt man die Nationalstraße 1 A weiter gen Norden, so zweigt in der Stadt Cau Hai eine Straße links in Richtung Berge ab. Nach 3 km gelangt man zum Eingang des Parks, wo man seinen Wagen parken muss und in den Zubringerbus steigt.

Hoi An ❾

Die Stadt, die auf der UNESCO-Welterbeliste steht, liegt nur 25 km südlich von Danang. Neben Hue ist Hoi An die beliebteste Touristendestination in Zentral-Vietnam. Die zauberhafte altertümliche Stadt schmiegt sich an das Ufer des Flusses Thu Bon, der sich nur 4 km weiter ins Südchinesische Meer ergießt. Dort liegt auch der attraktive Cua Dai Beach (s. S. 226).

Die Geschichte von Hoi An reicht zurück in die Zeit der Cham, als dort ab dem 2. Jh. der Seehafen Dai Chien lag. Daraus entstand während der Tran-Dynastie (1225–1400) ein wichtiger Hafen. Anfang des 16. Jhs. erforschten die Portugiesen die Region, ihnen folgten die ersten europäischen Seehandelsgesellschaften. Dann kamen Chinesen, Japaner, Holländer, Briten und Franzosen und mit ihnen auch die ersten Missionare aus Italien, Portugal, Frankreich und Spanien.

Mehrere Jahrhunderte lang war das damals von den Europäern Faifo (auch Hai Po) genannte Hoi An eine wichtige Anlaufstation in Südostasien. Doch Ende des 18. Jhs. begann ihr Stern zu sinken. Während der Tay-Son-Rebellion wurden weite Teile der Hafenstadt zerstört. Schließlich veränderten sich auch die Flussläufe an der Thu-Bon-Mündung und wurden mit zunehmender Versandung für die größer werdenden Hochseeschiffe unbefahrbar. Man

Unten: Restaurants am Ufer des Thu Bon in Hoi An

Karte auf Seite 196

baute einen neuen Hafen an der Mündung des Han, sodass Danang Hoi An als Seehafen ablöste. In den frühen 1980er-Jahren erkannte die UNESCO den historischen Wert des einzigartigen Bauensembles und finanzierte einige Restaurierungsarbeiten. Seit 1999 besitzt Hoi An den Welterbestatus. Leider werden die Bauten durch alljährlich im Oktober und November wiederkehrende Überschwemmungen ständig in Mitleidenschaft gezogen.

Heute hat die Stadt etwa 120 000 Einwohner, von denen jeder Zehnte in der Altstadt lebt. Letztere grenzt an das Nordufer des Thu Bon und ist mit ihren engen Gassen und einem harmonischen Bauensemble ein Schmuckkästchen für Touristen. In viele historische Gebäude mit Holzbalken, geschnitzten Türen und luftigen Räumen sind Souvenirläden eingezogen, die sich den Anschein von Museen geben. Natürlich wirken die schmucken Häuser auf Besucher anziehend, viel mehr noch sind es aber die schier endlosen Einkaufsmöglichkeiten, welche Hoi An in ganz Vietnam bekannt gemacht haben. Schneidergeschäfte scheinen allgegenwärtig zu sein, und mancher Tourist hat seine Koffer voller neuer Anzüge und Kleider gefüllt. So ist dem Versuch, den historischen Charakter der Stadt zu erhalten, aufgrund der überhand nehmenden Kommerzialisierung wenig Erfolg beschieden. Schließlich lebt hier ein Großteil der Bewohner vom Tourismus.

Ein **Sammelticket** wird in mehreren Touristenbüros in der Altstadt verkauft und gestattet den Zugang zu einem von vier Museen, einem von drei Kaufmannshäusern, einer von drei chinesischen Versammlungshallen, einer Werkstatt (inklusive der Aufführung traditioneller Musik) und entweder der Japanischen Brücke oder dem Quan-Cong-Tempel. Die meisten Sehenswürdigkeiten sind täglich von 7–11 und 15 bis 18 Uhr geöffnet.

Westseite und japanisches Viertel

Der älteste Teil der Stadt erstreckt sich zwischen drei parallel zum Thu-Bon-Fluss verlaufenden Gassen. Die quer

Näherinnen aus Hoi An haben viel zu tun. Touristen lassen sich gerne etwas schneidern

Unten: Am Zentralmarkt von Hoi An

Im Kaufmannshaus Phung Hung mischen sich chinesische und vietnamesische Stilelemente

zum Fluss verlaufende Le Loi wurde im 16. Jh. angelegt und ist daher die älteste Straße der Stadt. Ein japanisches Viertel mit überdachter Brücke, Geschäften und Häusern im Stil Nippons entstand gegen Ende des 16. Jhs. im Westen. Ein halbes Jahrhundert später ließen sich infolge des Zusammenbruchs der Ming-Dynastie um 1644 vermehrt Händler aus den südchinesischen Küstenprovinzen nieder.

Die bewegte Vergangenheit Hoi Ans spiegelt sich auch in seiner Architekturgeschichte wider. Die Altstadt ist eine faszinierende Mischung aus Tempeln, Pagoden, Versammlungshallen, Schreinen, Familientempeln sowie Kaufmanns- und Privathäusern.

Die **Le Loi** liegt im Herzen der Altstadt und ist ein guter Ort, um einen Rundgang zu beginnen. Folgt man ihr in Richtung Fluss, findet man rechter Hand kurz vor der Tran Phu einen **Ticketschalter.** Biegt man nach rechts in die Tran Phu ein, so taucht bei der Hausnummer 176 die **Versammlungshalle der Kantonesen** Ⓐ (tgl. 7–18 Uhr) aus dem Jahr 1786 auf. Sie ist ein stimmungsvoller Ort mit einem Zierbrunnen in der Hofmitte, mit ineinander verschlungenen Drachen und Schildkröten. Im Tempelinneren sind Räucherspiralen zur Verehrung des Generals Quan Cong aufgehängt.

Auf der anderen Straßenseite birgt das **Museum für Sa-Huynh-Kultur** Ⓑ (tgl. 8–17.30 Uhr) an der 149 Tran Phu eine Sammlung von Schmuck und Tongefäßen aus der prähistorischen Kultur Zentral-Vietnams (s. S. 235). Ein Stück weiter geht das **Revolutionsmuseum** auf die jüngere Geschichte ein.

Die Tran Phu weiter gen Westen endet an der **Japanischen Brücke** Ⓒ, dem Wahrzeichen von Hoi An. Von Händlern aus Nippon erbaut, verband sie das japanische mit dem chinesischen Viertel. Ihre geschwungene Form und die grüngelben Ziegel des Daches assoziieren fließendes Wasser. Aus den an

Unten: Die Japanische Brücke

den Eingängen sitzenden Tierfiguren schließt man, dass die Brücke im Jahr des Affen (möglicherweise 1593) begonnen und im Jahr des Hundes (dann 1595) fertiggestellt wurde. 1763 folgte ein ganz neuer Brückenbau, der in der Folgezeit vielfach restauriert wurde.

Einer Legende zufolge war ein gigantischer Drache für heftige Erdbeben verantwortlich. Sein Kopf lag in Indien, sein Schwanz in Japan und sein Herz in Hoi An. Daher wurde auf der Brücke der **Chua Cau** errichtet, um diesen Drachen zu besänftigen. Der schlichte Schrein birgt heute eine kleine Statue des Herrschers des Nordens, Tran Vo Bac De.

Jenseits der Brücke liegt die Nguyen Thi Minh Khai mit dem recht interessanten **Phung-Hung-Haus** Ⓓ (Nr. 4, tgl. 8.30–17 Uhr; Eintritt frei). Seit 230 Jahren ist es im Besitz derselben Familie und weist japanische und chinesische Stilelemente auf. Die Hauseigentümer machen gerne Führungen und verkaufen Stickereien und Souvenirs.

Wieder zurück über die Japanische Brücke zur Tran Phu und weiter über die rechter Hand parallel verlaufende Nguyen Thai Hoc gelangt man zum **Tan-Ky-Haus** Ⓔ (Nr. 101, tgl. 8.30–12, 14–16.30 Uhr) aus dem ausgehenden 18. Jh. Das »Pfandleiherhaus« reicht bis zur Uferstraße Bach Dang hinunter und lässt den typischen Tunnelcharakter vieler Kaufmannshäuser erkennen. Einem repräsentativ gestalteten zweistöckigen Vorderhaus folgt ein Lichthof samt Brunnen mit anschließendem Wohnbereich. Die verzierten Stützsäulen und Dachbalken sind aus dem Holz des Jackfruchtbaumes gearbeitet und vereinigen vietnamesische, japanische und chinesische Einflüsse. Typisch chinesische Elemente sind die wie ein Krebspanzer geformten Deckenverzierungen. Sehr eindrucksvoll sind in diesem Haus die Altäre für die Ahnen und daoistischen Götter.

Ostseite und französisches Viertel

Folgt man der Nguyen Thai Hoc gen Osten, passiert man bei der Nr. 53 das **Hoi An Department für Schwalbennester** Ⓕ. Da diese Nester nur zweimal jährlich auf der Cham-Insel (s. S. 226) gesammelt werden, ist hier meist wenig

Räucherstäbchen in einem Tempel in Hoi An

Unten links: Das Kaufmannshaus Tan Ky
Unten rechts: Seidenstoffe stapelweise

»

Die Schwalbennester werden von den Weißnest-Salanganen durch ihren Speichel produziert, mühevoll und gefährlich in Grotten und Höhlen eingesammelt und dann als Suppe serviert. Für diese Delikatesse bezahlen Chinesen Unsummen – einerseits, um damit ihren Wohlstand zu demonstrieren, andererseits wegen der vermuteten Heilwirkung.

los. In der Nguyen Thai Hoc Nr. 33 bietet das **Museum für Folklore** Ⓖ (tgl. 8–17.30 Uhr; Eintritt frei) eine Werkstätte für Kunsthandwerk und eine Ausstellung mit alten Werkzeugen und Werkstücken.

Die **Werkstätte für Kunsthandwerk** Ⓗ ist in einem 200 Jahre alten chinesischen Kaufmannshaus an der Nguyen Thai Hoc Nr. 9 untergebracht und produziert und verkauft Handwerksprodukte wie Lampen und Schnitzereien im angeschlossenen Laden. Die Auswahl ist groß, aber es gibt hier nichts, was nicht auch andere Läden der Stadt verkaufen würden. Hauptattraktion ist die traditionelle Musikvorführung täglich um 10.15 und 15.15 Uhr.

Der **Zentralmarkt** (Cho Hoi An) erstreckt sich zwischen der Hauptstraße Tran Phu und der Uferstraße Bach Dang. Kürzlich einer umfassenden Renovierung unterzogen, bietet er in der Halle und drum herum Lebensmittel und Haushaltswaren aller Art.

Folgt man der östlich der Markthalle verlaufenden Hoang Dieu und biegt dann gleich wieder rechts in die Nguyen Duy Hieu (Verlängerung der Tran Phu) ein, dann steht man bald vor der **Versammlungshalle der Chinesen aus Chaozhou** Ⓘ (tgl. 8–17 Uhr). Sie datiert in das Jahr 1752 und besitzt an den Altären, Säulen und Seitenwänden ihrer Haupthalle wohl die schönsten Holzschnitzereien von Hoi An. Auf dem Hauptaltar thront der goldglänzende Gott des Glücks, Ong Bon. Die Dachränder sind übersät mit filigran gearbeiteten bunten Figuren aus der chinesischen Mythologie.

Hausnummer 10 der Nguyen Duy Hieu ist die **Versammlungshalle der Chinesen aus Hainan** Ⓙ (Hoi Quan Hai Nam, tgl. 8–17 Uhr; Eintritt frei). Sie erinnert seit 1875 an die 108 Seefahrer von der Insel Hainan, die 1851 mit drei Handelsschiffen Richtung Vietnam fuhren und von einem vietnamesischen Patrouillenboot unter Führung des brutalen Ton That Thieu ausgeplündert und ermordet wurden. Später ließ König Tu Duc die Verantwortlichen hinrichten.

An der Ecke zum Markt liegt an der 24 Tran Phu der 1653 gestiftete **Quan-Cong-Tempel** Ⓚ (tgl. 7–18 Uhr). Er ist

Unten: Eingang zum Quan-Cong-Tempel

Das Quan-Thang-Haus ist ein typisches chinesisches Kaufmannshaus

Quan Cong (chinesisch: Guan Yu), einem chinesischen General der Zeit der Drei Reiche (3. Jh.), geweiht, der aufgrund seiner Ehrlichkeit und Loyalität Götterstatus erhielt. Im Tempel ist seine übergroße Statue aus Pappmaché zu finden, flankiert zur Linken von seinem Militärmandarin Chau Xuong und zur Rechten von dem Zivilmandarin Quan Binh.

Hinter dem Tempel, der Eingang liegt an der 7 Nguyen Hue, schließt sich das **Museum für Geschichte und Kultur von Hoi An** Ⓛ (tgl. 8–17 Uhr) mit verstaubten Exponaten aus der Stadtgeschichte an, inklusive Cham-Keramik und Kanonen.

Die Tran Phu weiter gen Westen liegt an der Nr. 46 rechter Hand die **Versammlungshalle der Chinesen aus Fujian** Ⓜ (tgl. 7–18 Uhr). Sie ist die größte und prächtigste Versammlungshalle (*hoi quan*) der Stadt. Bereits 1697 hatten Migranten aus der Küstenprovinz hier einen Tempel errichtet, doch die heutige Anlage ist die Folge eines umfangreichen Umbaus im Jahr 1975. Im Inneren wird Thien Hau (chinesisch: Tian Hou) verehrt, die dem Glauben nach Seefahrern in Seenot beisteht. Seitlich von ihrer prächtigen Statue stehen in Glaskästen ihre Assistenten, der rothäutige Thuan Phong Nhi (der tausend Meilen hört) und der grünhäutige Thien Ly Nhan (der tausend Meilen sieht).

Weiter in Richtung Westen, passiert man an der 64 Tran Phu die leer stehende **Versammlungshalle der chinesischen Vereinigungen**. Auf dem lang gezogenen Gelände befinden sich zwei

Unten: Prächtiger Eingang zur Versammlungshalle der Chinesen aus Fujian

Am Cua Dai Beach nahe Hoi An

schöne Seitenhallen mit Metallsäulen und einem ebenfalls Thien Hau geweihten Tempel.

Ganz in der Nähe gibt das in einem alten Kaufmannshaus untergebrachte **Keramikmuseum** (80 Tran Phu, tgl. 8 bis 18 Uhr) einen bescheidenen Einblick in die Geschichte des Keramikhandels im 15. und 16. Jh. mit Exponaten aus Vietnam, China und Japan.

Dem Museum gegenüber liegt mit dem **Quan-Thang-Haus** Ⓝ (77 Tran Phu, tgl. 7–18 Uhr) ein weiteres Beispiel eines Kaufmannshauses. Es blickt auf eine 300-jährige Geschichte zurück und birgt bereits die sechste Generation der gleichen Familie. Die Ausstattung ist schlichter als die anderen Häuser, es gibt zwei Schreine und gut erhaltene Schnitzereien an den Seitenwänden.

Ausflüge von Hoi An

Cua Dai Beach

Knapp 5 km westlich von Hoi An beginnt der kilometerlange breite Sandstrand, der leider nur wenige schattenspendende Palmen aufweist. Parallel zum Strand verläuft eine Straße bis nach Danang, an der eine zunehmende Zahl von guten Resorts liegt. Das edelste und teuerste unter ihnen ist fraglos das **Nam Hai** (s. S. 348), auf dessen 25 ha großen Gelände sich mehrere Villen mit eigenem Pool verteilen. Per Fahrrad und Moped lohnt sich ein Tagesausflug, um auf der Höhe des Cua-Dai-Dorfes in einem der einfachen Strandlokale frische Meeresfrüchte zu schlemmen oder in einem gemieteten Liegestuhl dem Meeresrauschen zu lauschen.

Meeresreservat Cu Lao Cham ⑩

Etwa 10 km vor der Küste befindet sich auf der Höhe des Cua Dai Beach ein Archipel mit acht Inseln, populäres Ziel für Taucher und Schnorchler. Noch bis in die Mitte der 1990er-Jahre war die größte Insel Hon Lao Militärstützpunkt und für Besucher gesperrt. Heute ist man per Schnellboot bereits in 30 Minuten da und kann eines der Dörfer besuchen oder die bunte Unterwasserwelt erkunden. Tauchtouren organisieren zwischen Juni und September Rainbow Divers (Tel. 0510/392 7678, www.dive-

Unten: Fliegende Händler am Cua Dai Beach

vietnam.com) und das Cham Island Diving Center (Tel. 0510/ 391 0782, www.chamislanddiving.com). Viele Inselbewohner sammeln in den Höhlen und Grotten die lukrativen Nester der Weißnest-Salangane (*Collocalia fuciphaga*). Diese Schwalbenart baut ihre Nester mit Speichel. Daraus macht man eine sündhaft teure Suppe, die bei den Ostasiaten eine Delikatesse ist.

My Son ⓫

Das alte Königreich Champa reicht bis ins 2. Jh. zurück und erstreckte sich in seiner Blütezeit zwischen dem 5. und 15. Jh. von der Landesmitte bis tief in den Süden Vietnams. Durch die Handelskontakte mit Indien nahm das Reich schon sehr früh die offiziellen Hindu-Kulte auf und folgte auch in Kunst und Kultur weitgehend dem Vorbild des Subkontinents. Champa bestand lange Zeit als lose Föderation von fünf Fürstentümern: Indrapura (Quang Tri), Amaravati (Quang Nam), Vijaya (Binh Dinh), Kauthara (Nha Trang) und Panduranga (Phan Rang-Thap Cham).

Ab dem 10. Jh. geriet Champa in zunehmenden Maße durch verschiedene Viet-Herrscher unter Druck, die ihr Reich immer weiter gen Süden ausweiteten. 1069 war Indrapura verloren, 1306 fielen die Gebiete nördlich des Wolkenpasses in die Hände der Viet-Könige und bald danach war auch Amaravati verschwunden. Doch der Vormarsch der Viet ging weiter, bis im Jahr 1471 das lange Zeit mächtige Vijaya zerbrach. Champa bestand danach nur noch aus den beiden schwachen Rumpfgebieten Kauthara und Panduranga. Aber auch sie verschwanden, als König Minh Mang 1832 sein Reich zentralisierte und alle autonomen Gebiete auflöste.

Viele Cham flohen vor den vietnamesischen Eroberern ins Mekong-Delta und nach Kambodscha. So finden sich größere Gemeinden der Cham sowohl im westlichen Nachbarland, im Mekong-Delta und in der Umgebung von Phan Rang-Thap Cham. In Kambodscha und Vietnam sind es zusammengerechnet etwa 300 000.

Die Tempelstadt (tgl. 7–16.30 Uhr; Eintritt) liegt etwa 40 km südwestlich von Hoi An am Fuß des »Katzenzahnberges« (Nui Rang Meo), wegen seiner

Beschädigte Wächterfigur aus Sandstein in der Tempelstadt My Son

Unten: Die Gruppe B mit einigen der prächtigsten Cham-Tempelbauten von My Son

Bis heute rätselhaft: die perfekte Bearbeitung der Ziegelsteine in My Son

Unten links: Kriegszerstörter Altar zu Ehren Shivas im berühmten Tempelturm A 1
Unten rechts: Die beiden Vorhallen (*mandapa*) der Gruppe D bergen einige Exponate aus My Son

Form aber auch als »Schöner Berg« (My Son) bekannt – wovon sich der Name der Anlage auch ableitet. Hier liegen die bedeutendsten Tempel der Cham, weshalb die Stätte 1999 auch in die UNESCO-Welterbeliste aufgenommen wurde. Dieses abgelegene Tal wählte der Cham-König Bhadravarman I. im 4. Jh. als religiöses Zentrum seines Reiches, und über 1000 Jahre wurden hier zahlreiche Tempel und Türme (kalan) errichtet. Die meisten waren hinduistischen Gottheiten geweiht, allen voran Shiva, dem Schutzgott des Reiches.

Noch immer ist umstritten, wie der Ziegelstein für die Türme so exakt verarbeitet werden konnte, denn zwischen den Steinen ist nahezu kein Zwischenraum zu sehen. Vermutlich wurden die gebrannten Ziegel mit dem Harz des *Dipterocarpus alatus* (*dau rai*) und etwas Ziegelstaub zusammengefügt.

Erst 1898 entdeckt, ab 1901 untersucht und zwischen 1937 und 1944 restauriert, blieben die 70 Bauten relativ gut erhalten, um dann 1969 den US-Bombardements zum Opfer zu fallen. Die übrig gebliebenen 20 Bauten wurden 1980 von polnischen Experten notdürftig restauriert. Am besten erhalten sind die Gruppen C und B mit teilweise wunderschönen Verzierungen an einigen der Heiligtümer. In den beiden breiten Vorhallen der Gruppe D sind einige Funde ausgestellt. Jenseits eines Stromes galt bis zum Krieg die heute in Trümmer liegende Gruppe A als schönste Tempelanlage von My Son. Ebenfalls schlecht erhalten sind die *kalan* der Gruppen E und F. Für die nächsten fünf Jahre sind Restaurierungsarbeiten geplant, an denen sich Indien finanziell beteiligen will. ■

RESTAURANTS

Preise pro Person für ein Drei-Gänge-Menü:

● = unter 10 $
●● = 10–20 $
●●● = 20–30 $
●●●● = über 30 $

Danang

Danang ist das Paradies für Liebhaber von Straßenimbissen. Gebratenes Fleisch gibt es bei Chen in der 29 Pham Hong Thai. Bei Ba Thoi (100 Le Dinh Duong) bekommt man von 22 Uhr bis spät in die Nacht gebratene Meeresfrüchte, während in der 1A Hai Phong die hiesige Nudelsuppenspezialität *mi quang* angeboten wird. Zum Mittag- und Abendessen ist ein Besuch bei Tu Tai (62 Hai Phong) zu empfehlen: hier gibt es leckeres *com ga* (Huhn mit Reis). Das beste *bun thit nuong* (gebratenes Fleisch mit Reisnudeln) der Gegend bekommt man bei Kim Anh in der 239 Phan Chu Trinh, und wer sich an Danangs *banh xeo* (Meeresfrüchtepfannkuchen) erfreuen möchte, ist in der K280/21 Hoang Dieu richtig.

◆ **Apsara Restaurant**
222 Tran Phu, Tel. 0511/356 1409, tgl. Mittag- und Abendessen
Das teuerste Restaurant der Stadt befindet sich in der Nähe des Cham-Museums und bietet frische Meeresfrüchte sowie lokale Köstlichkeiten mit Cham-Einflüssen. Abends finden hier traditionelle Tanz- und Musikshows statt. ●●●

◆ **Bread of Life**
12 Le Hong Phong, Tel. 0511/356 5185, tgl. Frühstück, Mittag- und Abendessen
Diese Bäckerei mit dazugehörigem Café und Restaurant serviert amerikanische Klassiker, Pizza, Pasta, Burger, Sandwiches und gebackene Makkaroni- und wird fast ausschließlich von hörbehinderten Menschen betrieben. Kostenloses WLAN. ●●

◆ **Com Nieu**
25 Yen Bai, Tel. 0511/384 9969, tgl. Frühstück, Mittag- und Abendessen
Gutes vietnamesisches Essen zu vernünftigen Preisen. ●

◆ **Kita Guni Japanese Restaurant**
24 Le Hong Phong, Tel. 0511/356 2435, tgl. Frühstück, Mittag- und Abendessen
Hier treffen sich gerne japanische Geschäftsleute. Serviert werden leckere traditionelle Gerichte mit einigen Überraschungen. ●●

Hoi An

In der Altstadt von Hoi An gibt es nur sehr wenige Straßenimbisse, daher ist man gut beraten mit den lokalen Klassikern wie *cao lau* (dicke Reisnudeln mit Schweinegeschnetzeltem an Reis, Sesamkeksen und Kräutern), »white rose« (Klöße mit einer Füllung aus zerhackten Shrimps) und *hoanh tanh* (chinesische Wan-Tan-Nudeln). Sie gibt es in jedem der vielen hervorragenden Restaurants in Hoi An.

◆ **Cargo Club Restaurant and Patisserie**
107–109 Nguyen Thai Hoc, Tel. 0510/391 0839, www.hoianhospitality.com, tgl. Frühstück, Mittag- und Abendessen
Beliebtes und reizendes Lokal mit einer Auswahl an internationalen und vietnamesischen Gerichten sowie französischen Pasteten, Kuchen, hausgemachter Eiscreme und einer gut ausgestatteten Weinbar. ●●

◆ **Good Morning Vietnam**
102 Nguyen Thai Hoc St. Tel. 0510/391 0227, www.goodmorningviet.com, tgl. Mittag- und Abendessen
Guter Italiener mit gutem Service und leckeren Pizzen, Pasta sowie anderen echt italienischen Gerichten. ●●

◆ **Jenny's Café and Bamboo Restaurant**
15 Tran Huong Dao, tgl. Frühstück, Mittag- und Abendessen
Auf der Karte stehen Spezialitäten Hoi Ans, weitere vietnamesische Gerichte sowie internationale Dauerbrenner wie Pizza, Pasta und Sandwiches. Köstlich sind die gebratenen Wan Tan mit süßsauren Shrimps. ●●

◆ **Mango Rooms**
111 Nguyen Thai Hoc, Tel. 0510/391 0489, tgl. Frühstück, Mittag- und Abendessen
Das helle, lebhafte Lokal bietet originelle vietnamesische Gerichte mit kalifornischem Touch (der Koch ist in den USA aufgewachsen). Reservieren Sie besser. ●●●

◆ **Morning Glory**
106 Nguyen Thai Hoc, Tel. 0510/224 1555, www.hoianhospitality.com, tgl. Frühstück, Mittag- und Abendessen
In einer alten französischen Kolonialvilla werden Interpretationen der Hoi-An-Küche serviert. Zum Anwesen gehört auch eine Kochschule. ●

◆ **Ganesh Indian Restaurant**
24 Tran Hung Dao, Tel. 0510/386 4538, tgl. Frühstück, Mittag- und Abendessen
Etwas außerhalb der Altstadt. Curry- und Tandoori-Gerichte sowie Vegetarisches. ●●●

◆ **Treat's Same Same Cafés**
13 & 31 Tran Hung Dao und 158 Tran Phu, Tel. 0510/391 0527, tgl. Frühstück, Mittag- und Abendessen
Das Trio von Straßencafés bietet typische Backpacker-Gerichte neben vietnamesischen Spezialitäten. Das Café am ursprünglichen Standort Tran Phu ist am besten für Nachtschwärmer geeignet. ●

Küstenstraße bis Quy Nhon

Sanfte Berge, endlose Strände und einsame Cham-Heiligtümer prägen die freundliche Küstenregion bis nach Quy Nhon. In Kontrast dazu erinnert das Dorf My Lai an die Grausamkeiten des Krieges.

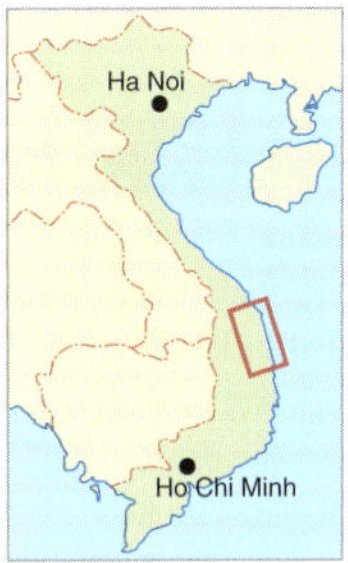

Die Nationalstraße 1 A führt von Hoi An entlang eines touristisch wenig erschlossenen Küstenstreifens nach Quy Nhon. Die Schönheit der Natur geht einher mit einigen interessanten Kulturdenkmälern. In der Region liegt aber auch My Lai, ein kleines Dorf, das zum Symbol für die vielen Kriegsgräuel geworden ist.

Rund um Tam Ky

Etwa 50 km südlich von Hoi An führt die Nationalstraße 1 A durch **Tam Ky,** das Verwaltungszentrum der Provinz Quang Nam. Nur 5 km davor, im Dorf Tam An, erheben sich die drei Cham-Türme von **Chien Dan** ⓬ (tgl. 8–11.30, 13–17 Uhr; Eintritt). Sie werden ins 11. Jh./12. Jh. datiert und besitzen an der Basis einige sehr schöne Reliefarbeiten. In einem kleinen Museum sind Skulpturen aus der Hindu-Mythologie zu sehen, darunter Garudas, Löwen und eine tanzende Durga.

Knapp 10 km südlich von Tam Ky kann man beim Heiligtum **Khuong My** ⓭ (tgl. 8–17 Uhr; Eintritt frei) drei weitere Cham-Türme aus dem 10. Jh. sehen. Sie sind aufgrund der filigranen Verzierungen an der Ziegelsteinfassade bemerkenswert. Besonders typisch für ihren Baustil ist das Rankenwerk in Form eines liegenden »S«.

Quang-Ngai-Provinz

Quang Ngai ⓮, 135 km südlich von Danang, ist sowohl der Name der Provinz als auch der Provinzhauptstadt am Südufer des Tra-Khuc-Flusses, etwa 15 km vom Meer entfernt. Entlang der Uferstraße werden abends Obststände und Garküchen aufgebaut und die Einheimischen genießen hier ihre Freizeit.

Die meisten Touristen lassen Quang Nai links liegen und fahren direkt Richtung Meer nach My Lai weiter. Wer sich aber etwas Zeit für die Stadt und ihre Umgebung nimmt, wird mit kulturellen Perlen, wunderschönen Ausblicken von dicht bewaldeten Höhen, still ruhenden Seen, idyllischen Flusslandschaften und menschenleeren

NICHT VERPASSEN!

- Cham-Türme Chien Dan, Khuong My und Banh It
- Thien-An-Pagode
- Gedenkstätte Son My
- Quy Nhon

Links: Die drei Cham-Türme von Chien Dan
Unten: Tänzerdarstellung von Chien Dan

Stränden belohnt. Man kann der prähistorischen Sa-Huynh-Zivilisation nachspüren und Dörfer ethnischer Minderheiten besuchen, etwa der Koor, H're und C'dong. Mindestens 35 Ruinen aus der Cham-Kultur liegen in dieser Provinz verstreut. Die ältesten stammen aus dem 8. Jh. und viele sind noch kaum erforscht und leider auch schwer erreichbar.

Quang Ngai ist nicht so fortschrittlich wie andere Provinzen. Möglicherweise liegt dies an den straffen Zügeln der dortigen Kommunistischen Partei, die an Gebäuden und auf Straßen an roten Bannern, sozialistischen Parolen und Hammer-und-Sichel-Flaggen nicht spart. Bereits während der Kolonialzeit war die Provinz ein Hort des Viet Minh und im Vietnamkrieg eine Hochburg des Vietkong. Mehr als andere Landesteile hatte die Region unter Flächenbombardierungen und Entlaubungsaktionen zu leiden. Schon 1967 waren mehr als zwei Drittel aller Ortschaften rund um Quang Ngai zerstört.

Die Tatsache, dass die Stadt kein Halt entlang der Touristenrennstrecke ist, bedeutet günstigere Hotelpreise, billigeres Essen, kein Ärger mit Touristenschleppern und v.a. freundlichere Menschen. Die Sehenswürdigkeiten sind wenig erschlossen und die Umweltverschmutzung hält sich in Grenzen. Man kommt sich zuweilen vor wie im Vietnam der frühen 1990er-Jahre. Doch auch hier ist nicht die Zeit stehen geblieben. Mit dem **Tiefseehafen Dung Quat** und einer Ölraffinerie soll Quang Ngai zu einem wichtigen Wirtschaftszentrum heranwachsen. Schon jetzt wurden neue Schulen, Krankenhäuser, Hotels und Wohnanlagen in Erwartung der besseren Zeiten erbaut.

Bis dato gibt es aber kaum Sehenswertes. So muss ein **Wasserturm** aus den 1930er-Jahren als herausragendstes Baudenkmal herhalten. Das **Provinzmuseum von Quang Ngai** (tgl. 7.30–11, 13.30–16 Uhr; Eintritt frei) an der 99 Le Trung Dinh, Ecke Hung Vuong, ist durchaus einen Besuch wert. Schon die Exponate aus der Sa-Huynh-Kultur, darunter Töpferarbeiten, Schmuck, Waffen, Grabbeilagen und riesige Bronzegefäße, sind beeindruckend. Eine Sektion ist der Cham-Zivilisation gewidmet, doch weitaus interessanter ist die Sammlung von Alltagsgegenständen, Trachten und Handarbeiten der Koor, H're und C'dong. Zudem sind Kleidungsstücke der Kinh aus dem 16. Jh. zu sehen. Im vernachlässigbaren oberen Stock geht es mal wieder um die Revolution, während im Garten neben Cham-Skulpturen der Nachbau eines Langhauses aus Bambus interessant ist.

TIPP

Quang Ngai ist berühmt für den Zimt- und Zuckerrohranbau. Der Zimt wird vor allem von den Koor im bergigen Tra-Bon-Distrikt angebaut und in alle Welt exportiert. Ein süßlicher Duft umwabert die Zuckerfabrik von Quang Ngai, wo leckere Bonbons produziert werden.

Unten: Der Wasserturm von Quang Ngai

Thach-Nham-Stausee

Die Straße Nr. 626 führt aus der Stadt heraus in Richtung Westen und passiert einen ehemaligen Flugplatz der US-Armee, den Quang Phu Airstrip. Er ist noch erstaunlich gut erhalten und dient als Teil der Straße. Die nächsten 25 Straßenkilometer führen an Reisfeldern und Dörfern der Minderheiten vorbei, um sich dann in die Berge zu winden. Dort trifft man am Thach-Nham-Stausee wieder auf den Tra-Khuc-Fluss, der sich hier zu einem

 Karte auf Seite 196

idyllischen Gewässer ausweitet. Das Ufer lädt zu einem entspannten Picknick ein, mit Blick auf die grünen Berge und auf das plätschernde Wasser.

Thien-An-Pagode

Am Nordostufer des Tra-Khuc-Flusses bietet der 106 m hohe »Berg des Himmlischen Friedens«, **Nui Thien An,** einen wunderbaren Blick auf die Ebene von Quang Ngai. Auf der abgeflachten Spitze ragt die 1695 erbaute Chua Thien An (tgl. 8–17 Uhr; Eintritt frei) in die Höhe. Das noch heute aktive Kloster wurde von einem Mönch aus der chinesischen Fujian-Provinz gegründet, der unter dem großen neunstöckigen Turm bestattet ist. Chua Thien An gilt als die älteste Pagode in der Provinz. Während eine Bronzeglocke im Tempelinneren bereits 1845 gegossen wurde, sind die anderen neueren Datums.

Aus der Innenstadt fährt man Richtung Norden und überquert dabei den Tra Khuc. Hinter dem Fluss geht es im Son-Tinh-Dorf rechts ab in Richtung My Khe Beach. Bald ist ein großes Hinweisschild zu sehen, das am Fuß des Berges angebracht ist.

Son My (My Lai) ⓯

In den Morgenstunden des 16. März 1968 landete die 174. Hubschrauberstaffel unter Führung Leutnants William Calley im Dorf Son My und metzelte innerhalb kurzer Zeit die Bewohner der dazugehörigen Weiler My Lai und My Khe nieder. Die Soldaten massakrierten Alte, vergewaltigten Frauen und schlachteten Kleinkinder wie Tiere ab. In nur wenigen Augenblicken waren 504 Zivilisten aufs Grausamste ermordet. Der Geheimdienst hatte behauptet, Son My sei ein Unterschlupf des Vietkong, doch während des gesamten Massakers fiel von vietnamesischer Seite kein Schuss. Es ging schlicht um Rache für viele US-Soldaten, die in den Wochen zuvor in diesem Gebiet gefallen waren. Denn im Zuge der Tet-Offensive ging in der Provinz Quang Ngai das 48. Bataillon der nordvietnamesischen Armee ziemlich rabiat gegen die amerikanischen Soldaten vor.

Nachbau eines Langhauses im Provinzmuseum von Quang Ngai

TIPP

Das Buch *Four Hours in My Lai. A War Crime and Its Aftermath* von Michael Bilton und Kevin Sim zählt zu den umfassendsten Darstellungen des Massakers und seiner Folgen.

Unten: Gedenkstätte Son My

TIPP

Wie eine Erleichterung wirkt der nur wenige Minuten von der Gedenkstätte entfernt liegende Strand mit schneeweißem Sand. Touristisch ist er noch kaum entwickelt, doch gibt es einige Sitzgelegenheiten und kleine Cafés.

Doch es wurden in den Morgenstunden nicht nur Menschen ermordet, sondern auch Häuser niedergebrannt, Vieh geschlachtet und Brunnen vergiftet. Der Versuch des US-Militärs, das Massaker zu vertuschen, scheiterte, als der für die *Newsweek* arbeitende Journalist Seymour Hersh mithilfe des Fotografen Ronald L. Haeberle und des ehemaligen Soldaten Ronald Ridenhour darüber berichtete. Von den Beteiligten wurden nur 26 angeklagt und nur einer zu lebenslanger Haft verurteilt: Leutnant William Calley. Nach nur drei Tagen ließ Präsident Nixon die Strafe gegen den Leutnant zu drei Jahren Hausarrest umwandeln.

Die **Gedenkstätte Son My** (Chung Tich Son My, Tel. 055/384 3222, tgl. 7 bis 17 Uhr; Eintritt) liegt 12 km östlich der Brücke über den Tra Khuc und gibt auf erschütternde Weise Zeugnis von diesem furchtbaren Geschehen. Das Dorf wurde teilweise so rekonstruiert, als wäre das Massaker gerade geschehen. Die Opfer sind in einem Massengrab beigesetzt. Im Museumsbau wird die Gräueltat anhand von Fotos, Szenennachstellungen und Texten dokumentiert. Eine Marmortafel listet die Namen der 504 Toten.

Khe Hai Beach

Gut 3 km nordöstlich von Quang Ngai zweigt eine Straße in Richtung Dung Quat Bay ab. Dort erstreckt sich auf der Halbinsel Ba Lang An unterhalb einer hohen Klippe der sichelförmige, pulvrig-weiße Strand. Dem Strand vorgelagert ist ein Riff, das aus Jahrmillionen alten Fossilien besteht und sich wie eine breite Plattform vom Land ins Meer schiebt. Hier tummeln sich zahllose bunte Tropenfische. Ob sie dies allerdings noch lange tun können, ist angesichts der riesigen Dung-Quat-Ölraffinerie in Strandnähe unklar.

Sa Huynh ⓰

Fährt man von Quang Ngai entlang der Nationalstraße 1 A weiter gen Süden, dann taucht nach etwa 60 km das Städtchen Sa Huynh auf. Entlang der Strecke liegen Garnelenfarmen und Becken zur Salzgewinnung. Ein strenger Geruch am Stadtrand stammt von einer Fischsoßenfabrik. Sa Huynh macht seinem Namen »Goldener Sand«

Unten: Der sichelförmige Khe Hai Beach mit trocknendem Seetang

alle Ehre, denn rund um den Ort erstrecken sich unberührte Strandabschnitte mit leuchtend gelbem Sand.

Der Name steht jedoch auch für eine prähistorische Zivilisation, die Sa-Huynh-Kultur. 1909 begonnene Ausgrabungen brachten hier und andernorts in Zentral-Vietnam Töpferwaren, Schmuck und große Urnenbehälter zutage. Archäologen gehen davon aus, dass diese Kultur etwa zeitgleich mit der Dong-Son-Kultur im Norden und dem Funan-Reich im Süden, also zwischen 1000 v.Chr. und 200 n.Chr. bestand. Möglicherweise waren die damaligen Bewohner Vorfahren der Cham. Sie verbrannten ihre Toten und bestatteten sie mit vielen Beigaben in einer großen Urne aus Ton. Einige solcher Urnen sind in den Museen in Quang Ngai und Hoi An ausgestellt. Die Frauen der Sa-Huynh-Zivilisation trugen kunstvollen Ohrschmuck mit zweiköpfigen Tieren aus Jade oder Glas. Allerdings ist vor Ort nichts mehr zu sehen. Die Funde befinden sich in Museen und die einstigen Ausgrabungsstätten rund um die Berge sind heute kaum mehr auszumachen.

Quy Nhon ⑰

Die Hafenstadt liegt am südlichsten Küstenzipfel der Provinz Binh Dinh, etwa 115 km südlich von Sa Huynh. Über ein Millennium hinweg spielte sie in der Geschichte Vietnams eine wichtige Rolle, denn hier lag das politische Zentrum des Cham-Reiches Vijaya. Nachdem der vietnamesische König Le Hoan von Hoa Lu aus 982 das entlang der Küste nördlich von Hue gelegene Cham-Reich Indrapura erobert hatte, flohen die Bewohner weiter gen Süden und gründeten in Cha Ban, westlich von Quy Nhon, ihre neue Königsstadt. Trotz des Namens – Vijaya bedeutet Sieg – war auch dieses Cham-Reich ständig dem Druck seiner Nachbarn ausgesetzt: dem Khmer-Reich im Westen und dem Dai-Viet-Reich im Norden. Mit dem Erstarken der Viet begann der Niedergang Vijayas, bis im Schicksalsjahr 1471 der Herrscher Le Thanh Ton das Reich endgültig eroberte. Zehntausende Cham wurden getötet oder in die Sklaverei verbannt.

Ein weiterer Ort ganz in der Nähe hat den Weg in die Geschichtsbücher gefunden: **Tay Son,** westlich an der

Jadegrüne Buddha-Statue auf rotem Lotosthron, Long-Khanh-Pagode in Quy Nhon

Unten: Fischmarkt am Stadtstrand von Quy Nhon

Der Thap Doi erinnert an das untergegangene Cham-Reich Vijaya

Nationalstraße 19 gelegen. Hier begann 1771 die Tay-Son-Aufstand, als Nguyen Hue mit seinen Brüdern einen Aufstand anzettelte, der in den Folgejahren die rivalisierenden Fürstenhäuser der Trinh im Norden und der Nguyen im Süden stürzte. Nguyen Hue gab sich 1778 den Herrschertitel Quang Trung und vereinte erstmals das lange Zeit zerrissene Vietnam.

Während des Vietnamkrieges diente Quy Nhon als strategisch wichtiger Hafen, weshalb hier Vietkong und die Armeen der USA und Süd-Vietnams regelmäßig aufeinanderstießen. Auch heute ist der Thi-Nai-Hafen für die zentralvietnamesische Region ein wichtiger Umschlagplatz.

Es ist erstaunlich, dass trotz dieser reichen Geschichte Quy Nhon auf der touristischen Landkarte kaum eine Rolle spielt. Doch gerade dies kann für Besucher reizvoll sein. Die zwar etwas langweilige, aber sympathische Hafenstadt mit attraktiven Stränden in der Umgebung bietet sich für einen entspannten Aufenthalt an – ohne den Trubel von Nha Trang und anderer Seebäder.

Halbinsel Phuong Mai

Die **Thi-Nai-Brücke,** derzeit Vietnams längste Meeresbrücke, überspannt die namensgebende Thi-Nai-Lagune und verbindet seit 2006 die Hafenstadt mit der Halbinsel Phuong Mai. Genauer gesehen handelt es sich um mehrere miteinander verbundene Brückenabschnitte (der letzte ist 2,5 km lang) über Garnelenfarmen und Mangrovenwälder. Am Ende der Landzunge, die wie ein Vogelschnabel ins Meer hineinragt, und oberhalb des nur per Boot erreichbaren Fischerdorfes Phuong Hai steht eine mächtige Statue von Tran Hung Dao. Es ist jener General, der Ende des 13. Jhs. erfolgreich zwei von Kublai Khan befehligte Mongolen-Invasionen zurückdrängte.

Cham-Türme

Inmitten eines Wohngebietes, etwa 3 km nordwestlich des Stadtzentrums, liegen die »Zwillingstürme«, **Thap Doi** (886 Tran Hung Dao, tgl. 8–17 Uhr; Eintritt frei). Nach der einst hier gelegenen Siedlung werden sie auch Thap Hung Thanh genannt. In den letzten Jahren wurden sie restauriert und das umlie-

Unten: Strandidylle am Quy Hoa Beach

gende Gelände wurde als kleiner Park angelegt. Das vierseitige Dach gleicht einem gigantischen Maiskolben und ist nicht, wie bei Cham-Türmen üblich, abgestuft. So lässt es eine gewisse Ähnlichkeit mit Türmen im kambodschanischen Angkor erkennen, weshalb Thap Doi ins 12. Jh. datiert wird. Möglicherweise gab es noch einen dritten *kalan*.

Binh-Dinh-Museum

Das Museum (Bao Tang Binh Dinh, Mo–Fr 7–11, 14–17 Uhr; Eintritt frei) an der 30 Nguyen Hue ist vorwiegend wegen der Exponate aus der Cham-Kultur interessant, die in den vier Seitenflügeln ausgestellt sind. Ansonsten langweilen die üblichen Revolutionsbilder und -dokumente eher. Interessant ist noch im Lichthof ein Webstuhl, wie er auch noch heute von vielen Volksgruppen verwendet wird.

Strände von Quy Nhon

Der **Stadtstrand** erstreckt sich parallel zur Xuan Dieu von der Halbinsel Phuong Mai weit in Richtung Süden und ist bei den Einheimischen vor allem abends populär. Hunderte Häuser mussten 2008 abgerissen werden, um Platz für eine Promenade und große Parks zu machen. Da die Bucht auch Hafen für die Fischerboote ist, geht aufgrund der Verschmutzung kaum jemand ins Wasser.

Am südlichen Ende der An Duong Vuong liegt der **Queen's Beach** (Bai Tam Hoang Hau), wobei es sich nicht um einen Strand im eigentlichen Sinne handelt, sondern um einen hübschen, aber felsigen Küstenstreifen. Seinen Namen erhielt er, weil sich die Königin und Gattin von Bai Dao, Nam Phuong, hier gerne aufgehalten haben soll. Die Straße windet sich zum Ghenh-Rang-Berg hoch, von wo sich ein schöner Blick auf das Meer und die Stadtsilhouette von Quy Nhon bietet. Dort liegt auch das Grab des romantisch veranlagten, bereits mit 28 Jahren an Lepra erkrankten Dichters Han Mac Tu (1912–1940).

Tu lebte bis zum Tode im Leprakrankenhaus Quy Hoa, das 1,5 km weiter südlich am **Quy Hoa Beach** liegt. Der Strand ist mit seinem smaragdgrünen, glasklaren Wasser der schönste von Quy Nhon und am Wochenende belieb-

TIPP

Wer sich für religiöse Architektur interessiert, kann in Quy Nhon die Phong-Trien-Lam-Pagode an der 141 Tran Cao Van, den großen Buddha von der Long-Khanh-Pagode, 143D Tran Cao Van, und die pastellfarbene Kathedrale an der Tran Hung Dao besuchen.

Unten: Die Statue des Quang-Trung-Herrschers im gleichnamigen Museum

Die vergoldeten Statuen im Quang-Trung-Museum erinnern an die drei Nguyen-Brüder und Anführer der Tay-Son-Rebellion

tes Ziel der Stadtbevölkerung. Doch sonst ist er ruhig und man kann unter den Palmen und Kasuarinen wunderbar entspannen und an Getränkeständen und Souvenirshops vorbeischlendern.

Die meist kleinen Buchten weiter gen Süden sind vorwiegend von kleinen Resorts und Restaurants besetzt.

Einige Kilometer südlich des sehr hübschen Fischerdorfes **Bai Xep,** dem drei kleine Inseln gegenüberliegen, erstreckt sich **Bai Bau Beach,** der »Schwangere Strand«. Eine große Reklametafel am Eingang erweckt den Eindruck, hier läge ein Themenpark. Faktisch sind die Einrichtungen recht bescheiden und man kann den durchaus netten Strand genießen – wenn man sich nicht an den armen Äffchen im Käfig stört.

Umgebung von Quy Nhon

Die nachfolgenden Orte kann man gut per Moped oder Auto von Quy Nhon aus im Rahmen eines Tagesausfluges besuchen.

Unten: Die Quellen von Ham Ho

Quang-Trung-Museum 18

Das Museum (Bao Thang Quang Trung, tgl. 8–17 Uhr; Eintritt) liegt im Ort Phu Phong, etwa 50 km westlich von Quy Nhon und ist über die Nationalstraße 19 zu erreichen. Die auch als Tay-Son-Palast bekannte Ausstellungshalle erinnert an die Tay-Son-Rebellion unter Führung von Nguyen Hue und seiner beiden Brüder Nguyen Nhac und Nguyen Lu sowie die nachfolgende Erhebung Nguyen Hues zum Quang-Trung-Herrscher 1778. Andere Sektionen der klimatisierten Ausstellungsräume sind der Kultur der Bahnar- und Ede-Minderheiten sowie der religiösen Kunst des 18./19. Jhs. gewidmet.

Der **Tay-Son-Tempel** rechter Hand stammt aus dem Jahr 1978 und dient der Verehrung der drei Rebellenführer, die wie viele Militärführer in der Geschichte Vietnams von der kommunistischen Regierung als Revolutionäre vereinnahmt werden. Im **Veranstaltungspavillon** zur Linken des Museums finden täglich Vorführungen (keine festen Termine) traditioneller Kampfkünste und Tänze der Bahnar und Ede statt. Sehenswert ist allemal das Gemeindehaus der Bahnar mit dem segelförmigen Dach.

Ham Ho

Einige Kilometer südlich des Museums liegt eine Perle der Natur: das von bewaldeten Bergen eingerahmte Quellgebiet **Ham Ho** (tgl. 8–17 Uhr; Eintritt). Man kann hier spazieren gehen, picknicken oder zwischen riesigen Felsblöcken eine Runde schwimmen. Das Wasser ist aufgrund der vielen vermodernden Blätter recht dunkel.

Cham-Türme

Mehrere Cham-Heiligtümer liegen in der Umgebung von Quy Nhon verstreut. Knapp 20 km nordwestlich der Stadt thront auf einer weithin sichtbaren Anhöhe das Heiligtum **Banh It** 19 (tgl. 8–17 Uhr; Eintritt frei). Die Cham hätten im 11. Jh. keinen schöneren Platz für dieses aus vier Gebäuden bestehenden Heiligtums auswählen können: einem *kalan* an der Spitze, einer länglichen Bibliothek südlich davon, einem tiefer gelegenen Eingangspavillon und einem Stelenturm.

Gut 30 km nördlich, in der Nähe des Quang-Trung-Museums, sind die drei Türme von **Duong Long** (tgl. 8–17 Uhr; Eintritt frei) sehenswert. Sie stammen aus dem 12. Jh. und sind mit ihrem spitz zulaufenden, vierseitigen Dach deutlich von der Khmer-Architektur beeinflusst. Sehr schön sind die Schlangendarstellungen an den Seiten. Luftlinie nur wenige Kilometer entfernt (wegen eines Flusses allerdings nur über einen Umweg erreichbar) ragt der ins 11. Jh. datierte Turm **Thu Thien** aus dem Feld.

Andere, weniger bekannte Cham-Heiligtümer sind schwer zu finden, weil sie etwas abseits liegen. Gut zu erreichen ist jedoch der etwa 40 km nordwestlich von Quy Nhon, unweit der Nationalstraße 1 A gelegene »Feenflügel-Turm«, **Canh Tien** (tgl. 8–17 Uhr; Eintritt frei). Er erhebt sich auf einem Berg und thronte einst über der heute komplett verschwundenen Königsstadt Vijaya – in vietnamesischen Chroniken als Cha Ban bekannt. Nicht weit davon erhebt sich westlich der Nationalstraße 1 A der »Goldene Turm«, **Phu Loc,** ebenfalls auf einem Berg.

Am schwierigsten ist **Binh Lam** zu erreichen. Der Turm liegt etwa 20 km nördlich von Quy Nhon im Mündungsgebiet des Thi Nai. Möglicherweise lag unweit des 20 m hohen, trotz der Schäden sehr wohl proportionierten Turms (vermutlich 10. Jh.) die erste Hauptstadt von Vijaya und später ein bedeutender Hafen. ■

Die Ruinen von Banh It zählen zu den wichtigsten Monumenten aus der Cham-Ära

RESTAURANTS

Preise pro Person für ein Drei-Gänge-Menü:
● = unter 10 $
●● = 10–20 $
●●● = 20–30 $
●●●● = über 30 $

Quang Ngai

◆ **Cung Dinh Restaurant**
5 Ton Duc Thang, Tel. 055/381 8555, www.cungdinhqn.com, tgl. Frühstück, Mittag- und Abendessen
Genießen Sie herausragende vietnamesische Küche und lokale Spezialitäten in kleinen Pavillons mit Blick auf den Tra-Khuc-Fluss. Der Service ist gut, ein Großteil des Personals spricht etwas Englisch. Das Restaurant könnte das beste in der Stadt sein, wäre da nicht der eingesperrte Affe in einem Käfig im Hintergrund. ●●

◆ **Com Nieu Hoa Sua**
28 Nguyen Khuyen St, Tel. 055/381 7799, tgl. Frühstück, Mittag- und Abendessen
Ein rustikales, familien- und gruppenfreundliches Restaurant, das mit das beste Essen in der gesamten Umgebung zu moderaten Preisen bietet. Empfehlenswert sind das karamellisierte Schweinefleisch und die zahlreichen Seafood-Gerichte. ●●

Quy Nhon

◆ **Barbara's »The Kiwi Connection«**
19 Xuan Dieu, Tel. 056/389 2921, tgl. Frühstück, Mittag- und Abendessen
Barbara zaubert leichte Gerichte sowie westliche Klassiker. Außerdem ist sie eine exzellente Info-Quelle: ihr immenses Wissen über die Region und ihre individuellen Tourangebote sind unschlagbar. ●●

◆ **Bay Quan**
120A Tran Phu, tgl. Frühstück, Mittag- und Abendessen
Der stadtbekannte Vietnamese bietet Reisgerichte, Rindersteak und einige Nudelspeisen. Das Essen hier ist rundum gelungen, die Speisekarte liest man an der Wand. ●

◆ **Pho Anh Vu**
25A Nguyen Thai Hoc, Tel. 056/352 3075, tgl. Frühstück, Mittag- und Abendessen
Das einfache, aber pfiffig dekorierte Lokal zeichnet sich durch seine gute Reisnudelsuppe, *pho*, aus. Die Portionen sind groß, die Zutaten einwandfrei und der Service ist freundlich. Günstige Preise und eine Speisekarte in Englisch lassen unterm Strich keine Wünsche offen. ●

VINPEARL

Nha Trang und Dalat

Beide Städte sind voller Dynamik und bei den Einheimischen beliebte Ferienorte. Und doch sind sie so grundverschieden.

Während sich Nha Trang mit glitzernden Hotels, hippen Bars und tropischen Stränden modern und weltoffen zeigt, umgibt sich Dalat dank seines angenehm kühlen Klimas mit der rustikalen Eleganz eines etwas altmodischen Bergresorts. Nha Trang liegt in der Übergangszone zwischen Süd- und Zentral-Vietnam. Dalat wiederum ist das Tor zum Zentralen Hochland.

Nha Trang ist größer und schnelllebiger als Mui Ne im Süden, besitzt aber weit weniger Resorts. Die Stadt hat ein reges Nachtleben, das nur von jenem in Ho Chi Minh City und Hanoi übertroffen wird. Dutzende von westlichen Ausländern und Süd-Vietnamesen besitzen entlang des Strandes Bars und Restaurants. Zudem bietet Nha Trang dank der vorgelagerten Inseln einige der besten Tauchgründe des Landes.

In Dalat dreht sich alles ums Ambiente. Alte koloniale Villen und mondäne Hotels sind in lauschige Parks eingebettet, die Seen und ein Golfplatz atmen den Hauch des alten Europas. Nebelschwaden durchziehen allmorgendlich die Pinienhaine, benetzen Rosenbeete, Erdbeerfelder und Gemüsegärten. In den Bergen pflanzten Angehörige der K'ho Kaffee- und Teesträucher zwischen donnernde Wasserfälle und bewaldete Höhen. Aus den geschickten Händen der K'ho-Frauen entstehen wunderbare Seidenstoffe mit raffinierten Mustern.

Ein Europäer steht in den beiden Touristenorten in hohem Ansehen: der Schweizer Arzt Dr. Alexandre Yersin (1863–1943). Er machte Nha Trang zu seiner Heimat und erforschte das Zentrale Hochland. Der Kolonialregierung schlug er vor, dort wegen des angenehmen Klimas einen Luftkurort zu etablieren. Die Medizin verdankt ihm die Entdeckung des Pesterregers. Zudem gründete er in Nha Trang 1895 ein Pasteur-Institut (später auch in Dalat) und reformierte das desolate Gesundheitswesen. ■

Vorherige Seiten: Das Whale Island Resort, nördlich von Nha Trang **Links:** Die Kabinenseilbahn verbindet das Festland von Nha Trang mit der Insel Hon Tre **Oben:** Tauchrevier in der Bucht von Nha Trang – **Mitte links:** Die Ana Mandara Villas in Dalat **Unten:** Im kühlen Klima von Dalat wachsen sogar Erdbeeren

Nha Trang und die Küste

Über 300 Sonnentage im Jahr, wunderschöne Strände und ein reges Nachtleben sind die perfekten Voraussetzungen für entspannte Tage in Nha Trang. Für Kulturenthusiasten gibt es ein paar sehenswerte Cham-Tempel.

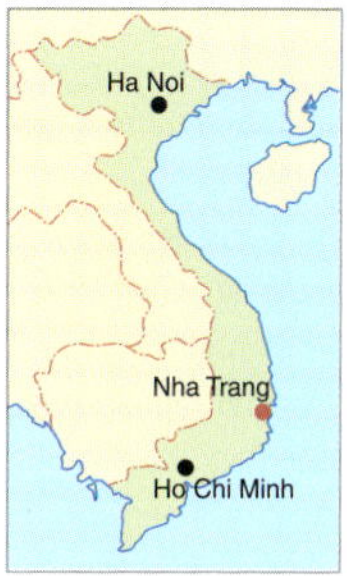

Vietnams beliebtestes Seebad hat weit mehr zu bieten als Strände, Nachtleben und Tauchgänge: ein verträumtes Hinterland, informative Museen, fischreiche Aquarien und eine interessante Hochkultur. In Reichweite liegen einige bemerkenswerte Heiligtümer der Cham.

Vietnams fünftgrößte Stadt ist auch Verwaltungszentrum der Provinz Khanh Hoa und zählt heute rund 400 000 Einwohner.

Nha Trang ❶

Schon die Lage des Seebads ist traumhaft. Eingerahmt von Bergen, erstreckt es sich entlang einer inselreichen Bucht, die zu den schönsten der Welt gezählt wird. Entlang des Strandes und der parallel verlaufenden Promenade sind von frühmorgens bis spätnachts Menschen unterwegs, um ein Bad in den warmen Fluten zu nehmen, die warme Sonne zu genießen oder sich in einem der vielen Cafés und Restaurants zu vergnügen.

Edle Resorts wie das Ana Mandara schützt seine Gäste vor den zuweilen lästigen Souvenirverkäufern, die ständig den Strand entlangziehen. Der kilometerlange Strand wird recht sauber gehalten, schließlich ist er das Aushängeschild der Stadt. Allerdings lässt die Wasserqualität zuweilen zu wünschen übrig und färbt sich von dem üblichen Tiefblau zu einem Braungrau. Dies geschieht vor allem nach heftigen Regenfällen im Oktober und November, wenn der Cai-Fluss Schlick und Müll ins Meer schiebt.

Aktivurlaubern wird es am Strand nicht langweilig: dort gibt es einen Freizeitpark, Jet-Ski-Verleih, die Möglichkeit zum Segeln, Windsurfen oder Parasailing. Da es kein ausgewiesenes Gebiet für diese Sportarten gibt, kommen sich Schwimmer und Wassersportler zuweilen gefährlich nahe. Das touristische Zentrum erstreckt sich an den parallel zum Strand in Nord-Süd-Richtung verlaufenden Straßen Tran Phu, Hung Vuong und Tran Quang

NICHT VERPASSEN!

- Po Nagar
- Kap von Hon Chong
- Yersin-Museum
- Ozeanografisches Institut
- Halbinsel Hon Khoi
- Po Klong Garai

Links: Bucht von Nha Trang **Unten:** Fischerboote

Khai zwischen den Querstraßen Nguyen Thi Minh Khai und Tran Quang Khai. Hier konzentrieren sich die meisten Hotels, Bars und Restaurants. Leider zeigen sich in diesem Gebiet auch die Schattenseiten eines Touristenortes. Prostituierte, Taschendiebe und Schlepper treiben besonders spätnachts ihr Unwesen. Seien Sie also achtsam und deponieren Sie Wertsachen lieber im Hotelsafe.

TIPP

Beste Tauchsaison in der Bucht von Nha Trang ist in der Trockenzeit zwischen Juni und September, Nha Trang ist allerdings während der vietnamesischen Ferienzeit von Mitte Juni bis Mitte August sehr voll.

Cham-Heiligtum Po Nagar Ⓐ

Auf einem Berg, der über dem Cai-Fluss aufragt, liegt eines der bedeutendsten Heiligtümer der Cham (Tel. 058/383 1569, tgl. 8–18 Uhr; Eintritt). Es ist der »Himmlischen Mutter der Königsstadt«, Po Yang Ino Nagar, geweiht. Mit dieser ursprünglichen Fruchtbarkeitsgottheit verehrten die hinduistischen Cham zugleich Parvati, die Gefährtin Shivas. Für die Vietnamesen ist sie heute die »Himmlische Mutter«, Thien Y Thanh Mau.

Von den einst acht Tempeln stehen heute nur noch vier. Alle sind gen Osten ausgerichtet und zwischen dem 8. und 12. Jh. entstanden. In den letzten Jahren wurden fast alle Bauwerke im alten Stil restauriert. Vor allem der auf Straßenniveau liegende *mandapa*, eine 784 erbaute Säulenhalle zur Abhaltung von Zeremonien, sowie die dahinter steil den Hang hinaufführende Treppe wurden fast völlig neu aufgebaut. Am Ende des Aufgangs erhebt sich der knapp 23 m hohe Nordturm mit der prächtig gekleideten Figur der Gottheit im Inneren. Sie wurde von den Franzosen enthauptet, der Originalkopf ist heute im Pariser Musée Guimet. Die Ecken des dreistöckigen Dachs sind mit himmlischen Tänzerinnen (*apsara*) aus Sandstein geschmückt. Im Giebelfeld über dem Eingang ist die auf einem Wasserbüffel tanzende Shiva-Gattin Durga dargestellt.

Die anderen Türme stehen dem Nordturm in Größe und Schönheit nach und besitzen weniger Verzierungen, da sie in der Hierarchie tiefer gestellten Gottheiten geweiht waren. Auf einem freien Platz finden täglich von 7.30–11 und 14.30–16.30 Uhr Cham-Tänze statt, an Verkaufsständen werden Textilien und Kunsthandwerk dieser Minderheit verkauft.

Unten: Im Cham-Heiligtum Po Nagar wird die »Himmlische Mutter der Königsstadt« verehrt

Xom-Bong-Dorf

Gegenüber von Po Nagar und jenseits der Xom-Bong-Brücke liegt entlang der Mündung des Cai-Flusses das Fischerdorf **Xom Bong.** Obwohl es teilweise im Rahmen der Stadtverschönerung abgerissen wurde, wirkt es mit den kleinen Felsen und Inselchen und den rot-blau gestrichenen Fischerbooten im Wasser noch sehr idyllisch. Sowohl von der Xom-Bong-Brücke (im Abendlicht) als auch der Tran-Phu-Brücke (im Morgenlicht) hat man einen schönen Blick auf Dorf und Fischerboote.

Heiße Quellen von Thap Ba B

Folgt man dem Song Cai flussaufwärts, so tauchen nach einigen Kilometern die Heißen Quellen von **Thap Ba** (15 Ngoc Son, Tel. 058/383 5335, www.thapbahotspring.com.vn, tgl. 7 bis 19.30 Uhr; Eintritt) auf. Sie sind bekannt für mineralienreiche Schlammbäder, bieten aber auch bis zu 40°C heiße Thermalbecken und einen dann erfrischenden Pool mit künstlichem Wasserfall. Hier fühlen sich sowohl einheimische als auch ausländische Touristen wohl. Wer etwas mehr Privatsphäre wünscht, findet im »VIP Spa« separate Becken, Dampfbad und Massage.

Kap von Hon Chong C

Die geschützte Bucht hinter dem Kap von Hon Chong bietet wunderbare Bademöglichkeiten

Die Straße nördlich der Xom-Bong-Brücke führt zum 2 km entfernten Kap, das sich wie eine spitze Nase ins blaue Südchinesische Meer schiebt. Der gelbe Strand bietet wunderbare Bademöglichkeiten und wirkt etwas entspannter als der belebte Stadtstrand von Nha Trang. Nur am Wochenende stürzen sich hier Kinderscharen lautstark ins Nass, gefolgt von lachenden Vätern und kichernden Müttern.

Nördlich dieses Küstenstreifens erhebt sich der **Co-Tien-Berg** (Nui Co Tien). Die drei flachen Spitzen des »Feenbergs« sollen eine auf dem Rücken liegende Frau darstellen, mit der ersten Spitze ist ihr Gesicht, der zweiten ihre Brust und der dritten Spitze ihre verschränkten Beine angedeutet.

Dam-Markt D

Reste französischer Kolonialarchitektur sowie heruntergekommene chinesi-

Unten: Die heißen Quellen von Thap Ba

sche Stadthäuser aus dem 19. Jh. verteilen sich rund um den Cho Dam unweit des Cai-Flusses. Dieses einstige Viertel der Chinesen zählt zu den am meisten unterschätzten Ecken der Stadt. Dabei lohnt sich zumindest der Besuch des 1972 neu errichteten Marktgebäudes. Hier ist immer geschäftiges Treiben. Es gibt günstige Garküchen und viele Gelegenheiten zum Naschen. Allerdings sollte man die Vorlieben der Vietnamesen für getrocknete Haifischflossen, Seepferdchen, Kugelfische und anderes Meeresgetier nicht teilen und die Finger von dessen Kauf lassen. Denn ansonsten fördert man die zunehmende Überfischung und Zerstörung der Riffe in der Bucht von Nha Trang.

Kathedrale E

In der Nähe des Bahnhofes (Ga Nha Trang) erhebt sich auf einem kleinen Hügel das schlichte, neogotische Gotteshaus (Nha Tho Nui Nha Trang, 31 Thai Nguyen, Tel. 058/382 3335), das 1933 nach nur fünfjähriger Bauzeit geweiht wurde. Im Kircheninneren sind die Buntglasfenster mit Darstellungen von Jesus, Maria und diversen Heiligen sehenswert. Auf der Zufahrt werden in kleinen Nischen die Urnen der Verstorbenen aufbewahrt. Die Kirche ist zu den Gottesdienstzeiten – Mo–Sa 5 und 16.30, So 5, 7 und 16.30 Uhr – geöffnet.

Long-Son-Pagode F

Auf dem Trai-Thuy-Hügel erhebt sich eine 14 m hohe **Buddha-Statue** (Kim Than Phat To). Sie wurde im September 1963 aus Beton errichtet und gleißend weiß angestrichen, um das buddhistische Selbstbewusstsein zu demonstrieren. Am 7 m hohen Sockel sind von Flammen eingerahmte Porträts buddhistischer Mönche und Nonnen zu sehen, die sich aus Protest gegen die Unterdrückung unter dem katholischen Präsidenten Diem verbrannt haben.

Am Fuß des Hügels liegt die 1886 erbaute **Long-Son-Pagode** (Chua Long

Son, tgl. 8–17 Uhr; Eintritt frei), die heute Sitz einer bedeutenden Schule für Mönche und Nonnen ist. Im Inneren der 1975 errichteten Haupthalle zeigen Wandbilder Szenen aus dem Leben Buddhas.

Evangelische Kirche G

Die mächtige, einer Kathedrale gleichende evangelische Kirche (Sonntagsgottesdienst 8 Uhr) liegt an der 20 Le Thanh Phuong und dient gleichzeitig als Verwaltungs- und Trainingszentrum der recht großen protestantischen Gemeinde in der Provinz Khanh Hoa. Eine ganze Reihe der Pastoren hat Jahre im Gefängnis verbracht. Erst 2001 wurden die Evangelische Kirche Süd-Vietnams und die in ihr vertretenen Gemeinden als Religionsgemeinschaft anerkannt.

Pasteur-Institut und Yersin-Museum

Das **Pasteur-Institut** H (Vien Pasteur, 10D Tran Phu) liegt an Nha Trangs Meerseite und wurde 1895 von Dr. Alexandre Yersin (1863–1943), einem Schweizer Mikrobiologen, Militärarzt und Forscher, gegründet. Er arbeitete am *Institut Pasteur* in Paris, wo er zusammen mit Emile Roux das Diphtherietoxin (Diphtherieerreger), nachwies, was die Voraussetzung für die Entwicklung eines Impfstoffes war. 1891 kam Yersin in Nha Trang an und unternahm Forschungsreisen ins Mekong-Delta und ins Zentrale Hochland. Er war federführend in der Etablierung des Luftkurortes Dalat (s. S. 257) und verantwortlich für die Einführung des Kautschuk- und Chinarindenbaums zur Gewinnung von Latex bzw. dem Antimalariamittel Chinin. Nach seinem Tod wurde er auf einem Hügel bei Suoi Dau, 20 km südlich von Nha Trang, bestattet.

Ab 1894 erforschte Yersin am Pasteur-Institut von Hong Kong eine in der Kronkolonie wütende Beulenpest-Epidemie. Trotz starker Behinderung der britischen Behörden gelang ihm der Nachweis, dass die Krankheit durch Ratten übertragen wird und dafür Bakterien verantwortlich seien (1970 wurde

Der 14 m hohe Buddha an der Long-Son-Pagode überblickt vom Trai-Thuy-Hügel das Häusermeer von Nha Trang

Unten: Das Yersin-Museum erinnert an den großen Schweizer Mikrobiologen

daher der Erreger zu seinen Ehren *Yersinia pestis* genannt). Zurück in Nha Trang, arbeitete er an der Gewinnung von Impfstoffen gegen den Pesterreger. 1905 wurde sein schlichtes Labor offizielle Filiale des Pasteur-Institutes. Noch heute wird hier geforscht und es werden Impfstoffe entwickelt, wenn auch mit chronisch klammem Budget.

Im kleinen, aber feinen **Yersin-Museum** (Bao Tang Yersin, Tel. 058/382 2355, Mo–Fr 7.30–11, 14–16.30, Sa 8–11 Uhr; Eintritt) sind Forschungsgeräte, persönliche Gegenstände, alte Fotos und Schrifttafeln mit ausführlichen Erklärungen auch auf Englisch zu sehen.

Provinzmuseum Khanh Hoa ❶

Ein Katzensprung vom Pasteur-Institut entfernt liegt an der 16D Tran Phu das bescheidene Museum (Tel. 058/382 2277, Di–Fr 8–11, 14–17 Uhr; Eintritt frei). Im linken Flügel des kolonialen Gebäudes kann man Funde aus den prähistorischen Kulturen von Xom Con (ca. 3000 Jahre alt) und Dong Son (2000 v.Chr. bis 200 n.Chr.) sowie Exponate der Cham sehen. Ungewöhnlich ist ein vermutlich 3000 Jahre altes Instrument aus Stein, das wie ein Xylophon gespielt wurde. Der rechte, weniger interessante Flügel dokumentiert die jüngere Geschichte der Provinz Khanh Hoa.

Bao-Dai-Villen ❶

Am Südende von Nha Trang, kurz vor dem Cau-Da-Hafen, schiebt sich ein kleiner Hügel mit den Bao-Dai-Villen (Tel. 058/359 0147, www.vngold.com/nt/baodai) ins Meer. Die fünf etwas in die Jahre gekommenen Domizile wurden 1923 als Ferienresidenz für Vietnams letzten König, Bao Dai, und seine Gattin Nam Phuong errichtet.

Zwischen 1955 und 1975 residierten hier hochrangige Regierungsmitglieder von Süd-Vietnam, danach ließen es sich kommunistische Parteibonzen hier gut gehen. Heute werden die Villen von der Touristenbehörde der Provinz geführt, weshalb ein Hauch staatlicher Ineffizienz durch die hohen Räume weht.

Das Interieur ist bescheiden, der Service schleppend, das Essen mäßig und der kleine Privatstrand schmutzig. Trotzdem sollte man bei den Villen

Unten: Vielfältige Wassersportmöglichkeiten am Stadtstrand von Nha Trang

Karte auf Seite 247

vorbeischauen, um die herrliche Aussicht auf die Bucht zu genießen.

Ozeanografisches Institut Ⓚ

Im Schatten eines Berges, zwischen Bao-Dai-Villen und Cau-Da-Hafen, vermittelt das am 14. September 1922 als *Institut Océanographique de l'Indochine* gegründete Institut Besuchern einen guten Einblick in die Unterwasserwelt. Zur Sammlung von mittlerweile über 20000 Arten zählt das 1994 gefundene, 10 t schwere Skelett eines Buckelwals. Etwas lebendiger sind die in verschiedenen Aquarien schwimmenden Fische, Seepferdchen und Meeresschildkröten.

Inseln von Nha Trang

Hon Tre Ⓛ

Hauptattraktion der »Bambusinsel« ist der **Vinpearl Amusement Park** (Tel. 058/395 8188, www.vinpearlland.com, tgl. 8–22 Uhr; Eintritt). Die großen Lettern im Hollywood-Stil machen deutlich, wer hier für die Großinvestition (und die landschaftliche Verschandelung) verantwortlich ist: Vinpearl. Glücklicherweise sieht der Park aus der Nähe betrachtet besser aus. Eine Kabinenseilbahn (Gebühr) – laut Guinnessbuch mit 3320 m die längste Meeres-Seilbahn der Welt – startet vom **Phu-Quy-Hafen** südlich von Nha Trang und bringt die Besucher in 10 Min. zum Park. Alternativ braucht die Fähre 20 Min. Es locken Abenteuerspielplätze, Karussells, ein Wasserpark, ein Einkaufszentrum, mehrere Restaurants, Shows und Konzerte. Am interessantesten wird für die meisten aber die moderne **Underwater World** mit mehr als 20 Frisch- und Salzwasserbecken verschiedener Größen sein. Spektakulär ist der verglaste Durchgang unter einem Becken, wo man Haien, Muränen, Rochen und bunten Korallenfischen ziemlich nahe kommt. Wer das nötige Kleingeld hat, kann auch im **Vinpearl Resort & Spa** (s.S. 365) – mit 485 Zimmern, Vietnams größtem Swimmingpool und vielen Einrichtungen eine weitere Anlage der Superlative – nächtigen.

Die Unterwasserwelt im Vinpearl Amusement Park auf Hon Tre ist ein spannendes, aber kostspieliges Freizeitvergnügen

Unten: Über 20000 Meerestiere lagern in der Sammlung des Ozeanografischen Institutes

BUNTE UNTERWASSERWELT

Eine der Hauptattraktionen von Nha Trang sind die wunderschönen Korallenriffe, die im 150 km² großen Meeresschutzgebiet Hon Mun rund um die insgesamt neun Inseln zu finden sind. Untersuchungen in den 1990er-Jahren dokumentierten 190 Korallen- und 176 Meerestierarten. Dazu zählen Echte Karettschildkröten, Muränen und Riesenrochen. Leider – und tragischerweise auch vorhersehbar – sind die Korallen und Riffe aufgrund von Umweltverschmutzung, Überfischung und Missmanagement der Regierung extrem bedroht. Die Sicht unter Wasser hat von einst 30 m auf nur noch 10 m rapide abgenommen. Von den ursprünglich 19 Tauchgründen sind gerade mal fünf übrig geblieben. Die von Umweltschutzorganisationen der Behörde zur Verfügung gestellten Boote zur Bewachung des Schutzgebietes dümpeln untätig im Wasser, während die Fischer nebenan Netze ins Wasser lassen und, noch schlimmer, Dynamit und Zyanid für den Fischfang einsetzen.

Wer tauchen möchte, sollte daher nur bei umweltbewussten und auf Sicherheit ausgerichteten Tauchschulen buchen (s. S. 364).

Viele Inseln, allen voran Hon Yen (»Schwalbeninsel«), sind Heimat von Weißnest-Salanganen, die aus ihrem Speichel Nester produzieren – welche als kostspielige Suppe in die Delikatessengeschäfte Asiens wandern

Andere Inseln

Vom Phu-Quy-Hafen können Besucher mit dem Boot in 20 Min. zur **Hon Mieu** fahren, wo das wie ein gesunkenes Piratenschiff gestaltete Tri-Nguyen-Aquarium (Tel. 058/359 9689, tgl. 8–17 Uhr; Eintritt) »ankert«. Dort gibt es Wasserbecken und Aquarien, in denen Meeresschildkröten und tropische Fische zu sehen sind, die dort aufgezogen werden. Im Rahmen einer Bootstour (buchbar am Hafen oder über die Gästehäuser) können auch andere Inseln besucht werden, u.a. **Hon Mot, Hon Mun** (»Ebenholzinsel«), **Hon Yen** (»Schwalbeninsel«) und **Hon Lao** (»Affeninsel«). Auf Hon Mieu und Hon Tre gibt es einige wenig attraktive Strände. Dank der vielen Felsen und Riffe bieten sich die Inseln jedoch zum Schnorcheln an.

Noch ein Hinweis für **Hon Lao:** So nett die Insel ist, ein Besuch empfiehlt sich aufgrund der großen Makaken-Population nicht. Die Affen laufen frei herum und sind ziemlich aggressiv. Manche werden zu Versuchszwecken gezüchtet. Da sie zudem nicht artgerecht gehalten werden, können sie Krankheiten übertragen. Auch die zirkusähnlichen »Monkey Shows« sind nicht jedermanns Geschmack.

Hon Ong, die »Walinsel«, liegt etwa 80 km (zwei Fahrstunden) nördlich von Nha Trang und ist v.a. für Taucher und Schnorchler attraktiv. Das dortige Whale Island Resort (Tel. 058/384 0501, www.whaleislandresort.com) bietet nette Übernachtungsmöglichkeiten und offeriert – wie auch Rainbow Divers (Tel. 058/381 3788, www.divevietnam.com) – interessante Tauchtouren.

Nördlich von Nha Trang

Halbinsel Hon Khoi ❷

Nördlich von Nha Trang schiebt sich auf der Höhe von Ninh Hoa eine Halbinsel mit einsamen Buchten, dichten Dschungeln und schroffen Felsklippen ins Meer – ein wahres Naturparadies. Hier lebt eine kleine Population von äußerst seltenen und extrem bedrohten Schwarzschenkligen Kleideraffen. Die beiden Strände auf der Halbinsel sind mittlerweile legendär. Der erste, **Jungle Beach,** liegt auf der Nordseite, etwa

Unten: Das idyllische Whale Island Resort auf Hon Ong

40 km (eine Fahrstunde) von Nha Trang entfernt. Der Strand ist noch recht ursprünglich und das Wasser klar. Wer des Nachts in die Fluten geht, wird über fluoreszierende Algen erstaunt sein, die dem Meer eine magische Stimmung verleihen. Das einfache **Jungle Beach Resort** (s. S. 350) liegt an der schönsten Ecke des Strandes.

An der Südseite der Halbinsel erstreckt sich die nur mit dem Boot erreichbare **Ninh Van Bay.** Seit hier das exklusive **Six Senses Hideaway** (s. S. 350) mit 58 Poolvillen, privatem Butlerservice und anderem Verwöhnprogramm seine Pforten öffnete, ist der Name dieser Bucht in der globalen Jetset Society zu einem Synonym für Luxus geworden.

Im Norden erstreckt sich der abgeschiedene Strand von **Doc Let.** Der palmengesäumte Küstenstreifen ist wie eine Sichel sanft geschwungen und aufgrund des geringen Gefälles besonders familiengeeignet. Am Wochenende mieten sich gerne die Einheimischen in die Gästehäuser und Mittelklasse-Resorts ein. Zuweilen stört der herumliegende Müll vom nahen Fischerdorf, ansonsten ist der Strand recht sauber.

Ba-Ho-Wasserfälle

In der Nähe des Dorfes Phu Huu, 25 km nördlich von Nha Trang, stürzen die Ba-Ho-Wasserfälle (Sui Ba Ho, tgl. 7.30–17 Uhr; Eintritt) in die Tiefe. Inmitten eines dichten Regenwaldes liegen drei Wasserbecken auf unterschiedlichen Ebenen, die sich durch ständig auf Granitfelsen niedergehende Kaskaden gebildet haben. Geschäftstüchtige Kinder zeigen Ihnen den 2 km langen Weg bis Ba Ho, verkaufen Getränke und reichen Ihnen eine helfende Hand – die Sie angesichts der zunehmend rutschiger und steiler werdenden Stellen durchaus dankbar annehmen werden.

Südlich von Nha Trang

Entlang der Küstenstraße gen Süden passiert man nach 35 km den **Flughafen von Cam Ranh,** der auch für Reisende nach Nha Trang relevant ist. Im Anschluss daran erstreckt sich die riesige **Bucht von Cam Ranh** ❸ (Vinh Cam Ranh) mit einem natürlichen Tiefseehafen, der nacheinander von Amerikanern, Sowjets und zuletzt von Vietnamesen als Marinestützpunkt genutzt wurde. Nachdem sie lange Zeit militärisches Sperrgebiet war, ist die Bucht heute für Besucher zugänglich. Allerdings ist die touristische Infrastruktur ziemlich unterentwickelt. Das Wasser ist klar und einladend, aber die Strände sind streckenweise recht verschmutzt. Etwas südlich von Cam Ranh führt die Nationalstraße 1 A in der Provinz Ninh Thuan durch eine recht monotone und aufgrund des geringen Niederschlages recht unfruchtbare Landschaft.

Phan Rang/Thap Cham ❹

Phan Rang bildet mit dem 7 km weiter westlich gelegenen Thap Cham eine Doppelstadt, die auch gleichzeitig Verwaltungszentrum der Provinz Ninh Thuan ist. Der Name Phan Rang leitet sich vom Namen des ehemaligen Cham-Fürstentums Panduranga ab. Heute leben noch einige Cham entlang

»

In der Gegend von Cam Ranh erstrecken sich Salzgärten über ein 300 ha umfassendes Gebiet, in dem pro Jahr eine halbe Million Tonnen Salz produziert werden. Aufgrund seiner Beschaffenheit ist der Quarzsand aus dieser Bucht für die Fabrikation von optischen Linsen und hochwertigem Glas begehrt. Das darin enthaltene Silizium wird in alle Welt exportiert.

Unten: Das exklusive Six Senses Hideaway in der Ninh Van Bay

Im Cham-Turm Po Ro Me wird der letzte König (17. Jh.) in Form eines Lingams mit Halbrelief verehrt

des Cai-Flusses und sind anhand ihrer traditionellen Kleidung gut zu erkennen, da sie zumeist muslimisch sind: die Männer in Tunika-ähnlichen weißen Gewändern mit Turban oder Kappe, die Frauen mit Wickelröcken und Kopftuch.

Die beiden Orte liegen in einem extrem trockenen Landstrich, der von abweisend wirkenden Kakteen und herrlich rot blühenden Flamboyant-Bäumen beherrscht wird. Einige Bauern versuchen mit Weintrauben ihr Glück. Von hier führt die wildromantische Nationalstraße 27 ins 108 km entfernte Dalat (s. S. 257).

Po Klong Garai ❺

Etwas westlich von Thap Cham erhebt sich auf einem kargen Hügel das schon von weitem sichtbare Cham-Heiligtum (tgl. 8–18 Uhr; Eintritt). Ihr Erbauer war König Jaya Simhavarman III. (13./14. Jh.). Den Eingang des 20 m hohen Hauptturms ziert ein sechsarmiger tanzender Shiva.

In der Vorhalle blieb eine Steinstatue von Shivas Reittier, dem Stier Nandi, erhalten. Ihm bringen Bauern in der Hoffnung auf eine gute Ernte Opfergaben dar.

Im Innern befindet sich ein phallusartiger Lingam mit Gesicht, das den König darstellen soll.

Po Ro Me ❻

Der Cham-Turm erhebt sich etwa 15 km südlich von Phan Rang auf einem etwa 50 m hohen Hügel (tgl. 8–18 Uhr; Eintritt frei). Er ist benannt nach dem letzten Cham-König (reg. 1629–51), der als Gefangener der Vietnamesen starb. Die Anlage entstand im frühen 16. Jh. und ist damit eines der letzten Heiligtümer der Cham. Der Turm wirkt gedrungen und in den Proportionen unharmonisch. Wie Po Klong Garai ist auch Po Ro Me einer der Hauptorte des jährlichen Kate-Festes, des Neujahrsfestes der Cham. Die Anlage ist über eine Seitenstraße zu erreichen, die von der Nationalstraße 1 A zum 9 km weiter westlich gelegenen Dorf Hau Sanh führt. Von dort sind es weitere 6 km. ■

Unten: Cham-Heiligtum Po Klong Garai

RESTAURANTS

Preise pro Person für ein Drei-Gänge-Menü:
● = unter 10 $
●● = 10–20 $
●●● = 20–30 $
●●●● = über 30 $

In Nha Trangs Haupttouristengegend findet man viele, wenn auch recht teure Restaurants. Wenn Sie lieber günstiges, lokales Essen bevorzugen, probieren Sie *bun thit nuong* (Reisnudeln mit gegrilltem Schweinefleisch und, als i-Tüpfelchen dazu, gekochtes Wachtelei mit Frühlingsrolle) am Stand in der **20 Tran Quang Khai.** Empfehlenswert ist außerdem noch *pho bo* (Reisnudelsuppe mit Rind) im **Pho Huong Bac** in der 109 Nguyen Thuat.

Vietnamesisch

◆ **Lanterns**
34/6 Nguyen Thien Thuat St, Tel. 058/247 1674, tgl. Frühstück, Mittag- und Abendessen
Ein seit langer Zeit sehr beliebtes Restaurant, das auch mit seinem geschmackvollen Ambiente beeindruckt. Es werden lokale Köstlichkeiten wie Feuertopf oder in einem Tontopf geschmortes Schweinefleisch angeboten. Das Lokal veranstaltet auch Kochkurse, die immer gut besucht sind sowie Touren zu ausgesucht guten Streetfoodständen in der Umgebung. ●●

◆ **Truc Linh 1**
11 Biet Thu, Tel. 058/352 6742, tgl. Frühstück, Mittag- und Abendessen
Beliebtes Meeresfrüchterestaurant, bei dem man den Tagesfang draußen an der Straße in großen Wassertanks begutachten kann.
Weiter die Straße hinunter in der 21 Biet Thu, findet man das Schwesterlokal **Truc Linh 2,** das hauptsächlich vietnamesische Küche serviert, aber auch einige thailändische Speisen auf der Karte präsentiert. ●●

Französisch

◆ **Le Petit Bistro**
26D Tran Quang Khai, Tel. 058/532 7201, tgl. Frühstück, Mittag- und Abendessen
Dieses gemütliche zweistöckige Lokal mit tiefroten Wänden und dunklem Holzmobiliar bietet eine solide Auswahl an Baguettes, Steaks, Eintöpfen, Pasta sowie Pasteten, Kuchen und Torten. ●

Indisch

◆ **Omar's**
98A/8 Tran Phu, Tel. 058/352 2459 und 98B Nguyen Thien Thuat, Tel. 058/222 1615, tgl. Frühstück, Mittag- und Abendessen
Chefkoch Omar aus Neu-Delhi zaubert einen exklusiven Mix aus Fleisch und vegetarischem Curry, Tandoori-Gerichten, indischem Brot sowie Reis. Durchweg empfehlenswert, mit freundlichem Service. ●

International

◆ **Louisiane Brewhouse**
Lot 29, Tran Phu, Tel. 058/352 1948, tgl. Frühstück, Mittag- und Abendessen
Dies ist eines der teuersten Restaurants, aber definitiv das mit der schönsten Atmosphäre der Stadt, direkt am Strand gelegen. Vietnamesische Meeresspezialitäten sind der Schwerpunkt, Steak, Burger, Pizza und Sushi runden das Angebot ab. Die hausgemachten Getränke sind exzellent. Probieren Sie das unverkennbare Ginger Ale mit Zitronengras. ●●●

◆ **Rainbow Divers Bar**
90A Hung Vuong, Tel. 058/352 4351, tgl. Frühstück, Mittag- und Abendessen
Das Hauptquartier von Vietnams renommiertestem Tauchladen hat eine ausgezeichnete Bar und ein Restaurant. Drinnen hat man durch die Holzausstattung das Gefühl, man befände sich in der gemütlichen Kabine eines Schiffes. Auf der Karte stehen Steak-Sandwiches, Burger, Pizza, Pasta, Fleischpasteten, Steak, Fish'n'Chips sowie importierte Eiscreme. ●●

◆ **The Sailing Club**
72–74 Tran Phu, Tel. 058/382 6528, www.sailingclubvietnam.com, tgl. Frühstück, Mittag- und Abendessen
Der Club ist ein berühmter Auswanderertreff. Das Schwester-Resort befindet sich in Mui Ne. Die Speisekarte präsentiert einen Mix an Wraps und Salaten sowie indische, vietnamesische und italienische Gerichte, alles in bester Qualität. ●●●

Italienisch

◆ **Da Fernando**
96 Nguyen Thien Thuat, Tel. 058/222 9102, tgl. Mittag- und Abendessen
Gute italienische Küche mit Pizza, Pasta, Gnocchi und Risotto. Eindeutig der beste Italiener in Nha Trang. ●●●

◆ **Good Morning Vietnam**
19B Biet Thu, Tel. 058/352 2071, tgl. Frühstück, Mittag- und Abendessen
Die vietnamesische Kette ist Dauerfavorit in Nha Trang. Aufgetischt werden italienische Speisen. Freundlicher Service. ●

◆ **La Taverna**
115 Nguyen Thien Thuat, Tel. 058/352 2259, tgl. Mittag- und Abendessen
Der Besitzer Athos, zur Hälfte Schweizer und zur Hälfte Italiener, zaubert hier Pizza, Pasta und Co und auch einige Schweizer Gerichte. ●●

Dalat und Umgebung

Die einstige Sommerfrische der Franzosen hat ihren Charme bewahrt. Kühles Klima, nebelverhangene Berge und eine fruchtbare Umgebung sind in Dalat eine willkommene Abwechslung zur schwülheißen Ebene.

Kühl, ruhig und mit reicher Vegetation gesegnet, ist das durchschnittlich 1500 m hoch gelegene Dalat ein Zufluchtsort für alle, die der Hektik von Ho Chi Minh City und des schwülheißen Klimas in der Ebene entkommen wollen. Man braucht nicht viel Fantasie, um zu verstehen, warum die Franzosen in den kolonialen Tagen so verzückt von Dalat waren und warum sich König Bai Dai hier gerne aufhielt. Für jene, die sich für die spannenden Kulturen der Minderheiten interessieren und etwas Abenteuergeist im Gepäck haben, ist Dalat das Tor zum Zentralen Hochland.

Mit einer Durchschnittstemperatur zwischen 16 °C und 24 °C im Jahr ist Dalat Vietnams beliebteste Sommerfrische und der populärste Ort für Flitterwochen. Die Trockenzeit dauert von Dezember bis April, obwohl es auch dann zu kurzen Regenschauern kommen kann. Während der Regenzeit von Mai bis November fallen die Niederschläge nicht wie in den Küstenebenen nachmittags kurz und heftig, sondern der Tag beginnt häufig wolkenverhangen. Nachmittags setzt dann der Regen ein und kann den ganzen Abend andauern. Die Nächte können dann ziemlich nasskalt sein.

Dalat ist als Ferienort gut an das Verkehrsnetz angeschlossen. Die Nationalstraße 20 führt nach Ho Chi Minh City (300 km, 6–7 Std.), die Nr. 27 nach Phan Rang-Thap Cham (108 km, 4–5 Std.) und die Nationalstraße 28 ab Di Linh nach Phan Thiet (100 km, 2,5 Std.). Vom Flughafen Lien Khuong, 3 km südlich des Stadtzentrums, verkehren Maschinen nach Ho Chi Minh City und Hanoi.

Dalat ❼

Dalat (Da Lat) heißt übersetzt »Fluss der Lat« und bezieht sich auf eine der beiden Untergruppen der K'ho, die einst diese Region besiedelten: die Lat und die Chil. Heutzutage leben die Angehörigen dieser Volksgruppen in umliegenden Dörfern, während in der

NICHT VERPASSEN!

Stadtmarkt
Verrücktes Haus
Sommerresidenz von Bao Dai
Lam-Dong-Museum
Tigerfälle

Links: Die Kathedrale von Dalat **Unten:** Rettich-Ernte bei Dalat

Frau der Lat-Minderheit im traditionellen Gewand

Stadt vorwiegend Kinh, also ethnische Vietnamesen, wohnen. So ist auch der Buddhismus, der in der Ebene eine große Rolle spielt, erst mit den Kinh ins Hochland gekommen. Die Bergvölker folgten einer Form des Animismus, sind jedoch heute meist Katholiken oder Protestanten.

Neben den Lat- und Chil-Gruppen leben in den umliegenden Bergen noch Angehörige der Ma und Churu. Auch wenn sie ihre Lebensweise heute weitgehend angepasst haben, so kann man sie hin und wieder in ihren traditionellen Trachten, mit selbst gefertigten Körben oder Tonkrügen auf dem Rücken, sehen.

Als Forscher Dr. Alexandre Yersin (s. S. 249) 1893 bei einer Expedition auf ein lang gezogenes Plateau am Fuß des Bergzugs Langbiang stieß, betrachtete er diese Hochebene mit dem gemäßigten Klima als perfekten Ort für einen Luftkurort und schlug dafür den Ort Dankia vor. 10 km von Dankia entfernt wurde am Cam-Ly-Fluss 1906 ein Sanatorium, ein Jahr später das erste Hotel eröffnet. Die Stadtplanung übernahm der in Hanoi stationierte Architekt Ernest Hébrard. Schon bald war Dalat zu einem *Petit Paris* geworden. In den 1930er-Jahren lebten mehr als 2000 Franzosen dort. Dalat blieb von den Zerstörungen der beiden Kriege verschont und war während des Vietnamkrieges ein Hort des Friedens. Folglich blieb auch die hübsche Kolonialarchitektur wie nirgendwo sonst verschont. Die meisten alten Villen und kolonialen Verwaltungsgebäude kann man im französischen Viertel südlich des Xuan-Huong-Sees und des Cam-Ly-Flusses finden.

Mit etwa 200 000 Einwohnern ist Dalat Verwaltungszentrum der Provinz Lam Dong. Die **Universität von Dalat** zählt zu den besten des Landes. Rund um die Uni gibt es zahlreiche Garküchen und Cafés.

Dalat ist mit vielen Gärten und Seen eine wunderbare Stadt zum Flanieren. Aber aufgrund der schmalen Straßen über Hügel und Täler fällt die Orientierung ohne Stadtplan nicht leicht.

Hotels mit Geschichte

Das **Sofitel Dalat Palace** Ⓐ beansprucht die beste Lage in der Stadt

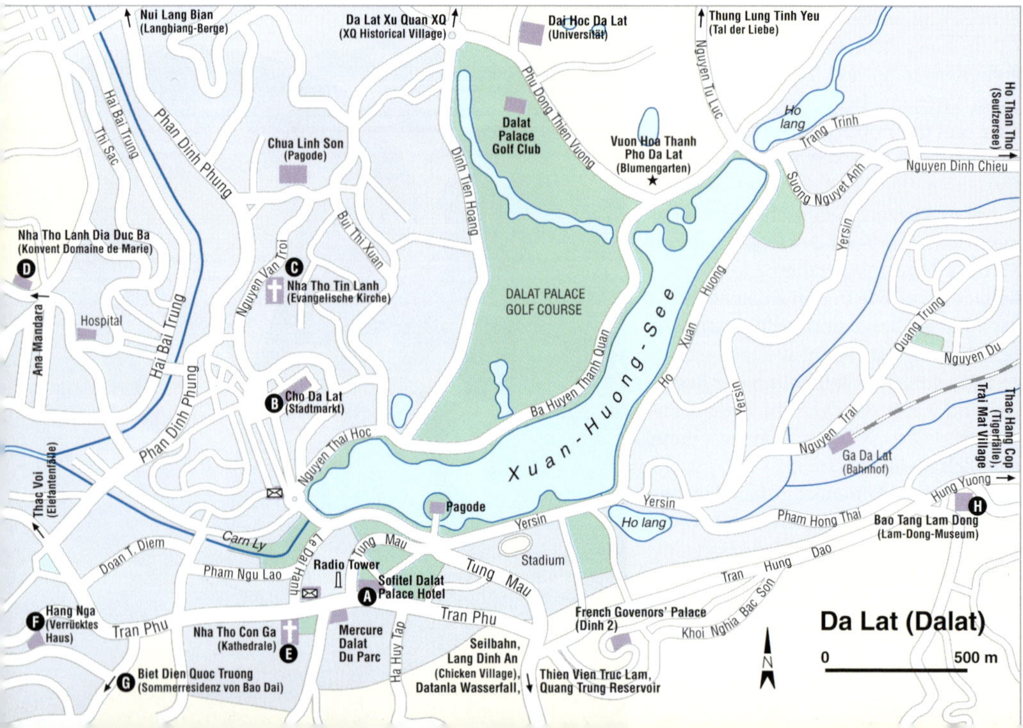

Karte auf Seite 258

oberhalb einer 5 ha großen Parkanlage mit englischem Rasen und Seeblick. Es öffnete nach zwanzigjähriger Bauzeit 1922 als *Lang Bian Palace* seine Pforten, wurde 1995 renoviert und von der französischen Accor-Gruppe neu eröffnet. Sehr schnell war es der Treffpunkt der Stadt und ständig ausgebucht. Deshalb wurde schon bald vis-à-vis ein weiteres Hotel erbaut: das *Hôtel du Parc*, das heutige **Mercure Dalat du Parc.** Ab 1932 waren hier Gäste willkommen, die zum importierten Bordeaux den neusten Kolonialklatsch zum Besten gaben.

Stadtmarkt B

Der stets lebhafte Markt (tgl. 6–22 Uhr) ist einer der größten des Landes und eine der Hauptattraktionen von Dalat. Er liegt in einem Bergeinschnitt und ist von vielen Cafés und Geschäften umgeben. Das heutige, ziemlich betonlastige Gebäude stammt aus den 1960er-Jahren. Zuweilen ist die Orientierung in den drei ineinander verschachtelten Marktgebäuden etwas verwirrend, sodass man etwas Geduld braucht, sich in allen Etagen zurechtzufinden.

Der zweite Stock im mittleren Gebäude ist voller Essensstände mit lokalen Spezialitäten. Besonders bei Jugendlichen ist *che*, ein Dessert mit süßen Bohnen und kandierten Früchten, beliebt. Sehr beliebt sind auch Reis-Cracker mit Omeletts aus Wachteleiern und heiße Sojamilch. Doch nicht genug, es gibt auch getrocknete oder kandierte Früchte, Fruchtweine und Gewöhnungsbedürftiges wie getrocknetes Hirschfleisch im Angebot.

Rund um den Markt sind vor allem am späten Nachmittag zahlreiche Verkäufer mit gegrilltem Fleisch, geröstetem Mais oder Süßkartoffeln anzutreffen. Im Erdgeschoss biegen sich die Tische unter der Fülle von lokalen Gemüse- und Obstsorten, die man auch aus Europa kennt: Avocados, Artischocken, Pilze, Spargel und Tomaten. Erdbeeren und Erdbeermarmelade aus Dalat gelten landesweit als Delikatesse.

Samstags und sonntags ist der Andrang so groß, dass zwischen 7 und 22 Uhr die umliegenden Straßen gesperrt werden, damit noch mehr Verkaufsstände mit Kleidung und Kunsthandwerk Platz haben.

TIPP

Gelegentlich werden an den Marktständen Tigerkrallen und Bärentatzen angeboten (und das mit Wissen der Polizei!). Lassen Sie unbedingt die Finger davon, wenn Sie nicht die illegale Wilderei rund um den Langbiang-Berg fördern wollen. Die ebenfalls angebotenen Tierzähne sind jedoch fast immer Fälschungen aus Plastik.

Unten: Eine endlose Vielfalt an Gemüse und Trockenfrüchten ist auf dem Stadtmarkt von Dalat zu finden

»

Dalat wird gerne als »Gartenstadt« und »Stadt der Blumen« besungen, was durchaus keine Übertreibung ist, denn auf den umliegenden Feldern wachsen zahlreiche Blumenarten, von Rosen bis Tulpen. Auch die Vielfalt an Gemüse ist gewaltig und reicht von Avocados bis zu Weintrauben. Über die Hälfte des Umsatzes in der Umgebung wird von der Landwirtschaft erzielt.

Unten: Dalat Palace Golf Club

Am Xuan-Huong-See

Der halbmondförmige See entstand 1919 durch den Bau eines kleinen Staudamms. Das Gewässer ist von einem 7 km langen Rundweg umgeben und lädt zu ausgedehnten Spaziergängen ein. Die angrenzenden Hügel mit Pinienhainen und Kolonialvillen bieten einen schönen optischen Hintergrund. Man kann sich auch mit Pferdekutschen um den See fahren lassen.

Nördlich des Sees zieht sich der feine **Dalat Palace Golf Club** (Tel. 063/ 382 1201, www.vietnamgolfresorts.com) den flachen Hügel hinauf. Er wurde 1922 von Ernest Hébrard geplant und gilt als einer der besten Vietnams.

Evangelische Kirche C

Nördlich des Marktes steht das gelb getünchte Gotteshaus (Gottesdienst sonntags 8 Uhr). Das Gebäude wurde 1940 errichtet und ist Treffpunkt für die meist recht arme, vorwiegend aus Angehörigen der Bergvölker bestehende protestantische Gemeinde. Nach 1975 war sie schweren Repressionen seitens der kommunistischen Führung ausgesetzt und auch heute noch sind die Gläubigen in ihren Aktivitäten ziemlich eingeschränkt.

Konvent Domaine de Marie D

Aufgrund der rosa Farbe wirkt das 1942 errichtete Kloster (tgl. 8–12, 14 bis 17 Uhr; Eintritt frei) freundlich und einladend. Es liegt auf einem Hügel an der Ngo Quyen im Westen der Stadt. Von den einst über 300 katholischen Nonnen sind nur noch ein paar Dutzend übrig geblieben. Sie führen ein Waisenhaus und unterstützen arme und behinderte Kinder. Zur Finanzierung verkaufen sie selbst gemachte Souvenirs wie Stickereien oder gestrickte Pullover und leckere Ingwerbonbons. Zu den prominentesten Schützlingen zählt der impressionistische Maler Quan To, der in den 1950er-Jahren hier lebte. Besucher sind immer willkommen.

Kathedrale E

Südlich des Sees beherrscht die katholische Kathedrale (Tran Phu Le Dai Hanh, Gottesdienste Mo–Sa 5.15 und 17.15 Uhr, So um 5.15, 7, 8.30, 14.30, 16 und 18 Uhr) die Umgebung. Bei den

Einheimischen ist der rosafarbene Kirchbau wegen des Wetterhahns auf der Turmspitze auch als »Hahnenkirche« (Nha Tho Con Ga) bekannt. Sie wurde 1942 geweiht und besitzt bunte Glasfenster des renommierten Grenobler Glaskünstlers Louis Balmet.

Die Regierung hat 1997 ganz in der Nähe einen Telekommunikationsturm gebaut, der dem Eiffelturm ähnelt. Vielleicht will sie damit den Ruf Dalats als *Petit Paris* wiederbeleben.

Hang Nga – das »Verrückte Haus« F

Für alle, die mit Kindern reisen oder ein Faible für Baumhäuser haben, ist der Besuch des »Verrückten Hauses« (3 Huynh Thuc Khang ,Tel. 063/382 2070, tgl. 7–18 Uhr; Eintritt) sicher ein Spaß. Die Erbauerin, Dang Viet Nga, betrachtet es als »Mondvilla« (Hang Nga). Seit 1990 bastelt die Tochter des langjährigen Generalsekretärs und Präsidenten Truong Chinh an diesem Domizil, doch fertig ist es immer noch nicht. Die verschiedenen Gebäude sehen aus wie hohle Backenzähne oder steinerne Spinnweben und sind über gewundene Treppen, Tunnel und Stege miteinander verbunden. Sie könnten wunderbar als Kulisse für einen Science-Fiction-Film dienen. Manche Zimmer dienen als Leseräume, andere als Café und Souvenirshop, in einigen kann man auch nächtigen – vorausgesetzt, man stört sich nicht an dem ständigen Besucherstrom. Mit ihrer Architektur will die Künstlerin nach eigenem Bekunden die Menschen zurück zur Natur bringen. Aber wie in der Wirklichkeit ist auch hier die Natur nicht immer so freundlich und friedlich. Die Adler, Bären, Giraffen und Kängurus aus Beton wirken in den Zimmern zuweilen recht einschüchternd.

Sommerresidenz von Bao Dai G

Der vom *Art déco* inspirierte Bau (Tel. 063/382 6858, tgl. 7.30–11, 13.30 bis 16 Uhr; Eintritt), einige Kilometer südwestlich des Stadtzentrums, wurde von 1933 bis 1938 errichtet und diente dem letzten Nguyen-König und seiner Familie als Ferienresidenz. Offiziell wird die Anlage auf einer Anhöhe auch Dinh III (Palast 3) genannt, da es noch zwei weitere koloniale Nobelresidenzen (Dinh I und II) gibt, die jedoch nicht zugänglich sind. Nachdem Bao Dai Vietnam verlassen hatte, bewohnten die südvietnamesischen Machthaber das Anwesen.

Heute können Besucher in den 25 Räumen dem Leben des Königs nachspüren. Dass es sich beim Mobiliar immer um Originale aus königlichem Besitz handelt, ist unwahrscheinlich. Vom Stil her passen sie jedenfalls in die 1940er- und 1950er-Jahre. Im Garten herrscht mit Ponyreiten, Kutschfahrten und Souvenirshops eine recht volkstümliche Stimmung.

Lam-Dong-Museum H

Das sehenswerte Lam-Dong-Museum (4 Hung Vuong, Tel. 063/382 2339, Mo bis Sa, 7.30–11.30, 13.30-16.30 Uhr; Eintritt) bietet eine hervorragende Sammlung von Gongs der Minderheiten der

Als käme der König gleich zurück: Die Sommerresidenz von Bao Dai

Unten: Wie ein hohler Backenzahn: das sogenannte Verrückte Haus

Das Lam-Dong-Museum birgt interessante Gongs der Minderheiten

K'ho, Ma und Churu. Diese rituellen Instrumente sind so berühmt, dass sie 2005 von der UNESCO in die »Liste des immateriellen Kulturerbes« aufgenommen wurden. Die Räume zeigen zudem Tierpräparate, ein xylophonartiges Musikinstrument aus Stein aus der Frühzeit sowie Relikte aus der Funan-Kultur, die im Cat-Tien-Nationalpark ausgegraben wurden. Schließlich sind auch noch die originalgetreuen Nachbauten der Langhäuser der Ma und K'ho interessant.

Östlich von Dalat

Außerhalb der Stadt warten weitere Sehenswürdigkeiten, die im Rahmen von Halb- oder Ganztagsausflügen problemlos besucht werden können. Dazu nimmt man ein Taxi oder mietet sich ein Moped.

Zugfahrt nach Trai Mat

Schon der **Bahnhof von Dalat** (Ga Da La) an der Quang Trung ist einen Besuch wert. 1938 wurde das im Art-déco-Stil errichtete Gebäude mit bunten Fenstern und einem lichten Wartesaal nach sechsjähriger Bauzeit eröffnet. Bis 1964 schnaufte von dort die *Crémaillère*, eine Zahnradbahn, ins 83 km entfernte Thap Cham unweit der Küste. Dann fielen weite Teile der Bahnstrecke dem Vietnamkrieg zum Opfer, der Rest wurde abgebaut. Erst 1991 wurde ein 5 km langes Teilstück nach **Trai Mat** wieder in Betrieb genommen, das seitdem bei Touristen sehr beliebt ist. Täglich um 8, 9.30, 11.55, 14 und 15.30 Uhr fahren Züge in Richtung Trai Mat ab. Die landschaftlich schöne Fahrt führt vorbei an Gemüsefeldern und dauert ca. 30 Minuten. Nach einer halben Stunde Pause geht es wieder zurück. In Trai Mat gibt es allerdings wenig zu sehen, außer der eindrucksvollen, nur wenige Hundert Meter von der Bahnstation entfernt liegenden **Linh-Phuoc-Pagode** (Chau Linh Phuoc, tgl. 8–17 Uhr; Eintritt frei). 1952 wurde das Kloster mit einem mächtigen siebenstöckigen Turm eingeweiht.

Linh Phuoc wird jedoch bald von einem **Tempel der Cao Dai** überragt werden, der derzeit auf einem etwa 1 km entfernten Hügel entsteht. Er wird der ziemlich großen Gemeinde der Cao Dai in Dalat für ihre vier täglichen Gottesdienste dienen. Architektonisch folgt der Sakralbau seinem Vorbild in Tay Ninh (s. S. 302).

Unten: Der 1938 eröffnete Bahnhof von Dalat

Tigerfälle

Die Tigerfälle (Thac Hang Cop, tagsüber, Eintritt) sind die eindrucksvollsten Wasserfälle in der Umgebung von Dalat und glücklicherweise auch die am wenigsten besuchten. Dies ist nicht zuletzt der langen Anfahrt über eine schlechte Straße und dem sich anschließenden steilen Aufstieg zu verdanken. Das Naturschauspiel eignet sich hervorragend für Naturliebhaber, die sich auch gerne etwas bewegen. Man muss dazu dem Strom bis zu den Fällen folgen, wo das Wasser inmitten eines üppig grünen Dschungels in die Tiefe stürzt. Die Tigerfälle liegen 14 km östlich von Dalat und sind über das Dorf Trai Mat zu erreichen. Der Weg ist ausgeschildert.

Südlich von Dalat

Seilbahn von Dalat

Die Talstation der Seilbahn (Cap Treo Da Lat, Di–Fr 7.30–11.30, 13.30–17 Uhr, Mo 7.30–11.30 Uhr, Ticket) liegt etwa 3 km südlich von Dalat. Die Kabinenbahn führt über zwei panoramareiche Kilometer bis zum **Meditationszentrum des Bambushains** (Thien Vien Truc Lam). Das 1993 auf einem Hügel erbaute Zen-Kloster liegt 5 km südlich des Stadtzentrums und überblickt den idyllischen Paradies-See, der 1980 aufgestaut wurde (Ruderboote werden vermietet). In der großen Halle befindet sich die Statue eines Buddhas, der eine Lotosblume in der Hand hält. Hier leben 100 Mönche und 80 Nonnen sowie einige Laien, die sich der strengen Meditationsschulung unterwerfen.

Nach Feng-Shui-Prinzipien könnte die Lage des Klosters besser nicht sein – mit dem **Phuong-Hoang-Berg** (Nui Phuong Hoang) im Hintergrund und dem **Paradies-See** (Ho Tuyen Lam) im Vordergrund. Unterhalb des Klosters laden entlang des Reservoirs zahlreiche Tische und Bänke zu einem Picknick ein.

Datanla-Wasserfall

Die Abzweigung zum Wasserfall (Thac Da Tanla, tagsüber, Eintritt) befindet sich an der Nationalstraße 20, etwa 5 km südlich der Stadt, und nur einige Hundert Meter hinter der Abzweigung zum Zen-Kloster (Thien Vien Truc Lam). Der Hinweg ist allerdings ein 10-minütiger Spießrutenlauf durch eine von unzähligen Souvenirshops gesäumten Gasse.

Das von einem hohen Felsen in einen Teich stürzende Wasser, umgeben von üppigem Grün, Baumhäusern und Bambusbrücken, bietet ein wunderbares Fotomotiv. Den Einheimischen scheint dies nicht genug zu sein, weshalb Ponys, Mädchen im *ethnic chic* und Männer in Bärenkostümen als »Wasserfall-Model« ihre Dienste anbieten. Lustig bei all dieser Kommerzialisierung ist auf jeden Fall die mechanische Rodelbahn (Gebühren) hinunter zu den Fällen.

»

In der Umgebung von Dalat erstrecken sich weitläufige Waldgebiete. Sie sehen zwar schön aus, sind jedoch nur noch in seltenen Fällen ursprünglich. Die Franzosen ließen nämlich weite Gebiete roden und mit Pinien- und anderen Nadelbäumen bewachsen. Dank des guten Bodens und milden Klimas breiteten sich die europäischen Baumarten rapide aus und dominieren heute die Landschaft.

Unten: Von der 2 km langen Dalat-Seilbahn bieten sich herrliche Ausblicke

»

Die einfallsreichen Frauen der K'ho- und Ma-Minderheiten sind exzellente Weberinnen. Ihre Fäden färben sie noch mit natürlichen Stoffen, die sie von Baum- und Pflanzenextrakten gewinnen. Man trifft sie auch immer auf den Straßen und Märkten von Dalat an, wo sie ihre Produkte verkaufen.

Lang Dinh An

Einst ein beliebter Haltepunkt für Touristen ist das besser als »Chicken Village« bekannte Dorf 17 km südlich von Dalat an der Nationalstraße 20 heute ein ganz gewöhnliches Dorf wie viele andere rund um die Stadt. Allerdings gibt es einen Unterschied: die riesige Skulptur eines krähenden Hahns. Das Federvieh aus Beton schaut gar nicht mal so geschmacklos aus, wie es zunächst klingt. Vor allem, wenn man die Geschichte dahinter kennt.

Die K'ho waren einst ein Nomadenvolk, das im Bergland Brandrodungsfeldbau betrieb. Nach 1975 versuchte die kommunistische Regierung, sie in der Nähe von Dalat anzusiedeln. Der lokale Stammesvorsteher der K'ho wollte jedoch nur unter der Bedingung einwilligen, wenn die Regierung im Dorfzentrum eine große Hühnerstatue mit neun Krallen errichten würde.

Einer alten K'ho-Legende zufolge hatte nämlich ein Mädchen die Mutter ihres Geliebten um Erlaubnis gebeten, ihn heiraten zu können (wie es in der matriarchalischen K'ho-Gemeinschaft üblich ist). Doch die Mutter war gegen diese Verbindung und willigte nur unter der Bedingung ein, dass das Mädchen ein Huhn mit neun Krallen besorgen könnte (wohl wissend, dass dies nicht möglich sei). Das Mädchen begab sich auf die schwierige Suche nach so einem Tier und verstarb währenddessen. Der Stammesführer glaubte natürlich, dass die Regierung sich niemals auf seine ungewöhnliche Bitte einlassen würde. Als die Skulptur errichtet war, mussten die K'ho infolge des Abkommens wohl oder übel ihre heimatlichen Berge verlassen und sich im neuen Dorf ansiedeln.

Immerhin bringt das Monument den Bewohnern heute Geld ein, denn rund um die Statue verkaufen sie selbst gefertigte Decken, Handtaschen, Tischdecken und andere Webarbeiten im traditionellen Stil.

Westlich von Dalat

Die **Elefantenfälle** (Thac Voi), 30 km westlich von Dalat, zählen zum Standardprogramm vieler Ausflüge in die Umgebung. Die ungewöhnlichen Felsformationen sind mindestens genauso beeindruckend wie die herabstürzen-

Unten: Die mächtigen Elefantenfälle

VERGNÜGLICH

Vietnamesen lieben es zuweilen kitschig und bunt. Das kann man wunderbar an ihren Lieblingsausflugszielen beobachten: dem **Tal der Liebe** (Thung Lung Tinh Yeu), rund 6 km nördlich, und dem **Seufzersee** (Ho Than Tho), 5 km nordöstlich von Dalat.

Ponys stehen dort als Fotomotiv bereit, Animateure laufen in Cowboy- und Affenkostümen herum, die betonreiche Dekoration zeigt Fabeltiere und Riesenpflanzen, auch Disneyfiguren stehen herum und natürlich gibt es zahllose Einkaufs- und Essenmöglichkeiten. Man kann an beiden Orten wunderbare Spaziergänge oder Bootspartien unternehmen, mit Einheimischen in Kontakt kommen und am Seufzersee des unglücklich verliebten Mädchens gedenken, das sich in die Fluten stürzte, als ihr Geliebter in den Krieg ziehen musste.

den Wassermassen. Man muss etwas klettern, um an die Basis des Wasserfalls zu kommen, denn von dort gewinnt man den besten Eindruck. Allerdings sind die in den Fels geschlagenen Stufen relativ trittfest. Ein kleiner Laden oberhalb der Fälle verkauft nette Handarbeiten der K'ho-Minderheit, darunter Decken und Stickereien.

Nördlich von Dalat

Langbiang-Berg

Die etwa 12 km lange Anfahrt von Dalat in Richtung Norden zum Langbiang-Berg (Nui Lang Biang) führt durch die malerische Gemeinde **Lat,** die aus mehreren Dörfern mit Angehörigen der K'ho, Lat und Ma besteht. Durch den Anbau von Kürbis, Tabak, Kaffee, Tee und Baumwolle auf den Anhöhen haben die Bewohner ein eher mageres Auskommen.

Besucher können über die markierten Wanderwege auch selbstständig den Langbiang-Berg erkunden, aber mit Bergführer sehen und erleben sie mehr. Die Anhöhen zählen bei den Veranstaltern in Dalat – etwa Groovy Gecko und Phat Tire (s. S. 364) – zu den bevorzugten Wandergebieten. Sehr zurecht, denn das Panorama ist atemberaubend schön. In den umliegenden Bergen soll es noch wenige Exemplare von Bären, Hirschen, Leoparden und auch Wildschweinen geben.

XQ Historical Village

Nur 6 km nördlich von Dalat liegt jenseits der Straße das Tal der Liebe (s. Kasten) das **XQ Historical Village** (Tel. 063/383 1343, www.xqvietnam.com, tgl. 8–20 Uhr; Eintritt frei). Es ist weder ein historischer Ort, noch ein Dorf, wohl aber ein ziemlich kommerzielles Handarbeitszentrum mit traditionellem Touch in der Hand des Unternehmens XQ Vietnam, das sich auf die Herstellung von hochwertigen Stickbildern aus Seide spezialisiert hat. Besucher können den Arbeitsprozess verfolgen, den Klängen traditioneller Musikdarbietungen lauschen und sich im Restaurant oder Café entspannen. In den Galerien sind die schönen, aber

Viele K'ho leben noch in sehr einfachen Häusern aus Holz und Bambus

Unten links: Der Langbiang-Berg
Unten rechts: Kollektives Reisschnapstrinken ist bei den Minderheiten sehr beliebt

Feinste Stickbilder im XQ Historical Village

ziemlich teuren Stickbilder zu erwerben. XQ unterhält auch einen Laden in Dalat (56–58 Hoa Binh).

Das zentrale Hochland

Weiter nördlich von Dalat erstreckt sich mit dem Zentralen Hochland (Thai Nguyen) ein von Touristen relativ wenig besuchtes Gebiet mit Dörfern der Minderheiten und Nationalparks. Für eine solche Reise muss man sich allerdings genügend Zeit nehmen, denn die Wege sind weit und die Straßenverhältnisse nicht die besten. Es empfiehlt sich, für die Fahrt einen Wagen mit Fahrer zu mieten (am besten von Dalat, Nha Trang oder Hoi An aus).

Buon Ma Thuot ❽, 180 km nördlich von Dalat, ist die Hauptstadt der Provinz Dak Lak und Zentrum des Kaffeeanbaus. Seit den 1870er-Jahren wird die schwarze Bohne vor allem in dieser Provinz angepflanzt. Heute ist Vietnam nach Brasilien das weltweit führende Exportland. Die Stadt bietet kaum Sehenswertes. In der Umgebung sind einige Wasserfälle von Interesse, allen voran der Dray-Sap-Wasserfall und das 4 km nordwestlich der Stadt als »Elefantendorf« vermarktete Buon Don. Ganz in der Nähe des Dorfes erstreckt sich der **Yok-Don-Nationalpark** (Vuon Quoc Gia Yok Don), mit 1155 km² Vietnams größtes Schutzgebiet.

Pleiku (Plei Ku), etwa 200 km nördlich von Buon Ma Thuot, ist ein geeigneter Ausgangspunkt für Ausflüge zu den Dörfern der Minderheiten. Etwa 35 km östlich liegen unweit der Nationalstraße 19 in Richtung Binh Dinh-Qui Nhon die Bahnar-Siedlungen Dek Tu, De Ron, De Doa und De Kop mit ansehnlichen Gemeindehäusern. Etwa 16 km nördlich der Hauptstadt der Gia-Lai-Provinz ist das Jarai-Dorf Plei Phun dank der imposanten Familiengräber ein beliebtes Touristenziel.

Hauptattraktion des 50 km nördlich von Pleiku gelegenen **Kontum** (Kon Tum) sind einige christliche Kirchen in der Stadt und Dörfer von Minderheiten in der Umgebung, darunter die Bahnar-Siedlungen Kon Tum Konam, Kon Tum Hopong und Kon Kotu. ■

Unten: Der Dray-Sap-Wasserfall bei Buon Ma Thuot

RESTAURANTS

Preise pro Person für ein Drei-Gänge-Menü:
● = unter 10 $
●● = 10–20 $
●●● = 20–30 $
●●●● = über 30 $

Dalat ist vom Inlandstourismus geprägt, weshalb es nur wenige herausragende Restaurants gibt, die auch den Geschmack der Ausländer treffen. Das beste Essen bekommt man an Straßenständen und Garküchen, die sich auf den Treppen und Rampen vor dem zentralen Marktgebäude allabendlich aufstellen, oder auch jederzeit im zweiten Stock des mittleren Gebäudes.

Vietnamesisch

◆ **Café Nam Huy**
26 Phan Dinh Phung, Tel. 063/352 0205, tgl. Frühstück, Mittag- und Abendessen
Dieses kleine Café ist vom Backpacker-Viertel aus zu Fuß zu erreichen. Man kann es sich entweder im Freien oder in einer der vielen Nischen gemütlich machen und typische Straßengerichte wie *pho* oder Rindfleischcurry genießen. Vieles bekommt man hier unter einem Euro. ●

◆ **Phu Dong**
1A/1B Quang Trung, Tel. 063/354 2222, tgl. Frühstück, Mittag- und Abendessen
Das französisch anmutende Schloss lockt vorrangig durch sein Ambiente und ist die romantische Alternative zu gewöhnlichen vietnamesischen Restaurants. Zu den traditionell lokalen Speisen gibt es klassische Musik. ●●

◆ **XQ Historical Village**
258 Mai Anh Dao, Tel. 063/383 1343, www.xqhandembroidery.com, tgl. Frühstück, Mittag- und Abendessen
Hier gibt es gute Drei-Gänge-Menüs für weniger als zwei Euros. Die traditionellen Gerichte aus Hue und Dalat werden extra günstig verkauft, um Kunden für die kostspieligen (aber sehr schönen) Stickarbeiten zu gewinnen, für die das Dorf bekannt ist. Ein separat gelegenes Café bietet Backwaren und Desserts an. Ein weiteres XQ Restaurant im obersten Stockwerk des Marktes von Dalat hat freitags geöffnet und verkauft Mittag- sowie Abendessen. ●

Vietnamesisch/ Chinesisch

◆ **Bluewater Restaurant (Thanh Thuy)**
2 Nguyen Thai Hoc, Tel. 063/353 1668, tgl. Frühstück, Mittag- und Abendessen
Die Auswahl ist groß, das Essen gut, trotzdem bezahlt man hier eher für die romantische Atmosphäre. Von den Tischen draußen haben Sie einen fantastischen Blick über den See. ●●●

International

◆ **Café de la Poste**
Tran Phu, Tel. 063/ 382 5444, tgl. Frühstück, Mittag- und Abendessen
Das kleine französische Café liegt zwischen Sofitel und Mercure du Parc. Gute Auswahl an Sandwiches, Pasta sowie asiatischen und französischen Vorspeisen. Der Service ist freundlich, die Gerichte werden mit großer Sorgfalt zubereitet. Auch das Frühstücksbuffet bereitet wahre Gaumenfreuden. ●●●

◆ **Dalat Palace Golf Club**
Phu Dong Thien Vuong, Tel. 063/382 120, www.vietnamgolfresorts.com, tgl. Frühstück, Mittag- und Abendessen
Vielseitige Mischung aus texanisch-mexikanischen, koreanischen, japanischen, thailändischen und vietnamesischen Spezialitäten. ●●●

◆ **Whynot Café**
24 Nguyen Chi Thanh, Tel. 063/383 2540, tgl. Frühstück, Mittag- und Abendessen
In einem der schönsten vietnamesischen Cafés der Stadt gibt's Burger, Pasta und Pizza, kostenlos dazu Hollywoodfilme am Flachbildschirm und WLAN. ●

Rechts: Erdbeerernte in Dalat

Der Süden

Ausgeprägter Geschäftssinn, tropische Gelassenheit und spontane Lebensfreude – das ist typisch für den Süden. Nirgendwo kann man dies so gut beobachten wie in Saigon und im Mekong-Delta.

Süd und Nord – das sind zwei Welten: Lebenseinstellung, Mentalität und Essensgewohnheiten, Landschaft und Kultur unterscheiden sich erheblich. Während der Norden fast ein Millennium von China besetzt war und auch später stark vom nördlichen Nachbarn geprägt wurde, erlebte der Süden als Teil des Khmer-Reiches über Jahrhunderte hinweg einen intensiven Austausch mit indisch beeinflussten Kulturen. Und auch heute scheinen die beiden Landesteile verschiedene Wege zu gehen.

Vietnams größte Metropole, Ho Chi Minh City, ist Drehscheibe für Handel und Wirtschaft sowie Vietnams Technologie- und Industriezentrum. Das frühere Saigon gibt sich kosmopolitisch, urban und ruhelos. Das Mekong-Delta ist Vietnams landwirtschaftlich produktivste Region, während Vung Tau schon lange von den Gas- und Ölquellen vor der Küste profitiert. Die Südliche Wirtschaftszone ist mit Abstand Vietnams größte Industrieregion und erwirtschaftet mindestens die Hälfte des Bruttosozialprodukts. Zu dieser wirtschaftlichen Erfolgsgeschichte haben die Auslandsvietnamesen (*Viet Kieu*) und Chinesen erheblich beigetragen. Anfang der 1980er-Jahre als *boat people* in alle Welt geflüchtet und zu Geld gekommen, transferieren sie und ihre Nachkommen hohe Geldsummen in das Land der Vorfahren.

Im Süden finden sich aber auch wunderschöne Landschaften: wüstenartige Sanddünen, üppig grüne Mangrovenwälder, endlose Strände, tropische Gärten … Touristen können sich in Tunnels an die Schrecken des Vietnamkrieges erinnern und per Surfbrett über zischende Wellen reiten. Ho Chi Minh City ist ein guter Ausgangspunkt, um die Region in alle Richtungen zu erkunden. Im Norden liegt mit dem Cat-Tien-Nationalpark einer der letzten größeren Regenwälder des Landes; im Süden und Osten erstrecken sich zwischen Vung Tau und Mui Ne einige der schönsten Strände und im Westen beginnen die endlosen Weiten des Mekong-Deltas. Draußen vor der Küste liegen zudem die beiden tropischen Perlen Con Dao und Phu Quoc. ■

Vorherige Seiten: Das Volkskomitee (Ho Chi Minh City) **Links:** Garnelen werden getrocknet
Rechts oben: Ben-Thanh-Markt **Rechts Mitte:** My Tho **Rechts unten:** Fischerin in Mui Ne

Ho Chi Minh City

Die südvietnamesische Metropole zeigt sich mit ihren vollgestopften Straßen und überquellenden Läden, mit ihren heiteren Kolonialbauten und glitzernden Hochhäusern jung und energiegeladen.

Seit 1976 heißt die Stadt offiziell **Thanh Pho Ho Chi Minh** (*thanh pho* = Stadt). International ist der Name Ho Chi Minh City gebräuchlich. Da dieses Wortungetüm jedoch ziemlich schwer über die Zunge geht und auf Plakaten und in Zeitungen viel Platz frisst, tritt an seine Stelle häufig die Abkürzung **HCMC.** Viel lieber jedoch gebrauchen die Bewohner den alten und nach wie vor populären Stadtnamen **Saigon.** Er klingt moderner und mondäner und atmet die noch junge Geschichte dieser fiebrigen Metropole. Für die Franzosen war Saigon ihr »Paris des Ostens«, für die chinesischen Migranten ein Ort der unbegrenzten Geschäftsmöglichkeiten und für die US-Amerikaner ein kapitalistisches Bollwerk gegen den kommunistischen Norden. Von alledem ist auch heute noch viel zu spüren. Man atmet Geschichte und blickt gleichzeitig erstaunt in die ruhelose Gegenwart.

Geschichte

Ho Chi Minh City erstreckt sich entlang des Saigon-Flusses (Song Sai Gon), der sich 80 km südlich ins Südchinesische Meer ergießt, und liegt nordöstlich des Mekong-Deltas an der Stelle einer einstigen Khmer-Siedlung namens Prei Nokor (»Kapokbaumwald«). Möglicherweise ist der Name Sai Gon eine Transkription dieses Ortsnamens. Bis ins späte 17. Jh. war dies ein dünn besiedeltes Areal mit Wäldern, Sümpfen und Seen. 1698 wurde die Präfektur Gia Dinh zur Kontrolle des von vietnamesischen und chinesischen Migranten kolonisierte Gebiet gegründet. Daraus ging Saigon hervor. Nur einen Steinwurf entfernt hatten sich im Laufe des 17. Jhs. Einwanderer aus China niedergelassen und die Stadt Cholon (Cho Lon) gegründet. Beide Orte profitierten von ihrer strategischen Lage am Fluss und entwickelten sich zu wichtigen Handelszentren.

1859 landeten französische und spanische Schiffe im Süden Vietnams. Saigon fiel noch im gleichen Jahr und

NICHT VERPASSEN!

- Notre Dame
- Dong Khoi
- Rex-Hotel
- Ben-Thanh-Markt
- Tempel d. Jadekaisers
- Stadtteil Cholon

Links: »Onkel Ho« vor dem Haus des Volkskomitees
Unten: Garküche

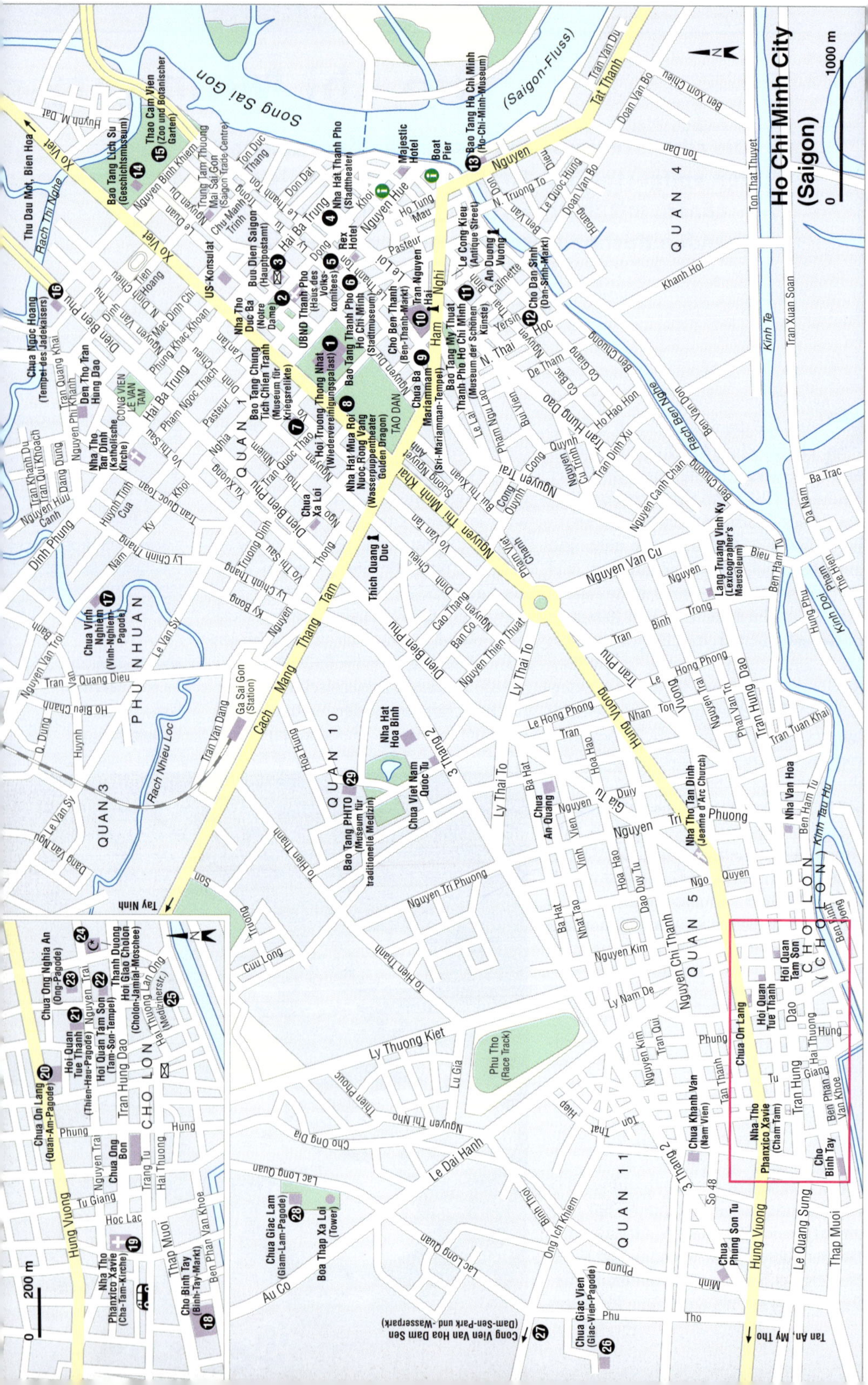

Ho Chi Minh City (Saigon)
0
1000 m
N
Song Sai Gon
(Saigon-Fluss)
QUAN 1
QUAN 3
QUAN 4
QUAN 5
QUAN 10
QUAN 11
PHU NHUAN
CHO LON (CHOLON)
1 UBND Thanh Pho Ho Chi Minh (Stadtmuseum)
1 Hoi Truong Thong Nhat (Wiedervereinigungspalast)
2 Nha Tho Duc Ba (Notre Dame)
3 Buu Dien Saigon (Hauptpostamt)
4 Nha Hat Thanh Pho (Stadttheater)
5 UBND Thanh Pho (Haus des Volkskomitees)
6 Bao Tang Thanh Pho Ho Chi Minh (Stadtmuseum)
7 Bao Tang Chung Tich Chien Tranh (Museum für Kriegsrelikte)
8 Nha Hat Mua Roi Nuoc Rong Vang (Wasserpuppentheater Golden Dragon)
9 Chua Ba Mariamman (Sri-Mariamman-Tempel)
10 Cho Ben Thanh (Ben-Thanh-Markt)
11 Bao Tang My Thuat Thanh Pho Ho Chi Minh (Museum der Schönen Künste)
12 Cho Dan Sinh (Dan-Sinh-Markt)
13 Bao Tang Ho Chi Minh (Ho-Chi-Minh-Museum)
14 Bao Tang Lich Su (Geschichtsmuseum)
15 Thao Cam Vien (Zoo und Botanischer Garten)
16 Chua Ngoc Hoang (Tempel des Jadekaisers)
17 Chua Vinh Nghiem (Vinh-Nghiem-Pagode)
18 Cho Binh Tay (Binh-Tay-Markt)
19 Nha Tho Phanxico Xavie (Cha-Tam-Kirche)
20 Chua On Lang (Quan-Am-Pagode)
21 Hoi Quan Tue Thanh (Thien-Hau-Pagode)
22 Hoi Quan Tam Son (Tam-Son-Tempel)
23 Chua Ong Nghia An (Ong-Pagode)
24 Thanh Duong Hoi Giao Cholon (Cholon-Jamial-Moschee)
25 Hai Thuong Lan Ong (Medizinerstr.)
26 Chua Giac Vien (Giac-Vien-Pagode)
27 Cong Vien Van Hoa Dam Sen (Dam-Sen-Park und -Wasserpark)
28 Chua Giac Lam (Giam-Lam-Pagode)
29 Bao Tang PHITO (Museum für traditionelle Medizin)
Majestic Hotel
Rex Hotel
Boat Pier
US-Konsulat
Bao Tang Ton Duc Thang
Trung Tam Thuong Mai Sai Gon (Saigon Trade Centre)
Tran Nguyen Hai
Le Cong Kieu (Antique Street)
Nha Tho Tan Dinh (Katholische Kirche)
Den Tho Tran Hung Dao
Cong Vien Le Van Tam
Chua Xa Loi
Thich Quang Duc
Ga Sai Gon (Station)
Nha Hat Hoa Binh
Chua Viet Nam Quoc Tu
Chua An Quang
Nha Tho Tan Dinh (Jeanne d'Arc Church)
Lang Truang Vinh Ky (Lexicographer's Mausoleum)
Nha Van Hoa
Phu Tho (Race Track)
Chua Khanh Van (Nam Vien)
Chua Phung Son Tu
Boa Thap Xa Loi (Tower)
Chua Ong Bon
TAO DAN
Tay Ninh
Tan An, My Tho
Thu Dau Mot, Bien Hoa
Cach Mang Thang Tam
Nguyen Thi Minh Khai
Dien Bien Phu
Hai Ba Trung
Le Duan
Nguyen Hue
Le Loi
Ham Nghi
Ton Duc Thang
Tran Hung Dao
Hung Vuong
Ly Thuong Kiet
Le Dai Hanh
Nguyen Tri Phuong
Nguyen Van Cu
Xo Viet Nghe Tinh
Rach Thi Nghe
Kinh Te
Kinh Doi
Kinh Tau Hu
Rach Ben Nghe
200 m

wurde durch den 1862 geschlossenen Vertrag von Saigon Hauptstadt der Kolonie *Cochinchine*. Diese Kolonie wurde fünf Jahre später mit den Protektoraten Annam, Tonkin und Kambodscha zur *Union indochinoise* zusammengefasst. In den Folgejahren kam das, was man in Europa unter Fortschritt verstand. Die Franzosen füllten die alten Kanäle auf, legten Sumpfgebiete trocken, errichteten Häuser und bauten Straßen und Alleen. Saigon entwickelte sich zu einer Provinzstadt mit französischem Charme.

Nach der Teilung Vietnams 1954 wurde Saigon Hauptstadt der Republik Süd-Vietnam. Mitte der 1960er-Jahre schlugen die USA in Saigon ihr Hauptquartier im Kampf gegen den kommunistischen Norden auf. Mit dem Abzug der US-Truppen 1973 versank die Stadt im Chaos und fiel am 30. April 1975 ohne große Gegenwehr an die Kommunisten. Ein Jahr später erhielt die Stadt mit der offiziellen Wiedervereinigung den Namen Thanh Pho Ho Chi Minh.

Es folgten bleierne Jahre der kommunistischen Gleichschaltung mit Enteignungen privater Betriebe und Verfolgung der Kollaborateure des südvietnamesischen Regimes. Hunderttausende wurden in Umerziehungslager geschickt, noch mehr Menschen flohen aus ihrer Heimat. Wer blieb, kämpfte ums Überleben. Das änderte sich ab 1986 mit der Reformpolitik, *doi moi*: Private Unternehmen waren wieder erlaubt, und niemand nutzte den frischen Wind schneller als die Bewohner Saigons. Von Jahr zu Jahr wurden die Häuser schöner und die Straßen voller. Der alte Unternehmergeist war wieder zurück.

Ho Chi Minh City heute

Die Stadt hat das Flair einer modernen, wenn auch noch in der Entwicklung begriffenen asiatischen Metropole. Fünfsternehotels, Apartmentblöcke und Bürohochhäuser dominieren immer mehr die Skyline, an den Peripherien werden ganze Stadtteile aus dem Boden gestampft. Heute leben über acht Millionen Menschen in Ho Chi Minh City und täglich werden es mehr. Die neuen Reichen und die wachsende Mittelklasse trifft sich in hippen Loun-

»

Bei den Sakralbauten unterscheidet man allgemein zwischen Pagoden (*chua*) zur Verehrung des Buddha und Tempel zur Verehrung einer daoistischen Gottheit, eines Schutzgeistes oder Nationalhelden (*den*). Wird der Schutzgeisttempel auch als Gemeinschaftshaus genutzt, so spricht man von *dinh*. Chinesische Auslandsgemeinden nutzen den Schutzgeisttempel auch als Versammlungshalle (*hoi quan*).

Unten: Saigoner Stadtsilhouette

TIPP

Zwar ist auch Ho Chi Minh City ein recht sicheres Pflaster, aber leider gehören Taschendiebstähle zur Tagesordnung. An überfüllten Orten sollte man daher besonders vorsichtig sein. Sehr verbreitet ist auch der Taschen- und Kameraraub vom fahrenden Moped aus, weshalb man Taschen und Rucksäcke immer gut festhalten sollte. Wertsachen sollten im Hotel gelassen werden.

ges und trendigen Cafés, in edlen Gourmettempeln und heißen Diskotheken. In den Boutiquen kaufen sie glamouröse Kleider und in den Galerien großartige Kunstwerke.

Doch wo Licht ist, ist auch Schatten. Saigon steht täglich vor dem Verkehrsinfarkt und die Menschen leiden unter der Luftverschmutzung. Die Müllberge stinken zum Himmel und die Abwässer versickern ungeklärt in der Erde. Auch die sozialen Probleme nehmen stetig zu: Prostitution, Drogenkonsum, Alkoholismus und alle Arten von Raubdelikten gehören zum Alltag der Menschen. Familien brechen auseinander und die Zahl der Straßenkinder ist nirgends so hoch wie in HCMC. Trotz allem Wandel versucht die Stadt ihr architektonisches Erbe zu bewahren und die alten Gebäude und Alleen aus der Zeit der Franzosen zu erhalten.

Orientierung

Vietnams größtes urbanes Konglomerat nimmt eine Fläche von 2090 km² ein und teilt sich in 19 Stadt- (*quan*) und fünf Landdistrikte (*huyen*). Die Sehenswürdigkeiten konzentrieren sich in den Distrikten 1, 3 und 5. Mit 3400 Bewohnern/km² zählt Ho Chi Minh City zu den am dichtesten besiedelten Städten Vietnams.

Distrikt 1 ist das Stadtzentrum, wo die meisten Geschäfte, Hotels, Restaurants, Bars und touristischen Attraktionen zu finden sind. Hier lag auch während der Kolonialzeit das Zentrum von Saigon, durch das die *rue Catinat* (heute Dong Khoi) zwischen Kathedrale und Hotel Majestic wie eine kommerzielle Lebensader verlief. Auch heute sind hier die meisten Attraktionen zu finden und glücklicherweise sogar zu Fuß bequem zu erreichen.

Im Norden und Westen des Zentrums erstreckt sich **Distrikt 3.** Auch hier atmet die Stadt mit vornehmen Villen, schattigen Parkanlagen und breiten Alleen noch kolonialen Geist. Doch alles ist weitläufiger und entspannter.

Im Gegensatz dazu scheint sich der **Distrikt 5** im Westen der Stadt (wie auch dessen Nachbardistrikte 6, 10 und 11) ganz dem Handel zu widmen. Das wundert nicht, denn hier liegt das wuselige Chinesenviertel **Cholon** mit

SAIGON – NAME UND POLITIKUM

Mit der neu gegründeten Sozialistischen Republik von Vietnam 1976 wurde auch der Name Saigon getilgt und durch Thanh Pho Ho Chi Minh ersetzt. Damit streuten die neuen Machthaber Salz in die Wunden der Stadtbewohner. Auch heute noch nennen die meisten Einwohner aus Prinzip ihre Heimat Saigon (und bezeichnen sich als Saigoner). Oder sie beziehen sich mit dem alten Namen auf das Stadtzentrum im Distrikt 1, das zum ältesten Teil der Metropole gehört und in dem einst das französische Viertel lag. Einerseits tat die Regierung alles, den alten Namen offiziell zu verbannen. Andererseits hat sie eigentümlicherweise keine Probleme damit, dass der große Strom immer noch als Saigon-Fluss die Stadt durchfließt, eine der führenden Tageszeitungen Saigon Times heißt und die staatliche Reiseagentur sich Saigon Tourist (www.saigon-tourist.com) nennt. Auch einige Plätze wie der Saigon Zoo, der Saigoner Hafen und der Bahnhof, Ga Sai Gon, tragen den alten Namen. Selbst das Flughafenkürzel von Ho Chi Minh City lautet SGN für Saigon. Kein Wunder, dass viele Besucher so verwirrt sind.

Unten: Boutique in der Dong Khoi

vollen Märkten, bunten Tempeln und duftenden China-Restaurants. Hier leben fast 46 000 Menschen pro km².

Nur wer die verstreut liegenden Sehenswürdigkeiten besuchen möchte, verliert sich in die etwas entfernteren Distrikte 10 und 11. Distrikt 7 und, jenseits des Saigon-Flusses, Distrikt 2 sind heute beliebte Wohngebiete der Mittelklasse und Ausländergemeinde.

Das Zentrum

Wiedervereinigungspalast ❶

Der ehemalige Präsidentenpalast von Südvietnam erhebt sich an exponierter Stelle im Distrikt 1 an der 135 Nam Ky Khoi Nghia inmitten einer herrlichen Parkanlage. Heute heißt er Wiedervereinigungspalast (Hoi Truong Thong Nhat, Tel. 08/3822 3652, www.dinhdoclap.com.vn, tgl. 7.30–11, 13–16 Uhr; Eintritt). 35 Informationstafeln erklären die wichtigsten Fakten.

Nachdem die Genfer Indochinakonferenz der französischen Besatzung ein Ende gesetzt hatte, zog der neue Präsident der Republik Süd-Vietnam, Ngo Dinh Diem, in das *Palais Norodom* – die zwischen 1868 und 1871 erbaute Residenz der französischen Gouverneure – und benannte das Gebäude in Unabhängigkeitspalast um. 1962 wurde der linke Flügel des Prachtbaus bei einem Putschversuch von zwei Piloten der südvietnamesischen Luftwaffe zerstört. Diem gab daraufhin den Totalabriss und einen Neubau in Auftrag.

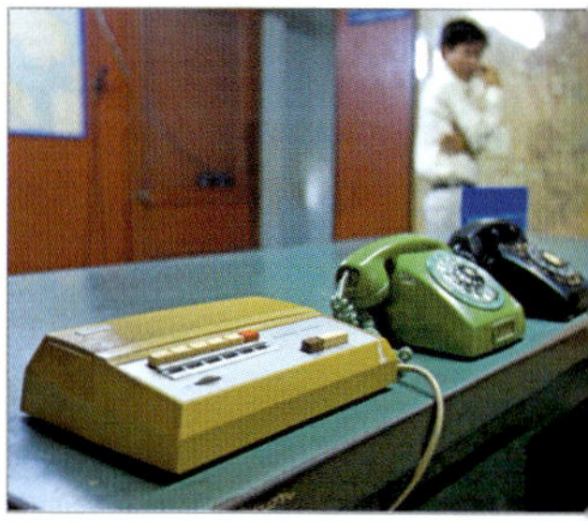

Kaum etwas hat sich im Wiedervereinigungspalast geändert, seit der letzte südvietnamesische Präsident hier am 30. April 1975 die Kapitulation erklärte

Den Entwurf lieferte der renommierte vietnamesische Architekt Ngo Viet Thu. Am 31. Oktober 1966 wurde der neue Palast im Stil jener Zeit seiner Bestimmung übergeben und von Präsident Nguyen Van Thieu bis zu seiner Flucht am 21. April 1975 genutzt. Die Bilder der Stürmung des Palastes in den Morgenstunden des 30. April 1975 gingen um die ganze Welt. Die beteiligten Panzer, welche das Palasttor durchbrachen, sind noch im Park ausgestellt.

Seitdem ist das Interieur in den nahezu 100 Zimmern fast unverändert geblieben. In den Untergeschossen befanden sich die militärischen Einrichtungen und Bunker. Im Erdgeschoss gibt es neben dem Bankettsaal den Kabinettsaal, in dem die Lagebesprechun-

Unten: Wiedervereinigungspalast

TIPP

Wenig ist den Vietnamesen heiliger als ihr Mittagessen, weshalb die ganze Nation zwischen 11.30 und 13.30 Uhr buchstäblich die Werkzeuge aus der Hand legt (nicht selten mit einem Nickerchen verbunden). Dann sind viele Behörden geschlossen oder Schalter dünn besetzt. Auch Tempel, Pagoden und Kirchen sind dann zu. Diese Mittagsunterbrechung sollte bei einem Besichtigungstag berücksichtigt werden.

Unten links: Das Einkaufszentrum Diamond Plaza
Unten rechts: Die Kathedrale Notre Dame

gen der Militärs stattfanden, und das Staatszimmer, in dem die südvietnamesische Regierung abdankte. Im ersten Stock hatten die ehemaligen Präsidenten Thieu und Tran Van Huong ihre Empfangsräume. Im zweiten Stock empfing die Präsidentengattin ihre Gäste. Im dritten Stock gibt es ein Theater.

Vom Hubschrauberlandeplatz auf dem Dach hat man einen herrlichen Blick auf den Le-Duan-Boulevard. Hinter dem Palast erstreckt sich der angenehm schattige Park Cong Vien Van Hoa.

Notre Dame ❷

Vom Palast in Richtung Nordosten entlang eines schattigen Parks, der von der breiten Le Duan flankiert ist, kann man weiter bis zum Platz der Pariser Kommune, Cong Truong Cong Xa Paris, gehen. Hier erhebt sich das Wahrzeichen der Stadt, die Kathedrale zu »Unserer lieben Frau« (Nha Tho Duc Ba, tgl. 8–11, 15–16 Uhr, Gottesdienste Mo–Sa 5.30 und 17 Uhr, So sieben Messen, Eintritt frei). Die Ziegelsteine für die architektonische Melange aus neoromanischen und neogotischen Elementen wurden in Marseille verschifft. Am Osterfest 1880 fand die feierliche Einweihung des Gotteshauses statt. Die knapp 60 m hohen Türme kamen im Jahr 1895 hinzu.

Die meisten Glasfenster im Inneren sind bemalt, die Kreuzwegstationen zwischen den vielen Seitenkapellen sind aus Marmor. Erst seit 1959 ist die Kathedrale Maria geweiht, nachdem auf dem kleinen Park vor der Kirche eine Marienfigur aufgestellt wurde. Zuvor hieß sie *cathédrale d'État*, Staatskathedrale.

Hauptpostamt ❸

Direkt daneben liegt das Hauptpostamt (Buu Dien Thanh Pho Ho Chi Minh, Tel. 08/3824 4244, tgl. 7–22 Uhr), ein Bauwerk im Stil des späten 19. Jhs. mit bunten Glasfenstern und Gusseisenkonstruktionen. Es zählt zu den schönsten Bauten Saigons und wurde zwischen 1886 und 1891 erbaut.

Die Säulen und Verstrebungen aus Gusseisen stammen aus der Werkstatt von Alexandre Gustave Eiffel. Zwei Landkarten an den Seitenwänden im

Inneren zeigen die beiden damals getrennten Städte Saigon und Cholon um 1892 sowie das Netz der Telegrafenleitungen in Süd-Vietnam und Kambodscha im Jahr 1936. Post- und Telefonservice gibt es natürlich auch.

Flaniermeile Dong Khoi

Von der Le Duan verläuft die Prachtstraße fast 1 km bis zum Saigon-Fluss und bildet damit das Herz des kolonialen Saigons. Heute ist sie das wohl teuerste Pflaster der Stadt. Unter Schatten spendenden Bäumen kann man an schicken Edelboutiquen, geschichtsträchtigen Cafés, noblen Restaurants und teuren Fünfsternehotels entlangspazieren.

Die Franzosen nannten die Straße nach dem Kriegsschiff, das 1858 erstmals Danang bombardierte, *rue Catinat*. Nach 1954 wurde sie zur Duong Tu Do, »Straße der Freiheit«, und war für ihre Nachtclubs und Massagesalons berüchtigt, in denen sich die kriegsgestressten US-Soldaten erholten.

Seit 1975 heißt sie Duong Dong Khoi, »Straße der Volkserhebung«, was heute auch nicht mehr so richtig passen will. Denn es sind eher Touristen und betuchte Saigoner, die sich in einem der teuren Läden zeigen. Das normale Volk kann sich die Preise der internationalen Ketten sicherlich nicht leisten. Trotzdem strahlt die Straße nicht zuletzt dank der vielen Gelben Flammenbäume eine eher entspannte Atmosphäre aus.

Der Wirtschaftsboom zieht die Menschen nach Ho Chi Minh City. Heute leben dort über 8 Millionen Menschen

Stadttheater ❹

An der Kreuzung Le Loi/Dong Khoi erhebt sich hinter dem Lam-Son-Platz (Cong Tuong Lam Son) das prächtige Stadttheater (Nha Hat Thanh Pho). Als Oper hatten es die Franzosen entworfen und die Fassade jener des Pariser *Petit Palais* nachempfunden. Am 1. Januar 1900 wurde der Bau feierlich eröffnet. Zwischen 1955 und 1975 wurde es zum Sitzungssaal des südvietnamesischen Parlaments umfunktioniert. Seit 1975 ist es wieder Kulturstätte. Zum 300. Stadtjubiläum 1998 ließ die Verwaltung den pinkfarbenen Bau grundlegend renovieren.

Unten: Das Hauptpostamt

DAS ERBE FRANKREICHS

Die nahezu einhundert Jahre währende Präsenz Frankreichs ist besonders in den Kolonialbauten zu sehen. Auch wenn die Macht der *Grande Nation* schon lange verschwunden ist, zählt ihr architektonisches Erbe zum Schönsten, was die südvietnamesische Metropole zu bieten hat. Besonders der Distrikt 1 ist noch stark französisch geprägt. Aber auch viele neuere Bauten - von handtuchschmalen Stadthäusern bis zu protzigen Verwaltungsbauten – sind vom Kolonialstil inspiriert.

Nachdem Saigon 1862 zur Hauptstadt der Kolonie *Cochinchine* aufgestiegen war, begannen die neuen Herren mit dem Aufbau. Sie füllten Wasserkanäle auf, legten Sumpfgebiete trocken und erschlossen neues Bauland. Es entstanden weitläufige Parkanlagen, breite Boulevards und schattige Alleen mit Bäumen aus dem Dschungel oder aus Südeuropa. So pflanzten sie die herrlich gelb blühenden Cassia-Bäume in der heutigen Nguyen Dinh Chieu, die hochstämmigen *Hopea odorata* wie an der An Duong Vuong. Exemplare des *Dipterocarpus alatus*, eines wertvollen Nutzbaums, dienten an der Le Loi als Allee-Bäume.

Dampfbetriebene Straßenbahnen durchschnauften die Stadt in alle Richtungen und zeugten ebenso von der Größe der Kolonialmacht wie die repräsentativen Prachtbauten. Die Ratsherren trafen sich im *Hôtel de Ville* (heute Haus des Volkskomitees), der Gouverneur

von Cochinchina residierte im heutigen Stadtmuseum und der Generalgouverneur hatte neben Hanoi auch in Saigon im 1962 abgerissenen *Palais Norodom* ein standesgerechtes Anwesen. Für die Marktleute wurde die *Les Halles Centrales* (heute Ben-Thanh-Markt) erbaut und für die Kontakte in die Heimat das *Hôtel des Postes* (heute Hauptpostamt). Der Hochkultur wurde mit der Oper ein schicker Tempel errichtet, Geschäftsleute wohnten im noblen Continental oder Majestic.

Am breiten *Boulevard Norodom* (heute Le Duan) zwischen Wiedervereinigungspalast und Zoo lagen – und liegen – Botschaften und Repräsentanzen befreundeter Nationen und machtvoller Unternehmen.

Der Zerstreuung dienten Botanischer Garten und Zoo, für die Damen war die *rue Catinat* (heute Dong Khoi) eine willkommene Flaniermeile, wo die neueste Mode aus Paris in den Auslagen der Boutiquen lag. Kein Wunder, dass Saigon schon sehr bald als das »Paris des Ostens« gepriesen wurde.

Doch die Einflüsse Frankreichs beschränkten sich nicht darauf, Bauwerke zu errichten. Selbstverständlich wurden auch die Segnungen der Religion verbreitet. Katholische Kirchen, Schulen und Heime entstanden im ganzen Stadtgebiet, zum Wahrzeichen avancierte schon bald nach ihrer Eröffnung die Kathedrale Notre Dame. Heute sind in Ho Chi Minh City rund 10 % der Stadtbevölkerung Katholiken.

Und natürlich drückten die Franzosen der Stadt auch kulinarisch ihren Stempel auf. Heute teilen die Saigoner mit den einstigen Kolonialherren ihre Vorliebe für Kaffee. Sie lieben Baguettes und Pâtés ebenso wie Schinken und Joghurt. Und die so typische Reisnudelsuppe *pho* soll sich aus dem *pot-au-feu*, dem beliebten französischen Eintopf entwickelt haben. ■

Oben: Das französische Erbe ist überall sichtbar **Unten:** Café Al Fresco

Hotels mit Geschichte

Der Lam-Son-Platz, einst *Place Garnier* genannt, ist von zwei historischen Hotels eingerahmt.

Das erste, **Hotel Continental,** öffnete 1880 nach Plänen von Pierre Cazeau seine Pforten. Es entwickelte sich schnell zum Zentrum des kolonialen Nachtlebens. Das Gartencafé im Innenhof atmet bis heute französische Atmosphäre. Zu den prominenten Gästen zählen der indische Nobelpreisträger Rabindranath Tagore, der Schriftsteller André Malraux und Graham Greene, der auf Zimmer 214 an seinem Roman »Der stille Amerikaner« schrieb. Auf der heute nicht mehr vorhandenen Terrasse an der *rue Catinat* (heute Dong Khoi) saß man, um zu sehen und gesehen zu werden, hier lauschten die Reporter »Radio Catinat«, der stetig brodelnden Gerüchteküche von Saigon.

Auf der anderen Seite erhebt sich die prächtige Fassade des **Caravelle Hotels.** Während der höhere Teil des Fünfsternehotels erst 1998 eröffnete, heißt der kleinere, zehnstöckige Gebäudeflügel bereits seit 1959 Gäste willkommen. Während des Vietnamkrieges lagen hier die Korrespondentenbüros zahlreicher Nachrichtenagenturen. Hier stieg auch Peter Scholl-Latour regelmäßig ab und vom Dachrestaurant (heute die Saigon Saigon Bar) beobachtete der legendäre Kriegskorrespondent Peter Arnett am 30. April 1975 die panische Evakuierung auf dem Dach der US-Botschaft. Die Jahre danach dümpelte es als verstaatlichtes »Unabhängigkeitshotel« vor sich hin, bis es 1998 seinen alten Namen wiedererhielt.

An der Ecke Nguyen Hue und Le Loi nimmt das legendäre **Rex Hotel** (Khach San Ben Thanh) einen prominenten Platz ein. Besonders der Dachgarten ist zu einem der beliebtesten Orte für Touristen geworden, denn von hier hat man die ganze barocke Pracht des Rathauses, den kleinen Park davor und die belebte Kreuzung im Blick. In angenehmer Atmosphäre kann man dort einen Drink nehmen und gut französisch und vietnamesisch speisen. Zu Beginn des 20. Jhs. lag an dieser Stelle die *Garage Bainier*, bis sie 1959 dem Rex Trading Center weichen musste. Ein Jahr später zog hier das American

Unten: Alt und neu auf engstem Raum: das Stadttheater (links) und das Caravelle-Hotel (rechts)

TIPP

Auf den Saigoner Verkehr sind die wenigsten vorbereitet und der stete Fluss von nahezu 4 Mio. Mopeds kann einem buchstäblich den Atem rauben. Wer die Straße überqueren möchte, sollte erst einmal tief durchatmen und dann gemächlich hinübergehen mit stetem Blick nach links und nach rechts. Nie plötzlich stehen bleiben, damit der Verkehr an einem vorbeifließen kann. Aber auch auf den Gehsteigen ist man vor Mopeds nicht sicher …

Unten: Das legendäre Rex Hotel

Cultural Center ein, und während des Vietnamkrieges belegte der American Information Service die Räume. Im Media Room fanden sich täglich gegen 17 Uhr die Journalisten für die Pressekonferenzen ein, die schon bald wegen der stets beschönigenden Nachrichten den Spitznamen Five o'clock Follies (Fünf-Uhr-Märchen) hatten. Erst seit 1975 dient das Gebäude als Hotel unter dem vietnamesischen Namen Khach San Ben Thanh (Rex ist der internatio-nal gebräuchliche Name). 2008 wurde ein moderner Anbau fertiggestellt, sodass das Rex mittlerweile den Fünfsternestatus besitzt.

Am südlichen Ende der Dong Khoi steht an der Ecke zur Hafenstraße Ton Duc Thang, dem ehemaligen *Quai de Belgique*, das 1925 mit nur 44 Zimmern von dem chinesischen Unternehmen Hui Bon Hoa erbaute **Majestic Hotel.** Mit seiner verspielten Fassade ist es ein wahres Schmuckstück, spiegelt aber auch die bewegte Geschichte Saigons wider. Während des Zweiten Weltkriegs von der japanischen Armee zur Soldatenunterkunft degradiert, diente es in den Folgejahren Journalisten aus aller Welt als Treffpunkt. 1968 wurden zwei Etagen aufgestockt, ab 1975 gammelte es als staatliches Mekong-Hotel vor sich hin, seit 1995 trägt es wieder seinen alten Namen. 2003 kam ein neuer Flügel hinzu. Von der Dachterrasse bietet sich ein wunderbarer Blick auf den Hafen von Saigon.

Haus des Volkskomitees ❺

Der nüchterne Name passt so gar nicht für das wunderschöne Prachtgebäude mit der verspielten Fassade, aber als *Hôtel de Ville* sollte das von 1901 bis 1908 errichtete Rathaus den Stadtvertretern einen entsprechenden Status vermitteln. Dies ist auch in gewisser Weise heute noch der Fall, auch wenn sich das Gebäude am Nordende des Boulevards Nguyen Hue nun brav sozialistisch Haus des Volkskomitees (Uy Ban Nhan Dan Thanh Pho) nennt. Mit seinen Pultdächern erinnert es an das Rathaus von Paris und ist, allnächtlich wunderbar beleuchtet, ein beliebtes Fotomotiv. Innen ist alles opulent mit Kristalllüstern und Wandgemälden ausgestattet, aber die bekommen Besucher leider nicht zu sehen, denn sie dürfen die städtische Verwaltung nicht betreten.

Ein länglicher **Platz** schiebt sich vom Rathaus bis zum quer verlaufenden Boulevard Le Loi und ist aufgrund der bronzenen Statue von »Onkel Ho« (Bac Ho) mit einem Kind im Arm ebenfalls ein beliebtes Fotomotiv. Besonders abends ist hier immer was los, man trifft sich, plaudert und beobachtet den endlosen Strom der Mopeds.

Stadtmuseum ❻

Das Museum der Stadt Ho Chi Minh (Bao Tang Thanh Pho Ho Chi Minh, Tel. 08/3829 9741, www.hcmcmuseum.edu.vn, tgl. 8–17 Uhr; Eintritt) liegt wenige Häuserblöcke westlich des Rathauses an der 65 Ly Tu Trong und ist ein weiteres Beispiel für eine ideologisch gefärbte Ausstellung. Das graue Gebäude wurde zwischen 1886 und 1890 im Stil des französischen Klassizismus errichtet und diente als Amtssitz des Gouverneurs von Cochinchina. Ab 1954 nutzte Ngo Dinh Diem es als Gia-Long-Palais und ließ sich nach der Bombardierung des Präsidentenpalastes 1962 ganz hier nieder. Im Gebäude residierte er bis zu seiner Ermordung am 1. November 1963. Zu jener Zeit entstanden auch der Schutzbunker und ein Tunnelsystem. Von 1975 bis 1999 war in den Räumen das Revolutionsmuseum untergebracht, seitdem dient das Gebäude als Stadtmuseum.

Auf zwei Etagen dokumentiert der Bau die Geschichte Saigons, legt aber den Schwerpunkt auf den revolutionären Kampf zwischen 1930 und 1975. Im Keller befinden sich sechs bombensichere Räume mit 1 m dicken Mauern, darunter ein Wohnzimmer und ein Kommunikationszentrum. Zudem führt ein Tunnel zum heutigen Wiedervereinigungspalast. Einer der Räume kann besichtigt werden.

Westlich des Zentrums

Museum für Kriegsrelikte 7

Zwei Straßenblöcke nördlich des Wiedervereinigungspalastes stehtan der 28 Vo Van Tan das Museum für Kriegsrelikte (Bao Tang Chung Tich Chien Tranh, Tel. 08/3930 2112, www.baotangchun gtichchien-tranh.vn, tgl. 7.30 bis 12, 13.30–17 Uhr; Eintritt). Der Besuch ist eine erschütternde Erinnerung an die furchtbaren Kriege. Wo einst die U.S. Information Agency (USIA) Nachrichten des Geheimdienstes sammelte, wurde schon 1975 ein »Museum der US-amerikanischen Kriegsverbrechen« eingerichtet. Erst 1997 ließ die Regierung den kontroversen Namen ändern.

Während im Hof ein Arsenal von Kriegsgeräten – vom Geschütz bis zum Panzer und Hubschrauber – ausgestellt ist, dokumentieren die nummerierten Räume im Inneren die Kriege gegen die Franzosen und US-Amerikaner anhand von Fotografien, Texten und Modellen. Deformierte Föten in Spiritusbehältern erinnern an die grausamen Folgen des Entlaubungsmittels Agent Orange, eine Guillotine und die »Tigerkäfige« (s. S. 312) zeigen, dass auch die Franzosen mit ihren Gegnern nicht zimperlich umgingen. Beeindruckend sind in der Erinnerungshalle die Port-

Exponat im Stadtmuseum

Unten: US-Hubschrauber im Museum für Kriegsrelikte

Hinduistische Skulptur im Sri-Mariamman-Tempel, der von der tamilischen Gemeinde Saigons erbaut wurde

Unten: Auch vietnamesische Gläubige suchen Beistand im hinduistischen Sri-Mariamman-Tempel

räts von 134 Fotojournalisten aus elf verschiedenen Nationen, die während des Krieges ums Leben kamen. Dieses Museum ist mit Abstand das beliebteste in Saigon, möglicherweise auch das leiseste, denn die meisten Besucher verharren in bedrücktem Schweigen.

Wasserpuppentheater Golden Dragon ❽

Ein Straßenblock westlich des Wiedervereinigungspalastes befindet sich an der 55B Nguyen Thi Minh Khai das Golden Dragon (Nha Hat Mua Roi Nuoc Rong Vang, Tel. 08/3930 2196, www.goldendragonwaterpuppet.com.vn, tgl. 17, 18.30 und 19.45 Uhr; Eintritt). Die Tradition des Wasserpuppentheaters (s. S. 70) ist zwar typisch für das Rote-Fluss-Delta im Norden, wo Reisbauern jahrhundertelang in ihren überschwemmten Feldern diese volkstümliche Kunstform praktizierten, aber aufgrund der großen Popularität bei den Touristen gibt es auch in Saigon und anderswo heute Vorführungen. Wer keine Möglichkeit für einen Theaterbesuch in Hanoi hatte, kann dies hier nachholen.

Sri-Mariamman-Tempel ❾

Der Hindu-Tempel (Chua Ba Mariamman, tgl. 7–19 Uhr; Eintritt frei) in der 45 Truong Dinh entstand Ende des 19. Jhs. Vielfach renoviert dient er der kleinen tamilischen Gemeinde der Stadt zur Verehrung der in Südindien populären »Mutter der Pocken«. Von der Straße her beeindruckt der üppig verzierte Tempelturm *(gopuram)*, im Inneren die zahlreichen Götterdarstellungen. Das begehbare Allerheiligste in der Mitte der Tempelhalle birgt die Statue von Mariamman und ihren Begleitern Maduraiveeran und Pechiamman. Zwar leben heute nur noch wenige Hindus in der Stadt, trotzdem ist der Tempel Ziel vieler vietnamesischer Gläubiger. Am 1. und 15. Tag jedes Mondmonats strömen auch scharenweise Buddhisten hierher, um Mariamman mit Räucherstäbchen und Opfergaben zu verehren.

Ben-Thanh-Markt ❿

Am anderen Ende der Le Loi, welche sich am Quach-Thi-Trang-Platz in die Straßen Le Lai und Tran Hung Dao teilt, fällt der gelbe Bau des Marktes

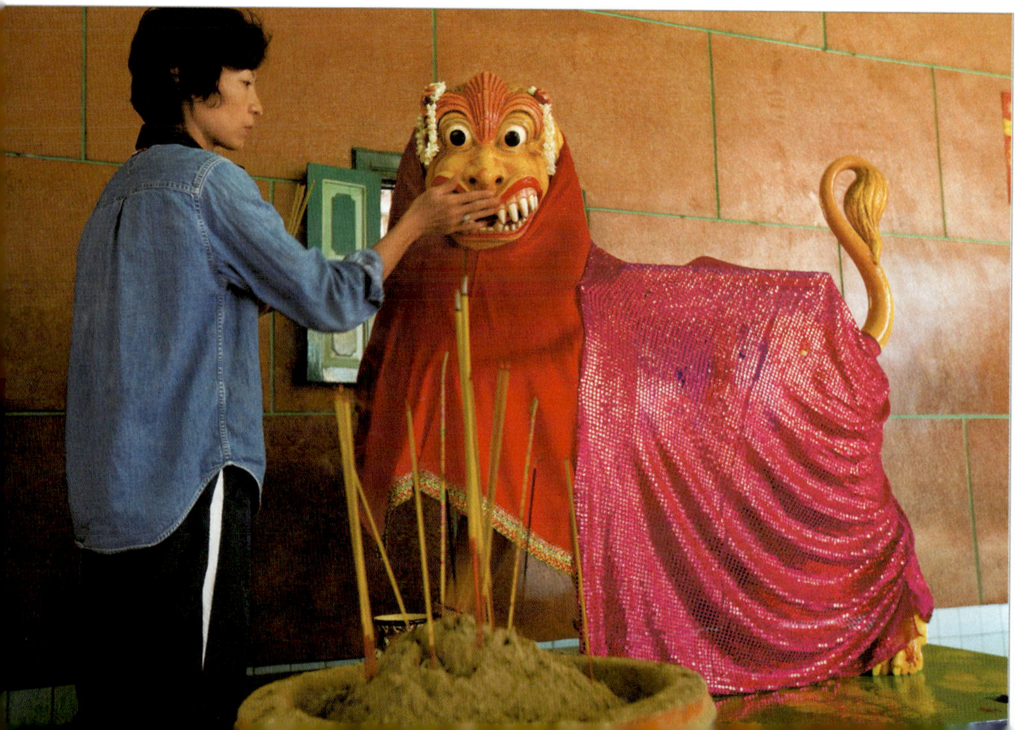

Karte auf Seite 274

(Cho Ben Thanh, tgl. 6.30–18.30 Uhr) auf. Die Halle mit dem markanten Uhrturm wurde 1914 als *Les Halles Centrales* eröffnet und bietet auf ihren 13 000 m² eine faszinierende Auswahl an Lebensmitteln, Souvenirs und Haushaltswaren. Viele Stände führen auch Stoffe und Kleider. In anderen Ecken duftet es nach Gewürzen und riecht nach getrockneten oder geräucherten Meeresfrüchten. Der in Vietnam produzierte Pfeffer ist hier besonders frisch, aber keineswegs preiswert. Obst und Gemüse sind ein Augenschmaus, ebenso die Blumenabteilung im hinteren Bereich.

Nach Marktschluss breitet sich in den umliegenden Straßenzügen der **Nachtmarkt von Ben Thanh** aus. Die Hauptattraktion sind dort vor allem die Essensstände, die mit ihrem authentischen und billigen Essen einen kulinarischen Streifzug durch die vietnamesische Küche bieten.

Museum der Schönen Künste ⓫

Weiter südlich des Quach-Thi-Trang-Platzes mit dem Reiterstandbild des Generals Tran Nguyen Han, einem Mitstreiter des Le Lois gegen die chinesischen Invasoren im 15. Jh., trifft man in der 97A Duc Chinh auf das interessante Museum der Schönen Künste (Bao Tang My Thuat Thanh Pho Ho Chi Minh, Tel. 08/3821 6331, Di–So 9 bis 17 Uhr; Eintritt).

Untergebracht in einem prächtigen Bau im Kolonialstil, der allerdings von einem reichen chinesischen Kaufmann in Auftrag gegeben wurde, sind die Kunstwerke auf drei Etagen verteilt. Das Erdgeschoss ist wechselnden Ausstellungen vorwiegend zeitgenössischer Künstler vorbehalten. Im ersten Stock wird überwiegend Revolutionskunst ausgestellt, wie Lackbilder, die Guerillas im Dschungel zeigen, oder die Bronzeskulptur eines Mannes, der Reis für den Krieg sammelt.

Die Exponate im zweiten Stock – der eigentümlicherweise als zeitgenössischer Trakt ausgewiesen ist – sind älteren Datums: Porzellan aus dem 19./20. Jh., buddhistische Holzfiguren aus dem frühen 20. Jh. sowie sehr schöne Sandsteinplastiken aus der Cham- (7.–14. Jh.) und Funan-Kultur (1.–7. Jh.).

Ein Wahrzeichen der Stadt: der Uhrturm des Ben-Thanh-Marktes

Unten: Ein Essensparadies: der Ben-Thanh-Markt am Abend

Der Dan-Sinh-Markt bietet Militaria aller Nationen

Letztere war im Mekong-Delta und südlichen Kambodscha verbreitet.

Le Cong Kieu

In der Nähe des Kunstmuseums verläuft die nur 100 m kurze Le Cong Kieu, die noch immer als »Straße der Antiquitäten« bekannt ist. Rund um die ehemalige *rue de Reims* lag bis 1975 das indische Viertel, doch mit der Übernahme der Kommunisten verließen die meisten Bewohner das Land. Die Ecke hat noch immer sehr viel Flair. In den vielen schmalen, nach vorne offenen Läden sind asiatischer und kolonialer Krimskrams, aber auch Möbel und anderes Interieur zu finden. Darunter ist viel Ramsch, aber auch schönes Mobiliar mit Einlegearbeiten, Bronzelampen im Art-déco-Stil bis hin zu alten *Piastre*-Münzen und Schwarzweißaufnahmen. Eines sucht man hier aber vergebens: Antiquitäten.

Dan-Sinh-Markt ⓬

Einige Häuserblöcke südwestlich, an der Ecke der Straßen Yersin und Nguyen Cong Tru, befindet sich der Dan-Sinh-Markt (Cho Dan Sinh, tgl. 7–19 Uhr). Er ist auch als »Markt der Kriegsreste« bekannt, was schnell verständlich wird: Auf der Rückseite eines heruntergekommenen Gebäudes wird mit vielerlei Militaria gehandelt, angefangen von Uniformen der vietnamesischen Armee, Marine, Luftwaffe oder Polizei (inklusive Ware von vor 1975) bis zu Armeeartikeln aus den USA, Südkorea oder der ehemaligen Sowjetunion.

Hier könnte man eine ganze Kompanie ausrüsten, es gibt Barette, Helme, Fliegerjacken, Gasmasken, »Hundemarken«, Feuerzeuge und vieles mehr. Durch nur noch selten findet man wirkliche Originalstücke, das meiste sind Fälschungen.

Ho-Chi-Minh-Museum ⓭

Das markante Bauwerk (Bao Tang Ho Chi Minh, Tel. 08/3825 5740, Di–So 7.30–11.30, 13.30–17 Uhr; Eintritt) erhebt sich seit 1863 an jener Stelle, wo der Ben-Nghe-Kanal (Rach Ben Nghe) in den Saigon-Fluss mündet. Asiatische Drachen scheinen über den Dachfirst zu schlittern, was dem Gebäude den Spitznamen »Drachenhaus« (Nha

Unten links: Das Museum für Schöne Künste **Unten rechts:** Allerlei Altertümliches in der Le Cong Kieu

Rong) eingebracht hat. Es ist einer der ersten Bauten, die die Franzosen errichteten, und diente für die Zollabfertigung des Hafens.

Das schöne Haus liegt unweit jener Anlegestelle, von welcher am 5. Juni 1911 der damals 21-jährige Nguyen Tat Thanh alias Ho Chi Minh auf einem französischen Handelsschiff als Küchenjunge sein Land verließ. Erst 30 Jahre später sah er Vietnam wieder.

Seit 1979 dient das Gebäude als Museum, ist aber mit einfachen Tafeln und Fotos über das Leben des Staatsgründers nicht wirklich inspirierend. So sind es eher Haus und Park sowie der Blick auf den Fluss mit den Hafenanlagen, die einen Besuch lohnenswert machen.

Nordöstlich des Zentrums

Ehemalige US-Botschaft

Von der Kathedrale Notre Dame weiter nordostwärts liegt an der 4 Le Duan auf einem Eckgrundstück das **US-Konsulat**. Bis zum Abriss 1999 stand dort das symbolträchtige Gebäude der **US-Botschaft.** Eine kleine Gedenktafel an der Vorderseite erinnert an die Tet-Offensive Ende Januar 1968, als Kämpfer des Vietkong auf das Gelände vordrangen und sich mit Soldaten der hochgesicherten Botschaft stundenlange Gefechte lieferten.

Sieben Jahre später, am 30. April 1975, stand die Botschaft einmal mehr im Rampenlicht der Öffentlichkeit, als Hubschrauber auf dem Dach des weißen Baus landeten und einen nicht abreißenden Strom von Flüchtlingen ausflogen. Botschafter Martin rollte die US-Flagge ein und war der letzte von 2100 Menschen, die an diesem Tag ausgeflogen wurden. Ein ganzes Vierteljahrhundert stand der kastenförmige Bau verlassen und unbenutzt da.

Geschichtsmuseum ⓮

Das auffällige Museum (Bao Tang Lich Su, Tel. 08/3829 8146, Di–So 8–11, 13.30 bis 16.30 Uhr; Eintritt) hinter der Einmündung des Le-Duan-Boulevards in die Nguyen Binh Khiem nimmt eine Ecke des Botanischen Gartens ein. Das Gebäude mit einem achtseitigen Dachaufsatz im Pagodenstil vermischt asiatische Stilelemente mit europäischen. 1929 öffnete es als *Musée Blanchard de la*

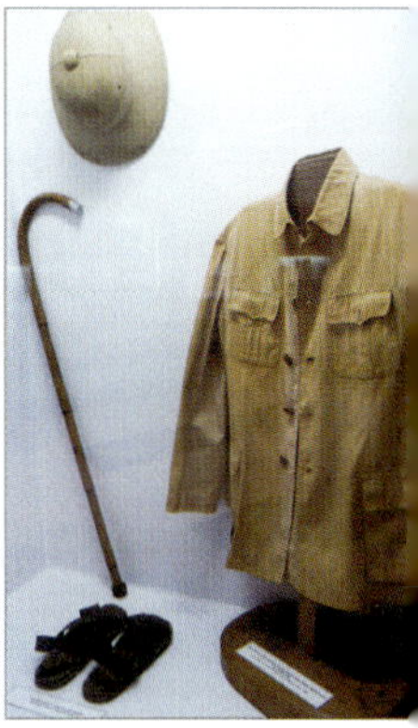

Das Ho-Chi-Minh-Museum erinnert an den großen Freiheitshelden des Landes

Unten: Das Ho-Chi-Minh-Museum

Die Büste von Ho Chi Minh

Bosse seine Pforten, seit 1956 trägt es den jetzigen Namen.

In 16 nummerierten Ausstellungsräumen wird die Geschichte Vietnams von der Frühzeit bis 1954 dokumentiert. Besonders sehenswert sind die frühen Funde aus der Periode der Funan- (1.–7. Jh.) und der kambodschanischen Zhenla-Kultur (7.–9. Jh.). Es gibt einige Münzen aus der Römerzeit, eine Dong-Son-Trommel und, etwas gruselig, einen mumifizierten Frauenleichnam zu sehen.

In einem kleinen Hof finden mehrmals täglich halbstündige Vorführungen des **Saigon Wasserpuppentheaters** (Mua Roi Nuoc Saigon, Tel. 08/3823 4582, www.saigonwaterpuppets.com, Di–So, Eintritt) statt. Eine gute Gelegenheit, sich von der Museumsbesichtigung zu erholen.

Zoo und Botanischer Garten ⓯

Auf dem gleichen Gelände wie das Geschichtsmuseum erstreckt sich der weitläufige Zoo samt Botanischem Garten (Thao Cam Vien, Tel. 08/3829 1425, www.saigonzoo.net, tgl. 7–18 Uhr; Eintritt) und lädt mit seinen schattigen Alleen und netten Grünanlagen zu ausgedehnten Spaziergängen ein. Am angenehmsten ist ein Besuch in den kühleren Morgen- und Abendstunden.

Kurz nachdem die Franzosen Saigon zur Hauptstadt der Kolonie *Cochinchine* machten, ließen sie unter Anleitung des französischen Botanikers J. B. Louis Pierre 1864/65 einen 12 ha großen Botanischen Garten anlegen, der 1924 um eine zoologische Abteilung erweitert wurde. 120 Tierarten sind hier heute untergebracht – viele davon vom Aussterben bedroht –, müssen sich aber mit mäßig artgerechten Anlagen zufriedengeben. Über 2000 Bäume sind im Garten zu finden, von Bonsai und Kakteen bis Dschungelriesen. Im östlichen Teil liegen die Käfige und Tiergehege. Zwischen 15 und 17 Uhr finden gewöhnlich die Fütterungen statt, am Wochenende werden u.a. Elefantenshows geboten.

Tempel des Jadekaisers ⓰

Äußerlich wirkt der Tempel des Jadekaisers (Chua Ngoc Hoang, tgl. 8 bis 17 Uhr; Eintritt frei) in der 73 Mai Thi Luu am nordöstlichen Rand des Dist-

Unten links: Geschichtsmuseum **Unten rechts:** Im Tempel des Jadekaisers

rikts 1 recht klein und bescheiden, doch im Inneren entfaltet er seine ganze Pracht. Er wurde 1909 von kantonesischen Einwanderern erbaut.

Der wohl farbenprächtigste Tempel der Stadt ist stets von Weihrauchduft erfüllt, der eine faszinierende Sammlung eigentümlicher Statuen umhüllt. In der Haupthalle dominiert der Jadekaiser, der oberste Gott des Daoismus, gekleidet in eine prächtige Robe. Er ist flankiert von seinen Wächtern, die wegen ihrer Härte die »Vier Diamanten« heißen. Den davorstehenden Altar umgeben sechs Figuren, die äußeren sind wieder Wächter, die inneren der Gott des Südlichen Polarsterns (rechts) und der Gott des Nördlichen Polarsterns (links).

Im linken Seitengebäude präsidiert ganz hinten der Höllenkönig, dem die Götter des männlichen und des weiblichen Elements zur Seite stehen. Die Wände zieren in sehr dunkles Holz geschnitzte Gruseldarstellungen der zehn Höllen. Ein kleiner Raum nahe der Tür dient der Verehrung von 12 Frauenfiguren, von denen jede ein Jahr im zwölfjährigen chinesischen Kalenderzyklus repräsentiert.

Vinh-Nghiem-Pagode ⓱

Einer der jüngsten und größten Sakralbauten der Stadt (Chua Vinh Nghiem, tgl. 8–17 Uhr; Eintritt frei) liegt an der Ausfallstraße 339 Nam Ky Khoi Nghia. Die Pagode wurde mit Unterstützung der Gesellschaft der Freunde Japans zwischen 1964 und 1971 errichtet. In der mächtigen Haupthalle scharen sich die Schüler Buddhas um die Standfigur ihres Meisters. Dahinter liegen die Altäre der Verstorbenen, an die zahlreiche Fotografien und Tafeln erinnern.

Eine erhöhte Terrasse führt zum siebenstöckigen Turm, auf jeder Etage finden sich Buddha-Statuen. Die Glocke wurde während des Vietnamkriegs als symbolisches Gebet für ein baldiges Kriegsende von japanischen Buddhisten gestiftet.

In einem dreistöckigen Turm hinter der Haupthalle werden Keramikurnen mit der Asche von Verstorbenen aufbewahrt. Auf dem Pagodengelände befindet sich eine bedeutende Schule für Mönche und Nonnen.

Cholon

Etwa 5 km westlich des Stadtzentrums erstreckt sich zwischen dem südlichen Ben-Nghe-Kanal und dem breiten Boulevard Hung Vuong das chinesische Viertel Cholon (Cho Lon). Neben dem für Wohngebiete der Chinesen so typischen Flair finden sich zugleich noch einige schmucke, leider oft recht heruntergekommene Kolonialbauten. Der Name ist in dieser Ecke Programm, denn Cho Lon bedeutet »Großer Markt«, und tatsächlich dreht sich hier alles um den Handel. Nirgendwo sonst in der Stadt gibt es so viele Einzel- und Großhandelsgeschäfte wie hier.

Anfänglich war Cholon eine eigene Stadt, die von chinesischen Flüchtlingen nach dem Zusammenbruch der Ming-Dynastie (1644) im ausgehenden 17. Jh. gegründet wurde. Die dort ansässigen Händler profitierten während der Kolonialzeit erheblich von den Geschäften mit den Franzosen, sodass

TIPP

Cholon (Distrikt 5) bietet eine unendliche Auswahl an authentischen chinesischen Gerichten. Das Problem ist, dass in den Lokalen kaum jemand Englisch spricht und Speisekarten oft nur in chinesischen Schriftzeichen sind. Trotzdem sollte man den Besuch wagen und eine der Köstlichkeiten probieren. Garküchen und Essensstände gibt es überall, allen voran im Binh-Tay-Markt und in großen Einkaufszentren.

Unten: Die Vinh-Nghiem-Pagode

Koloniales Haus in Cholon mit französischen und chinesischen Bauelementen

sich im frühen 20. Jh. immer mehr Chinesen ansiedelten. Als eigenständige Stadt von der französischen Administration 1879 offiziell anerkannt, wurde Cholon 1931 mit Saigon zur Doppelstadt fusioniert.

Auch wenn sich nach 1975 viele chinesische Bewohner dem Flüchtlingsstrom der *boat people* anschlossen und ihre Heimat verließen, leben heute wieder über eine halbe Million Chinesen (Hoa) im 5. Distrikt, wie Cholon heute im Verwaltungsprosa heißt. Administrativ gehören zu Cholon auch noch Teile der Distrikte 6, 10 und 11.

Seit geraumer Zeit ändert sich jedoch dieser Stadtteil ziemlich stark. Alte Bausubstanz verwahrlost oder weicht gesichtslosen Bauten. Der Ben-Nghe-Kanal, auf dem altertümliche Frachtboote entlangschipperten, wird erneuert und ist heute von breiten Straßen eingeschlossen. Trotz alledem besitzt Cholon noch seinen eigenen Charakter und es macht Spaß, in das dortige betriebsame Leben einzutauchen, einen der wuseligen Märkte zu besuchen, die dekorativen Tempel zu besichtigen oder an einem der zahllosen Stände chinesische Köstlichkeiten zu probieren.

Binh-Tay-Markt ⓲

Cholons größter Umschlagplatz für Waren (Cho Binh Tay, Tel. 08/3857 1512, www.chobinhtay.gov.vn, tgl. 6–19 Uhr) an der Thap Muoi platzt schier vor chinesischer Geschäftigkeit. Nirgendwo zeigt sich chinesische Geschäftigkeit deutlicher als hier. 1920 vom Händler Quach Dam gestiftet, zeigt sich die äußere Fassade als schöner asiatisch-französischer Stilmix. Während das geschwungene Dach mit seinen Drachen entlang der Firste typisch sino-vietnamesisch ist, lässt der senfgelbe Anstrich und der vierseitige Uhrenturm französischen Einfluss erkennen.

Cho Binh Tay ist ein typischer Großmarkt, aber lange nicht so kommerzialisiert wie etwa der Ben-Thanh-Markt, und anders als dort wird man beim Herumschlendern in Ruhe gelassen. Das zweistöckige Gebäude verfügt über eine Verkaufsfläche von 17 000 m², die in verschiedene Sektionen mit insgesamt 2300 Ständen unterteilt ist. Hier wird angeboten, was man sich nur vor-

Unten: Der Binh-Tay-Markt in Cholon

stellen kann, von Ananas bis Räucherstäbchen, von Küchenutensilien bis traditionelle chinesische Medizin.

Cha-Tam-Kirche ⓳

Einige Straßenzüge östlich des Marktes ragt an der 25 Hoc Lac der Turm des etwa 100 Jahre alten Gotteshauses (Nha Tho Phanxico Xavie, tgl. 8–18 Uhr; Eintritt frei) auf. Die Kirche ist dem großen Jesuitenmissionar Franz Xaver geweiht und weist trotz des klassisch europäischen Einflusses mit ihrem pagodenähnlichen Eingang und den chinesischen Schriftzeichen seitlich der Glasfenster asiatische Stilelemente auf.

In der jüngeren Geschichte spielte die Kirche als letzte Zuflucht des katholischen Präsidenten Ngo Dinh Diem und dessen Bruder eine Rolle. Dorthin waren sie vom Gia-Long-Palast am 1. November 1963 während eines Putsches geflohen und nach der Verhaftung beim Abtransport in einem Armeewagen getötet worden. Eine kleine Tafel erinnert daran.

Die von der Kirche gen Osten verlaufende Tran Hung Dao ist die Verbindungsstraße zwischen Cholon und dem Stadtzentrum. Zu Beginn reihen sich zahlreiche Stoff- und Kleidergeschäfte aneinander.

Quan-Am-Pagode ⓴

Eine der buntesten Pagoden der Stadt (Chua On Lang oder Chua Quan An, tgl. 7–17 Uhr; Eintritt frei) liegt in der kurzen Straße Lao Tu. Man erreicht sie über die Tran Hung Dao gen Osten und dann nördlich weiter entlang der Luong Nhu Hoc. Von chinesischen Einwanderern aus Fujian 1740 als Versammlungshalle gestiftet, zählt sie auch zu den ältesten Sakralbauten der Stadt und ist der Göttin der Barmherzigkeit (Quan Am) geweiht. Darüber hinaus werden 16 weitere buddhistische und daoistische Gottheiten auf jeweils eigenen Altären verehrt, darunter die Patronin der Seefahrer, Thien Hau, und Buddha.

Der ständige Strom von Gläubigen und die Rauchdichte aufgrund der vielen brennenden Räucherstäbchen zeugen von der Popularität dieser Pagode. Seit einer grundlegenden Restaurierung 2002 leuchten die vielen Schnitzereien und ornamentalen Verzierungen

Die Cha-Tam-Kirche war letzte Zuflucht des katholischen Präsidenten Ngo Dinh Diem

Unten: Verkauf von Räucherspiralen in der Quan-Am-Pagode

Daoistische Gottheit

in Rot und Gold, den Farben des Glücks und des Reichtums.

Thien-Hau-Pagode 21

Weiter südlich an der 710 Nguyen Trai liegt mit der Thien-Hau-Pagode (Hoi Quan Tue Thanh, tgl. 8–17 Uhr; Eintritt frei) die größte und bedeutendste chinesische Versammlungshalle von Cholon. Einwanderer aus Guangzhou (Kanton) hatten den Bau 1760 errichtet und zum Dank für eine glückliche Überfahrt der Schutzgöttin der Seefahrer und »Gemahlin des Himmels«, Thien Hau (chinesisch: Tian Hou), gewidmet. Auf Seitenaltären neben Thien Hau werden zudem Me Sanh, die Göttin der Fruchtbarkeit, und Long Mau, die Schutzgöttin für Mütter und Babys, verehrt. Den Haupteingang flankieren Bac Dau, der blau gekleidete Gott des Nördlichen Polarsterns, und Nam Tao, der rot gewandete Gott des Südlichen Polarsterns.

Die Architektur ist mit den Innenhöfen und der Gebäudeanordnung ebenso typisch chinesisch wie die üppigen Verzierungen der Giebel und Firste. Im immer gut besuchten Tempel werden gerne überdimensionale Räucherstäbchen und wochenlang brennende Räucherspiralen angesteckt.

Ein Fest zu Ehren Tien Haus findet am 23. Tag des dritten Mondmonats statt.

Tam-Son-Tempel 22

Der Tempel (Hoi Quan Tam Son, tgl. 8–17 Uhr; Eintritt frei) schräg gegenüber der Thien-Hau-Pagode an der 118 Trieu Quang Phuc wurde im 19. Jh. von Migranten aus dem südchinesischen Fujian gestiftet. Die Versammlungshalle (*hoi quan*) ist weit schlichter gestaltet als die anderen Tempel. Sie ist besonders bei jenen Frauen populär, die vor oder während einer Schwangerschaft den Segen der dortigen Gottheiten erflehen: die Göttin der Fruchtbarkeit Me Sanh, General Quan Cong und die Himmelsgemahlin Thien Hau.

Ong-Pagode 23

Während der Thien-Hau-Tempel als »Chua Ba« gerne von Frauen aufgesucht wird, gilt die Ong-Pagode (Chua Nghia An, tgl. 8–17 Uhr; Eintritt frei) ganz in der Nähe an der 678 Nguyen

Unten links: Tradition und Moderne: der Ha-Chuong-Tempel und das Thuan Kieu Plaza **Unten rechts:** Getrocknete Heilkräuter in einer chinesischen Apotheke

Trai als »Männertempel«. Ein fein geschnitztes hölzernes Boot hängt über der Tür. Drinnen beherrscht die in prächtige Gewänder gekleidete Figur von Quan Cong mit dem roten Gesicht und dem langen schwarzen Bart den Raum. Der chinesische General wird von dem Militärmandarin Chau Xuong und dem Zivilmandarin Quan Binh flankiert.

Cholon-Jamial-Moschee ㉔

Schräg gegenüber der Ong-Pagode bildet die schlichte Moschee (Thanh Duong Hoi Giao Cho Lon, tgl. 8 bis 17 Uhr; Eintritt frei) an der 641 Nguyen Trai mit ihren schlanken hohen Minaretten einen Kontrast zu den üppig verzierten chinesischen Sakralstätten. 1932 wurde sie von südindischen Muslimen gestiftet, die jedoch zu einem Großteil nach 1975 aus dem Land flüchteten.

Heute versammeln sich in dem weißen Gebäude nur wenige Gläubige, darunter Angehörige der muslimischen Cham-Minderheit. Die Moschee ist eine von insgesamt acht in Ho Chi Minh City. Ein einfaches Lokal auf dem Gelände bietet Halal-Gerichte.

Medizinerstraße ㉕

Die Trieu Quang Phuc in Richtung Süden trifft auf die »Medizinerstraße« **Hai Thuong Lan Ong.** Sie ist benannt nach einem Mandarin und Arzt aus dem 18. Jh., der eine Enzyklopädie für Heilkunde verfasste sowie Therapien auf der Grundlage von Yin und Yang beschrieb. Apotheken mit traditioneller vietnamesischer und chinesischer Medizin sind hier seit Generationen ansässig, heute vor allem in der östlichen Hälfte der Straße (zwischen den Nummern 43 und 61 sowie auf der anderen Seite zwischen 70 und 108 sowie 134 und 142). In der Nähe zweigt auch die Trieu Quang Phuc ab.

Diese alten, nach vorne offenen Apotheken stammen teilweise noch aus der Kolonialzeit und sind voller eigentümlicher Mittelchen, die alle irgendeine Krankheit und Beschwerde heilen sollen. Ganze Säcke voller getrockneter Pilze mit strengem Odeur stehen neben Körben mit duftenden getrockneten Kräutern und Wurzeln. In den Schränken sind Schachteln mit Pillen und Ginseng-Fläschchen versammelt, leider stehen auch Körperteile bedrohter Tierarten zum Verkauf – vom Pulver aus Rhinozeroshorn bis zu Haifischflossen und in Reisschnaps eingelegten Schlangen.

Muslimische Gläubige beim Gebet in der Cholon-Jamial-Moschee

Nördlich von Cholon

Giac-Vien-Pagode ㉖

Von Cholon in Richtung Norden zum Distrikt 11, weist an der 247 Lac Long Quan ein rot-gelb beschriebenes Tor den schmalen langen Weg zur Giac-Vien-Pagode (Chua Giac Vien, tgl. 8 bis 17 Uhr; Eintritt frei). 1850 auf Initiative des Mönches Hai Tinh errichtet, hieß das offiziell »Garten der Erleuchtung« (*giac vien*) genannte Kloster im Volksmund »Pagode der Erdgrube« (Chua Ho Dat), weil für ihren Bau gewaltige Massen an Erdreich aufgeschüttet werden mussten.

Unten: Die Höllenkönige in der Giac-Vien-Pagode

Einfache Mönchszelle in der Giac-Vien-Pagode

Im schummrigen Inneren stehen auf verschiedenen Altären 153 wunderschön geschnitzte Holzstatuen, darunter Buddhas, Bodhisattvas und daoistische Gottheiten. Im Vorraum erinnern auf zahlreichen Seitenaltären die Bilder und Tafeln an Verstorbene aus der Umgebung. Einige der Toten sind in Urnen bestattet, die in einem Nebengebäude aufbewahrt werden.

Wegen seiner abgeschiedenen Lage, etwa 6 km vom Stadtzentrum, wird das Kloster nur von wenigen Touristen besucht.

Dam-Sen-Park und -Wasserpark ㉗

Im Anschluss an die Giac-Vien-Pagode erstreckt sich seit 1999 das riesige Parkgelände (Tel. 08/3963 4963, www.damsenpark.com.vn, tgl. 9–21 Uhr; Eintritt). Die beiden Eingänge liegen an der 319 Lac Long Quan und an der 3 Hoa Binh. Mit 50 ha ist er einer der größten und modernsten Themenparks des Landes. Seit der Eröffnung 1999 ist es *das* Ausflugsziel vietnamesischer Familien der Mittelklasse – der Gipfel von modernem Freizeitspaß.

In der ansprechend gestalteten Parklandschaft verteilen sich zahlreiche Attraktionen für Familien, darunter ein Schloss, ein 3-D-Kino und Riesenräder. Es gibt einen See, an dem Ruderboote verliehen werden, eine Krokodilfarm, einige Vogel- und Tiergehege und ein Dschungelgelände für Entdeckungen. Mit Miniatur-Eisenbahnen und Elektrowagen kann man sich herumfahren lassen.

Ein Teil des ausgedehnten Geländes wird vom **Dam-Sen-Wasserpark** (Tel. 08/3858 8418, www.damsenwaterpark.com.vn, Mo–Sa 8.30–18 Uhr, So 8 bis 19 Uhr; Eintritt) eingenommen, zu dem ein eigener Zugang führt. Am Wochenende und in den Ferien ist der Wasserpark voller fröhlicher Familien, die sich mit Wasserspielen wie Kamikaze-Ritt, Schwarzer Donner oder – weniger wild und kleinkindfreundlich – im Wellenbad und einem künstlichen Fluss vergnügen.

Giac-Lam-Pagode ㉘

Weiter nördlich im Tan-Binh-Distrikt, etwa 8 km vom Stadtzentrum entfernt, liegt an der 118 Lac Long Quan die Giac-Lam-Pagode (Chua Giac Lam, tgl. 8–18 Uhr; Eintritt frei). Das »Wald der Erleuchtung« (*giac lam*) genannte Kloster wurde 1744 von dem chinesischen Händler Ly Thuy Long gestiftet und ist damit die älteste Pagode der Stadt. Der letzte größere Umbau erfolgte zwischen 1906 und 1910. Erst 1994 kam der siebenstöckige Turm dazu.

Die Anlage folgt dem für den Süden Vietnams typischen Aufbau: eine längliche Haupthalle mit mehreren abgetrennten Abteilungen. 98 Eisenholzsäulen stützen das Dach des Hauptgebäudes und tragen vielfach goldene Inschriften.

Im Inneren verteilen sich auf mehreren Altären 113 aus dem Holz des Jackfruchtbaumes geschnitzte Statuen, darunter einige, die noch aus der Gründungszeit des Klosters stammen.

Die große Vorhalle ist voller Altäre mit Bildern verstorbener Äbte und verstorbener Angehöriger von Gläubigen.

Unten: Wunderschöne Schnitzarbeiten in der Giac-Lam-Pagode

 Karte auf Seite 274

Der großen Vorhalle schließt sich ein kleiner Lichthof mit keramikverziertem Brunnen an.

Das Hauptheiligtum am anderen Ende birgt Buddha und seine verschiedenen Reinkarnationen sowie Bodhisattvas auf dem Hauptaltar und die zehn Höllenrichter (Diem Vuong) und 18 Buddha-Schüler (La Han) auf den Seitenaltären.

Ein sogenannter Wunschbaum (Den Duoc Su) besitzt 49 Zweige mit je einer Öllampe und einem kleinen Medizin-Buddha. Die Lichter sollen die Seelen der Toten auf ihrem 49 Tage dauernden Weg ins Totenreich begleiten.

Museum für Traditionelle Medizin

Gen Osten in Richtung Stadtzentrum lohnt sich an der 41 Hoang Du der Besuch des Museums für Traditionelle Medizin (Bao Tang PHITO, Tel. 08/3864 2430, www.fitomuseum.com.vn, Mo–Sa 8.30–17.30 Uhr; Eintritt). Es ist ein sehr junges Museum und eine willkommene Alternative zu den üblichen, ziemlich geschichts- und kriegslastigen Ausstellungen in dieser Stadt.

Das Museum wurde 2007 von FITO, einem Hersteller traditioneller Medizin, gegründet. Allein das Gebäude lohnt schon den Besuch: der Nachbau eines traditionellen Hauses in Nord-Vietnam mit dunklem Holzinterieur und vielen Antiquitäten.

Über sechs Stockwerke und 18 Räume hinweg illustriert die Dauerausstellung die geschichtliche Entwicklung der traditionellen Medizin in Vietnam. Ansprechend präsentiert und mit englischen Beschreibungen versehen, werden über 3000 teilweise sehr alte Stücke aus der Sammlung des Hauseigners gezeigt. Darunter sind Bücher und Enzyklopädien zur vietnamesischen Medizin, Zutaten und Instrumente für die Herstellung von Medizin, etwa Mörser und Mühlen. Sehr schöne Teekannen und Waagen gehören ebenfalls zu den Exponaten.

Sehr interessant ist der originalgetreue Nachbau einer Apotheke des 19. Jhs. und der Einführungsfilm. Eine Führung durch die Ausstellung dauert etwa 45 Minuten. ■

Moderner Anbau bei der Giac-Lam-Pagode

Unten: Nachbau einer alten Apotheke im sehenswerten Museum für Traditionelle Medizin.

RESTAURANTS

Preise pro Person für ein Drei-Gänge-Menü:

- ● = unter 10 $
- ●● = 10–20 $
- ●●● = 20–30 $
- ●●●● = über 30 $

Ho Chi Minh City ist unumstritten Vietnams kulinarische Hauptstadt. Durch die große Auswahl an exzellentem Straßenessen (z. B. am Nachtmarkt rund um den Ben-Thanh-Markt) muss sich westliches Fastfood hier noch seinen Platz erkämpfen. Die meisten Restaurants sind im Distrikt 1, dem Haupttouristenzentrum, angesiedelt. Auch die folgenden Restaurants sind, soweit nicht anders angegeben, dort zu finden.

Vietnamesisch

◆ **Banh Xeo**
46A Dinh Cong Trang, Tel. 08/3824 1110, tgl. 10–22 Uhr
Die Spezialität des beliebten Open-Air-Lokals sind *banh xeo*, knusprige zusammengeklappte Pfannkuchen gefüllt mit Schweinefleisch, Bohnensprossen und Shrimps, draußen über dem offenen Feuer zubereitet. Es können auch andere vietnamesische Gerichte bestellt werden. Nachts ist hier hektisches Treiben angesagt. ●●

◆ **Barbecue Garden**
135A Nam Ky Khoi Nghia,Tel. 08/3823 3340, www.barbecuegarden.com, tgl. 7–23 Uhr
Hier kann man im lauschigen Garten am eigenen Tisch sein Fleisch, Fisch und Gemüse auf dem Grill selbst zubereiten. Es werden vietnamesische und internationale Gerichte serviert. ●●

◆ **Bonsai Cruise**
Passagierkai von Ho-Chi-Minh-Stadt (Ben Tau Khach Thanh Pho), Kreuzung Ham Nghi und Ton Duc Thang, Tel. 08/3910 5560, www.bonsaicruise.com.vn, tgl. 7.30–21.30 Uhr
Auf einem nachgebauten königlichen Drachenboot führt das Familienunternehmen stimmungsvolle Dinner-Rundfahrten auf dem Saigon-Fluss durch. Es gibt ein großes Buffet mit verschiedenen Kochstationen für internationale, vietnamesische und asiatische Gerichte. Auf der zweistündigen Tour ist auch für Live-Unterhaltung gesorgt. ●●●●

◆ **Com Nieu**
6C Tu Xuong, Distrikt 3, Tel. 08/3932 6388, tgl. 10–22 Uhr
Die Gäste drängeln sich regelrecht in den einfachen Räumlichkeiten, um den *com nieu* (Reis, gekocht in einem speziellen Tontopf) zu probieren und dem Spektakel der Kellner zuzusehen, wenn diese Töpfe zerschmettern und den knusprigen Reis über den Tisch werfen. V.a. das in Kokosnussfleisch gebrutzelte Schweinefleisch ist ausgezeichnet. Sehr touristisch, auch wenn nur wenig Englisch gesprochen wird. ●

◆ **Pho 24**
5 Nguyen Thiep, Tel. 08/3822 6278, www.pho24.com.vn, tgl. 7–22.30 Uhr
Die erfolgreiche einheimische Kette hat das Nationalgericht *pho* (Reisnudelsuppe) von der Straße geholt, um es nun in makellosen klimatisierten Räumlichkeiten zu verkaufen. Neben *pho* bekommt man hier auch anderes Straßenessen. ●

◆ **Quan An Ngon**
138 Nam Ky Khoi Nghia, Tel. 08/3825 7179, tgl. 7–22 Uhr
Gelegen in einer niedrigen Kolonialvilla, findet man den Hauptessensbereich in einem schattigen Hof, umrahmt von nachgebauten Straßenständen, in denen regionale Gerichte wie *bun cha* und *banh cuon* gebrutzelt werden. ●

◆ **Temple Club**
29–31 Ton That Thiep, Tel. 08/3829 9244, tgl. 11.30–24 Uhr
Angesagtes Restaurant, in eine Kolonialvilla gebaut. Edles Ambiente, Kunstobjekte und gemütliche Ausstattung erinnern an vergangene Zeiten. Die Atmosphäre ist vielleicht besser als die Traditionsküche. ●●

◆ **Tib**
187 Hai Ba Trung, Distrikt 3, Tel. 08/3829 7242, www.tibrestaurant.com.vn, tgl. Mittag- und Abendessen
Von einem bekannten Musikkomponisten gegründet und nach seiner Nichte benannt, hat sich dieses höhlenartige Restaurant auf traditionelle Gerichte aus Hue, wie beispielsweise kleine Reispfannkuchen mit Shrimps, spezialisiert. Das Tib befindet sich in einer Kolonialvilla, doch sein Interieur ist im Stil des Königspalastes eingerichtet. Reservierung empfohlen. ●●

◆ **Wrap'n'Roll**
62 Hai Ba Trung, Tel. 08/3837 1231, www.wrap-roll.com, tgl. 7–23 Uhr
Erfolgreiche Kette, die Straßenküche in einer sauberen und touristenfreundlichen Umgebung bietet: Salate, Eintöpfe, Frühlingsrollen und ein süßes Bohnendessert namens *che*. ●

◆ **Xu Restaurant-Lounge**
71–75 Hai Ba Trung, Tel. 08/3824 8468, www.xusaigon.com, tgl. 11–24 Uhr
Im hyper-modernen Xu bekommt man zeitgemäße vietnamesische Gerichte, die zwar ihren Wurzeln treu bleiben, aber dennoch einen Hauch Internationalität haben. So gibt es hier beispielsweise Thunfisch-Frühlingsrollen mit Mango-Soße. Auf der Speisekarte stehen auch westliche und unver-

ändert traditionell vietnamesische Speisen. Die Café-Bar im Erdgeschoss (tgl. 7–24 Uhr) bietet Frühstück, Tapas und Cocktails. Hier geht es etwas lässiger zu als im Restaurant. ●●●

Chinesisch

◆ **Crystal Jade Palace**
Legend Hotel Saigon, 2A–4A Ton Duc Thang, Tel. 08/3827 2387, www.legendsaigon.com, tgl. Mittag- und Abendessen
Teil einer erfolgreichen singapurischen Kette, geleitet von Köchen aus Hong Kong, mit der besten kantonesischen Küche und dem besten *dim sum* der Stadt (nur mittags). Die dezente Einrichtung und der tadellose Service spiegeln die Herkunft des Restaurants wider. Das *dim-sum*-Festmahl am Sonntag fängt um 10 Uhr an und ist immer sehr gut besucht. ●●●

◆ **Kabin**
Renaissance Riverside Hotel, 1. St., 8–15 Ton Duc Thang, Tel. 08/3822 0033, tgl. Mittag- und Abendessen
Hier wird vom Chefkoch aus Hong Kong authentische chinesische Küche mit zeitgemäßem Akzent gezaubert. Mittags gibt es auch *dim sum.* Gourmet-Gerichte aus Kanton und Sichuan gibt es als Mittag- und Abendessen. Im eleganten Speiseraum hat man eine großartige Aussicht auf den Saigon-Fluss. ●●●

Indisch

◆ **Tandoor**
74/6 Hai Ba Trung, Tel. 08/3930 4839, www.tandoorvietnam.com, tgl. Mittag- und Abendessen
Beliebter Inder mit authentischer Küche, darunter Currys, im Lehmofen gegrillte Kebabs sowie vegetarische *dosa* (Pfannkuchen). Das Mittagsbuffet (Mo–Fr) ist gut und preiswert und hat eine hervorragende vegetarische Auswahl. ●

International

◆ **Al Fresco's**
27 Dong Du, Tel. 08/3823 8424 und 21 Mac Dinh Chi, Tel. 08/3823 8427/9, www.alfrescosgroup.com, tgl. Frühstück, Mittag- und Abendessen
Familiäres Lokal mit riesigen Portionen, australischen Steaks und als Spezialität gegrillte Rippchen; daneben texanisch-mexikanische Gerichte, Pizza, Pasta und Salate. ●

◆ **Cepage Wine Bar and Restaurant**
Erdgeschoss, Lancaster Building, 22 Le Thanh Ton, Tel. 08/3823 8733, www.cepage.biz, Mo–Sa 7.30–24 Uhr, So 17–24 Uhr
Das Cepage gibt sich chic und weltoffen: Im oberen Stock liegen Speise- und Zigarrenraum, während man unten in ungezwungener Lounge-Atmosphäre mit langer Bar und gläsernem Weinkeller verweilt. Der deutsche Besitzer und Küchenleiter kreiert auf unkonventionelle Weise zeitgemäße Gerichte. Lassen Sie sich von der »Black Box«, einem Drei-Gänge-Menü überraschen.
Mittagessen ●●, Abendessen ●●●●

◆ **La Camargue**
191 Hai Ba Trung, Distrikt 3, Tel. 08/35204 888, tgl. Abendessen
Edler Franzose mit romantischem Ambiente. Neben französischen Klassikern gibt es hier mediterrane Gaumenfreuden mit asiatischen Akzenten, wie etwa Samosa mit Entenkonfit, Balsamico und Schalotten-Dip. Große Weinauswahl. ●●●

◆ **Signature**
Sheraton Saigon, 23. Stock, 88 Dong Khoi, Tel. 08/3827 2828, www.sheraton.com/saigon, tgl. Abendessen
Moderne, europäisch beeinflusste pazifische Küche. Die Gerichte sind einfach und nur aus frischen Zutaten. Probieren Sie unbedingt das Krabbenrisotto. Vom 23. Stockwerk aus zeigt sich die Stadt zum Sonnenuntergang besonders schön. ●●●●

◆ **The Refinery**
74 Hai Ba Trung, Tel. 08/3823 0509, So–Do 10–22.30 Uhr, Fr–Sa 10–24 Uhr
Das Bistro befindet sich in einer ehemaligen Opium-Raffinerie aus der Kolonialzeit. Heute bekommt man moderne und leichte europäische Kost, wie etwa gebratenen Seebarsch mit Knoblauch-Oliven-Püree sowie Salate, Sandwiches und hausgemachte Eiscreme. Der preisgünstige Brunch am Wochenende ist sehr beliebt. ●●

◆ **Warda**
71/7 Mac Thi Buoi, Tel. 08/3823 3822, Mo–Sa 9–24 Uhr, So 15–24 Uhr
Hier, versteckt in einer schmalen Gasse, fühlt man sich wie im Nahen Osten. Die Musik und die Einrichtung werden durch regionale arabische Gerichte ergänzt. Auf der Karte findet man Delikatessen wie Tajine, gegrilltes Fleisch und Fisch, Kebab und klebrigsüße Desserts. Während Sie auf der Terrasse unter einem Beduinen-Baldachin sitzen, können Sie bei einem Martini und einer Wasserpfeife entspannen. ●●

Thailändisch

◆ **Golden Elephant**
34 Hai Ba Trung, Tel. 08/3822 8554, tgl. 11–22 Uhr
Lassen Sie sich nicht vom beengten Innenraum abschrecken – die Küche ist wirklich authentisch. Die lange Speisekarte mit Bildern bietet regionale Nudelgerichte, Meeresfrüchte, Suppen, Curry, Salate, vegetarische Gerichte sowie traditionelle Desserts, allesamt günstig. ●

Rund um Ho Chi Minh City

Rund um die südliche Metropole findet sich viel Sehenswertes: von den Cu-Chi-Tunneln und bunten Cao-Dai-Tempeln bis zu den Stränden von Vung Tau, Mui Ne und dem Con-Dao-Archipel.

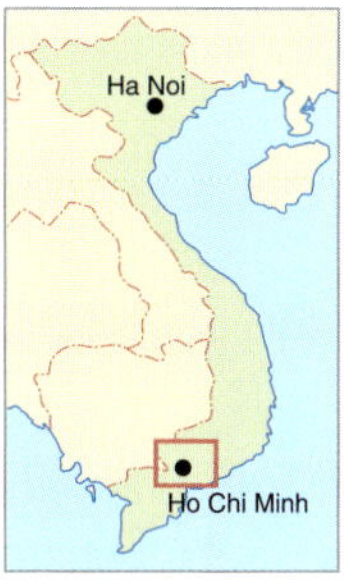

Im Nordwesten von **Ho Chi Minh City ❶** liegen in einer weiten Ebene die Tunnel von Cu-Chi und Tay Ninh, die Wiege der Cao-Dai-Religion. Nordöstlich in Richtung Dalat breitet sich der tiefgrüne Dschungel des Cat-Tien-Nationalparks aus, während der Küstenstreifen im Süden und Südosten von kilometerlangen Sandstränden dominiert ist, die von Vung Tau über Phan Thiet bis zu dem von Bergen umrahmten Ca Na Beach reichen. Bei den Ausflügen rund um die südliche Metropole lernt man die religiöse Vielfalt des Landes kennen, sei es beim Ausflug zu den Cao Dais in Tay Ninh oder zum eigentümlichen Wal-Tempel in Vung Tau. In Cu Chi erfährt man viel über den Vietnamkrieg, während Mui Ne und der Con-Dao-Archipel ganz im Zeichen des Wassersportes stehen.

Cu-Chi-Tunnel ❷

Etwa 70 km nordwestlich von Saigon liegt der Distrikt Cu Chi mit dem berühmten Tunnelsystem (tgl. 7–17 Uhr; Eintritt) des vietnamesischen Widerstandes. Schon in den 1940er-Jahren gruben die Kämpfer des Viet Minh im Krieg gegen die Franzosen Stollen zur Aufbewahrung von Vorräten und zum Schutz vor Bomben. Später wurden die Verstecke vom Vietkong genutzt, der das Tunnelsystem in ein unterirdisches Labyrinth mit insgesamt 200 km Länge ausweitete. Im Südosten begann das Tunnelsystem am Ende des Ho-Chi-Minh-Pfades unweit der kambodschanischen Grenze, führte entlang der strategisch wichtigen Nationalstraße 22 und des Saigon-Flusses und reichte bis unterhalb des Stützpunktes der 25. Division der US-Armee. Von diesen Verstecken aus gelangen dem Vietkong höchst effektive Überraschungsattacken gegen seinen Feind.

Die einzelnen Tunnel lagen auf drei Ebenen in bis zu 10 m Tiefe und waren zwischen 80 cm und 1,5 m breit. Die oberen Gänge konnten selbst 50 t schweren Panzern standhalten, während die mittleren Gänge auch mittel-

NICHT VERPASSEN!

- Cu-Chi-Tunnel
- Cao-Dai-Tempel
- Vung Tau
- Cat-Tien-NP
- Phan Thiet
- Mui Ne Beach
- Weiße Sanddünen
- Con-Dao-NP

Links: Im Cao-Dai-Tempel **Unten:** Cu Chi

Süd-Vietnam
0
50 km
Phu Quoc
0
10 km
BIEN DONG
(SÜDCHINESISCHES
MEER)
Golf von
Thailand
KAMBODSCHA
Phnom Penh
Ho Chi Minh City
(Saigon)
Con Dao
Vuon Quoc Gia
Con Dao
(Con-Dao-Nationalpark)

 Karte auf Seite 300

schweren Bombenexplosionen standhielten und die unteren Gänge nahezu unzerstörbar waren. Die Erde von Cu Chi besteht aus hartem Ton und war daher für derartige Tunnelarbeiten prädestiniert. Die Gänge wurden von Hand gegraben, die Erde transportierte man in flachen Körben hinaus und leerte sie in Bombenkrater, Reisfelder oder in den Saigon-Fluss. Die US-Armee versuchte die Tunneleingänge mit dem Einsatz von Spürhunden zu entdecken, aber die Tiere wurden durch verstreuten Pfeffer und ausgelegte amerikanische Seife irritiert.

Obwohl die Tunnel Schlafräume, Krankenstationen, Küchen und Vorratskammern hatten, waren sie für langfristige Aufenthalte nicht geeignet. Aufgrund der massiven Flächenbombardements glich das inzwischen aufgeforstete Gebiet einer Mondlandschaft, aber Teile des unterirdischen Labyrinths blieben trotzdem erhalten.

Die heutigen Tunnel können kaum einen Eindruck von den damaligen Konditionen vermitteln, denn sie wurden speziell für Touristen aufbereitet. Für Besucher sind zwei rekonstruierte Tunnelsysteme zugänglich: in **Ben Dinh** und im 15 km entfernten und daher weniger überlaufenen **Ben Duoc** unweit des Saigon-Flusses. Dort ist seit 1995 den vielen Kriegsopfern der **Ben-Duoc-Tempel** gewidmet. An dessen Innenwänden sind auf Granitplatten 44 357 Namen von Gefallenen aufgeführt. Alles in allem hinterlässt ein Besuch in Cu Chi ziemlich gemischte Gefühle. Einerseits erinnert der Ort an das unendliche Leiden der Menschen, andererseits ist man erstaunt über die Präsentation. Ein Führer in Vietkong-Uniform bringt die Besucher zu Tunnelverstecken, zerstörten Panzern und Bambusfallen. Wer will, kann sogar am Schießstand mit Pistolen herumballern.

Tay Ninh ❸

In Richtung Nordwesten führt die Nationalstraße 2 durch die Tay-Ninh-Provinz bis zur kambodschanischen Grenze. Ab dem 1. Jh. gehörte dieses Gebiet zum indisierten Königreich Funan, das im 7. Jh. vom Zhenla-Reich abgelöst wurde, um dann im 9. Jh. Teil des gewaltigen Angkor-Imperiums zu

»

Als einstige Hochburg des kommunistischen Widerstandes gibt die offizielle Filmpräsentation eine recht einseitige Darstellung der Ereignisse um die Cu-Chi-Tunnel wieder. Dass es bei diesem sensiblen Thema keine objektive Meinung geben kann, ist jedoch auch verständlich.

Unten links: Die Cu-Chi-Tunnel wurden an die Touristengröße angepasst **Unten rechts:** Touristenspaß am Tunneleingang

TIPP

Da viele Touranbieter den Besuch des Cao-Dai-Tempels auf dem Programm haben, ist die Besucherempore während der 12-Uhr-Zeremonie ziemlich voll. Um die besten Fotografierplätze herrscht zuweilen ein würdeloses Gerangel. Da es sich um eine religiöse Zeremonie handelt, sollte auch das Benehmen entsprechend sein; anständige Kleidung und leises Verhalten gehören dazu. Betreten ist nur ohne Schuhe und Kopfbedeckung erlaubt.

Unten: Der Große Tempel der Cao Dai in Tay Ninh wurde 1937 eingeweiht

werden. Erst im späten 17. Jh. kamen die ersten vietnamesischen Siedler. Während des Ersten Indochinakriegs war Tay Ninh eine Hochburg des antifranzösischen Widerstandes. In den 1950er-Jahren verschanzten sich Widerständler auf dem Ba-Den-Berg (Nui Ba Den), der von da an bis in die Zeit des Vietnamkrieges hinein ein heiß umkämpftes Gebiet blieb.

Die Hauptattraktion der Provinz liegt etwa 100 km nordwestlich von Ho Chi Minh City in der Provinzstadt selbst. Hier steht inmitten eines weitläufigen Geländes, in all seiner eigentümlichen Pracht, der **Große Tempel der Cao Dai** (Thanh That Cao Dai). Zwischen 1933 und 1937 auf Geheiß des Sektengründers Ngo Minh Chieu erbaut, ist der Tempel spirituelles Zentrum der 1926 gegründeten Cao-Dai-Sekte. Mit seinen Zwillingstürmen und einer großen Kuppel erinnert der Bau an eine christliche Kirche, aber im Inneren vereint er verschiedene Religionen zu einem bunten Mix. Rund um die korinthischen Säulen winden sich Drachen. Die offenen Seitenfenster sind mit einem Dreieck mit Auge versehen, während auf dem Hauptaltar das Riesenauge des Cao Dai dominiert. An einer Rahmenverzierung vor dem Altar sind in fröhlicher Eintracht Jesus, Konfuzius, Laozi, Quan Am und Buddha versammelt. Auf einem Bild beim Haupteingang unterzeichnen der chinesische Revolutionsführer Sun Yat-Sen (1866–1925), Victor Hugo (1802–1885) und der vietnamesische Dichter Nguyen Binh Khiem (1492–1587) das von den Cao Dais für sich in Anspruch genommene »dritte Bündnis zwischen Gott und Mensch«.

Viermal täglich versammeln sich die Gläubigen zu einer etwa halbstündigen Zeremonie: um 6, 18 und 24 Uhr. Dann ziehen in weiße Gewänder gekleidete Gläubige ein, gefolgt von Würdenträgern in roten, blauen und gelben Gewändern (den Farben des Konfuzianismus, Daoismus und Buddhismus). Ein monotoner Singsang, unterstützt von einem Orchester mit traditionellen Instrumenten, hebt an, gelegentlich von einem Glockenschlag unterbrochen. Dann rezitiert ein Würdenträger aus einem Buch, bevor alle wieder in umgekehrter Ordnung ausziehen.

Ba-Den-Berg ❹

Wie eine Fata Morgana erhebt sich 15 km nördlich von Tay Ninh aus der weiten Ebene der Provinz der 996 m hohe »Berg der schwarzen Frau«, **Nui Ba Den.** In all den vergangenen Konflikten und Kriegen hatte er eine strategische Bedeutung. Sein Name bezieht sich auf die Geschichte einer ehrbaren Frau, die den Tod der Untreue vorzog – eine verbreitete Thematik in der vietnamesischen Volkserzählung. Obwohl von den militärischen Auseinandersetzungen gezeichnet, übernahm die Natur an viele Stellen wieder die Vorherrschaft über den Berg.

Heute sind Teile der Erhebung geschützt und Heimat vieler Vogel- und Affenarten. Wer die gut 1500 Stufen bis zur Linh-Son-Pagode geschafft hat, kann drei Höhlenheiligtümer erkunden und den herrlichen Blick ins weite Umland genießen. Alternativ bietet sich die bequemere Fahrt mit der Seilbahn (tgl. 8–17 Uhr, Gebühr) an. Hauptpilgerzeit ist von Februar bis Mai.

Vung Tau ❺

Die Hafenstadt liegt auf einer Halbinsel, etwa 125 km von Saigon entfernt. Eingerahmt von zwei Bergen, dem »Kleinen Berg«, **Nui Nho,** und dem »Großen Berg«, **Nui Lon,** bietet Vung Tau einige der schönsten Küstenabschnitte des Landes. Die Stadt ist ein beliebtes Wochenendziel für Saigoner, ausländische Touristen verirren sich dagegen selten nach Vung Tau, da bei Phan Thiet und anderswo weitaus attraktivere Strände liegen. Die Stadt bietet mit guten Hotels und Einkaufszentren alle Annehmlichkeiten einer Metropole. Ihren Reichtum verdankt sie weniger dem Tourismus, sondern vielmehr der Ölindustrie, die draußen auf dem Meer mehrere Plattformen unterhält. Auch viele Hotels gehören Ölunternehmen.

Berge und Strände

An der Südspitze der Halbinsel erhebt sich auf dem 156 m hohen Nui Nho eine 32 m hohe **Christus-Statue** mit ausgebreiteten Armen und erinnert sehr stark an das Vorbild in Rio de Janeiro. Sie wurde 1972 von US-Amerikanern errichtet. Von dort hat man einen herrlichen Blick auf die Küstenlinie.

Viele Einheimische schlendern über die Hai Dang zur anderen Seite des Nui Nho, um von dort den Blick auf den **Vorderen Strand** (Bai Truoc), den **Hinteren Strand** (Bai Sau) und die Stadtsilhouette zu genießen. Der 7 km lange Bai Sau ist der einzige längere Strandabschnitt in Vung Tau. Leider ziemlich baumlos und mit nicht gerade sauberem Wasser, wirkt er doch insgesamt recht einladend und eignet sich für ein Sonnenbad. Die Hai Dang weiter auf den Berg führt zum 1910 erbauten, schneeweißen **Leuchtturm** (tgl. 7 bis 17 Uhr, freier Eintritt) unterhalb der Bergspitze. In der Nähe sind noch Reste einer alten **Bunkeranlage** auszumachen. Die Mauern sind teilweise von den mächtigen Wurzeln von Thitpokbäumen (*Tetrameles nudiflora*) gesprengt. Ein alternativer Spaziergang führt über die Straße Vi Ba an einigen

Der Leuchtturm von Vung Tau auf dem »Kleinen Berg« (Nui Nho)

Unten: Die Berge von Vung Tau bieten wunderbare Ausblicke auf Stadt und Meer

TIPP

Wenn Sie den Cat-Tien-Nationalpark erkunden wollen, sollten Sie gute Schuhe, Sonnencreme und Mückenschutzmittel mitnehmen. Ein Regenponcho sowie dicke Socken gegen Blutegel können nützlich sein. Denken Sie auch an genügend Batterien für die Taschenlampe und ein Fernglas.

buddhistischen und daoistischen Tempeln vorbei in Richtung Bergspitze.

Hauptsehenswürdigkeit des Nui Lon ist die **Villa Blanche** (Bach Dinh, tgl. 7–17 Uhr, Eintritt). Umgeben von duftenden Frangipani-Bäumen, gewährt sie einen herrlichen Blick auf Vung Tau. Ab 1898 ließ sie Paul Doumer, Generalgouverneur Indochinas, zwischen 1897 und 1902 als Sommerresidenz errichten, konnte sie jedoch aufgrund seiner vorzeitigen Abberufung nicht mehr nutzen. Immerhin trägt sie den Namen seiner Lieblingstochter Blanche. Der Nguyen-König Thanh Thai wurde hier nach seiner erzwungenen Abdankung 1907 mit seiner Familie festgehalten, bevor er 1916 ins Exil auf die Insel Réunion geschickt wurde. Später genossen hier die südvietnamesischen Präsidenten Ngo Dinh Diem und Nguyen Van Thieu die Meeresluft. Heute werden in den Räumen des edlen Anwesens Ausstellungen gezeigt, wie etwa Porzellan aus der chinesischen Ming-Dynastie, das aus dem Wrack einer 1690 unweit des Con-Dao-Archipels gesunkenen Dschunke geborgen wurde.

Wal-Tempel

Wie viele Küstenstädte im Süden Vietnams besitzt auch Vung Tau einen Tempel zur Verehrung des Wals, den **Lang Ca Ong** (tgl. 8–17 Uhr, Eintritt frei). Das »Grab des Ehrenwerten Wals« ist auch als **Dinh Than Thang-Tam** bekannt und liegt in der Ecke der beiden Straßen Hoang Hoa Tham und Co Viet Nghe. In dem Tempel von 1911 wird der Wal-Kult praktiziert, den die Vietnamesen von den Cham übernahmen. Die Cham glaubten an einen mächtigen Gott namens Cha Aih Va, der die Form eines Wales annahm, um in Seenot geratene Fischer zu retten. Das Heiligtum wird meist von Fischern besucht, die das riesige Meeressäugetier als Beschützer vor Gefahren auf hoher See verehren. Der Tempel birgt bis zu 4 m lange Särge für Wale, die an der Küste gestrandet waren. Die ältesten Skelette gehen auf das Jahr 1868 zurück. An den Wänden sind schöne Darstellungen mit Drachen und Seeungeheuern zu sehen. Vom 16. bis 18. Tag des achten Mondmonats bringen die Fischer anlässlich des Cau-Ngu-Festes den Wal-Gottheiten Opfergaben dar.

WALE ALS SCHUTZGÖTTER

In Dörfern entlang der südvietnamesischen Küste feiern die Fischer, die dem altertümlichen Wal-Kult anhängen, alljährlich ein Fest zur »Anrufung der Fische« namens Cau Ngu. Dann bitten die Gläubigen die Seelen der Wale, Delfine und selbst der Haie, sie im kommenden Jahr zu beschützen. Zu den Feierlichkeiten gehört normalerweise eine Nginh-Ong-Prozession zur Verehrung der Fischgottheiten. Wenn ein Wal oder Delfin tot ans Ufer gespült wird, bestatten die Fischer im Rahmen einer feierlichen Totenzeremonie den Kadaver in Strandnähe, um den Geist des verendeten Tieres zu begrüßen. Sie kleiden sich in traditionelle Gewänder, manche laufen auf Stelzen umher und natürlich sind auch Musiker und Tänzer beteiligt. Drei bis fünf Jahre später wird das Skelett des toten Tieres wieder ausgegraben, gereinigt und in einer feierlichen Prozession zum Wal-Tempel getragen, wo die Gebeine ihre letzte Ruhestätte finden. Dieser Kult wurde von den Minderheiten der Cham übernommen, zählt also zu den ältesten Kulten in Zentral-Vietnam.

Unten rechts: Wandgemälde im Wal-Tempel von Vung Tau

Weitere Sakralbauten

In der Stadt und rund um die beiden Berge Nui Nho und Nui Lon verteilen sich Dutzende von Pagoden und Tempel. Die **Hong-Ba-Pagode** liegt auf einer Insel unterhalb der Christus-Statue und kann nur bei Ebbe trockenen Fußes besucht werden. **Quan Am Bo Tat Tu,** im Nordwesten der Tran Phu am Dau Beach, besitzt eine riesige Figur der Göttin der Barmherzigkeit, die in Konkurrenz zu einer nahen, ebenfalls sehr großen Madonnenfigur steht. Etwa 3 km entfernt erhebt sich im Nordosten der Halbinsel der **Chua Thich Ca Phat Dai** mit zahlreichen übergroßen Skulpturen aus dem Leben Buddhas, darunter eine 6 m große, auf dem Lotosthron sitzende Darstellung des Erleuchteten. Landeinwärts vom Strand Bai Dua liegt die Pagode **Niet Ban Thinh Xa** mit einem 12 m langen, liegenden Buddha.

Cat-Tien-Nationalpark ❻

Das Schutzgebiet (Vuon Quoc Gia Cat Tien, Tel. 061/3669 228, www.cattiennationalpark.org, tagsüber, Eintritt) erstreckt sich etwa 145 km nordöstlich von Ho Chi Minh City, auf halbem Wege nach Dalat. Der 739 km² große Park besteht aus zwei Teilen und gewährt eine gute Chance, Vietnams bedrohte Tierwelt zu beobachten, darunter 105 Säugetier-, 320 Vogel- und 120 Reptilien- und Amphibienarten. Es gibt eine große Zahl von Gelbwangen-Schopfgibbons, Grünen Pfauen, Doppelhornvögeln, Schleichkatzen, Sambarhirschen, Gaur sowie einige wenige Exemplare von Tigern, Wildelefanten, Siam-Krokodilen und Malaienbären. Der Nationalpark ist berühmt für eine kleine Gruppe von Annam- oder Vietnamesischen Java-Nashörnern (*Rhinoceros sondaicus annamiticus*), die in einem isolierten Bezirk namens Cat Loc leben und selbst von Parkangestellten nur per Selbstschusskamera gesichtet werden können.

Derzeit führen 14 Wanderwege durch den Park, einige mehr sollen hinzukommen. Sie führen durch dichten Regenwald, Grasland und Feuchtgebiete. Es werden Nachtsafaris angeboten sowie Besuche in dem von der S'Teng-Minderheit bewohnten Ta-Lai-Dorf oder einer Ruinenstätte aus dem

Statuen in der Pagode Thich Ca Phat Dai

Unten links: Stupa in der Pagode Thich Ca Phat Dai **Unten rechts:** Über 440 Schmetterlingsarten leben im Cat-Tien-Nationalpark

Der Wasserturm von Phan Thiet ist heute denkmalgeschützt

Funan-Reich. Zu den Höhepunkten zählt ein Besuch des **Krokodilsees** (Bai Sau). Die Anreise ist etwas beschwerlich und erfordert eine längere Fahrt mit dem Jeep und einen anschließenden Trek. Doch angesichts der Chance, einige Exemplare des erst 2002 wieder eingeführten Siam-Krokodils und mehrere Arten von Wasservögeln zu sehen, lohnt sich der Aufwand.

Wenn Sie einen lokalen Guide anheuern, ist die Chance, Wildtiere zu erspähen, sehr viel größer. Fahrräder und Mietwagen mit Fahrer können im Hauptquartier des Parks arrangiert werden. Dort gibt es auch einige annehmbare Unterkunftsmöglichkeiten. Wer alleine aufbricht, sollte unbedingt die Parkaufsicht über seine Tourpläne informieren, um nicht verloren zu gehen. Bei Regen muss man mit Blutegeln entlang der Wege rechnen.

Auf der 57 ha großen Tien-Insel liegt das **Dao-Tien-Auffangzentrum** (www.go-east.org, tagsüber, Eintritt frei). Es bietet Schutz für bedrohte Primatenarten, darunter die seltenen Gelbwangen-Schopfgibbons, Silber-Languren, Schwarzschenklige Kleideraffen und Zwergloris. Unterstützt wird das Zentrum von einer Tierschutzgruppe namens Monkey World (www.monkeyworld.co.uk).

Phan Thiet ❼

Einst ein verschlafenes Fischerstädtchen an der Mündung des **Ca-Ty-Flusses** (Song Ca Ty), das v.a. für seine Fischsoße (*nuoc mam*) bekannt war, erlebte Phan Thiet, etwa 200 km nordöstlich von Saigon, dank des Strandtourismus im nahen Mui Ne in den letzten Jahren ein eindrucksvolles Wirtschaftswachstum. Beim Schlendern entlang des Flusses hat man einen schönen Blick auf die farbenfrohe Armada von Fischkuttern, die im Mündungsbereich ankern. Gute Fotografierstellen sind die **Tran-Hung-Dao-Brücke** und der **Song-Len-Berg** im Norden.

Eine weitere Sehenswürdigkeit ist der **Wasserturm** am östlichen Ende der Le-Hong-Phong-Brücke. Die Pläne dazu wurden in den 1930er-Jahren von dem laotischen Prinzen Souphanouvong gezeichnet. Der heute nicht mehr benutzte Wasserbehälter wird allabendlich schön beleuchtet.

Unten: Altar im Duc-Thang-Tempel

Wer sich für die bunte Welt der Schmetterlinge interessiert, sollte bei **Nguyen Viet Vui's Butterfly Shop** (tgl. 8–11, 17–20 Uhr) an der Trung Trac unweit der Tran-Hung-Dao-Brücke vorbeischauen. Vui ist eine Autorität in der Schmetterlingskunde und besitzt die landesweit größte Sammlung mit einigen über 100 Jahre alten Exemplaren.

Die Trung Trac etwa 250 m weiter, über die Brücken Le Hong Phong und Duc Thanh hinweg, führt zur **Duc-Thanh-Schule,** wo Ho Chi Minh 1910 für ein Jahr neben Chinesisch und Vietnamesisch auch traditionelle Kampfkunst unterrichtete. Das gegenüberliegende **Ho-Chi-Minh-Museum** (Bao Tang Ho Chi Minh, Di–So 7.30–11.30, 13.30–16.30 Uhr; Eintritt) liegt an der Stelle seiner damaligen Wohnung und lohnt angesichts der wenig interessanten Ausstellungsstücke keinen Besuch.

Auf der anderen Seite des Stadtmarktes befindet sich der **Duc-Thanh-Tempel** (tgl. 8–17 Uhr; Eintritt frei) aus dem Jahr 1847 mit wunderschönen Drachen-, Phönix- und Löwendarstellungen auf dem Dach sowie fein geschnitzten Holzpaneelen im Inneren.

1772 ist an der 20A Ngu Ong das stadtälteste Heiligtum zur Verehrung des Wal-Geistes (s. S. 304) errichtet worden, der **Van-Thuy-Thu-Tempel** (tgl. 7.30–11.30, 14 bis 17 Uhr; Eintritt). Der Sakralbau birgt über 100 Walskelette, darunter ein rekonstruiertes, 22 m langes Exemplar des Meeressäugers. Wie andere Heiligtümer entlang der Küste wurde auch der Van Thuy Thu direkt ans Meer gebaut, liegt jedoch aufgrund der Veränderungen des Wasserspiegels heute inmitten eines geschäftigen Stadtviertels. Häufig kann man Fischer sehen, die auf dem Tempelgelände ihr Netz flicken oder ein neues Boot bauen, was ihnen Glück bringen soll.

Zum Tet-Fest finden in den chinesischen Tempeln sehr häufig Drachentänze statt, um den Anwesenden Glück und Wohlstand zu bringen

Ta-Cu-Berg 8

Das Naturschutzgebiet (Mo–Fr 6.30 bis 17 Uhr, Sa–So 6.30–18 Uhr; Eintritt) erhebt sich hinter der Stadt Ham Tan, knapp 30 km westlich von Phan Thiet entlang der Nationalstraße 1 A. Mit der

Unten: Der liegende Buddha im Naturschutzgebiet um den Ta-Cu-Berg

DRACHENFRUCHT UND FISCHSOSSE

Während der Badetourismus vor allem den Bewohnern von Mui Ne ein Auskommen beschert, steht die Wirtschaft von Phan Thiet und dessen Umland auf zwei Säulen: der Fischsoße und der Drachenfrucht. Die Produktion Ersterer hat eine lange Tradition, der Anbau Letzterer wurde erst in den 1990er-Jahren ein wichtiger und lukrativer Erwerbszweig.

Drachenfrucht

Die Drachenfrucht (*thanh long)* stammt von einem großen ausladenden Kaktus (*Hylocereus undatus*), der in Zentralamerika seinen Ursprung hat und dort Pitaya genannt wird. Mit seiner Vorliebe für trockenes warmes Klima gedeiht er besonders prächtig in den Küstenprovinzen Binh Thuan und Ninh Thuan. Hier werden die weltweit höchsten Erträge erzielt.

Der tiefgrüne Kaktus wächst wie eine Kletterpflanze und würde unkontrolliert dank seiner kräftigen Ranken an Baumstämmen und Hauswänden hochklettern. Die Bauern befestigen die Pflanzen an Betonpfählen und stutzen die neuen Triebe immer wieder zurück, sodass die Kaktusarme immer so wirr wie die Haare auf Medusas Kopf herausragen. Die großen, trompetenförmigen weißen Blüten öffnen sich nur nachts und können leicht durch künstliches Licht stimuliert werden. Das nutzen die Bauern aus und beleuchten die Plantagen allnächtlich, um dadurch mehrere Ernten im Jahr zu erzielen. Die Schale der Frucht ist rosarot und besitzt grüne, schuppenartige Blätter, die wie Drachenflügel aussehen (daher der Name). Aufgrund ihrer auffallenden Form wird die Frucht gerne zu Dekorationszwecken verwendet. Das weiche Fruchtfleisch ist weiß mit zahllosen schwarzen Samen. Sein Geschmack wird mit jenem der Kiwi verglichen.

Fischsoße

Die Fischsoße, in Vietnam als *nuoc mam* bekannt, ist die unverzichtbare Basis der nationalen Küche. Sie wird zum Würzen, als Salzersatz sowie als Geschmacksverstärker verwendet. Die besten Soßen stammen aus Phan Thiet und von der Insel Phu Quoc. *Nuoc cham*, ein Mix aus Fischsoße, Wasser, Limettensaft, Zucker, Chili und Knoblauch, wird vor allem zum Dippen verwendet.

Zur Herstellung der streng riechenden Flüssigkeit legt man kleine Fische gleicher Größe, zumeist Sardellen (*ca com*), in Meersalz ein und lässt sie in großen Fässern fermentieren. Eine Bambusmatte wird in die wässrige Masse gelegt und nach unten gedrückt, um die fermentierenden Fische daran zu hindern, nach oben zu steigen. Die Fässer werden verschlossen und für neun bis zwölf Monate dem Sonnenlicht ausgesetzt. Regelmäßig wird der Deckel eine Zeit lang entfernt, um durch das eindringende Licht den Fermentierungsprozess zu beschleunigen. Nachdem die Mixtur zu einer öligen Flüssigkeit verwandelt ist, wird sie über ein Rohr oder Ventil am Fassboden in einen anderen Behälter abgeleitet. Um den Fischgeschmack etwas zu mindern, wird dieser neue Behälter noch einige Wochen offen verwahrt.

Die beste Fischsoße muss wie Bernstein leuchten und darf keine Rückstände besitzen. Auch sollte sie ein feines, nicht zu penetrantes Aroma besitzen. Trotz alledem wird der Fischgeschmack immer bleiben. ■

Oben: Phat Thiet ist berühmt für seine Fischsoße
Unten: Die Drachenfrucht gedeiht prächtig im trockenen Süden Vietnams

Seilbahn oder entlang eines Wanderweges kann man zur fast 700 m ü.d.M. liegenden Spitze gelangen und gleichzeitig einen Eindruck von der reichen Flora bekommen. Die 160 Jahre alte Pagode unweit der Bergspitze musste 2007 einem kitschigen Neubau mit Drachendarstellungen an Dach und Säulen weichen. Rund um die Pagode liegen einige Grabstupas verstreut. Der mit 49 m landesweit längste liegende Buddha wurde 1965 nach einjähriger Bauzeit fertiggestellt und ist Ziel vieler Pilger.

Leuchtturm Ke Ga 9

Die Küstenstraße führt südwestlich von Phan Thiet durch die einstige Militärbasis der US-Armee namens **Landing Zone Betty** und windet sich entlang eines schluchtartigen Küstenabschnitts. Weiter südlich erhebt sich auf einer kleinen Insel vor dem Tien Thanh Beach der Ke-Ga-Leuchtturm. 1897 von den Franzosen erbaut, ist er Vietnams ältester und mit 54 m auch höchster Leuchtturm. Wer sich die 184 Stufen hinaufmüht, wird durch eine schöne Aussicht belohnt. Nur sollte man nicht gen Westen schauen, wo der Strand stellenweise ziemlich vermüllt ist. Entlang der Lagune liegen einige Resorts.

Mui Ne Beach 10

Nachdem 1995 der Strand von Mui Ne, 10 km östlich von Phan Thiet, als bester Ort zur Beobachtung einer Sonnenfinsternis erklärt wurde, entdeckten einige Hotelinvestoren sein Potenzial. Innerhalb weniger Jahre wandelte sich Mui Ne von einem Küstenstreifen mit lauschigen Fischerdörfern unter schattigen Kokospalmen zur populärsten Stranddestination Vietnams. Und die touristische Entwicklung geht weiter. Nahe der Binh-Thuan-Wüste gelegen, ist Mui Ne nicht nur einer der trockensten Orte des Landes, sondern auch einer der windigsten: Durchschnittlich an 229 Tagen im Jahr herrschen Windverhältnisse von über zwölf Knoten. Das blieb auch der Kite- und Windsurfer-Gemeinde nicht verborgen. Und wenn die Wassersportler entlang der

Wakeboarder am Mui Ne Beach

Unten: Strandszenen am Mui Ne Beach

Das hinduistische Cham-Heiligtum Po Shanu auf einer Erhebung östlich von Phan Thiet

Unten: Die Weißen Sanddünen

Küstenlinie flitzen, müssen sich Schwimmer vorsehen. Seit 2008 hat sich zur Surfergemeinde eine weitere sportbegeisterte Gruppe hinzugesellt: die Golfer. Im **Sea Links Golf Resort** (www.sealinksvietnam.com) können sie auf dem Platz oberhalb der Dünen ihre Schläger schwingen.

Ausflüge von Phan Thiet bzw. Mui Ne

Die drei Cham-Türme von **Po Shanu** (tgl. 8–17 Uhr; Eintritt) liegen auf einem Hügel 7 km nordöstlich von Phan Thiet und sind die südlichsten noch erhaltenen Heiligtümer der Cham. Die Abzweigung ist bei km 5 an der Nguyen Thong nach Mui Ne. Die Kultstätte wird manchmal auch Thap Phu Hai genannt und stammt aus dem 8. Jh. Im Gebiet von Phan Thiet besaßen die Cham noch bis 1692 ihr letztes eigenständiges Reich. Das Heiligtum ist nach der mythologischen Tochter von Po Yang Ino Nagar (s. S. 246) benannt. Im meist verschlossenen Hauptturm befindet sich noch ein Lingam zur Verehrung Shivas. Von dem Berg hat man einen schönen Blick auf Phan Thiet, den Phu-Hai-Fluss und den Song-Len-Berg. Nahebei sind noch Reste eines französischen Militärpostens zu sehen. Eine Pagode wurde erst in jüngster Zeit errichtet.

Die gewaltigen **Weißen Sanddünen,** 25 km nordöstlich bzw. 45 Fahrminuten vom Dorf Mui Ne entfernt, erstrecken sich vom lang gezogenen Weißen See (Bao Trang) bis zum Meer. In den Dünen befinden sich zwei größere Wasserreservoirs und mehrere kleine Naturseen, an denen man vor allem morgens und abends ein reges Vogelleben beobachten kann, darunter vier Reiherarten, den Rotlappenkiebitz, den Blaubartspint und andere Spint-Spezies (www.vietnambirding.com). Es halten sich stets Dorfkinder auf, um Besuchern Schlitten zum Dünen-Surfen auszuleihen. Wer die Dünen besucht, sollte unbedingt Sonnencreme, Hut und genügend Wasser mitnehmen, denn tagsüber ist es in dieser baumlosen Gegend extrem heiß. Folglich empfiehlt sich eher ein Besuch am frühen Morgen oder spätnachmittags.

Auf dem Weg zu den Dünen ist die **Titanium-Mine** kaum zu übersehen. In

dieser Region lagern die größten Vorkommen des wertvollen Stoffes, was bei Resort-Besitzern entlang der Strände angesichts der Umweltbelastung nicht gerade zu Freudensprüngen führt. Die Bewohner der umliegenden Dörfer widmen sich neben dem Fischfang der Ziegen- und zunehmend der Echsenzucht, was an den Gattern inmitten der Dünenlandschaft zu sehen ist. Das gebratene Echsenfleisch zusammen mit Zitronengras und Chili gilt als Delikatesse.

Der **Red Canyon** war ein beliebter Halt auf dem Weg zu den Weißen Dünen, ist aber schon eine Zeit lang »wegen Renovierung« geschlossen, möglicherweise aufgrund irreparabler Schäden an den bizarren Sand- und Steinformationen.

Die **Roten Sanddünen** sind ebenfalls ein beliebtes Besuchsziel, jedoch nicht so eindrucksvoll wie die Weißen. Schöner ist ein Spaziergang entlang des **Feenstroms** (Suoi Tien), der durch die Dünen fließt (hin und zurück jeweils 30 Min.). Er führt an blutroten, gold oder silbrig leuchtenden Sandschichten vorbei, die ein interessantes Muster ergeben. Die Schuhe kann man am Laden bei der letzten Brücke vor dem Dorf Mui Ne lassen, da man die meiste Zeit knöcheltief durch den Strom bis zu einem Wasserfall waten muss.

Con-Dao-Nationalpark ⓫

Der Archipel liegt etwa 180 km vor der Küste von Vung Tau und umfasst 16 Inseln mit wundervollen Stränden, Korallenriffen, Kokospalmen und Süßwasserseen. Das Innere der Inseln ist von dichtem Urwald überzogen. **Con Son,** das größte Eiland, ist Herzstück eines Meeresnationalparks. Hier lebt der seltene Dugong (auch Gabelschwanzseekuh) und viele Strandabschnitte werden von Meeresschildkröten zur Eierablage genutzt. Mit Unterstützung des World Wildlife Fund (WWF) versucht die Nationalparkverwaltung, die bedrohten Panzertiere zu schützen.

Die British East India Company unterhielt ab 1703 kurzzeitig einen Stützpunkt auf Con Son. Unter den Franzosen wurde sie zur »Teufelsinsel«, denn die gefürchtete Strafkolonie *Poulo Condore* war Symbol für Folter und Tod.

Die Gefangenen waren auf der »Teufelsinsel« Con Son Folter und Misshandlungen ausgesetzt

Unten links: Traumausblicke von der Con-Son-Insel
Unten rechts: Die berüchtigten »Tigerkäfige« im Gefängnis von Con Son

Auf dem Hang-Duong-Friedhof sind zahlreiche Gefangene bestattet, darunter die Revolutionärin Vo Thi Sau

Unten: Türkisfarbenes Wasser am Bai Nhat Beach auf Con Son

Auch das südvietnamesische Regime internierte hier Sympathisanten der Kommunisten. Hier wurden die Gefangenen in sogenannten Tigerkäfigen festgehalten, Zellen mit Gitterstäben anstelle eines Daches. Auf dem **Hang-Duong-Friedhof** sind viele der zu Tode gekommenen Insassen bestattet, darunter Vo Thi Sau, die 1952 im Alter von 18 Jahren als erste weibliche Revolutionärin hingerichtet wurde. In der einstigen Gouverneursresidenz oberhalb der Hauptbucht dokumentiert das **Revolutionsmuseum** (Mo–Sa 7.30–11, 13.30–17 Uhr; Eintritt) die Geschichte von Con Son als Strafkolonie.

Die üppige Natur bietet sich für ausgedehnte Wanderungen an. Als beste Informationsquelle empfiehlt sich das **Hauptquartier des Nationalparks** (Tel. 064/383 0669, www.condaopark.com.vn) an der 29 Vo Thi Sau.

Auf Unterwasserfreunde warten unberührte Korallenriffe mit einer vielfältigen Meeresfauna. Zu den schönsten Stränden zählen **Bai Dat Doc Beach** und **Bai Nhat Beach** auf Con Son und einige nette Buchten auf der Insel **Bay Canh,** die von Meeresschildkröten auch zur Eierablage genutzt werden. Die meisten Unterkünfte liegen zwischen der Küstenstraße und der Con-Son-Bucht. Bestes Sonnenwetter herrscht von Februar bis Mai, die Zeit der Eiablage der Meeresschildkröten ist von Mai bis September und die Tauchsaison dauert von Juni bis September. Tauchanbieter vor Ort sind Dive! Dive! Dive! (www.dive-condao.com) und Rainbow Divers (www.divevietnam.com). ■

RESTAURANTS

Preise pro Person für ein Drei-Gänge-Menü:
● = unter 10 $
●● = 10–20 $
●●● = 20–30 $
●●●● = über 30 $

Vung Tau

◆ **Adam Troy's Pub**
134 Phan Chu Trinh St, Ward 2, Tel. 064/ 625 2588, www.adamtroypub.weebly.com, tgl. Frühstück, Mittag- und Abendessen
Ron, der freundliche Besitzer serviert internationale Küche, einschließlich Aussie-Burger, Braten, Geflügelgerichte, Steaks, Currys und frische Meeresfrüchte von bester Qualität. Auf drei riesigen Flachbildschirmen laufen immer die neuesten Sportveranstaltungen. Die Atmosphäre ist warm und einladend, aber das Bier ist eiskalt. ●●

◆ **Good Morning Vietnam**
6 Hoang Hoa Tham, Tel. 064/385 6959, www.goodmorningviet.com, tgl. Frühstück, Mittag- und Abendessen
Niederlassung einer italienischen Restaurantkette mit durchweg ordentlicher Qualität bei Pizza, Nudel- und Fleischgerichten. Das zu allen Speisen gereichte Brot ist außergewöhnlich gut. Der Manager Franco Anastasi ist mit seinen Landesinfos für Touristen Gold wert. ●

◆ **Ganh Hao**
03 Tran Phu P5-TP, Tel. 064/355 0909, http://ganhhao.com.vn, tgl. Frühstück, Mittag- und Abendessen
Ein großes vietnamesisches Restaurant am Meer, das bekannt ist für seine vielen guten Gerichte mit Meeresfrüchten in allen Preisklassen. Auf der Speisekarte stehen auch viele vietnamesische Spezialitäten. Viel Platz für größere Gruppen. Eine weitere Filiale (**Ganh Hao 2**) befindet sich 09 Ha Long, P2. ●–●●

Phan Thiet

◆ **Café Win**
Ecke Ton Duc Thang und Thu Khoa Huan St, tgl. Frühstück, Mittag- und Abendessen
Das größte und populärste Café in Phan Thiet. Es gibt Burger, Pizza and gebratene Nudeln in guter Qualität und sicherlich um einiges preisgünstiger als in Mui Ne. ●

◆ **Ocean Dunes Golf Club**
1 Ton Duc Thang, Tel. 08/3824 3640, www.vietnamgolfresorts.com, tgl. Frühstück, Mittag- und Abendessen
Direkt neben dem Novotel gelegen, genießt man hier amerikanische Magenfüller und mexikanische Gerichte – authentisch und in großzügigen Portionen. ●●●

Mui Ne

◆ **Breeze**
Mui Ne Hills Hotels, Nguyen Dinh Chieu 69, Tel. 062/374 1682, www.muinehills.com tgl. Frühstück, Mittag- und Abendessen
Ausgezeichnetes Essen in großen Portionen und zu fairen Preisen. Vietnamesische und internationale Gerichte, serviert in prächtigen Umgebung mit herrlichem Blick über Mui Ne. ●●

◆ **Dragon Fly**
81 F Nguyen Dinh Chieu, Tel. 062/384 7038, tgl. Mittag- und Abendessen
Das Restaurant bietet vietnamesische, thailändische und westliche Gerichte an. Spezialität ist das Seafood – gegrillt, gedämpft oder geschmort, z.B. Red Snapper mit Zitronengras und Zwiebeln. ●●

◆ **Forest Restaurant (Rung)**
67 Nguyen Dinh Chieu, Tel. 062/384 7589, www.forestrestaurant.com, tgl. Mittag- und Abendessen
Eines der stimmungsvollsten vietnamesischen Restaurants in Mui Ne. Der Innenraum ist mit seltenem Kunsthandwerk der Bergvölker dekoriert. Abends kann man hier Angehörigen der Cham-Minderheit beim Weben zuschauen oder aber dem Live-Auftritt einer Cham-Band lauschen. Auf der Speisekarte findet man hauptsächlich Meeresfrüchte und lokale vietnamesische Speisen. ●●●

◆ **Shree Ganesh**
57 Nguyen Dinh Chieu, Tel. 062/374 1330, tgl. Frühstück, Mittag- und Abendessen
Das beliebte Lokal bietet nordindische Küche (gute Tandooris!) zu anregender Musik vom Subkontinent. ●●●

◆ **Snow**
109 Nguyen Dinh Chieu, Tel. 062/374 3123, tgl. Frühstück, Mittag- und Abendessen
Das zentral am Strand gelegene Snow (Restaurant, Club und Sushi-Bar in einem) ist in russischem Besitz, bietet östliche und westliche Gerichte und ist derzeit einer der trendigsten Orte der Stadt. Das Design aus komplett weißem Dekor und blauer Decke ist sehr originell. Kostenloser Abholservice vom Hotel möglich. ●●●

◆ **Champa Restaurant**
Coco Beach Resort, 58 Nguyen Dinh Chieu, Tel. 062/384 7111/2/3, Di–So nur Abendessen
Die französische Hausmannskost zählt zum besten Essen der Stadt. Das Restaurant ist mit Cham-Handwerk dekoriert und von der großen Terrasse aus kann man den Pool und den Garten überblicken. Die angrenzende Bar bietet interessante Cocktail-Kreationen und kubanische Zigarren. ●●●●

Das Mekong-Delta

Bekannt als Vietnams Reisschüssel, ist das Mekong-Delta eine Region mit endlosen Reisfeldern, üppigen Tropengärten, stillen Dörfern und einem gewaltigen Labyrinth von Kanälen und Flussarmen.

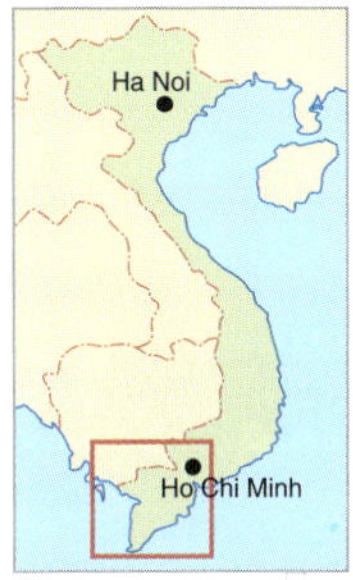

Die Vietnamesen nennen das Mekong-Delta **Song Cuu Long,** »Fluss der neun Drachen«, da sich der mächtige Strom über zahlreiche Hauptarme ins Südchinesische Meer ergießt. Diese Flussarme verteilen über ein riesiges Labyrinth von Seitenarmen und Kanälen Massen an Schwemmmaterial und schaffen dadurch fruchtbaren Ackerboden. Der Mekong legt von seinen Quellen im Tibetischen Hochland eine Strecke von etwa 4800 km durch China, Birma, Thailand, Laos, Kambodscha und den Süden Vietnams bis zum Südchinesischen Meer zurück. Das Delta ist ein altes Siedlungsgebiet der Khmer, welche die Region heute noch Khmer Krom (»Unteres Kambodscha«) nennen. Sie lebten jedoch nur in kleinen Gruppen hier, denn der Großteil des Deltas bestand aus Sumpfland und Wäldern.

Die ersten vietnamesischen Einwanderer siedelten sich im Laufe des 17. Jhs. an. Die Nguyen-Fürsten entwässerten weite Landstriche und legten ein dichtes Netz kleinerer und größerer Kanäle an. Heute nimmt das Deltagebiet mit über 40 000 km² eine Fläche fast so groß wie die Schweiz ein und wird neben den Kinh von Khmer, Chinesen und Cham bewohnt, die alle ihre eigene Religion pflegen.

Die dreizehn Deltaprovinzen sind über ein passables Straßennetz miteinander verbunden. Bis vor Kurzem überquerten Fähren an über 100 Stellen die Flüsse und Kanäle, heute sind es gerade noch neun. Aus einfachen Kanal- und Bambusbrücken sind breite, teilweise vierspurige Hängebrücken geworden. In den Städten sind die Straßen in gutem Zustand, auf dem Land sind die Wege zuweilen immer noch von Schlaglöchern übersät. Dies kann die Fahrzeit immens in die Länge ziehen, vor allem während der Regenzeit. Doch die Fahrt durch eine üppig grüne Landschaft und interessante Dörfer lohnt sich. Das immense Fluss- und Kanalsystem wird von Booten in

NICHT VERPASSEN!

- My Tho
- Vinh Long
- Can Tho
- Chau Doc
- Ha Tien
- Hon Chong
- Phu Quoc

Links: Bei Ba Chuc
Unten: Frauen auf Phu Quoc

Der Stadtmarkt von My Tho bietet den ganzen Reichtum des Mekong-Deltas

Unten: Der Innenhof in der Vinh-Trang-Pagode

allen Größen genutzt, weshalb zum Besuch des Deltas unbedingt Bootstouren dazugehören.

Fruchtbare Landschaften

Als bevorzugtes Versteck des Vietkong wurden während des Vietnamkrieges in den 1960er-Jahren weite Gebiete des Deltas mit dem Entlaubungsmittel Agent Orange besprüht.

Heute würde man dies angesichts der immens fruchtbaren Landstriche nicht mehr vermuten. Das Mekong-Delta zählt zu den am dichtesten besiedelten Gebieten Vietnams und die Märkte quellen über mit all den Produkten, die hier angebaut werden: Ananas, Banane, Cashewnuss, Drachenfrucht, Durian, Kokosnuss, Kürbis, Longan, Mango, Melone, Rosenapfel, Sapote, Zimtapfel und natürlich Reis. Die meisten Früchte wachsen das ganze Jahr über. Besonders zum Ende der Regenzeit im Oktober ist die Auswahl an herrlichen tropischen Früchten sehr groß.

Die weiten Ebenen eignen sich hervorragend für den Reisanbau und in vielen Gebieten können drei Ernten im Jahr eingefahren werden: Das Delta produziert genügend Reis, um das ganze Land zu ernähren. Und es bleibt noch genügend übrig, um ausgeführt zu werden. Vietnam ist heute nach Thailand der zweitgrößte Reisexporteur der Welt.

Entlang der Westküste erstrecken sich einige schöne Strandabschnitte, allen voran das bei Einheimischen sehr beliebte Hon Chong. Internationale Urlauber dagegen bevorzugen die Insel Phu Quoc mit einigen traumhaften Badestränden.

Auch wenn das Mekong-Delta wie das restliche Vietnam in den letzten Jahren einen enormen Entwicklungssprung gemacht hat, so zeigt es sich dennoch an vielen Stellen von einem unverfälschten Charme: Nipapalmen am Rand der Kanäle wiegen sich im Wind, Enten paddeln schnatternd entlang der Teiche, während leuchtende grüne Reisfelder bis zum Horizont reichen. Und beim Spaziergang durch die Obstgärten fühlt man sich wie im Garten Eden.

My Tho ⓬

Eine gut zweistündige Fahrt entlang der Nationalstraße 1 A führt von Ho Chi Minh City durch die Long-An-Provinz in die 70 km entfernte Hauptstadt der Provinz Tien Giang. Sie wurde 1679 von geflüchteten Anhängern der gestürzten Ming-Dynastie in China gegründet und liegt ganz im Norden des Deltas am linken Ufer des Song My Tho. Mit bald 300 000 Einwohnern zählt sie zu den größten Deltastädten. Hier wurde mit dem 1879 eröffneten *Collège de My Tho* (heute Nguyen Dinh Chieu) die erste Oberschule im Süden des Landes geschaffen. Vietnams erste Eisenbahnlinie verband ab 1883 My Tho mit Saigon (1958 eingestellt).

Die katholische **Kirche** in der Ly Thuong Kiet wurde Ende des 19. Jahrhunderts erbaut und ist das spirituelle Zentrum von etwa 7000 Gemeindemitgliedern.

Die Buddhisten hingegen versammeln sich in der **Vinh-Trang-Pagode**

(Chua Vinh Trang, tgl. 9–11.30, 13.30 bis 17 Uhr; Eintritt frei) an der 60 Nguyen Trung Trac. Die 1849 erbaute Pagode ist die größte des Deltas und zeigt architektonisch einen eigentümlichen Mix aus französischen, chinesischen, vietnamesischen und kambodschanischen Stilelementen.

Der geschäftige **Stadtmarkt** an den Straßen Trung Trac und Nguyen Hue ist ein guter Ort, um den Reichtum des Deltas hautnah zu erleben. Zu den schmackhaften Meeresfrüchten zählen *kho muc*, getrocknete Garnelen, die gerne zusammen mit Garnelenpaste gegessen werden. Weitere Köstlichkeiten aus My Tho sind die Reisnudelsuppe mit Schwein, *hu tieu*, und Fleischbällchen aus Rindfleisch, *bo vien*.

Die Provinzstadt ist sehr gut mit Ho Chi Minh City verbunden und kann daher bequem im Rahmen eines Tagesausfluges besucht werden. Allerdings ist das Verkehrsaufkommen ziemlich hoch und Staus sind keine Seltenheit. Dank der 2000 eröffneten, 1,5 km langen **My-Thuan-Brücke** kann man bequem in die Nachbarprovinz Vinh Long weiterreisen.

Mekong-Inseln

Nach den vier heiligen Tieren aus der chinesischen Mythologie benannte Flussinseln liegen nicht weit von der Stadt entfernt und sind daher per Boot bequem zu erreichen. Sie werden von schmalen Kanälen durchzogen und sind teilweise mit Mangroven bedeckt. Die **Phönixinsel** (Con Phung) war bis zum Tod des »Kokosnussmönches« Ong Dao Dua 1990 Zentrum seiner Anhängerschaft. Die sehr touristische **Einhorninsel** (Thoi Son) ist Heimat von etwa 7000 Menschen, die v.a. vom Anbau tropischer Früchte leben. Beim Rundgang kann man Werkstätten zur Herstellung von Bonbons besuchen und sich per Ruderboot entlang Nipapalmen gesäumter Kanäle fahren lassen. Die **Drachen-** (Con Long) und **Schildkröteninsel** (Con Qui) bieten ebenfalls üppige Obstgärten, sind jedoch weniger touristisch.

Dong-Tam-Schlangenfarm

Gut 12 km von My Tho entfernt ist in einer ehemaligen US-Militärbasis eine Schlangenfarm (Trai Ran Dong Tam, tgl. 8–17.30 Uhr, Eintritt) beheimatet.

TIPP

Die besten Reisemonate für das Mekong-Delta sind von Dezember bis März mit Tagestemperaturen über 30 °C. Der April ist mit weit über 35 °C der heißeste Monat. Ganzjährig ist es schwül mit über 80 % Luftfeuchtigkeit, weshalb es selbst in der Trockenzeit zwischen November und April zu gelegentlichen Hitzegewittern kommt. Während des Südwestmonsuns (Mai–Okt.) kommt es zu kurzen, aber heftigen Regenfällen.

Unten links: Phönix-Insel bei My Tho **Unten rechts:** Die Schlangenfarm Dong Tam

Hier werden Pythons, Kobras und Königskobras gezüchtet, um traditionelle vietnamesische Heilmittel herzustellen. Schlangen und anderes Getier, eingelegt in Flaschen, werden in der Farm und an vielen Verkaufsständen verkauft. Tierfreunde werden sich eher fernhalten.

Ben-Tre-Provinz

Die Provinz erstreckt sich im Süden, zwischen den Flüssen Tien Giang und Co Chien. Bis zur Eröffnung der 2878 m langen Rach-Mieu-Brücke 2008 war sie nur per Fähre erreichbar. Das fruchtbare Land wird von zahllosen Kanälen durchzogen und bietet sich daher hervorragend für den Reisanbau an. Allerdings leidet die Provinz unter alljährlichen Überschwemmungen, denn nirgendwo ist das 2315 km² große Gebiet höher als 1,25 m. Hier wachsen mehr Kokospalmen als anderswo in Vietnam. Die Provinzhauptstadt **Ben Tre** ⓭ liegt am Nebenfluss Ham Luong, etwa 11 km vom Südufer des Tien Giang entfernt und erhielt ihren Namen »Bambusboot-Hafen« von den einst hier anlegenden Frachtern.

Eine Bootsfahrt entlang der Wasserstraßen Ba Lai und Ham Luong gewährt schöne Einblicke in das Leben am Fluss. Kleine Kanäle führen zu Obstplantagen und Bienenzuchtstationen. Die Stadt selbst bietet wenig Sehenswertes. Die **Vien-Minh-Pagode** (Chua Vien Minh, tgl. 8–11, 13–17 Uhr; Eintritt frei) an der Nguyen Dinh Chieu dient als Hauptquartier der buddhistischen Organisation in der Provinz. Mitte des 19. Jhs. gegründet, wurde sie von 1951 bis 1958 in der heutigen Gestalt komplett neu errichtet.

Umgebung von Ben Tre

Etwa 70 km von Ben Tre liegt **Ba Tri** ⓮, wo im Nguyen-Dinh-Chieu-Tempel (tgl. 7.30–11.30, 13.30–19 Uhr; Eintritt frei) der 1888 verstorbene gleichnamige Poet bestattet ist. Das Vogelschutzgebiet **San Chim Vam Ho** (tgl. 7–18 Uhr; Eintritt) erstreckt sich 38 km südöstlich von Ben Tre bzw. 15 km nordwestlich von Ba Tri und ist Heimat zigtausender Kraniche und Störche. Beste Besuchszeit ist am späten Nachmittag, wenn die Vögel von der Futtersuche zu ihrem nächtlichen Rastplatz zurückkehren.

Unten links: Der Nguyen-Dinh-Chieu-Tempel in Ben Tre
Unten rechts: Herstellung von Bonbons aus Kokosnuss

Vinh Long 15

Die Provinzstadt schmiegt sich westlich von Ben Tre und 66 km von My Tho entfernt an den Co Chien. Zwar wartet die Stadt mit durchaus interessanten Tempeln und Pagoden auf, etwa dem außerhalb gelegenen Konfuzius-Heiligtum **Van Thanh Mieu,** doch Touristen nutzen sie vor allem als Ausgangs- oder Endpunkt von Bootsfahrten zu den nahe gelegenen Flussinseln. Gegenüber dem Hotel Cuu Long an der 1 Thang 5 legen Boote zu den Inseln **An Binh** und **Binh Hoa Phuoc** ab, die sich zwischen den Flussarmen Co Chien und Tien Giang ausbreiten und von zahllosen Kanälen durchzogen sind. Das offizielle Buchungsbüro von Cuu Long Tourist (Tel. 070/382 3616, www. cuulongtourist.com) befindet sich im Hotel Cuu Long, aber man kann auch bei Mekong Travel (Tel. 070/383 6252, www.mekongtravel.com.vn) und privaten Bootsbesitzern eine Tour buchen.

Die Fahrt führt entlang verschiedener Kanäle an Siedlungen und Obstplantagen vorbei. Man kann Baumschulen und Bonsaigärten besuchen und auch in Privathäusern übernachten. Eine beliebte, ca. 3-stündige Tourvariante verläuft zwischen **Cai Bai,** wo es vormittags einen Schwimmenden Markt gibt, und Vinh Long.

Tra Vinh 16

Südöstlich von Vinh Long wird die Provinz Tra Vinh von den Flüssen Co Chien und Hau Giang sowie einem 65 km langen Küstenstreifen begrenzt. Fernab der Touristenroute liegt die wohl schönste Deltastadt Tra Vinh, von den Einheimischen auch Go Do (»Stadt im Wald«) genannt.

Etwa ein Drittel der knapp 1,1 Mio. Einwohner in der Provinz sind Khmer, die auf dem Land von der Landwirtschaft leben und sich in einer von 140 buddhistischen Pagoden versammeln. In der Umgebung der Provinzhauptstadt befinden sich einige Sehenswürdigkeiten, allen voran der 7 km südwestlich gelegene **Ba-Om-See** (Ao Ba Om) mit über 100 Jahre alten Thingan-Bäumen (*Hopea odorata*), unter denen sich am Wochenende die Einheimischen zum Picknick treffen. Ein Besuch lohnt auch die »Storchenpagode«, **Chua Co,** 58 km südwestlich von Tra Vinh, auf deren Gelände Hunderte von Störchen leben.

Im Can-Tho-Museum sieht man auch eine traditionelle Apotheke mit chinesischer Medizin

Can Tho 17

Das Verwaltungszentrum der gleichnamigen Provinz ist die größte und bedeutendste Deltastadt. Die 1739 erstmals erwähnte Handelsmetropole mit ihrem Hafen am Hau Giang, dem unteren Seitenarm des Mekong, zählt über 600 000 Einwohner und liegt etwa 170 km südwestlich von Ho Chi Minh City und 34 km von Vinh Long entfernt. Mit ihrer 1966 gegründeten Universität ist die Stadt auch ein wichtiges Bildungszentrum. Nirgends ist der Wirtschaftsboom im Delta so sichtbar wie in Can Tho. Sie hat eine äußerst freundliche Atmosphäre, aber viel zu sehen gibt es nicht.

Im bescheidenen **Can-Tho-Museum** an der 1 Hoa Binh (tgl. 8–11, 14–17 Uhr;

Unten: Fischverkäuferin in My Tho

Tonfigur in der Dat-Set-Pagode

Eintritt frei) kann man der Lokalgeschichte nachspüren. Die **Munirangsayaram-Pagode** (tgl. 8–17 Uhr; Eintritt frei) an der 36 Hoa Binh wurde zwischen 1946 und 1948 von der kleinen Khmer-Gemeinde errichtet. In dem theravada-buddhistischen Kloster gehen die orange gewandeten Mönche ihren Studien nach. Die 1915 errichtete **Markthalle** an der Ecke Hai Ba Trung/Nam Ky Khoi Nghia wurde vor einigen Jahren renoviert und birgt heute das vorzügliche Sao-Hom-Restaurant sowie einige Marktstände.

Ein schöner Ausflug führt in das 6 km nördlich an der Nationalstraße 91 nach Long Xuyen gelegene Dorf **Binh Thuy** mit einem sehenswerten Gedenktempel und einem aus den 1870er-Jahren stammenden Haus (Nha Co Binh Thuy).

Schwimmende Märkte

Hauptattraktion von Can Tho sind aber mit Abstand einige schwimmende Märkte (*cho noi*) in der Umgebung. Die Bootstouren können bei Can Tho Tourist an der 20 Hai Ba Trung (Tel. 0710/382 1852) gebucht werden. Alternativ kann man an der Anlegestelle oder im Gästehaus nach privaten Bootseignern fragen.

Man sollte früh aufstehen, um den 7 km entfernten, sehr lebhaften Schwimmenden Markt von **Cai Rang** zu besuchen. Er ist der größte des Deltas. Hier münden mehrere Kanäle in den Can-Tho-Fluss. Auf den zahlreichen Booten aus verschiedensten Provinzen werden allerlei Obst- und Gemüsesorten umgeschlagen. Das aktuelle Angebot wird für alle sichtbar an langen Bambusstangen aufgehängt.

Den Can-Tho-Fluss 15 km stromaufwärts ist **Phong Dien** ein weiterer Knotenpunkt wichtiger Wasserstraßen. Aufgrund seiner Entfernung wird der dortige schwimmende Markt von weit weniger Touristen besucht und wirkt daher authentischer.

Soc Trang ⓲

Etwa 35 km südöstlich von Can Tho erstreckt sich die Provinz Soc Trang, Heimat von etwa 300 000 Khmer. In der gleichnamigen Provinzhauptstadt gibt es einige Khmer-Tempel und Pagoden zu sehen, darunter die interessante **Kh'leang-Pagode** (tgl. 8–17 Uhr; Eintritt). Sie ist wahrscheinlich über 400 Jahre alt, wurde aber 1907 neu erbaut. Im typischen Khmer-Stil ist sie außen mit geschnitzten Fabelwesen, Schlangen und himmlischen Tänzerinnen reich dekoriert. Im Inneren thront eine vergoldete Bronzestatue des Buddha auf dem Altar. Etwa zwei Dutzend Mönche leben hier, rund 170 weitere besuchen das buddhistische Seminar des Klosters. Auf dem Gelände wird ein 25 m langes Boot für das am 15. Tag des zehnten Mondmonats stattfindende Oc-Om-Boc-Fest aufbewahrt.

Nicht weit vom Stadtzentrum entfernt fasziniert die **Dat-Set-Pagode** (Chua Dat Set, tgl. 8–17 Uhr; Eintritt frei) an der 68 Mau Than durch ihre eigentümliche Architektur. Die chinesische Tempelanlage besteht ganz aus Lehm, auch die Figuren im Innern, und wurde von dem Künstlermönch Ngo Kim Tong bis zu seinem Tod 1970 ge-

Unten: Schwimmender Markt von Cai Ranh

 Karte auf Seite 300

schaffen. Besonders herausragend ist der Bao Thap genannte Turm mit vielen kleinen Buddha-Figuren auf jedem Lotosblatt. Äußerst eindrucksvoll sind die sechs 2,6 m hohen Paraffinkerzen, von denen zwei ununterbrochen seit dem Tod des Mönches brennen.

Etwa 2 km südlich vom Zentrum zieht die **Doi-Pagode** (Chua Doi, tgl. 8–17 Uhr; Eintritt) weniger aufgrund ihrer Architektur, sondern aufgrund der Tausenden von Flughunden (*doi*) die Besucher an. Besonders interessant ist der frühe Morgen oder eine Stunde vor Sonnenuntergang, wenn die Tiere wie eine dunkle Wolke in großen Scharen nach Futtersuche ausschwärmen.

Provinz Dong Thap

Im Norden des Deltas grenzt die Provinz Dong Thap an Kambodscha und ist eine von drei Provinzen, die in einem als **Dong Thap Muoi** (»Zehn-Turm-Feld«) bekannten Marschland liegen. Ihr Name leitet sich von einem zehnstöckigen Turm ab, der einst die Stadt An Phong überragte. Der heute nicht mehr existierende Turm diente den Widerstandskämpfern im Kampf gegen die französische Kolonialmacht als Beobachtungsstand. Heute leben in der Region vorwiegend Chinesen, Khmer, Cham und Thai. Früher war sie Teil des Königreiches Funan, das im 7. Jh. in dem Khmer-Reich Zhenla aufging und erst im 17. Jh. von Vietnamesen okkupiert wurde. Während Landwirtschaft noch immer dominiert, zogen neu erschlossene Industriegebiete in den Städten Sa Dec, Song Hau und Tran Quoc mittlerweile einige Unternehmen an.

Cao Lanh ⓳, die Hauptstadt der Provinz, hat kaum Sehenswürdigkeiten zu bieten. Dafür ist die Umgebung interessant. Etwa 1 km südlich liegt das **Grab von Nguyen Sinh Sac,** dem Vater von Ho Chi Minh, der von 1862 bis 1929 lebte. Etwa 20 km südöstlich von Cao Lanh erstreckt sich das nur per Boot erreichbare Waldgebiet **Rung Tram,** in welchem die während des Krieges vom Vietkong genutzte **Xeo-Quit-Basis** (tgl. 7–17 Uhr; Eintritt) liegt. Fast 15 Jahre lebten die Befreiungskämpfer in unterirdischen Bunkern und planten ihre Aktionen gegen die Streitkräfte der USA.

Ein Cham-Mann in Dong Thap

Unten links: Liegender Buddha in der Doi-Pagode **Unten rechts:** Die Kh'leang-Pagode im Khmer-Stil

Ebenfalls interessant ist der im Bezirk Tam Nong gelegene **Tram-Chim-Nationalpark** (Tel. 067/382 7436), ein 7588 ha großes Vogelschutzgebiet, 40 km nördlich von Cao Lanh. In dem Marschland und den Melaleuca-Wäldern finden sich 88 identifizierte Vogelarten, darunter Saruskraniche und Barttrappen. Allerdings ist ihr Bestand aufgrund der Trockenlegung einiger Feuchtgebiete erheblich zurückgegangen.

Provinz An Giang

Weiter westlich liegt die Provinz An Giang (»Teilender Fluss«) als Nachbarprovinz des kambodschanischen Takeo. Hier erreicht der Mekong Vietnam und gabelt sich in die beiden Flussläufe Tien Giang (Oberer Fluss) und Hau Giang (Unterer Fluss), die jedes Jahr mehrere Millionen Kubikmeter Sedimente auf das umliegende Land verteilen. Die prosperierende Region wird von zahlreichen Kanälen und Nebenflüssen durchzogen und ist daher reich an natürlichen Ressourcen und fruchtbarem Boden. Hier gedeihen neben Reis verschiedene Obstsorten, dazu Sojabohnen, Tabak, Erdnüsse und Maulbeeren für die Seidenindustrie. An Giang ist zudem Heimat diverser ethnischer Minderheiten, unter denen die Khmer die Mehrheit stellen. Man vermutet, dass die Provinz im Herzen des Funan-Reiches (1.–7. Jh.) lag.

Long Xuyen ⑳

Das im Osten der Provinz gelegene Verwaltungszentrum von An Giang liegt 190 km von Ho Chi Minh City und nur 45 km von der kambodschanischen Grenze entfernt. Es ist heute ein geschäftiges Handelszentrum mit Straßencafés und vielen Läden. Der Stadtname bedeutet wörtlich »Ein Drache geht durch«. Die über 300 000 Einwohner leben vorwiegend vom Reisanbau und der Verarbeitung von Zuchtfischen für den Export (vor allem dem Pangasius-Fisch). Long Xuyen ist auch Heimat der buddhistisch inspirierten Hoa-Hao-Sekte, die bis 1956 die Provinz auch militärisch kontrollierte. Zudem ist sie Geburtsstadt von Vietnams zweitem Präsidenten Ton Duc Thang.

Das Stadtbild ist geprägt von dem hohen, wie gefaltete Hände gestalteten

Unten: Kanal bei Long Xuyen

ZIVILISATION VON OC EO

Etwa 40 km südwestlich von Long Xuyen liegen zwischen den Hügeln von Ba The die wenigen Reste von Oc Eo, dem ab dem 3. Jahrhundert bedeutendsten Handelshafen des Königreiches Funan. Es lag jahrhundertelang vergraben, bis es um das Jahr 1942 wiederentdeckt wurde.

Die archäologischen Funde, darunter Schmuckstücke, hinduistische und buddhistische Figuren, ja sogar Goldmünzen aus dem Jahr 152 mit dem Porträt des römischen Kaisers Antonius Pius, belegen, dass die Bewohner von Oc Eo bereits einen ausgedehnten Handel in Ostasien und im Indischen Ozean betrieben.

Doch außer einigen Fundamentresten ist nicht viel zu sehen, die Funde sind heute über verschiedene Museen in ganz Vietnam verteilt. Ein Abstecher lohnt sich daher nur für archäologisch sehr Interessierte.

Glockenturm der großen katholischen **Kathedrale** an der Hung Vuong, erbaut von 1963 bis 1973. An der 77 Thoai Ngoc Hau liegt das kleine **An-Giang-Museum** (Bao Tang An Giang, tgl. 7.30 bis 10.30, 14–16.30, Eintritt) mit einigen wenigen Exponaten aus **Oc Eo** ㉑ (s. Exkurs links unten) sowie einigen persönlichen Gegenständen von Ton Duc Thang.

Ein schwimmendes Haus auf dem Hau Giang bei Chau Do

Chau Doc ㉒

Die Stadt erstreckt sich einen Steinwurf von der kambodschanischen Grenze entfernt am rechten Ufer des Hau Giang. Sie ist Ausgangspunkt für Reisen vom Mekong-Delta in die kambodschanische Hauptstadt Phnom Penh. Mit einer Bevölkerung von 100 000 Einwohnern präsentiert sich Chau Doc als lebhafte Stadt mit einigen interessanten Sehenswürdigkeiten. Zudem lohnen einige spannende Ausflüge.

Im **Chau-Phu-Tempel** (Dinh Than Chau Phu, tgl. 8–17 Uhr; Eintritt frei) an der Ecke Tran Hung Dao/Nguyen Van Thoai aus dem Jahre 1926 verehren die Einheimischen Nguyen Huu Canh (1650–1700), der unter den Nguyen-Fürsten als Gouverneur im Süden von Vietnam diente. Der hohe Beamte war verantwortlich für die Erschließung und Kolonisierung des Deltas.

Jenseits des Hau Giang – und per Boot oder über eine Brücke gut zu erreichen – liegt im Ort Chau Giang die **Chau-Giang-Moschee,** das spirituelle Zentrum der muslimischen Cham-Gemeinde. Etwa 20 000 Cham wohnen in dieser Gegend, viele davon in Pfahlhäusern auf dem Wasser. Sie leben vom Fischfang und vom Weben.

Chau Doc ist auch für seine **schwimmenden Dörfer** bekannt. Hier leben

Unten links: Koranstudium in der Chau-Giang-Moschee
Unten rechts: Der Chau-Phu-Tempel in Chau Doc

TIPP

Von Chau Doc kann man per Schiff nach Phnom Penh weiterreisen. Ein kambodschanisches Visum erhält man am Grenzübergang Vinh Xuong/ Kham Samnor. Die 4- bis 5-stündige Fahrt wird von verschiedenen Agenturen angeboten, darunter Blue Cruiser, Tu Trang Travel und Victoria Hotels.

Familien in geräumigen Häusern, die dank leerer Metallbehälter über Wasser bleiben. Unter ihnen sind große Metallkäfige, in denen Tausende von Fischen gezüchtet werden, allen voran zwei Arten des fettarmen Pangasius, *ca ba sa* und *ca tra*. Auch wenn es nicht den Anschein hat, so sind einige Familien durch den Exportboom des Fisches sehr wohlhabend geworden. Auf der schönen **Uferpromenade** parallel zur Le Loi wurde dem Fisch sogar ein Denkmal gesetzt.

Sam-Berg

Gut 6 km südwestlich von Chau Doc erhebt sich der **Sam-Berg** ㉓ (Nui Sam), der diesen Namen trägt, weil er aus der Ferne aussieht wie eine Krabbe (*sam*). 230 m hoch, ist er an seinen Hängen von zahlreichen buddhistischen und daoistischen Heiligtümern übersät, die von chinesischen und vietnamesischen Pilgern besucht werden. Wer den Südhang des Berges hinaufsteigt, kann zahlreiche schöne Ausblicke über die endlosen Reisfelder der Umgebung genießen, die sich bis zur Grenze hinziehen. Alternativ kann man sich über einen östlich verlaufenden Weg per Moped auf die Spitze fahren lassen.

Am Fuß des Berges befindet sich das **Grab von Thoai Ngoc Hau** (Lang Thoai Ngoc Hau) und seiner beiden Frauen. Der auch Nguyen Van Thoai (1761–1829) genannte Militärmandarin war unter König Gia Long Gouverneur im Mekong-Delta und ließ mehrere Wasserstraßen anlegen.

Ebenfalls am Fuß des Bergs liegt die im indischen Stil erbaute **Tay-An-Pagode** (Chua Tay An, tgl. 7–17 Uhr; Eintritt frei). Sie wurde 1847 von dem aus der Dong-Thap-Provinz stammenden Mönch Doan Minh Huyen initiiert und ist für ihre vielen geschnitzten, teilweise etwas skurrilen Figuren bekannt. So gibt es einen Elefanten mit sechs Stoßzähnen, buddhistische, daoistische und hinduistische Gottheiten.

Schräg gegenüber wird im **Tempel der Dame Chua Xu** (Mieu Ba Chua Xu) die prächtig gekleidete Figur der Gottheit verehrt. Ihr Inneres ist der Torso einer Sandsteinstatue aus dem 6. Jh. – möglicherweise einer Vishnu-Statue –, die ursprünglich auf dem Nui Sam stand. Der Legende nach haben siame-

Unten: Blick vom Sam-Berg

Karte auf Seite 300

sische Soldaten im frühen 19. Jh. versucht, diese Figur zu entwenden. Da sie jedoch immer schwerer wurde, ließen sie sie am Fuß des Berges liegen. Sie wird besonders von Geschäftsleuten aus Ho Chi Minh City verehrt. Als Dank bringen sie bunte Umhänge für die Gottheit, spendieren ein Spanferkel oder Votivtafeln aus Gold. Der Tempel gilt als einer der reichsten in Vietnam. Am 22. Tag des vierten Mondmonats wird eine Woche lang das große Ba-Chua-Xu-Fest gefeiert, bei dem die Statue von drei jungen Frauen gewaschen wird.

Rung Tram Tra Su

Das 854 ha große **Vogelschutzgebiet Rung Tram Tra Su** (San Chim Tra Su, tgl. 7–19 Uhr; Eintritt) liegt ca. 30 km südwestlich von Chau Doc in der Nähe der Marktstadt Tri Ton, unweit des Berges Nui Cam. Erst 2005 wurde das ökologische Juwel unter Naturschutz gestellt. Forscher haben bislang 140 Pflanzenarten identifiziert, von denen 79 medizinisch wertvoll sind. In den Wipfeln der meist im Wasser stehenden Kajeput-Bäume sind etwa 80 Vogelarten zu finden, darunter Hunderte von Purpur- und Nachtreihern sowie Schlangenhalsvögel. Am besten kann man die Tiere am späten Nachmittag bei einer etwa zweistündigen Bootsfahrt beobachten. Beste Zeit sind die Monate August bis November.

Ba Chuc

Knapp 40 km südwestlich von Chau Doc liegt auf der Straße nach Ha Tien **Ba Chuc,** jener Ort, an dem vom 12. bis 30. April 1978 die Roten Khmer bei einem Überfall 3157 Zivilisten auf bestialische Weise ermordeten. Sie erschlugen erwachsene Opfer mit Macheten und hackten Kindern die Körperglieder ab. Nur zwei Dorfbewohner überlebten das Gemetzel. Eine 1991 erbaute Pagode enthält die Schädel und Knochen von 1155 Opfern, während im Tempel die Mordorgie illustriert wird. Sie ist ein eindrucksvolles Monument gegen den Massenmord der Roten Khmer.

Schreckliche Erinnerung an das Massaker der Roten Khmer in Ba Chuc

Unten: Typisches Fortbewegungsmittel in Chau Doc: der Xe Loi

Das Familiengrab von Mac Cuu in Ha Tien

TIPP

Mit seiner relativ flachen Umgebung bietet sich Ha Tien als guter Ausgangspunkt für Fahrradtouren an. Die meisten Unterkünfte vermieten Drahtesel zu ganz passablen Preisen.

Unten: Karstinseln bei Hon Chong

Provinz Kien Giang

Die Provinz erstreckt sich im Südwesten des Mekong-Deltas. Sie grenzt im Nordwesten an Kambodscha und im Westen an den Golf von Thailand. Einige Kilometer nördlich von Ha Tien kann man über den Grenzübergang **Xa Xia/Prek Chak** nach Kambodscha weiterreisen.

Wälder, weite Ebenen und eine etwa 200 km lange Küste mit zahlreichen vorgelagerten Inseln machen Kien Giang zu einer der landschaftlich abwechslungsreichsten Provinzen des Deltas.

Ha Tien ㉔

Die charmante 120 000-Einwohner-Stadt liegt eingebettet in die Mündungsbucht des Giang Thanh nur 6 km von der kambodschanischen Grenze entfernt und ist bekannt für Meeresfrüchte und Pfefferplantagen. Zu den Hauptattraktionen zählt der **Ostsee** (Dong Ho), eigentlich ein isolierter Teil des Meeres.

Ha Tien wurde 1671 von Mac Cuu (chinesisch: Mo Chiu), einem Migranten aus Guangzhou, gegründet, der wie viele Chinesen seine Heimat nach dem Fall der Ming-Dynastie (1644) verließ. Er wollte sich den neuen mandschurischen Herrschern nicht unterwerfen und erkundete lieber mit seinen Leuten das Südchinesische Meer.

Nachdem er seine Position durch Verträge mit dem kambodschanischen König und den Nguyen-Fürsten ausreichend abgesichert hatte, ließ er sich in Ha Tien nieder. Innerhalb kürzester Zeit machte er aus der einsamen Gegend eine dank eines florierenden Hafens wohlhabende Stadt.

1708 übergab Mac Cuu die Region an Nguyen Phuc Chu, dem regierenden Fürsten aus Hue, der ihn im Gegenzug als Gouverneur einsetzte. Zusätzliche Einnahmen flossen nun aus einem Spielkasino und einer Zinnmine. Mac Thien Tu, Sohn und Nachfolger Mac Cuus, verbesserte die Verwaltung, stellte eine Armee auf die Beine, die Einfällen aus Kambodscha und Siam zu widerstehen vermochte, und gründete sogar eine Kunstakademie.

Mehrere Tempel der Stadt sind der Mac-Familie gewidmet. Ihre hufeisenförmigen Gräber liegen an der Ostflanke des Berges **Binh San** (Nui Binh San) verstreut. Die 49 Grabstätten sind aus Ziegelstein gebaut. Das **Familiengrab von Mac Cuu** (Lang Mac Cuu) ist an seiner Größe und den feinen Reliefs zu erkennen, die den Blauen Drachen und den Weißen Tiger darstellen.

Die **Phu-Dung-Pagode** (Chua Phu Dung, tgl. 8–17 Uhr; Eintritt frei) an der 374 Phuong Thanh stiftete Mac Cuus zweite Frau, Nguyen Thi Xuan, 1750. Ihr Grab befindet sich auf dem Hügel hinter der Haupthalle. Die Pagode birgt einige interessante Statuen. Dazu zählen in der Mitte des Hauptaltars ein von neun Schlangen umgebener Buddha als Kind sowie ein durch einen Glaskasten geschützter Bronze-Buddha aus China.

Etwa 8 km nordwestlich von Ha Tien erstrecken sich die beiden Zwillingsstrände **Mui Nai** und **Bai No.** Sie flankieren die Seiten einer kleinen Halbinsel. Auch wenn die Strände nicht besonders schön sind, bei einheimischen Urlaubern sind sie sehr beliebt. Deshalb sollte man sich über die vielen Plastikstühle, Kajaks, Souvenirstände und Wochenendausflügler nicht wundern.

Etwa 4 km außerhalb der Stadt liegt hinter schönen Reisfeldern die »Grotte, die die Wolken schluckt«, **Thach Dong Thon Van.** Sie beherbergt ein buddhistisches Heiligtum mit mehreren Ahnentafeln auf Altären sowie Altäre zur Verehrung des Bodhisattvas Quan Am und dem Jadekaiser, Ngoc Hoang. Von Aussichtspunkten in der Höhle kann man weit über das flache Land bis hinüber zur kambodschanischen Grenze blicken.

In der Nähe der Grotte liegt ein Massengrab mit 130 Opfern eines Massakers, das die Roten Khmer am 14. März 1978 anrichteten. An die Ermordeten erinnert eine Stele, bekannt als **Bia Cam Thu** (»Monument der Wut«) auf der linken Seite des Eingangs zum Altarraum.

Hon Chong ㉕

Die Straße von Ha Tien in Richtung Südosten nach Rach Gia ist gut ausgebaut und führt an malerischen Bauernhöfen und Dörfern vorbei. Etwa 20 km von Ha Tien entfernt zweigt eine Nebenstraße nach Hon Chong ab. Anders als das weitgehend flache Mekong-Delta ist die Landschaft rund um die Küstenstadt von eindrucksvollen Kalksteinfelsen und -bergen durchsetzt. Leider verschwinden sie langsam, denn der wertvolle Kalkstein wird für die hier ansässige Zementindustrie gebraucht, die mit Sprengstoff und Baggern das Geröll abträgt.

Wenn man jedoch die grauen Zementfabriken hinter sich gelassen hat, ist Hon Chong ganz ansehnlich und still. Der beste Strand der Gegend ist der **Duong Beach** (Bai Duong), der seinen Namen von den Kasuarinen (*duong*) erhielt, die ihm Schatten spenden. Das Wasser ist klar, die Umgebung angenehm, sodass man hier gut die Reise für einen Sprung ins kühle Nass unterbrechen kann.

Am Ende des Strandes liegt die Grottenpagode **Chua Hang.** Die eigentliche

Fischer am Mui Nai Beach

Unten: Der Grottentempel Thach Dong

Höhle betritt man durch einen Gang hinter dem Altar. Kleine Schreine reihen sich dort hintereinander, und ein kurzer Weg durch die Grotte führt weiter zum Strand auf der anderen Seite. Für ein kleines Trinkgeld kann man sich dort mit dem Boot bei einer 20-minütigen Rundfahrt um drei Karstinseln herum fahren lassen und sich ein bisschen wie in der Halong-Bucht fühlen.

Draußen im Meer sieht man die Reste der bekannten **Vater-und-Sohn-Felsen** (Hon Phu Tu), deren Grotten bevorzugte Nistplätze für Schwalben sind. Doch seit einem heftigen Unwetter 2006 ist nur der Sohn übrig geblieben, den Vater brachte ein Blitzschlag zu Fall.

Mit dem Boot kann man sich auch zu vorgelagerten Inseln bringen lassen und dort die **Tien-Grotte** (Hang Tien) besuchen. Sie verdankt ihren Namen den Zinkmünzen (*tien*), die Nguyen Anh, der spätere König Gia Long, auf der Flucht vor den Tay-Son-Rebellen hier vergrub. Ein Boot fährt von einem kleinen Anleger zwischen 7 und 16 Uhr, wenn sich mehr als 25 Passagiere gefunden haben.

Unten: Hier riecht es: die Fischsoßen-Fabrik Khai Hoan

Nachdem man Hon Chong hinter sich gelassen und wieder zurück auf der Hauptstraße ist, weist ein Hinweisschild etwa 3 km vor Ba Hon auf die **Mo-So-Grotte** (Hang Mo So) hin. Sie ist nach oben hin offen und von hohen Kalksteinwänden umgeben. Es empfiehlt sich, für die Erkundung des Tunnellabyrinths hinter den drei Haupthöhlen einen lokalen Führer mit Taschenlampe zu engagieren.

Rach Gia ㉖

Die Hauptstadt der Provinz Kien Giang liegt ungefähr 100 km südöstlich von Ha Tien und hat etwa 220 000 Einwohner. Rach Gia besitzt einen lebhaften Fischereihafen, von dem aus Fisch und Meeresfrüchte exportiert werden. Ein Großteil des umliegenden Sumpfgebietes wurde für den Reisanbau trockengelegt. Besuchern dient die Stadt vorwiegend als Sprungbrett zur Insel Phu Quoc, denn von hier legen täglich eine Fähre und ein Schnellboot in Richtung Insel ab. Alternativ kann man auch das Flugzeug nehmen.

Die Stadt bietet Kulturinteressierten einige interessante Tempel und Pagoden, darunter den **Ong-Bac-De-Tempel** in der Nguyen Du mit einer Statue von Ong Bac De, einer Reinkarnation des Jadekaisers. Der **Den Nguyen Trung Truc** in der 18 Nguyen Cong Tru ist dem Rädelsführer einer Widerstandsgruppe geweiht, der es 1861 gelang, das französische Kriegsschiff *L'Espérance* zu zerstören. Sieben Jahre später wurde Nguyen Trung Truc auf dem Marktplatz von Rach Gia hingerichtet. Viele Vietnamesen verehren diesen Helden wie einen Heiligen.

Phu Quoc ㉗

Vietnams größte Insel liegt etwa 45 km westlich von Ha Tien. Das wie eine umgekehrte Träne geformte Eiland ist 48 km lang und bis zu 28 km breit. Nguyen Anh, der spätere Gia-Long-König, versteckte sich hier 1782/83 vor den Tay-Son-Rebellen auf Einladung des französischen Bischofs Pigneau de Béhaine, der die Insel ab den 1760er-

Jahren für zwei Jahrzehnte als Missionsstützpunkt wählte. 1869 besetzten die Franzosen die Insel, legten Kautschuk- und Kokosnussplantagen an und errichteten ein gefürchtetes Gefängnis, das während des Vietnamkriegs auch von der südvietnamesischen Regierung genutzt wurde – die zwischen 1969 und 1972 insgesamt 40000 Vietkong-Kämpfer internierte und viele davon hinrichtete.

Die Regierung hat große Pläne mit Phu Quoc. Sie reichen von großen Resorts über Casinos bis zum Golfplatz. Aber zunächst muss der neue Flughafen eröffnen, was noch einige Zeit dauern wird. Auch die Infrastruktur auf der Insel liegt noch ziemlich im Argen. Phu Quoc wird von Schnellbooten aus Rach Gia und Ha Tien in 2½ Std. angefahren. Von Ho Chi Minh City fliegen mehrmals täglich Maschinen von Vietnam Airlines. Beste Besuchszeit ist von November bis April.

Hauptsehenswürdigkeiten

Das einstige **Kokosnuss-Gefängnis** (Nha Lao Cay Dua, Di–So 7.30–11, 13.30–17 Uhr; Eintritt) unweit des Hafens von An Thoi an der Südspitze der Insel ist heute ein Museum und zeigt Fotografien über die Exekutionspraktiken und Bedingungen der Insassen.

Phu Quoc ist auch bekannt für seine vielen Fischteiche, Pfefferplantagen und für seine erstklassige *nuoc mam* (Fischsoße). Auf Matten ausgelegten Fisch zum Trocknen kann man überall auf der Insel sehen (und riechen). Es gibt einige Betriebe zur Herstellung der berühmten Fischsoße. Eine der besten, die Fischsoßen-Fabrik **Khai Hoan,** kann besichtigt werden (tgl. 8–11, 14–17 Uhr; Eintritt frei).

Das saubere Meerwasser rund um die Insel eignet sich auch hervorragend zur Perlenzucht. Die **Phu-Quoc-Perlenfarm** (Tel. 077/398 0585, www.treasuresfromthedeep.com, tgl. 8 bis 17 Uhr; Eintritt frei) liegt am Truong Beach (Bai Truong), bietet einen interessanten Einblick in die Welt der Perlenzucht und natürlich gute Einkaufsmöglichkeiten.

Einen halben Kilometer von Dong Duongs Hauptmarkt entfernt steht auf

Perlenzucht spielt auf Phu Quoc eine große Rolle

Unten: Der Long Beach an der Westküste von Phu Quoc

einer kleinen Erhebung an der Mündung des Duong-Dong-Flusses der **Cau-Palast** (Dinh Cau, tgl. 8–18 Uhr; Eintritt frei). Dabei handelt es sich jedoch nicht um einen Palast, sondern um einen zum Tempel umfunktionierten Leuchtturm, in welchem Thien Hau, die Schutzgöttin des Meeres, verehrt wird.

Im hügeligen Nordosten der Insel, rund um den 603 m hohen **Berg Chua** (Nui Chua), wurde 2001 der **Phu-Quoc-Nationalpark** eingerichtet. Die Flora und Fauna des 50 km² großen, weitgehend dschungelbedeckten Schutzgebietes ist bislang kaum erforscht.

Einige Kilometer östlich von Duong Dong lädt die »Quelle der Steinoberfläche«, **Suoi Da Ban,** in einem natürlichen Pool zwischen Felsen zum kühlenden Plantschen ein.

Etwa 5 km südlich stürzt der »Schöne Strom«, **Suoi Tranh,** den Ham-Ninh-Berg als **Ben-Tranh-Wasserfall** hinunter.

Die Strände

Hauptattraktion von Phu Quoc sind natürlich die Strände mit ihrem schneeweißen Sand, klarem Wasser und rauschenden Kokospalmen. **Dai Beach** (Bai Dai) im Nordwesten ist der perfekte Ort, um den Sonnenuntergang zu erleben, während der abgelegene **Thom Beach** (Bai Thom) im Nordosten noch Robinson-Crusoe-Gefühle aufkommen lässt. **Bai Truong**, der »Lange Strand«, zieht sich über 20 km von der Inselhauptstadt Duong Dong entlang der Westküste bis zur Südspitze. Hier liegen die meisten Resorts.

Wahre Perlen sind der »Sternenstrand«, **Bai Sao,** und der »Creme-Strand«, **Bai Khem,** im tiefen Südosten. Hier ist der Sand fein wie Puder und das flache und daher familienfreundliche Wasser noch glasklar. Allerdings gibt es noch kaum touristische Einrichtungen.

An-Thoi-Archipel ㉘

Die 15 Inseln südlich von Phu Quoc sind für Taucher und Schnorchler ein wahres Paradies. Unterwasserfreunde können mit Glück neben riesigen Fischschwärmen die seltene Gabelschwanzseekuh, Echte Karettschildkröten und Lederschildkröten sichten. ■

TIPP

Den Reichtum des Meeres kann man kulinarisch auf dem Dinh-Cau-Nachtmarkt in Duong Dong, dem Hauptort von Phu Quoc, erkunden. Dort bieten entlang der Vo Thi Sau Essensstände leckere Fisch- und Seafood-Gerichte zu günstigen Preisen an.

Unten: Das Mango Bay Resort auf Phu Quoc
Übernächste Seite: Türbemalung (Detail) im Quan-Cong-Tempel in Hoi An

RESTAURANTS

Preise pro Person für ein Drei-Gänge-Menü:
● = unter 10 $
●● = 10–20 $
●●● = 20–30 $
●●●● = über 30 $

My Tho

◆ **Bach Tung Vien**
171B Anh Giac, Tel. 073/388 8989, tgl. Frühstück, Mittag- und Abendessen
Nicht weit entfernt von der Vinh-Trang-Pagode, ist das offene Reetdach-Lokal eine beliebte Einkehr von Tagesausflüglern aus Saigon. Hier bekommt man Spezialitäten aus dem Delta, wie etwa Elefantenohrfisch und Klebreis. Die Hong-Kong-Frühlingsrollen sind die Spezialität der chinesischen Besitzer. ●

◆ **Ngoc Gia Trang**
196A Duong Ap Bac, Tel. 073/387 2742, tgl. Frühstück, Mittag- und Abendessen
Makellose weiße Tische und Stuhlüberzüge verleihen dem offenen Restaurant eine gewisse Noblesse. Hier werden typische Spezialitäten aus dem Delta aufgetischt sowie eine Auswahl an Halal-Speisen für die muslimischen Gäste. ●

Can Tho

◆ **Nam Bo**
50 Hai Ba Trung, Tel. 0711/382 3908, tgl. Frühstück, Mittag- und Abendessen
Die Kolonialvilla mit Patina liegt am Strandboulevard. Neben vietnamesischen Spezialitäten werden französisch angehauchte Gerichte geboten. Von der Terrasse bietet sich eine tolle Aussicht auf den Fluss. ●

◆ **Spices Restaurant**
Victoria Can Tho Hotel, Cai Khe Ward, Tel. 0711/381 0111, www.victoriahotels-asia.com, tgl. Frühstück, Mittag- und Abendessen
Der französische Koch treibt die besten Zutaten auf, die das Mekong-Delta zu bieten hat. Probieren Sie seine Spezialität – Gazpacho von der vietnamesischen blauen Krabbe. ●●●

Long Xuyen

◆ **Long Xuyen Hotel**
19 Nguyen Van Cung, Tel. 076/384 1659, tgl. Frühstück, Mittag- und Abendessen
Im Hotelrestaurant trifft man viele vietnamesische Familien, die sich an den großen Portionen von frischen Meeresfrüchten erfreuen. ●

Chau Doc

◆ **Bassac Restaurant**
Victoria Chau Doc, 32 Le Loi, Tel. 076/386 5010, www.victoriahotels-asia.com, tgl. Frühstück, Mittag- und Abendessen
Von der Terrasse des stilvollen Restaurants hat man Flussblick. Der vietnamesische Koch hat über 20 Jahre Berufserfahrung in 5-Sterne-Hotels und bietet eine gute Auswahl an europäischen und vietnamesischen Speisen. ●●

◆ **Thuan Loi**
18 Tran Hung Dao, Tel. 076/386 5380, tgl. Frühstück, Mittag- und Abendessen
Bringen Sie bei einem Besuch des reizenden, schwimmenden Restaurants ein Mückenspray mit. Dann können Sie unbeschwert leckere Khmer-Gerichte, vietnamesische Spezialitäten oder frischen Fisch bestellen. ●

Ha Tien

◆ **Hien**
Hai Van, 4 Tran Hau, Tel. 077/385 0344, tgl. Frühstück, Mittag- und Abendessen
Große Auswahl an vietnamesischen und westlichen Gerichten und frische Meeresfrüchte. Nehmen Sie besser jemanden mit vietnamesischen Sprachkenntnissen mit! ●

Insel Phu Quoc

◆ **Mai House**
Mai House, Duong Dong, Tel. 077/384 7003/384 8924, www.maihouseresort.com, tgl. Frühstück, Mittag- und Abendessen
Verlockende Auswahl an Meeresfrüchten und europäischen Klassikern. Etwas rustikaler als andere Restaurants in der Gegend, dafür stimmt das Preis-Leistungs-Verhältnis. ●

◆ **Mango Bay**
Mango Bay Resort, Ong Lang Beach, Tel. 077/398 1693, www.mangobayphuquoc.com, tgl. Frühstück, Mittag- und Abendessen
Open Air- und direkt am Strand. Genießen Sie die exzellente asiatische und westliche Küche und grandiose Cocktails. ●●

◆ **Peppertree Restaurant**
La Veranda, Duong Dong Beach, Tel. 077/398 2988, www.laverandaresort.com, tgl. Abendessen
Das Peppertree ist Phu Quocs vornehmstes Restaurant und serviert die besten vietnamesischen, asiatischen und internationalen Speisen, mit Fokus auf frischen, lokalen Erzeugnissen. ●●●

Tra Vinh

◆ **La Trau Xanh**
Nguyen Thi Minh Khai tgl. Frühstück, Mittag- und Abendessen
Die einzige große Restaurant in der Stadt. Es bietet ein weites Spektrum an Gerichten vom Beefsteak über geschmorte Schildkröte bis zu gedünsteter Schlange. Die Speisekarte bietet englische Erklärungen, das Personal nicht. ●●●

REISESERVICE

VERKEHRSMITTEL

Verkehrsmittel

Anreise

Mit dem Flugzeug

Verglichen mit den südostasiatischen Drehscheiben Bangkok und Singapur werden vietnamesische Städte weit weniger häufig angeflogen. Die wichtigsten internationalen Flughäfen sind Hanoi, Ho Chi Minh City und Danang. Ho Chi Minh City ist mit Abstand das wichtigste Einfallstor für Vietnam, während die Hauptstadt Hanoi weniger oft frequentiert wird. Danang wird selten international angeflogen.
Derzeit ist viel Bewegung in Vietnams Lüften. Die staatliche Fluggesellschaft Vietnam Airlines dominiert den internationalen Verkehr von und nach Vietnam noch immer. Doch durch die Aufnahme Vietnams in die Welthandelsorganisation (WTO) im Jahr 2007 boomt auch die private Luftfahrtindustrie. Und so steuern immer mehr internationale Fluggesellschaften ein vietnamesisches Ziel an, darunter auch zunehmend Billigfluglinien wie Air Asia (von Bangkok) und Air Singapore (von Singapur).
Mit Europa unterhält Vietnam Airlines mehrmals wöchentlich Direktverbindungen nach Frankfurt/M., Paris, London und Amsterdam.
Teilweise mit Zwischenstopps auf dem Weg nach Ho Chi Minh City oder Hanoi fliegen unter anderem die Maschinen von Lufthansa, Air France, Aeroflot, Air Berlin, British Airways, Emirates, LOT Polish Airlines, China Eastern, Qatar Airways. Die Flugzeit von Europa beträgt 10 bis 12 Stunden. Singapur, Kuala Lumpur und Bangkok sind die Drehscheiben für Flüge nach Europa.
Es gibt zunehmend Direktflüge von Ho Chi Minh City und Hanoi zu den touristischen Zentren in der Region: nach Phnom Penh und Siem Reap (für Angkor) in Kambodscha, Vientiane und Luang Prabang in Laos und Yangon in Myanmar.

Hanoi

Der **Noi Bai International Airport** (Flughafen-Code: HAN) liegt 45 km nördlich der Hauptstadt. Über die Inlandsflüge hinaus wickelt der Flughafen auch internationale Ankünfte und Abflüge nach Europa, Australien und Asien ab. Neben Vietnam Airlines (www.vietnamairlines.com) fliegen derzeit 24 weitere internationale Fluglinien den Airport an.
Im Flughafengebäude, das nur über wenige Serviceeinrichtungen für die Passagiere verfügt, werden alle abfliegenden oder ankommenden Fluggäste abgefertigt. Seit 2014 gibt es das Terminal 2, über welches der gesamte internationale Flugverkehr abgewickelt wird. Das Terminal 2 befindet sich etwa 1 km westlich vom Terminal 1, das den Inlandsflugverkehr bearbeitet. Im Flughafengebäude gibt es eine Business Lounge, mehrere Bankautomaten, Geldwechselschalter, Cafés und Restaurants sowie einige Duty-free-Läden. Terminal 1 und 2 sind durch einen Shuttlebus miteinander verbunden, der von 6–24 Uhr alle 10–15 Minuten fährt.
Für Fluginformationen ist das **Operation Control Centre**, Tel. 04/3827 1513, zuständig.
Flughafentransfer: Das beste Verkehrsmittel vom Noi Bai International Airport in die Innenstadt ist das **Flughafen-Taxi** (Tel. 04/3873 3333). Je nach Verkehrsaufkommen und aktuellem Ziel sollte man mit einer Fahrzeit von 50 bis 60 Minuten rechnen. Der Taxistand befindet sich direkt gegenüber dem Terminal. Die Fahrt kostet unabhängig vom Ziel einheitlich etwa 15 US$ bzw. das Äquivalent in Vietnamesischen Dong. Die Preise schließen auch die Mautgebühren für Straßen und Brücken ein. Die großen Hotels bieten einen Zubringer- und Abholservice an, weshalb es sich empfiehlt, sich bezüglich der Konditionen vorab zu informieren.
Eine Alternative ist der **Flughafen-Minibus**, der für nur etwa 2 US$ pro Person zwischen dem Flughafen und dem Hoan-Kiem-Distrikt pendelt. Am Flughafen fahren die Minibusse jedoch erst ab, wenn alle Sitzplätze belegt sind, was zuweilen etwas dauern kann.
Öffentliche Stadtbusse (tgl. 5 bis 22 Uhr) sind langsam und überfüllt, weshalb diese Option bei viel Gepäck kaum in Frage kommt. Die gelbroten Busse mit der **Nr. 07** und **Nr. 17** verbinden Noi Bai mit der Innenstadt. Sie halten auf der rechten Seite des Ausgangs aus dem Terminal. Der Ticketpreis für die gut einstündige Fahrt beträgt nur 5000 VND. Aussteigestation ist die Long-Bien-Brücke am östlichen Ende der Altstadt.

Ho Chi Minh City

Saigons **Tan Son Nhat International Airport** (Flughafen-Code: SGN) – nur 7 km nördlich des Stadtzentrums – ist Vietnams geschäftigster Airport. Das internationale Terminal verfügt über separate Ebenen für die Ankünfte (Ebene 1) und Abflüge (Ebene 2). Mit dem älteren Terminal 1 ist es über einen Verbindungsgang verbunden.
Im Terminal 1 werden ausschließlich die Inlandsflüge abgefertigt (derzeit Vietnam Airlines, Jetstar Pacific Airlines und VASCO). Beide Terminals verfügen über einen Informationsschalter für Touristen und mehrere Ess- und Trinkmöglichkeiten. Im neueren Terminal 2 sind jedoch die Läden und Restaurants weitaus schicker.
Fluginformationen bekommt man beim **Operation Control Centre** unter Tel. 08/3844 6662, 08/3848 5383.
Flughafentransfer: Auch wenn es vom Airport in die Stadt nur 7 km sind, kann die Fahrt angesichts der stets vollgestopften Straßen 30 bis 40 Minuten dauern. Vom Flughafen gibt es wenige Reiseoptionen in die Stadt. Es gibt keinen Zubringerbus und die Menschenmassen vor der Empfangshalle können für Neuankömmlinge erst mal Stress auslösen. Hinzu kommen unlizenzierte Taxifahrer, die einem ihre Dienste aufnötigen wollen. Deshalb

sollte man auf die Transferangebote der Hotels zurückgreifen, auch wenn sie nicht gerade billig sind.
Ansonsten warten vor den beiden Terminals **Flughafen-Taxen.** Da es keine festen Tarife wie in Hanoi gibt, muss der Preis vorab ausgehandelt werden. Für eine Fahrt in die Innenstadt sollte man etwa 15 US$ einkalkulieren. Wenn man sich darauf einigt, mit Taxameter zu fahren, muss man damit rechnen, dass mancher Fahrer unnötige Umwege einschlägt. Wird eine Unterkunft im Backpacker-Viertel rund um die Straßen Pham Ngu Lao und De Tham als Ziel genannt, wird oft behauptet, dass das gewünschte Hotel voll sei. Natürlich kennt der Fahrer eine alternative Bleibe, für die er vom Eigentümer kräftig Kommission erhält.
Als günstigste Option bietet sich der **öffentliche Bus Nr. 152** an, der vom Flughafen über die Straßen Dong Khoi, Nguyen Hue zur Ben-Thanh-Busstation unweit des Backpacker-Viertels fährt. Er hält außerhalb des Terminals 1 (6–20.30 Uhr, 3000 VND).

Fluggesellschaften in Ho Chi Minh City

◆ **Air Asia**, 254 De Tham, Dist. 1, Tel. 08/3838 9810, Call Center: 04/3928 8282, www.airasia.com
◆ **Air France**, 130 Dong Khoi, Dist. 1, Tel. 08/3829 0981/2, www.airfrance.com.vn
◆ **Bangkok Airways**, Unit 103, 1/F Saigon Trade Center, 37 Ton Duc Thang, Dist. 1, Tel. 08/3910 4490, www.bangkokair.com
◆ **British Airways**, 2/F, Travel House, 170-172 Nam Ky Khoi Nghia, Dist. 3, Tel. 08/3930 2933, www.ba.com
◆ **Cambodia Angkor Air**, 116 Nguyen Hue, Dist. 1, Tel. 08/3832 0320, www.cambodiaangkorair.com
◆ **Cathay Pacific**, G/F, Sun Wah Tower, 115 Nguyen Hue, Dist. 1, Tel. 08/3822 3203, www.cathaypacific.com
◆ **Emirates**, 2/F, Travel House, 170-172 Nam Ky Khoi Nghia, Dist. 3, Tel. 08/3930 2939, ww.emirates.com
◆ **KLM Royal Dutch Airlines**, 130 Dong Khoi, Dist. 1, Tel. 08/3829 0981, www.klm.com
◆ **Lufthansa**, 14/F, Bitexco Bldg., 19-25 Nguyen Hue, Dist. 1, Tel. 08/3829 8529, www.lufthansa.com
◆ **Malaysia Airlines**, Unit G8, G/F, Saigon Trade Center, 37 Ton Duc Thang, Dist. 1, Tel. 08/3829 2529, www.malaysiaairlines.com
◆ **Qantas**, 92 Ly Tu Trong, Dist. 1, Tel. 08/3910 5373, www.qantas.com
◆ **Singapore Airlines**, G/F, Saigon Tower Building, 29 Le Duan, Dist. 1, Tel. 08/3823 1588, www.singaporeair.com
◆ **Thai Airways**, G/F, Saigon Tower Building, 29 Le Duan, Dist. 1, Tel. 08/3822 3365, www.thaiair.com
◆ **Tiger Airways**, 213 Le Thanh Ton, Dist. 1, Tel. 08/3824 5868, www.tigerairways.com
◆ **Vietnam Airlines**, (Hauptbüro) 116 Nguyen Hue, Dist. 1, Tel. 08/3832 0320; 29 2118; 275B Pham Ngu Lao, Dist. 1, Tel. 08/3920 6343, www.vietnamairlines.com

Danang

Der **Danang International Airport** (Flughafen-Code: DAD) befindet sich nur wenige Kilometer südwestlich des Stadtzentrums und gilt als die Hauptdrehscheibe für Zentral-Vietnam. Derzeit fliegen nur Silk Air von Singapur, Trans Asia von Taipei und China Southern Airlines von Guangzhou nach Danang. Für das Inland bedienen Vietnam Airlines und Jetstar Pacific Airlines einige Strecken. Das neue Flughafengebäude wurde 2010 eingeweiht. Für aktuelle Fluginformationen kann man unter Tel. 0511/382 3377 anrufen.
Es stehen ausreichend Taxen mit Taxameter zur Verfügung, die nach Danang, aber auch nach Hoi An fahren.

Über Land

Von **China** aus kann man über die Grenzübergänge in Lang Son und Lao Cai einreisen. Nur wenige Traveller nehmen die beschwerliche Anreise aus **Laos** in Kauf. Dort gibt es Grenzstationen in Sop Hun (Laos)/Tay Trang (Vietnam), Nam Xoi/Nao Meo, Nam Can/Nam Khan, Nam Phao/Cau Treo, Dansavanah/Lao Bao, Bo Y/Ngoc Hoi, und La Lay (Quang Tri).
Mit dem westlichen Nachbarn **Kambodscha** gibt es ebenfalls mehrere Ein- bzw. Ausreiseoptionen. Der am meisten frequentierte Grenzübergang ist sicherlich Moc Bai/Bavet. Von Chau Doc aus fahren Boote über Vinh Xuong/Kham Samnor nach Phnom Penh. Nicht weit entfernt kann man über Nha Bang-Tinh Bien/Phnom Den nach Kambodscha einreisen. Nördlich von Ha Tien liegt der Grenzübergang Xa Xia/Prek Chak.

Unterwegs in Vietnam

Inlandsflüge

Vietnam Airlines (www.vietnamairlines.com) unterhält Verbindungen nach Buon Ma Thuot, Cam Ranh (Nha Trang), Can Tho, Dalat, Danang, Dien Bien Phu, Dong Hoi, Haiphong, Hanoi, Ho Chi Minh City, Hue, Nha Trang, Phu Quoc, Pleiku, Quy Nhon, Rach Gia, Tam Ky, Tuy Hoa und Vinh.
Die Billigfluglinie **Jetstar Pacific Airlines** (www.jetstar.com) fliegt Cam Ranh, Can Tho, Danang, Haiphong, Hanoi, Ho Chi Minh City, Hue und Vinh an.
Die Vietnam Air Service Company, **VASCO** (www.vasco.com.vn), ist ein Tochterunternehmen von Vietnam Airlines und verbindet Ho Chi Minh City mit Can Tho, Con Son (im Con-Dao-Archipel), Phu Quoc, Rach Gia und Tuy Hoa in Zentral-Vietnam.
Wer in der Zeit rund um das vietnamesische Neujahrsfest unterwegs ist, sollte angesichts des hohen Reiseaufkommens sehr zeitig buchen. Zudem sollte man die Flüge im Büro der Airlines unbedingt rückbestätigen, da sich kurzfristig Flugänderungen ergeben können. Die Flughafensteuer ist im Ticketpreis eingeschlossen. Vietnam Airlines bietet im Zusammenhang mit internationalen Flügen interessante Kombinationspakete mit Inlandsflügen an, weshalb sich immer ein Blick auf die Webseite lohnt. Dort können auch Flugbuchungen vorgenommen werden. Besonders in den Reisebüros und Niederlassungen der Fluglinien auf dem Land ist nicht immer Kreditkartenzahlung möglich.

Mit der Bahn

Das Reisen mit den Zügen von **Vietnam Railways** (www.vr.com.vn) ist zeitaufwendig, dafür aber ein ganz besonderes Fahrerlebnis. Ein Großteil der 1000 mm breiten Schmalspurbahn verläuft eingleisig entlang der Küste, weshalb es regelmäßig zu Verspätungen kommt.
Der schnellste Expresszug zwischen Hanoi und Ho Chi Minh City ist der SE3/4: Er braucht für die 1726 km lange Strecke gut 29 Stunden. Am längsten benötigt das Zugpaar TN1/2 mit fast 40 Stunden. Wer also mit der Bahn fährt, sollte viel Zeit und Geduld mitbringen, wird dafür durch herrliche Landschaften, einen entspannenden Fahrrhythmus und interessante Begegnungen mit den Einheimischen entschädigt.
Es gibt fünf Zugklassen in Vietnam: hard seat, soft seat, hard sleeper, soft sleeper und soft sleeper mit Klimaanlage – Letzteres nur in ausgewählten Zügen. Ein Ticket im Viererabteil eines Liegewagens für den Expresszug zwischen Hanoi und Ho Chi Minh City kostet mindestens 90 US$.
Täglich starten fünf Zugpaare des »Wiedervereinigungsexpresses« in den beiden Metropolen. Eine frühzeitige Reservierung ist sehr empfehlenswert.

Die meisten Züge führen einen Speisewagen mit sich, ansonsten bieten Verkäufer an den jeweiligen Bahnstationen Snacks und Getränke an.
Von der Hauptstrecke zwischen den beiden Metropolen führen weitere Linien ab, so von Hanoi in Richtung Nordwesten bis zur Grenzstadt Lao Cai (296 km), gen Norden nach Dong Dang an der chinesischen Grenze (162 km) und gen Osten nach Haiphong (102 km).
Auf den meisten Bahnstationen wird kaum Englisch gesprochen, falls kein Übersetzer zur Hand ist, empfiehlt sich gegen Aufpreis die Buchung über ein Reisebüro.

Hanoi

Der Hauptbahnhof **Ga Ha Noi** liegt an der 120 Le Duan, unweit der Einmündung der Tran Hung Dao (Tel. 04/3942 3697). Der Ticketschalter ist täglich von 7.30–19.30 Uhr geöffnet. Zwischen der Hauptstadt und Danang hängt der private Anbieter Livitrans komfortable Schlafwagen an den staatlichen Wiedervereinigungsexpress. Nähere Informationen im Bahnhof und im Mango Hotel (115 Le Duan, Tel. 04/3942 9919, www.livitrans.com).

Ho Chi Minh City

Die Züge verlassen die Stadt in Richtung nördliche Küstenstädte vom **Ga Sai Gon** an der 1 Nguyen Thong, Dist. 3 (Tel. 08/3843 6528). Der Fahrkartenschalter ist täglich von 7.15–11 Uhr und von 13–15 Uhr geöffnet. Zwischen Saigon und Nha Trang hängt Golden Train, ein Joint Venture zwischen Vietnam National Railways und der Saigon Railway Passenger Transport Company, komfortable Wagen an den regulären Wiedervereinigungsexpress. Nähere Infos dazu im Bahnhof.

Hanoi–Sapa

Die bei Touristen aufgrund der schönen Landschaft mit Abstand beliebteste Zugstrecke führt von der Hauptstadt gen Nordwesten ins 296 km entfernte Lao Cai an der chinesischen Grenze, von wo es nur noch 45 Minuten per Bus oder Auto nach Sapa sind. Besorgen Sie sich die Fahrkarten rechtzeitig über ein Reisebüro, um gleichzeitig die Weiterfahrt nach Sapa zu buchen.
Täglich starten in Hanoi bzw. Lao Cai drei Nachtzüge und ein Tagzug. Letzterer hat keine klimatisierten Abteile.
Für die Strecke benötigen die Züge 8 bis 10 Std. Ein Softsleeper im klimatisierten Abteil kostet am Ticketschalter im Bahnhof umgerechnet etwa 25 US$. Luxuriösere Abteile können über örtliche Reisebüros gebucht werden.
Für den Transfer von Lao Cai nach Sapa bieten zahlreiche Minibusse einfache Fahrten für 1,5–3 US$ (je nach Verhandlungsgeschick) an. Die Fahrer warten, bis der Bus voll ist. Die schnellste Weg von Hanoi nach Sapa führt über die 2014 fertiggestellte Autobahn zwischen Hanoi und Lao Cai. Eine 5-stündige Fahrt mit dem Expressbus (http://sapaexpress.com) kostet US$ 17,5 pro Person. Der Bus fährt um 7 Uhr morgens in Hanoi ab.

Mit dem Bus

Wenn Sie eine längere Fahrt mit dem Bus planen, sollten Sie am besten eine der »Open Tours« wählen, bei denen komfortable klimatisierte Busse eingesetzt werden. Sie starten jeden Tag und bieten die Option, je nach Belieben an einer der Stationen entlang der Hauptstrecke zu- und auszusteigen. Die Hauptstrecke verläuft von Ho Chi Minh City über Mui Ne bzw. Dalat nach Nha Trang, Hoi An, Danang, Hue und weitere Stationen bis nach Hanoi (und umgekehrt). Alle paar Stunden legen die Busse Essens- und Toilettenpausen ein.
Auch wenn sie teurer als die öffentlichen Busse sind, so garantieren sie für wenig Geld einen Sitzplatz mit viel Beinfreiheit. Zwar arbeiten die privaten »Open Tour«-Unternehmen mit Gästehäusern und Partneragenturen zusammen, doch wird niemand gezwungen, diese Dienste in Anspruch zu nehmen.
Mit einem Ticketpreis von gerade einmal 45 US$ für die Strecke Hanoi–Ho Chi Minh City ist dies mit Sicherheit eine der günstigeren Varianten, Vietnam zu bereisen. Zwar kommt man weit weniger mit Einheimischen in Kontakt, doch ist dies nun mal der Preis in Vietnam, den man für einigermaßen komfortables Reisen zahlen muss. Aber der Service wird zunehmend auch von Einheimischen in Anspruch genommen.
Einer der führenden und zuverlässigsten Anbieter ist **Sinh Tourist** (www.thesinhtourist.vn), der in jedem größeren Ort Büros unterhält. Das Hauptbüro befindet sich in Saigons Travellerviertel an der 246-248 De Tham, Dist. 1, Tel. 08/3838 9597. In Hanoi ist es an der 40 Luong Ngoc Quyen, Tel. 04/3926 1568, zu finden.

Mekong-Delta

Die beste Ausgangsbasis für einen Besuch im Delta ist Ho Chi Minh City, und am einfachsten bucht man eine organisierte Reise bei einem lokalen Veranstalter. Für eine Tagestour muss man mit etwa 220 000 VND inklusive Mittagessen und Abholung vom Hotel rechnen.
Wer auf eigene Faust reisen möchte, kann den Expressbus-Service von **Mailinh** (64-68 Hai Ba Trung, Dist. 1, Ho Chi Minh City, Tel. 08/3929 2929) in Anspruch nehmen. Deren Minibusse starten pünktlich und fahren direkt zum Ziel, ohne unterwegs weitere Passagiere aufzunehmen. Es empfiehlt sich, rechtzeitig einen Platz zu reservieren. Abhängig vom Zielort kostet ein Ticket zwischen 3 und 7 US$.

Mit dem Auto

In Hanoi, Ho Chi Minh City und anderen touristischen Hauptorten kann man für Tagestouren oder mehrtägige Ausflüge problemlos Autos oder Minibusse mit Fahrer mieten. Angesichts des ziemlich chaotischen Verkehrs ist Selbstfahren ohnehin keine Alternative. Es wird sich auch kaum ein Autoverleih finden, der Ausländern Fahrzeuge vermietet.
Für einen guten Wagen mit Fahrer muss man etwa 60 US$ pro Tag bzw. 35 US$ für den halben Tag zahlen. Es lohnt sich durchaus, bei einer etablierten Agentur (s. S. 362 zu buchen, damit auch die Fahrsicherheit gewährleistet ist. Wenn Sie einen deutsch- oder englischsprachigen Reiseleiter benötigen, so kann auch dies von der Agentur arrangiert werden.
Zuweilen weigern sich die Fahrer, in einen weit entfernten Landesteil zu fahren. So werden Chauffeure aus Ho Chi Minh City ungern bis nach Hanoi reisen wollen. Dies hat nicht zuletzt damit zu tun, dass die Straßenpolizei bevorzugt Fahrzeuge mit Nummernschildern aus anderen Provinzen herauspickt und den Fahrern Probleme bereitet. Die gelb uniformierten Verkehrspolizisten gelten als hoch korrupt. Aber ein Fahrer wird sicherlich dabei behilflich sein, andernorts einen Kollegen für die Weiterfahrt ausfindig zu machen.

Mit Moped und Motorrad

In den Touristenorten und größeren Städten vermieten viele Unterkünfte Mopeds. Die Mietpreise variieren für ein Moped mit 100 bis 110 cm^3 zwischen 3 und 7 US$ pro Tag. Für Wochen- und Monatsmieten gibt es eigene Tarife. Wer auf den Straßen Hanois oder Saigons unterwegs ist, sollte angesichts des chaotischen Verkehrs schon über etwas Fahrpraxis verfügen und höchste Aufmerksamkeit an den Tag legen. Es besteht Helmpflicht, und das wird auch streng

kontrolliert. Auch eine Unfallversicherung sollte vor Ort abgeschlossen werden.
Wer Überlandtouren mit dem Motorrad unternimmt, kann in Hanoi **Offroad Vietnam** (Tel. 04/3926 3433, 36 Nguyen Huu Huan, www.offroadvietnam.com) kontaktieren. Die professionell geführte Agentur verfügt über gute Zweiräder und gute Guides. Der Eigentümer Anh Wu verfügt über einen reichen Erfahrungsschatz und kann gute Tipps für Routen und Trekkingtouren geben.

Per Schiff

Ein schnelles Tragflügelboot verkehrt zweimal täglich zwischen dem Anleger an der Ham Nghi in Ho Chi Minh City und Can Tho (einfach ca. 12 US$). Im Delta gibt es weitere lokale Verbindungen, etwa von Can Tho nach Ca Mau oder Chau Doc.
In Saigon legen auch mehrmals täglich Schnellboote nach Vung Tau ab (ca. 80 Min.). Abfahrt und Ankunft am Passagierkai (Ben Tau Khach Thanh Pho) an der 2 Ton Duc Thang, Dist. 1. **Vina Express** (Tel. 08/3821 4948, 3829 7892, www.vinaexpress.com.vn) und **Greenlines** (Tel. 08/3821 5609, www.greenlines.com.vn) verbinden zwischen 6 und 17 Uhr sechsmal täglich die beiden Städte.

Cat-Ba-Archipel

Am bequemsten buchen Sie bei einem Reiseveranstalter in Hanoi. Angesichts der großen Konkurrenz sind die Preise für die Touren recht niedrig.
Wer auf eigene Faust reisen möchte, hat es etwas umständlicher. Zunächst muss man mit dem Bus nach Haiphong oder Halong-Stadt fahren, möglicherweise sogar dort übernachten. Von dort verkehren langsame Fähren (über 2 Std.) und schnelle Tragflügelboote (ca. 1 Std.) zum Archipel. Die Abfahrtszeiten variieren je nach Saison, aber mindestens ein Tragflügelboot pro Tag verlässt die Anlegestelle in Haiphong bzw. Halong-Stadt. Es empfiehlt sich, vorab im Hotel oder an der Anlegestelle die aktuellen Reisezeiten zu erfragen.

Stadtverkehr

Hanoi

Taxi: Taxen findet man überall in der Stadt und sind eine insgesamt günstige und schnelle Fahroption. Ein Großteil der Wagen ist klimatisiert und – zumindest bei den etablierten Taxiunternehmen – in recht gutem Zustand. Die Fahrzeuge fahren nach Taxameter und berechnen als Grundbetrag für die ersten beiden Kilometer zwischen 8000 und 15 000 VND. Jeder weitere Kilometer kostet 12000 bis 16 000 VND. Zu beachten ist, dass jene Taxen mit einem höheren Grundbetrag insgesamt günstiger ausfallen und weniger stressig sind, da sie streng kontrolliert und daher weniger manipulierbar sind. Leider sind bei vielen günstigen Wagen die Taxameter gezinkt.
Um keine böse Überraschung zu erleben, sollte man sich an die etablierten Taxiunternehmen halten:
Hanoi Taxi, Tel. 04/3853 5353; **CP Taxi**, Tel. 04/3826 2626, **ABC Taxi**, Tel. 04/3719 1919, und **M.Taxi**, Tel. 04/3822 2555 (auch Minibusse). Die Vermittler genannter Unternehmen sprechen passables Englisch, was jedoch bei den Fahrern nicht der Fall ist. Daher empfiehlt es sich, vom Hotel eine Visitenkarte mitzunehmen und sich die Zieladresse auf Vietnamesisch aufschreiben zu lassen. Normalerweise kennen die Fahrer die wichtigsten Touristenorte. Auf jeden Fall empfiehlt sich während der Fahrt ein regelmäßiger Kontrollblick auf das Taxameter. Falls es zu schnell läuft, dann ist es mit Sicherheit manipuliert. In diesem Fall sollte man den Fahrer auf den Betrugsversuch hinweisen, von ihm verlangen anzuhalten und den Wagen schnellstmöglich verlassen.
Mopedtaxen: *Xe om*, »Umarmungsfahrzeug«, ist der vietnamesische Name für die Mopedtaxen. Sie sind mit Abstand die populärste und am meisten verbreitete Form des öffentlichen Transports. Doch sie erfordern gute Nerven und viel Glück. *Xe om* gibt es an nahezu jeder Straßenecke und kosten pro Kilometer im Innenstadtbereich 10 000 VND. Der Preis muss vor Fahrtantritt ausgehandelt werden, bezahlt wird am Schluss. Man sollte auch sicherstellen, dass der Fahrer einen zweiten Helm besitzt, denn seit 2007 besteht Helmpflicht. Viele Fahrer halten sich jedoch nicht daran. Für kurze Strecken sind die *xe om* die effektivsten Transportmittel, aber man riskiert zuweilen Kopf und Kragen, da nicht wenige Fahrer einen ziemlich aggressiven Fahrstil pflegen. Frauen sollten *xe om* nach Einbruch der Dunkelheit niemals in Anspruch nehmen, wenn sie allein sind. Besonders wenn sie aus einer Bar oder einem Nachtclub kommen. Ob tagsüber oder nachts, man sollte niemals ein *xe om* nehmen, wenn der Fahrer offensichtlich getrunken hat.
Cyclos: Hanois Cyclos (*xich lo*) sind Fahrradrikschas mit drei Rädern, bei denen der Gast vorne und der Fahrer hinten sitzt. Sie sind die originellste Art der Fortbewegung und vor allem umweltfreundlich. In Hanoi bieten sie Platz für zwei Passagiere. V.a. die Altstadtgassen und schattigen Alleen bieten sich für eine nette Rundfahrt an. Doch die Tage der Cyclos sind wohl gezählt. Schon jetzt sind sie von vielen Straßen verbannt und möglicherweise verschwinden sie bald ganz. Und je mehr Autos in den Straßen verkehren, desto unangenehmer wird auch die Fahrt im Cyclo. Eine Fahrradrikscha zu finden ist kein Problem, zumindest in der Altstadt wird man häufig von den Fahrern angesprochen. Im Allgemeinen

ÜBERLEBEN IM VERKEHR

Die Straßen in den beiden größten Metropolen von Vietnam, Hanoi und Ho Chi Minh City, gleichen einer einzigen Blechlawine voller Fahrräder (immer weniger), Mopeds (immer mehr), Autos und Lastwagen, in der sich Tausende von Fußgängern bewegen. Die Überquerung einer Straße wird da leicht zu einem Himmelfahrtskommando. Ständiges Hupen, um Fußgänger zu verscheuchen, eine Abbiegung anzuzeigen oder ein Überholmanöver anzukündigen, macht das Chaos perfekt. Entgegen einer Einbahnstraße zu fahren, auf dem Gehsteig zu manövrieren und rote Ampeln zu ignorieren, ist eine Selbstverständlichkeit. Allein der Grundsatz zählt: Es hat jener Vorfahrt, der sie sich nimmt.
Vor allem in den engen Gassen von Hanois Altstadt oder im Zentrum von Saigon ist der Verkehr schier überwältigend. Angesichts der Tatsache, dass es in beiden Metropolen noch kein effektives Massenverkehrsmittel gibt, eine U-Bahn erst geplant bzw. in Bau ist und daher nur Stadtbusse den öffentlichen Verkehr bewältigen, wird sich an der Situation so schnell nichts ändern.
Da bleibt einem als Fußgänger nur eines übrig: den vietnamesischen Pragmatismus zu verinnerlichen und wie die Einheimischen eine Straße ganz gelassen zu überqueren. Solange man ruhig weitergeht, nicht abrupt anhält oder zu rennen beginnt, wird der Verkehr an einem vorbeigleiten wie ein Fischschwarm um einen Schwimmer. Man sollte immer die Ruhe bewahren, zielstrebig weitergehen – und ja nicht die Nerven verlieren.

kostet die einstündige Fahrt durch die Altstadt oder rund um den Truc-Bach-See etwa 7 US$.
Man kann Cyclos auch für eine kurze Strecke mieten, muss jedoch vorab den Preis aushandeln (kräftig feilschen!). Bezahlt wird am Ende der Reise. Auch für die Cyclos gilt: Alleinstehende Frauen sollten nach Einbruch der Dunkelheit Vorsicht walten lassen.
Busse: Hanois Stadtbusse verkehren auf den wichtigsten Straßen. Das Busnetz ist ziemlich engmaschig und bezieht viele Vororte mit ein. Unabhängig von der Entfernung werden 5000 bis 7000 VND pro Person verlangt. In der 16 Cao Ba Quat im Ba-Dinh-Distrikt befindet sich das Büro der **Hanoi Bus Company** (Tel. 04/3825 4250, www.hanoibus.com.vn). Dort ist ein kostenloser Streckennetzplan erhältlich. Doch trotz des zuverlässigen Angebotes besteigen nur wenige Ausländer die rotgelben Busse, da der Streckenverlauf außen nicht klar gekennzeichnet ist und Taxen einfach überall vorhanden sind. Außerdem kommen die Busse bei starkem Verkehr nur sehr langsam voran, sind in Stoßzeiten sehr voll und fahren nur bis 20 Uhr.

Ho Chi Minh City

Taxen: Taxen sind das sicherste und komfortabelste Fortbewegungsmittel in der südvietnamesischen Metropole. Die meisten verfügen über Klimaanlage und die Gebühren halten sich in Grenzen. Für die ersten 1,5 km werden um 10 000 VND berechnet, jeder nachfolgende Kilometer kostet 9000 VND. Von den nicht lizenzierten Taxen – sie verkehren vor allem am Flughafen und rund um das Viertel der Rucksacktouristen – sollte man die Finger lassen. Die Taxameter sind häufig manipuliert und für die Strecken werden Wucherpreise verlangt. Auch wenn man an den Straßen die Taxen heranwinken kann, so sollte man sich doch eher an jene halten, die vor Hotels oder Restaurants warten. Auch folgende Unternehmen sind vertrauenswürdig: **M.Taxi**, Tel. 08/3822 2666; **Saigon Taxi**, Tel. 08/3823 2323; **Saigon Tourist**, Tel. 08/3845 8888; **Vinataxi**, Tel. 08/3811 1111; **Vinasun**, Tel. 08/3827 7178; **SASCO Airport Taxi**, Tel. 08/3848 7167.
Es empfiehlt sich, kleine Dong-Scheine mit sich zu führen, da die Fahrer oft kein Wechselgeld haben. Da sie kaum Englisch sprechen, sollten Sie von der Unterkunft eine Visitenkarte dabeihaben und sich das Ziel von einem Vietnamesen aufschreiben lassen.
Mopedtaxen: Wie in Hanoi ist das »Umarmungsmoped«, *xe om*, die mit Abstand effektivste, aber auch abenteuerlichste Taxivariante (s. S. 337). Die Fahrer warten mit ihrem Moped an jeder belebten Straßenecke, um potenzielle Kunden mit »Motorbike?« anzusprechen.Viele Fahrer sind freundlich und sprechen ein paar Brocken Englisch. Setzen Sie sich keinesfalls ohne Helm auf das Moped! Eine Kurzstrecke sollte umgerechnet 1–2 US$ kosten (vorher aushandeln!).
Cyclos: In Ho Chi Minh City sind die Fahrradrikschas (*xich lo*) seit ihrem offiziellen Verbot von 2008 nahezu ausgestorben. Heute findet man sie nur noch rund um die Märkte, allen voran beim Cho Binh Tay in Cholon, manchmal auch beim Cho Ben Thanh. Zuweilen frequentieren Cyclos noch die Straßen im Viertel der Rucksacktouristen rund um die Pham Ngu Lao. Rikschafahrten werden auch von Touristikagenturen arrangiert. Nach Einbruch der Dunkelheit sollte man die Fahrt mit den Rikschas meiden, das gilt allemal für alleinreisende Frauen. Eine einstündige Rundfahrt kostet etwa 5 US$ (vorab aushandeln).
Stadtbusse: Die Flotte der grün bemalten Stadtbusse ist recht modern und befährt ein gut ausgebautes Verkehrsnetz. Die Bushaltestellen sind gut markiert. Für die Stadtfahrt werden unabhängig von der Entfernung 3000 VND verlangt. Da es keine Alternative gibt, sind die Busse zu den Hauptverkehrszeiten ziemlich voll. Leider sind die Beschriftungen nur auf Vietnamesisch und kaum ein Fahrer spricht Englisch.
Es gibt für die Stadtbusse zwei Hauptdrehkreuze. Die **Ben Thanh Bus Station** (Ben Xe Ben Thanh, Tel. 08/3821 4444) liegt gegenüber dem gleichnamigen Markt, südlich der Kreuzung der Straßen Tran Hung Dao, Le Loi und Ham Nghi, im Distrikt 1. Die **Cholon Bus Station** (Ben Xe Cho Lon) befindet sich an der Le Quang Sung im Distrikt 6 unweit des Binh-Tay-Marktes.
Populäre Busrouten sind: Nr. 1 (Cho Binh Tay und Cholon-Busstation), Nr. 12 (Cu Chi), Nr. 45, Nr. 49 und Nr. 96 (Cholon), Nr. 44 (Binh Quoi), Nr. 69 (Dam-Sen-Park) und Nr. 152 (Flughafen Tan Son Nhat).

Sapa

Im kleinen Sapa kann man das meiste zu Fuß erreichen. Vom einen Ende der Stadt bis zum anderen braucht man gerade einmal 15 Minuten. Selbst einige umliegende Dörfer der Bergminderheiten sind problemlos per pedes zu erreichen. Wer die Umgebung per Moped erkunden möchte, kann über Hotels und Gästehäuser ein Zweirad mieten (ca. 6 US$ pro Tag).
Wagen, Minibusse und Allradfahrzeuge können ebenfalls über die meisten Hotels, Gästehäuser oder Reisebüros gebucht werden. Die Preise richten sich nach Qualität des Fahrzeugs, Distanz und Saison. Die auf S. 343 aufgeführten Hotels können sicherlich zuverlässige Fahrer und Guides vermitteln.

Haiphong

In der nördlichen Hafenstadt gibt es einige zuverlässige Taxiunternehmen, die gute klimatisierte Fahrzeuge im Fuhrpark haben, etwa **Haiphong Taxi**, Tel. 031/383 8383; **M.Taxi**, Tel. 031/383 3833; **Hoa Phuong Taxi**, Tel. 031/364 1641. Fahrten innerhalb der Stadt sollten nicht mehr als 2 US$ kosten. Es gibt ebenfalls eine Vielzahl von Mopedtaxen, für die man nicht mehr als 1 US$ bezahlen sollte. Auch hier sollte man checken, ob der Fahrer einen Zweithelm besitzt. Cyclos kurven regelmäßig durch die Straßen auf der Suche nach Kunden. Wer eine Rikschatour unternehmen möchte: Hier ist die Fahrt wesentlich angenehmer als in Hanoi oder Ho Chi Minh City. Kurzstrecken kosten um 1 US$, für die einstündige Rundtour muss man mit etwa 5 bis 6 US$ rechnen.

Halong-Stadt

Wer im lang gestreckten Bai Chay unterwegs ist, kann auf die Fahrzeuge folgender bewährter Taxiunternehmen zurückgreifen: **M.Taxi**, Tel. 033/362 8628, und **Halong Taxi**, Tel. 033/362 6262. Für den ersten Kilometer werden 6000 VND berechnet, für alle weiteren 100 Meter muss man 1200 VND berappen.
Mopedtaxen sind die effektivste und günstigste Weise, zwischen den Stadtteilen Bai Chay und Hong Gai zu pendeln. Je nach Entfernung und Verhandlungsgeschick kostet eine einfache Fahrt 1–2 US$.

Cat-Ba-Archipel

Der Hauptort von Cat Ba ist so klein, dass er gut zu Fuß erwandert werden kann. Für größere Entfernungen sind die *xe om* praktikabel. Viele Besucher mieten sich ein betagtes Motorrad der russischen Marke Minsk, um die Hauptinsel zu erkunden. Für kleinere Mopeds werden pro Tag um 6 US$ verlangt. Am besten wendet man sich an die Gästehäuser und Geschäfte entlang der Hauptstraße.

Hue

Taxen, *xe om* und Cyclos findet man an jeder Straßenecke und auch bei den wichtigsten Sehenswürdigkeiten vor den Toren der Stadt. **M.Taxi**, Tel. 054/389 8989, zählt mit seinen neuen,

komfortablen Fahrzeugen zu den besseren Unternehmen, doch leider sind unter den Fahrern nicht wenige schwarze Schafe, die mit manipulierten Taxametern und unnötigen Umwegen die Fahrpreise in die Höhe schrauben wollen.
Hue ist eine recht sichere Stadt, um sie mit dem Leihfahrrad zu erkunden. Auch wenn die Umgebung recht hügelig ist, so kann man mit dem Drahtesel auch zu den Königsgräbern und buddhistischen Heiligtümern radeln. Viele Hotels verleihen Fahrräder (nur 1–2 US$ pro Tag). Mopeds kosten 5–7 US$/Tag. Für längere Touren kann man einen Wagen mit Fahrer (je nach Entfernung ca. 60 US$) mieten.
Wer mit Fahrrad und Moped alleine unterwegs ist, wird gerne von Betrügern angesprochen, die einem den Weg zu den Sehenswürdigkeiten oder »ganz besondere« Dörfer zeigen wollen. Dabei geht es ihnen nur ums Geld. Wenige sind leider auch darauf aus, die Touristen zu einer einsamen Stelle zu führen und sie dort auszurauben. Wer eine lokale Begleitung sucht, sollte sich an die Hotels wenden.

Danang

Mopedtaxen und Cyclos warten an jeder größeren Straßenecke. Einen von der Regierung geführten Cyclo-Service gibt es an der 118 Le Loi (0511/ 388 7722). **M.Taxi**, Tel. 0511/356 5656, ist ein empfehlenswertes Taxiunternehmen. Mopedverleih bei den meisten Hotels (5–7 US$ pro Tag).

Hoi An

Alle Sehenswürdigkeiten innerhalb der Altstadt sind zu Fuß erreichbar. Die Innenstadt ist für den Autoverkehr gesperrt. Da viele Unterkünfte außerhalb liegen, bieten die Hotels Zubringerdienste zum Strand und nach Hoi An. Fahrräder (1–2 US$/Tag) und Mopeds (5–6 US$/Tag) für Ausflüge in die Umgebung können von Hotels und kleinen Shops geliehen werden. Wer einen Ausflug nach My Son plant (ca. 1 Fahrstunde von Hoi An), sollte sich einen Wagen mit Fahrer mieten und früh starten. Die organisierten Touren sind meist überfüllt.
Fähren starten vom Anleger unweit des Marktes zu einer nahe gelegenen Flussinsel (ca. 1 US$). Für Bootsfahrten auf dem Thu Bon muss man mit 5–10 US$ pro Stunde rechnen.

Quy Nhon

Mai Linh, Tel. 056/354 6666, zählt auch in Quy Nhon zu den dominierenden Taxianbietern. Die lokalen Transportkosten sind in dieser Hafenstadt erstaunlicherweise weit höher als im restlichen Vietnam, was an den dicken Brieftaschen der kleinen Ausländergemeinde von Quy Nhon liegt. Für die Tagesmiete eines Mopeds muss man daher mit 10 US$ rechnen. Ein Mietwagen kostet mindestens 50 US$ pro Tag. Auch mit dem Fahrrad lassen sich die Tempel gut erkunden.

Quang Ngai

Nahezu jedes Hotel verlangt um 6 US$ Tagesmiete für ein Moped. **M.Taxen** von Mai Linh können unter Tel. 055/ 383 8383 bestellt werden.

Dalat

Viele Gästehäuser vermieten Mopeds für 5 US$ pro Tag. *Xe om* verlangen für eine Kurzstrecke 1–2 US$, während Taxifahrten für eine mittlere Distanz keine 5 US$ kosten. **M.Taxi** von Mai Linh, Tel. 063/351 1111, zählt auch in Dalat zu den zuverlässigeren Anbietern, aber auch hier empfiehlt sich ein kritischer Blick auf den zuweilen manipulierten Taxameter.
Wer ein bisschen Kondition hat, erkundet die wunderschöne Umgebung per Fahrrad (Verleih in vielen Unterkünften). Wer einmal Pferdekutsche fahren möchte, hat in dieser kolonialen Sommerfrische die Möglichkeit. Kontakt: **Ngoc Lan Tourist Company**, 42 Nguyen Chi Thanh, Tel. 063/221 0798.

Nha Tang

Nahezu jedes Hotel verleiht Fahrräder für umgerechnet 2 US$/Tag, Mopeds kosten um 5 US$/Tag. Damit können alle wichtigsten Sehenswürdigkeiten erreicht werden. Taxen, Cyclos und *xe om* sind in großer Zahl zu finden. **M.Taxi**, Tel. 058/381 1811, und **Nha Trang Taxi**, Tel. 058/382 4000, haben moderne, klimatisierte Fahrzeuge (und gerne manipulierte Taxameter).

Phan Thiet

Mopeds werden über Hotels verliehen, **M.Taxen** von Mai Linh sind unter Tel. 062/389 8989 buchbar. Cyclos sind in der Hafenstadt kaum verbreitet und Fahrradtouren angesichts des chaotischen Verkehrs nicht empfehlenswert.

Mui Ne

Xe om sind aufgrund der vielen Unterkünfte entlang des Strandes von Mui Ne weit verbreitet. Taxen von **Mai Linh** können wie in Phan Thiet unter Tel. 062/389 8989 gerufen werden. Viele Hotels verleihen Fahrräder für 2–3 US$, Mopeds für 5–8 US$ pro Tag. Cyclos gibt es nicht. Kleine Reisebüros arrangieren Mietfahrzeuge für Ausflüge, etwa zu den Weißen Sanddünen für 25–30 US$/Tag oder zum Ta-Cu-Berg für 50 US$/Tag. Wer mit dem Moped alleine unterwegs ist, sollte besonders vorsichtig bei Fahrten in Richtung Phan Thiet sein. Die Kurve am Hoa-Vien-Brauhaus und der Hügel unweit des Po-Shanu-Tempels sind extrem unfallträchtig (unbedingt Helm aufsetzen!).

Mekong-Delta

Ausflüge innerhalb des Deltas kann man bei lokalen Reiseagenturen buchen, etwa Cuu Long Tourist bzw. Mekong Tourist in Vinh Long oder Can Tho Tourist in Can Tho. Man sollte aber einen genauen Blick auf die Tourausschreibung werfen, um vorab Missverständnisse auszuräumen. Eine Fahrt mit dem *xe om* kostet im Durchschnitt 4–5 US$ pro Stunde und 12–15 US$ pro Tag. Auf jeden Fall sollte man einmal eine Fahrt mit dem *xe loi*, der Delta-Variante des Cyclos, unternehmen. Dabei sitzt der radelnde Fahrer vorne, während der Gast sich mit angezogenen Knien auf einer fast ebenen Rücksitzfläche niederlässt. Für eine einstündige Rundtour werden etwa 6 US$ verlangt. Es gibt auch die Variante mit einem Moped anstelle eines Fahrrads mit Anhänger. Dort sind die Preise ähnlich wie beim *xe om*.
Die vielen Seitenstraßen entlang der Kanäle und Flüsse laden zu wunderbaren Ausflügen ein – sei es mit dem Moped (7–10 US$/Tag) oder mit dem Fahrrad (2–3 US$/Tag). Am besten befragt man dazu die Unterkunft.
Angesichts der vielen Wasserstraßen gehört natürlich auch eine Bootsfahrt zum Ausflugsprogramm im Mekong-Delta. Für kleine Motorboote muss man mit 3 US$ pro Stunde rechnen. Vor Fahrtantritt empfiehlt sich ein Blick auf die Qualität des Bootes. Schwimmwesten sind meist nicht an Bord.

Vung Tau

Die meisten Hotels und Gästehäuser vermieten Fahrräder (2–3 US$/Tag) und Mopeds (6–9 US$/Tag) für innerstädtische Touren. Während Cyclo-Fahrer auf Kundensuche herumkurven, warten die Fahrer von *xe om* an den meisten belebten Straßenecken.

Con-Dao-Archipel

Auf der Hauptinsel Con Son und auch den anderen Inseln gibt es bis dato weder Taxen noch *xe om*. Von einem der Hotels kann man jedoch Fahrräder (2–3 US$/Tag) und Mopeds (bis 10 US$/Tag) mieten.
Für eine Bootsfahrt durch die wunderbare Wasserwelt bezahlt man etwa 75 US$ pro Tag. Infos dazu gibt es beim Hauptbüro der Nationalparkbehörde in der Vo Thi Sau. Dort kann man für die Ausflüge auch einen Guide anheuern.

UNTERKUNFT

Hotels in Vietnam

Die Wahl des Hotels

Bis Mitte der 1990er-Jahre befand sich Vietnams Hotelinfrastruktur besonders im Norden und im Zentrum des Landes weit unter dem internationalen Standard. Die Zimmer waren heruntergekommen, die Einrichtungen und Gerätschaften funktionsuntüchtig und Stromausfälle an der Tagesordnung. Dafür waren die Zimmerpreise verglichen mit jenen anderer asiatischer Länder meist unverschämt hoch.
Die Nachfrage an Unterkünften überwog das Angebot, doch seit dem Bauboom in Ho Chi Minh City und Hanoi ab Mitte der 1990er-Jahre hat sich die Lage wesentlich entspannt. Mancherorts gibt es Überkapazitäten, nur in Hanoi und Ho Chi Minh City kommt es während der Hochsaison immer wieder zu Engpässen. Die Hotelentwicklung des Landes floriert und Besucher haben die Qual der Wahl. Für den kleinen Geldbeutel gibt es eine ausreichende Auswahl an günstigen Unterkünften, bei denen die Nacht gerade einmal 10 US$ kostet. Man findet heute auch in allen großen Städten Luxushotels und -resorts unter dem Management internationaler Hotelketten, bei denen Businesscenter, schneller Internetanschluss und/oder WLAN sowie Spa und Fitness Center zum Standard gehören. Dies ist auf die Lockerung der Regulierungen für ausländische Investitionen zurückzuführen, die zu einem Boom an Luxushotels führte. Internationale Ketten wie Hyatt, Sheraton, Hilton und Sofitel sind in den großen Metropolen ebenso vertreten wie regional tätige Gruppen, darunter Six Senses und General Hotel Management (GHM).

Das Hotelpersonal ist im Allgemeinen sehr freundlich und hilfsbereit. In den größeren Touristen- und Geschäftszentren wird ausreichend Englisch gesprochen. Im Gegensatz dazu kann in etwas abgelegenen Gebieten die Kommunikation in Englisch zu einer echten Herausforderung werden. Staatlich geführte Hotels neigen zu schlechten Servicestandards, denn aufgrund fehlender finanzieller Anreize wirkt das Personal ziemlich demotiviert. Dies ist wirklich schade, da einige der schönsten historischen Hotels in Hanoi und Ho Chi Minh City in staatlicher Hand sind.

Minihotels und Homestays

Für schmale Budgets empfehlen sich sogenannte Minihotels, also kleine, oft familiengeführte Unterkünfte mit moderner (aber bescheidener) Einrichtung. Rund um Hanoi und Ho Chi Minh City, aber auch in jedem populären Touristenort wie Hoi An oder Nha Trang gibt es sie zahlreich, was zu einem erfreulich guten Preis-Leistungs-Verhältnis führt.
Als Alternative bietet sich der Aufenthalt in einer Gastfamilie an. Vorwiegend im Mekong-Delta gibt es Homestay-Angebote, die sich durch eine sehr persönliche Atmosphäre auszeichnen. Unter Umständen wird man sogar zum Abendessen mit der Familie eingeladen. Im nördlichen Bergland muss man mangels Alternativen bei mehrtägigen Trekkingtouren im Dorf einer Minderheit übernachten. Der mangelnde Komfort wird durch ganz intensive Reiseerlebnisse wettgemacht. Solche Aufenthalte sind jedoch nur mit einem lokalen Guide sinnvoll, der über eine Reiseagentur arrangiert werden kann.

Preise und Buchung

Bevor man eine Unterkunft bucht, sollte man am besten die Website des Hotels nach den günstigsten Preisen durchsuchen. Falls die Unterkunft keine Website hat, kann man telefonisch die besten Preise erfragen. Hotelbuchungsportale im Internet wären eine weitere Anlaufstelle. Diese Unternehmen können manchmal aufgrund ihrer hohen Kontingentzahl günstige Angebote unterbreiten. Die veröffentlichten Preise sollten aber nur als grobe Richtlinie betrachtet werden, da der tatsächliche Preis, abhängig von saisonalen Rabatten, ziemlich flexibel sein kann.
Bitte beachten Sie, dass teurere Hotels meist 10 % Mehrwertsteuer und 5 % Service-Aufschlag zusätzlich zu den veröffentlichten Preisen berechnen.
Da das Einkommen steigt, verreisen mehr und mehr Vietnamesen. Während der Schulferien (Juni bis August) wird es an den Stränden voll und während des jährlichen Tet-Festes (Ende Januar/Februar) sind Busse und Züge hoffnungslos überfüllt. Die Tage, die der Mondkalender als vielversprechend für Hochzeiten angibt, werden für Flitterwochen in Dalat genutzt. Die Preise steigen nicht nur dann, sondern auch während der Weihnachtszeit sowie zum Jahreswechsel. Wenn man während einer dieser Zeiträume eine Reise plant, sollte sie auf jeden Fall im Voraus gebucht werden.
Hinweis: Ein vietnamesisches Gesetz aus kommunistischen Kontrollwahn-Zeiten bestimmt, dass alle Hotelgäste bei der örtlichen Polizei registriert werden müssen. In der Praxis bedeutet dies, dass man unter Umständen seinen Pass für den gesamten Aufenthalt oder für eine Nacht an der Rezeption lässt. In Hanoi und Ho Chi Minh City wird eher eine Kopie des Passes angefertigt, oder aber die Einzelheiten von Pass und Landekarte werden notiert.

AUSGEWÄHLTE ADRESSEN

Die Preise gelten für ein Doppelzimmer ohne Frühstück:

● = bis 50 US$
●● = 50–100 US$
●●● = 100–150 US$
●●●● = über 150 US$

Hanoi

In Hanoi findet man eine große Auswahl an Hotels in allen Preisklassen. Im zentralen Hoan-Kiem-Distrikt (inklusive Altstadt) liegen die meisten teureren und Luxushotels. Günstige Hotels und Gästehäuser befinden sich in den Seitenstraßen der Altstadt. Im Westsee-Distrikt (Tay Ho) gibt es zwei exzellente 5-Sterne-Hotels, dafür aber nur wenige Unterkünfte für den kleineren Geldbeutel. Südlich des Zentrums von Hanoi, im Hai-Ba-Trung-Distrikt, findet man einige gute Mittelklassehotels, die besonders bei Geschäftsleuten beliebt sind. Der Nachteil: Aufgrund der Entfernung zum Zentrum muss man häufiger ein Taxi nehmen.

Hoan-Kiem-Distrikt

◆ **Hilton Hanoi Opera**
1 Le Thanh Tong, Tel. 04/3933 0500, www.hanoi.hilton.com ●●●●
Ein eindrucksvolles Hotel, das dem benachbarten Opernhaus architektonisch behutsam angepasst wurde. Die Zimmer sind geräumig, hell und modern. Sehr stilvoll sind die Räume mit vietnamesischem Interieur. In der großen Lobby wird Live-Musik gespielt und man erhält kostenloses WLAN. Das Hilton verfügt auch über einen ansprechenden Pool sowie einen Fitness- und Spa-Bereich. (296 Zimmer)

◆ **Melia Hanoi**
44B Ly Thuong Kiet, Tel. 04/3934 3343, www.meliahanoi.com ●●●●
In Hanois Geschäfts- und Diplomatenviertel gelegen, bietet das elegante Melia große Zimmer mit allen modernen Annehmlichkeiten. Es verfügt über fünf exzellente Restaurants, Bars, einen Feinkostladen und einen Pool. Auf dem Dach befinden sich ein Hubschrauberlandeplatz und einer der größten säulenlosen Ballräume Vietnams. (306 Zimmer)

◆ **Sofitel Metropole Hanoi**
15 Ngo Quyen, Tel. 04/3826 6919, www.sofitel.com ●●●●
1901 eröffnet und Mitte der 1990er-Jahre von der französischen Accor-Gruppe grundlegend renoviert, hat diese *Grand Dame* Hanois bei allem modernen Komfort ihren kolonialen Charme behalten. Hier haben schon Könige, Schauspieler, Präsidenten und andere Berühmtheiten genächtigt. Die Zimmer im Metropolen- und Opernflügel sind wunderschön eingerichtet, obwohl die des Opernflügels größer und zeitgemäßer sind. Es gibt zwei hervorragende Restaurants, drei Bars und einen Pool. (363 Zimmer)

◆ **De Syloia Hotel**
17A Tran Hung Dao, Tel. 04/3824 5346, www.desyloia.com ●●●
Ein kleines, aber feines Boutique-Hotel südlich der Altstadt mit einem ausgezeichneten Restaurant und einem beengten, jedoch ausreichenden Fitnessbereich. Die Zimmer sind sauber, geräumig und schön eingerichtet. Dank der schallisolierten Fenster bleibt es zudem angenehm leise. Das Personal ist hilfreich, wenn auch etwas ruppig. (33 Zimmer)

◆ **Church Hotel**
9 Nha Tho, Tel. 04/3928 9955, www.churchhotel.com.vn ●●
Dieses 2004 eröffnete Juwel von Boutique-Hotel liegt nur ein paar Schritte von der St.-Joseph-Kathedrale entfernt und verfügt über geschmackvoll eingerichtete (wenn auch recht kleine) Zimmer, von denen aus man die Nha Tho und die Ba-Da-Pagode überblickt. Versuchen Sie ein Zimmer nach hinten hinaus zu bekommen, dort ist es ruhiger. Kostenloses WLAN und individuelles Frühstück. (21 Zimmer)

◆ **Galaxy Hotel**
1 Phan Dinh Phung, Tel. 04/3828 2888 ●●
Das Business-Hotel, welches 1918 ursprünglich als Fabrik gebaut wurde, ist gut in Schuss. Die Lobby ist zwar ein wenig heruntergekommen, dafür sind die Zimmer gut eingerichtet und es gibt ein schönes Café sowie ein Restaurant. Versuchen Sie ein Eckzimmer mit Blick auf zwei Straßen zu ergattern. (60 Zimmer)

◆ **Hanoi Paradise Hotel**
53 Hang Chieu, Tel. 04/3929 0026, www.hanoiparadisehotel.com ●●
Als eines der wenigen Hotels der Altstadt mit eigenem Pool, bietet diese 2006 eröffnete Bleibe saubere, geräumige Zimmer. Alle Räume sind mit eigenen Computern mit Internetzugang bestückt. Freundliches Personal. (25 Zimmer)

◆ **Hoa Binh Hotel**
27 Ly Thuong Kiet, Tel. 04/3825 3315, www.hoabinhhotel.com ●●
Kleines und elegantes Hotel mit großer Holztreppe und kolonialem Touch. Das Personal ist freundlich und hilfsbereit, aber leider liegen die Zimmer zur Straße hinaus, sodass es morgens laut werden kann. Zum Hotel gehören ein französisches und ein vietnamesisches Restaurant. (102 Zimmer)

◆ **Blue Sky**
34 Hang Ga, Tel. 04/3923 1107 ●
Nettes Minihotel mit gut eingerichteten Zimmern. Neben kostenlosem Frühstück und WLAN bietet das Haus gratis einen Abholservice vom Flughafen bei mindestens zwei Übernachtungen. Das Personal ist sehr zuvorkommend und hilfsbereit. Gerne unterstützt es Sie bei Tourbuchungen und Visa-Angelegenheiten. (17 Zimmer)

◆ **Especen Hotel**
38 Tho Xuong, Tel. 04/3824 4401 ●
Dieses bescheidene, aber gut ausgestattete Hotel wurde 2006 runderneuert und hat nun große, blitzblanke Zimmer mit Bad. Freies Internet. Alles in allem eine einfache Unterkunft mit gutem Preis-Leistungs-Verhältnis. (10 Zimmer)

◆ **Hanoi Elegance Hotel II**
85 Ma May, Tel. 04/3926 3451, www.hanoielegancehotel.com ●
Das stilvolle, moderne Hotel wurde 2006 im Herzen der Altstadt eröffnet. Die Zimmer sind groß und geschmackvoll eingerichtet. Das hilfsbereite Personal spricht passables Englisch. (22 Zimmer)

◆ **Phoenix Hotel**
43 Bat Su, Tel. 04/3923 2683 ●
Ehemals unter dem Namen Ocean Stars Hotel bekannt,

wurde das Hotel unter dem neuen Besitzer 2008 nicht nur umbenannt, sondern auch grundlegend renoviert. Die wunderschönen Zimmer sind gemütlich (einige in den unteren Stockwerken haben keine Fenster!). Das Personal ist außerordentlich hilfsbereit. Im Preis enthalten sind Frühstück sowie WLAN. (25 Zimmer)

◆ **Ritz Boutique Hotel**
23 Au Trieu, Tel. 04/3938 1636, www.ritzboutiquehotelhanoi.com ●
Dieses Minihotel wurde 2007 errichtet, liegt nur eine Minute vom Hoan-Kiem-See entfernt und verfügt über saubere, schön eingerichtete Zimmer sowie das vermutlich hilfsbereiteste Personal der Stadt. Die Badezimmer sind riesig und makellos und die Besitzer stellen ein Zimmer zur Verfügung, falls Sie sich nach dem Auschecken noch einmal frisch machen möchten. (11 Zimmer)

Hai-Ba-Trung-Distrikt

◆ **Hotel Nikko Hanoi**
84 Tran Nhat Tong, Tel. 04/3822 3535, www.hotelnikkohanoi.com.vn ●●●
Das Nikko ist ein japanisch geführtes Hotel mit schönen, modernen Zimmer und exzellentem, aufmerksamem Service. Es richtet sich v.a. an japanische Geschäftsleute und bietet einen Blick auf den Thong-Nhat-Park. Das Hotel hat einen großen Pool und ein Fitness-Center. Es verfügt auch über drei Restaurants (chinesisch, japanisch und französisch), eine Bar und eine Bäckerei. Das Nikko ist behindertengerecht gebaut. (260 Zimmer)

◆ **Sunway Hotel**
19 Pham Dinh Ho, Tel. 04/3971 3888, www.sunwayhotelhanoi.com ●●●
Das schöne, etwas in die Jahre gekommene Boutique-Hotel mit Business Center liegt am Rand des Stadtzentrums. Die Zimmer sind geräumig und ruhig, einige könnten aber eine Renovierung vertragen. (145 Zimmer)

◆ **Zenith Hotel Hanoi**
96–98 Bui Thi Xuan, Tel. 04/3822 9797 ●●●
Ein vorzügliches Hotel mit allen Annehmlichkeiten. Lassen Sie sich nicht von der hässlichen Lobby abschrecken, die Zimmer sind ruhig, gemütlich und gut eingerichtet. Das Hotel verfügt über ein schönes Restaurant, eine Bar und ein Fitness-Center. (29 Zimmer)

Ba-Dinh-Distrikt

◆ **Fortuna Hotel Hanoi**
6B Lang Ha, Tel. 04/3831 3333, fortuna.vn ●●●●
Großes Geschäftshotel mit geräumigen Zimmern und allem Komfort. Die Zimmer in den unteren Stockwerken können allerdings recht laut sein. Das Personal ist sehr hilfsbereit. Es gibt drei Restaurants, einen Pool im Freien, einen großen Fitness- und Spa-Bereich sowie ein Casino. (350 Zimmer)

◆ **Hanoi Daewoo Hotel**
360 Kim Ma, Tel. 04/3831 5000, www.daewoohotel.com ●●●●
Dieser riesige Komplex im Westen Hanois verfügt über alle Annehmlichkeiten. Die Zimmer sind groß, ruhig, gemütlich und sehr gut ausgestattet. Von den obersten Etagen bietet sich ein ausgezeichnetes Panorama von Hanoi. Im Daewoo gibt es eines der besten chinesischen Restaurants der Stadt. (411 Zimmer)

◆ **Pullman Hanoi**
40 Cat Linh, Tel. 04/3733 0688, www.pullman-hanoi.com ●●●●
Das große, geschmackvolle 5-Sterne-Hotel liegt 15 Gehminuten westlich des Literaturtempels. Es erfreut sich besonders unter asiatischen Geschäftsleuten großer Beliebtheit. Das Personal ist mehrsprachig und hilfsbereit. (250 Zimmer)

◆ **Sofitel Plaza Hanoi**
1 Thanh Nien, Tel. 04/3823 8888, www.sofitel.com ●●●●
Das 20-stöckige Sofitel Plaza dominiert die Skyline am Rande des Westsees. Das Hotel hat stilvolle Zimmer, zwei Restaurants, drei Bars, ein Spa und einen tollen Pool. Der Blick über den Truc-Bach-See ist ein zusätzliches Plus. (317 Zimmer)

◆ **Anise Hotel Hanoi**
22 Quan Thanh, Tel. 04/3927 4670, ●●●
Das kleine Boutique-Hotel am Rande der Altstadt bietet ruhige, gemütliche Zimmer. Die günstigeren Räume sind allerdings fensterlos, während die teureren in den höheren Stockwerken eine exzellente Aussicht bieten. Das Personal ist hilfsbereit und höflich. Alle Zimmer verfügen über WLAN und Flachbildschirme. (42 Zimmer)

◆ **Bro and Sis Hotel**
53 Hang Bun, Tel. 04/3927 4003, ●●●
Dieses 12-stöckige Hotel, ehemals unter dem Namen Hang Nga bekannt, ist v.a. bei Geschäftsleuten beliebt. Die geräumigen Zimmer sind sehr schön. Zum Hotel gehören ein Café und ein Dachrestaurant. (40 Zimmer)

◆ **Flower Hotel**
55 Nguyen Truong To, Tel. 04/3716 3888, www.flowerhotel.com.vn ●●●
Ein helles, freundliches Hotel nördlich der Altstadt. Die besten Zimmer befinden sich in den oberen Stockwerken. Der WLAN-Empfang ist etwas unzuverlässig. (41 Zimmer)

Ho-Tay-Distrikt

◆ **Intercontinental Westlake Hanoi**
1 Nghi Tam, Tel. 04/6270 8888, www.intercontinental.com ●●●●
Das Luxushotel, gebaut an einer malerischen Ecke des Westsees und mit Blick auf eine 800 Jahre alte Pagode, bietet traumhafte Zimmer und erstklassige Annehmlichkeiten, die sich vorwiegend an Geschäftsleute richten. Hotelpool und Fitness-Center zählen zu den besten der Stadt. Das Personal ist hilfsbereit, wenn auch etwas zurückhaltend. Zum Hotel gehören drei Restaurants und zwei Bars. Den Sonnenuntergang von der Sunset Bar aus zu beobachten ist Pflicht! (359 Zimmer)

◆ **Sheraton Hanoi Hotel**
11 Xuan Dieu, Tel. 04/3719 9000, www.thesheratonhanoi.com ●●●●
Dieser klotzige Bau rühmt sich mit allen modernen Annehmlichkeiten eines 5-Sterne-Hotels. Die Einrichtung in der Lobby ist etwas blass, aber der Pool am See, die Flutlicht-Tennisplätze, die Konferenzräume sowie das freundliche Personal machen dies wieder wett. Alle Zimmer sind geschmackvoll eingerichtet und verfügen über große Badezimmer. Die teureren Zimmer bieten Blick auf den See. Zum Hotel gehören drei Restaurants und die beliebte, aber laute »Nutz Bar«. (299 Zimmer)

Der Nordwesten

Mai Chau

Für jene, die nicht in der **Mai Chau Lodge** nächtigen, gibt es nur zwei weitere Optionen an Übernachtungsmöglichkeiten. In den Dörfern **Lac** und **Pom Coong** können

Besucher in traditionellen Stelzenhäusern der Weißen Thai, die in Gästehäuser umgewandelt wurden, nächtigen. Pom Coong ist etwas dörflicher und weniger entwickelt als Lac, was Letzteres zur besseren Wahl macht. Die Unterkünfte sind sehr einfach gehalten: eine Matte auf dem Boden des Stelzenhauses, dicke Decken und ein Moskitonetz. Beide Dörfer sind urig, eine Nacht kostet nur rund 5 US$ pro Person inklusive Abendessen und, an Wochenenden, traditionellen Tänzen. Beide Dörfer verfügen über eine genügend große Anzahl an Unterkünften, sodass eine vorherige Reservierung nicht nötig ist. Als weitere Option, die allerdings verlangt, dass man sich ein paar Tage in der Gegend aufhält, bietet sich eine Wanderung zu einem anderen Dorf an, mit Übernachtung bei einer Gastfamilie. Dies gelingt am besten durch einen lokalen Reiseveranstalter in Hanoi. Buffalo Tours ist hier wegweisend und arrangiert für die Mai-Chau-Region Aufenthalte bei Gastfamilien (Tel. 04/3828 0702, www.buffalotours.com).

◆ **Mai Chau Lodge**
Mai Chau, Tel. 0218/386 8959, www.maichaulodge.com ●●●
Das bezaubernde Resort verfügt über große, gemütliche Zimmer, dekoriert mit natürlichem Holz und lokalen Handarbeiten. Das Personal spricht Englisch, und Gäste bekommen bei ihrer Ankunft eine Flasche Reisschnaps. Draußen gibt es einen tollen Swimmingpool. Im Spa-Bereich sollten Sie sich nach einem langen Tag eine wohlige Massage gönnen. (16 Zimmer)

Son La

◆ **People's Committee** (Uy Ban Nhan Dan) Guesthouse, Off Highway 6, Tel. 022/385 2080 ●
Ein interessantes, staatlich geführtes Gästehaus, das erweitert und renoviert wurde und saubere, gemütliche Zimmer bietet. Von hier hat man einen schönen Blick über die benachbarten Hügel. (22 Zimmer)

◆ **Phong Lan 1 Hotel**
Chu Van Thinh, Tel. 022/385 3515 ●
Genau gegenüber vom Marktplatz können Sie hier in einfachen, aber sauberen, gemütlichen und klimatisierten Zimmern übernachten. Das Frühstück ist im Preis inbegriffen. Abends kann es recht laut werden. (32 Zimmer)

◆ **Thanh Binh Guesthouse**
7 Chu Van Thinh, Tel. 022/385 2969 ●
Gemütliches kleines Gästehaus, versteckt in einer kleinen Gasse in einem Innenhof. Die Zimmer sind makellos sauber und verfügen über bequeme Betten. Das Personal ist freundlich und hilfsbereit, spricht aber nur wenige Brocken Englisch. (9 Zimmer)

Dien Bien Phu

Die meisten Hotels in Dien Bien Phu sind staatlich geführt, was allgemein eher schlechten Service, geringe Standards und wenig euphorisches Personal bedeutet. Auch wenn einige unter dem Druck des wachsenden Tourismus begonnen haben, diese Mängel zu beheben, sollte man als Besucher nicht zu viel erwarten.

◆ **Brewery Guesthouse (Khach San Cong Ty Bia)**
Tran Can, Tel. 023/382 4635 ●
Von einer Brauerei geführtes Gästehaus mit sauberen und gemütlichen Zimmern. Die besseren haben ein Bad mit Warmwasser und TV. Um wieder um eine Erfahrung reicher zu werden, sollten Sie den Abend in einer der vielen *bia hoi* (»Fassbier«-Kneipen) verbringen, die sich in den umliegenden Straßen befinden. (10 Zimmer)

◆ **Dien Bien Party Hotel**
Thanh Binh, Tel. 023/383 0337 ●
Das kleine Hotel liegt unten am Fluss in der Nähe der Brücke. Die Zimmer sind einfach, aber gut in Schuss, die Betten sind erstaunlich komfortabel. Die Eigentümerfamilie spricht etwas Englisch und ist sehr hilfsbereit. (12 Zimmer)

◆ **Dien Bien Phu Hotel**
279A Duong 7/5, Tel. 023/382 5103 ●
Das Haus liegt direkt an der Hauptstraße. Die recht nüchternen Zimmer sind sauber und gut ausgestattet. Das Personal ist zwar freundlich, aber leider sprechen nur wenige Mitarbeiter Englisch. Das Hotel verfügt über einen Massage-Salon und ein großes Restaurant. (32 Zimmer)

◆ **Dien Bien Phu-Hanoi Hotel**
849 Duong 7/5, Tel. 023/382 5103 ●
Das renovierte, staatlich geführte Hotel verfügt über einfache, aber große und saubere Zimmer. Die Einrichtung ist jedoch ziemlich geschmacklos. Zum Hotel gehört ein etwas schäbiger Massage-Salon. Es wird nur sehr wenig Englisch gesprochen. (32 Zimmer)

◆ **Muong Thanh Hotel**
25 Him Lam, Tel. 023/381 0038 ●
Ein architektonisch eigenwilliges Haus mit großen, bizarren Betonstatuen, einem großen Restaurant und vielen einfachen, aber akzeptablen Zimmern. Es gibt Karaoke und Massagemöglichkeiten. Vermeiden Sie um jeden Preis den schmutzigen Pool. Es ist ratsam im Voraus zu buchen, da das Hotel bei Tourgruppen beliebt ist. Das Personal spricht Englisch. (60 Zimmer)

Lai Chau

◆ **Huyen Tran Guesthouse**
Tel. 023/387 5829 ●
Das gemütliche kleine Gästehaus liegt an der Hauptstraße und ist unter vietnamesischen Geschäftsleuten populär. Die Zimmer sind ordentlich (man sollte den extra Dollar für das größere Zimmer aufbringen) und mit Klimaanlage, TV und einem Balkon mit Blick über die Reisfelder ausgestattet. Etwas teurer als Tay Bac, aber immer noch preiswert. (10 Zimmer)

◆ **Tay Bac Hotel**
3 Phong Chau, Tel. 023/387 5879 ●
Zweifellos das beste Hotel in Lai Chau, mit unterschiedlichen Zimmerstandards. Die besten befinden sich in den netten Stelzenhäusern. Alternativ bieten sich die kleinen, aber sauberen Zimmer mit Ventilator oder die größeren mit Klimaanlage an. Das Personal spricht annehmbares Englisch. (33 Zimmer)

Sapa

Zwischen Dezember und Februar kann es in Sapa nicht nur neblig, sondern auch kalt, windig und regnerisch werden. Nur einige Hotels verfügen über eine Heizung; anstelle dessen bevorzugen die meisten Kamine, obwohl diese kaum die Zimmer beheizen. Man sollte daher dicke Kleidung mitbringen. Viele Besucher entscheiden sich für eine Übernachtung bei einem der Volksstämme im Tal. Die Wandertouren können von zwei Tagen bis zu einer Woche dauern und sind bei Reiseveranstaltern in Hanoi oder in jedem Hotel oder Gästehaus in Sapa buchbar.

◆ **Victoria Sapa Resort & Spa**
Sapa, Tel. 020/387 1522, ●●●●
Das stimmungsvolle Resort im Chalet-Stil thront oberhalb der Stadt und bietet atemberaubende Ausblicke über das Tal bis zum Berg Fansipan. Die Zimmer sind warm und luxuriös mit einzigartigen vietnamesischen Akzenten. Das Resort verfügt über einen beheizten Pool, einen Garten und ein Spa. Die Gerichte im Restaurant sind recht teuer, weshalb manche Besucher lieber woanders in der Stadt essen. Das Resort kann mit dem komfortablen Victoria Express seinen eigenen Zugtransfer von und nach Hanoi arrangieren. (77 Zimmer)

◆ **Topas Eco Lodge**
24 Muong Hoa, Tel. 020/387 1331, www.topasecolodge.com ●●●
Südlich von Sapa gelegen, hat dieses umweltfreundliche Haus aufgrund seiner Lage wärmeres Wetter und bessere Sicht. Die 25 Zimmer liegen in Bungalows, die mit Solarzellen beheizt werden. Die Zimmer sind etwas spärlich eingerichtet, aber sauber und gemütlich. Das Personal besteht überwiegend aus Angehörigen der Minderheiten. Im Großen und Ganzen ist die Lodge ein wunderbarer Ort zum Übernachten, auch wenn er für Familien mit kleinen Kindern und mobilitätseingeschränkte Menschen nicht geeignet ist. (25 Zimmer)

◆ **Cha Pa Garden Boutique Hotel and Spa**
23B Cau May, Tel. 020/387 2907 ●●
Einst Sapas bestgehütetes Geheimnis, bietet dieses wunderbare kleine Boutique-Hotel gemütliche und schön eingerichtete Zimmer in einer renovierten französischen Villa. Die freundlichen Besitzer Tommy und Chai geben sich wirklich große Mühe, um ihre Gäste glücklich zu machen. Mitte 2009 kamen zehn weitere Zimmer und das Zen Spa hinzu. Die Besitzer helfen bei der Organisation von Treks, Gastfamilienaufenthalten und lokalem Transport. (14 Zimmer)

◆ **Chau Long Sapa Hotel**
24 Dong Loi, Tel. 020/387 1245, www.chaulonghotel.com ●●
Dieses renovierte Hotel hat große, elegante Zimmer mit atemberaubendem Ausblick über das Tal. Wenn möglich sollte man ein Zimmer im neuen Flügel wählen. Das freundliche und gut informierte Personal kann über Vieles Auskunft geben. Es gibt ein Spa, den Pool sollte man aber lieber meiden. (95 Zimmer)

◆ **Auberge Dang Trung Hotel**
31, Cau May St, Tel. 091/973 7027, www.sapa-auberge.com ●
Der einstige Klassiker unter Sapas Budget-Unterkünften hat in den letzten Jahren etwas an Charme eingebüßt. Geführt vom französisch sprechenden Dang Trung, findet man hier einfache Zimmer vor, die im Winter sehr kalt werden. Die Räume in den unteren Etagen bieten keinen Ausblick. Das dazugehörige Restaurant hat leckere Speisen und ist bei Rucksackreisenden sehr beliebt. (30 Zimmer)

◆ **Cat Cat View Hotel**
Cat Cat, Tel. 020/387 1946, www.catcathotel.com ●
Verwechseln Sie dieses etablierte und beliebte Hotel nicht mit seinen vielen Kopien. Dies ist das Original. Gelegen im Dorf Cat Cat unweit der Stadt, verfügt es über gemütliche Zimmer an der Hügelseite, die einen atemberaubenden Blick garantieren. Ein Lift erleichtert den Aufstieg. Man sollte nach einem Zimmer mit Kamin fragen. Die Rezeption kann Treks und Homestay-Aufenthalte bei den lokalen Minderheiten arrangieren. (32 Zimmer)

◆ **Lotus Hotel**
5 Muong Hoa, Tel. 020/387 1308 ●
Das lauschige Gästehaus liegt direkt an der Hauptstraße, neben dem Auberge. Es bietet riesige, schön eingerichtete Zimmer mit Kamin, Fernseher, Balkon und Badewanne zu günstigen Preisen. Das Personal ist freundlich und kann Treks und Homestays in Bergdörfern organisieren. (16 Zimmer)

◆ **Sapa Rooms Boutique Hotel**
81 Phan Xi Pang, Tel. 020/387 2131, www.saparooms.com ●
Ein Juwel von einem Boutique-Hotel mit sauberen, gemütlichen Zimmern, die wunderschöne Ausblicke und interessantes Ethno-Dekor bieten. Mit gutem Service und freundlichem Personal ist dieses Hotel ein guter Deal. Dazu gehört ein fantastisches Gourmetrestaurant. (13 Zimmer)

◆ **Thai Binh Hotel**
Ham Rong, Tel. 020/387 1212, www.thaibinhhotel.com ●
Das gemütliche Haus bietet saubere, ruhige Zimmer (mit Kamin) und eine warme, familiäre Atmosphäre. Es liegt am Rande des Botanischen Gartens Ham Rong und damit angenehm entfernt von den Läden und Verkäufern an der Hauptstraße. Der Besitzer Nam Hong kann Guides arrangieren und interessante Treks empfehlen. (10 Zimmer)

Der Nordosten

Cao Bang

◆ **Bang Giang Hotel**
1 Kim Dong, Tel. 026/385 3431 ●
Das staatlich geführte Hotel liegt neben der Brücke und bietet große und saubere, wenn auch charakterlose Zimmer. Von den oberen Etagen hat man einen exzellenten Ausblick. (80 Zimmer).

◆ **Huong Thom Hotel**
45 Kim Dong, Tel. 026/385 5888 ●
Das gut geführte Minihotel verfügt über helle, saubere Zimmer, einige auch mit Klimaanlage und TV. Es liegt in der Nähe des Marktes und von den oberen Stockwerken hat man einen schönen Blick über den Bang-Giang-Fluss. (35 Zimmer)

Lang Son

◆ **A1 Guesthouse**
32 Dinh Tien Hoang, Tel. 025/381 2221 ●
Einfaches, aber annehmbares staatlich geführtes Hotel in der Altstadt von Lang Son mit relativ sauberen Zimmern mit Bad. (30 Zimmer)

◆ **Dong Kinh Hotel**
25 Nguyen Du, Tel. 025/387 0166 ●
Einfaches, aber gemütliches Hotel in der Nähe des Marktes. Es bietet Gemeinschaftszimmer sowie auch Einzelzimmer, welche über TV, Klimaanlage und Minibar verfügen. (28 Zimmer)

◆ **Kim Son Hotel**
3 Minh Khai, Tel. 025/387 0378 ●
Das vietnamesisch-chinesische Joint Venture ist ein sauberes, komfortables Hotel mit schön eingerichteten Zimmern, inklusive Klimaanlage und eigenem Badezimmer. Zum Hotel gehört auch ein recht gutes chinesisches Restaurant. (29 Zimmer)

Haiphong

◆ **Harbour View Hotel**
4 Tran Phu, Tel. 031/382 7827, www.harbourviewvietnam.com ●●●
Schönes Haus im Kolonialstil mit gut ausgestatteten Zimmern. Am Rande der Innenstadt von Haiphong gelegen, bietet es einen netten Pool, das Mandara Spa sowie ein exzellentes Fitness-Center. Es ist mit Abstand das beste Hotel der Hafenstadt, auch wenn es trotz seines Namens nicht über einen Hafenblick verfügt. (122 Zimmer)

◆ **Huu Nghi Hotel Haiphong**
60 Dien Bien Phu, Tel. 031/382 1361 ●●
Die zentral gelegene Bleibe mit großen, schön möblierten Zimmern bietet all jene Annehmlichkeiten, die man bei einem auf Geschäftstouristen eingerichteten Hotel erwartet. Es gibt einen schönen Pool und einen Tennisplatz sowie Massage-Service. (174 Zimmer)

◆ **Hôtel du Commerce**
62 Dien Bien Phu, Tel. 031/384 2706 ●
Dieses attraktive und renovierte Hotel im Kolonialstil verfügt über große, schön eingerichtete Zimmer. Der Preis in den teureren Zimmern beinhaltet auch das Frühstück. (45 Zimmer)

◆ **Thang Minh Hotel**
22B Minh Khai, Tel. 031/382 3404, ●
Eine nette und günstige Unterkunft mit riesigen, makellos sauberen Zimmern und freundlichem Personal. Das Frühstück ist im Preis inbegriffen. (32 Zimmer)

◆ **Thang Nam Hotel**
55 Dien Bien Phu,
Tel. 031/384 2818 ●
Saubere, gemütliche und erschwingliche Unterkunft in zentraler Lage. Die Einrichtung ist nichts Besonderes, aber die Zimmer sind mit Klimaanlage und Satelliten-TV durchaus annehmbar. (14 Zimmer)

Halong-Stadt

Die meisten Besucher der Halong-Bucht haben ihre Touren bereits in Hanoi gebucht. Viele entscheiden sich zu Recht für eine Übernachtung auf einem der Schiffe in der Bucht oder auf der Cat-Ba-Insel. Jeder der in Hanoi ansässigen Reiseveranstalter kann Ihnen einen Schiffsausflug nach Halong arrangieren. Für jene, die lieber in der Stadt nächtigen wollen, gibt es eine große Auswahl an Hotels und Gästehäusern. Man kann also nach Kräften um einen Preisnachlass feilschen. Im touristischen Stadtteil Bai Chay konzentrieren sich die Unterkünfte v.a. entlang dem Strandboulevard Ha Long und an der Straße Vun Dao. Auch einige internationale Hotelketten haben Häuser eröffnet, darunter auch Accor. In Hon Gai liegen die meisten Gästehäuser und Hotels entlang der Le Thang Tong.

Bai Chay

◆ **Heritage Halong**
88 Ha Long, Tel. 033/384 6888, www.heritagehalonghotel.com.vn ●●●
Gut ausgestattetes Haus mit großen, komfortablen Zimmern und exzellenter Aussicht über die Bucht. Glücklicherweise schließt der angeschlossene Karaoke-Club schon recht früh. (101 Zimmer)

◆ **Saigon Halong**
168 Ha Long, Tel. 033/384 5845, www.saigonhalonghotel.com ●●●
Dieses große, imposante Hotel hat schon bessere Zeiten erlebt; trotzdem findet man hier saubere Zimmer mit wunderschöner Aussicht auf die Bucht. Während der Nebensaison sind die Preise hier sehr günstig. Das Hotel ist sehr beliebt bei Touristengruppen. (228 Zimmer)

◆ **Halong 1**
Ha Long, Tel. 033/384 6320 ●●
Während der Filmaufnahmen für *Indochine* hat hier Catherine Deneuve übernachtet – in Nr. 208, um genau zu sein. Das Hotel verfügt über schöne Zimmer mit geräumigem Bad und hervorragendem Ausblick. Das kleine Hotel ist schnell voll, daher sollte man lieber im Voraus buchen. (23 Zimmer)

◆ **Halong Plaza**
8 Ha Long,
Tel. 033/384 5810,
www.halongplaza.com ●●
Dieser Hotelkasten hat geschmackvoll möblierte Zimmer mit exzellenter Aussicht über die Bucht. Zum Faulenzen bieten sich der große Pool und eine Massage an. Nette Bar. (200 Zimmer)

◆ **Thanh Nien Hotel**
Ha Long, Tel. 033/384 6715 ●
Das kleine Hotel liegt auf einer Landzunge am Bai-Chay-Strand. Es verfügt über kleine Bungalows mit Klimaanlage, TV und Warmwasser. Durch die nahe gelegenen Cafés und Karaokebars kann es spätabends etwas lauter werden. Nichtsdestotrotz bekommt man hier eine gute Unterkunft zu einem guten Preis. (11 Zimmer)

◆ **Vuon Dao Hotel**
Ha Long, Tel. 033/384 6427 ●
Der große Betonkoloss steht auf dem Gipfel eines Hügels und ist bei Touristengruppen beliebt. Die geräumigen, luftigen Zimmer gibt es zum günstigen Preis. (85 Zimmer)

Hong Gai

◆ **Halong Hotel/ Guesthouse**
80 Le Thanh Tong,
Tel. 033/382 6509 ●
Kleines, aber makellos sauberes Gästehaus. Die Zimmer haben Bad, Klimaanlage und Warmwasseranschluss. Gut und preiswert. (8 Zimmer)

◆ **Hien Cat**
252 Ben Tau,
Tel. 033/382 7417 ●
Genau neben der Werft für die Fähren gelegen, bietet dieses kleine wohnliche Minihotel saubere, helle Zimmer mit Ventilator, Warmwasser und Gemeinschaftsbad. Das Personal ist sehr freundlich und hilfsbereit. (5 Zimmer)

Cat-Ba-Archipel

Ein weiterer florierender Touristenort mit zahlreichen Minihotels und Gästehäusern. Die meisten findet man entlang der Küste an der Nui Ngoc. Um das Ganze noch komplizierter zu machen, gibt es hier keine Straßennummern und viele der Hotels haben denselben, oder ähnliche Namen. Die unten aufgelisteten gehören zu den besten Hotels und Gästehäusern. Hinweis: Wer will, kann eine Strandhütte aus Bambus oder ein Zelt am Cat Co 2 Beach für etwa 6 US$ mieten und dort auch campen. Gehen Sie einfach dorthin und erkundigen Sie sich.

◆ **Catba Island Resort & Spa**
Cat Co 1 Beach,
Tel. 031/368 8686, www.catbaislandresort-spa.com ●●●
Gelegen an einem Hügel und umgeben von Wald, bietet dieses vornehme Resort geschmackvoll eingerichtete Zimmer mit wunderbarem Ausblick auf die Bucht und den Cat-Co-Strand. Es gibt einen kinderfreundlichen Pool mit Wasserrutschen und einen privaten Strand zum Faulenzen. Das dazugehörige Restaurant serviert asiatisches und westliches Essen sowie Meeresspezialitäten. (109 Zimmer)

◆ **Sunrise Resort**
Cat Co 3 Beach, Tel. 031/388 7360, www.catbasunriseresort.com ●●
Dieses wunderschöne und beliebte Resort liegt etwas abseits, aber die Landschaft, die bauliche Gestaltung, die Zimmer sowie die Aussicht lohnen die kleine Wanderung. Es gibt einen wunderbaren Privatstrand, einen Pool sowie oftmals auch Jacuzzis auf den Zimmern. Zwei Restaurants sowie ein Touren-Counter sind verfügbar. (39 Zimmer)

◆ **Holiday View Hotel**
Nui Ngoc, Tel. 031/388 7200, www.holidayviewhotel-catba.com ●●
Am Rande von Cat Ba gelegen, bietet dieser gewaltige, ästhetisch misslungene Hotelkomplex große, makellose Zimmer mit Meerblick. Er ist beliebt bei Tourgruppen und bietet die Zimmer meist zu günstigen Preisen an. (120 Zimmer)

◆ **My Ngoc Hotel**
Nui Ngoc,
Tel. 031/388 8199, ●
Dieses einfache, aber komfortable Hotel hat zur Straße hin ein Restaurant und bietet Informationen über

Touren und einen Kajakverleih. Man sollte nach einem Zimmer mit Balkon fragen. Das hilfsbereite Personal beantwortet gerne alle Fragen. (22 Zimmer)

◆ Noble House
Nui Ngoc,
Tel. 031/388 8363 ●
Flippiges, kleines, australisch geführtes Gästehaus direkt gegenüber der Landungsstege mit sauberen, komfortablen Zimmern mit einem Hauch von English Pub. Die Bar und das Restaurant sind gut. (8 Zimmer)

◆ Princes Hotel
Nui Ngoc, Tel. 031/388 8899, www.catbaprinceshotel.com ●
Das glitzernde, recht kitschig geratene Hotel mit viel Charakter bietet große, luftige Zimmer. Das Personal ist freundlich und akzeptiert Kreditkarten. Es gibt einen Innenhof mit Garten, ein Spa und einen bei Einheimischen beliebten Nachtclub. Die luftige Bar auf dem Dach bietet tolle Ausblicke. (80 Zimmer)

◆ Quang Duc Family Hotel
Nui Ngoc,
Tel. 031/388 8231 ●
Charmantes, kleines Hotel, in welchem Besitzer und Personal die Gäste tatsächlich wie Familienangehörige behandeln. Die Unterkunft organisiert Touren und andere Aktivitäten. (7 Zimmer)

◆ Sunflower 1 Hotel
Zone Iv Cat Ba, Tel. 031/388 8429, ●
Schönes, sauberes Hotel mit großen, nett eingerichteten Zimmern, nicht alle bieten aber Sicht auf die Bucht. Auf Anfrage gibt es große Familienzimmer. Auf dem Dach befindet sich eine tolle Billardbar. (60 Zimmer)

Die Küste von Tonkin

Nam Dinh

◆ Vi Hoang Hotel
153 Nguyen Du,
Tel. 0350/384 9290 ●
Im Zentrum neben dem Kulturhaus der Stadt gelegen, ist das Hotel dem Vi-Xuyen-Park zugewandt. Es verfügt über große Zimmer, einen Pool, Massage sowie ein Restaurant. Das Personal wirkt hier immer sehr beschäftigt, also sollte man besser nicht allzu viele Informationen erwarten. (90 Zimmer)

Ninh Binh

◆ Ngoc Anh Hotel
36 Luong Van Tuy,
Tel. 030/388 3768, ●
Im hellblauen Minihotel gibt es große, saubere Zimmer und ein recht ordentliches Restaurant. Die Besitzer sind sehr freundlich und hilfsbereit. Man kann hier Motorräder mieten und Touren arrangieren. (10 Zimmer)

◆ Thuy Anh Hotel
55A Truong Han Sieu,
Tel. 030/388 2712 ●
Das saubere Familienhotel liegt direkt neben dem Stadtzentrum. Es ist bei Touristengruppen sehr beliebt und daher schnell voll. Die schöneren, ruhigeren Zimmer findet man im neuen Flügel, die Einrichtungen im alten Flügel sind jedoch auch nicht schlecht. Es gibt ein gutes Restaurant und eine nette Bar auf dem Dach. Die Mitarbeiter am Ausflugsschalter arbeiten sehr effektiv. (37 Zimmer)

◆ Xuan Hoa Hotel
31 Minh Khai, Tel. 030/388 0970, www.xuanhoahotel.com ●
Das nette Minihotel mit neuerem Anbau verfügt über saubere und schön eingerichtete Zimmer zu sehr günstigen Preisen. Die Atmosphäre ist familiär und das Café eignet sich wunderbar für einen Plausch mit dem Besitzer und anderen Besuchern. Es werden Tourarrangements und Transportmöglichkeiten angeboten. (25 Zimmer)

Hoa Lu

◆ Van Xuan Hotel
14 Truong Sa (direkt an der Nationalstraße 1 A), Tel. 090/557 7967 ●
Geführt von der Kommunistischen Jugendunion von Ninh Binh (und das sogar überraschend gut), findet man dieses Hotel in einem üppigen Garten am Fuß des Thien-Ton-Berges, nur einige Kilometer von Hoa Lu und Tam Coc entfernt. Meistens herrscht hier wenig Betrieb. Die Zimmer sind groß und hell, größere Bungalows sind auch verfügbar. (11 Zimmer)

◆ Cuc-Phuong-Nationalpark
Nho-Quan-Distrikt,
Ninh-Binh-Provinz,
Tel. 030/384 8006 ●
Für Besucher, die gern ein oder zwei Nächte im Cuc-Phuong-Nationalpark verbringen möchten, bieten sich drei verschiedene Übernachtungsmöglichkeiten in drei verschiedenen Bereichen des Parks an. Im Hauptbüro am Parkeingang können Besucher zwischen einem Hotelzimmer (mit Klimaanlage, Warmwasserbad und TV), einem Stelzenhaus (Warmwasserbad und Ventilator) oder einem separaten Bungalow (mit Warmwasserbad, TV und Klimaanlage) wählen. Am Mac-See gibt es Bungalows. Größere Gruppen können auch ein Stelzenhaus (kein Warmwasser, Gemeinschaftsbad) mieten. Weiter im Parkinnern gibt es weitere Bungalows und Stelzenhäuser an der Bong-Außenstelle. Strom ist dort nur tagsüber verfügbar. (52 Zimmer)

Thanh Ho

◆ Ben Ngu Guesthouse
5 Ben Ngu,
Tel. 037/385 4704 ●
Motelartiges Gästehaus mit sauberen, gemütlichen Zimmern und Blick auf einen grünen Hof. Das Personal ist freundlich und kann bei Tourbuchungen behilflich sein. Seine Englischkenntnisse sind allerdings nicht die besten. (18 Zimmer)

◆ Kim Ngan Hotel
92 Nguyen Truong To,
Tel. 037/371 4223 ●
Schönes, kleines Hotel mit Blick auf den ausgetrockneten Nha-Tho-See. Um es zu finden, läuft man einfach die Straße an der Kathedrale hinunter. Das Personal spricht kaum Englisch, ist aber freundlich und entgegenkommend. (12 Zimmer)

◆ Sao Mai Hotel
20 Phan Chu Trinh,
Tel. 037/371 2888 ●
Die Zimmer sind groß und nett eingerichtet, und es gibt einen Pool. Der Service lässt leider zu wünschen übrig. Nichtsdestotrotz ist das Hotel seinen Preis wert. (100 Zimmer)

Vinh

◆ Huu Nghi Hotel
74 Le Loi,
Tel. 038/384 2343 ●
Zimmer und Service sind ähnlich wie im Saigon Kim Liem (siehe unten), jedoch sind die Preise etwas niedriger. Die Zimmer in den obersten Etagen sind ruhig und bieten eine tolle Aussicht. (73 Zimmer)

◆ Saigon Kim Lien Hotel
25 Quang Trung, Tel. 038/383 8899, www.saigonkimlien.com.vn ●
Modernes Geschäftshotel mit vielen Annehmlichkeiten wie TV, Klimaanlage, Mini-Bar und Safe zu vernünftigen Preisen. Auf die offiziellen Zimmerpreise gibt es oftmals Rabatte. (77 Zimmer)

Hue, Danang und Hoi An

Hue

◆ La Residence Hotel & Spa
5 Le Loi, Tel. 054/383 7475, www.la-residence-hue.com ●●●●
Boutique-Hotel in der einstigen Residenz des französischen Gouverneurs. Die Zimmer sind liebevoll eingerichtet und nach drei Themen gestaltet: Monuments d'Egypte, Voyage en Chine und Suite d'Ornithologue. Jedes Zimmer verfügt über Art-déco-Möbel, Himmelbetten und eine Terrasse mit Blick auf den Parfumfluss samt Fahnenmast der könig-

lichen Zitadelle. Ein Spa sowie ein feines Restaurant sind ebenfalls vorhanden. (122 Zimmer)

◆ **Century Riverside Hotel**
49 Le Loi, Tel. 054/382 3390, www.centuryriversidehue.com ●●●
Wenn man erst einmal die hässliche Lobby passiert hat, wird man die schönen, geräumigen Zimmer mit Balkon und Blick auf den Parfumfluss genießen. Zur Ausstattung gehören ein Pool an der Flussseite, ein Restaurant, eine Bar sowie ein Konferenzraum. (135 Zimmer)

◆ **Hotel Saigon Morin**
30 Le Loi, Tel. 054/382 3526, www.morinhotel.com.vn ●●●
Die Hotellegende öffnete bereits 1901 ihre Pforten und besitzt noch viel von ihrem französischen Charme. Das Haus liegt nur wenige Gehminuten zum Dong-Ba-Markt und der königlichen Zitadelle. Die Zimmer sind schön eingerichtet und z.T. sehr groß. Das lauschige Gartenrestaurant im Innenhof bietet internationale Küche und bei gutem Wetter traditionelle vietnamesische Musikdarbietungen. (180 Zimmer)

◆ **Imperial Hotel**
8 Hung Vuong, Tel. 054/388 2222, www.imperial-hotel.com.vn ●●●
Vom noblen Hochhausklotz hat man einen tollen Blick über Hue, den Parfumfluss und die königliche Zitadelle. Alle Zimmer haben DSL, in den Bars gibt es WLAN. Zur Ausstattung gehören ein Pool im Freien, ein Casino, ein Spa sowie mehrere Restaurants. Die Zimmer verfügen über alle Annehmlichkeiten, die man für den Preis erwartet. (192 Zimmer)

◆ **Hoa Hong Hotel**
1 Pham Ngu Lao, Tel. 054/382 4377, hoahonghotel@dng.vnn.vn, ●●
Zwar alt, aber hübsch. Die Zimmer sind gut ausgestattet, u.a. mit Klimaanlage und Satelliten-TV. Die geräumigen Badezimmer verfügen über Jacuzzi-Badewannen. Das Hotel liegt im Herzen des Touristenviertels und damit in der Nähe vieler Restaurants und Bars. (50 Zimmer)

◆ **Hue Heritage Hotel**
9 Ly Thuong Kiet, Tel. 054/383 8111 ●●
Feines Hotel im Kolonialstil mit Holzböden, einem Pool auf dem Dach, einer Bar sowie einem Restaurant. Die eleganten Zimmer verfügen über Klimaanlage, Satelliten-TV und privaten Balkon. (168 Zimmer)

◆ **Huong Giang**
51 Le Loi, Tel. 054/382 2122, www.huonggiangtourist.com ●●
Das halbstaatliche Hotel am Fluss liegt unweit der Hauptsehenswürdigkeiten. Zur Ausstattung gehören ein Tennisplatz, ein Spa und ein Pool. Die größeren Zimmer bieten private Balkone und Flussblick. Die Zimmer verfügen über Internetzugang, Bad, Klimaanlage, Satelliten-TV und Safe. (165 Zimmer)

◆ **Duy Tan Hotel**
12 Hung Vuong, Tel. 054/382 5001, www.duytanhotel.com.vn ●
Gelegen im Zentrum des Touristenviertels, verfügt dieses staatlich geführte Hotel über die klassische Ausstattung wie Klimaanlage und Satelliten-TV zu günstigen Preisen. Die teureren Zimmer befinden sich in den oberen Etagen und haben Balkone. (114 Zimmer)

◆ **Ngoc Huong Hotel**
5 Le Loi, Tel. 054/383 0111 ●
Freundlicher Service und eine schöne Lage am Rande des Touristenviertels machen diese Bleibe zu einer guten Wahl. Die Zimmer sind komfortabel und verfügen über Klimaanlage, Warmwasser sowie Satelliten-TV. Die besten Restaurants, Bars und Shoppingmöglichkeiten liegen ganz in der Nähe. (20 Zimmer)

◆ **Thai Binh I Hotel**
6/34 Nguyen Tri Phuong, Tel. 054/382 8058, www.thaibinhhotel-hue.com ●
Das beliebte Hotel im Zentrum der Stadt ist das Bessere von zweien gleichen Namens. Das Personal ist freundlich und hilfsbereit und die Ausstattung behindertenfreundlich (mit Lift). Kostenlose Abholung vom Bahnhof oder der Busstation ist möglich. Die Zimmer verfügen über Satelliten-TV, Klimaanlage, Telefon und Warmwasserbäder. Das Restaurant ist ganztägig geöffnet. (40 Zimmer)

◆ **Thanh Noi Hotel**
57 Dang Dung, Tel. 054/352 2478, www.thanhnoihotel.com ●
Das Thanh Noi ist eines der wenigen Hotels nördlich des Parfumflusses und befindet sich im Herzen der königlichen Zitadelle. Das Hotel liegt inmitten eines Viertels mit ruhigen Alleen und Brücken über die vielen Kanäle. Zu den Pluspunkten gehören auch der nette Garten und ein Pool. (36 Zimmer)

Lang Co Beach

◆ **Lang Co Beach Resort**
Lang Co Beach, Tel. 054/387 3555, www.langcobeachresort.com.vn ●●
Das derzeit beste Resort von Lang Co ist von üppigen tropischen Gärten umgeben und im Stil der traditionellen Gartenhäuser von Hue gebaut. Auf dem Gelände befinden sich zwei große Restaurants mit europäischer und asiatischer Küche, Bars, ein Swimmingpool sowie Spa und Fitnessraum. Die Zimmer sind geräumig und verfügen über Balkon mit Meer- oder Gartenblick. Kostenloses WLAN ist verfügbar. (88 Zimmer)

Danang

◆ **Green Plaza Hotel**
238 Bach Dang, Tel. 0511/322 3399, www.greenplazahotel.vn ●●●
Das Green Plaza ist in einem Hochhaus mit Blick über den Han-Fluss angesiedelt und liegt direkt im Zentrum der Stadt. Zur Ausstattung gehören ein Pool auf dem Dach, ein Spa, ein Jacuzzi, ein Fitnessraum und einige der besten Ausblicke auf die Stadt und die Küste. (134 Zimmer)

◆ **Elegant Hotel**
22A Bach Dang, Tel. 0511/383 2591, elegant@dng.vnn.vn ●●
Das reizende Hotel liegt am nördlichsten Ende der Stadt direkt am Fluss. Die Zimmer sind originell dekoriert und verfügen über Klimaanlage, Warmwasserbad, Satelliten-TV und kostenloses WLAN. Zum Hotel gehören auch ein Restaurant, eine Bar und ein kleines Business Center. (32 Zimmer)

◆ **Bamboo Green Harbourside Hotel**
177 Tran Phu, Tel. 0511/382 2722 ●
Nicht zu verwechseln mit dem Bamboo Green Riverside oder dem Bamboo Green Central. Das Green Harbourside liegt in der Nähe einer katholischen Kirche in der Stadtmitte. Die gemütlichen Zimmer haben alle Klimaanlage, Warmwasserbad und Satelliten-TV. Im Restaurant wird vietnamesische, chinesische und europäische Küche serviert. Das Frühstück ist im Preis enthalten. (48 Zimmer)

◆ **Bamboo Green Riverside Hotel**
68 Tran Phu,
Tel. 0511/383 2591,
www.bamboogreenhotel.com ●
Gelegen neben der Song-Han-Brücke, verfügen die Zimmer im neuen Hotel der Bamboo-Green-Gruppe über Warmwasserbad, Klimaanlage, Satelliten-TV und schöne Ausblicke auf die Stadt. Zur Ausstattung gehören Internetzugang, Restaurant und eine Bar. Dies ist das günstigste der drei Bamboo Green-Hotels. (30 Zimmer)

◆ **Dai A Hotel**
51 Yen Bai,
Tel. 0511/382 7532 ●
Südwestlich der Kathedrale gelegen und nur einen Block vom Han-Markt entfernt, bietet das kleine, freundliche Hotel schöne Aussichten über die Stadt sowie kostenloses Internet. Die Zimmer verfügen über Klimaanlage, Telefon, Satelliten-TV und Warmwasserbad. Ein beliebter Ort für Langzeitgäste und Geschäftsleute. (34 Zimmer)

China Beach

◆ **Furama Resort Danang**
68 Ho Xuan Huong,
My-An-Strand,
Tel. 0511/384 7888,
www.furamavietnam.com
●●●●
Eines von Vietnams besten Luxushotels liegt direkt am My-An-Strand, einem Teil des weißsandigen China Beach. Die großzügigen Zimmer sind von einem tropischen Garten umgeben. Zwei Swimmingpools (einer davon mit Wasserfall), Privatstrand und Golfanlage, sowie Fitnessstudio und mehrere exzellente, teure Restaurants runden das Angebot ab. (198 Zimmer)

Hoi An

◆ **Anantara Hoi An**
1 Pham Hong Thai,
Tel. 0510/391 4555,
www.hoi-an.anantara.com
●●●
Eines der besten Resorts der Stadt liegt in Zentrumsnähe direkt am Ufer des Thu-Bon-Flusses. Das Restaurant »Senses« und das Wiener Café servieren asiatisch-europäische Fusion-Küche sowie sog. Wellness-Gerichte, die die Behandlungen im Spa ergänzen. (94 Zimmer)

◆ **Vinh Hung Resort**
An-Hoi-Halbinsel,
Tel. 0510/391 0577, www.vinhhungresort.com ●●●
Das elegante Resort liegt südlich der Altstadt auf einer Flussinsel direkt am Thu Bon. Die Zimmer haben Garten- oder Flussblick. Zum Service gehören ein kostenloser Bootstransfer in die Altstadt und ein nächtlicher »Landschaftsmarkt«, auf dem man lokale Spezialitäten kosten kann. (82 Zimmer)

◆ **Ha An Hotel**
6–8 Phan Boi Chau,
Tel. 0510/386 3126, www.haanhotelhoian.com ●●
Das Ha An ist ein freundliches Familienhotel in einer ruhigen Gasse am Ostende der Altstadt. Es besteht aus zwei Häusern im chinesischen bzw. französisch-kolonialen Stil und einem kleinen Hofgarten. Zimmer haben Klimaanlage, Warmwasserbad, TV und Telefon. (25 Zimmer)

◆ **Nhat Huy Hoang Hotel**
58 Ba Trieu,
Tel. 0510/386 1665,
nhathuyhoang.coltd@vnn.vn
●
Im Großen und Ganzen das preiswerteste Hotel in einer Stadt, in der die Unterkünfte eher überteuert sind. Das Haus ist klein und ruhig, Zimmer mit dieser Ausstattung würden anderswo in der Stadt das Doppelte kosten, und das Personal spricht Englisch. Das Hotel liegt nur ein paar Gehminuten von der Altstadt entfernt. (10 Zimmer)

◆ **Vinh Hung I Hotel**
143 Tran Phu,
Tel. 0510/386 1621,
www.vinhhungresort.com ●
Dieses chinesische Handelshaus strahlt von außen die Atmosphäre von Alt-Hoi An aus. Doch innen sind nur die teureren Zimmer im alten Stil eingerichtet. Zwei Zimmer wurden während der Dreharbeiten zum Film »Der stille Amerikaner« vom Hauptdarsteller Michael Caine bewohnt. Das rechtfertigt offensichtlich den kräftigen Aufschlag für die beiden Räume. Aber man wohnt auch in den anderen ganz schön. (6 Zimmer)

◆ **Vinh Hung II Hotel**
Ecke Hai Ba Trung/Ba Trieu,
Tel. 0510/386 3717,
www.vinhhungresort.com ●
Dieses Hotel im Old-China-Stil ist größer als seine ältere Schwester und hat einen Swimmingpool im Hof. Am Rand der stets vollen Altstadt gelegen, ist Vinh Hung II eine ruhige Oase. (30 Zimmer)

Cua Dai Beach

Viele Touristen kombinieren den Besuch von Hoi An mit ein paar entspannenden Tagen am Strand. Der schöne Cua Dai Beach befindet sich gerade einmal 5 km östlich von Hoi An und bietet eine ganze Reihe schöner Strandresorts. Die meisten von ihnen bieten einen kostenlosen Shuttleservice nach und von Hoi An.

◆ **Nam Hai**
Dien Duong, Cua-Dai-Strand,
Tel, 0510/394 0000,
www.ghmhotels.com ●●●
Schon die Besitzverhältnisse – Vorsitzender der GHM-Hotelgruppe ist Adrian Zecha, Eigentümer der legendären Aman Resorts – sprechen für dieses Nobelhotel. Ohne Frage ist dies Vietnams exklusivstes und wohl auch teuerstes Strandresort. Während die kleinste Zimmerkategorie eine 80 m² große Villa ist, kommt die Villa mit einem Schlafzimmer samt Privatpool auf unglaubliche 250 m². Das Resort erstreckt sich entlang des Strandes, etwa 10 km von Hoi An entfernt. Der Traum eines jeden Architekten verfügt über alle möglichen Annehmlichkeiten, inklusive drei eigenwillig geformter Pools und einem exquisiten Spa. (100 Villen)

◆ **Hoi An Beach Resort**
Cua-Dai-Strand, Tel. 0510/392 7011,
www.hoiantourist.com
●●●
Angrenzend an den Strand auf der gegenüberliegenden Straßenseite und den Fluss auf der anderen Seite, ist dieses Resort bei wohlhabenden vietnamesischen Touristen beliebt. Zu Ausstattung und Service gehören zwei Pools, Spa, Fitness-Center, Internetanschluss, Wassersportmöglichkeiten sowie ein kostenloser Transfer nach Hoi An. Abends gibt es im Restaurant leckere Meeresspezialitäten. (110 Zimmer)

◆ **Palm Garden Resort**
Cua-Dai-Strand, Tel. 0510/392 7927, www.palmgardenresort.com.vn ●●●
Das etwas abgelegene Resort erstreckt sich entlang einem Stück Privatstrand nördlich des Dorfes von Cua Dai und bietet viele Annehmlichkeiten wie kostenloses Internet und Transfer nach Hoi An. Es gibt ein Fitness-Center und vier Restaurants. Am Strand hat man eine große Auswahl an Wassersportmöglichkeiten, von Windsurfen über Kajaking,

Segeln, Jetski bis hin zu Parasailing. (140 Zimmer und 20 Bungalows)

◆ **Golden Sand Resort & Spa**
Cua-Dai-Strand, Tel. 0510/392 7555, www.swissbelhotel.com ●●●
Das Strandresort hat acht Chalet-artige Gebäude inmitten eines Gartens mit Frangipanibäumen, Hibiskus und Palmen. Fast jedes Zimmer verfügt über einen Balkon oder eine Veranda. Hier gibt es einen der größten Swimmingpools von Vietnam, fünf Restaurants, Bars, Spa und WLAN. (196 Zimmer und 16 Suiten)

◆ **Victoria Hoi An Resort**
Cua-Dai-Strand, Tel. 0510/392 7040, www.victoriahotels.asia ●●●
Das architektonisch geschmackvoll gestaltete Resort ahmt ein altes Fischerdorf nach und offeriert Zimmer mit französischem, vietnamesischem oder japanischem Design. Es gibt einen großen Pool und mehrere Restaurants. Kostenloser Shuttle in einem alten Renault-Bus von und nach Hoi An. (105 Zimmer)

◆ **Hai Yen Hotel**
Cua Dai, Tel. 0510/386 1994, kshaiyen@dng.vnn.vn, ●
Das Hai Yen liegt auf halbem Weg zwischen Stadtzentrum und Strand. Das beliebte Hotel bietet gemütliche Zimmer mit allen Annehmlichkeiten, plus Internetzugang, Pool und Restaurant. Das Personal ist freundlich und spricht ganz gut Englisch. (31 Zimmer)

Küstenstraße bis Quy Nhon

Quang Ngai

◆ **Central Hotel**
784 Quang Trung, Tel. 055/282 9999, central@dng.vnn.vn ●
Das Central Hotel liegt zwar nicht zentral, ist aber auch nicht zu weit abgelegen. Schon etwas in die Jahre gekommen ist, präsentiert es sich dennoch recht einladend und sauber. Das Personal ist freundlich und spricht Englisch. Es gibt einen Pool auf dem Dach sowie einen Tennisplatz. DSL-Anschluss ist in den oberen Zimmerkategorien verfügbar. (85 Zimmer)

◆ **Hung Vuong Hotel**
45 Hung Vuong, Tel. 055/371 0477, hungvuonghotel@vnn.vn ●
Dieses Hotelhochhaus ist das größere von zweien dieses Namens am Stadtplatz. Das Restaurant im obersten Stock bietet einen tollen Ausblick. Die Zimmer haben die Grundausstattung, plus DSL-Zugang. Die teuersten VIP-Zimmer sind nicht besonders modisch, aber trotzdem ordentlich. Das Personal spricht Englisch. (66 Zimmer)

◆ **Kim Thanh Hotel**
19 Hung Vuong, Tel. 055/382 3471 ●
Das kleine, familiengeführte Hotel liegt gegenüber dem Stadtplatz. Auch wenn das Gebäude etwas älter ist, bieten die geräumigen Zimmer mit Klimaanlage, Kühlschrank und Satelliten-TV ein gutes Preis-Leistungs-Verhältnis. Das Personal ist hilfsbereit und freundlich. (15 Zimmer)

Sa Huynh

◆ **Vinh Hotel**
Highway 1A. Tel. 055/386 0385 ●
Einfaches, ruhig gelegenes Hotel an einem tollen Strandabschnitt im Süden des lang gezogenen Ortes. Die ordentlichen Zimmer verfügen über Klimaanlage oder Ventilator, Warmwasserbad und TV. Hier oder anderswo in Sa Huynh wird kaum Englisch gesprochen, dafür ist das Personal freundlich und tut sein Bestes, um den Gästen behilflich zu sein. (10 Zimmer)

Quy Nhon

◆ **Life Wellness Resort Quy Nhon**
Ghenh Rang, Bai-Dai-Strand, Tel. 056/384 0132, ●●●
Das schön gestaltete Hotel in Anlehnung an die Cham-Architektur liegt in einer abgelegenen Bucht, 15 km südlich von Quy Nhon. Alle Zimmer verfügen über Meerblick. Es gibt zwei Bars und ein Meeresfrüchte-Restaurant an den Klippen. Das Hotel arrangiert auch Bootstouren zu nahe gelegenen Handwerksdörfern und anderen Sehenswürdigkeiten, darunter die kleine Insel Hon Dat. Das ausgezeichnete Spa bietet eine Auswahl an Massagen und Wellness-Anwendungen. Probieren Sie einmal eine Vierhand-Massage. (63 Zimmer)

◆ **HAGL Resort Quy Nhon**
1 Han Mac Tu, Tel. 056/374 7100, www.hotels84.com ●●
Ein schönes Resort am südlichsten Sandstrandabschnitt der Stadt. Viele Zimmer haben Meerblick, alle Balkone. Zur Ausstattung gehören ein Fitness-Club, zwei Swimmingpools und Tennisplätze. Der Queen's Beach liegt gleich nebenan, und mit den Cham-Türmen Banh It befindet sich eine interessante Sehenswürdigkeit gleich in der Nähe. (133 Zimmer)

◆ **Saigon/Quy Nhon Hotel**
24 Nguyen Hue, Tel. 056/382 8235, www.saigonquynhonhotel.com.vn ●●
Das halbstaatliche Hotel zählt zu den besten der Stadt. Vom Seaview Café im achten Stock bietet sich ein wunderbarer Rundumblick auf Stadt und Meer. Das Hotel bietet einen Pool auf dem Dach, Spa und Fitness-Center. Das gute Restaurant im Erdgeschoss bietet erstaunlich günstige lokale Gerichte. Kostenloses WLAN verfügbar. (148 Zimmer)

◆ **Lan Anh**
19 Xuan Dieu, Tel. 056/389 3109 ●
Lan Anh bietet geräumige Zimmer mit Klimaanlage, Kühlschrank und WLAN, einige mit Balkon und Blick auf den Strand. Das Personal ist hilfsbereit und freundlich. (15 Zimmer)

Nha Trang und die Küste

Nha Trang

◆ **Evason Ana Mandara**
Tran Phu, Tel. 058/352 2222, www.sixsenses.com ●●●●
Das Resort der Six-Senses-Kette liegt an einem hübschen Stadtstrand. Das elegante Anwesen – noch immer das beste, wenn auch nicht mehr das neueste, in Nha Trang – bietet zwei Pools, zwei Restaurants, zwei Bars, ein Wassersportcenter und die Möglichkeit zum Sporttauchen. Die Villen (entweder mit Garten- oder Meerblick, Deluxe oder als Suite) sind nicht gerade groß, aber dafür wunderschön möbliert. (78 Villen)

◆ **Sunrise Hotel**
12–14 Tran Phu, Tel. 058/382 0999, www.sunrisehotelvietnam.com ●●●●
Architektonisch ist es für die einen das beste, für die anderen das protzigste Hotel der Stadt. Wenn man das Haus betritt, nimmt man gleich eine kühle Brise Jasminduft wahr. In der Rezeption aus weißem Granit finden sich große Säulen und schwarze Eisenskulpturen. Es gibt drei hervorragende Restaurants. Abends spielen in der Lounge Musiker klassische Stücke. Zur Hotelausstattung gehören ein Spa, ein Fitness-Center und ein Pool. Alles wirkt etwas übertrieben, aber das Hotel hat seine Fangemeinde gefunden. (123 Zimmer)

◆ **Vinpearl Resort**
Hon-Tre-Insel, Tel. 058/395 8188, www.vinpearl.com, ●●●●
Die weitläufige Anlage liegt auf der »Bambusinsel«. Auf die Insel kommen Sie von Nha Trang aus entweder per Seilbahn oder per Speedboot. Die Zimmer sind geräumig und elegant mit dunklem Holz und Rattan ausgestattet. Zum Resort gehören zwei Pools, vier Restaurants, ein Freizeitpark und ein Privatstrand. (485 Zimmer)

◆ Asia Paradise Hotel
6 Biet Thu,
Tel. 058/352 4686,
www.asiaparadisehotel.com
●●●
Eines von Nha Trangs wenigen guten Hotels, die nicht dem Meer zugewandt sind. Zielgruppe sind vorwiegend Geschäftsleute. Es bietet Spa, Fitness Center, Dachrestaurant und flächendeckendes WLAN. Eine gute Wahl, wenn Sie etwas Luxus zu einem guten Preis genießen wollen. (115 Zimmer)

◆ Nha Trang Lodge
42 Tran Phu,
Tel. 058/352 1500 ●●●
Die Lodge versteht sich eher als Geschäftshotel, ist aber eine gute Wahl für fast alle Touristen. Die geräumigen Zimmer in den 12 Stockwerken bieten einen tollen Blick auf Strand und die Bucht. Zur Ausstattung gehören ein Pool auf dem Dach und Internetzugang. (120 Zimmer)

◆ Novotel Nha Trang
50 Tran Phu,
Tel. 058/222 1027,
www.novotel.com ●●●
Das Novotel präsentiert sich im modern-sachlichen Look mit überwiegend Nichtraucher-Zimmern. Zur Ausstattung gehören ein Dach-Pool, Sauna, Fitness Center und WLAN. Das Novotel ist mit einem Indoor-Spielplatz und einem Babysitter-Service auch familienfreundlich. (154 Zimmer)

◆ Bao Dai's Villas
Hon Tam Resort Nha Trang
Tel. 058/359 0147 ●●
Die noblen Kolonialvillen auf einem Felsvorsprung mit Blick auf den Hafen waren einst das Feriendomizil von Vietnams letztem König. Eine Übernachtung lohnt hier eher für historisch Interessierte oder jene, die dem geschäftigen Touristentrubel im Zentrum entfliehen wollen. Die Inneneinrichtung ist enttäuschend kärglich, die Preise dafür happig. Es gibt ein Restaurant und einen nicht sehr sauberen Privatstrand. Ausländer bezahlen den doppelten Preis wie Einheimische. (48 Zimmer)

◆ Phu Quy 2 Hotel
1 Tue Tinh,
Tel. 058/352 5050 ●
Das zentral gelegene Hotel bietet einen tollen Blick über Stadt und Strand. Es gibt einen Pool auf dem Dach und ein elegantes Restaurant. Die Deluxe-Zimmer haben Holzböden und sind sehr originell eingerichtet. In den Zimmern gibt es WLAN, Klimaanlage und Kabel-TV. (60 Zimmer)

◆ Nha Trang Beach Hotel
4 Tran Quang Khai, Tel. 058/352 4469, www.nhatrangbeachhotel.com.vn ●
Dieses Hotel liegt nur zwei Gehminuten vom Sailing Club und dem Strand entfernt. Die Lobby ist groß und die Zimmer sind geräumig, haben Meerblick, aber keinen Balkon. Vom dem Dachrestaurant kann man den Sonnenuntergang beobachten. Kleines Spa. (64 Zimmer)

◆ Perfume Grass Inn
4A Biet Thu,
Tel. 058/352 4286 ●
Die Zimmer verfügen über Kabel-TV, Klimaanlage, Bad und Minibar. Stilvoll dekoriert, hat jeder Raum seinen eigenen Charakter. Zum Hotel gehören ein familiengeführtes Restaurant, eine Bar und eine Dachterrasse. Internetzugang ist vorhanden. (14 Zimmer)

◆ Sao Mai Hotel
99 Nguyen Thien Thuat,
Tel. 058/352 6412,
saomai2ht@yahoo.com, ●
Das freundliche Familienhotel ist eines der preiswertesten der Stadt. Die großen, ordentlichen Zimmer verfügen über Ventilator oder Klimaanlage, Kühlschrank und TV. Das Haus wird von der Familie des Fotografen Mai Loc geführt, der auch interessante Touren durch Zentralvietnam anbietet. (20 Zimmer)

Hon-Khoi-Halbinsel und Doc Let

◆ Six Senses Hideaway Ninh Van Bay
Ninh-Van-Bucht, Ninh Hoa,
Tel. 058/352 4268,
www.sixsenses.com
●●●●
Der beliebte Treffpunkt der Reichen und Berühmten ist mit Abstand Nha Trangs teuerstes Resort. Mit Sicherheit ist es aber auch das exklusivste, denn die Ninh-Van-Bucht ist nur per Boot erreichbar. Man kann zwischen fünf Villentypen wählen, wobei jede Villa über einen eigenen Butler verfügt. Hier geht es in erster Linie um Luxus und Erholung. Jede Villa hat ihren eigenen Pool und ist damit eine Oase der Ruhe. Einige Villen verfügen über eigene Mini-Spas. Man kann in einem der Restaurants essen oder sich seine Mahlzeit auf die private Veranda bestellen. Es gibt in allen Villen Internetanschluss und an der Rezeption WLAN. (58 Villen)

◆ Doc Let Beach Resort
Doc-Let-Strand, Tel. 058/384 9152, docletresort@dng.vnn.vn ●●
Reizendes kleines Resort direkt am Strand. Das Personal ist freundlich, spricht jedoch nur wenig Englisch. Es gibt zwei Restaurants, einen Pool und Tennisplätze. Die Zimmer verfügen über Klimaanlage oder Ventilator und Satelliten-TV. Da die meisten Gäste Vietnamesen sind, bietet das Hotel die obligatorischen Karaoke- und Massageeinrichtungen. (28 Bungalows)

◆ Jungle Beach
Ocean Road, Ninh Phuoc Village, Tel. 058/362 2384, www.junglebeachvietnam.com ●●
Das »1000-Sterne-Resort« (Eigenwerbung) befindet sich an einem der unberührtesten Strände im Land. Das Wasser ist ruhig, seicht und das ganze Jahr über klar. Das Personal ist außerordentlich freundlich und zuvorkommend. Die Preise beinhalten drei Mahlzeiten am Tag. (10 Hütten, 5 Zimmer und 2 Bungalows)

◆ Paradise Beach Resort
Doc-Let-Strand,
Tel. 058/367 0480,
paradise_doclech@hotmail.com ●●
Die Zimmer und Mahlzeiten sind hier ähnlich wie im Jungle Beach: Die Hütte sind rustikal, und drei Mahlzeiten pro Tag sind im Preis inbegriffen. Die Umgebung ist allerdings anders: ein kleines Fischerdorf mit einem verlassenen amerikanischen Wachturm in der Nähe. Das Hotel wird von einer reizenden französisch-vietnamesischen Familie geführt. Internet ist verfügbar. (22 Bungalows und 4 Apartments)

Phan Rang

◆ Ho Phong Hotel
363 Ngo Gia Tu,
Tel. 068/392 0333,
hophong@yahoo.com ●
Abseits der Hauptstraße im Süden der Stadt liegt das reizende Hotel mit sauberen, geräumigen Zimmern, die über Klimaanlage oder Ventilator und Satelliten-TV verfügen. Kostenloser Internetzugang ist verfügbar. Es wird wenig Englisch gesprochen, aber das Personal ist sehr freundlich und gibt wirklich sein Bestes. (28 Zimmer)

◆ **Huu Nghi Hotel**
398 Thong Nhat, Tel. 068/392 0434, www.ninhthuantourist.com.vn ●
Das relativ neue Hotel bietet großzügige, saubere Zimmer mit Klimaanlage, Kühlschrank und Satelliten-TV. Die teureren »High-Class«-Suiten haben zusätzlich eine eigene Bürofläche und einen Gästeraum. Es gibt ein Restaurant, Massageservice und DSL-Internetzugang.
(32 Zimmer)

Dalat

◆ **Evason Ana Mandara Villas Dalat**
Le Loi, Tel. 063/355 5888, www.anamandararesort.com ●●●●
Das luxuriöseste Resort der Stadt liegt in einem abgelegenen Wohnviertel im Südwesten Dalats. Die rustikale Eleganz zeigt sich in allen 17 restaurierten französischen Kolonialvillen aus den 1920er- und 1930er-Jahren in individueller Weise. Guter Service und ein besonderes Verwöhnprogramm stehen hier im Mittelpunkt: Jedes Zimmer hat einen eigenen Butler. Zur Ausstattung gehören ein beheizter Pool, ein Fitness Center, ein DVD-Verleih und flächendeckendes WLAN. Einziger Nachteil sind in dem weitläufigen, bergigen Gelände die großen Entfernungen zwischen den Villen und der Rezeption bzw. dem Restaurant.
(65 Zimmer)

◆ **Sofitel Dalat Palace**
12 Tran Phu, Tel. 063/382 5444, www.sofitel.com ●●●●
Dalats *Grand Dame* ist die beste Wahl, wenn man in französischer Kolonialzeit schwelgen möchte. Das Hotel eröffnete 1922, und obwohl es 1995 renoviert wurde, zeigt sich noch überall eine altertümliche Eleganz. Die Zimmer sind im französischen Stil eingerichtet und verfügen über einen Kamin sowie Satelliten-TV, WLAN und DSL-Anschluss, Zimmerservice und Safes. Das französische Restaurant Le Rabelais, Larry's Bar und L'Apothiquaire Spa lassen ebenfalls koloniale Stimmung aufkommen.
(43 Zimmer)

◆ **Golf 3 Hotel**
4 Nguyen Thi Minh Khai, Tel. 063/382 6042, golf3hot@hcm.vnn.vn ●●
Das beliebte Geschäftshotel einer lokalen Hotelkette liegt am südlichen Zipfel des Marktplatzes und bietet Paketangebote mit dem Dalat Palace Golf Club. Die geräumigen Zimmer mit Holz- oder Fliesenboden haben TV mit DVD-Player und WLAN. Das Sky View Café in der obersten Etage bietet während des Essens einen wunderschönen Ausblick auf den See und den Marktplatz. (78 Zimmer)

◆ **Mercure Dalat Du Parc**
7 Tran Phu, Tel. 063/382 5777, www.mercure.com ●●
Dalats zweitältestes Hotel wurde 1932 gebaut und 1997 renoviert. Es liegt in der Nähe des Café de la Poste, bietet Arrangements mit dem Dalat Palace Golf Club und teilt sich einige Annehmlichkeiten mit seinem Partnerhotel, dem Sofitel. Das Du Parc atmet viel Atmosphäre, hat aber teilweise auch sehr kleine Standardzimmer. WLAN ist verfügbar. (139 Zimmer)

◆ **Saigon-Dalat Hotel**
2 Hoang Van Thu, Tel. 063/355 6789, www.saigondalathotel.com ●●
Relativ neues Haus, dessen markante weißgelbe Fassade und das Dach im alpenländischen Stil von fast überall zu sehen sind. Es gibt zwei hauseigene Restaurants, eine Bar und das Moulin-Rouge-Restaurant auf der anderen Straßenseite. Zur Ausstattung gehören ein beheizbarer Pool, ein Spa, ein Fitness Center und ein Tennisplatz. (160 Zimmer)

◆ **Dreams Hotel**
151 & 164B Phan Dinh Phung, Tel. 063/383 3748, 382 2981 ●●
Erstaunlich viel Komfort für wenig Geld: Der Naturholzboden und die Doppelfenster (um den Straßenlärm fernzuhalten) in Kombination mit einem Jacuzzi auf dem Dach, einer Sauna sowie einer Dampfsauna machen dieses Hotel zu einem Schnäppchen. Das Hotel ist makellos sauber und sehr gepflegt.
(13 Zimmer)

◆ **Hotel Long Binh**
4K1 Bui Thi Xuan, Tel. 063/382 0526, ●●
Das Long Binh ist eine vietnamesische Taverne, was nicht so romantisch ist, wie es klingen mag. Die Gäste im Erdgeschoss können morgens und spätabends ziemlich laut werden, glücklicherweise hört man sie aber in den oberen Etagen kaum. Die geräumigen Zimmer sind ordentlich und mit Satelliten-TV, großem Badezimmer und Balkon ausgestattet. (10 Zimmer)

◆ **Phuong Thanh**
65 Truong Cong Dinh, Tel. 063/382 5097 ●●
Das gemütliche, familiengeführte Hotel gehört zu den »Groovy Gecko Adventure Tours« und liegt in Dalats Backpacker-Gegend. Die ordentlichen Zimmer verfügen über Satelliten-TV und Warmwasserbad. Der Stadtmarkt befindet sich nur einige Gehminuten entfernt den Hügel hinauf. Nachts ist es relativ ruhig. (10 Zimmer)

◆ **Thien An Hotel**
364 Phan Dinh Phung, thienanhotel@vnn.vn, ●●
Das recht neue Hotel wurde von der Familie der Besitzerin der Dream-Hotelkette gebaut und verfolgt die gleiche, erfolgreiche Unternehmensphilosophie: geräumige Zimmer und freundliches Personal. Ein großes Frühstücksbuffet ist im Preis enthalten. Kostenloser Internetzugang und Fahrradverleih. (13 Zimmer)

Ho Chi Minh City

Eine hohe Unterkunftsdichte, darunter viele internationale 5-Sterne-Hotels, spiegelt die steigende Anzahl an Geschäftstouristen mit dickem Geldbeutel wider. Die Luxushotels befinden sich größtenteils im innerstädtischen Distrikt 1, dessen Hauptader die Dong Khoi ist. Die preiswerten Unterkünfte konzentrieren sich im Backpacker-Viertel rund um die Straßen De Tham, Pham Ngu Lao und Bui Vien (im Westen des 1. Distriktes). Hier liegen die schmalen Gassen dicht beieinander. Bisher gibt es in Saigon kaum Mittelklassehotels. Durch die steigende Nachfrage ändert sich dies aber langsam.

Distrikt 1

◆ **Caravelle**
19 Lam-Son-Platz, Tel. 08/3823 4999, www.caravellehotel.com ●●●●
Seit es 1959 seine Pforten öffnete, zählt das 5-Sterne-Haus zu den renommiertesten Saigons. Der ursprüngliche, niedrigere Flügel war während des Vietnam-Krieges populär bei Auslandskorrespondenten. Der 24-stöckige Neubau wurde 1998 eingeweiht. Die Zimmer und Suiten sind luxuriös. Preisgekrönt und doch persönlich, offeriert das Caravelle exzellente Speisen und Getränke. (335 Zimmer)

◆ **Hotel Continental Saigon**
132–134 Dong Khoi, Tel. 08/3829 9201, www.continentalvietnam.com ●●●●
Das Continental ist das Gegenteil von Saigons vielen langweiligen, modernen Innenstadthotels. Das historische Hotel ist heute staatlich geführt, hat sich aber seit 1880, als Graham Greene im Raum 214 wohnte, kaum verändert. Die Zimmer und Suiten sind geräumig, einfach und liebenswert altmodisch. Leider fehlt ein Pool. (86 Zimmer)

◆ **Duxton Hotel Saigon**
63 Nguyen Hue, Tel. 08/3822 2999, www.saigon.duxtonhotels.com ●●●●
Dieses 4-Sterne-Haus ist eines der attraktivsten der Stadt und beliebt bei Urlau-

bern und Geschäftsleuten. Für die Popularität sind die gute Innenstadtlage und der ausgezeichnete Service verantwortlich. Die Gästezimmer und Suiten, einige davon mit Flussblick, sind schon etwas älter, aber trotz allem gemütlich. Zur Ausstattung gehören die größte Spielhalle der Stadt, Geschäftsräume, ein Fitness Center und ein Pool. (198 Zimmer)

◆ **Legend Hotel Saigon**
2A–4A Ton Duc Thang, Tel. 08/3823 3333, www.legendsaigon.com ●●●●
Wenn Sie tadellosen Service und hohen Standard suchen, ist das japanisch geführte 5-Sterne-Haus genau das Richtige. In Reichweite des Saigon-Flusses gelegen, bieten die eleganten Zimmer und Suiten mit makellosen Badezimmern (inkl. beheizbarer Toilette) und einem wunderschönen Flussblick jeglichen Komfort. Zur Ausstattung gehören zwei erstklassige Restaurants mit japanischer und kantonesischer Küche (Letzteres serviert exzellentes *dim sum*) und ein schöner Pool. (282 Zimmer)

◆ **Majestic**
1 Dong Khoi, Tel. 08/3829 5517, www.majesticsaigon.com.vn ●●●●
Das 1925 erbaute Wahrzeichen ist eines von Südostasiens klassischen Kolonialhotels. Staatlich geführt, versprüht es mit seinen eleganten Hotelpagen, den Violinisten zur Teezeit und der großen Marmorlobby mit Kronleuchtern und bunten Glaslampen immer noch altertümlichen Charme. Die Zimmer und Suiten sind im eleganten kolonialen Design gehalten, inklusive der hohen Decken und schwarzgoldenen Badezimmer aus Marmor. Im Anbau sind die meisten Räume jedoch klein und ohne Ausblick. Am Ufer gelegen, bieten einige Zimmer und die Restaurants eine sehr schöne Sicht auf den Fluss. (175 Zimmer)

◆ **Nguyen Du Park Villas**
111 Nguyen Du, Tel. 08/3822 0788, www.ndparkvillas.com ●●●●
Umgeben von üppigem Grün bietet das attraktive Hotel luxuriöse Apartments, Pool, Spa und Fitnessraum. Die großzügigen Ein- bis Vier-Zimmer-Apartments mit Rundum-Service sind mit jedem erdenklichen Komfort ausgestattet. Eine stilvolle Alternative zum üblichen Angebot in Ho Chi Minh City. (41 Apartments)

◆ **Norfolk Hotel**
117 Le Thanh Ton, Tel. 08/3829 5368, www.norfolkhotel.com ●●●●
Nach der stilvollen Umgestaltung schossen die Preise für das australisch geführte Norfolk Hotel in die Höhe. Doch das ansehnliche Boutique-Hotel, in einer schattigen Straße gelegen, ist bei Geschäftstouristen und Individualtouristen nach wie vor beliebt. Die meisten der gut ausgestatteten Zimmer verfügen über einen Balkon. Es gibt keinen eigenen Pool, aber die Gäste können das Schwesterhotel besuchen. (104 Zimmer)

◆ **Park Hyatt Saigon**
2 Lam-Son-Platz, Tel. 08/3824 1234, www.saigon.park.hyatt.com ●●●●
Das sehr elegante Hyatt erweckt nostalgische Gefühle für die französische Kolonialzeit. Es bietet jeden erdenklichen Komfort. Dieses 5-Sterne-Hotel vereint Klasse und Luxus und bietet den wohl besten Servicestandard in Vietnam. Die kolonial angehauchten Zimmer verfügen über Himmelbetten und moderne Annehmlichkeiten wie Regenschauer-Brausen und riesige Flachbildfernseher. Das exklusive Xuan Spa, die Park Lounge sowie die zwei Restaurants sind sehr zu empfehlen. Der Luxus hat allerdings seinen Preis. (252 Zimmer)

◆ **Renaissance Riverside Hotel Saigon**
8/15 Ton Duc Thang, Tel. 08/3822 0033, www.renaissancehotels.com ●●●●
Am Fluss gelegen und von der Marriott-Gruppe gemanagt, bietet das 5-Sterne-Hotel hohen Standard in Kombination mit einer schicken Atmosphäre und freundlichem Service. Die meisten der Zimmer und Suiten mit ihren luxuriösen Betten sind klein, aber gut ausgestattet. Von den Zimmern hat man einen atemberaubenden Ausblick auf den Fluss. Zu den Highlights gehören der Pool auf der Terrasse im 22. Stock, die elegante Atrium-Lounge im 5. Stock und das exzellente chinesische Restaurant. (349 Zimmer)

◆ **Sheraton Saigon Hotel and Towers**
88 Dong Khoi, Tel. 08/3827 2828, www.sheraton.com ●●●●
Im Herzen der Stadt gelegen, bietet Saigons größtes 5-Sterne-Hotel zwei Wohnoptionen. Der ältere, 23-stöckige Block mit 371 Zimmern und Suiten war von Anfang ein mit Preisen überschütteter Favorit der Geschäftsleute. Direkt angeschlossen gibt es den 2008 eröffneten, innovativen 25-stöckigen Grand Tower. Er hebt Saigons Unterkünfte auf Weltklasseniveau. Hier wohnen Sie in einem von 112 anspruchsvollen Studios und Suiten mit modernstem Komfort und persönlichem Butler-Service. Zum Hotel gehören ein schickes Restaurants sowie Einkaufsmöglichkeiten und ein Spa. (483 Zimmer)

◆ **Sofitel Plaza Saigon**
17 Le Duan, Tel. 08/3824 1555, www.sofitel.com ●●●●
1998 eröffnet, war dies eines der ersten 5-Sterne-Hotels der Stadt. Es liegt im Diplomatenviertel und ist v.a. bei westlichen Besuchern beliebt. Das stilvolle, urbane Flair zieht sich von der Atrium-Lobby bis in die Zimmer und Suiten. Zur Ausstattung gehören ein Pool auf dem Dach, ein exzellentes Fitness Center und eine Martini-Bar im Erdgeschoss. (290 Zimmer)

◆ **Somerset Chancellor Court**
21–23 Nguyen Thi Minh Khai, Tel. 08/3822 9197, www.somerset.com ●●●●
Als Teil der Ascott-Gruppe aus Singapur bietet dieser luxuriöse Apartmentkomplex nahe der Innenstadt ein gutes Preis-Leistungs-Verhältnis. Er eignet sich ideal als Hotelalternative für einen längeren Aufenthalt. Die zeitgemäßen, komfortablen Studios und Apartments sind geräumig, komplett möbliert und verfügen über eine gut ausgestattete Küche sowie Rundum-Service. Die meisten haben einen Balkon. Zum Komplex gehören ein Pool, ein Supermarkt und ein Fitnessraum. (172 Zimmer)

◆ **Somerset Ho Chi Minh City**
8A Nguyen Binh Khiem, Tel. 08/3822 8899, www.somerset.com ●●●●
Ähnlich aufgemacht wie seine Schwester, das Chancellor Court, ist dieser Apartmentkomplex nahe dem Zoo etwas familienorientierter. Die Zwei- bis Vier-Zimmer-Wohnungen sind vollständig möbliert und bieten kompletten Service. Jedes Schlafzimmer in den heimeligen Apartments hat ein eigenes Bad. Drinnen und draußen befinden sich Spielräume für Kinder. Der Pool sowie das Open-Air-Restaurant, das regelmäßig Veranstaltungen für Kinder bietet, machen dies zur idealen Adresse für Familien. (165 Apartments)

◆ **Lavender Hotel**
208–210 Le Thanh Ton, Tel. 08/2222 8888, www.lavenderhotel.com.vn ●●●
Das neue Boutique-Hotel ist wegen seiner stilvollen, intimen Atmosphäre und der guten Preise beliebt. Das Hotel liegt hinter dem Ben-Thanh-Markt und verfügt über schön eingerichtete Zimmer mit Regenschauer-Brausen im Bad sowie Flachbildfernseher. Manche Zimmer sind allerdings fensterlos. Die Leidenschaft des vietnamesischen Besitzers für Lavendel zeigt sich im Namen ebenso wie in den

allgegenwärtigen Blumenarrangements. (71 Zimmer)

◆ **Hotel Metropole**
148 Tran Hung Dao,
Tel. 08/6295 8944,
www.metropolesaigon.com ●●●
An der Hauptverkehrsader nach Cholon, unweit des Backpacker-Viertels gelegen, ist das staatlich geführte Metropole eines der solidesten und beliebtesten 3-Sterne-Häuser Saigons. Es gibt Standard-, Superior- und Deluxe-Zimmer sowie Suiten. Letztere verfügen über einen großen Wohnraum. Das Hotel bietet zudem einen Fitnessraum, einen Pool auf dem Dach sowie ein Billardzimmer. (81 Zimmer)

◆ **Elios**
233 Pham Ngu Lao,
Tel. 08/3838 5585,
www.elioshotel.vn ●●
Seit seiner Eröffnung im Herzen des Backpacker-Viertels 2007 ist das Hotel ein Favorit. Kein Wunder, bietet es doch als 3-Sterne-Hotel einen etwas höheren Standard als in dieser Preiskategorie üblich. Die Zimmer sind hell, gemütlich und von bescheidener Größe, die Superior-Zimmer etwas größer. Das Dachrestaurant bietet tolle Ausblicke und ist der ideale Ort zur Entspannung. Zum Hotel gehören auch ein Fitnessraum, Konferenzräume und ein Lift. (90 Zimmer)

◆ **May Hotel**
28–30 Thi Sach,
Tel. 08/3823 4501,
www.mayhotel.com.vn ●●
Ein weiteres Mittelklassehotel, das an einer relativ ruhigen Straße liegt – trotzdem sind Sie schnell mitten drin im Nachtleben. Eine mächtige Treppe führt in die beeindruckende Lobby mit Kronleuchtern und einer Glasfront, die vom Boden bis zur Decke reicht. Die Zimmer und Suiten sind hell und sauber. Die Deluxe-Zimmer bieten dazu noch einen Balkon. Aus den höheren Stockwerken hat man einen Blick auf den Fluss. (118 Zimmer)

◆ **Ordinary Bed and Breakfast**
25 Dong Du,
Tel. 08/3824 8262, info@ordinaryvn.com ●
Das Bed & Breakfast geht auf die innovative Kreativität eines vietnamesisch-amerikanischen Designers zurück. Die schicke Unterkunft befindet sich in einem schmalen fünfstöckigen Stadthaus und vermischt Mobiliar im Indochinastil mit modernem Komfort. Die Standardzimmer sind ziemlich eng, aber angesichts der zentralen Lage (und des günstigen Preises) durchaus annehmbar. (12 Zimmer)

Distrikt 5

◆ **Windsor Plaza Hotel**
18 An Duong Vuong, Tel. 08/3833 6688, www.windsorplazahotel.com ●●●
Das 25-stöckige Hotel bietet eine erstaunlich vielfältige Ausstattung, inklusive Casino, Vietnams größtem Nachtclub, einem dreistöckigen Shoppingcenter und mehreren Restaurants, darunter eines auf dem Dach mit Cocktail-Lounge und spektakulärer Aussicht. Die gut ausgestatteten Zimmer eröffnen ab dem neunten Stock auch eine tolle Sicht auf Cholon. Das Windsor Plaza ist ein geschäftiges, familienfreundliches Hotel mit ausgesprochen asiatischer Atmosphäre. (405 Zimmer)

Umgebung von Ho Chi Minh City

Tay Ninh

◆ **Hoa Binh Hotel**
210D 30/4,
Tel. 066/382 7306 ●●
Direkt im Stadtzentrum gelegen, bietet der Betonklotz aus Sowjet-Zeiten einfache, aber saubere Zimmer mit Klimaanlage, und TV. Auch wenn kein Englisch gesprochen wird, kann das Personal seinen Gästen das Nötigste mitteilen. Das Hotel liegt fußläufig zum Cai-Dai-Tempel. (100 Zimmer)

Vung Tau

◆ **Grand Hotel**
2 Nguyen Du,
Tel. 064/385 6087, www.grandhotel.com.vn ●●●
Dieses Hotel teilt sich einige Annehmlichkeiten wie Pool und Fitnessraum mit seiner Schwester, dem Palace Hotel, bietet jedoch einen viel besseren Blick auf den Vorderen Strand (Bai Truoc). Vor Ort gibt es eine Bar, ein Restaurant, ein Café und einen Nachtclub. Das Frühstücksbuffet ist im Preis enthalten. Die Apartments eignen sich besonders gut für kleine Familien. (80 Zimmer und 18 Apartments)

◆ **Ky Hoa – Vung Tau Hotel**
30–32 Tran Phu,
Tel. 064/385 2579 ●●
Das neue, französisch-vietnamesische, schlossartige Hotel verdient den Preis für die erstaunlichste Architektur der Stadt. Am Fuß des Großen Berges unweit der Villa Blanche gelegen, ragen aus dem hübschen Hotelgarten mit Bougainvillea, Frangipani und Palmen Pagoden in die Höhe. Die Zimmer verfügen über Klimaanlage und große Flachbildfernseher. Vor Ort gibt es ein Restaurant, einen Pool und einen Sportclub. (20 Zimmer)

◆ **Petro House Hotel**
63 Tran Hung Dao, Tel. 064/385 2014, petrohousehotel@vnn.vn ●●
Das Boutique-Hotel im französischen Stil ist trotz fehlendem Strandblick der schickste Ort von Vung Tau. Sie können zwischen Zimmern und Apartments wählen. Zum Hotel gehören neben dem empfehlenswerten Restaurant Ma Maison ein geschmackvolles Casino und ein Café. (68 Zimmer)

◆ **Rex Hotel**
01 Le Quy Don,
Tel. 064/385 2135, www.rexhotelvungtau.com.vn ●●
Man sollte sich nicht vom mürrischen Rezeptionspersonal abschrecken lassen. Das Rex (nicht zu verwechseln mit dem berühmten Rex in Saigon) bietet makellose Räume mit wunderschönem Mobiliar und einem der besten Ausblicke auf den Vorderen Strand. Die Zimmer verfügen über eine Jacuzzi-Badewanne, Klimaanlage und Satelliten-TV. Pool, Tennisplatz und Internetzugang gehören ebenfalls zum Angebot. (75 Zimmer)

◆ **Hotel Lam Phuc**
19 Phan Van Tri – P. Hang Tam, Tel. 064/352 1666 ●
Das Hotelhochhaus liegt in einer Gasse hinter dem Vorderen Strand und bietet eine tolle Aussicht auf den Strand und die umliegende Stadt. Die sauberen, lichten Zimmer verfügen über Klimaanlage, Flachbildfernseher und einen Aufzug (welcher in kleineren Hotels oder Gästehäusern normalerweise nicht zu finden ist). (20 Zimmer)

Con-Dao-Inseln

◆ **Con Dao Resort**
8 Nguyen Duc Thuan,
An-Hai-Strand,
Tel. 064/383 0939 ●●

Knapp 1 km südlich der Stadt direkt am An-Hai-Strand gelegen, bietet das moderne Haus einen Pool und andere Annehmlichkeiten. Neben dem Six Senses Resort ist dies die beste Übernachtungsmöglichkeit auf der Insel. Die Preise sind hier um einiges günstiger. Die Zimmer haben entweder Berg- oder Meerblick. Im Preis ist das Frühstücksbuffet enthalten. (45 Zimmer)

◆ ATC Hotel
8 Ton Duc Thang, Loi-Voi-Strand, Tel. 064/383 0345, atc@fmail.vnn.vn ●
Ein freundliches, familiengeführtes Resort, vom Strand nur durch eine Straße getrennt. Die klimatisierten, etwas unordentlichen Zimmer haben eine eigene Terrasse. Vor Ort gibt es ein ausgezeichnetes Restaurant. (8 Bungalows)

◆ Saigon-Con Dao Resort
18 Ton Duc Thang, Loi-Voi-Strand, Tel. 064/383 0155, www.saigoncondao.com ●
Der ebenerdige Gebäudekomplex am Strand (getrennt durch eine Straße) liegt in einem gepflegten Garten. Die sauberen, geräumigen und komfortablen Zimmer sind alle klimatisiert. Da das Hotel Teil der staatlich geführten Saigon-Tourist-Kette ist, übernachten hier oft Pauschaltouristen. Restaurant und Tennisplatz. (42 Zimmer)

Mui Ne Beach

◆ Bamboo Village
38 Nguyen Dinh Chieu, Tel. 062/384 7007, www.bamboovillageresortvn.com ●●●
Auch wenn es hier kaum Bambus gibt, ist das Gelände sehr schön. Zur Ausstattung gehören zwei Pools, eine Strandbar und ein Restaurant. Die Zimmer haben Strohdächer, private Balkons, Klimaanlage und TV. (71 Zimmer und Bungalows)

◆ Cham Villas
32 Nguyen Dinh Chieu, Tel. 062/374 1234, www.chamvillas.com ●●●
Das Themenresort liegt in einem hübschen Garten mit tollem Pool, umgeben von Cham-Skulpturen. Die klimatisierten Zimmer haben WLAN. Einige der besten Restaurants von Mui Ne liegen wenige Gehminuten entfernt. (14 Villen)

◆ Coco Beach Resort
58 Nguyen Dinh Chieu, Tel. 062/384 7111, www.cocobeach.net ●●●
Als erstes, wegweisendes Resort von Mui Ne bietet das Coco Beach tropische Eindrücke wie kein anderes Hotel. Um sich besser auf die Umgebung einlassen zu können, findet man in keinem der Räume, abgesehen von Danny's Pub, einen Fernseher. Das Anwesen ist von der Hauptstraße abgeschottet und versteckt. Coco Beach ist einer der wenigen Orte in Mui Ne, an dem man noch im Wasser verweilen und sonnenbaden kann, ohne von verirrten Kitesurfern bedrängt zu werden. (34 Villen und Bungalows)

◆ Seahorse Resort & Spa
km 11, Ham Thien, Tel. 062/384 7507, www.seahorseresortvn.com ●●●
Dieses wunderschöne Anwesen ist eines der größten Hotels in Mui Ne, und dennoch verbreitet es eine intime Atmosphäre. Hier gibt es Sportangebote wie Windsurfen, Kiteboarding und Tennis. Außerdem verfügt das Hotel über flächendeckendes WLAN, einen Pool und ein Restaurant direkt am Strand. Die familienfreundliche Unterkunft bietet Kinderbetreuung und -betten. In den Räumen findet man Open-Air-Badezimmer, Klimaanlage und Satelliten-TV. (95 Zimmer)

◆ Victoria Phan Thiet Beach Resort & Spa
km 9, Phu Hai, Tel. 062/381 3000, www.victoriahotels.asia ●●●
Als Wahrzeichen von Mui Ne genießt das französisch geführte Resort einen guten Ruf. Das Resort liegt an einem Privatstrand außerhalb des Haupttouristengebietes. Hier ist es immer ruhig und friedlich. Zu den Annehmlichkeiten gehören Pferdereiten, ein Fitness Center, ein Spa, zwei Pools, WLAN sowie Kinderbetreuung. (60 Bungalows und Villen)

◆ Full Moon Resort
84 Nguyen Dinh Chieu, Tel. 062/384 7008, www.windsurf-vietnam.com ●●
Dieses Zentrum für Wassersport bietet Bungalows am Strand sowie Zimmer in einem Haus mit kolonialem Touch. Rund um den großen Swimmingpool erstreckt sich eine Gartenanlage. An der Strandbar ist kostenloses WLAN verfügbar. (20 Zimmer und Bungalows)

◆ Sailing Club
24 Nguyen Dinh Chieu, Tel. 062/384 7441, www.sailingclubvietnam.com ●●
Ein Eldorado für Wassersportler, bietet der Sailing Club private Bungalows, die sich in einem Tropengarten verstecken. Der Pool am Strand und die Bar sind beliebte Treffpunkte. Es gibt vor Ort ein Spa sowie ein hervorragendes Kiteboarding Center. (30 Bungalows)

◆ Kim Hong Guest House (Vietnam/Austria House)
km 13.5, Tel. 062/384 7047, ngothikimhong@hotmail.com ●
Eines der schönsten Gästehäuser der unteren Preisklasse. Es gibt einen kleinen Pool und die Zimmer sind teils mit Klimaanlage und Warmwasserbad ausgestattet. (15 Zimmer)

◆ Mellow
117C Nguyen Dinh Chieu, Tel. 062/374 3086, Paul_clayton@hotmail.com ●
Das Mellow ist Favorit unter Rucksacktouristen und Kiteboardern. Es liegt an der Strandstraße und birgt eine kleine Bar, ein Restaurant und einen Kiteboarding-Shop, wo man auch Lehrstunden buchen kann. Die Zimmer mit Klimaanlage oder Ventilator haben entweder ein eigenes oder ein Gemeinschaftsbad. (12 Zimmer)

Phan Thiet

◆ Novotel Ocean Dunes & Golf Resort
1A Ton Duc Thang, Tel. 062/382 2393, novpht@hcm.vnn.vn ●●●
Das Novotel ist einer der wenigen Gründe, eher in Phan Thiet als in Mui Ne zu übernachten. Ganz gleich, ob das Zimmer zum Privatstrand hinaus liegt oder Sie auf den Ocean-Dunes-Golfplatz und den Song-Len-Berg schauen: Von Ihrem privaten Balkon aus werden Sie stets eine tolle Aussicht genießen. (135 Zimmer)

Khe Ga

◆ Rock Garden Spa Resort
Tanh Thanh, Tel. 062/221 6222 ●●
Wenn man auf der Suche nach Einsamkeit ist, bietet sich das Rock Garden an. Es liegt etwas 45 Autominuten südwestlich von Phan Thiet an einer felsigen Küste nahe dem Khe-Ga-Leuchtturm. Der Zimmerpreis beinhaltet ein tägliches Frühstück, einen Obstkorb und Mineralwasser. Die Ausblicke vom Pool am Meer, der Bar und dem Restaurant sind umwerfend. (18 Bungalows und 3 Villen)

Das Mekong-Delta

My Tho

◆ Hotel Chuong Duong
10 Duong 30/4, Tel. 073/387 0875 ●
Das 1999 eröffnete Hotel ist immer noch die beste Option in My Tho. Die Zimmer sind geschmackvoll dekoriert und bieten jeglichen Komfort. Das Open-Air-Restaurant mit schönem Flussblick serviert vietnamesische Speisen. (27 Zimmer)

Ben Tre

◆ Ham Luong Hotel
200 Nguyen Van Tu, Tel. 075/356 0560, www.hamluongtourist.com.vn ●

Ein modernes Stadthotel mit gemütlichen, geschmackvollen Zimmern. Das offene Dach bietet tolle Ausblicke auf den Fluss gegenüber. Es gibt einen Pool, Massage, Billardtische und eine Karaoke-Bar. (66 Zimmer)

Vinh Long

◆ **Cuu Long Hotel**
1 Road 15, Vinh Long,
Tel. 070/382 3616 ●
Das Hotel besteht aus einem A- und einem B-Block. Letzterer ist neuer und bietet modernere Ausstattungen. Alle Zimmer sind geräumig und verfügen über eine zeitgemäße Einrichtung mit Badezimmer und Blick über den Fluss. (34 Zimmer)

Tra Vinh

◆ **Tra Vinh Palace**
3 Le Thanh Ton,
Tel. 074/386 4999 ●
Gebaut nach dem Vorbild einer französischen Villa, ist der »Palast« in Pink die beste Wahl in Tra Vinh. Das Hauptgebäude besteht aus zehn geräumigen, hohen Zimmern. Weitere zwölf befinden sich im Nebengebäude. Wenn man ein wenig mehr für das Zimmer bezahlt, bekommt man eines mit Balkon. (24 Zimmer)

Can Tho

◆ **Victoria Can Tho**
Cai Khe Ward, Tel. 0711/381 0111, www.victoriahotels.asia ●●●
Elegantes Resort im kolonialen Stil am Flussufer. Nahe der Stadt und trotzdem fernab vom Trubel, findet man hier stilvoll eingerichtete Zimmer. Vom Balkon aus blickt man entweder auf den Fluss, den Pool oder den Garten. (92 Zimmer)

◆ **Golf Can Tho**
2 Hai Ba Trung, Tel. 0711/381 2210, www.golfhotel.vnn.vn ●●
Eine der besseren Unterkünfte von Can Tho. Fragen Sie nach einem Zimmer in den oberen Etagen, die haben einen Balkon mit Flussblick. Leider stört der Lärm aus der Disco im 2. Stock. (101 Zimmer)

Soc Trang

◆ **Ngoc Suong Hotel**
km 2127, 1A Road, An Hiep, My Tu, Tel. 079/361 3106 ●–●●
Das 3-Sterne-Hotel mit schön eingerichteten Zimmern, einladendem Restaurant und großem, sauberem Pool ist die erste Wahl in Soc Trang. (140 Zimmer)

Long Xuyen

◆ **Dong Xuyen**
9A Luong Van Cu,
Tel. 076/394 2260, www.angiangtourimex.com.vn ●
Long Xuyens beste Unterkunft liegt mitten im Stadtzentrum und ist bei Geschäftsleuten beliebt. Die hellen, modernen Zimmer haben alle eigenes Bad, Klimaanlage und Satelliten-TV. (58 Zimmer)

Chau Doc

◆ **Victoria Chau Doc**
32 Le Loi, Tel. 076/386 5010, www.victoriahotels.asia ●●●
Das nette Haus im französischen Stil hat geschmackvolle Zimmer mit Holzböden. Die besseren Räume bieten Flussblick, jene in Richtung Straße sind recht klein. Swimmingpool, Restaurant und Spa sind ausgezeichnet. (92 Zimmer)

Ha Tien

◆ **Ha Tien Hotel**
36 Tran Hau,
Tel. 077/385 1563 ●
Dies ist das vornehmste Hotel der Stadt. Die Zimmer verfügen über geschmackvolle Holzmöbel und eine sanfte Beleuchtung. Im eleganten Restaurant werden vietnamesische und westliche Speisen geboten. (50 Zimmer)

◆ **Hai Van Hotel**
55 Lam Son,
Tel. 076/385 2872 ●
Das Hai Van ist ein freundliches 6-stöckiges Hotel. Man sollte den Aufpreis für ein Deluxe-Zimmer mit gemütlichem Bett, Blick über die Stadt, Klimaanlage, Kabel-TV sowie modernem Badezimmer aufbringen. (70 Zimmer)

Phu Quoc

◆ **La Veranda**
Duong-Dong-Strand, Tran Hung Dao,
Tel. 077/398 2988, www.laverandaresort.com ●●●●
Als Strandvilla im kolonialen Stil erbaut, erfüllt das Luxus Boutiqueresort mit Spa alle romantischen Träume. Es liegt zentral am Duong-Dong-Strand und seine Zimmer und Villen verteilen sich locker inmitten eines herrlichen tropischen Gartens. Für weiteres Wohlergehen sorgen der Pool und ein Restaurant. (43 Zimmer)

◆ **Long Beach Ancient Village Resort & Spa**
Duong To,
Tel. 077/398 1818 ●●●●
Dieses Refugium ist ein gelungener Mix aus Alt und Neu. Schöne Zimmer und Suiten am Strand mit Blick über das blaue Wasser einer Lagune. Es gibt auch ein gutes Spa. (111 Zimmer)

◆ **Mango Bay**
Ong-Lang-Strand,
Tel. 077/398 1693 oder Tel. 0916/488 044, www.mangobayphuquoc.com ●●
Im Mango Bay lautet das Motto »zurück zur Natur«. In den Bungalows aus Stampflehm gibt es weder Klimaanlage, Telefon noch Fernseher. Das Resort, knapp 30 Autominuten von Duong Dong entfernt, befindet sich auf einem weitläufigen Gelände mit zwei wunderschönen Stränden und einem geschützten Wald direkt vor der Tür. Vor Ort gibt es Restaurant und Bar. (28 Zimmer)

◆ **Maï House Resort**
Duong Dong, Tel. 077/384 7003/384 8924, www.maihouseresortphuquoc.com ●●
Die geschmackvoll dekorierten, rustikalen Bungalows liegen in einer gepflegten, zwei Hektar großen Gartenanlage an einem Privatstrand. Man hat die Wahl zwischen Bungalows mit Meer- oder Gartenblick und den großen, sechseckigen Bungalows auf einem grasbedeckten Hang, der zum weichen Sandstrand abfällt. (14 Bungalows)

AKTIVITÄTEN

Kultur, Shopping, Touren und vieles mehr

Kunst und Kultur

Das Hauptzentrum vietnamesischer Kunst und Kultur ist in erster Linie Hanoi, gefolgt von Ho Chi Minh City. Abgesehen vom beliebten Wasserpuppentheater werden Besucher mit den traditionelleren Kunstformen eher wenig anfangen können, da sie sich mehr an das lokale Publikum richten.

Hanoi

Darstellende Kunst

◆ **Oper**, 1 Trang Tien, Hoan-Kiem-Distrikt, Tel. 04/3993 0113, www.ticketvn.com (für Kartenvorverkauf und Reservierungen)
Von den Franzosen im frühen 20. Jh. gebaut, wird hier heute noch regelmäßig klassische und traditionelle Musik gespielt.

◆ **Jugendtheater**, 11 Ngo Thi Nham, Hai-Ba-Trung-Distrikt, Tel. 04/3943 0820, www.nhahattuoitre.com
Im Jugendtheater (Nha Hat Tuoi Tre) arbeitet eine Künstlertruppe, die sich seit 1978 auf drei Darstellungsformen spezialisiert: Theater, Musik und Tanz. Die 150 Mitglieder führen regelmäßig vietnamesische und westliche Klassiker auf. Die Pantomime-Darsteller und die Tänzer gehören zu den besten des Landes. Besonders empfehlenswert sind die Inszenierungen von zeitgenössischen vietnamesischen Dramen, auch wenn nur wenige ins Englische übersetzt werden.

Traditionelles vietnamesisches Theater

◆ **Cheo Hanoi Theatre**, 15 Nguyen Dinh Chieu, Hai-Ba-Trung-Distrikt, Tel. 04/3943 7361
Cheo ist eine einzigartige nordvietnamesische Volkskunst, (s. S. 75), die im Delta des Roten Flusses entstand. Die Shows, die Tanz, Musik und Schauspiel umfassen, schildern die alltäglichen Probleme und Erfolge des vietnamesischen Landlebens, allerdings oft ohne englische Übersetzung.

◆ **Vietnam National Tuong Theatre**, 51 Duong Thanh, Hoan-Kiem-Distrikt, Tel. 04/3828 7268, www.vietnamtuongtheatre.com
Dieses wunderschön restaurierte staatliche Theater zeigt regelmäßig Ausschnitte von traditioneller *tuong* (s. S. 76). Die Vorstellungen finden mittwochs und donnerstags um 17 Uhr statt. An der Kasse bekommt man Broschüren, die die Bühnendarstellung auch auf Englisch erläutern.

◆ **Ca Tru Hanoi Club**, Kim Ngan Gemeinschaftstempel , 42-44 Hang Bac St, http://www.catru.vn.
Ca Tru ist eine Form der Kammermusik, die von einer Sängerin aufgeführt wird. Diese Musikrichtung ist im 11. Jahrhundert entstanden und wurde 2009 von der UNESCO in die Liste für Immaterielles Kulturerbe aufgenommen. Der Ca Tru Hanoi Club zeigt Mo, Mi, So jeweils um Start um 20 Uhr eine Aufführung. Ein Ticket kostet ca. US $ 10.

Wasserpuppentheater

◆ **Thang-Long-Wasserpuppentheater**, 57B Dinh Tien Hoang, Hoan-Kiem-Distrikt, Tel. 04/3824 9494, www.thanglongwaterpuppet.org
Geübte Puppenspieler, die bis zur Hüfte in einem Wasserbecken stehen, erwecken traditionelle Legenden und historische Erzählungen zum Leben. Die Handlung wird vor Beginn der Show auf Englisch erklärt, während der Vorstellung muss man sich allerdings durchweg mit vietnamesischen Dialogen begnügen. Täglich mehrere Aufführungen.

Kunstgalerien/Läden

◆ **Aroma DD**, 2A Ngo Trang Tien, Hoan-Kiem-Distrikt, Tel. 04/3936 1914, www.aromaddgallery.com
Kunsthändler und Management-Agentur für Künstler. Die Galerie zeigt Werke bekannter vietnamesischer Künstler wie auch von Newcomern.

◆ **Art Vietnam Gallery**, 7 Nguyen Khac Nhu, Hoan-Kiem-Distrikt, Tel. 04/3927 2349, www.artvietnamgallery.com
Eine der besten Galerien der Stadt zeigt Werke bekannter und neuer Künstler, z. B. von Kristine McCarroll und Pham Quang Vinh. Mit beeindruckender Abteilung für Fotografien.

◆ **Green Palm Gallery**, 15 Trang Tien, Hoan-Kiem-Distrikt, Mobil 091/321 8496, www.greenpalmgallery.com
Typische Werke mit Szenen aus dem traditionellen vietnamesischen Leben sowie auch einige abstrakte Stücke.

◆ **Hanoi Studio**, 13 Trang Tien, Hoan-Kiem-Distrikt, Tel. 04/3934 4433, www.arthanoistudio.com
Seit 1997 werden im Hanoi Studio verschiedene Werke von neuen und bekannten Künstlern ausgestellt. Besonders sehenswert sind die Stücke von Co Chu Pin und Nguyen Lieu.

◆ **L'Espace – Centre Culturel Français de Hanoi**, 24 Trang Tien, Hoan-Kiem-Distrikt, Tel. 04/3936 2164, www.ambafrance-vn.org
Auch wenn man die Einrichtung nicht direkt als Galerie bezeichnen kann, werden hier Werke von talentierten, jungen Künstlern vorgestellt, die oft woanders nicht zu finden sind.

◆ **Mai Gallery**, 113 Hang Bong, Hoan-Kiem-Distrikt, Tel. 04/3828 5854 und 3B Phan Huy Chu, Hoan-Kiem-Distrikt, Tel. 04/3825 1225, www.maigallery-vietnam.com
Der Platzhirsch in der Hanoier Kunstszene bietet an beiden Standorten Werke von bekannten zeitgenössischen Künstlern wie Nguyen Bao Ha und Nguyen Cong Cu.

◆ **Salon Natasha**, 30 Hang Bong, Hoan-Kiem-Distrikt, Tel. 04/3826 1378
Natasha Kraevskaia und ihr Partner, der Künstler Vu Dan Tan, haben diesen unkonventionellen Ort 1990 eingerichtet. Er wird von bekannten Künstlern als Treffpunkt und Arbeitsplatz genutzt und stellt ausgefallene, zuweilen aufsehenerregende Kunstwerke aus.

Hue

Darstellende Kunst

◆ **Nha Hac Mua Roi Co Do Hue**, Century Hotel, 49 Le Loi, Tel. 054/383 4779
Das kleine, auf das Wasserpuppenspiel spezialisierte Freilufttheater wirkt eigentlich nur von außen beeindruckend, jedoch bekommt man eine respektable Show geboten. In einem kleinen Laden kann man einige der einfacheren Puppen kaufen. Täglich Vorführungen um 15, 17.30 und 20.30 Uhr.

◆ **Königliches Theater**
Im Herzen der Königsstadt bietet das Theater täglich um 9.30, 10.30, 14.30 und 15.30 Uhr halbstündige Tanz- und Gesangsdarbietungen an.

Hoi An

Darstellende Kunst

◆ **Hoi An Artcraft Manufacturing Workshop**, 9 Nguyen Thai Hoc
Musik- und Tanzvorführungen in traditionellen Kostümen von Mo–Sa um 10.15 und 15.15 Uhr.

◆ **Traditional Arts Theatre**, 75 Nguyen Thai Hoc
Traditionelle Musik und Tänze. Mo–Sa von 21–22 Uhr.

Ho Chi Minh City

Darstellende Kunst

◆ **IDECAF**, 31 Thai Van Lung, Dist. 1, Tel. 08/3829 5451, www.idecaf.gov.vn
Das *Institut d'échanges culturels avec la France* (IDECAF) fördert französisch-vietnamesische Kulturprogramme. Dazu gehören Theaterproduktionen mit Komödien und Dramen sowie ein jährliches Musikfest am 21. Juni.

◆ **Stadttheater**, 7 Lam-Son-Platz, Dist. 1, Tel. 08/3829 9976, www.hbso.org.vn, Abendkasse, 8–20 Uhr an Vorstellungstagen, sonst Mo–Sa 8–17.30; Tickets, Tel. 08/3925 2265
Das Stadttheater wird heute hauptsächlich vom *Ho Chi Minh City Ballet, Symphony, Orchestra and Opera* (HBSO) sowie von Gastkünstlern genutzt. Am 9. und 19. Tag jeden Monats finden klassische Tanz- und Musikaufführungen statt.

Traditionelles Theater

Zum traditionellen Theater Vietnams gehören die Hauptformen **Cheo**, **Truong** und **Cai Luong** (s. S. 76). Es gibt noch mehrere Cai-Luong-Theater, darunter:

◆ **Tran Huu Trang**, 136 Tran Hung Dao, Dist. 1, Tel. 08/3836 9718

◆ **Saigon No. 3 Cai Luong Troupe**, 961 Tran Hung Dao, Dist. 5, Tel. 08/3923 5423

Wasserpuppentheater

Obwohl es eigentlich eine nordvietnamesische Tradition ist, gibt es in Ho Chi Minh City zwei Bühnen:

◆ **Golden Dragon Water Puppet Theatre**, 55B Nguyen Thi Minh Khai, Dist. 1, Tel. 08/3827 2653, www.goldendragonwaterpuppet.com
Tägliche Vorstellungen (50 Minuten) 18.30 und 20 Uhr.

◆ **Saigon Water Puppets**, Historisches Museum, 2 Nguyen Binh Khiem, Dist. 1, Tel. 08/3823 4582, www.saigonwaterpuppets.com
Halbstündige Vorstellungen Di–So 9, 10, 11, 14, 15 und 16 Uhr.

Dinner Shows

◆ **Binh Quoi Tourist Village**, 1147 Binh Quoi, Binh-Thanh-Distrikt, Tel. 08/3556 6020, www.binhquoiresort.com.vn
Inmitten schöner Gärten am Flussufer bekommt man hier während eines üppigen vietnamesischen Abendessens Lieder und Tänze einer traditionellen südvietnamesischen Hochzeitszeremonie dargeboten. Saigontourist (Tel. 08/3824 4554) bietet eine Bootsfahrt zum Sonnenuntergang bis nach Binh Quoi an (Di, Do, Sa 17.30–21.30 Uhr; Boot fährt vom Bach-Dang-Pier ab).

◆ **Cuong Dinh Restaurant**, Rex Hotel, 146–148 Pasteur, Dist. 1, Tel. 08/3829 2185, www.rexhotelvietnam.com
Das kunstvoll dekorierte Restaurant zeigt zum Mittag- und Abendessen traditionelle Volksmusik und -tänze. Wegen großer Nachfrage bei Touristengruppen Reservierung empfohlen.

Kunstgalerien

Saigoner Kunstgalerien sind, ähnlich wie jene in Hanoi, eher private Geschäfte für den Verkauf der Ausstellungsstücke. Die einzigen Ausnahmen sind das **Kunstmuseum** und die **Duc Minh Art Gallery** (31C Le Quy Don, Dist. 3, Tel. 08/3933 0498, tgl. 9–12, 14–18 Uhr; Eintritt frei). Die Galerie ist in einer Kolonialvilla untergebracht und zeigt Werke moderner vietnamesischer Kunst aus den Jahren 1920 bis 1980. Die Privatsammlung umfasst mehr als tausend Arbeiten namhafter Künstler, darunter des berühmten Bui Xuan Phai. Die umfangreiche Gemäldesammlung wird im Erdgeschoss in Wechselausstellungen präsentiert. In den zwei oberen Etagen werden zeitgenössische Werke gezeigt und verkauft.

Verkaufsgalerien

Die Kunstszene der südvietnamesischen Metropole, besonders das zeitgenössische Genre, stand lange im Schatten der Konkurrenz in Hanoi. Nun hat sie eine erstaunliche Eigendynamik entwickelt, die von internationalen Einflüssen sowie mutigen Künstlern angetrieben wird. Hier eine Auswahl der besseren Galerien:

◆ **Apricot Gallery**, 50–52 Mac Thi Buoi, Dist. 1, Tel. 08/3822 7962, www.apricotgallery.com.vn
Eine der besten Galerien der Stadt, bekannt für ihre Gemäldesammlung von führenden »alten Meistern« und zeitgenössischen Künstlern aus Vietnam.

◆ **Dogma**, 1/F, 43 Ton That Thiep, Dist. 1, Tel. 08/3821 8272, www.dogmacollection.com
Hier werden originale Propagandamalereien von 1945 bis 1985 ausgestellt. Zum Verkauf stehen schöne Nachbildungen im Posterformat.

◆ **Galerie Quynh**, 65 De Tham, Dist. 1, Tel. 08/3836 8019, www.galeriequynh.com
Handelt mit zeitgenössischen und ausgefallenen Werken von bekannten und vielversprechenden jungen Künstlern. Die Galerie zählt zu den avantgardistischsten Vietnams.

◆ **Thanh Mai Art Gallery**, 52 Dong Khoi, Dist. 1, Tel. 08/3824 6076, www.apricot-artvietnam.com
Der Ableger der Apricot Gallery zeigt Werke in mehreren Etagen und ist damit eine der größten Galerien der Stadt. Hier wird der Schwerpunkt auf junge, aufstrebende Künstler gelegt.

◆ **Tu Do Gallery**, 53 Ho Tung Mau, Dist. 1, Tel. 08/3821 0966, www.tudogallery.com
Eine der ersten Privatgalerien Saigons befindet sich im Besitz einer Künstlerin. Man hat sich hier auf Kunstwerke junger und etablierter Künstler aus dem Süden spezialisiert.

Shopping

Hanoi

Für jene, die die Taschen voller Geld und Koffer mit genügend Platz dabeihaben, ist Hanoi ein wahres Einkaufsparadies. Erlesene Seide, farbenfrohe Lackwaren, Schmucksteine, Silber und maßgeschneiderte Kleidung – all dies kann man zu annehmbaren Preisen im Stadtzentrum finden. In der Altstadt gibt es an der **Hang Gai** (Seidenstraße) eine Reihe von erstklassigen Seidengeschäften, während weiter südlich in der modernen Nha Tho Kleidung, Handtaschen und Homedekor dominieren. In der gesamten Altstadt werden in den Läden allerlei Wasserpuppen, Schals, unechte Kriegsmemorabilien und Propagandaposter verhökert.

Antiquitäten

Vietnam verfügt über strenge Auflagen bezüglich des Verkaufs und Exports von Antiquitäten. Daher handelt es sich bei den meisten »antiken« Produkten um Reproduktionen. Falls jemand tatsächlich behaupten sollte, es handle sich um ein Original, dann sollte man ein Echtheitszertifikat verlangen. Die besten Reproduktionen bieten Geschäfte in der Hang Gai und Hang Bong, aber auch in der Nghi Tam im Tay-Ho-Distrikt. Während die Läden in Hang Gai und Hang Bong eher touristische Produkte verkaufen, gibt es entlang der Nghi Tam teurere, qualitativ hochwertige Gusseisen-Statuen, steinerne Buddhas und kuriosen Schnickschnack. Empfehlenswert ist auch:

◆ **54 Traditions**, 30 Hang Bun, Hoan-Kiem-Distrikt, Tel. 04/3715 0194, www.54traditions.com
Hier gibt es Artefakte und Handarbeiten der Minderheiten ebenso wie der Kinh. Die über tausend ausgestellten Objekte wurden teilweise schon in Hanoier Museen gezeigt.

Seide

Im Vergleich zu thailändischer Seide ist die vietnamesische Variante qualitativ etwas geringwertiger, dafür sind die Preise niedriger und der Schneiderservice ist einwandfrei. In den vielen Seidengeschäften an der Hang Gai können die Kunden zwischen Taftrollen, vietnamesischer Seide und dem transparenten Organza wählen. Im Handumdrehen werden Ihnen wunderschöne Anzüge und Kleider maßgeschneidert. Viele Besucher wünschen sich einen eigenen *ao dai*, Vietnams Nationalkostüm, das sich aus einer Seidenhose und einem eigens angepassten Tunika-Kleid zusammensetzt. Hier einige empfehlenswerte Geschäfte:

◆ **F Silk**, 82 Hang Gai, Hoan-Kiem-Distrikt, Tel. 04/3928 6786
Der Laden hat eine lange Tradition und bietet eine endlose Auswahl an wunderschöner Seide und anderen Stoffen. Die Preise hier sind etwas günstiger als im vornehmen Khai Silk.

◆ **Kenly Silk**, 108 Hang Gai, Hoan-Kiem-Distrikt, Tel. 04/3826 7236, www.kenlysilk.com
Dieses Seide- und Kleidergeschäft zählt einige Promis zu seinen Kunden (wie die Fotos beweisen).

◆ **Khai Silk**, 113 Hang Gai St, Hoan Kiem District, Tel. 04/3828 6198, 26 CBD Nguyen Thai Hoc Avenue, www.khaisilkcorp.com
Das bekannte Unternehmen mit mehreren Restaurants, einem Resort und weiteren Geschäften in Ho Chi Minh City wurde von Hoang Khai gegründet, einem Spezialisten für Seide. Die Auswahl an erlesenen Seidenkleidern und -stoffen ist beeindruckend, hat aber ihren Preis.

Mode

Zwar ist Hanoi keine Modemetropole, doch gibt es hier einige junge Designer:

◆ **Chula**, 43 Nhat Chieu-Tay Ho, Tel. 090/425 8960; www.chulafashion.com
Ein spanisches Ehepaar, Laura Fontan und Diego Cortizas reiste 2004 nach Vietnam, verliebte sich in das Land und eröffneten diesen Laden. Die Kleidungsstücke sind eine perfekte Mischung aus den besten spanischen Designtraditionen und der hervorragende Qualität vietnamesischer Seidenstoffe.

◆ **Indigo**, 9 Muong Hoa, Tel. 020/387 2568
Die Boutique beschäftigt lokale benachteiligte Arbeitnehmer und bietet eine moderne Interpretation der traditionellen ethnischen Kleidung. Die Qualität der Stoffe und der Stickereien ist hervorragend.

◆ **Ipa-Nima**, 34 Han Thuyen, Hai-Ba-Trung-Distrikt, Tel. 04/3933 4000, www.ipa-nima-boutique.com
Christina Yu aus Hongkong gründete 1997 das Unternehmen für Handtaschen und Accessoires, die heute oft und gerne imitiert werden. Hier gibt es hochwertige Handtaschen, Geldbörsen und ausgeflippten Schmuck. Die Zweigstelle **Tina Sparkle** (17 Nha Tho, Hoan-Kiem-Distrikt, Tel. 04/3928 7616) findet man in der Altstadt.

◆ **Le Vent**, 7B und 31C Ly Quoc Su, Hoan-Kiem-Distrikt, Tel. 04/3628 6774
Le Vent wird von einem jungen vietnamesischen Designer betrieben. Seine Kleidungsstücke bestechen durch eine traditionelle Aufmachung, gepaart mit modernen Einflüssen.

◆ **Marie-Linh**, 11 Nha Tho, Hoan-Kiem-Distrikt, Tel. 04/3928 6304, www.marie-linh.com
Hosen, Hemden und Kleider aus Leinen. Ein paar Heim- und Deko-Artikel sind ebenfalls erhältlich.

◆ **Song**, 27 Nha Tho, Hoan-Kiem-Distrikt, Tel. 04/3928 8733, www.valeriegregorimckenzie.com
Der französische Designer, der für die elegante Kleidung im Song verantwortlich ist, hat die Boutique nach dem vietnamesischen Wort für »Leben« benannt. Der Vorzeigeladen in der Na Tho verkauft wunderschöne Kleidung in internationalen Größen sowie (Stepp)decken und geschmackvolles Wohndekor.

Edelsteine und Schmuck

In der »Silberstraße« Hang Bac sind viele Schmuckgeschäfte Hanois angesiedelt. Die kleinen Läden stellen ihre Waren für gewöhnlich in Glasvitrinen aus, darunter dicke Goldketten, Jade- und Buddhaanhänger sowie etwas Silber. Da die Kundschaft meist vietnamesisch ist, sprechen nur wenige Ladenbesitzer Englisch. Die nachfolgend aufgeführten Geschäfte handeln hauptsächlich mit Originalen.

◆ **Huong's Jewellery Shop**, 62 Hang Ngang, Hoan-Kiem-Distrikt, Tel. 04/3828 1046
Dieser kleine Juwelier sieht von außen vielleicht nicht danach aus, jedoch werden hier Vietnams bester Silberschmuck, Perlen und Jade angeboten. Die Besitzerin, Frau Huong, ist ein Profi im Kopieren und Reproduzieren von begehrten Schmuckstücken.

Handwerkskunst und Wohnkultur

◆ **Craftlink**, 43-51 Van Mieu, Ba-Dinh-Distrikt, Tel. 04/3733 6101, www.craftlink.com.vn
Der gemeinnützige Laden bietet ethnischen Minderheiten eine Verkaufsplattform für ihr Handwerk und selbst genähte Kleidung. Es gibt schönen Schmuck, Stickereien und kleine Souvenirs zu guten Preisen. Wer hier Geld lässt, kann sich sicher sein, dass die Hersteller auch etwas davon haben.

◆ **La Boutique**, 9 Xuan Dieu, Tay-Ho-Distrikt, Tel. 04/3716 0400.
Verkauft bezaubernde Decken, Kissen, Überwürfe und andere Deko-Artikel von Velvet Underground, der besten Marke für Heimzubehör.

◆ **Mosaique**, No. 427 Dong Kim nguu, Hai Ba Trung District, Tel. 04/397 3797, www.mosaiquedecoration.com
Alteingesessene Boutique, bekannt für hochwertige Möbel und Einrichtungsgegenstände, die traditionell vietnamesische Motive mit modernen Akzenten kombinieren. Hier findet man auch Schmuck und Kleidung von vietnamesischen Designern.

◆ **Vietnam Quilts**, 13 Hang Bac, Hoan Kiem District, Tel. 04/3926 4831, 58 Hang Throng, Hoan Kiem District, Tel. 04-3824 4607 www.mekong-plus.com
Der gemeinnützige Deckenladen bietet Frauen aus ländlichen Gebieten eine Beschäftigungsmöglichkeit. Die wunderschönen handgemachten Steppdecken können in jedem beliebigen Design in Auftrag gegeben werden.

Einkaufszentren

◆ **Hanoi Towers**, 49 Hai Ba Trung, Hoan-Kiem-Distrikt
In dem Bürohochhaus gibt es einen Lebensmittelladen, eine Modeboutique und einige Einrichtungsgeschäfte.

◆ **Vincom City Towers**, 191 Ba Trieu, Hai-Ba-Trung-Distrikt
Mehrere Etagen mit Einkaufsläden (westliche Kleidung, Elektronik, Kosmetik) sowie Hanois erstes und einziges Multiplex-Kino. Hier verkehrt Hanois Oberschicht.

Hue

Märkte

Cho Dong Ba, Hues Stadtmarkt, befindet sich direkt neben der Trang-Tien-Brücke auf der Nordseite des Parfumflusses. Das Angebot richtet sich eher an Einheimische, dennoch kann man hier das eine oder andere Souvenir, wie z.B. einen konischen Hut, ergattern. Probieren Sie sich auch durch die lokalen Spezialitäten durch.

Einkaufszentrum

Coop Mart liegt zwischen Trang-Tien-Brücke und Dong-Ba-Markt und birgt u.a. einen Supermarkt, einen Buchladen, eine Gastronomiemeile und Souvenirgeschäfte.

Lackarbeiten und Gemälde

◆ **Newspace Art Gallery**, 1/66 Le Loi St, Tel. 054/384 9353
Moderne Lackarbeiten von den Zwillingsbrüdern Le Duc Hai und Le Ngoc Thanh. Zu den Motiven zählen Porträts und Tierdarstellungen.
◆ **Du Ca Art Gallery**, 24 Pham Ngu Lao, Tel. 054/382 5287
Die Galerie des preisgekrönten Künstlers Pham Quang Trinh zeigt moderne Lack- und Ölbilder. Sie stellen unter anderem das tägliche Dorfleben, Landwirtschaft und Fischerei dar.

Seidenstickereien

◆ **Duc Thank Shop**, 82 Phan Dang Luu St, Tel. 054/352 7707
Hochwertige Stickarbeiten mit wunderschöner Struktur und fester Stickerei zu einem großartigen Preis.
◆ **XQ Co Do**, www.xqhandembroidery.com
Diese Vertriebsstelle von Vietnams Topproduzenten für Seidenstickerei ist eine kleinere Version des XQ Historical Village in Dalat. Neben der großen Auswahl an schönem Kunstwerk werden hier auch abendliche Musikveranstaltungen geboten.

Kleidung

◆ **Ella Shop**, 39 Chu Van An St, Tel. 054/3893 9495; 091/282 5005 http://www.ellaviet.com
Eine der besten Adressen, um qualitativ hochwertige handgefertigte Stickereien, Schals, Ao Dais und Designer-Kleider zu kaufen. Große Auswahl an Lederwaren.

Danang

Die zentralvietnamesische Metropole bietet gute Einkaufsmöglichkeiten, die aber in der Stadt verstreut liegen. Die Waren sind günstiger als in Hue oder Hoi An, da sich hier weniger Touristen aufhalten.

Märkte

◆ **Cho Con**, Ecke Ong Ich Khiem/ Hung Vuong
Trotz Konkurrenz des gegenüberliegenden Big C-Einkaufszentrums gilt der Cho Con mit seinen Waren für den täglichen Bedarf noch immer als der größte Markt in Danang.
◆ **Cho Han**, Ecke Hung Vuong/ Tran Phu
Hier kann man sich mit kandierten Früchten, getrockneten Meeresspezialitäten und Souvenirs eindecken.

Einkaufszentrum

Big C, gegenüber dem Con-Markt, bietet moderne Lebensmittelgeschäfte, Juweliere und Handtaschenläden, ein Highlands Café, ein Lotteria Fast-Food-Restaurant sowie ein Kino.

Handwerk

Thanh Tam School Gift Shop, 121 Phan Tu St, Tel. 0511/395 8545
Verkauft eine Vielzahl an lokalem Kunsthandwerk, inklusive Lesezeichen mit Miniaturfiguren der Minderheiten sowie Stickereien, die von behinderten Kindern in der Obhut katholischer Nonnen hergestellt wurden.

Schneidereien und Seidenstoffe

◆ **Nhat Hoa Silk**, 97 Nguyan Thai Hoc - 37 Phan Chau Trinh St, Tel. 090/ 591 9327, http://nhathoasilk.com.
Spezialisiert auf Kleider, Oberteile, Hemden, Schals, Taschen und sogar Socken in hoher Qualität.
◆ **Thu Thuy Silk**, InterContinental Danang Sun Peninsula Resort, Bai Bac Suntra Peninsula
Mehr als 20 Jahre Erfahrung in maßgeschneiderter Kleidung sowie Stoffe und Stickereien.

Kunsthandwerk

◆ **Gom Viet**, 176 Tran Phu, Tel. 0511/382 6714
Die Zweigstelle der bekannten Kette bietet moderne Keramik und Töpferwaren mit Ethno-Design.
◆ **Khanh Ha**, 77 Tran Quoc Toan, Tel. 0511/322 6359, www.khanhhahue.com
Hier liegt der Schwerpunkt auf Bildern aus bestickter Seide und ungewöhnlichen Materialien wie Stein, Sand, Schmetterlingsflügeln, Bambus, Federn und anderen natürlichen Werkstoffen.

◆ **XQ Danang**, 39–41 Nguyen Thai Hoc, Tel. 0511/381 6847, www.xqhandembroidery.com
Eine kleine Vertriebsstelle von Vietnams bekannter Seidenstickerei. Es werden hier auch die typischen Seidengemälde verkauft.

Hoi An

Hoi An bietet einige der besten Einkaufsmöglichkeiten Vietnams und ist schon lange als Zentrum der Seidenwebereien und Schneidereien bekannt.

Märkte

Cho Hoi An liegt gegenüber dem Quang-Cong-Tempel am Ende der Nguyen Hue. Hier bekommt man die günstigsten Souvenirs der Stadt.

Schmuck

◆ **Bien Bac Jewellery**, 55 Hoang Dieu St, Tel. 0510/386 2353,
Herrlicher Gold- und Silberschmuck entweder aus einem Katalog bestellt oder individuell angefertigt.
◆ **Ngoc Duc**, 147 Tran Phu, Tel. 0510/386 2390
Hier gibt es handgefertigten Gold- und Silberschmuck mit Perlen und Halbedelsteinen.

Souvenirs und Kunsthandwerk

◆ **Art Handicraft Workshop**, 09 Nguyen Thai Hoc, Tel. 0510/391 0216
Bietet eine riesige Sammlung an traditionellem Kunsthandwerk, Holzschnitzereien, Silberschmuck und Steinkunst. Das Highlight ist eine große Ausstellung von traditionellen Laternen.
◆ **Hoi An House of Traditional Crafts**, 41 Le Loi St.
Eine eher ungewöhnliche Seidenladen, der auch traditionelle handgewebte Schlafmatten, Textilien, Keramik und Lackwaren anbietet. Ein perfekter Ort, originelle Souvenirs zu kaufen.
◆ **Reaching Out**, 103 Nguyen Thai Hoc, Tel. 0510/386 2460, www.reachingoutvietnam.com
Liegt zwischen Tam-Ky-Haus und Cargo Club. Die hochwertigen Produkte werden vor Ort von behinderten Jugendlichen hergestellt. Zu dem großen Sortiment gehören Messing- und Lackarbeiten, Schmuck, Keramik und Puppen aus Naturstoffen.

Schneider

Wer sich in Hoi An maßgeschneiderte Kleidung kaufen möchte, sollte sich gleich zu Beginn seines Aufenthaltes ein Geschäft suchen, damit genügend Zeit für Maßnehmen, Anproben und Änderungen bleibt. Die Schneider neigen zu schludriger Arbeit, da sie ganz genau wissen, dass viele Kunden nur für wenige Tage vor Ort sind und kaum zurückkehren würden, wenn sie mit dem Outfit nicht zufrieden sind.

◆ **BiBi Silk**, 13 Phan Chu Trinh
Feine Seiden-, Woll- und Leinenstoffe. Der Service ist schnell und freundlich und das Personal sachkundig.

◆ **Yaly Fashion Town**, 358 Nguyen Duy Hieu, Tel. 0510/391 4995, www.yalycouture.com
Hoi Ans bester Schneider hat einen großen Verkaufsraum und eine offene Produktionsstätte. Hier wird keine Kaution verlangt, man bezahlt nur, wenn man auch wirklich zufrieden ist. Andere erhältliche Produkte sind Stickarbeiten, handgewebte Seidenteppiche, Schuhe und Schmuck.

Nha Trang

In Nha Trang findet man rund um das Touristenviertel viele Souvenirgeschäfte. Abgesehen vom Kunsthandwerk der Cham am Po Nagar gibt es keine originären lokalen Produkte.

Markt

Der stimmungsvolle **Cho Dam** liegt im alten chinesischen Viertel und zieht sich durch Seitenstraßen und einige alte Kolonialhäuser. Hier gibt es alles – von getrockneten Meeresfrüchten über günstige Kleidung und Snacks bis hin zu einer Fülle an Souvenirs. Der Markt ist erstaunlich untouristisch.

Seidenstickerei

◆ **XQ Nha Trang**, 64 Tran Phu, Tel. 058/352 6579, www.xqvietnam.com
Die Zweigstelle von Vietnams berühmtester Seidenstickerei verkauft sowohl bestickte Gemälde als auch traditionelle *ao dai*. Besucher können hier den Stickerinnen bei der Handarbeit zusehen. Die Preise sind zwar hoch, dafür ist die Qualität gut.

Cham Handwerk

◆ **Hue-Duong**, Cham-Heiligtum Po Nagar, 2/4 Vinh Hai Ward
Hier werden handgewebte Decken, Taschen und Handwerk verkauft.

Mode

◆ **Kim Quang**, Town Center am Segelclub, Tel. 098/3884 5397
Einzigartige T-Shirts, gemalt vom Künstler Kim Quang. Man kann dem Maler bei seiner Arbeit im Segelclub, tgl. 14–21 Uhr über die Schulter schauen.

◆ **Bambou**, 15 Biet Thu St,Tel. 058/391 0774
Outlet des französischen T-Shirt-Herstellers. Bambou hat bei Vietnamtouristen Kultstatus.

Dalat

Beim Einkaufen in Dalat dreht sich eigentlich fast alles um Essbares, kein Wunder, denn die Stadt ist ein Zentrum der Landwirtschaft. Man kann jedoch sein Geld auch für Produkte der ethnischen Minderheiten ausgeben.

Märkte

Der **Cho Da Lat** ist eine Oase an Leckereien, wie kandierten Früchten, Trockenfleisch, Artischockentee und Erdbeerwein. Günstige Kleidung findet man in den oberen Stockwerken, hier und da mischen sich Souvenirläden dazwischen. Frischwaren gibt es im untersten Stock, während man in der zweiten Etage des mittleren Gebäudes viele Imbissstände findet.

Seidenstickerei

◆ **XQ Historical Village**, 258 Mai Anh Dao, Tel. 063/383 1343, www.xqvietnam.com
Der Hauptsitz der bekannten Seidenstickerei ist ein Erlebnispark, in dem bestickte Bilder, *ao dai*, Schmuck, Handtaschen und Seidenarbeiten verkauft werden.

Verschiedenes

◆ **Domain du Marie Convent**, 1 Ngo Quyen St, Ward 6
Dieses Kloster verfügt über einen wunderbaren Andenkenladen mit einer großen Auswahl an hausgemachten Süßigkeiten und Weinen. Es gibt auch eine kleine Abteilung mit seidenbestickten Bildern, welche man in dieser Form nirgendwo anders bekommt. Die Erlöse gehen an Waisenkinder, Obdachlose und Behinderte.

Ho Chi Minh City

Vietnams größte Metropole entwickelt sich immer mehr zum Shopping-Eldorado und Zentrum für Designer-Produkte. Billigware gibt es auch zuhauf, aber auch moderne Produkte zu anständigen Preisen. Lokale Talente und internationale Designer kreieren ungewöhnliche Wohn-Accessoires, Möbel, Lampen, moderne Kunst und Mode.

Keramik

◆ **Authentique**, 113 Lê Thánh Tôn, District 1, Tel. 08/3822 8052
Hübsche Keramik in verschiedenen Formen, Farben und Größen. Man findet alles, von Sake-Schüsseln, über Espressotassen bis hin zu großen Vasen.

◆ **Gom Viet Fine Arts**, 91A Pasteur, Dist. 1, Tel. 08/3823 1636, www.gomviet.net.
Bietet prächtige braune Tonware, die in traditioneller Technik hergestellt, aber zu modernen Heim-Accessoires, Ornamenten und Kunstwerken geformt wurde.

Heimdekor und Möbel

◆ **Gaya**, 3 Tran Ngoc Dien, Dist. 2, Tel. 08/3925 1495, www.gayavietnam.com
Vietnams erster internationaler Ausstellungsraum für stilvolles Heimdekor, Möbel, Lampen, Accessoires und Geschenke. Alle werden in Handarbeit hergestellt, jedoch von internationalen, in Vietnam ansässigen Designern entworfen.

◆ **Dong Duong**, 45 Dong Khoi St, Tel. 08/3827 3748
Hier bekommt man fantastische Kleinigkeiten. Die Auswahl ist sehr vielseitig – vom chinesischen Brettspiel bis zum Raucherzubehör.

◆ **Saigon Kitsch**, G/F, 43 Ton That Thiep, Dist. 1, Tel. 08/3821 8019
Der verrückte, farbenfrohe Laden bietet jede Menge Kitsch in Form von Heimartikeln, Accessoires und Geschenken. Viele davon haben Motive vietnamesischer Propaganda-Kunst.

Stickereien und Näharbeiten

◆ **Catherine Denoual Maison**, 15C Thi Sach, Dist. 1, Tel. 08/3823 9394, www.catherinedenoual.com
Der exklusive Laden eines ansässigen französischen Designers bietet Bettwäsche und Tischtücher aus erstklassigen, importierten Materialien mit handbestickten Mustern, bei denen man sich von der Natur inspirieren ließ.

◆ **Kim Phuong**, 110A Nguyen Hue, Dist. 1, Tel. 08/3822 4320, www.kimphuong.net
Seit 1989 haben sich Kim Phuong und die Zweigstelle Bao Nghi (4–6 Le Loi) auf handbestickte Bettwäsche und Tischtücher aus weißer Baumwolle und Leinen spezialisiert.

◆ **Vietnam Quilts**, 68/1 Le Loi, Dist. 1, Tel. 08/2210 3110, www.vietnam-quilts.org
Die gemeinnützige Entwicklungsorganisation bietet Frauen aus den verarmten südlichen Gebieten Arbeit und ein gesichertes Einkommen durch den Verkauf von hübschen handgemachten Baumwoll-Steppdecken. Spezielle Kundenwünsche werden gerne berücksichtigt.

◆ **XQ Hand Embroidery**, 70B Le Loi, Dist. 1, Tel. 08/3827 7305, www.xqvietnam.com
Das nationale Unternehmen XQ ist bekannt für seine verblüffenden gestickten Bilder und Wandbehänge, die mit ihrer feinen Seide, den akribischen handgestickten Details und lebensechten Abbildungen beinahe wie Gemälde anmuten.

Mode

◆ **Ipa-Nima**, 71 Pasteur Quan, Dist. 1, Tel. 08/3824 2701, www.ipa-nima-boutique.com
Extravagante, kokette und klassische Handtaschen (alle vor Ort hergestellt) werden durch die hier lebende und aus Hongkong stammende Designerin vertrieben.

◆ **Mai's**, G/F, Hotel Continental, 132–134 Dong Khoi, Dist. 1, Tel. 08/3827 2733, www.mailam.com.vn
Die handgefertigte klassische, aber dennoch flippige Mode besteht aus Stickereien auf Naturstoffen.

◆ **Minh Hanh**, 161 A ai Ba Trung St, Dist. 1, Tel. 08/3521 0641, www.mhminhhanh.com
Die Boutiquen präsentieren Haute Couture der führenden vietnamesischen Designerin Dang Thi Minh Hanh und bieten außergewöhnliche *ao dai*, die Tradition und Moderne vereinen.

◆ **Zen Plaza**, 54–56 Nguyen Trai, Dist. 1., Tel. 08/3925 0339
Im kleinen Einkaufszentrum kaufen v.a. die Einheimischen ein. In den unteren Etagen findet man günstige vietnamesische Mode von lokalen Designern, allerdings fast ausschließlich in kleinen Größen.

Lackarbeiten

◆ **Appeal**, 41 Ton That Thiep, Dist. 1, Tel. 08/3821 5258, www.christianduc.fr
Der exklusive Laden bietet hochwertige Lackarbeiten wie Möbel, Lampen und Wohndekor von vietnamesischen und französischen Designern.

◆ **Nga Art and Craft**, 81 Mac Thi Buoi, Dist. 1, Tel. 08/3823 8356, www.vietnam-art-craft.com
Alt eingesessenes Unternehmen, das hochwertige Lackarbeiten, Wohndekor und Möbelstücke, die traditionelle Handwerkskunst mit modernen Elementen verbinden, anbietet.

◆ **SaiGon Craft**, 74 Dong Khoi, Dist. 1, Tel. 08/3829 5758, www.saigoncrafts.com
Spezialisiert auf Heimdekor, Souvenirs und Geschenke aus Lack. Die Produkte, darunter Schüsseln oder Fotorahmen, vereinen Tradition und Moderne.

Seide

◆ **Khai Silk**, 107 Dong Khoi, Dist. 1, Tel. 08/3829 1146, www.khaisilkcorp.com
Neben erstklassiger Seidenbekleidung (Konfektionsware oder maßgeschneidert) für Frauen und Männer bietet Vietnams exklusivste Seidenboutique-Kette luxuriöse Seidenaccessoires, darunter Krawatten, Kimonos, bestickte Schals, Unterwäsche, Brokatumhänge sowie Steppdecken.

◆ **Mosaique Decoration**, Unit 3A+4 –GF, Saigon Center, 65 Le Loi St,, Dist. 1, Tel. 08/3823 4634, www.mosaiquedecoration.com
Reizende handgefertigte Geschenke, Lampen und Wohn-Deko aus Seide, u.a. wie bestickte Kissenbezüge, Wandvorhänge, Steppdecken und verschieden große Laternen.

Souvenirs

Von den zahlreichen Souvenirläden an der Dong Khoi und der Le Loi sowie rund um die Backpacker-Gegend in der De Tham und Pham Ngu Lao sind die folgenden besonders empfehlenswert:

◆ **Cho Ben Thanh**, Ecke Ham Nghi/ Le Loi und Tran Hung Dao, Dist. 1
In der bekanntesten Markthalle der Stadt verkauft man stapelweise hübsche Souvenirs und Kunsthandwerk (unter anderem Lack, Keramik, Kaffeebohnen, T-Shirts, konische Hüte). Hier darf kräftig gefeilscht werden.

◆ **Saigon Tax Trade Centre**, 135 Nguyen Hue, Dist. 1, Tel. 08/3821 3849, www.thuongxatax.com.vn
In den beiden oberen Etagen der großen Markthalle findet man eine große Auswahl an Souvenirs und Kunsthandwerk. Im Vergleich zum Ben-Thanh-Markt sind Qualität und Preis hier höher, dafür ist der Einkauf in klimatisierter Umgebung auch stressfreier.

◆ **Dogma**, 43/1 Ton That Thiep, Dist. 1, Tel. 08/3821 8272
Diese Kunstgalerie bietet Kriegspropagandadrucke, Reproduktionen und Poster sowie T-Shirts aus Naturfasern, Becher und viele andere Souvenirs an.

Retro und Schnickschnack

Es gibt in Saigon kaum echte Antiquitäten, zudem wäre es auch illegal, diese zu exportieren. Doch es gibt einige seriöse Händler, die schöne Reproduktionen, klassische Waren und jede Menge Krimskrams verkaufen.

◆ **Le Cong Kieu**
Diese bezaubernde kleine Straße war früher als »Antiquitätenstraße« bekannt. Die Läden hier verkaufen hauptsächlich Nachbildungen aus Massenproduktionen. Man findet u.a. altmodischen orientalischen Krimskrams, Kunstobjekte sowie Möbel.

◆ **Nguyen Frères**, 2 Dong Khoi, Dist. 1, Tel. 08/3823 9459
Stimmungsvoller Laden im Stil eines nordvietnamesischen Hauses. Das Innere ist eine Fundgrube mit Nippes aller Art und altmodischen Waren, darunter Möbelstücke im kolonialen Stil.

◆ **Red Door Deco**, 20A Thi Sach, Dist. 1, Tel. 08/3825 8672, www.reddoordeco.com
Große Sammlung an originellen Klassikern und Nachbildungen, u.a. Möbel, Statuen und Kunstobjekte, wie z.B. alte Schwarz-Weiß-Fotos, gläserne Kronleuchter und holzgeschnitzte Buddhas.

Einkaufszentren

Ho Chi Minh City hat eindeutig die schönsten Einkaufszentren des Landes.

◆ **Diamond Plaza**, 34 Le Duan, Dist. 1, Tel. 08/3822 5500, www.diamondplaza.com.vn
Erstklassiges Kaufhaus mit großzügiger Innenausstattung. Verkauft hauptsächlich teure internationale Markenartikel, darunter Schmuck, Uhren und Kosmetik. Damen- und Herrenmode, Haushaltswaren, Elektronikartikel sowie Sportwaren findet man zusätzlich zu einem Café, einer Gastronomiemeile und einem Supermarkt.

◆ **Parkson Hung Vuong**, 126 Hung Vuong, Dist. 5, Tel. 08/2222 0383
Das große Kaufhaus liegt in Cholon und verteilt sich auf den ersten vier Stockwerken des Hung Vuong Plaza, einem Komplex mit Büros, Apartments, Bowlingbahnen und Kino.

◆ **Parkson Saigontourist Plaza**, 35–45 Le Thanh Ton, Dist. 1, Tel. 08/3827 7636
Das Kaufhaus war lange Zeit Vietnams erste Anlaufstelle für teure Markenartikel und gilt als Vorreiter eines modernen Einkaufskonzeptes mit Infoständen, Kundenkarten und Parkservice. Bei der Auswahl dominieren die internationalen Marken, es gibt jedoch auch bekannte lokale Produkte – von Mode über Schuhe bis hin zu Schreibwaren. Gastronomiemeile, Supermarkt sowie eine Spielhalle sind ebenfalls vorhanden.

◆ **Rex Hotel Arcade**, 155 Nguyen Hue, Dist. 1
Die noblen Erdgeschossarkaden gehören zum Rex Hotel und bieten einzelne Boutiquen von internationalen Top-Designern wie Chloé, Balenciaga, Tara Jamon, Sergio Rossi und Marc Jacobs.

Vung Tau

In der Hafenstadt lohnt sich ein Einkaufsbummel eigentlich nur in den modernen Einkaufszentren. Die Souvenirläden an den Straßen bieten hauptsächlich Produkte wie lackierte Meeresschildkröten und bemalte Korallen. Da diese wahrscheinlich von den örtlichen Riffen geplündert wurden, sollte man lieber einen Bogen um die Geschäfte machen.

Einkaufszentren

◆ **Hodeco Plaza**, 36 Nguyen Thai Hoc
Allrounder mit Lebensmittelgeschäft, Bücherladen, kleineren Geschäften sowie den Fastfood-Restaurants KFC und Lotteria.

◆ **Imperial Shopping Center**, 163 Thuy Van (Back Beach)
Das kleine, schicke Einkaufszentrum bietet Schmuck, Kosmetik, Designer-Kleidung und Handtaschen sowie ein feines Restaurant und ein Café (Highlands Coffee).

Mui Ne

Die einst vielen kleinen Läden haben sich zu lang gezogenen, nahezu identischen Souvenirständen gewandelt, die Produkte wie Windspiele aus Bambus, Hängematten, Strandkleidung, Holzschnitzereien und Lackwaren verkaufen. Nur sehr wenige Produkte sind für Mui Ne typisch. Dazu gehören Textilien und Töpferwaren der Cham-Minderheit, die berühmte Fischsoße aus Phan Thiet und Gemälde aus dem farbigen Sand der Binh-Thuan-Provinz.

Märkte

Der kleine **Rang-Markt** am Strand ist von Sonnenaufgang bis 10.30 Uhr geöffnet. Hier kann man wunderbar frühstücken und neben frischem Obst auch noch Bananen-Sesam-Bonbons, Kokos-Kekse und Erdnusskrokant naschen.

Wassersportausrüstung/ Strandbekleidung

◆ **Mellow**, 117C Nguyen Dinh Chieu, Tel. 062/374 3086
Verkauft Kleidung und Kiteboarding-Equipment von Ozone.

Lederwaren

◆ **Minh Nhung Crocodile Shop**, 34 Nguyen Dinh Chieu St, Tel. 062/374 1428
Handtaschen, Gürtel und Brieftaschen aus Krokodil- oder Schlangenleder.

Schmuck

Thinh & Sabine, 79A Nguyen Dinh Chieu, Mobiltelefon 090/993 1192
Das deutsch-vietnamesische Paar kreiert handgefertigten Schmuck.

Souvenirs

Shop Thai, 29 Nguyen Dinh Chieu, Tel. 062/374 1267
Schmuckstücke und Kunsthandwerksprodukte aus dem ganzen Land. Hier muss jedoch rigoros gefeilscht werden, denn die Preise sind unverschämt hoch angesetzt.

Mekong-Delta

Entlang der Touristenroute wird billiger Schmuck aus Kokosschalen, Holz und Muscheln angeboten. Die meisten Produkte würde man in Saigon um einiges günstiger erstehen können. Ausnahme sind handgefertigte Waren aus dem Holz der Kokosnusspalme, darunter Besteck oder Essstäbchen. Sie werden auf Märkten und in vielen Souvenirshops angeboten.

Ausflüge, Touren und Freizeitspaß

Allroundtouren

Hanoi

In der Altstadt von Hanoi scheint jeder zweite Laden eine kleine Reiseagentur oder ein Gästehaus zu sein. Und alle bieten ähnliche Tourvarianten zu ähnlichen Preisen. Mit solchen Agenturen eine Tour zu buchen ist gar nicht so schlecht, sofern man die richtigen Fragen stellt. Wer dort einen Ausflug buchen möchte, etwa zur Parfum-Pagode, nach Mai Chau, Sapa oder in die Halong-Bucht, sollte klarstellen, wie groß die Gruppe sein wird (Höchstteilnehmerzahl), wie der Transport aussieht, was alles im Preis eingeschlossen ist, etwa Mahlzeiten, Eintrittsgelder oder Nebenkosten.

◆ **Buffalo Tours**, 94 Ma May, Hoan-Kiem-Distrikt, Tel. 04/3828 0702, www.buffalotours.com
Der Pionier eines sozial verträglichen Tourismus bietet ungewöhnliche Touren abseits der Wege ebenso wie klassische Rundreisen. Die Agentur beschäftigt einige der besten Guides in Vietnam.

◆ **ET-Pumpkin Adventure Travel**, 89 Ma May, Hoan-Kiem-Distrikt, Tel. 04/3926 0739, www.et-pumpkin.com
Hier kann man verlässlich und günstig Zug-, Flug- oder Bustickets kaufen und bekommt recht günstig Wagen mit Fahrer. Die Pauschalangebote sind eher durchschnittlich.

◆ **Exotissimo Travel**, 66A/3 Tran Hung Dao St, Hoan-Kiem-Distrikt, Tel. 04/ 3828 2150, www.exotissimo.com
Die auch regional aktive Agentur hat sich ebenfalls einem sozial verträglichen Tourismus verschrieben und offeriert maßgeschneiderte oder individuell ausgearbeitete Touren in allen Varianten. Gut auch für Touren von/ nach Laos, Thailand oder Kambodscha.

◆ **Handspan Tours**, 80 Ma May, Tel. 04/3926 2828; 15 Hang Manh, Tel. 04/3938 1463, www.handspan.com
Die etablierte Reiseagentur bietet schöne, preislich moderate Touren durch ganz Vietnam. Ein Schwerpunkt liegt im Adventure-Bereich, weshalb man hier gut Kajak-, Mountainbike- oder Trekkingtouren buchen kann.

◆ **Kangaroo Café Tours**, 18 Bao Khanh, Hoan-Kiem-Distrikt, Tel. 04/3828 9931, www.kangaroocafe.com
Hier kann man günstig und zuverlässig Tagesausflüge und Touren nach Sapa oder in die Halong-Bucht buchen.

◆ **Sinh Café Travel**, 66 Hang Than street, Ba-Dinh-Distrikt, Tel. 04/3836 4212, www.sinhcafe.com
Die 1993 gegründete Agentur hat vor allem bei Backpackern einen sehr guten Ruf. Das verwundert nicht, denn der Reiseanbieter gilt als der Begründer günstigen »Open Tour«-Busse. Aber man kann dort auch zuverlässig andere Serviceleistungen zum fairen Preis buchen.

Hue

Außer der Zitadelle liegen die anderen Sehenswürdigkeiten ziemlich in der Umgebung verstreut. Wer sie nicht auf eigene Faust besuchen möchte, kann eines der zahlreichen Reisebüros aufsuchen. Die Angebote sind fast überall ähnlich, was auch für die Preise gilt.

◆ **Café on Thu Wheels**, 10/2 Nguyen Tri Phuong, Tel. 054/383 2241, minhthuhue1970@hotmail.com
Der populäre Laden arrangiert Tagestouren mit Moped und Fahrrad.

◆ **Abstravel**, ABS Travel, 51 Le Loi St, Tel. 054/393 2499, http://abstravel.asia
Arrangiert Trips zu den Königsgräbern, Bootsfahrten auf dem Parfumfluss oder Ausflüge zum Bach-Ma-Nationalpark und zur DMZ.

◆ **Sinh Café**, 66 Hang Than, Tel. 04/3836 4212, http://sinhcafe.com
Bietet Tagesausflüge zu den Sehenswürdigkeiten der Umgebung. Bootsfahrten, Moped und Fahrradverleih.

Dien Bien Phu

Die alten Schlachtfelder können problemlos alleine besucht werden. Wer jedoch Ausflüge in die Umgebung, etwa zu den Dörfern der Minderheiten, unternehmen möchte, kann über das **Muong Thanh Hotel** (25 Him Lam, Tel. 023/381 0038) einen Guide besorgen lassen. Die Angestellten sind auch beim Arrangieren der Weiterfahrt behilflich. Man kann jedoch auch einen *xe-om*-Fahrer ansprechen, auch wenn die meisten kaum Englisch sprechen.

Danang

Die zentralvietnamesische Metropole hat eine eher unterentwickelte touristische Infrastruktur, da fast alle Besucher nach Hoi An weiterfahren. Während am China Beach wunderbare Surfbedingungen bestehen, bieten die Berge um Ba Na, Bach Ma und Monkey Mountain wunderbare Klettermöglichkeiten. Dazu muss man jedoch die eigene Ausrüstung mitnehmen. Für den Weitertransport fragt man am besten im Hotel nach.

Hoi An

Hoi An ist eine gute Ausgangsbasis für Fahrten nach My Son, Danang oder zum nahen Cham-Archipel.

◆ **Hoian Ecotours Dicovery**, 45 Nguyen Phuc Chu, Tel. 090/551 6198, www.hoianecotoursdiscovery.com
Bootstouren und Angelausflüge im Hoi-An-Delta. Der Schwerpunkt bei den Touren liegt auf lokaler Kultur, Geschichte und Landwirtschaft.

◆ **Laughing Roo - Day Tours**, 01B Phan Boi Chau St, Tel. 098/733 2254, http://laughingroohoian.com
Von einem Australier und seiner vietnamesischen Ehefrau gegründete Agentur, die individuell zusammengestellte Touren für Einzelreisende und Gruppen in Hoi An und anderen Regionen von Vietnam anbieten. Sehr freundliches und hilfsbereites Personal.

◆ **Ly's Travel**, 77 Ba Trieu St., Hoi An, Quangnam Province, Tel. 0510/391 7666, http://hoiandailytours.com
Spezialisiert auf Tagestouren in und um Hoi An, inklusive Trips zu den Marmorbergen und den Paradieshöhlen.

Quy Nhon

Barbara's Kiwi Connection, 12 An Duong Vuong, Tel. 093/538 4244, http://barbaraquynhon.weebly.com
Die Neuseeländerin Barbara bietet kostenlose Informationen für Ausflüge in die Umgebung. Sie arrangiert auch Taxen zu den nahen Cham-Tempeln, zum Quang-Trung-Museum und nach Ham Ho.

Nha Trang

Das Ausflugsprogramm in Nha Trang konzentriert sich vor allem auf Bootsausflüge zu den Inseln in der Bucht oder zu Schnorchel- bzw. Tauchtouren zu den Korallenbänken. Die meisten Anbieter beschränken sich jedoch auf den Transportservice, ohne das Gesehene groß zu erklären. Der unten erwähnte Fotograf Mai Loc ist eine der wenigen Ausnahmen.

◆ **Long Phu Tourist**, 84 Hung Vuong, Tel. 058/352 7022, longphutourist@dng.vnn.vn
Bietet Bootsausflüge zu allen umliegenden Inseln und wird daher von vielen Reiseagenturen gebucht.

◆ **Mama Linh's Boat Tours**, 144 Hung Vuong St, Tel. 091/305 9477, http://mamalinhboattrip.blogspot.com
Ihre Bootstouren zu den Inseln inklusive Stopps für Schnorchelrunden arten gerne in Partys mit lauter Musik und viel Alkohol aus.

◆ **Jungle Travel**, 32 Tran Quang Khai Street,Tel. 058/352 5177, http://vietnamjungletravel.com
Spezialisiert auf maßgeschneiderte Touren, bietet die Reiseagentur die Möglichkeit, Orte unberührt vom kommerziellen Tourismus kennenzulernen. Dazu steht eine eigene Flotte an komfortablen Fahrzeugen zur Verfügung. Die Agentur organisiert Touren in Süd- und Zentral-Vietnam.

◆ **Sinh Café Travel**, www.sinhcafe.com
Arrangiert Städtetouren und (oft über Long Phu) Bootsausflüge in die Bucht inklusive Inselbesuch und Stopps zum Schnorcheln.

Ho Chi Minh City

Unzählige Reisebüros (auch viele Hotels) bieten Tagesausflüge zu den Cu-Chi-Tunneln und zu den Cao Dai in Tay Ninh. Darüber hinaus gehört zum Standardangebot ein Besuch des Mekong-Deltas, sei es als Tagestour nach My Tho oder als mehrtägiger Busausflug inklusive diverser Bootstouren. Auch eine schicke Kreuzfahrt bis nach Can Tho startet in Saigon. Eher selten wird ein Ausflug in den Cat-Tien-Nationalpark gebucht. Zu Unrecht, denn er ist einer der besten Plätze Vietnams zur Wildtierbeobachtung.

◆ **Buffalo Tours**, Level 8, 157 Pasteur Street, Dist. 3, Tel. 08/3827 9170, www.buffalotours.com
Bekannt für ihr Engagement für einen nachhaltigen Tourismus, bietet diese vietnamesische Agentur maßgeschneiderte und individuell ausgearbeitete Adventure- und Luxustouren. Wie wäre es mit einem Bootsausflug nach Cu Chi?

◆ **Exo Travel Vietnam**, 261-263 Phan Xich Long Street, Phu-Nhuan-Distrikt, Tel. 08/3995 9898, www.exotravel.com
Etablierter Veranstalter mit Büros in ganz Südostasien mit ähnlich qualitativ hochwertigem Programm wie Buffalo Tours.

◆ **Handspan**, 10th floor, Central Park building, 208 Nguyen Trai, Dist. 1, Tel. 08/3925 7605, www.handspan.com
Auf Adventure spezialisierte Agentur für umweltfreundlichen Tourismus mit attraktiven Ausflügen – von Kayaking und Mountainbiketouren bis zu Bootsausflügen ins Mekong-Delta. Die engagierten Guides sind gut.

◆ **Saigontourist Travel Service**, 4G and 4H Le Loi St, Dist. 1, Tel. 08/8822 6033, 090/928 4554, www.etravelvietnam.com
Die halbstaatliche Agentur offeriert das klassische Tourangebot, inklusive Tagestouren und Bootstouren ins Mekong-Delta. Für Saigontourist arbeiten viele deutschsprachige Guides.

◆ **Sinh Café Travel**, 127 Ban Co St, Dist. 3, Tel. 08/6272 9925, http://sinhcafe.com/index.htm
Der landesweit aktive Veteran im Bereich Billigtourismus arrangiert von seinem Hauptquartier im Travellerviertel aus »Open-Tour«-Fahrten zu den touristischen Zielen und all die üblichen Ausflüge.

Vung Tau

OSC Vietnam Travel, 02 Le Loi, Tel. 064/625 4007, www.oscvietnamtravel.com.vn
Klassische Pauschalangebote, Visa-Verlängerungen und Transporte.

Mui Ne Beach

◆ **Mr. Binh Sahara Tour**, 81 Huynh Thuc Khang, Mobil 098/929 7648, mrbinhmuine@hotmail.com
Besucher von Mui Ne schätzen Herrn Binh wegen seiner hervorragenden Englischkenntnisse und seiner ungewöhnlichen Touren ins Umland von Mui Ne und in den Süden und die Mitte Vietnams.

◆ **Fish Egg Tree Tours**, Tel. 090/443 4895, E-Mail: muinehung@gmail.com
Herr Hung ist ein englischsprachiger Reiseleiter, mit tief greifenden Ortskenntnissen. Er bietet mehr als einen Transportservice – im Gegensatz zu manchen lokalen Reisebüros.

Spezialtouren

Hanoi

Hidden Hanoi, 137 Nghi Tam, Tay-Ho-Distrikt, Mobil 091/225 4045, www.hiddenhanoi.com.vn
Der kleine Veranstalter organisiert einige der besten Stadtspaziergänge in Hanoi – in die Altstadt, ins ehemalige französische Viertel oder zu Garküchen und Tempeln. Die Stadtführer sind jung, voller Energie und sprechen gutes Englisch. Hidden Hanoi bietet auch Koch- und Sprachkurse.

Ho Chi Minh City

Vespa Tours, Café Zoom, 169 De Tham, Dist. 1, Tel. 093/850 0997, www.vietnamvespaadventure.com
Warum durch den Süden Vietnams mit dem Bus fahren, wenn es auch auf einer Vespa geht? Der von einem US-Amerikaner geführte Veranstalter organisiert interessante Rundfahrten, sei es eine halbtägige Stadtrundfahrt durch Saigon oder eine drei- bzw. fünftägige Tour nach Mui Ne und Nha Trang auf der Vespa.

Can Tho

◆ **Trans Mekong Cruises**, 2 Ngo Quyen, Tel. 0710/382 9540, www.transmekong.com

Das französisch geführte Unternehmen unternimmt mit seinen umgebauten Reisbarken »Bassac I« und »Bassac II« attraktive Bootstouren im Mekong-Delta (meist von Cai Be nach Can Tho). Die Gäste schlafen in komfortablen Kabinen mit jedem Komfort.

◆ **Mekong Eyes**, Van Phat 1 Hotel – Cai Khe Ward, Ninh-Kieu-District, Tel. 0710/378 3586, www.mekongeyes.com
Ein weiterer Anbieter in Can Tho, der mit einer 39 m langen, umgebauten Reisbarke (15 Kabinen) mehrtägige Flussfahrten unternimmt. Mit kleinen Sampans können die Gäste schmale Kanäle erkunden.

Adventuretouren

Hanoi

◆ **Offroad Vietnam**, 36 Nguyen Huu Huan, Hoan-Kiem-Distrikt, Tel. 04/3926 3433, www.offroadvietnam.com
Kein Hanoier Veranstalter offeriert professionellere Motorradtouren in die nördlichen Landesteile wie Offroad Vietnam. Dies liegt vor allem am Eigentümer, Herrn Anh Wu, der zu den freundlichsten und kenntnisreichsten Veranstaltern zählt. Zum Einsatz kommen Hondas mit vier Gängen und 160 cm^3.

◆ **Topas Adventure Travel**, No. 1B, Alley 12/2/5 Dang Thai Mai St, Tay-Ho-Distrikt, Tel. 04/3715 1005, www.topastravel.vn
Der professionelle Anbieter ist auf Adventure-Touren rund um Sapa spezialisiert, wo er auch eine Ökolodge managt. Die Agentur bietet auch Touren durch Vietnam, Laos und Kambodscha.

Cat-Ba-Archipel

Ein Ausflug mit dem Fahrrad über die Hauptinsel bietet wunderbare Ausblicke und eindrückliche Naturerlebnisse. Ein Großteil der Unterkünfte vermietet für wenig Geld chinesische, meist ganglose Drahtesel. Wer etwas anspruchsvollere Touren vorhat, kann gute Mountainbikes bei **Flightless Bird Café** (südliches Ende der Nui Ngoc, Tel. 031/388 8517) mieten.

Dalat

Die »Stadt des ewigen Frühlings« ist ein hervorragender Ausgangspunkt für Adventure-Touren ins Zentrale Hochland. Das Angebot reicht von Trekking- und Mountainbike-Touren bis zu Klettern und Paragliding. Wer etwas abenteuerlichere Aktivitäten plant, sollte sich um die Qualität der Ausrüstung genauso sorgen wie um eine gute Versicherung. Die meisten vietnamesischen Veranstalter gehen nämlich davon aus, dass ihre Kunden das volle Risiko tragen.

◆ **Groovy Gecko Adventure Tours**, 65 Truong Cong Dinh, Tel. 063/383 6521, www.groovygeckotours.net
Tin und seine erfahrenen, Englisch oder Französisch sprechenden Guides führen interessante Wanderungen am Langbiang-Berg, Mountainbike-Touren bis nach Mui Ne oder Kanutouren und Klettern beim Datanla-Wasserfall. Hinzu kommen Wanderungen zu den Dörfern der Minderheiten rund um Dalat und im Zentralen Hochland (besonders bei Buon Me Thuot, Kontum and Pleiku).

◆ **Phat Tire Ventures**, 109 Nguyen Van Troi St, Tel. 063/382 9422, www.phattireventures.com
Einer der ersten Adventure-Veranstalter Dalats offeriert ein ähnlich vielseitiges Programm wie Groovy Gecko, hat ebenfalls sehr erfahrene Guides. Er bietet zudem Fahrten mit dem Kajak und Fahrrad.

◆ **The Sinh Tourist**, 22 Bui Thi Xuan St, Tel. 063/382 2663, www.thesinhtourist.vn
Wer neben den klassischen Tagesausflügen günstige Pauschaltouren ins Zentrale Hochland unternehmen möchte – inklusive Buon Me Thuot und Kontum –, ist hier richtig.

Trekking

Sapa

Wer anspruchsvolle Wanderungen unternehmen oder gar den Fansipan besteigen möchte – was mindestens drei Tage in Anspruch nimmt –, kann bei einer erfahrenen Agentur in Hanoi buchen, etwa **Buffalo Tours**, **Handspan** oder **Topas Adventure Travel.** Eine weitere gute Adresse in Hanoi ist **Active Travel Vietnam** (31 Allee 4, Dang Van Ngu, Tel. 04/3573 8569, www.activetravelvietnam.com).
Für einfachere Wanderungen zu den Dörfern der ethnischen Minderheiten rund um Sapa kann man sich an eines der Hotels in Sapa wenden (s. S. 343) und dort einen lokalen Guide engagieren. Die meisten Unterkünfte können engagierte Guides vermitteln – vorwiegend junge Hmong-Frauen -, die Erfahrungen mit ausländischen Touristengruppen haben. Manche Guides sprechen neben Englisch auch Französisch oder Deutsch.

Halong-Bucht/Cat-Ba-Archipel

Wanderungen im Cat-Ba-Nationalpark (Tel. 04/8582 0661, http://catbatravels.com) zählen zu den Höhepunkten eines Besuchs im Cat-Ba-Archipel. Durch die reizvolle Dschungellandschaft führen mehrere Wanderwege. Man sollte jedoch gute Schuhe, atmungsaktive Kleider und viel Wasser mitbringen, denn während des Sommers kann es sehr feucht und heiß werden.

Tauchen

Hoi An

Die Lage in einem Deltagebiet mit mehreren Flussläufen und Lagunen, dazu im Meer vorgelagerte Inseln, von Riffen umgeben, machen die einstige Hafenstadt zu einem hervorragenden Ausgangspunkt für Ausflüge auf und am Wasser.

◆ **Cham Island Diving Centre**, 88 Nguyen Thai Hoc, Tel. 0510/391 0782, www.chamislanddiving.com
Die erfahrene Tauchschule offeriert Tagestouren für Anfänger (Tauchen und Schnorcheln) und Fortgeschrittene mit Zertifikat sowie einige PADI-Schulungen.

◆ **Rainbow Divers**, 398 Tran Hung Dao St, Tel. 0510/391 1914, www.divevietnam.com
Vietnams Pionier in Sachen Tauchen bietet ein ähnliches Tauchprogramm wie Cham Island Diving Centre. Auch hier kann man verschiedene Tauchzertifikate erwerben.

Nha Trang

◆ **Rainbow Divers**, 90A Hung Vuong, Mobil 090/878 1756, www.divevietnam.com
Der Hauptsitz der bekannten Tauchschule unter Leitung des Pioniers Jeremy Stein bietet ein umfassendes PADI-Ausbildungsprogramm für Anfänger und Fortgeschrittene. Zur Vorbereitung bietet Rainbow Divers über seine Webseite das PADI-E-learning-Programm an.

◆ **Coco Dive Center**, 116 Nguyen Thien Thuat, Tel. 091/346 2300, http://cocodivecenter.com
Tauchkurse und Bootsausflüge mit Tauchgängen.

◆ **Sailing Club Diving**, 72–74 Tran Phu, Tel. 058/352 2788; **Octopus Diving**, 62 Tran Phu, Tel. 058/352 1629
Beide Niederlassungen werden von derselben Tauchschule geführt und bieten neben spannenden Tauchtrips Schulungen für das PADI-Zertifikat.

Con-Dao-Archipel

◆ **Rainbow Divers**, Mobil 090/557 7671, www.divevietnam.com
Eine weitere Filiale der bekannten Tauchschule mit tollen Tauchkursen und -gängen in die faszinierende Unterwasserwelt des Archipels.

Über Wasser

Cat-Ba-Archipel

Kajaking zählt zu den schönsten Wegen, um in den ruhigen Gewässern die Inselwelt des Archipels zu erkunden. Auf der Hauptinsel vermieten viele Hotels und Gästehäuser entlang der Nui Ngoc einfache Kajaks. Im Durchschnitt werden 40 000 VND pro Stunde verlangt.

Nha Trang

◆ **Mana Mana Water Sports**, Louisiane Brewhouse, Lot 29, Tran Phu
Vermietet direkt am Strand eine Reihe von Gerätschaften für den Wassersport, darunter Kajaks, Surfbretter, Ausrüstungen für Kite- und Wakeboarding, Wasserskis und vieles mehr.

Mui Ne Beach

Kiteboarding und Windsurfing zählen zu den beliebtesten Wassersportarten entlang des Strandes von Mui Ne (zum Leidwesen mancher Schwimmer). Folgende Anbieter verleihen gute Ausrüstungen:

◆ **Airwaves**, km 11,8, Mobil 090/330 8313
Airwaves hat nach IKO- und AYF-Standard geprüfte Surflehrer und vermietet Ausrüstungen für Kiteboarding, Windsurfen, Segeln, Wellenreiten und Wasserski.

◆ **Jibes and Full Moon Beach**, 90 Nguyen Dinh Chieu, Tel. 062/384 7405, www.windsurf-vietnam.com
Das älteste und bekannteste Zentrum für Kiteboarding und Windsurfen von Mui Ne engagiert mehrsprachige IKO-Lehrer. Es organisiert den beliebten Vietnam Fun Cup und andere bekannte Sportevents.

◆ **Windchimes Kite Centre**, Saigon Mui Ne Resort, 56 Nguyen Dinh Chieu, Mobil 090/972 0017 (Mr. Trang), www.kiteboarding-vietnam.com
Eines der größten Zentren für Kiteboarding mit erfahrenen, mehrsprachigen IKO-Lehrern. Die Auswahl auch an aktuellen Bretter ist groß, und bei den Drachen kann man zwischen den Marken Cabrinha, Naish und North wählen.

Golf

Hanoi

◆ **Hanoi Club Driving Range**, 76 Yen Phu, Tay-Ho-Distrikt, Tel. 04/3823 8115, www.thehanoiclub.com
Der Club bietet auch einen Übungsplatz. Wer also seinen Abschlag verbessern möchte, kann sich dort anmelden.

◆ **King's Island Golf Course**, Dong Mo, Son Tay, Tel. 034/368 6555, www.kingsislandgolf.com
Mit gleich zwei 18-Loch-Plätzen ist King's Island die erste Anlage im Norden Vietnams. Angesichts der schönen Lage am Fuß der Berge zählt der Golfplatz auch zu den schönsten in der Region. Er liegt etwa 45 km südwestlich von Hanoi, eine Voranmeldung ist erforderlich.

◆ **Tam Dao Golf & Resort**, Hop Chau, Tam-Dao-Distrikt, Vinh-Phuc-Provinz, Tel. 0211/389 6554, www.tamdaogolf.com
Der Club liegt zwei Fahrstunden nördlich von Hanoi und ist wunderschön in die Landschaft am Fuß der Tam-Dao-Berge eingebettet. Von Hanoi fährt ein kostenloser Zubringerbus. Voranmeldung ist erforderlich.

Danang

Montgomerie Links, China Beach, Tel. 0510/394 1942, www.montgomerielinks.com
Der 2008 eröffnete 18-Loch-Platz wurde von dem Schotten Colin Montgomerie gestaltet und liegt auf der Höhe der Strandabschnitte Non Nuoc und An Bang. In der Nähe gibt es einige noble Strandresorts, aber auch die Golfanlage bietet Übernachtungsmöglichkeiten.

Dalat

Dalat Palace Golf Club, Phu Dong Thiet Vuong, Tel. 063/382 1201, www.dalatpalacegolf.com
Obwohl er bereits 1922 angelegt wurde, nutzten ihn Golfer erst seit den 1930er-Jahren. Immer wieder aufgelöst, fand er 1993 zu seiner alten Bestimmung zurück. Das restaurierte Clubhaus des 18-Loch-Platzes stammt aus dem Jahr 1956 und bietet gute Küche.

Ho Chi Minh City

Vietnam Golf and Country Club, Long Thanh My, Dist. 9, Tel. 08/6280 0103, www.vietnamgolfcc.com
Der erste Golfclub Vietnams verfügt heute über zwei anspruchsvolle 18-Loch-Plätze, auf denen regelmäßig Wettbewerbe ausgetragen werden. Ein Platz wurde von dem bekannten Golfer Lee Trevino gestaltet. Es gibt auch eine Übungsstätte und eine Freizeitanlage.

Phan Thiet

Ocean Dunes Golf Club, 1 Ton Duc Thang, Tel. 062/382 3366, www.oceandunesgolf.vn
Von Nick Faldo gestaltet, erstreckt sich dieser Platz mit 18 schwierig zu spielenden Löchern zwischen dem Novotel Hotel und dem Doi Duong Beach. Angesichts seiner Strandlage zählt er zu den beliebtesten Plätzen im weiteren Umkreis von Ho Chi Minh City.

Mui Ne Beach

Sea Links Golf and Country Club, Tel. 083/930 4083, www.sealinkscity.com
Die ersten neun der 18 Löcher wurden 2008 zum Spiel freigegeben. Angesichts des wunderschönen Ausblicks auf die Küste und die Sanddünen von Mui Ne mag die Konzentration zuweilen etwas schwerfallen.

Freizeitparks

Nha Trang

◆ **Phu Dong Water Park**, Tran Phu (südlich des Louisiane Brewhouse)
Der beliebte Wasserpark liegt direkt am Strand und verfügt über flache Schwimmbecken, Wasserrutschen und Fontänen.

◆ **Vinpearl Land Amusement Park**, Hon-Tre-Insel, Tel. 058/395 8188, www.vinpearlland.com
Einer der größten Freizeitparks in Vietnam bietet viele Unterhaltungs- und Einkaufsangebote, einen Wasserpark und ein Aquarium, zahlreiche Restaurants und ein großes Auditorium für Vorführungen. Im Ticketpreis von derzeit 20 US$ ist die Fahrt mit der Gondel und der Besuch des Parks und Aquariums inbegriffen.

Ho Chi Minh City

Dam Sen Water Park, 3 Hoa Binh, Dist. 11, Tel. 08/3858 8418, www.damsenwaterpark.com.vn, Mo–Sa 8.30–18 Uhr, So 8–19 Uhr
Saigons populärster Wasserpark ist am Wochenende stets gut besucht. Kein Wunder, denn die Rutschen, Röhren, Wasserbecken, Wildwasserbahnen sowie ein »Wandernder Fluss« bereiten Jung und Alt gleichermaßen Freude. Die Anlage wird regelmäßig mit neuen Attraktionen versehen.

Wellness

Hanoi

Hanoi bietet Spas, Massage- und Schönheitssalons in Hülle und Fülle. Die Auswahl reicht von schäbigen, heruntergekommenen Löchern bis hin zu exklusiven und luxuriösen Gesundheitszentren. In jedem Fall sollte man die schmutzigen, neonbeleuchteten Varianten meiden; dahinter steckt meist ein Bordell. Viele Luxushotels verfügen über einen Spa-Bereich. Der

Service ist dort üblicherweise gut, hat jedoch auch seinen Preis. Nachfolgend sind nur unabhängige Spas aufgelistet.

◆ **Anam QT Spa**, 42 Hang Trong, Hoan-Kiem-Distrikt, Tel. 04/3928 6116, www.anamqtspa.com
Dieses gemütliche und saubere Spa in der Innenstadt bietet exzellente Massagen sowie entspannende Gesichtsbehandlungen.

◆ **Exotical Spa**, 57 Nguyen Khac Hieu, Ba-Dinh-Distrikt, Tel. 04/3715 0316
Bei Tourgruppen sehr beliebt. Erstklassige Massagen, die Fußreflexzonenmassage ist mitunter die beste der Stadt.

◆ **Siam Spa**, 3s Ngo Quyen, Hoan-Kiem-Distrikt, Tel. 04/3938 7668, www.spasiam.com.vn
Der Salon hat sich von den traditionellen Thai-Behandlungen inspirieren lassen. Die Bandbreite der Anwendungen ist wirklich groß. Ein spezielles Angebot richtet sich an gestresste Büroangestellte.

◆ **Zen Spa Red River**, 209 Alley, 45/173 An Duong Vuong, Tay-Ho-Distrikt, Tel. 04/3719 9889, www.zenspa.vn
Das ruhig gelegene Spa liegt etwas abseits in einer kleinen Gasse nahe des Roten Flusses. Die Massagen und Anwendungen finden in traditionellen Holzhäusern statt, die sich über ein weitläufiges Gelände verteilen. Auch wenn es sich hierbei um ein recht teures Vergnügen handelt, so sind die Anwendungen einfach himmlisch.

Ho Chi Minh City

Auch wenn die Wellness-Einrichtungen von Ho Chi Minh City etablierten Spas in Ländern wie Bali oder Thailand immer noch hinterherhinken, sind sie ohne Zweifel die elegantesten in Vietnam. Die meisten Luxushotels wie Sheraton oder Hyatt verfügen über teure, aber dennoch vorzügliche Spas. Wie für Hanoi, werden hier nur die eigenständigen Einrichtungen gelistet:

◆ **Glow Spa**, Mezzanine, Eden Mall, 106 Nguyen Hue, Dist. 1, Tel. 08/3823 8368, www.glowsaigon.com
Im angesagten Retro-Design, bietet das Glow Anwendungen und Massagen für verschiedene Haut- und Körpertypen.

◆ **Jasmine**, 45 Ton That Thiep, Dist. 1, Tel. 08/3827 2737
Der alteingesessene Salon ist in der Ausländergemeinde recht beliebt. Jasmine steht für aromatherapeutische Körpermassagen sowie belebende Peelings und verjüngende Gesichtsbehandlungen.

◆ **Just Men**, 45 Ton That Thiep, Dist. 1, Tel. 08/3914 1407
Wie schon der Name vermuten lässt, ist dieser raffinierte Salon Saigons erste Einrichtung, die sich ganz auf die Bedürfnisse und Pflege des männlichen Körpers konzentriert. Der Besitzer vom Jasmine hat ihn eröffnet.

◆ **La Maison de L'Apothiquaire**, 64A Truong Dinh, Dist. 3, Tel. 08/3932 5181, www.lapothiquaire.com
Untergebracht in einer Art-déco-Villa der 1950er-Jahre mit ruhigem Garten und Pool, hat sich das Wellnesszentrum von der französischen Kräuterheilkunde inspirieren lassen. Ein kleineres Spa befindet sich in der Innenstadt (61–63 Le Thanh Ton, Dist. 1, Tel. 08/3822 1218).

◆ **Thann Sanctuary**, Nguyen Du Park Villas, 111 Nguyen Du, Dist. 1, Tel. 08/3822 0885, www.http://ndparkvillas.com/thann-sanctuary-spa/
Das thailändisch geführte Spa liegt in einem Apartmentkomplex mit erstklassigem Service. Das tropische Refugium inmitten der Stadt bietet eine große Auswahl an Massagen und Anwendungen mit natürlichen Produkten.

Kochkurse

Hanoi

◆ **Hidden Hanoi**, 147 Nghi Tam, Tay-Ho-Distrikt, Mobil 091/225 4045, www.hiddenhanoi.com.vn
Der örtliche Veranstalter für Stadtspaziergänge bietet auch Kochkurse. Man kann zwischen fünf verschiedenen Vier-Gänge-Menüs (inklusive einem vegetarischen Menü) wählen.

◆ **Highway 4 Restaurant**, 31 Xuan Dieu St, Tay-Ho-Distrikt, Tel. 04/3715 0577, www.highway4.com
Die beliebte Restaurantkette führt in der Zweigstelle Kim Ma (Treffpunkt ist die Filiale in der Hang Tre) auch Kochkurse durch. Sie beginnen mit einem Besuch des Marktes in der Altstadt, gefolgt vom praktischen Unterricht in der Küche; zubereitet werden bis zu drei Gerichte.

◆ **Metropole Kochschule**, Sofitel Metropole Hotel, 15 Ngo Quyen, Hoan-Kiem-Distrikt, Tel. 04/3826 6919, www.sofitel.com
Beliebt, aber sehr teuer. Der vierstündige Unterricht startet mit einem Marktbesuch. Anschließend führt der Lehrer seine Kochkünste vor. Diese Schule eignet sich besonders für jene, die sich ihre Hände nicht schmutzig machen wollen.

Hoi An

◆ **Morning Glory**, 106-107 Nguyen Thai Hoc, Tel. 0510/391 1431, www.hoianhospitality.com
Der Unterricht wird entweder von Frau Vy, Besitzerin von vier ausgezeichneten Restaurants in Hoi An (Cargo Club, Mermaid, Morning Glory und White Lantern), oder ihrer Assistentin, Frau Lu, durchgeführt. Eine große Auswahl an Kursen, von einer Stunde bis hin zu einem Tag, führt in die Geheimnisse der vietnamesischen Küche ein. Die Tageskurse sind sehr informativ und für ambitionierte Köche absolut empfehlenswert.

◆ **Red Bridge**, Thon 3, Cam Thanh Village, Tel. 090/545 2092, www.visithoian.com
Eine der bekanntesten Kochschulen in Hoi An bietet Kurse an, die aus einem Gang zum Markt, dem Besuch des eigenen Kräutergartens und einem sehr informativen praktischen Teil bestehen. Man kann die Spezialitäten von Hoi An und dazugehörige Beilagemöglichkeiten kennenlernen.

Ho Chi Minh City

◆ **Bonsai Floating**, Passagierkai (Ben Tau Khach Thanh Pho), Kreuzung Ham Nghi/ Ton Duc Thang, Dist. 1, Tel. 08/391 0509, www.bonsaicruise.com.vn
Hier wird während einer ausgedehnten Tour mit einem traditionellen Holzboot entlang des Saigon-Flusses ein klassisches Drei-Gänge-Menü der vietnamesischen Küche erklärt und zubereitet. Die Kurse auf Deck finden auf Anfrage morgens, nachmittags und abends statt.

◆ **Saigon Culinary Art Centre** (Mai Home), 42/3 Nguyen Van Troi St, Phu-Nhuan-Distrikt, Tel. 08/3838 6037
Kleines, engagiertes Kochzentrum, in einem traditionellen südvietnamesischen Haus gelegen. Die Kurse finden auf Anfrage morgens oder nachmittags statt. Der Standardunterricht umfasst das eigenhändige Vorbereiten von drei Gerichten. Es lohnt sich, auch nach Intensiv- oder Sonderkursen zu fragen.

◆ **Vietnam Cookery Centre**, Fl, # 26 Ly Tu Trong St, Dist 1 Tel. 08/3827 0349, www.vietnamcookery.com
Professionelle und engagierte Kochschule in einer hübschen Kolonialvilla. Zur täglichen Auswahl gehören Standardkurse: Zubereitet werden jeweils vier vietnamesische Gerichte, die dann natürlich auch gleich verspeist werden.

INFOS VON A–Z

Praktische Informationen

Adressen

Eine Privat- oder Geschäftsadresse ausfindig zu machen, ist in Vietnam zuweilen eine Wissenschaft für sich. Nicht selten ändern sich die Straßennamen von einem Stadtviertel zum anderen, auf dem Land sind Straßenbezeichnungen oft Fehlanzeige.
Die vietnamesischen Straßenbezeichnungen variieren und werden oft abgekürzt geschrieben. Zumeist wird dem Eigennamen der Straßen ein »D« für Duong vorangestellt. Auch »P« für Pho oder »DL« für Dai Lo sind gebräuchlich. In diesem Buch wurde zur Vereinfachung sowohl auf die vietnamesischen als auch auf die internationalen Zusätze verzichtet. Die Hai-Ba-Trung-Straße wird also nur als »Hai Ba Trung« wiedergegeben und nicht als Duong Hai Ba Trung oder Hai Ba Trung Street.
Hausnummern sind nicht zwangsläufig fortlaufend. Gerade bzw. ungerade Nummern liegen auf verschiedenen Straßenseiten, ohne immer aufeinander abgestimmt zu sein. In dicht bebauten Vierteln oder neuen Siedlungen findet man häufig Hausnummern mit Zusätzen, etwa 45A oder 67/1. Aber auch hier ist eine chronologische Folge nicht immer gegeben.

Banken

Landesweit verfügt nahezu jedes einheimische Geldinstitut über Bankautomaten (Automated Teller Machine = ATM). Ist dort das Cirrus- und/oder Maestrozeichen angebracht, können bequem Bargeldabhebungen mit girocard oder Kreditkarte vorgenommen werden. Es wird nach der Geheimnummer (PIN) gefragt und zum aktuellen Tageskurs abgerechnet.
Nicht vergessen sollte man, dass für die Barabhebung von der heimischen Bank eine Gebühr (ab 4 €) erhoben wird.
In Hanoi und Ho Chi Minh City haben sich auch zahlreiche ausländische Banken niedergelassen, darunter ANZ, Citibank, Credit Lyonnais, HSBC oder Standard Chartered. Sie sind besonders für Auslandsüberweisungen geeignet. Alternativ bieten sich telegrafische Geldanweisungen über Western Union (www.westernunion.com) oder Money Gram, (www.moneygram.com) an, die mit vielen vietnamesischen Banken Abkommen für Geldtransfers abgeschlossen haben.
Zum Geld- oder Reisescheckwechsel sollte man in eine vietnamesische Bank gehen, da ausländische Geldinstitute gemäß einer Vorschrift der Regierung höhere Gebühren nehmen müssen.

Behinderte

Menschen mit einem Handicap stehen in Vietnam vor großen Hindernissen. Es gibt kaum Rampen für Rollstuhlfahrer, nur wenige behindertengerechte Einrichtungen, in seltenen Fällen geeignete Fahrzeuge, dafür viele schlechte Gehwege, hohe Bordsteinrampen und vollgestopfte Straßen. Nur neuere Hotels und Resorts sind auf behinderte Gäste eingestellt, doch auch hier gibt es noch genügend Tücken wie hohe Stufen, steile Kanten, enge Wege. Dafür sind die Vietnamesen sehr hilfsbereit. Bei der Reisevorbereitung gibt das Webportal www.metareha.com viele Links, Tipps, Erfahrungsberichte und Kontakte.

Diplomatische Vertretungen

In Deutschland

◆ **Botschaft der SR Vietnam,** Elsenstr. 3, 12435 Berlin, Tel. 0 30/53 63 01 08, www.vietnambotschaft.org

◆ **Generalkonsulat,** Kennedyallee 49, 60596 Frankfurt/Main, Tel. 0 69/79 53 36 50

In Österreich

◆ **Botschaft der SR Vietnam,** Felix-Mottl-Str. 20, 1190 Wien, Tel. 01/3 68 07 55, www.vietnam.or.at

In der Schweiz

◆ **Botschaft der SR Vietnam,** Schlösslistr. 26, 3008 Bern, Tel. 0 31/3 88 78 78, www.vietnam-embassy.ch

In Vietnam

◆ **Deutsche Botschaft,** 29 Tran Phu, Hanoi, Tel. 04/3845 3836-7, 3843 0245-6, www.hanoi.diplo.de

◆ **Deutsches Generalkonsulat,** 126 Nguyen Dinh Chieu, Ho Chi Minh City, Tel. 08/3829 1967, www.ho-chi-minh-stadt.diplo.de

◆ **Österreichische Botschaft,** Prime Centre, 53 Quang Trung, 8. Stock, Hai-Ba-Trung-Distrikt, Hanoi, Tel. 04/3943 3050, www.bmeia.gv.at/botschaft/hanoi

◆ **Österreichisches Honorarkonsulat,** 27A Nguyen Dinh Chieu Da Kao Ward, Dist. 1, Ho-Chi-Minh-City, Tel. 08/3890 6006, daohatrung@euquality.org

◆ **Schweizer Botschaft,** Hanoi Central Building Office, 44B Ly Thuong Kiet, 15. Stock, Hanoi, Tel. 04/3934 6589, www.eda.admin.ch/hanoi

◆ **Schweizer Generalkonsulat,**
42 Giang Minh, Dist. 2,
Ho Chi Minh City,
Tel. 08/3744 6996,
www.eda.admin.ch

Elektrizität

Landesweit ist 220 Volt Wechselstrom (50 Hz) verbreitet. Die Stromversorgung ist gut, aber besonders auf dem Land kann es zu Stromschwankungen kommen. Haben Sie empfindliche elektronische Geräte dabei, sollten Sie einen Spannungsausgleicher mitnehmen. Nicht alle elektrischen Leitungen machen einen vertrauenerweckenden Eindruck, seien Sie vorsichtig. Bei den Steckdosen finden Sie alle Varianten, vom amerikanischen bis zum europäischen Standard. Manche Steckdosen haben zwei runde Löcher, andere drei runde, wieder andere zwei runde und ein vierseitiges Loch. Es empfiehlt sich daher, entsprechende Adapter mitzubringen. Sollten Sie jedoch nicht den passenden dabeihaben, können Sie das Fehlende problemlos auf dem Markt oder in einem Fachgeschäft kaufen. Batterien normaler Größen sind in den größeren Orten erhältlich.

Etikette

Die meisten Vietnamesen sind sehr freundlich und kommunikativ. Beim ersten Treffen gibt man sich häufig die Hand, sonst begrüßt man sich meist einfach durch Kopfnicken. Beruf, Familienstatus und Einkommen sind viel diskutierte Themen, zu denen auch Ausländer gerne direkt gefragt werden. Als Antwort erscheint es unangebracht, mit seinem Reichtum zu protzen. Viele Vietnamesen unterhalten sich gerne mit Ausländern, um etwas Neues zu erfahren oder ihre Fremdsprachenkenntnisse zu erweitern.

Bürokratie

Vieles ist in Vietnam noch sehr bürokratisch, auch kleine Pöstcheninhaber spielen sich oft auf, als verkörperten sie den gesamten Staat. Es hilft jedoch nicht, sich darüber aufzuregen. Vielmehr sind äußerste Geduld, Diplomatie, aber auch Beharrungsvermögen gefragt. Bei Auseinandersetzungen wird lautes Sprechen oder gar Schreien niemals zum Erfolg führen. Wenn eine solche Situation eskaliert, können alle nur Gesicht verlieren, und die Situation wird niemals gelöst. Langes, geduldiges Verhandeln hilft, manchmal auch eine Pause, in der alle nachdenken können, oder das Einschalten eines Vermittlers.

Gastgeschenke

Sind Sie eingeladen, so ist ein Mitbringsel durchaus angebracht. Am besten nehmen Sie für alle Fälle ein paar kleine Souvenirs von zu Hause mit, sei es heimatliche Schokolade, Postkarten, Kalender oder Spielsachen.

Tempel

Eine religiöse Stätte sollten Sie nur in angemessener Kleidung betreten, also keine Shorts, knappe Miniröcke, Tanktops, T-Shirts mit Spaghettiträgern oder Muskelshirts. Leider wird dies von vielen Touristen, aber auch zunehmend von einheimischen Jugendlichen ignoriert. Beim Eintritt sollten Sie die Kopfbedeckung abnehmen und gegebenenfalls die Schuhe ausziehen.

Fotografieren

Im Prinzip darf man außer Polizisten und militärische Anlagen alles fotografieren. In manchen Tempeln und Museen ist das Fotografieren, häufiger noch das Filmen mit Video, untersagt oder man muss zusätzlich ein spezielles Fototicket erwerben, das meist teurer ist als der Eintritt. Bitte beachten Sie, dass auch in Vietnam jeder Mensch das Recht an seinem Bild hat: Fragen Sie bei Nah- und Porträtaufnahmen um Erlaubnis.
Speicherkarten sind in jedem besseren Fotogeschäft vorhanden. Dort kann man auch Fotos auf CDs brennen oder gar Abzüge drucken lassen (z.B. als Geschenk für Einheimische). Während Kameras meist etwas teurer als zuhause sind, werden Batterien und Zubehör billiger verkauft. Sogar Filme für Papierbilder findet man noch in den einschlägigen Geschäften, Diafilme werden dagegen nur noch sehr selten angeboten.

Geld und Währung

Die Landeswährung ist der Vietnamesische Dong (VND), der in Banknoten von 200, 500, 1000, 2000, 5000, 10 000, 20 000, 50 000, 100 000, 200 000 und 500 000 ausgegeben wird. Münzen gibt es im Wert von 200, 1000 und 5000 VND. Die Scheine des gleichen Nennwerts bleiben weiterhin gültig, werden aber über kurz oder lang verschwinden.
Die Währung ist nach extremer Inflation Anfang der 1990er-Jahre relativ stabil. Passen Sie beim Geldwechseln und bei der Entgegennahme von Wechselgeld gut auf. Die 20 000-Dong-Scheine haben eine ähnliche Größe und Farbe (blau) wie die 5000-Dong-Scheine. Beide sind zahlreich im Umlauf und werden leicht verwechselt. Aber auch die 100 000- und 10 000-Dong-Scheine (beide grün) sind sich trotz unterschiedlicher Größe ziemlich ähnlich. Das gilt auch für den 500 000er- und den neuen 20 000er-Dong-Schein (beide blau).

Umtausch

Die meisten großen Hotels tauschen zu den offiziellen Bankkursen (bitte nachfragen). Ansonsten sind in den Städten Geldautomaten (ATM) weit verbreitet (nicht nur in den Banken). Wenn die Geldinstitute geschlossen sind, können US-Dollar in vielen Juwelier- oder Goldgeschäften getauscht werden, wo der Kurs manchmal etwas über jenem der Bank liegt. Diese Läden heißen »hieu van« oder »hieu kim hoan« und lassen sich dank ihrer

WECHSELKURS

- 1 € = ca. 25 500 VND
- 1 $ = ca. 22 300 VND
- 1 CHF = ca. 23 200 VND
- Tagesaktuelle Kurse unter www.oanda.com oder www.vietcombank.com.vn

leuchtend goldenen Buchstaben leicht ausmachen. Machen Sie sich darauf gefasst, dass man Ihnen zwei verschiedene Kurse anbieten wird, und zwar einen besseren für 100-Dollar-Scheine und einen schlechteren für kleinere Noten. Es lohnt sich also, große Scheine zu wechseln. Bei den Banken können Sie auch andere Fremdwährungen in vietnamesische Dong tauschen, allen voran Euro.
Obwohl offiziell alle Transaktionen nur in vietnamesischen Dong abgewickelt werden dürfen, besteht in der Praxis nach wie vor ein duales Währungssystem: Die meisten Rechnungen können sowohl in US-Dollar als auch in Dong beglichen werden. Allerdings bestehen viele Läden, Restaurants und Taxifahrer beim Einsatz von US-Dollar auf einem niedrigeren Wechselkurs. Um Feilschereien zu vermeiden, sollte man stets Dong bei sich haben – was sich durchaus als vorteilhaft erweisen kann, da die Dong-Preise meist etwas niedriger liegen. Auf der anderen Seite sollte man aber auch immer US-Dollar in bar mit sich führen, vor allem auch in kleineren Stückelungen.
Ein weiteres Problem liegt in der mangelnden Qualität der Banknoten selbst, die oft zerfleddert, verblichen und zerknittert sind. Vietnamesen nehmen nur ungern US-Dollar an, die nicht neu aussehen. Dollarscheine von der Bank sollten weder durch irgendwelche Markierungen noch durch Risse verunstaltet sein, da sie sonst zurückgewiesen werden.
Bei der Einreise nach Vietnam müssen Devisen nur dann deklariert werden, wenn sie den Wert von 5000 US$ übersteigen.

Reiseschecks und Kreditkarten

Reiseschecks (bevorzugt in US$) werden von den meisten Banken und größeren Hotels akzeptiert, nicht aber von Läden, kleineren Hotels und Restaurants.
Auch die gängigen Kreditkarten werden in großen Hotels, Reisebüros und einigen Läden akzeptiert. Allerdings wird nicht selten bei Kartenzahlung eine Gebühr zwischen zwei und fünf Prozent aufgeschlagen. Bei größeren Banken, etwa der Vietcombank, können Sie sich gegen Kreditkarten Bargeld auszahlen lassen, auch hier gegen eine Gebühr.

Geschäftsreisende

Als Geschäftsreisender sollte man einen festen Geschäftspartner in Vietnam haben, der sich um die Einreisegenehmigung kümmert. Die vietnamesische Botschaft kann nur dann ein Visum erteilen, wenn die Bestätigung des Innenministeriums vorliegt, eine Einladung des Geschäftspartners alleine reicht nicht aus.
Aber es besteht noch eine Möglichkeit: Wer eine Geschäftsreise unternehmen will, aber noch keinen festen Partner vorweisen kann, reist mit einem Touristenvisum ein, um dann vor Ort erste Geschäftskontakte zu knüpfen. Bei der Vermittlung von Handelskontakten helfen:

◆ **Ostasiatischer Verein e. V.,** Länderreferent Südostasien, Bleichenbrücke 9, 20354 Hamburg, Tel. 0 40/35 75 59-0, www.oav.de

◆ **Deutsche Außenhandelskammer,** AHK Hanoi, 1303 Vietcombank Tower, 198 Tran Quang Khai, Hoan-Kiem-Dist., Hanoi, Tel. 04/3825 1420, www.vietnam.ahk.de; AHK Ho Chi Minh City, 5. Stock, Somerset Chancellor Court, 21–23 Nguyen Thi Minh Khai, Dist. 1, Ho Chi Minh City, Tel. 08/3823 9775, www.vietnam.ahk.de

Gesetzliche Feiertage

Das wichtigste Fest des Jahres ist Tet, das Neujahrsfest nach dem Mondkalender. Es fällt entweder in den späten Januar oder in den frühen Februar. Die Feierlichkeiten dauern offiziell vier Tage, tatsächlich schließen Banken, private Geschäfte und Büros bis zu einer Woche (s. S. 16).

◆ 1. Januar: Neujahr
◆ 30. Tag des 12. Mondmonats: letzter Tag des Mondjahres
◆ 1.–3. Tag des 1. Mondmonats: Tet
◆ 10. Tag des 3. Mondmonats: Gedenktag der Hung-Könige
◆ 30. April: Befreiung Saigons
◆ 1. Mai: Internationaler Tag der Arbeit
◆ 2. Sept.: Unabhängigkeitstag

Behörden, Ämter und Banken sind an diesen Tagen geschlossen. Außer zum Neujahrsfest haben jedoch die meisten Geschäfte geöffnet.

Staatliche Gedenktage

Mit offiziellen Feierlichkeiten und vor allem üppiger Beflaggung begeht die Kommunistische Partei noch folgende Gedenktage, an denen jedoch Behörden, Ämter und Banken geöffnet sind:

◆ 3. Februar: Gründungstag der Kommunistischen Partei
◆ 19. Mai: Geburtstag von Ho Chi Minh

Internet

Das Internet ist auch in Vietnam allgegenwärtig, wenngleich Regierung und Partei durch Zensur versuchen, ungeliebte Websites zu blockieren. Dennoch gibt es Internetcafés selbst in der Provinz, wo man für 100 bis 500 Dong pro Minute surfen, chatten oder skypen kann. Viele Hotels bieten den gleichen Service in ihren Business-Centers an, verlangen allerdings in der Regel höhere Preise. Doch immer mehr Unterkünfte, Restaurants und Cafés offerieren kostenloses WLAN, weshalb es sinnvoll ist, sein eigenes Note- oder Netbook mitzubringen.

Kartenmaterial

Viele Veranstalter stellen kostenlos Stadtpläne oder Landkarten zur Verfügung. Auch bessere Hotels offerieren ihren Gästen Umgebungskarten oder über Anzeigen finanzierte Karten. Gutes Material inklusive Atlas gibt es zudem günstig vor Ort in Buchhandlungen wie Fahasa und Phuong Nam. Je größer das Geschäft, desto besser die Auswahl. Auch Straßenhändler führen neben Büchern und Postkarten häufig Stadtpläne mit sich.

Kleidung

Es gibt keinen Monat, der für das gesamte Land als beste Reisezeit gilt. Man muss deshalb immer gegen Regen gewappnet und auf große Temperaturschwankungen eingerichtet sein (vgl. Klima).
Im Landessüden trägt man das ganze Jahr über leichte Kleidung. Wärmere Sachen braucht man in Hue, Danang und besonders in Dalat während der Wintermonate (Dezember bis Februar). Wirklich warme Kleidung ist in dieser Zeit in Hanoi, der Halong-Bucht und den Gebirgsregionen des Nordens erforderlich.
Während der Regenzeit im Süden Vietnams (Mai bis Oktober) kann man jedes wasserempfindliche Schuhwerk vergessen. Ein Regenschirm wird dann zum unentbehrlichen Begleiter.
Geschäftsleute tragen normalerweise Stoffhosen und Hemden, oft kurzärmelig. Anzug und Krawatte setzen sich allerdings immer mehr durch. Geschäftsfrauen zeigen sich in Hosen oder nicht zu kurzen Röcken, Blusen, Hosenanzügen oder Kostümen. Schmutzige Traveller-Kleidung wird ebenso wenig gern gesehen wie allzu knappe Kleidung, auch wenn die einheimische Jugend selbst sich immer

häufiger offenherzig kleidet. Selbstverständlich verstoßen in Vietnam Nacktbader und barbusige Frauen am Strand gegen die Landessitten. Sie verletzen auf das Gröbste die Gefühle der Einheimischen.

Klima und Reisezeit

Das Klima ist innerhalb des lang gestreckten Landes zwischen Norden, Mitte und Süden sowie zwischen Hochland und Ebene sehr unterschiedlich. Abgesehen von den Höhenunterschieden wird das Klima am stärksten von den beiden Monsunen beeinflusst: dem Nordostmonsun zwischen Oktober und April sowie dem Südwestmonsun von Mai bis Oktober. In der Mitte, am Wolkenpass, liegt die Grenze zwischen den Subtropen im Norden und den Tropen im Süden.

Norden

Hier sind die vier Jahreszeiten sehr ausgeprägt. Ab April steigen die Temperaturen bei hoher Luftfeuchtigkeit kontinuierlich an und erreichen im Juli/August Werte von über 35 °C. Mit Niederschlägen muss das ganze Jahr über gerechnet werden, verstärkt treten sie jedoch im Juli und August auf. Ab September sinken die Temperaturen auf rund 10 °C im Januar. In den Bergen fällt die Quecksilbersäule auch mal unter den Gefrierpunkt. Im Februar und März nieselt es oft tagelang. Beste Reisemonate sind Oktober/November und April/Mai.

Mitte

Zentral-Vietnam gliedert sich in die nördliche und die südliche Küstenregion sowie das Hochland. Im nördlichen Küstenbereich ist das Wetter am unangenehmsten. Von August bis Januar fallen starke Niederschläge, und häufig kommen zwischen Oktober und Anfang Dezember von Osten Taifune, die sich über dem Südchinesischen Meer mit Feuchtigkeit aufladen und über der Küste bei hoher Windgeschwindigkeit abregnen. Dabei kommt es regelmäßig zu großen Zerstörungen. Die angenehmsten Reisemonate sind Juni und Juli.

Süden

Tropisches Klima mit sehr hoher Luftfeuchtigkeit kennzeichnet die südlichen Landesteile. Es gibt nur zwei Jahreszeiten: die trockene und die feuchte. Ab April steigen die Temperaturen stetig an und erreichen Ende April Werte von bis zu 40 °C. Auch die Luftfeuchte erreicht im April und Mai über 90 %. Im Mai setzt die Regenzeit ein, in der man täglich mit kurzen Schauern rechnen muss. Da dies aber das Reisen kaum behindert, kann man den Süden das ganze Jahr über besuchen. Dezember bis Februar sind die angenehmsten Reisemonate.

Hochland

Im Hochland ist das Wetter am unbeständigsten, da Ausläufer sowohl des Nordost- als auch des Südwestmonsuns hierhergelangen und das ganze Jahr über Regen bringen können. Allerdings gibt es keine langen Schlechtwetterperioden. Die trockenste Zeit ist zwischen Dezember und März. Die Temperaturen liegen das ganze Jahr über zwischen 5 und 10 °C unter denen der tieferen Gebiete.

Kriminalität

Im Allgemeinen ist Vietnam ein ziemlich sicheres Reiseland, doch seine schwierige Vergangenheit und die damit verbundenen wirtschaftlichen Probleme haben die Menschen gezeichnet. Äußerst niedrige Löhne und hohe Lebenshaltungskosten verschlechtern die Lebensumstände. Die Armut ist allgegenwärtig. In Saigon begegnet man vielen bettelnden Müttern mit ihrem Baby auf dem Arm. Taschendiebstahl ist weit verbreitet. Man muss als Reisender stets auf der Hut sein. Die flinken Diebesfinger sind sehr geschickt beim Erleichtern von Reise- und Handtaschen, so sehr man sich auch vorsieht. Besonders heikel sind stark bevölkerte Straßen und Marktplätze. Sind Sie bestohlen worden, kann eine umgehende Anzeige bei der Polizei eventuell dazu führen, dass der Schuldige gefasst und ein Teil seiner Beute noch aufgefunden wird. Vorsicht ist geboten bei Straßenhändlern, die Karten, Bücher und Souvenirs vertreiben, oder bei Bettlern, v.a. in Hanoi und Saigon. Sie lenken leicht ab, während ein Kumpane flink die Börse aus der Tasche zaubert. Handtaschenräuber auf Mopeds sind v.a. in der südvietnamesischen Metropole eine Gefahr. Daher Handtaschen und Kameras immer auf der von der Straße abgewandten Seite fest bei sich tragen. Wertvollen Schmuck sollten Sie zuhause lassen und nur wenig Geld bei sich führen. Pass und Wertgegenstände gehören in den Hotelsafe (sicherheitshalber Kopien der Pässe bei sich führen).

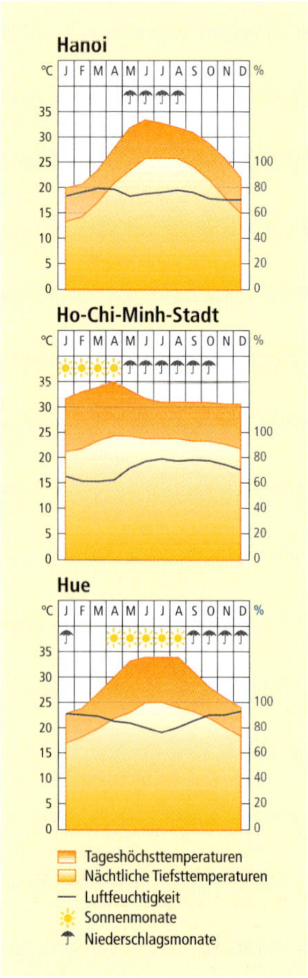

Frauen und Sicherheit

Besonders Frauen sollten spätabends vorsichtig sein. Die leeren Straßen wiegen viele Reisende in Sicherheit. In Wirklichkeit kann es jetzt vermehrt geschehen, dass Cyclo- oder Mopedfahrer Frauen belästigen. Es ist ratsam, in Gruppen unterwegs zu sein oder schon im Voraus Transportmittel zu buchen. Ein guter Fahrer kann einen vor einigem Ärger bewahren. Es ist besser, etwas mehr dafür zu zahlen, dass ein Fahrer wartet, als sich abends alleine durchzuschlagen.

Literaturtipps

Geschichte & Gesellschaft

◆ Susanne My Giang, **Vietnam: Natur, Geschichte, Gesellschaft, Wirtschaft, Politik, Peter Lang, Frankfurt/M. 2011**. Ein anschaulicher, leicht zugänglicher Überblick.
◆ Frey, Marc, **Geschichte des Vietnamkriegs. C.H. Beck, München 2006**. Das Hauptgewicht des Buches liegt auf der Entwicklung in Amerika.

◆ Greiner, Bernd, **Krieg ohne Fronten. Die USA in Vietnam. Hamburger Edition, Hamburg 2009.** Die vom Hamburger Institut für Sozialforschung herausgegebene Studie analysiert auf herausragende Weise die tragische Rolle der USA im Vietnamkrieg.

◆ Kotte, Heinz; Siebert, Rüdiger, **Vietnam hautnah. Ein Land im Umbruch. Horlemann-Verlag, Bad Honnef 2006.** Durch Reportagen, Interviews und Geschichten beleuchten die Autoren die rasanten Veränderungen im Land.

◆ Steininger, Rolf, **Der Vietnamkrieg. Fischer, Frankfurt/M. 2004.** Eine kompakte Darstellung des Vietnamkrieges und seiner Vorgeschichte aus der Hand des renommierten österreichischen Historikers.

Sprache und Kultur

◆ Heyder, Monika, **KulturSchock Vietnam: Kultur und Traditionen von Vietnam und Vietnamesen. Peter Rump Verlag, Bielefeld 2007.**

◆ Heyder, Monika, **Vietnamesisch Wort für Wort, Kauderwelsch, Peter Rump Verlag, Bielefeld 2007.**

Berichte

◆ Dang Thuy Tram, **Letzte Nacht träumte ich vom Frieden. Krüger Verlag, Frankfurt/M. 2008.** Das Tagebuch einer jungen Ärztin im Vietnamkrieg machte nach seiner vietnamesischen Erstveröffentlichung 2005 Furore. Es gibt einen intimen Einblick in das Denken und Fühlen einer jungen Frau inmitten des Kriegstreibens.

◆ Minh-Khai, Phan-Thi, **Zu Hause sein. Mein Leben in Deutschland und Vietnam. Diana, München 2007.** Die deutsch-vietnamesische Schauspielerin beschreibt auf lockere Art und Weise ihr Leben in zwei Kulturen. Sehr unterhaltsam sind ihre Erlebnisberichte über ihre Besuche in Vietnam. Es ist nicht nur ein schönes Lesebuch für unterwegs, sondern auch ein Lehrbuch der vietnamesischen Kultur.

◆ Chong, Denise, **Das Mädchen hinter dem Foto. Die Geschichte der Kim Phuc. Bastei Lübbe, Bergisch Gladbach 2003.** Das Foto der neunjährigen Kim Phuc, die nach einem Napalmbombenangriff um ihr nacktes Leben lief, ging um die Welt. Diese Biografie erzählt ihre dramatische (Über-)Lebensgeschichte.

◆ Macchietto della Rossa, Elle, **Frühlingsrollen auf dem Ahnenaltar. Vietnamesische Aufbrüche. Picus Verlag, Wien 2006.** Eindringliche Reportagen über ein Land im Aufbruch.

Belletristik

◆ Kien Nguyen, **Im Schatten des Mangobaums. Bastei Lübbe, Bergisch Gladbach 2005.** Romantisches Beziehungsdrama im Vietnam des frühen 20. Jahrhunderts.

◆ Pham Thi Hoai, **Sonntagsmenü. Unionsverlag, Zürich 2009.** In elf Erzählungen beschreibt die Autorin feinsinnig und humorvoll die Hanoier Gesellschaft.

◆ Camberley, D.D., **Im Tal des weißen Tigers. Ullstein, Berlin 2006.** Eine erfolgreiche Journalistin verunglückt auf Dienstreise in Vietnam und wird von Freischärlern gefangen genommen. Ihr Freund reist nach Vietnam, um sie zu suchen. Die feinfühligen Schilderungen von Land und Leuten machen die etwas schwache Liebesgeschichte wett.

◆ Duong Thu Huong, **Roman ohne Namen. Unionsverlag 1997.** Die Schriftstellerin wurde aufgrund ihrer Texte zeitweise inhaftiert, da sie indirekt Kritik an der Regierung übte.

◆ Duras, Marguerite, **Der Liebhaber. Suhrkamp, Frankfurt/M. 2008.** Ein junges Mädchen trifft einen reichen chinesischen Liebhaber

◆ Greene, Graham, **Der stille Amerikaner. dtv, München 2003.** Der Klassiker: Ein etwas naiver Amerikaner kommt mit Geheimauftrag nach Vietnam und trifft auf einen britischen Reporter. Der Ärger beginnt, als sich der Amerikaner in die vietnamesische Freundin des Briten verliebt und deren Schwester den Bund verewigen will.

◆ Nguyen Hue Thiep, **Der pensionierte General. Mitteldeutscher Verlag, Halle 2009.** Elf Erzählungen von einem der renommiertesten Literaten Vietnams, die die spannungsgeladene Entwicklung des sich rasant verändernden Landes thematisieren.

Bildbände

◆ Voigt, Jochen, **Zeit für Vietnam. Traumziele in einem unentdeckten Land. C. J. Bucher Verlag, München 2007.**

◆ Weigt, Mario; Krüger, Hans. H., **Reise durch Vietnam. Stürtz-Verlag, Würzburg 2007.**

Kochbücher

◆ Chinn, Bobby; Lowe, Jason, **Der Geschmack Vietnams: Eine kulinarische Entdeckungsreise mit 110 Originalrezepten. Christian Verlag, München 2008.** Der Hanoier Kultkoch Bobby Chinn stellt in seinem Buch die vietnamesische Küche in all ihren Facetten vor. Es ist nicht nur ein Kochbuch, sondern auch ein Foto- und Lesebuch. Sehr empfehlenswert.

◆ Bingemer, Susanna; Gerlach, Hans, **Vietnam. Küche und Kultur. Gräfe & Unzer, München 2004.** Bereits das Durchblättern macht Lust auf die vietnamesische Küche. Die hervorragenden Fotos und flüssig geschriebenen Texte laden ein, die vielfältigen Rezepte einmal auszuprobieren. Gute Hintergrundreportagen über Land und Leute.

In englischer Sprache

◆ Jamieson, Neil L., **Understanding Vietnam. University of California Press 1995.** Interessante Kulturanalyse der vietnamesischen Geschichte und Gesellschaft.

◆ Karnow, Stanley, **Vietnam: A History. Penguin, New York 1997.** Ein Standardwerk über den amerikanischen Krieg in Vietnam aus der Hand des bekannten Kriegsberichterstatters.

◆ Bao Ninh, **The Sorrow of War. Riverhead Books, New York 1996.** Bao Ninh ist ein Kriegsveteran, der aus der Perspektive eines nordvietnamesischen Soldaten mit dieser Novelle ein sehr realistisches Bild des Vietnamkrieges zeichnet.

◆ Le Thi Diem Thuy, **The Gangster we are all looking for. Picador, London 2004.** Die Autorin floh mit ihren Eltern im Kindesalter und beschreibt nun eine von Krieg und Flucht zerrissene Familie.

◆ Nguyen Du, **The Tale of Kieu.** Die englische Übersetzung ist in vietnamesischen Buchhandlungen erhältlich.

Medien

Ob Fernsehen oder Tageszeitung, man muss sich stets bewusst sein, dass die vietnamesischen Medien zumindest teilweise der vietnamesischen Regierung bzw. ihren Dienststellen gehören oder von ihnen gesteuert werden. Die Zensur ist allgegenwärtig. Trotzdem ist es nicht so, dass jegliche Kritik unterdrückt wird. Artikel über Umweltverschmutzung oder Korruption erscheinen regelmäßig, aber kritische Berichte über die kommunistische Regierung sind und bleiben ein Tabu.

Fernsehen

Viele, selbst kleinere Hotels können mit Satellitenschüsseln BBC World, CNN und DW-World empfangen. Star TV, Discovery Channel, HBO und wie die Privatsender auch alle heißen mögen, schütten auch in Vietnam die

Menschen mit meist belanglosen Infos und Fernsehserien zu. Der 4. Kanal des vietnamesischen Fernsehens, VTV 4, sendet auch Programme auf Englisch (www.vtv.org.vn).

Magazine

Gute Quellen für Wirtschaftsnachrichten sind die Wochenmagazine *Vietnam Investment Review* (www.vir.com.vn) und *Vietnam Economic Times* (www.vneconomy.vn). Beiden Heften liegen einmal monatlich die Beilagen *Time Out* bzw. *The Guide* mit vielen praktischen Tipps zu neuen Restaurants, Hotels oder Shops bei.
An Touristen und in Vietnam lebende Ausländer sind die Monatshefte *Vietnam Pathfinder* (www.pathfinder.com.vn) und *Vietnam Discovery* gerichtet.

Radio

Die *Voice of Vietnam*, der offizielle Radiosender, begann als Propagandasender und strahlt heute sein Programm über zwei Kanäle aus (www.english.vovnews.vn). Mehrmals täglich wird zu bestimmten Zeiten auch auf Englisch gesendet.
Mit einem Kurzwellenradio können Sie die internationalen Sender verfolgen, darunter auch DW-Radio. Über Frequenzen und Programme erfahren Sie mehr unter www.dw-world.de.

Zeitungen

Außerhalb von Hanoi und Ho Chi Minh City bekommt man internationale Printmedien nur schwer. Ausländische Zeitungen wie *International Herald Tribune*, die thailändischen Blätter *Bangkok Post* und *The Nation* oder *The Asian Wall Street Journal* sind fast nur in Hanoi und Saigon zu haben. Zumeist treffen die Zeitungen noch am Erscheinungstag ein.
Nachrichtenmagazine wie *Newsweek*, *Time* und *The Economist* werden ebenfalls verkauft.
Einige vietnamesische Publikationen erscheinen auch in englischer Sprache. Die in Hanoi veröffentlichte *Viet Nam News* (www.vietnamnews.vnagency.com.vn) enthält offizielle Nachrichten der staatlichen vietnamesischen Nachrichtenagentur. Nachrichten über Vietnam selbst sind dagegen meist wenig aussagekräftig.
Ihr größter Konkurrent, *The Saigon Times* (www.english.thesaigontimes.vn), konzentriert sich mehr auf Vietnam. Eine gute Infoquelle für Landesnachrichten ist auch *Thanh Nien News* (www.thanhniennews.com).

Medizinische Versorgung

Impfungen und Krankenversicherung

Die einzige offiziell erforderliche Impfung ist die gegen Gelbfieber, und auch nur dann, wenn man sich innerhalb der letzten sechs Tage vor der Einreise in Gelbfieber-Infektionsgebieten aufgehalten hat. Impfschutz gegen Hepatitis A und B, Japanische Enzephalitis, Tetanus – ggf. in Kombination mit dem Diphtherie-Impfstoff –, Polio und Typhus sind ratsam.
Sie sollten spätestens zwei Monate vor Abreise einen Arzt aufsuchen, damit Sie genügend Zeit für eventuelle Impfungen haben.
Malaria ist besonders in einigen Provinzen des Mekong-Deltas und des Zentralen Hochlands ein Problem. Aktuelle Infos dazu liefert die Weltgesundheitsorganisation (www.who.int). Ein gutes Mückenschutzmittel sollte unbedingt ins Reisegepäck, ein Moskitonetz bei Reisen mit Übernachtungen auf dem Land. Malaria übertragende Mücken stechen zwischen Abenddämmerung und Sonnenaufgang, dann trägt man besser lange Ärmel und Hosen.
Über Malariaprophylaxe herrscht geteilte Meinung. Die meisten erfahrenen Ärzte sind gegen diese Anti-Malariamittel, weil sie zum Teil starke Nebenwirkungen haben, die zudem die Symptome anderer Krankheiten überlagern. Zudem besteht die Gefahr zunehmender Resistenzen der Malariaerreger.
Viel sinnvoller, Sie nehmen ein Malariamittel von zu Hause mit auf die Reise. Die Ärzte vor Ort sind in der Behandlung von Malaria sehr erfahren, was ihnen fehlt, sind vor allem erschwingliche Medikamente. Die Aufmerksamkeit sollte auch nach der Rückkehr nicht erlahmen, da Malaria eine Inkubationszeit von 7 Tagen bis zu mehreren Monaten hat. Symptome sind Fieber, Schüttelfrost, Schwindel, Kopf- und Gliederschmerzen. Sie können daher leicht mit einer normalen Grippe verwechselt werden. Stellen sich solche Symptome ein, so sollte man sofort einen spezialisierten Arzt aufsuchen; eine schnelle Behandlung verbessert die Heilungschancen erheblich.
Nähere Auskünfte erteilen die Tropenmedizinischen Institute, die es in vielen Großstädten gibt. Adressen listet die Deutsche Gesellschaft für Tropenmedizin und internationale Gesundheit e.V. im Internet auf: www.dtg.org. Eine hervorragende Infoquelle ist auch die Webseite www.fit-for-travel.de.
Anzuraten ist in jedem Fall der Abschluss einer privaten Reisekrankenversicherung, die einen medizinisch notwendigen, besser noch einen medizinisch sinnvollen Rück- oder Weitertransport mit einschließt; bei sehr schweren Erkrankungen könnte nämlich die Verlegung zumindest nach Singapur, Hongkong oder Bangkok ratsam sein.

Vorbeugung

Trinken Sie kein Leitungswasser und vermeiden Sie Eiswürfel. Mineralwasser in Plastikflaschen ist praktisch überall erhältlich.
Seien Sie beim Essen vorsichtig, da es oft unter keineswegs hygienischen Umständen zubereitet wird. Obst sollte vor dem Verzehr geschält werden. Viele Mediziner warnen sogar vor rohem Gemüse wie Kräutern und Salaten, die mit der Nudelsuppe und Frühlingsrollen serviert werden.
Gehen Sie möglichst in gut besuchte Restaurants. Da die meisten keine Kühlschränke besitzen, wird das Essen abends weggeworfen. Ist ein Restaurant voll, so weist dieser Umstand darauf hin, dass das Essen offenbar nicht verdorben ist. Hüten Sie sich vor den üblichen Verdächtigen wie Mayonnaise und nicht ganz hart gekochten Eiern.

Kliniken & Zahnärzte

Im Allgemeinen verfügt Vietnam über gut ausgebildete medizinische Kräfte, hat aber nicht ausreichend Einrichtungen, Ausrüstung und Medikamente. Neben den staatlichen Krankenhäusern gibt es eine zunehmende Zahl von Privatkliniken. Bei schweren Fällen sollte man besser eine Ausreise nach Bangkok, Singapur oder Hongkong in Erwägung ziehen. Alle Behandlungen müssen sofort bar bezahlt werden.

Kliniken in Hanoi

◆ **Bach Mai Hospital**, 78 Gia Phong, Dong-Da-Distrikt, Tel. 04/3869 1607. Das 1911 gegründete Krankenhaus hat sich stets weiterentwickelt und zählt zu den besten der Stadt.
◆ **International SOS**, 51 Xuan Dieu, Tay-Ho-Distrikt, Tel. 04/3934 0666 (24 Std.), Notruf 04/3934 0555, www.internationalsos.com
◆ **L'Hôpital Francais de Hanoi**, 1 Phuong Mai, Dong-Da-Distrikt, Tel. 04/3577 1100, Notruf 04/3574 1111, www.hfh.com.vn. Etablierte Klinik mit erfahrenen internationalen Ärzten und Krankenschwestern. Der Standard ist gut.

◆ **Vietnam-Korea Friendship Clinic**, 12 Chu Van An, Ba-Dinh-Distrikt, Tel. 04/3843 7231. Gute, von Südkoreanern gemanagte Klinik mit moderner Einrichtung zu moderaten Preisen.

Kliniken in Ho Chi Minh City

◆ **Columbia Saigon**, 8 Alexandre de Rhodes, Dist. 1, Tel. 08/3823 8888. Internationales Ärzteteam mit Notfalldienst rund um die Uhr.
◆ **Family Medical Practice**, Diamond Plaza, 34 Le Duan, Dist. 1, Tel. 08/3822 7848. Gute Praxis mit internationalem Ärzteteam.
◆ **Centre Medical International (CMI)**, 1 Han Thuyen, Dist. 1, Tel. 08/3827 2366. Französische und vietnamesische Ärzte mit 24-Stunden-Service. Erwirtschaftete Überschüsse werden für kostenlose Herzoperationen von Kindern verwendet.
◆ **International SOS**, 167A Nam Ky Khoi Nghia St, Dist. 3, Tel. 08/3829 8424, Notruf Tel. 08/3829 8520, www.internationalsos.com. Anerkannte, aber teure Klinik mit sehr gutem Notdienst. Arrangiert auch Krankentransporte nach Bangkok und Singapur.

Zahnärzte in Hanoi

◆ **Dental Clinic - Hanoi West Lake** 51/2 Xuan Dieu, Syrena Shopping Center, Tay-Ho-Distrikt Tel. 04/3710 0555
◆ **International SOS Dental Clinic**, 31 Hai Ba Trung, Tel. 04/3934 0666, Notfall-Tel. 04/3934 0555
◆ **Minh Sinh Dental Clinic**, 46C Quan Su, Tel. 04/3826 7778 und 174 Hang Bong, Tel. 04/3824 5482

Zahnärzte in Ho Chi Minh City

◆ **Dental Clinic - Ho Chi Minh City Ben Thanh** 27 Nguyen Trung Truc, D1 Tel. 08/3825 6999
◆ **International SOS Dental Clinic**, 65 Nguyen Du, Dist. 1, Tel. 08/3829 8224, Notfall-Tel. 08/3829 8520
◆ **Maple Healthcare Dental Clinic**, MD6, Nguyen Luong Bang Street, Ward Tan Phu, Dist. 7, Tel. 08/5410 0100
10, Tran Phu Street, Ward 4, Dist. 5 Tel. 08/3832 1843

NOTRUFNUMMERN

◆ **Polizei**, Tel. 113
◆ **Feuerwehr**, Tel. 114
◆ **Notfälle**, Tel. 115

Öffnungszeiten

Behörden und Dienstleistungsunternehmen öffnen i.A. Montag bis Freitag gegen 7.30 Uhr und legen irgendwann zwischen 11 und 14 Uhr eine Mittagspause von wenigstens einer, manchmal 1,5 Stunden ein. Nachmittags haben sie mindestens von 14 bis 16.30 Uhr geöffnet. Museen haben meist ähnliche Öffnungszeiten, sind aber montags geschlossen.
Banken bieten von Montag bis Freitag zwischen 8 und 12 Uhr sowie 13 und 16 Uhr Kundenverkehr. Geschäfte haben normalerweise sieben Tage die Woche zwischen 8 und 19 Uhr oder noch länger geöffnet. Lebensmittelmärkte öffnen vor 6 Uhr und schließen gewöhnlich spätestens um 17 Uhr.

Polizeiliche Meldung

Ausländische Besucher müssen sich bei der Ortspolizei registrieren lassen. Bei Hotels, Minihotels oder einer Pension auf dem Land werden die Angestellten den Pass einbehalten und zur Polizeistation bringen. Wohnt man bei Freunden, Bekannten oder Verwandten, so ist eine persönliche Anmeldung bei der Polizei erforderlich. Beide, Gastgeber wie Gast, können sonst in Schwierigkeiten geraten und sich nur durch Geldstrafen »freikaufen«. Entweder werden nur die Passdaten aufgenommen oder aber es wird der Pass bis zum Aufenthaltsende einbehalten. Es empfiehlt sich daher, vor einer Reise nach Vietnam mindestens eine Passkopie anzufertigen.
Für manch abgelegenes Gebiet des Zentralen Hochlandes, allen voran entlang der Grenze, ist eine Sondergenehmigung erforderlich. Dazu wendet man sich an die Ortspolizei. Die innere Sicherheit ist in Vietnam ein großes Thema, weshalb der Geheimdienst auch stets auf Ausländer ein Auge wirft (ohne dass man es merkt). Es kann durchaus sein, dass die Telefone von in Vietnam arbeitenden Ausländern abgehört werden.

Post

Die großen Postämter sind täglich von 7 bis 20 Uhr geöffnet, kleinere bis 18 oder 19 Uhr. Jede Metropole, jede Stadt und jedes Dorf hat zumindest irgendeine Art von Post (Buu Dien). Der Service ist bemerkenswert zuverlässig. Innerhalb des Landes brauchen Sendungen maximal drei Tage. Es gibt auch Eilpost, die für rund 10 US$ die Zustellung über Nacht verspricht.

Wichtige Postadressen:

◆ **Dalat**, 14-16 Tran Phu , Tel. 063/382 2571
◆ **Danang**, 251 Nguyen Van Linh St, Tel. 0511/373 2630
◆ **Hanoi**, 6 Dinh Tien Hoang, Tel. 04/3825 7036 (Inland), 04/3825 2030 (international)
◆ **Ho Chi Minh City**, 2 Cong Xa Paris, Tel. 08/3822 1677
◆ **Hoi An**, 6 Tran Hung Dao, Tel. 0510/386 2888
◆ **Hue**, 8 Hoang Hoa Tham, Tel. 054/382 3468
◆ **Nha Trang**, 48 Nguyen Thien Thuat, Tel. 058/352 6546; 2 Tran Phu St, Tel. 058/382 1002
◆ **Phan Thiet**, Nguyen Tat Thanh, Tel. 062/382 7892

Reisedokumente

Für die Einreise nach Vietnam benötigen alle Besucher einen noch mindestens sechs Monate über die Reisezeit hinaus gültigen Reisepass und ein Visum. Touristen aus Deutschland, Frankreich, Italien, Spanien und Großbritannien, die nicht länger als 15 Tage in Vietnam bleiben wollen, können seit dem 1. Juli 2015 ohne Visum nach Vietnam reisen. Diese Regelung ist derzeit bis zum 31. Juni 2016 gültig. Reist man als Teilnehmer einer organisierten Gruppenreise, besorgt in der Regel der jeweilige Reiseveranstalter das Visum. Als Individualreisender erhält man das Visum über die entsprechende vietnamesische Botschaft. Wer sich bereits in Südostasien aufhält, wird dort in den vietnamesischen Botschaften wesentlich freundlicher, preisgünstiger, kompetenter und schneller bedient, etwa in Bangkok oder Singapur.
Für die Beantragung eines Touristenvisums benötigen Reisende einen gültigen Reisepass und einen ausgefüllten Visa-Antrag mit einem Passbild. Die Anträge kann man über folgende Webseite herunterladen: www.vietnambotschaft.org. Die Visagebühr ist relativ hoch und richtet sich nach Visumsart oder der Zahl der Einreisen.
Zu beachten ist, dass man das exakte Einreisedatum angeben muss, wobei man zwar nicht früher, aber 1–2 Tage später einreisen darf.
Für das Visum muss mit einer Bearbeitungszeit von mindestens 5 Arbeitstagen gerechnet werden. Ein Touristenvisum ist vier Wochen gültig. In den Wochen vor dem Tet-Fest haben die Konsularabteilungen immer sehr viel zu tun, weshalb man mit der Visum-Beantragung rechtzeitig beginnen sollte.

Es ist auch möglich, über eine vietnamesische Reiseagentur ein »Visa on Arrival« zu beantragen. Mit der Bestätigung der Einwanderungsbehörde in der Hand (sehr wichtig!), einem ausgefüllten Visa-Antrag samt Passfoto plus Reisepass und 25 US$ in bar kann man in den Flughäfen an einem entsprechenden Schalter das Visum beantragen und dann einreisen.

Einreise

Vor der Ankunft muss noch eine »Arrival-Departure Declaration« ausgefüllt werden. Zumeist wird sie bereits im Flugzeug verteilt. Darin enthalten ist auch die Zollerklärung (Customs Declaration), bei der man Fragen beantworten muss, ob man ausländische Währungen im Gesamtwert von mehr als 5000 US$, mehr als 15 Mio. vietnamesische Dong oder über 300 Gramm Gold mit sich führt. Am Pass-Schalter wird der »Arrival«-Teil einbehalten und der restliche Teil der Einreisekarte mit dem Reisepass zurückgegeben. Ihn muss man immer bei sich führen und bei der Ausreise wieder abgeben.

Visa-Verlängerung

Über die meisten vietnamesischen Reisebüros kann man das Visum für etwa 22–30 US$ verlängern lassen. Zumeist ist dies nur einmal möglich. Ansonsten muss man das Land verlassen, um ein neues Visum zu beantragen. In Übersee lebende Vietnamesen mit ausländischem Pass können ihren Aufenthalt um sechs Monate verlängern, wobei familiäre Gründe nachzuweisen sind. Die Visa von Ausländern, die in Joint-Venture-Büros oder ausländischen Niederlassungen tätig sind und entsprechende Papiere besitzen, werden ebenfalls grundsätzlich verlängert. Die Regeln können sich jedoch schnell ändern und vieles hängt davon ab, ob das mit der Verlängerung beauftragte Reisebüro gute Verbindungen zur Einreisebehörde hat.

Reisebudget

Auch wenn Vietnam noch immer als günstige Reisedestination gilt, zogen auch hier die Preise in den letzten Jahren deutlich an.
Unterkünfte sind in Vietnam alles in allem noch recht billig, liegen aber im Schnitt über jenen manch anderer Länder in Südostasien. Karge Kammern für 4 US$ pro Nacht mit einem einfachen Bett, Ventilator und Gemeinschaftstoilette sind ziemlich rar. In den letzten Jahren wurden einige Hostels mit Schlafräumen eröffnet.
Die meisten Vietnamesen bevorzugen eher bessere Gästehäuser oder Minihotels mit Zimmerpreisen um 15 bis 20 US$ pro Nacht. Dafür gibt es Klimaanlage, Fernseher, Kühlschrank, zwei Betten, Warmwasserbad und oft sogar kostenloses WLAN. In diesem Segment besteht vor allem in den Touristenzentren eine große Auswahl. Nach oben aufwärts gibt es ein breites Spektrum von asiatischen Mittelklasse-Unterkünften über Boutique- und Kolonialhotels bis zu teuren 5-Sterne-Häusern.
Beim **Essen** können vor allem jene sparen, die sich von den Köstlichkeiten der Garküchen und Suppenstände ernähren. Für 1–2 US$ erhält man hier schon sättigende Mahlzeiten. Wer in einem durchschnittlichen Speiselokal oder Restaurant für Rucksacktouristen isst, zahlt 3–5 US$ für ein Essen. Bessere Touristenrestaurants bieten Mehr-Gänge-Menüs für 6–8 US$ an. Natürlich gibt es auch vermehrt Gourmettempel mit edel zubereiteten Speisen für den gut gefüllten Geldbeutel. Preisbewusste Rucksacktouristen werden mit rund 20 US$ pro Tag für Übernachtung, Essen und Transport auskommen. Wer etwas komfortabler reisen möchte, sollte mit 50 US$ täglich kalkulieren. Aber auch in Vietnam sind nach oben hin die Grenzen offen. Schließlich haben manche Edelresorts Zimmerpreise von weit über 500 US$ pro Nacht.
Auch wenn die Regierung das duale Preissystem beim öffentlichen Transport aufgegeben hat (früher mussten Ausländer für Flug und Bahnfahrt weit mehr als Einheimische berappen), so gilt bei Eintrittspreisen noch immer ein Sondertarif für Nicht-Vietnamesen. Aber auch auf dem Markt oder im Geschäft wird eine Langnase mehr als ein Einheimischer bezahlen müssen. Da hilft nur kräftiges Feilschen.

Reisegepäck

Am wichtigsten ist die medizinische Versorgung. Alle Medikamente, die man regelmäßig einzunehmen hat, müssen in ausreichender Menge mitgebracht werden. Hinzu kommen Verbände und Kompressen, Heftpflaster, sterile Einmalspritzen, Desinfektionsmittel, Mittel gegen Durchfallerkrankungen und zur Notfallbehandlung von Malaria.
Zum Schutz sollte man außerdem Mittel gegen Mücken zur Vorbeugung und Behandlung einpacken, dazu Sonnenschutzmittel. Eine Kopfbedeckung und eine Sonnenbrille gehören ebenfalls ins Gepäck.
Normale Hygieneartikel wie Seife und Zahnpasta sind in den Städten auf dem Markt zu bekommen, speziellere, vor allem Tampons und Damenbinden, sind nicht in vergleichbarer Qualität erhältlich. Toilettenpapier ist in den Hotels üblich geworden, für unterwegs sollte man aber eine Rolle dabeihaben. Wer sehr hohe Anforderungen an Hygiene stellt, sollte auch seine eigenen Essstäbchen oder ein Essbesteck mitbringen. Die auf den Tischen stehenden Stäbchen sind meist aus Bambus, in dem sich Bakterien sehr wohl fühlen, besser sind Plastik- oder lackierte Stäbchen, die in Hotels und guten Restaurants auch ausgeteilt werden. Dort wird zudem sorgfältiger gespült als an Straßenständen.
Einige kleine Dinge haben das Reisen schon immer erleichtert: Für manche Hotels und die Strände benötigt man Plastiksandalen, für dunkle Höhlen und Tempel eine starke Taschenlampe, ein Taschenmesser mit Zusatzfunktionen wird immer gute Dienste leisten. Wer gegen Lärm empfindlich ist, sollte Ohrstöpsel dabeihaben.
Reiseführer, eine Karte und Reiselektüre findet man problemlos in den touristischen Orten. Von Rucksacktouristen frequentierte Viertel bieten oft auch einen Second-Hand-Buchladen. In den Großstädten gibt es Bücher auf Englisch oder Französisch, äußerst selten auf Deutsch. Mitgebrachte Bücher, aber noch mehr DVDs, müssen frei von anzüglichen Stellen sein, was sich sowohl auf Sexualität als auch auf Politik bezieht. Alles Gepäck wird durchleuchtet, dabei können Bücher und DVDs aussortiert und zur »kulturellen Inspektion« gebracht werden, was mehrere Tage in Anspruch nehmen kann. Die Auslegung der Anstößigkeit ist sehr eng.
Unterwegs wird mit dem Gepäck nicht sehr pfleglich umgegangen. Koffer und Taschen sollten also stabil und nicht zu schwer sein. Nehmen Sie nicht zu viel Kleidung mit. In fast jedem Hotel kann man innerhalb von 24 Stunden zuverlässig und preiswert waschen lassen.

Reisen mit Kindern

Die Vietnamesen lieben Kinder heiß und innig. Weil sie »exotisch« sind, werden vor allem blonde Kinder reichlich Aufmerksamkeit erhalten. Man wird bemüht sein, Eltern und Kindern weiterzuhelfen. Zu beachten ist allerdings, dass es im Westen übliche Windeln oder Babykost nur in den Großstädten gibt. Die Gefahr der Infektion

mit unbekannten Erregern in der Nahrung und auch sonst ist hoch. Außerhalb der großen Städte ist das Reisen besonders anstrengend, auch lässt die Hygiene dort stark zu wünschen übrig. Deshalb sollten die Sprösslinge vor der Abreise unbedingt vom Hausarzt untersucht und frühzeitig geimpft werden (Infos: www.fit-for-travel.de). Der Arzt sollte auch mit den Eltern abklären, wie hoch die Dosierung der Malariamedikamente im Falle des Falles sein soll. Denn sie muss Alter und Gewicht des Kindes berücksichtigen.
Bis zur Vollendung des 12. Lebensjahres reist der Nachwuchs mit Kinderreisepass, danach mit eigenem Reisepass, für den ein eigenes Visum beantragt werden muss.
Für die ersten Tage empfiehlt sich ein möglichst ruhiges Hotel mit Pool und etwas Grünfläche zum Austoben. Während der Reise sind einige feste Standorte besser als ein ständiger Ortswechsel. Auch bei der Programmgestaltung sollten die Kleinen ein Wörtchen mitzureden haben. Sicherlich haben sie beim Wasserpuppentheater in Hanoi oder einer Kajakfahrt durch die Halong-Bucht ihren Spaß.
In den Städten gibt es mittlerweile gute Freizeit- und Wasserparks.

Steuern

In Vietnam gilt ein Mehrwertsteuersatz (VAT = Value Added Tax) von 10 %. Normalerweise ist er in der Rechnung bereits enthalten, sei es im Restaurant oder im Geschäft. Nur Hotels und Restaurants der höheren Preisklasse geben bevorzugt Nettopreise an und addieren darauf Mehrwertsteuer und 5 % Servicegebühr (Service Charge = SC).

Telefon und Fax

Internationale Telefonverbindungen von Vietnam aus funktionieren ziemlich störungsfrei. Direkt wählen kann man vom Hotel, von der Post und aus Wohnungen. Auslandsgespräche kosten mittlerweile selbst in besseren Hotels nur noch um 1 US$ pro Minute. Mitte der 1990er-Jahre lag der Minutenpreis noch bei weit über 5 US$. Noch billiger sind internationale Telefonate im Internetcafé.
Die Postämter in den größeren Städten haben Faxgeräte, mittels derer man Nachrichten senden und empfangen kann. Die meisten größeren Hotels bieten in ihrem Business Center ebenfalls einen Faxservice an. Bei einer größeren Menge kann man über die Gebühren verhandeln.
Hinweis: Im Oktober 2008 wurden in ganz Vietnam die Telefonnummern um eine Zahl erweitert. Da ein Großteil der Vietnamesen eine Festnetznummer mit Vertrag bei der staatlichen Telefongesellschaft VNPT hat, wurde der alten Nummer zumeist eine »3« vorangestellt. Bei anderen Anbietern ist es eine Nummer zwischen 2 und 6.
In Hanoi und Ho Chi Minh City sind die Festnetznummern folglich heute achtstellig, im restlichen Vietnam siebenstellig. Noch immer findet man jedoch auf Webseiten, in Büchern oder an Hinweisschildern sehr häufig das alte Nummernsystem vor.

Internationale Vorwahlnummern

Die Landesvorwahl für Vietnam lautet 0084, Orte oder Regionen haben eine Vorwahl, deren 0 man bei Anrufen aus dem Ausland weglassen muss.
Gleiches gilt für den umgekehrten Weg. Die Landesvorwahl von Deutschland ist 0049, von Österreich 0043 und von der Schweiz 0041. Bei der Ortsvorwahl wird die 0 weggelassen, dann folgt die Teilnehmernummer.

Vorwahlnummern der Städte

Buon Ma Thuot	0500
Can Tho	0710
Chau Doc	076
Dalat	063
Danang	0511
Haiphong	031
Hanoi	04
Ho Chi Minh City	08
Hoi An	0510
Hue	054
Long Hai	064
My Tho	073
Nha Trang	058
Phan Thiet	062
Quy Nhon	056
Rach Gia	077
Vinh	038
Vung Tau	064

Vorwahlnummern der Provinzen

An Giang	076
Ben Tre	075
Binh Dinh	056
Binh Thuan	062
Cao Bang	038
Dak Lak	0500
Ha Tien	077
Hoa Binh	018
Long An	072
Ninh Binh	030
Ninh Thuan	068
Phu Yen	057
Quang Binh	052
Quang Ngai	055
Quang Ninh	033
Quang Tri	053
Soc Trang	079
Song Be	065
Son La	022
Tay Ninh	066
Thai Binh	036
Thanh Hoa	037
Thua Thien-Hue	054
Tien Giang	073
Tra Vinh	074
Tuyen Quang	027
Vinh Long	070
Vinh Phu	021
Yen Bai	029

Mobiltelefone

Es lohnt sich auf jeden Fall, das eigene Handy mitzunehmen, da das vietnamesische Mobilfunknetz sehr gut ausgebaut ist. Probleme gibt es allerdings noch in einigen Regionen im Bergland. Alle großen heimatlichen Anbieter haben Verträge mit einem vietnamesischen Roaming-Partner abgeschlossen. Allerdings funktionieren die meisten Pre-Paid-Tarife nicht. Zu beachten ist auch, dass die Roaming-Gebühren – sie gelten auch für eingehende Anrufe – recht hoch sind. Man sollte sich daher vorab beim eigenen Anbieter informieren.
Vieltelefonierer können sich bei einem vietnamesischen Anbieter, etwa Vinaphone (www.vinaphone.com.vn), Mobiphone (www.mobiphone.com.vn) oder Viettel (www.viettel.com.vn) eine SIM-Karte mit neuer Nummer besorgen. Sie ist in jedem besseren Handy-Laden problemlos erhältlich. Einstiegspakete gibt es bereits ab 50 000 VND.

Trinkgeld

Es gibt kein offizielles Trinkgeldsystem, aber angesichts der niedrigen Löhne im Service-Sektor wird ein Obolus gerne angenommen. Bei Taxifahrten rundet man ein wenig auf, in Lokalen ebenfalls, auch im Zimmer sollte man ein Trinkgeld hinterlassen. In besseren Restaurants hat sich inzwischen die international übliche Quote von 10 % durchgesetzt. Praktisch sieht dies so aus, dass dem Gast die Rechnung in einer Mappe gereicht wird. Dort hinein legt man den Geldbetrag. Bekommt man das Restgeld zurück, so lässt man einfach einige Scheine in der Mappe. In Garküchen oder in ländlichen Gebieten werden normalerweise keine Trinkgelder erwartet. Wer länger mit einem Fahrer und/oder Reiseleiter unterwegs war, sollte bei zufriedenstellendem Service an ein Trinkgeld denken. Pro Reisetag sind für beide jeweils 1 € angebracht.

Trinkwasser

Überall im Land gibt es inzwischen in Plastikflaschen abgefülltes Trinkwasser zu kaufen. Achten Sie darauf, dass die Sicherheitskappe in Form eines dünnen Plastiküberzugs auf dem Schraubverschluss unverletzt ist. Leitungswasser sollten Sie nirgendwo trinken.

Touristeninformationen

Leider gibt es kein offizielles Fremdenverkehrsamt für Vietnam im deutschsprachigen Raum. Da sich Vietnam aber schnell verändert, können auch die Informationen in diesem Führer bereits veraltet sein. Auf den neuesten Stand bringen kann man sich mit den Info-Blättern und dem Verzeichnis deutscher Reiseveranstalter, etwa von: **Indochina Services,** Enzianstr. 4 a, 82319 Starnberg, Tel. 0 81 51/77 02 22, info@is-eu.com, www.indochina-services.com

In Vietnam

Auch vor Ort gibt es keine neutralen Informationsstellen. Zwar ist die **Vietnam National Administration of Tourism** (VNAT), www.vietnam tourism.com, offizielle Tourismusbehörde, doch ist sie eher administrativ tätig. Folglich bleiben als Informationsquelle nur Reisebüros übrig, die allerdings in erster Linie ihre Produkte verkaufen wollen – egal ob sie in staatlicher oder privater Hand sind. Daher sollte man Informationen immer an zweiter Stelle überprüfen und mehrere Angebote unterschiedlicher Firmen einholen und vergleichen. Gute Agenturadressen finden Sie auf S. 362.

Im Internet

Informationen im Internet bieten folgende Seiten in deutscher und englischer Sprache (Auswahl):

Touristische Informationen

◆ **www.vietnamtourism.gov.vn**
Offizielle Internetseite der staatlichen Tourismusbehörde.
◆ **www.vietnamtourism.com**
Gibt exzellente Informationen zum Tourismus in Vietnam.
◆ **www.vietnam-guide.de**
Allerlei Wissenswertes zum Land mit gutem Reiseforum.
◆ **www.cms.vietnam-infothek.de**
Eine der besten Infoquellen aus Deutschland.
◆ **www.vietnam-dvg.de**
Die Website der Deutsch Vietnamesischen Gesellschaft e.V. in Berlin bietet zahlreiche Infos und Links zu Vietnam und informiert über Aktivitäten der DVG.
◆ **www.vietnam-freunde.net**
Mit zahlreichen Links und Tipps eine gute Quelle für alle Vietnam-Interessierte.

Regionalseiten

◆ **www.dalattourist.com.vn**
Offizielle Webseite der Tourismusbehörde von Dalat.
◆ **www.haiphong.gov.vn**
Regierungswebseite von Haiphong.
◆ **www.halong.org.vn**
Gute Infoquelle für die Halong-Bucht.
◆ **www.hanoi.gov.vn**
Offizielle Webseite der Hauptstadt.
◆ **www.newhanoian.com**
Hervorragende Infoquelle zu Hotels, Geschäften, Restaurants und Bars von Hanoi.
◆ **www.muinebeach.net**
Beste Webseite über den Strand von Mui Ne.
◆ **www.nhatrangtourist.com.vn**
Offizielle Seite der Tourismusbehörde der Provinz Khanh Hoa.

Tagesgeschehen

◆ **www.english.vietnamnet.vn**
Webauftritt der Internetzeitung »VietNam Net Bridge« mit Berichten über das aktuelle Geschehen im Land.

Zeit

Vietnam ist der Mitteleuropäischen Zeit (MEZ) um sechs Stunden voraus, während der europäischen Sommerzeit um fünf Stunden. Die Sonne geht im Winter schon um 17.30 Uhr und im Sommer um 20 Uhr unter.

Zollbestimmungen

Die Einfuhr von Waffen, Munition, Drogen und Pornografie ist verboten, wobei Letztere sehr eng ausgelegt wird. Bücher und Videos können zur Inspektion beschlagnahmt werden. Persönliche Gegenstände können ein-, müssen aber auch wieder ausgeführt werden. Ein entsprechender Eintrag muss in der »Customs Declaration« erfolgen, die Teil der »Arrival-Departure Declaration« ist.
Die Einfuhr von Devisen muss erst ab 5000 US$ bzw. einer vergleichbaren Menge in anderen Währungen erklärt werden. Gold ist als Schmuck ab 300 g als Barren ab 1 kg zu deklarieren.
Für die Ausfuhr von Antiquitäten ist eine offizielle Genehmigung des Kultusministeriums erforderlich, die sehr schwer zu bekommen ist. Es ist Besuchern nicht gestattet, alte Gegenstände, Antiquitäten oder Dinge, die für die vietnamesische Kultur von Bedeutung sind, mitzunehmen.
Reisende haben zuweilen Schwierigkeiten, Gegenstände auszuführen, die zwar alt anmuten, in Wirklichkeit aber bloße Reproduktionen sind. Lassen Sie sich beim Kauf unbedingt einen genauen Kassenbeleg mit einer Beschreibung der Ware ausstellen. Es kann allerdings trotzdem geschehen, dass Sachen beschlagnahmt werden. So mancher Ladeninhaber wird Stein und Bein schwören, dass seine Waren exportiert werden dürfen – schenken Sie ihm keinen Glauben, sondern bemühen Sie sich um eine offizielle Genehmigung, sofern Sie Zeit dazu haben.

Zollfreigrenzen

Sowohl bei der Ein- als auch bei der Ausreise wird das Gepäck geröntgt. Ansonsten sind die Zollfreigrenzen bei der Wiedereinreise ins Heimatland zu beachten. Für Deutschland, Österreich und die Schweiz gilt: 1 l Hochprozentiges oder 2 l Wein, 200 Zigaretten oder 50 Zigarren oder 250 g Tabak, Geschenke bis 430 € bzw. 300 CHF (www.zoll.de). Für Reisende unter 15 Jahren gilt eine Reisefreigrenze von 175 €.
Nach dem **Washingtoner Artenschutzabkommen** (www.cites.org) ist die Einfuhr von Waren verboten, die aus geschützten Tieren hergestellt werden (u.a. Schildplatt, Elfenbein, Schlangenleder). Derartige Gegenstände werden rigoros beschlagnahmt, es drohen empfindliche Strafen. Bei Fragen werfen Sie am besten einen Blick auf die Sonderwebseite des Bundesfinanzministeriums: www.artenschutz-online.de
Auch in Vietnam werden überall **gefälschte Markenartikel** angeboten, seien es Textilien, Taschen oder Uhren. Der deutsche Zoll wird den Handel mit Produktkopien erst ahnden, wenn mitgebrachte Fälschungen die Reisefreigrenze von 430 € (gültig für Flug- und Seereisende) bzw. 300 € (gültig für sonstige Reisende) überschreiten. Anders sieht die Sache jedoch aus, wenn jemand eine Tasche voller gefälschter Rolex-Uhren (oder ähnliches) mit sich führt, um sie zuhause wieder zu verkaufen. Dann wird der Schmuggel auch unterhalb der Freigrenze geahndet.

SPRACHE UND MINI-DOLMETSCHER

Kleiner Sprachführer Vietnamesisch

Vietnamesisch wird fast von der gesamten Bevölkerung gesprochen. Zwischen dem nördlichen, dem mittleren und dem südlichen Landesteil existieren Unterschiede im Dialekt, in der Betonung und in der Aussprache. Darüber hinaus sprechen die ethnischen Minderheiten ihre eigenen Sprachen.

Die vietnamesische Sprache hat ihre Wurzeln in der austro-asiatischen Sprachenfamilie. Beeinflusst wurde sie von der sino-tibetischen Thai-Sprache. Auch die lange chinesische Besatzung des Landes hat ihre Spuren hinterlassen.

Im 13. Jh. entwickelten die Vietnamesen ihre eigene Schriftsprache, die Nom-Schrift. Im 18. Jh. übertrugen Missionare unter Anleitung des französischen Jesuiten Alexandre de Rhodes diese Sprache in die latinisierte Quoc ngu-Schrift, die zuerst von der katholischen Kirche und der Kolonialregierung angewandt wurde. Sie verbreitete sich dann stark und verdrängte die alte Form im 19. Jh. völlig.

Uneinheitliche Schreibweisen kommen häufig vor, man bemerkt sie zuerst an Ortsnamen. Eine strenge Standardisierung der Sprache wird nicht angestrebt.

Die Sprachen der ethnischen Minderheiten in Vietnam leiten sich aus den zahlreichen Sprachengruppen Südostasiens ab.

Aussprache, Betonung

Die Aussprache des Vietnamesischen ist nicht einfach. Die Silbe ist die Grundeinheit der Sprache. Die meisten Silben haben ihre eigene, besondere Bedeutung. Jede kann auf sechsfache Weise betont werden, womit jedes Mal eine völlig andere Bedeutung ausgedrückt wird.

In der latinisierten Form werden diese Betonungen durch fünf diakritische Akzente und einen stummen Akzent dargestellt. Zum Beispiel kann die Silbe »ma« je nach der Betonung »Geist«, »Mutter«, »Reiskeimling«, »Grab« oder »Pferd« bedeuten, aber auch eine »Beziehung« ausdrücken. Anfänger sind zunächst irritiert.

Einige ältere Bürger sprechen immer noch Französisch, sodass sich darüber vielleicht noch Verständigungsmöglichkeiten ergeben. Englisch hat in jüngster Zeit als Zweitsprache enorm an Bedeutung gewonnen, besonders unter der Jugend im Süden des Landes.

Allgemeines

Guten Tag / Hallo	Xin chàu [ßin tschau]
Wie geht's?	Anh (m.) / chị (w.) có khỏe không? [an / tschi goh choä chongm]
Danke, gut.	Khỏe, cảm ơn. [choä, kam əhn]
Ich heiße ...	Tôi tên là ... [doi den la ...]
Auf Wiedersehen.	Tạm biêt. [dam biet]
Morgen	buổi sáng [buoi schang]
Mittag	buổi trưa [buoi tschua]
Nachmittag	buổi chiều [buoi tschju]
Abend	buổi tối [buoi doi]
Nacht	đêm [dem]
morgen	ngày-mai [ngai mai]
heute	hôm-nay [hom nai]
gestern	hôm-qua [hom kwa]
Sprechen Sie ...	Anh (m.) / chị (w.) có nói ... không? [an / tschi goh noi ... chongm]
Deutsch	tiếng Đức [tiäng dəg]
Englisch	tiếng Anh [tiäng an]
Wie bitte?	Xin lỗi? [ßin lo·oi]
Ich verstehe nicht.	Tôi không hiểu. [doi chongm hiuh]
Sagen Sie es bitte nochmals!	Xin nhắc lai [ßin njak lei]
..., bitte	...xin / mời [ßin / məi]
Danke	cảm ơn [kam əhn]
Keine Ursache.	Không dám. [chongm sam]
was / wer	gỉ / ai [ji / ei]
welcher	naò [naò]
wo / wohin	ở dâu / di đâu [əhdəu / didəu]
wie / wie viel	làm sao / bao-nhiêu [lam sao / bao njuh]
wann / wie lange	bao giờ / bao lâu [bao səh / bao ləu]
warum?	tại-sao? [dai sao]
Wie heißt das?	Cái này tên là gỉ [kai nai den la si]
Wo ist ...?	... ở đâu? [əhdəu]
Können Sie mir helfen?	Xin giúp tôi ? [ßin sub doi]
ja	vâng [wang]
nein	không [chongm]
Entschuldigen Sie.	Xin lỗi. [ßin lo·oi]
Das macht nichts.	Không có chi / gỉ [chongm goh tschi / ji]

Sightseeing

Gibt es hier eine Touristen-information?	Ở đây có phòng du lịch không? [əh daj go fongm su lig chongm)
Haben Sie ...?	Ông (m.) có ... khong? [ongm goh ... chongm]
... einen Stadtplan	bản đồ thành phố [ban do thanh fo]
... ein Hotel-verzeichnis	danh sách khách sạn [sanh sak chak san]
Wann ist ...	Mấy giờ ... [məi səh ...]
... geöffnet / geschlossen?	... mở cửa / đóng cửa? [məh kəa / dongm kəa)
das Museum / der Tempel / die Aus-stellung	thỉ viện-bảo-tàng / đền / cuộc triển lấm [thi wiän bao tang / den / kuok tschien lam)

Shopping

Wo gibt es...?	... ở đâu có? [əh dəu goh]
Wie viel kostet das?	Cải nầy giá bao-nhiêu? [gei nai sa bau nju]
Das ist zu teuer!	Đắt quá! [dət kwa]
Das gefällt mir (nicht)	Tôi (không) thỉch cái ấy [doi (chongm) tig gei ei]
Gibt es das in einer anderen Farbe (Größe)?	Cái này có màu khác (cỡ khác) không? [gei nai goh mau chag (gə·ə chag) chongm]
Ich nehme es!	Tôi lấy cái này! [doi lei gai nai]
Wo ist eine Bank?	Ngân-hàng ở-đâu? [Ngan hang əhdəu]
Geben Sie mir 100 g Käse / zwei Kilo Orangen	Cho tôi một trăm gam phó-mát / hai ki-lo-gam cam [tscho doi mot tscham gam fomat / hai kilogam gam]

Haben Sie deutsche Zeitungen?	Ông (m.) có báo bằng tiếng Đức không? [Ongm goh bao bang tiäng dəg chongm]
Wo kann ich telefonieren?	Gọi điện thoại ở-dâu? [Goi dien thoai əhdəu]
... eine Tele-fonkarte kaufen?	... mua the ở-dâu? [mua thä əhdəu]

Notfälle

Ich brauche einen Arzt / Zahnarzt.	Tôi cần đến bác-sĩ / nha sĩ. [doi gən den bak schi·i / nja schi·i]
Rufen Sie bitte ...	Xin ông (m.) gọi giúp cho [ßin ongm goi sub tscho]
... einen Kran-kenwagen / die Polizei	... một xe cấp-cứu / cảnh sát [mot ße gab kə·ə / gan sat]
Wir hatten einen Unfall.	Chúng tôi bị tai-nan. [tschung doi bi dai nan]
Wo ist das nächste Polizeirevier?	Sở công-an gần nhất ở-dâu? [ßəh gongm an gan njat əhdəu]
Ich bin bestohlen worden.	Tôi bị mât trộm / mât cắp [doi bi mad tschom / mad gab]
Mein Auto ist aufgebrochen worden.	Xe ô-tô của tôi bị đập! [ße oto kwa doi bi dab]

Essen und Trinken

Die Speise-karte, bitte!	Xin cho tôi xem thựcđơn! [ßin tscho toi ßem thəg dən]
Brot	bánh mì [ban mi]
Kaffee	cà-phê [gafeh]
Tee	nước-trà *(Süden)*; nước-chè *(Norden)* [nuək-tscha / nuək tschä]
mit Milch / Zucker / Eis	sữa / đường / đá [schu·a / duang / da]
Orangensaft	nước cam [nuək gam]
Mehr Kaffee, bitte!	Xin cho thêm cà-phê! [ßin tscho thehm gafeh]
Suppe	canh / xúp [ganh / ßup]
Fisch / Meeresfrüchte	cá / đồ biên [ga / do bien]
Fleisch/ Geflügel	thịt / gà vịt [thit / ga wit]
Beilage	món ăn kèm [mon ən kem]
vegetarische Gerichte	cơm chay [gəm tschai]
Eier	trứng [tschungm]
Salat	xà-lách [ßalag]
Dessert	đô-tráng-miệng [do tschang mieng]
Obst	trái cây *(Süden)*; hoa quả *(Norden)* [tschai gai / hoa kwa]
Speiseeis	kem [gehm]
Wein	rượu / rượu vang [ruəu / ruəu wang]
rot / weiß	đỏ / trắng [do / tschəng]
Bier	bia [bia]
Aperitif	rượu khai vị [ruəu chai wi]
Wasser	nước [nuək]
Mineralwasser	nước suối / nước khoáng [nuək suoi / nuək choangm]
mit / ohne Kohlensäure	có ga / không ga [goh ga / chongm ga]
Limonade	nước chanh [nuək tschan]
Frühstück	bữa-ăn-sáng [bu·ə ən sangm]
Mittagessen	bữa-ăn-trưa [bu·ə ən tschəa]
Abendessen	bữa-ăn-chiều [bu·ə ən tschiu]
eine Kleinig-keit	bữa ăn phu [bu·ə ən fu]
Ich möchte bezahlen	Tinh tiền [din tien]
Es war sehr gut / nicht so gut	Thức ăn ngon lắm / không ngon lắm [thəg ən ngon lam / chongm ngon lam]

Im Hotel

Ich suche ein gutes (nicht zu teures) Hotel.	Tôi tìm một khách sạn tốt (rẻ tiền). [doi dim mot chak san dot (rä tien)]
Ich habe ein Zimmer reserviert.	Tôi đã đặt trước một phòng. [doi da·a dət tschəog mot fongm]
Ich suche ein Zimmer für ... Personen.	Tôi tím một phòng cho ... nguoi. [doi dim mot fongm tscho ... ngəoi]
Mit Dusche und Toilette.	Có vòi tắm và nhà vệ sinh. [goh woi tahm wa nja wä sin]
Mit Balkon / Blick aufs Meer.	Có ban-công / nhìn ra biển. [goh ban congm / nin ra bien]
Wie viel kostet das Zimmer pro Nacht?	Phòng này mỗi đêm bao nhiêu? [fongm nai mə·i dem bau nju]
Mit Frühstück?	Có bữa ăn sáng? [goh bu·a ən sangm]
Kann ich das Zimmer sehen?	Tôi có thể xem phòng được không? [doi goh thä ßem fongm duək chongm]
Haben Sie ein anderes Zimmer?	Có phòng khác không? [goh fongm chak chongm]
Das Zimmer gefällt mir (nicht).	Tôi (không) thích phòng này. [doi (chongm) tik fongm naj]
Kann ich mit Kreditkarte bezahlen?	Tôi có thể trả tiền bằng thẻ tín dụng đư ợc không? [doi goh thä tscha tien bang thej din sungm duək chongm]
Wo kann ich parken?	Tôi có thể đậu xe ở-đâu? [doi goh thä dau ße əhdəu]
Können Sie das Gepäck auf mein Zimmer bringen?	Ông (m.) có thể mang hành lý lên phòng của tôi đươc không? [Ongm goh thä mang hanh li len fongm kwa doi duəg chongm]

Zahlen

1	một
2	hai
3	ba
4	bốn
5	năm
6	sáu
7	bảy
8	tám
9	chín
10	mười
11	mười một
12	mười hai
15	mười lăm
16	mười sáu
17	mười bảy
18	mười tám
19	mười chín
20	hai mười
21	hai mười một
22	hai mười hai
30	ba mười
100	một trăm
101	một trăm một
200	hai trăm
1000	một nghìn
10 000	một mười nghìn
100 000	trăm nghìn
1.000 000	một triệu

REGISTER

Orts- und Sachregister

Personenregister

BILDNACHWEIS

Adam Bray 74, 205 (Randspalte), 206, 233 (Randspalte), 253, 265 (Randspalte), 266 (Ranspalte)
APA 34 (oben), 36, 37, 38
Calvin Tan/APA 170, 345
Catherine Karnow 44, 76
Corbis 46 (oben), 207
David Henley/APA 122 (Randspalte)
David ShenKai/APA 75 (unten)
Derrick Lim/APA 35
Exotissimo 26
Franz-Joseph Krücker 13, 14 (oben)
Gettyimages 83, 208
Hilton Hanoi Opera 12 (unten)
Intercontinental Westlake Hanoi 342
istockphoto 150
Jim Holmes/APA 31 (unten), 52, 66 (unten), 69 (rechts), 93 (unten), 113 (Randspalte), 117, 153 (Randspalte), 225 (oben)
Julian Abram Wainwright/APA 8 (unten), 9 (Mitte), 10 (rechts), 11 (oben), 48, 54, 57, 59, 61, 63, 65, 66, 75 (oben), 77, 79, 82, 89 (oben), 90 (oben), 91, 103 (Mitte), 107 (oben), 109, 112, 113, 115 (Randspalte), 116 (Randspalte), 119 (links), 130, 135 (Randspalte), 174
laif/Axel Krause 17 (unten)
La Residence Hotel & Spa 347
Mai Chau Lodge 12 (oben)
Martin Petrich 15, 17 (oben)
New York Public Library Picture Collection 39
Peter Stuckings/APA 1, 3, 4, 5, 6, 7, 8 (oben), 9 (oben und unten), 11 (Mitte und unten), 18/19, 20/21, 22/23, 24, 25, 27, 28, 29, 30, 32, 34 (unten), 40, 42, 46 (unten), 49, 50/51, 53, 55, 56, 58, 60, 62, 64, 66 (oben), 68, 69 (links), 72, 73, 80 (oben), 81, 86, 87, 88, 89 (unten), 90 (unten), 92, 93 (oben), 94, 95, 96/97, 98/99, 100/101, 102, 103 (oben und unten), 106, 107 (Mitte und unten), 108, 111, 112 (Randspalte), 114, 115, 118, 119 (rechts und Randspalte), 120, 121, 122, 123, 124, 125, 126, 127, 131, 132, 133, 134, 135, 136, 137, 138, 139 (Randspalte), 140, 141, 144, 145, 146, 147, 148, 149, 151, 152, 153, 154, 155 (Randspalte), 158, 159, 160, 161, 162, 163, 164, 165, 167, 168, 169, 171, 172, 173, 174 (Randspalte), 176, 177, 178, 179, 180, 181, 182, 183, 184, 185, 186, 187, 188, 189, 190/191, 192, 193, 194, 195, 197, 198 (Randspalte), 199, 200, 201, 202, 203, 204, 205, 206 (Randspalte), 212, 213, 214 (Randspalte), 215, 216, 217, 218, 219, 220, 221, 222, 223, 224, 225, 226, 227, 228, 230, 231, 232, 233, 234, 235, 236, 237, 238, 239 (Randspalte), 240/241, 242, 243, 244, 245, 246, 247, 249, 250, 251, 252, 254, 256, 257, 258 (Randspalte), 259, 260, 261, 262, 263, 264, 265 (links und rechts), 266, 267, 268/269, 270, 271, 272, 273, 275, 276, 277, 278, 279, 280, 281, 282, 283, 284, 285, 286, 287, 288, 289, 290, 291, 292, 293, 294, 295, 298, 299, 301, 302, 303, 304, 305, 306, 307, 308, 309, 310, 311, 312, 314, 315, 316, 317, 318, 319, 320, 321, 322, 323, 324, 325, 326, 327, 328, 329, 330, 332, 333, 340 (oben), 353, 355, 368
Photobank 33
Plum Blossoms Gallery 80 (unten)
Rainbow Divers/ Jeremy Stein 16
Singapore Art Museum Collection 78
Six Senses Hideaway 350
Sofitel Metrople 116, 340 (unten), 341
Song Ngu Seafood Restaurant 14 (unten)
The Nam Hai 10 (links), 348
Trinh Dinh Duc 43
US National Archives 41
Vietnam News Agency 31 (oben), 45, 47

Im Bild

Seiten 70/71
Vietnamesische Feste
Obere Reihe von links nach rechts: Peter Stuckings/APA, Jim Holmes/APA.
Untere Reihe von links nach rechts: Peter Stuckings/APA, Jim Holmes/APA, Julian Abram Wainwright/APA, Tony Ying/ APA.

Seiten 84/85
Tempel und Pagoden
Obere Reihe von links nach rechts: Jim Holmes/APA, Peter Stuckings/APA, Peter Stuckings/APA.
Untere Reihe von links nach rechts: Peter Stuckings/ APA, Peter Stuckings/APA, Jim Holmes/APA, Peter Stuckings/APA, Peter Stuckings/APA.

Seiten 156/157
Kultur und Kleidung der Bergvölker
Obere Reihe von links nach rechts: Jim Holmes/APA, Peter Stuckings/APA, Peter Stuckings/APA.
Untere Reihe von links nach rechts: Peter Stuckings/ APA, Peter Stuckings/APA, Peter Stuckings/APA, Peter Stuckings/ APA, Jim Holmes/APA.

Seiten 210/211
Die königliche Zitadelle in Hue
Obere Reihe von links nach rechts: Peter Stuckings/APA, David Henley/APA.
Untere Reihe von links nach rechts: Peter Stuckings/APA, Peter Stuckings/ APA, Peter Stuckings/APA, Peter Stuckings/APA.